Sandra Schröer-Spang

DIE NÖRDLICHE PROVINZ-
GRENZE ZWISCHEN RAETIEN
UND OBERGERMANIEN IM
SPIEGEL DES RÖMERZEITLICHEN
BESIEDLUNGSMUSTERS

Römisch-Germanische Forschungen
78

DEUTSCHES ARCHÄOLOGISCHES INSTITUT
Römisch-Germanische Kommission

RÖMISCH-GERMANISCHE FORSCHUNGEN 78

DEUTSCHES ARCHÄOLOGISCHES INSTITUT
Römisch-Germanische Kommission

Sandra Schröer-Spang

DIE NÖRDLICHE PROVINZGRENZE ZWISCHEN RAETIEN UND OBERGERMANIEN IM SPIEGEL DES RÖMERZEITLICHEN BESIEDLUNGSMUSTERS

GIS-gestützte Raumanalysen zur Annäherung an eine Binnengrenze

HARRASSOWITZ VERLAG · WIESBADEN

Autor/*Author*:
Sandra Schröer-Spang (ORCID iD: https://orcid.org/0000-0002-3100-6240)

Titel/*Title*: Die nördliche Provinzgrenze zwischen Raetien und Obergermanien im Spiegel des römerzeitlichen Besiedlungsmusters. GIS-gestützte Raumanalysen zur Annäherung an eine Binnengrenze

Reihe, Band/*Series, Volume*: Römisch-Germanische Forschungen 78

Herausgebende Institution/*Institutional Editor*: Römisch-Germanische Kommission
des Deutschen Archäologischen Instituts, Frankfurt a. M. (ROR ID: https://ror.org/01fqayw81)
Umfang/*Length*: XIV, 334 Seiten/*Pages* mit/*with* 97 Abbildungen/*Illustrations* und 39 Tabellen/*Tables*

Verantwortliche Redaktion/*Publishing Editor*: Deutsches Archäologisches Institut, Redaktion der Römisch-Germanischen Kommission, Palmengartenstraße 10–12, 60325 Frankfurt am Main, Deutschland, redaktion.rgk@dainst.de
Redaktionelle Bearbeitung/*Editing*: Alexander Gramsch, Julia Hahn (RGK)
Formalredaktion/*Copyediting*: Heiko Fischer, Julia Hahn, Timo Müller (RGK)
Bildbearbeitung/*Graphics*: Oliver Wagner, Lara Hies (RGK)
Prepress: le-tex publishing services GmbH, Leipzig
Buchgestaltung und Coverkonzeption/*Book Design and Cover Concept*: hawemannundmosch, Berlin
Umschlagfoto/*Cover Illustration*: Sandra Schröer-Spang

Nutzungsbedingungen/*Terms of Use*

Druckausgabe/*Printed Edition*
Erscheinungsjahr/*Year of Publication*: 2024
Druck und Vertrieb/*Printing and Distribution*: Otto Harrassowitz GmbH & Co. KG, Wiesbaden • https://www.harrassowitz-verlag.de
Druck und Bindung in Deutschland/*Printed and Bound in Germany*
ISBN: 978-3-447-12291-7
DOI: https://doi.org/10.34780/0619-3986
Bibliographische Metadaten/*Bibliographic Metadata*: https://zenon.dainst.org/Record/003070957

Gedruckt auf säurefreiem und alterungsbeständigem Papier

Bibliografische Information der Deutschen Nationalbibliothek: Die Deutsche Nationalbibliothek verzeichnet diese Publikation in der Deutschen Nationalbibliografie; detaillierte bibliografische Daten sind im Internet über https://dnb.de abrufbar./*Bibliographic information published by the Deutsche Nationalbibliothek: The Deutsche Nationalbibliothek lists this publication in the Deutsche Nationalbibliografie; detailed bibliographic data are available online at https://dnb.de.*

Digitale Ausgabe/*Digital Edition*
Erscheinungsjahr/*Year of Publication*: 2026
DOI: https://doi.org/10.34780/loi1ndrm

Inhaltsverzeichnis

Vorwort der Verfasserin

Grenzen und ihre Erforschung stoßen in der Gesellschaft wie in der Wissenschaft auf großes Interesse. Aber auch im täglichen Leben spielen persönliche, gesellschaftliche, physische und imaginierte Grenzen und der Umgang mit ihnen eine Rolle. Um Dinge zu verstehen und sie einzuordnen, grenzen wir sie voneinander ab, definieren Geltungsbereiche von Normen und Regeln und suchen Trennlinien, um Dinge voneinander zu unterscheiden. Das öffentliche Interesse an Grenzen und deren Wirkung wird dabei auch vom Zeitgeist beeinflusst. Für die politischen Grenzen Europas stellte der Eiserne Vorhang eine geografische wie ideologische Grenze dar, die nicht nur Europa, sondern die Welt in zwei Teile trennte. Nach dem Fall des Eisernen Vorhangs und der Einrichtung des Schengenraums verloren die innereuropäischen Grenzen im öffentlichen Bewusstsein allmählich an Bedeutung, bis sie durch Entwicklungen wie eine verstärkte Migrationsdynamik, den Brexit, Coronabeschränkungen und einen Krieg in Europa wieder schmerzlich an Relevanz gewannen. Trotz einer zunehmenden Globalisierung und grenzüberschreitender Vernetzung gewinnen Grenzen im politischen und sozialen Kontext aktuell an Bedeutung. Unser Verhältnis zu Grenzen ist dabei ambivalent. Sie schließen aus und schützen; sie ordnen und teilen; sie trennen und halten gleichsam zusammen. Manchmal sind sie deutlich erkennbar, in anderen Fällen dagegen unsichtbar. Grenzen wirken auf geografischer, politischer, soziologischer und psychologischer Ebene. Die Beschäftigung mit Grenzen ist daher komplex und kann selten einfache Antworten liefern. Dies gilt insbesondere für Grenzen, die wir aus der Retrospektive zu ergründen versuchen.

Die häufigste Frage, die mir gestellt wird, wenn ich mit Kolleginnen und Kollegen über mein Promotionsthema spreche, ist: „Wo verläuft denn nun die Grenze zwischen Rätien und Obergermanien?" Selbst diese einfache Frage nach der geografischen Abgrenzung, in der noch nicht die Frage nach soziokulturellen Ausprägungen enthalten ist, lässt sich nicht einfach beantworten. Als ich das Thema der vorliegenden Arbeit 2014 übernommen habe, war schnell klar, dass bei der vorhandenen dünnen Quellenlage keine eindeutigen Ergebnisse zum Verlauf und der Funktion der Provinzgrenze und damit auch zur Wechselbeziehung mit der römerzeitlichen Besiedlung zu erzielen sind. Mich der Fragestellung trotzdem zu widmen, ohne die Gewissheit, am Ende ein belastbares Ergebnis zu erhalten, war für mich die größte Herausforderung der Promotion. Mein Doktorvater Prof. Dr. Alexander Heising war von Beginn an überzeugt, dass die Erforschung des Siedlungsraumes im Bereich der Grenze zwischen Rätien und Obergermanien und die damit verbundenen Überlegungen zum Verlauf und der Funktion der Grenze auch ohne den letztendlichen Beleg, „wie es nun wirklich war", wertvoll sind und die Forschung weiterbringen. Er hatte den Mut, mir eine ergebnisoffene Forschung zu ermöglichen, bei der der Fokus eben nicht auf dem Ergebnis, sondern auf der Anwendung und Evaluierung von Methoden liegt und die Vagheiten zulässt, solange diese wissenschaftlich begründbar sind. Sein Vertrauen hat mich durch alle Phasen der Promotion hindurch ermutigt und bestärkt, diese herausfordernde Aufgabe zu bewältigen. Zwar kann ich auch nach der ausführlichen Erforschung des Siedlungsmusters im Bereich der Provinzgrenze die eingangs gestellte Frage noch immer nicht mit Sicherheit beantworten, jedoch lassen sich die verschiedenen Vermutungen nun mit Argumenten aus der Geschichtsschreibung, Archäologie, Geologie und computergestützten Modellierungen unterstützen, sodass eine Diskussion nun auf wissenschaftlicher Basis möglich ist. Die Arbeit soll also Anstoß geben, in Zukunft genauer hinzuschauen, und die bisher im Vergleich zur Außengrenze des Römischen Reiches vernachlässigte Frage nach dem Verlauf und der Bedeutung interner Grenzen des Imperium Romanum in den Vordergrund rücken. Als Nebenprodukt, aber nicht weniger wichtig, liegt mit dieser Arbeit eine auf Literatur- und Archivquellen begründete Studie des römerzeitlichen Siedlungsmusters im Bereich der nördlichen Schwäbischen Alb zwischen Stuttgart, Tübingen und Ulm vor, in der das Zusammenspiel zwischen dem bekannten Siedlungsmuster, dem Naturraum, der Infrastruktur und dem Forschungsstand ausführlich beleuchtet wird. Und schließlich versteht sich die vorliegende Arbeit als Methodenstudie, in der verschiedene Ansätze zur Annäherung an eine römerzeitliche Binnengrenze entwickelt und vorgestellt werden. Die hier vorgestellten Methoden lassen sich in der Folge auch an anderen Fallbeispielen erproben und weiterentwickeln.

Die vorliegende Arbeit entspricht der leicht überarbeiteten Fassung meiner Dissertation, die von Prof. Dr. Alexander Heising und Prof. Dr. Eckhard Deschler-Erb betreut und am 13. Dezember 2019 an der Albert-Ludwigs-Universität Freiburg verteidigt wurde. Der Großteil des Textes und Katalogs wurden 2017 abgeschlossen, sodass später entdeckte oder publizierte Fundstellen nicht mehr berücksichtigt wurden. Die Arbeit entstand aus dem DFG-DACH-Projekt „Limites inter Provincias", das von 2014 bis 2017 an den Universitäten Freiburg, Innsbruck und Zürich durchgeführt wurde und die römische Provinzgrenze zwischen Rätien und Obergermanien beleuchtete. Ich danke Prof. Dr. Alexander Heising und Prof. Dr. Eckhard Deschler-Erb für das Vertrauen, das sie in mich gesetzt haben sowie für die mentale wie fachliche Unterstützung während und nach der Promotionsphase.

Die Zeit in Freiburg hat mein Leben sowohl fachlich wie auch menschlich bis heute bereichert. Freiburg im Breisgau wurde während der drei Jahre, die ich dort verbracht habe, zu einer zweiten Heimat, an die ich häufig wehmütig zurück denke und die ich immer noch regelmäßig besuche. Dazu hat zu großen Teilen die familiäre Gemeinschaft der Kommiliton:innen und Mitarbeiter:innen beigetragen, in die ich 2014 liebevoll aufgenommen wurde. Neben meinem Doktorvater möchte ich an dieser Stelle besonders Dr. Gabriele Seitz danken, die mich während der drei Jahre sowohl mental als auch fachlich wohlwollend begleitet hat. Auch meinem Projektkollegen, Büronachbarn und Freund Daniel Penz, mit dem ich Ideen, Methoden und vorläufige Ergebnisse am intensivsten austauschen konnte, möchte ich danken. Eine sowohl menschlich als auch fachlich angenehmere und produktivere Lernumgebung als die Abteilung für Provinzialrömische Archäologie in Freiburg hätte ich mir während der Promotionsphase nicht wünschen können.

Zu der vorliegenden Arbeit beigetragen hat aber auch der Austausch mit der Projektgruppe, die neben Freiburg auf die Universitäten Zürich und Innsbruck verteilt war. Die regelmäßigen Projekttreffen und die gemeinsam veranstaltete Session zu Binnengrenzen im Römischen Reich bei der RAC in Rom 2016 boten immer wieder Möglichkeiten, den Arbeitsfortschritt vorzustellen, kritisch zu diskutieren und Ideen zu reflektieren. Besonders bedanken möchte ich mich bei Helen Martin, die für ihr Dissertationsvorhaben mit dem Fokus auf die Nordschweiz den gleichen Ansatz wie ich verfolgte, weshalb wir uns besonders intensiv ausgetauscht haben. Zur Projektgruppe gehörten außerdem neben den genannten Kolleg:innen und Betreuern dieser Arbeit die weiteren Projektleiter:innen Prof. Dr. Phillipe Della Casa, Prof. Dr. Gerald Grabherr und Prof. Dr. Anne Kolb sowie die Mitarbeiter:innen Lukas Zingg, Dr. Nadja Melko, Dr. Verena Jauch, Dr. Julia Rabitsch, Katharina Blasinger, Arpad Langer und Ruth Irovec, denen ich für die zahlreichen Anregungen und Diskussionen danke.

Da die vorliegende Arbeit als Quellenmaterial neben der Fachliteratur hauptsächlich Informationen zu römerzeitlichen Fundstellen aus den Ortsakten der Bodendenkmalpflege verwendet, hätte ich das mir aufgetragene Forschungsthema ohne die großzügige Unterstützung des Landesdenkmalamtes Baden-Württemberg nicht durchführen können. Besonders bedanken möchte ich daher bei Dr. Jörg Bofinger, Dr. Klaus Kortüm, Dr. Markus Meyer und Dr. Andreas Thiel vom Regierungspräsidium Stuttgart mit Sitz in Esslingen und Dr. Friedrich Klein, Dr. Rainer Kreutle, Dr. Doris Schmid und Karla Speidel vom Regierungspräsidium Tübingen. Sie ermöglichten mir den Zugang zu den Ortsakten, Grabungsarchiven sowie schwer zugänglicher Literatur, unterstützten mich bei meinen Recherchen und gaben mir wertvolle Hinweise und Rückmeldung zu den von mir verfolgten Ansätzen zur Erforschung der Binnengrenze zwischen Rätien und Obergermanien.

Unterstützung hatte ich auch bei speziellen Fragestellungen und Themengebieten, die ich in der vorliegenden Arbeit berühre. So danke ich Hans-Dieter Lehmann für Hinweise auf Straßenverbindungen innerhalb des von mir gewählten Arbeitsgebietes sowie Bemerkungen zur Bedeutung von Straßen bei Überlegungen zum Grenzverlauf, die ich in der vorliegenden Arbeit nur streifen konnte. Dr. Herbert Riedl danke ich dafür, dass er mir die Ergebnisse seiner unpublizierten Magisterarbeit zur Verfügung stellte, die die Grundlage für die Abschnitte zu den Gräbern im Untersuchungsgebiet bildet. Der Austausch mit Prof. Dr. Siegmar von Schnurbein war für mich sehr wertvoll, um die früheren Ansätze zur Abgrenzung der beiden Provinzen voneinander durch kulturelle Ausprägungen besser zu verstehen. Da ich in der vorliegenden Arbeit den Ansatz verfolge, den Grenzverlauf zwischen den Provinzen Rätien und Obergermanien anhand GIS-gestützter Raumanalysen anzunähern, habe ich mich in den fünf Jahren der Bearbeitung intensiv in computergestützte mathematische Applikationen in der Archäologie eingearbeitet. Eine unschätzbare Hilfe war mir dabei der Kontakt zu Dr. Irmela Herzog, zunächst über ihre Publikationen und seit dem CAA Workshop in Hamburg 2015, auf dem wir uns persönlich kennenlernten, auch durch den persönlichen Austausch. Ihre Bekanntschaft war unschätzbar wertvoll für mich und ich habe sehr viel von ihr gelernt, besonders im

Hinblick auf Kostendistanzanalysen. Sie unterstützte mich bei der Berechnung meiner Daten und förderte und forderte mich während der Promotionsphase durch gemeinsame Publikationen und Vorträge.

Ein besonderer Dank gilt weiterhin meinen ehemaligen Mainzer Kommilitonen Dr. Daniel Burger und Dr. Timo Lang, mit denen ich mich über meine Arbeit austauschen konnte und die sich für einzelne Kapitel als Korrekturleser angeboten haben. Ich danke aber auch meinen Kolleginnen und Kollegen in der Römisch-Germanischen Kommission in Frankfurt am Main, namentlich Dr. Gabriele Rasbach, Dr. Christoph Rummel, Dr. Kerstin P. Hofmann und Dr. Alexander Gramsch, mit denen ich zwischen der Abgabe und der Verteidigung einzelne Aspekte des Forschungsthemas diskutieren konnte. Besonders freut es mich, dass die vorliegende Arbeit schließlich in die Reihe der Römisch-Germanischen Forschungen aufgenommen wurde. Hier gilt mein besonderer Dank dem Redaktionsleiter Dr. Alexander Gramsch, Julia Hahn, der die Verantwortung für die Redaktion des Bandes übertragen wurden, Heiko Fischer, der den gesamten Text samt Fußnoten kritisch überprüfte und dessen Adleraugen der Arbeit damit den letzten Schliff gaben, sowie Lara Hies und Oliver Wagner, die mich bei der Auswahl und Bearbeitung der Abbildungen unterstützten.

Schließlich danke ich meiner Frau Rieke Spang, die alle Höhen und Tiefen der Promotionsphase mit mir durchgestanden hat. An zahlreichen Wochenenden und in unseren Urlauben musste sie sich als Erste immer wieder meine neuesten Ideen anhören und inspirierte mich dabei mit ihrem fachfremden Blick auf die Thematik. Als einzige Korrekturleserin las sie die gesamte Arbeit samt Katalog mehrfach und korrigierte sie auf Sprache und Tippfehler. Vor allem verdanke ich ihr aber, dass ich während der mental besonders herausfordernden Zeit der Promotion nicht vergessen habe, zu leben und Auszeiten zu genießen. So erinnern wir uns auch privat gerne an die „Freiburger Zeit" zurück, mit Reisen, Ausflügen in den Schwarzwald und vielen schönen Stunden mit Freunden.

1 Einführung

Die Auseinandersetzung mit den *fines provinciae*, den Binnengrenzen des römischen Reiches, ist kein klassisches Betätigungsfeld der archäologischen Forschung. Anders als die römischen Außengrenzen zeichnen sich Provinzgrenzen in der Regel nicht durch Befestigungs- oder Sperrwerke aus. Abgesehen von den wenigen Fällen, in denen Grenzsteine oder -monumente den Übergang von einer Provinz in die andere markieren[1], erschließt sich der Verlauf der Binnengrenzen in erster Linie über schriftliche Quellen[2]. Der Beitrag archäologischer Methoden zu diesem Forschungsfeld wird daher allgemein als gering eingeschätzt[3]. Dementsprechend deutlich ist die Diskrepanz zwischen der Erforschung der römischen Außengrenze – des Limes – und derjenigen der Binnengrenzen[4]. Einzelne

Studien zu römischen Provinzgrenzen zeigen jedoch, dass auch die archäologische Forschung hier durchaus einen wertvollen Beitrag leisten kann[5]. Dieses bisher eher stiefmütterlich behandelte Thema in den Fokus der archäologischen Forschung zu stellen, war das Ziel des von 2014 bis 2017 an den Universitäten Freiburg, Innsbruck und Zürich durchgeführten und von der DFG geförderten Projekts „Limites inter Provincias – Roms innere Grenzen, eine Annäherung", in dessen Rahmen die vorliegende Arbeit entstand[6]. Am Beispiel der Grenze zwischen Rätien und Obergermanien wurden dabei der Verlauf, die Wirkung und die Funktion der Provinzgrenzen in einem interdisziplinären Ansatz aus Alter Geschichte, Archäologie und Archäometrie untersucht. Die vorliegende Arbeit geht diesen

---

1 So sind von der Grenze zwischen Ober- und Niedergermanien am Vinxtbach, nahe der Gemeinde Brohl-Lützing (Lkr. Ahrweiler, Rheinland-Pfalz), beispielsweise Altäre bekannt, die den *fines* geweiht waren: CIL XIII 7713 (= EDCS-11001841); 7724 (= EDCS-11001852); 7731 (= EDCS-11001859); 7732 (= EDCS-11001860). Ein weiteres Beispiel ist die Grenze zwischen *Asia* und *Galatia*, die durch ein Grenzheiligtum zwischen den Städten *Apameia* in Phrygien (heute Dinar, Prov. Afyonkarahisar, TR) und *Apollonia* (nahe des heutigen Uluborlu, Prov. Isparta, TR), ebenfalls in Phrygien, markiert wird: CHRISTOL / DREW-BEAR 1987, 13–19. Zu Grenzheiligtümern in Obergermanien siehe SPICKERMANN 2003, 260–262. Zahlreiche Grenzsteine sind – häufiger als entlang von Provinzgrenzen – entlang der Territoriumsgrenze von Städten aufgestellt gewesen (Siehe z. B. WILKES 1974 für Dalmatien). Sie

sind überwiegend aus den iberischen, den ostdanubischen und den nordafrikanischen Provinzen bekannt. Zu Grenzsteinen und -heiligtümern siehe auch KOLB / ZINGG 2016; KOLB 2003; ECK 1997, 184; 1995, 355–357; BENDER 1991, 57.
2 Hierzu werden vor allem die *geographika* des Strabon und die *geographike hyphegesis* des Claudius Ptolemäus herangezogen.
3 So bemerkt beispielsweise GOTTLIEB (1989a, 81) in seiner Studie zur Raumordnung im römischen Reich: „Nur schriftliche Zeugnisse liefern Hinweise, die wir brauchen, um regionale Einheiten, also administrative Gegebenheiten erkennen zu können".
4 So auch TALBERT 2004, 26.
5 z. B. BENDER 1991; DA COSTA 2011; STEIDL 2011; LEHNER 2012; FÜNDLING 2013; BASTOS et al. 2014.
6 Siehe auch HEISING et al. 2015; DELLA CASA / DESCHLER-ERB 2016.

Fragen aus einer siedlungs- und landschaftsarchäologischen Perspektive nach. Die beiden Begriffe werden häufig synonym verwendet und es existiert eine Vielzahl an Definitionen und Versuchen, sie voneinander abzugrenzen[7]. Die Siedlungsarchäologie im Sinne der Archäologie von Siedlungsfundstellen[8] hat ihren Ursprung im ausgehenden 19. Jahrhundert[9]. Auslöser war die grabungstechnische Errungenschaft, Siedlungsspuren aus vergangenem Holz und Grubenbefunde im Boden archäologisch nachzuweisen, was erstmals in den 1890er Jahren bei Ausgrabungen der Reichslimeskommission an den Militärlagern am Limes gelang. Dadurch bestand zum ersten Mal die Möglichkeit, Grundriss, Aufbau und Struktur vor- und frühgeschichtlicher Siedlungen systematisch zu untersuchen[10]. Bereits früh wurde neben der Erforschung der Architektur und Siedlungsstruktur auch das Umfeld der Siedlungen und besonders der Naturraum, in dem sie eingebettet waren, in die Forschung miteinbezogen[11]. Eine Unterscheidung zwischen Siedlungs- und Landschaftsarchäologie wurde im deutschsprachigen Raum bis in die 1990er Jahre hinein jedoch nicht gemacht[12]. Erst im letzten Jahrzehnt des 20. Jahrhunderts entwickelte sich der Begriff Landschaftsarchäologie auch in Deutschland für ein eigenständiges Forschungsfeld[13], bei dem „die diachrone Beschreibung und Rekonstruktion der physischen und kulturellen Aspekte einer archäologischen Landschaft und, darauf aufbauend, die Interpretation der dahinter stehenden wirtschaftlichen, kulturellen, sozialen, religiösen oder politischen Strukturen, ihrer Bedeutungen, Vorstellungen und Konzepte"[14] im Vordergrund steht. Im Gegensatz zu siedlungsarchäologischen Untersuchungen steht hier nicht die Entwicklung von Siedlungen und ihrem Umland im Zentrum der Fragestellung, sondern die Genese und Entwicklung der gesamten Kulturlandschaft[15]. Beiden Forschungsrichtungen ist der hohe Stellenwert gemeinsam, den die Untersuchung der Mensch-Umwelt-Beziehungen einnimmt. Thomas Meier plädiert daher für den Begriff „Umweltarchäologie", mit dem er „die Untersuchung der Wirkungszusammenhänge und Interaktionen zwischen Gesellschaften und den von ihnen genutzten Naturräumen" begrifflich fasst[16]. Sebastian Brather schlägt dagegen vor, die Konzepte von Landschaftsarchäologie, Siedlungsarchäologie und Umweltarchäologie miteinander zu kombinieren und so „verschiedene, fragestellungsabhängige Perspektiven auf ‚Räume' zu ermöglichen"[17]. Die Idee, die verschiedenen Aspekte von Landschafts-, Siedlungs- und Umweltarchäologie kombiniert für verschiedene Fragestellungen anzuwenden, liegt auch dem Ansatz von Nils Müller-Scheeßel zugrunde[18]. Aufgrund der zahlreichen, zum Teil weit gefassten Definitionen der Siedlungs- und Landschaftsarchäologie lehnt er die Verwendung dieser Begriffe jedoch ab und ordnet die verschiedenen Strömungen der Forschungsrichtungen stattdessen „vier ‚räumlichen' Fragestellungen" zu:

1. Die kulturhistorische Fragestellung, bei der die Verbreitung von archäologischen Fundtypen oder Befundkategorien zur Erklärung von gesellschaftlichen Prozessen im Vordergrund steht[19].

2. Die naturräumliche Fragestellung, die sich mit der Wechselwirkung zwischen dem Menschen und dem ihn umgebenden Naturraum beschäftigt[20].

3. Die funktionalistische Fragestellung, bei der auf der regionalen und überregionalen Ebene das Siedlungssystem und auf der Siedlungsebene das Verhältnis räumlicher Einheiten innerhalb der Siedlungen und Gebäude im Vordergrund steht[21].

4. Die phänomenologische Fragestellung, bei der „die physische Realität der handelnden Akteure" im Vordergrund steht[22] und somit die Wahrnehmung des Raumes durch den Menschen sowie die Wechselwirkung zwischen Mensch und Raum betrachtet wird.

---

7 Einen forschungs- und theoriegeschichtlichen Abriss mit weiterführender Literatur geben u. a. Brather 2011; Steuer 2001; Doneus 2013, 29–46; Haupt 2012, 9–13; Gramsch 2003; Zimmermann 2004; Steuer 2005; Knopf 2013.

8 In Abgrenzung zu dem schon von Zeitgenossen kritisierten Ansatz Gustaf Kossinnas, über die Verbreitung ausgewählter Fundgruppen die Siedlungsgebiete vor- und frühgeschichtlicher Ethnien zu lokalisieren. Siehe hierzu z. B. Gramsch 2003, 36; Brather 2011, 123–126; ausführlich zu Kossinnas Weltanschauung und dem „Problem der sogenannten ‚Ethnischen Deutung'" siehe Eggers 2006, 199–254.

9 Sofern nicht anders angegeben, beziehen sich alle Jahres- und Jahrhundertangaben auf die Zeit n. Chr.

10 Jankuhn 1977, 13–16; Eggers 2006, 219–226; Brather 2011, 126.

11 z. B. Wolff 1920; Wahle 1920; Engel 1930. Auch in den später für die Siedlungsarchäologie wegweisenden Arbeiten werden die Landschaft und der Naturraum, in den die Siedlungen eingebettet waren, in die Untersuchung integriert: Jankuhn 1977; Lüning 1982.

12 Im englischsprachigen Raum entwickelte sich die *landscape archaeology* seit den 1970er Jahren: Doneus 2013, 35.

13 Gramsch 2003, 42; Doneus 2013, 37.

14 Doneus 2013, 39.

15 Haupt 2012, 9–13.

16 Meier 2009; 2017; dagegen Haupt 2012, 12–13.

17 Brather 2011, 135.

18 Müller-Scheessel 2013.

19 Müller-Scheessel 2013, 105–109.

20 Müller-Scheessel 2013, 109–113.

21 Müller-Scheessel 2013, 101, 113–118.

22 Müller-Scheessel 2013, 118–122.

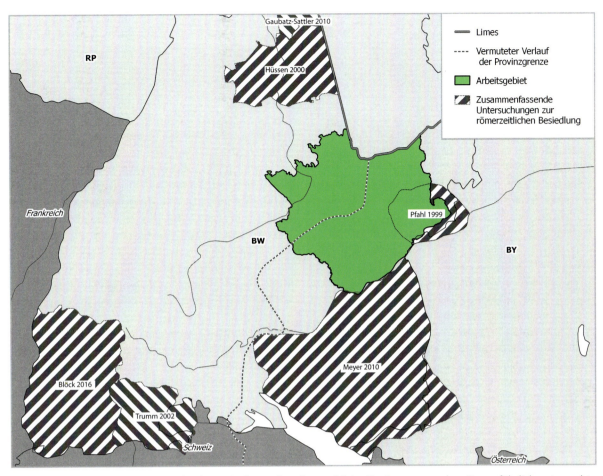

1 Grenzen des Arbeitsgebietes und Gebiete, in denen das römerzeitliche Siedlungswesen bereits ausführlich untersucht wurde.

In diesem Sinne verfolgt die vorliegende Arbeit das Ziel, das römerzeitliche Siedlungswesen beiderseits der Provinzgrenze zwischen Rätien und Obergermanien anhand der von Müller-Scheeßel entwickelten räumlichen Fragestellungen zu erschließen und zu erörtern, ob und inwiefern sich daraus neue Erkenntnisse zum Verlauf und der Bedeutung dieser Grenze ableiten lassen. Das Untersuchungsgebiet umfasst dabei den heute zur Bundesrepublik Deutschland gehörenden nördlichen Abschnitt der Provinzgrenze. Die römerzeitliche Besiedlung des rechtsrheinischen Obergermanien und des nordwestlichen Rätien ist in Ausschnitten bereits ausführlich untersucht worden *(Abb. 1)*. Bei den entsprechenden Arbeiten stehen die diachrone Entwicklung der römerzeitlichen Besiedlung sowie eine ausführliche Vorlage der Funde und Befunde im Vordergrund. Die jeweiligen Untersuchungsgebiete liegen dabei vollständig in Rätien oder in Obergermanien,

sodass die Zugehörigkeit zur Provinz in der Diskussion keine bzw. eine untergeordnete Rolle spielt[23]. In der vorliegenden Arbeit wird das römerzeitliche Besiedlungsmuster dagegen in einem etwa 50 km breiten Streifen unmittelbar entlang der Provinzgrenze untersucht. Dabei sollen die folgenden drei zentralen Fragen beantwortet werden[24]:

1. Wie stellt sich das römerzeitliche Besiedlungsmuster im Bereich der Provinzgrenze dar?
2. Wie ist es zu deuten?
3. Wie ist die Provinzgrenze in dieses Muster eingebettet?

Vor der Bearbeitung des Untersuchungsgegenstandes werden zunächst das Wesen und die Einrichtung römischer Provinzgrenzen erörtert und der bisherige Kenntnisstand zur Grenze zwischen den Provinzen Rätien und Obergermanien diskutiert.

---

23 Lediglich TRUMM 2002a, 202–204 und MEYER 2010a, 353–359 widmen der Diskussion einen größeren Raum.

24 Zur Vorgehensweise siehe auch *Kap. 1.3.6.*

1.1 Römische Provinzen und ihre Grenzen

Seit der Expansion des römischen Herrschaftsgebietes in Räume außerhalb des italischen Kernlandes war eine Strukturierung und Gliederung dieser neu hinzugewonnenen Gebiete notwendig. Im Fall der ersten außerhalb des italischen Kernlandes eroberten Gebiete *Sicilia* und *Corsica et Sardinia* wurde ihre Verwaltung als *provinciae* ab 227 v. Chr. in die Hände jeweils eines Praetors gelegt[25]. Der Begriff *provincia* bezeichnete dabei zunächst nicht den geografisch definierten Raum, sondern lediglich den Aufgaben- und Zuständigkeitsbereich eines römischen Magistrats[26]. Erst einige Jahrzehnte später, als auch auf dem Festland mehrere neu eroberte Gebiete in das römische Reich eingegliedert wurden und verwaltet werden mussten, schlug sich auch der geografische Aspekt in dem Begriff *provincia* nieder. Seit dem frühen 2. Jahrhundert v. Chr. gebrauchte man den Begriff schließlich „[...] zu der Bezeichnung eines fest umgrenzten geografischen Raumes, konkret als Benennung für außerhalb des römischen Kernlandes gelegene untertänige Gebiete, in denen ein römischer Mandatar seine Amtsgewalt wahrnahm"[27]. Waren im Fall der frühesten Provinzen die Grenzen der Zuständigkeitsbereiche des jeweiligen Prokurators durch die natürliche Gestalt der Inseln vorgegeben, musste 197 v. Chr. mit der Einrichtung der spanischen Provinzen *Hispania citerior* und *Hispania ulterior* erstmals eine solche Grenze über eine größere Landstrecke definiert werden[28]. So erfahren wir durch Livius (32, 28), dass Sempronius die Amtsgewalt über *Hispania citerior* übertragen und Helvius Statthalter der Provinz *Hispania ulterior* wurde[29] und dass die beiden Prätoren den Auftrag erhielten, die Ausdehnung der beiden Provinzen festzulegen[30]. Das Territorium einer Provinz – und damit der Zuständigkeitsbereich des jeweiligen Statthalters – musste folglich klar abgegrenzt sein[31].

Für die Grenzziehung waren – wie durch das obige Beispiel bereits deutlich wurde – die Statthalter selbst verantwortlich[32]. Die Kriterien, nach denen der Verlauf einer Provinzgrenze festgelegt wurde, waren dabei höchst unterschiedlich. Bei der Wahl des Grenzverlaufes spielten das Verhältnis Roms zu der Bevölkerung in den neu hinzugewonnenen Gebieten, deren politisch-territoriale Organisation sowie die vorgefundene Infrastruktur eine große Rolle. In einigen Fällen berücksichtigten römische Provinzgrenzen ältere, vorrömische Territorien[33]. Anderseits kam es auch vor, dass bestehende Territorien bei der Einrichtung von Provinzen bewusst geteilt wurden[34]. Häufig sind topografische oder naturentlehnte Elemente als Fixpunkte für Binnengrenzen belegt. Der Vinxtbach zwischen Ahr und Brohlbach bildete beispielsweise die Grenze zwischen den Provinzen Ober- und Niedergermanien, der Inn markierte die Grenze zwischen Rätien und *Noricum* und der Rotenbach vermutlich den nördlichen Beginn der Grenze zwischen Rätien und Obergermanien[35]. Doch auch über Landstrecken boten sich topografische Elemente wie Gebirgszüge, Wasserscheiden oder auch Bäume als markante Fixpunkte für die Grenzführung an[36]. Der exakte Verlauf der Provinzgrenzen ist jedoch mit Ausnahme der Fälle, in denen Grenzsteine vorliegen, unbekannt. Interessanterweise beziehen sich die *termini* und Meilensteine, welche als epigrafische Quellen zum Verlauf von Grenzen herangezogen werden können, nur selten auf die Provinzgrenze. Sie markieren vielmehr die Grenze zwischen zwei Stadtgebieten, zwischen einem Stadtgebiet und einem Stammesgebiet oder zwischen einem Stadtgebiet

25 Lintott 1993, 23; Wolters 2003, 510; Wesch-Klein 2008a, 317–319.

26 Lintott 1993, 22–27; Wesch-Klein 2008b, 19–21; Richardson 2011, 2–6; Eck 1997, 170.

27 Wesch-Klein 2008a, 5. Siehe auch Lintott 1993, 23; Eck 1997, 171; Wolters 2003, 510.

28 Lintott 1993, 23.

29 Liv. 32, 28, 2: „[...] *Hispanias Sempronius citeriorem, Helvius ulteriorem est sortitus* [...]".

30 Liv. 32, 28, 11: „[...] *et terminare iussi, qua ulterior citeriorve provincia servaretur*".

31 Wesch-Klein 2008b, 19–20.

32 Eck 1995, 355–357; Kolb / Zingg 2016, 11.

33 So z. B. in Dalmatien (Alföldy 1963) und Gallien (Drinkwater 1983, 93–94); siehe auch Eck 1997, 173–174.

34 Ausbüttel 1998, 26.

35 Zu Flüssen als Demarkationslinien für Binnengrenzen im römischen Reich siehe Dobesch 2005, 36–40, insbes. 39. Zum Rotenbach als Grenze zwischen Rätien und Obergermanien siehe auch *Kap. 1.2*.

36 Favory 2005, 175–178. Zu naturentlehnten Grenzen siehe auch Ante 1981, 111–112; Hänger 1990, 135–136; Hagel 1994, 491.

und privatem oder kaiserlichem Besitz[37]. Während die Grenzen der Stadtgebiete, die wohl den Hauptbezugspunkt der Provinzbevölkerung darstellten[38], somit markiert und allgemein bekannt gewesen sein dürften, ist es fraglich, ob dies auch auf die exakte Ausdehnung des Provinzterritoriums zutrifft und der Statthalter den Grenzverlauf der Provinz, ähnlich wie auf einer modernen Karte, vor Augen hatte. Damit verbunden ist die Frage, welche Raumwahrnehmung die antiken Menschen hatten. Kai Brodersen geht davon aus, dass für den antiken Menschen nur „Kleinräume" wie Städte als Fläche erfassbar waren und „Mittelräume" wie Provinzen als *routes* erfasst wurden – also entlang von Land- und Wasserstraßen[39]. Dafür spricht auch die Darstellung größerer Räume mithilfe eines Itinerars, das einen Raum nicht geometrisch korrekt abbildet, sondern entlang von Straßen erschließt. Auch Christian Hänger ist skeptisch, ob es den römischen Statthaltern möglich war, „auf einer Karte genau festzustellen, wo das Gebiet einer Provinz anfing und das der anderen aufhörte"[40]. Wie oben erwähnt, hat der Begriff Provinz nicht nur eine Bedeutung, sondern kann sowohl als Amt bzw. Zuständigkeit als auch als geografischer Raum verstanden werden. Als geografisch ausgeprägter Zuständigkeitsbereich kann sich eine Provinz in ihrer Dimension und Ausdehnung also durchaus verändern und ist nicht zwingend statisch. Die Information zur Ausdehnung der Provinz und der Abgrenzung zu Nachbarprovinzen lag daher vermutlich zumindest in Listenform vor, in der *formula*, die eine Aufzählung der Städte enthielt, die zum Amtsbereich gehörten[41]. Aufbewahrt wurden diese Listen und Karten von römischen Amtsbezirken in Archiven wie dem *tabularium principis*, dem Staatsarchiv in Rom[42]. Abgesehen von Punkten, an denen die Provinzgrenze oberirdisch markiert war, dürfte deren exakte Lage vor allem der Bevölkerung mit Besitz entlang der Grenze sowie im Fall von öffentlichen Bauten und Ressourcennutzung in Grenznähe bekannt gewesen sein, da hier ihre Lokalisierung für Besitzverhältnisse, Steuerfragen, Zuständigkeiten und Nutzungsrechte von Belang war[43].

An die Frage nach der Verortung der Verwaltungsgrenzen in der Antike schließt sich die Frage nach ihrer Gestalt an. Handelte es sich um eine lineare, scharf abgegrenzte Trennung zwischen der einen und der anderen Provinz oder ist auch mit weniger klar definierten Grenzregionen bzw. Grenzpuffern zu rechnen? Das Vorhandensein von Grenzsteinen lässt auf lineare Abgrenzungen schließen. Unklar ist, wie sich die Situation in unwegsamem Gelände wie beispielsweise den Alpen darstellte[44]. Claus-Michael Hüssen und Markus Gschwind gehen davon aus, dass das Provinzterritorium im Wüstengebiet Syriens „nicht linear abgegrenzt [war], sondern als Grenzzone, in der Bewegungen von Karawanen und nomadisierenden Gruppen kontrolliert wurden"[45]. Dabei handelt es sich jedoch um einen Abschnitt der Außengrenze des römischen Reiches, d. h. um eine den Provinzen übergeordnete Raumeinheit. Diese können sich nach Franz Irsigler tatsächlich in Form von Grenzsäumen darstellen, während Binnengrenzen eher zu einer linienhaften Ausprägung tendieren[46]. Es ist also damit zu rechnen, dass die Grenzen von Stadtterritorien und Provinzen linear und eindeutig zwei Bereiche voneinander trennten, insbesondere, da sie Zuständigkeitsbereiche von Magistraten, Einzugsgebiete von Steuereinnahmen und im Fall der Provinzen auch die Zuständigkeit der Militärverwaltung abgrenzten[47].

Mehrere räumlich ausgeprägte Einheiten wie beispielsweise Verwaltungsbezirke, Zollbezirke, Naturräume und Kulturräume existieren dabei parallel zueinander. Die verschiedenen Raumkonzepte werden durch unterschiedliche Bedürfnisse, individuelle Erfahrungen sowie die Interaktion von Menschen untereinander und mit ihrer Umwelt konstruiert und sind einem ständigen Wandel unterworfen[48]. Die Grenzen dieser räumlich ausgeprägten Entitäten müssen bzw. können sich daher nicht zwingend miteinander decken. Im Fall zweier benachbarter Stadtgemeinden, die unterschiedlichen Provinzen angehören, ist damit zu rechnen, dass ihre Grenze mit der Provinzgrenze übereinstimmt. In beiden Fällen handelt es sich um Verwaltungsgrenzen, sodass wahrscheinlich ist, dass ihre Bestimmung den gleichen Kriterien entspricht[49]. Daneben existieren aber auch Räume, denen andere Kriterien zugrunde liegen und deren Grenzen daher von den politischen Grenzen abweichen können. So konnten beispielsweise im Zollwesen mehrere Provinzen zu einem Zollbezirk

37 Eck 1997, 184.
38 Eck 1997, 183–184.
39 Brodersen 1995, 59–66; 91–94.
40 Hänger 1998, 134.
41 Brodersen 1995, 129–130; Eck 1997, 184; Hänger 1998, 157.
42 Talbert 2005, 95–96.
43 Kolb / Zingg 2016, 11–12.

44 Siehe hierzu die kurze Diskussion zur Gestalt der Grenze im Alpenraum bei Grassl 1994, 517–518 Anm. 2.
45 Hüssen / Gschwind 2012.
46 Irsigler 1991, 12; 17.
47 Richardson 2011, 6.
48 Siehe z. B. Hansen / Meyer 2013; Schreg 2016.
49 Ante 1981, 124; Hagel 1994, 487–488.

zusammengefasst sein. An einer Provinzgrenze endete also nicht zwingend auch ein Wirtschaftsraum[50]. Kulturgrenzen wiederum können nur selten mit linearen Grenzen übereinstimmen. Sofern die Verwaltungsgrenze „Kommunikation und Austausch", die nach Brather „die beiden entscheidenden Mechanismen [sind], die kulturelle Ähnlichkeiten über geografische Distanzen hervorrufen"[51], nicht unterbindet, gehen kulturelle Ausprägungen in einem fließenden Übergang ineinander über und sind nicht linear und eindeutig voneinander abgegrenzt[52]. Eine Verwaltungsgrenze kann, muss aber nicht im Übergangsgebiet zwischen zwei kulturellen Ausprägungen liegen, was ihre archäologische Nachweisbarkeit erschwert. So zeigten Manfred Lehner sowie Tina Neuhauser und Andrea Csapláros anhand verschiedener Merkmale, dass die Kulturentwicklung zwischen *Noricum* und *Pannonia* grenzübergreifend war[53]. Alexander Heising konnte zudem am Beispiel der Provinz Obergermanien aufzeigen, dass eine Provinz verschiedene Kulturräume umfassen kann[54]. Die Rekonstruktion von Verwaltungsgrenzen wird schließlich auch dadurch erschwert, dass sie in ihrem Verlauf selten auf nur einem der genannten Aspekte, wie beispielsweise dem Wechsel von Kultur-, Natur- oder Wirtschaftsräumen, alleine basieren[55].

Zur Problematik der schwierigen archäologischen Nachweisbarkeit der Provinzgrenzen kommt der Umstand hinzu, dass ihr Verlauf nicht unveränderbar war[56]. So verlor die Provinz *Gallia Belgica* bei der Einrichtung der Provinz Obergermanien beispielsweise einen erheblichen Teil des östlichen und südlichen Provinzgebietes. Darüber hinaus sind Wechsel in der Provinzzugehörigkeit einiger gallischer *civitates* belegt[57]. Zahlreiche Veränderungen im Grenzverlauf sind auch für die Grenzen der römischen Provinz *Thracia* nachzuweisen[58]. Aber auch Neustrukturierungen, bei denen Provinzen vollständig in bestehenden oder neu geschaffenen Strukturen aufgingen, sind bekannt[59]. Nach Werner Eck besaßen die meisten Grenzverschiebungen bis weit in das 3. Jahrhundert hinein jedoch keine größere Bedeutung[60]. Die gravierendsten Veränderungen fanden erst unter Kaiser Diokletian statt, der im Zuge einer großflächigen Reorganisation zahlreiche Provinzen teilte oder verkleinerte[61]. Dass die meisten Provinzgrenzen „in der Ausdehnung und dem territorialen Umfang, den sie nach der endgültigen Organisation des Gebietes erreicht hatten, für lange Perioden bestehen"[62] blieben, dürfte sicherlich auch dem religiösen Charakter von Grenzen geschuldet sein, da diese „in der Religion [...] in zumeist rituellen Praktiken konstituiert, legitimiert und immer wieder reproduziert werden"[63], was eine gewisse Beständigkeit einer einmal etablierten Grenzführung nahelegt.

---

50 Eck 1997, 182–183; Ausbüttel 1998, 90–91.

51 Brather 2011, 129.

52 So auch Hagel 1994, 489; Hoss 2016, 22–23.

53 Lehner 2012; Neuhauser / Csapláros 2012. Dagegen vermuten Gschwind / Ortisi 2001 aufgrund der Verteilung von Fibeltypen in Rätien und *Noricum*, dass die Provinzgrenze zwei Kulturräume voneinander trennte.

54 Heising 2016; 2017. Siehe auch *Kap. 1.3.3.*

55 Ante 1981, 113–114.

56 Ausbüttel 1998, 27.

57 Siehe z. B. Drinkwater 1983, 102; Raepsaet-Charlier 2001, 174.

58 Gerov 1979, 212–230.

59 Siehe z. B. die Integration der Provinz *Gallia cisalpina* in das italische Kernland oder die Aufteilung der Provinz *Illyricum* in Pannonien und Dalmatien (Strobel 2011, 202; Kovács 2008; Šašel Kos 2010).

60 Eck 1997, 175.

61 Barnes 1982, 209–225.

62 Eck 1997, 175.

63 Walser 2012, 219.

1.2 Quellen zum Verlauf der Provinzgrenze zwischen Rätien und Obergermanien in ihrem nördlichen Abschnitt

In ihrem gesamten Verlauf, der eine Strecke von etwa 300 km einnimmt, lässt sich die Grenze zwischen Rätien und Obergermanien nur an wenigen Stellen genau lokalisieren. Die dürftige Quellenlage und die damit verbundene Unschärfe der Lokalisierung führen zu teils unterschiedlichen Versionen des auf modernen Karten wiedergegebenen Grenzverlaufes *(Abb. 2)*[64].

Den ausführlichsten Beitrag zur „Westgrenze Rätiens" lieferte Richard Heuberger, der 1932 und 1953 alle bis dahin bekannten literarischen, epigrafischen und archäologischen Quellen zu diesem Grenzabschnitt zusammenstellte[65]. Ausgangspunkt für die traditionelle Rekonstruktion des Grenzverlaufes zwischen Obergermanien und Rätien bilden die beiden römischen Orte *Ad Fines* (Pfyn, Kt. Thurgau, CH) und *Tasgetium* (Eschenz, Kt. Thurgau, CH). Der bereits im beginnenden 1. Jahrhundert gegründete *vicus Tasgetium* befand sich am südlichen Ufer des Untersees an dessen Ausfluss in den Rhein, wo ein Rheinübergang bereits in den 20er Jahren des 1. Jahrhunderts archäologisch belegt ist[66]. Da Claudius Ptolemäus den *vicus* in seinem geografischen Werk unter den rätischen Ortschaften führt, die am Quellgebiet des Rheins liegen (2, 12, 3), gilt die Provinzzugehörigkeit als gesichert[67]. Diese wird darüber hinaus durch einen Weihestein des Spicius Cerialis – Statthalter Rätiens unter Kaiser Commodus – bestätigt, der in Stein am Rhein (Kt. Thurgau, CH), unweit

westlich des *vicus*, gefunden wurde[68]. Etwa 9 km südöstlich von *Tasgetium* und mit diesem durch eine Straße verbunden lag das spätrömische Kastell *Ad Fines*[69] (zu Deutsch „an den Grenzen"), dessen antiker Name als Hinweis auf die direkte Nähe zur Provinzgrenze herangezogen wird[70]. Der Straßenverlauf zwischen *Tasgetium* und *Ad Fines* gilt daher nach Friedrich Hertlein „als Grenzstraße Rätiens, noch zu diesem gehörig"[71]. Da bisher jedoch kaum Spuren einer kaiserzeitlichen Besiedlung in *Pfyn* bekannt sind, ist umstritten, ob sich der Name des spätrömischen Kastells tatsächlich auf die Grenze der frühen und mittleren Kaiserzeit bezieht[72]. Den einzigen direkten literarischen Hinweis auf die Grenze zwischen Rätien und Gallien / Obergermanien[73] im betrachteten Abschnitt liefert Claudius Ptolemäus in seiner *geographike hyphegesis* (2, 12)[74]. Er verortet sie dort zwischen den Rhein- und den Donauquellen (2, 12, 1), wobei mit den Rheinquellen wohl der Austritt des Flusses aus dem Untersee des Bodensees gemeint ist[75].

Als Nordgrenze der Provinz nennt Ptolemäus die Donau „von den Quellen bis zur Einmündung des *Aenus* (Inn)" (2, 12, 1)[76], die ab spättiberischer Zeit bis zur Anlage der Militärlager auf der Schwäbischen Alb unter den Kaisern Domitian und Traian gleichzeitig die nördliche Grenze des römischen Reiches bildete[77]. Aufgrund dieser Textstelle werden die unter Kaiser Claudius eingerichteten Kastelle an der

---

64 Zu unterschiedlichen Grenzvarianten in der Nordschweiz siehe auch Jauch 2014, 206 Abb. 324. Zu der gleichen Problematik bei der Kartierung der Grenze zwischen *Noricum* und *Pannonia* siehe auch Lamm 2014.
65 Heuberger 1932, 75–81; 1953.
66 Benguerel et al. 2014, 193–195. Zur Forschungsgeschichte siehe auch Brem et al. 2011.
67 Heuberger 1953, 49–50.
68 Lieb 1993, 159–160 Nr. 2.
69 Brem et al. 2008.
70 z. B. Heuberger 1953, 49 f; Hertlein 1928, 9–10; Brem et al. 2008, 17 Anm. 8; Trumm 2002a, 202; Heiligmann 1990, 187.
71 Hertlein 1928, 10.
72 Jauch 2014, 206, siehe besonders Anm. 1439 und 1440. Daran schließt sich die Frage nach dem Grenzverlauf in der Spätantike an (Brem et al. 2008, 21–23).

73 Allgemein wird davon ausgegangen, dass sich die Provinzen *Germania superior* und *Germania inferior* in domitianischer Zeit aus den zwei Heeresbezirken bildeten, die formal zur Provinz *Gallia Belgica* gehörten. Frank M. Ausbüttel spricht sich dagegen für die Existenz einer Provinz *Germania* seit ca. 16 v. Chr. aus und nimmt eine Teilung in Ober- und Niedergermanien noch in den letzten Jahren der Regierungszeit des Kaisers Augustus an (Ausbüttel 2011).
74 Er beschreibt dabei wahrscheinlich die Zustände in der ersten Hälfte des 1. Jahrhunderts (Heuberger 1953, 47–48).
75 Heuberger 1953, 48–49.
76 Stückelberger / Grasshoff 2006, 237.
77 Zur Militärgeschichte der Region siehe ausführlicher *Kap. 2.2.1*.

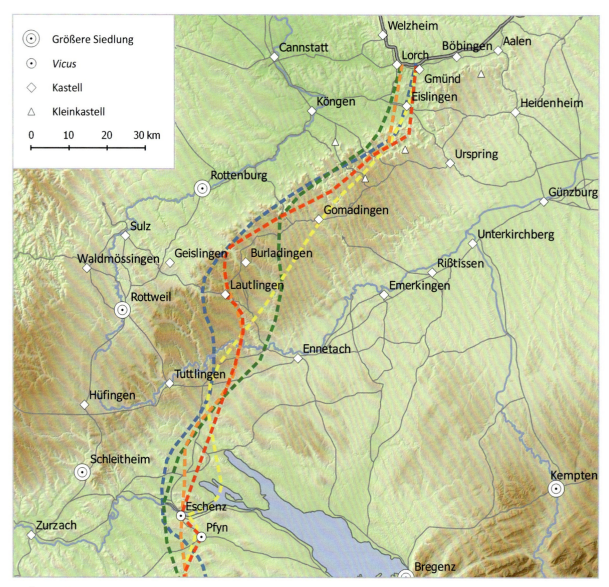

2 Übersichtskarte mit Abbildung der verschiedenen publizierten Grenzverläufe zwischen Rätien und Obergermanien. – Blau: HERTLEIN 1928, Taf. 1. – Grün: HEUBERGER 1932, 76. – Gelb: H. J. Kellner in CZYSZ et al. 1995a Abb. 8. – Orange: FILTZINGER 1986. – Rot: Historischer Atlas von Baden-Württemberg III 4.

oberen Donau mit Ausnahme von Hüfingen (Lkr. Schwarzwald-Baar-Kreis)[78] als rätisch angesprochen. Da die Truppen der Kastelle Hüfingen, Tuttlingen (Lkr. Tuttlingen) und Mengen-Ennetach (Lkr. Sigmaringen), die im Gebiet der vermuteten Provinzgrenze liegen, jedoch nicht bekannt sind[79], kann ihre Zugehörigkeit zum rätischen oder obergermanischen Heer nur vermutet werden, sodass der Schnittpunkt zwischen der Provinzgrenze und der Donau umstritten ist[80]. Üblicherweise wird die Straße, die an dem rätischen *vicus Tasgetium* (Eschenz) vorbei nach Norden bis an die Donau führte und dort nach Osten die Limeskastelle der rätischen Nordgrenze miteinander verband, als westlichste Straßenverbindung Rätiens

78 Siehe hierzu ausführlicher *Kap. 1.2.1.*
79 In Mengen-Ennetach wird die rätische *ala Gemelliana* vermutet, die zu der Zeit, als das Kastell bestand, für Rätien belegt ist (FARKAS 2015, 22). Zu Tuttlingen siehe Filtzinger in PLANCK 2005, 338–339; zu Hüfingen siehe MAYER-REPPERT 1995.

80 So ist besonders die Zugehörigkeit von Tuttlingen zu Rätien oder Obergermanien unklar (HEILIGMANN 1990, 187–188). SOMMER 2002, 441 schließt darüber hinaus nicht aus, dass zumindest in vorflavischer Zeit auch Hüfingen noch zu Rätien gehörte. Siehe auch *Kap. 1.2.1.*

angesprochen und die Provinzgrenze folglich im westlichen Vorfeld dieser Straße verortet[81]. Ein zweiter Vorschlag zur Verortung der Provinzgrenze stammt von Jürgen Trumm. Die naturräumlichen Verhältnisse sowie die frühmittelalterliche Aufteilung unter Karl dem Großen berücksichtigend, schlug er einen Verlauf über den Randen vor, den südlichsten Ausläufer der Schwäbischen Alb[82]. Die stark voneinander abweichenden Versionen verdeutlichen die Unsicherheiten, die immer noch bezüglich des Grenzverlaufes zwischen dem Rhein und der oberen Donau bestehen.

Noch dürftiger ist die Quellenlage für den Grenzverlauf nördlich der Donau, dem geografischen Schwerpunkt der vorliegenden Arbeit. Hier ist die Forschung fast ausschließlich auf Vermutungen angewiesen. Ab vespasianischer Zeit weitete sich der von Rom militärisch kontrollierte Bereich zunächst in den oberen Neckarraum aus und die Nordgrenze des römischen Reiches wurde anschließend in domitianisch-traianischer Zeit schrittweise von der Donau auf eine Linie vom Neckar über das Lautertal zur Schwäbischen Alb vorgeschoben[83]. Die Kastelle des Alblimes, die im Vorfeld der ehemaligen rätischen Donaukastelle liegen und mit diesen durch Straßen verbunden sind, werden daher mit Ausnahme von Ebingen-Lautlingen (Lkr. Zollernalbkreis), das eine Sonderstellung einnimmt[84], als zu Rätien gehörig betrachtet[85], wobei die Provinzzugehörigkeit des nur kurz belegten Auxiliarlagers Burladingen (Lkr. Zollernalbkreis) noch diskutiert wird[86]. Wie im südlichen Bereich der Provinzgrenze rekonstruiert man auch hier die Grenze zwischen Rätien und Obergermanien im Vorfeld der sog. Alblimesstraße, welche in der nördlichen Fortsetzung der Straße von Eschenz zur Donau die Albkastelle von Burladingen bis zur Ostalb verbindet. Aus topografischen Gründen wird die Grenze meist entlang der Steilhänge der Schwäbischen Alb – dem Albtrauf[87] – rekonstruiert *(Abb. 2)*[88], die eine eindrucks-

volle, schon von weitem sichtbare Landmarke darstellen.

Größere Sicherheit in der Verortung der Provinzgrenze besteht jedoch erst wieder an deren Vereinigung mit dem Vorderen Limes, der um 160 auf einer Linie von Miltenberg (Lkr. Miltenberg, Bayern) über Lorch (Lkr. Ostalbkreis) und von dort nach Osten über das Nördlinger Ries zur Donau eingerichtet wurde[89]. Unweit nordwestlich von Schwäbisch Gmünd (Lkr. Ostalbkreis) wurde am Westhang des Rotenbachtals 1892 durch Heinrich Steimle, Streckenkommissar der Reichslimeskommission, der Mauerkopf der rätischen Limesmauer freigelegt *(Abb. 3)*[90]. Dieser Mauerkopf markierte den Beginn des Rätischen Limes, der im 3. Jahrhundert in Stein ausgebaut wurde, während die Sperranlagen des von Westen her kommenden Obergermanischen Limes aus Palisade, Wall und Graben bestanden[91]. Die Provinzgrenze wird also an der Stelle vermutet, wo der Rätische Limes endet und vermutlich auf den Obergermanischen Limes traf. Zwischen dem Mauerkopf des Rätischen Limes und dem zweifelsfrei gesicherten Beginn der obergermanischen Holzpalisade klafft jedoch eine Lücke von etwa 5 km, in der weder der exakte Limesverlauf noch seine Gestalt nachgewiesen sind[92]. Daher muss auch der bislang sicher geglaubte Fixpunkt mit dem Ende der rätischen Mauer in Frage gestellt werden. Sollte der unbefestigte Abschnitt wider Erwarten nicht vollständig zum Obergermanischen Limes gehört haben, so ist die Provinzgrenze nicht zwingend im Rotenbachtal, sondern an einer unbekannten Stelle zwischen Schwäbisch Gmünd und Lorch zu suchen. Es existieren jedoch noch eine Reihe weiterer Hinweise darauf, dass das Rotenbachtal Obergermanien von Rätien trennte. So könnte die Lage der beiden Kleinkastelle Kleindeinbach und Freimühle bei Schwäbisch Gmünd, die nur 900 m voneinander entfernt auf den gegenüberliegenden Hängen des Rotenbaches platziert waren, mit der nahen Provinz-

81 Hertlein bezeichnet die Straße auch als „Provinzgrenzstraße" (Hertlein 1928, 10). Siehe auch Heuberger 1953, 49–50 Anm. 18; 1932, 78; Heiligmann 1990, 187.
82 Trumm 2002a, 203 Anm. 1539; Jauch 2014, 207–208 Abb. 324 Variante 3.
83 Siehe zuletzt Sommer 2011, 151–152 mit einem neuen Datierungsvorschlag in traianische Zeit. Zu einem älteren Datierungsansatz siehe Heiligmann 1990, 187–199. Zur Militärgeschichte der Region siehe auch ausführlicher *Kap. 2.2.1*.
84 Planck in Planck 2005, 18–19.
85 Zum Alblimes siehe Heiligmann 1990; Farkas 2015, 201–222.
86 Heiligmann 1990, 192–193.

87 Der Begriff „Trauf" bezeichnet in einer Schichtstufenlandschaft die Kante zwischen Stufenfläche und Stufenhang und wird auch als „First" bezeichnet: Martin / Eiblmaier 2001, 402 s. v. Schichtstufe (W. Andres).
88 Hertlein 1928, 38–39; Heiligmann 1990, 196.
89 Siehe hierzu u. a. Sommer 2011, 157–161; Kemkes 2005; Heiligmann 1990; Czysz / Herzig 2008.
90 Steimle 1892; ORL A Strecke 12, 42–43; Planck 1983a; Nuber in Planck 2005, 313–314; Sulk 2015.
91 Siehe auch *Kap. 2.2.1*.
92 Bender / Thiel 2010.

3   Der freigelegte Mauerkopf der rätischen Mauer im Rotenbachtal (rechts) mit rekonstruiertem Altar (links).

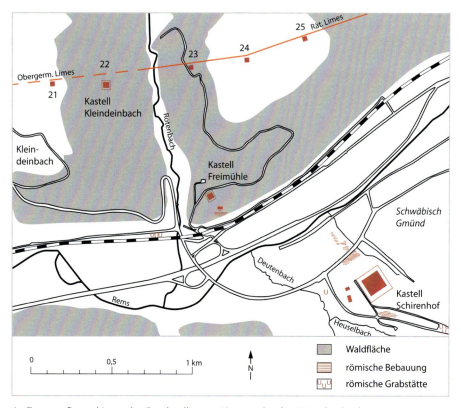

4   Topografie und Lage der Fundstellen am Limes nahe des Rotenbachtals.

grenze in Zusammenhang stehen *(Abb. 4)*[93]. Auch der geringe Abstand von nur ca. 6,5 km zwischen den Limeskastellen bei Lorch und Schwäbisch Gmünd-Schirenhof ist auffällig, da die übrigen Auxiliar-lager am Obergermanisch-Rätischen Limes etwa doppelt so weit voneinander entfernt sind[94]. Als weiteres Indiz für eine Binnengrenze wird schließ-lich ein Altarbruchstück herangezogen, das 1895 nahe dem Mauerkopf zum Vorschein kam *(Abb. 5)*[95]. Zwar ist nur der obere Abschluss des Steindenkmals erhalten, sodass die ehemalige Inschrift nicht be-kannt ist, jedoch wird aufgrund der Lage in unmit-telbarer Nähe zum Ende der rätischen Mauer ein Zusammenhang mit den *fines*, den Grenzgöttern, an-genommen[96]. Isoliert betrachtet reicht keiner der be-schriebenen Hinweise aus, um die Provinzgrenze mit Sicherheit zu verorten. Die Gesamtheit der ver-schiedenen Indizien macht es jedoch wahrschein-lich, den Schnittpunkt der Provinzgrenze mit dem Limes im Rotenbachtal zu lokalisieren.

5   Detailaufnahme des Altarbruchstücks nahe der räti-schen Mauer.

1.2.1 Ein Grenzkorridor

Abgesehen von den wenigen genannten Fixpunkten, die durch *Tasgetium* (Eschenz), die Straßenverbin-dung von Eschenz zur Donau und ggf. den Beginn der rätischen Mauer am Vorderen Limes gebildet werden, liegen bisher keine literarischen oder epigrafischen Quellen vor, die den üblicherweise rekonstruierten Verlauf der Provinzgrenze zwischen Rhein und Li-mes stützen[97]. Daher ist die Provinzaufteilung sowohl im Hegau als auch für die ab domitianischer Zeit hin-zugewonnenen Gebiete nördlich der Donau weit-gehend unklar. Wenige archäologische und epigra-fische Quellen erlauben es lediglich, einen Korridor einzugrenzen, innerhalb dessen die Provinzgrenze verlaufen sein könnte *(Abb. 6)*. Hierzu sind besonders die Fundplätze aufzuführen, die durch literarische und epigrafische Quellen eindeutig einer der beiden Provinzen zugeordnet werden können. Auf obergerma-nischer Seite gehören hierzu *Arae Flaviae* (Rott-weil, Lkr. Rottweil), das sich aus einem frühvespasia-

nischen Militärstützpunkt am oberen Neckar ent-wickelte und für das spätestens ab 186 der Status als *municipium* nachgewiesen ist[98], sowie der Vorort des *saltus* und der gleichnamigen *civitas Sumelocenna* (Rottenburg, Lkr. Tübingen) an der Stelle eines gegen Ende des 1. Jahrhunderts angelegten *vicus*[99]. Eben-falls sicher der Provinz Obergermanien zuzuweisen ist der *vicus Grinario* (Köngen, Lkr. Esslingen). Meh-rere Weiheinschriften belegen, dass der Ort nach Ab-zug des Militärs in der zweiten Hälfte des 2. Jahrhun-derts in das Verwaltungsterritorium der neu gegrün-deten *civitas Sumelocenna* übergegangen ist[100]. Das Gebiet westlich des Neckars dürfte damit ganz in obergermanischem Territorium gelegen haben. Dies trifft vermutlich auch für den die genannten Orte verbindenden Straßenzug vom Hochrhein bis ins mittlere Neckartal zu. Für die Frühzeit, unter den Kaisern Tiberius und Claudius, ist dagegen nicht aus-zuschließen, dass die Grenzführung von der späte-

93 Nuber 1990, 15; Nuber in Planck 2005, 313–314; Sulk 2015, 71. Eine ähnliche Situation liegt am Vinxtbach, der Grenze zwi-schen Ober- und Niedergermanien, vor, wo sich zwei Beneficia-rierposten gegenüberstehen (Bechert 1982, 27).
94 Nuber 1990, 15.
95 ORL A Strecke 12, 43; Haug 1914, 134 Nr. 74.
96 Nuber 1990, 15; Nuber in Planck 2005, 313–314; Sulk 2015, 69.

97 So auch Heiligmann 1990, 187.
98 Wilmanns 1981. Siehe auch u. a. Planck 1975; Sommer 1992a; Meyr 2014.
99 Gaubatz-Sattler 1999; Wilmanns 1981, 147–152.
100 CIL XIII 11727 (= EDCS-12600030); CIL XIII 11726 (= EDCS-12600029); CIL XIII 6384 (= EDCS-11000395). Siehe auch Luik 1996 172–180 Nr. 2; 5; 7.

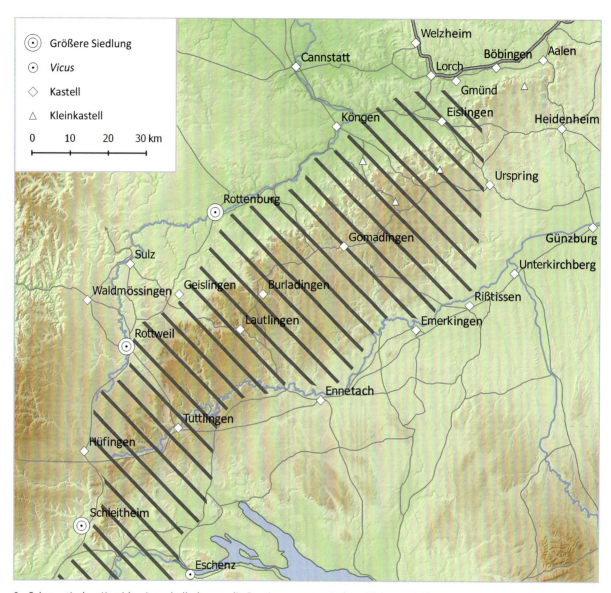

6   Schematischer Korridor, innerhalb dessen die Provinzgrenze zwischen Rätien und Obergermanien verlief.

ren Linie abwich. Hierfür ist von Bedeutung, ob das in claudischer Zeit gegründete Auxiliarkastell *Brigobanne* (Hüfingen)[101] von Anfang an zum obergermanischen Heer gehörte oder in claudischer Zeit noch dem rätischen Statthalter unterstand und erst unter Vespasian dem obergermanischen Heer zugeschlagen wurde[102]. Für letzteres könnte sprechen, dass Claudius Ptolemäus (2, 12, 1) bei der Beschreibung der Provinzen die Donau von ihren Quellen an als Nordgrenze Rätiens nennt. Hüfingen liegt an der Breg, einem Quellfluss der Donau, vier Kilometer

südlich des Zusammenflusses mit dem zweiten Quellfluss Brigach, und damit am Beginn der Donau. Ein weiteres Argument ist die zeitgleiche Gründung und der gemeinsame Aufbau mit den übrigen in claudischer Zeit angelegten Donaukastellen, die bis zum Inn zur rätischen Provinz gehörten[103]. Für eine Zugehörigkeit zum obergermanischen Heer spricht dagegen die enge Verbindung mit dem Legionslager *Vindonissa* (Windisch, Kt. Aargau, CH), mit dem es vermutlich durch einen Straßenzug direkt verbunden war[104]. Darüber hinaus zeigen Ziegelstempel der

101 MAYER-REPPERT 1995; Eckerle in PLANCK 2005, 127–131; KEMKES 2016, 235–236.
102 So vermutet SOMMER 2002, 441.

103 Eckerle in PLANCK 2005, 129; FARKAS 2015, 196. Beide Autoren stellen jedoch die Provinzzugehörigkeit Hüfingens zu Gallien bzw. in späterer Zeit zu Obergermanien nicht in Frage.
104 TRUMM 2002a, 212–213.

LEG XI CPE, der 11. Legion, die seit 69 in *Vindonissa* stationiert war, einen deutlichen Bezug zum obergermanischen Heer an[105]. Spätestens ab flavischer Zeit kann die Provinzzugehörigkeit zu Obergermanien daher als gesichert gelten.

Auf rätischer Seite gilt die Provinzzugehörigkeit für *Tasgetium* (Eschenz) als gesichert[106]. Unter Berücksichtigung der Tatsache, dass die Donau bis in die letzten Jahrzehnte des 1. Jahrhunderts die Nordgrenze Rätiens bildete, werden darüber hinaus die militärischen Anlagen entlang der Donau-Südstraße von Mengen-Ennetach bis Oberstimm (Lkr. Pfaffenhofen) ausnahmslos als rätische Limeskastelle bestimmt[107]. Da für keines der Auxiliarlager die dort stationierte Einheit mit Sicherheit bekannt ist, kann eine Zugehörigkeit zum *exercitus Raeticus* allerdings nur mit einiger – wenn auch großer – Wahrscheinlichkeit vermutet werden[108]. Größere Unsicherheiten bestehen zwischen Mengen-Ennetach und dem Kastell Hüfingen. So ist die Provinzzugehörigkeit des Kastells Tuttlingen bis heute nicht zweifelsfrei geklärt[109]. Wahrscheinlich bei Tuttlingen erreichte die laut einem Offenburger Meilenstein im Jahr 73/74 errichtete Straße, die von *Argentorate* (Straßbourg, Reg. Grand Est, Frankreich) über das Kinzigtal und Rottweil nach Rätien führte, die Donau[110]. Dieser Umstand könnte für eine Zugehörigkeit Tuttlingens zu Rätien sprechen. Auch weiter nördlich im Bereich der Schwäbischen Alb ist die Forschung in Bezug auf die Provinzzugehörigkeit der römerzeitlichen Orte auf Vermutungen angewiesen. Einen sicheren Beleg für die Westausdehnung der Provinz Rätien könnten lediglich die Truppenstandorte des *exercitus Raeticus* geben. Allerdings ist die Garnison der Kastelle im Bereich der vermuteten Provinzgrenze nur in wenigen Fällen bekannt. Recht gut nachvollziehbar ist lediglich die Dislokation der *ala II Flavia*. Vermutlich war die Einheit in den letzten Jahrzehnten des 1. Jahrhunderts in Günzburg (Lkr. Günzburg, Bayern) stationiert[111], bevor sie bei der Einrichtung des Alblimes in domitianischer oder traianischer Zeit nach Heidenheim (Lkr. Ostalbkreis)[112] und schließlich um 160 nach Aalen (Lkr. Ostalbkreis) verlegt wurde[113]. Am Vorderen Limes lässt sich der Korridor zwischen bekannten rätischen und obergermanischen Fixpunkten näher eingrenzen. So ist die Provinzgrenze zwischen dem Ende der für Obergermanien charakteristischen Holzpalisade mit vorgelagertem Graben bei Lorch und dem Beginn der rätischen Mauer bei Schwäbisch Gmünd zu suchen[114]. Für das Limeskastell auf dem Schirenhof bei Schwäbisch Gmünd ist überdies die *cohors I Raetorum* bekannt. Aller Wahrscheinlichkeit nach handelt es sich hier um die cohors I Raetorum des rätischen Heeres[115], die auch aus anderen Militärdiplomen dieser Provinz bekannt ist[116].

---

105 Eckerle in Planck 2005, 129.
106 Siehe *Kap. 1.2.*
107 Siehe z. B. Hertlein 1928, 10; Filtzinger 1974, 423; Heiligmann 1990, 188; Meyer 2010a, 353.
108 Zur Dislokation der rätischen Truppen siehe Farkas 2015.
109 Filtzinger 1974, 423; Heiligmann 1990, 187.
110 CIL XVII 2, 654 (= CIL XIII 9082 = IBR 495 = EDCS-12400396). Mit dem Straßenbau steht vermutlich auch eine Holzkonstruktion im Bereich des ehemaligen Kinzigverlaufs in Offenburg in Zusammenhang, deren Hölzer dendrochronologisch in das Jahr 74 ± 10 Jahre datiert werden konnten (Tegel / Yupanqui-Werner 1999, 59–61; Filtzinger 1974, 423).
111 Farkas 2015, 33; 125.
112 Farkas 2015, 51; 125.
113 Farkas 2015, 66; 125.
114 Siehe auch *Kap. 1.2.*
115 Insgesamt sind mindestens drei Einheiten mit dem Namen *cohors I Raetorum* nachgewiesen: Eine in Niedergermanien, eine in Rätien und eine in Asien (Farkas 2015, 158 mit weiterführender Literatur).
116 Farkas 2015, 69; 158.

1.3 Alternative Ansätze zur Abgrenzung der Provinzgrenze

Wie dargelegt werden konnte, helfen die wenigen vorhandenen schriftlichen Quellen kaum weiter, um die Provinzgrenze zwischen Rätien und Obergermanien genau zu verorten. Es existiert jedoch eine Reihe von Ansätzen jenseits der Erforschung schriftlicher und epigrafischer Quellen zur Abgrenzung von Provinzen. An erster Stelle steht dabei die Orientierung an topografischen Elementen wie Flüssen oder Gebirgen, die sich als eindeutige und zum Teil weithin sichtbare Markierungen zur Abgrenzung von Territorien eignen[117]. Darüber hinaus könnten sich einerseits in der Funktion der Provinzgrenzen als (Militär-)Verwaltungsgrenzen und andererseits in ihrer möglichen Eigenschaft als Zoll- und Kulturgrenzen Hinweise auf deren Lokalisierung ergeben. Weiter oben wurde bereits auf die Problematik hingewiesen, verschiedene Raumeinheiten wie Kultur-, Wirt-schafts- und Verwaltungsräume miteinander zu synchronisieren[118]. So lassen topografische Grenzen, Kulturgrenzen oder Wirtschaftsgrenzen nicht zwingend auf politische Grenzen schließen. Überschneiden sich mehrere Grenzen der verschiedenen Raumeinheiten miteinander, ist dies jedoch sowohl für die Interpretation der Funktion als auch die exakte Lokalisierung der Binnengrenzen des römischen Reiches von Interesse. In Kombination mit schriftlichen Quellen und archäologischen Hinweisen können diese Ansätze daher einen wichtigen Beitrag zur Erforschung einer Binnengrenze liefern. Die verschiedenen Aspekte jenseits der schriftlichen Quellen, die bisher zur Verortung von römischen Provinzen und im Speziellen der Grenze zwischen Rätien und Obergermanien herangezogen wurden, werden daher im Folgenden vorgestellt.

1.3.1 Naturräumliche Grenze

Naturentlehnte Grenzen, die sich beispielsweise an Flüssen oder Gebirgen orientieren, bieten den Vorteil, dass sie eine klare, auch ohne künstliche Markierungen erkennbare Grenzführung erlauben[119]. Auch im Fall der Provinzgrenze zwischen Rätien und Obergermanien wird mit dem Albtrauf – dem Steilabfall der Schwäbischen Alb *(Abb. 7)* – und dem Rotenbach mangels schriftlicher Quellen die Topografie zur Rekonstruktion der Grenze herangezogen[120]. Im Zwischenraum, zwischen Albtrauf und Rotenbachtal, wird die vermutete Provinzgrenze dagegen meist entlang einer hypothetischen geraden Linie gezogen (siehe auch *Abb. 2*). Allerdings findet man auch zwischen dem Albtrauf und Schwäbisch Gmünd mit den Zeugenbergen markante Erhebungen, welche sich für eine Grenzführung nach topografischen Merkmalen heranziehen lassen[121]. So böte sich hier ein Verlauf über die markanten Zeugenberge Rechberg und Stuifen an, die dem Albtrauf zwischen Göppingen (Lkr. Göppingen) und Schwäbisch Gmünd vorgelagert sind *(Abb. 8)*[122]. Neben Gebirgen und Flüssen stellen auch Wasserscheiden naturräumliche Merkmale dar, welche die Abgrenzung von Territorien beeinflusst haben könnten. So begrenzen sie wichtige Kommunikationswege und Hauptverkehrsadern für den Fernhandel, die durch die Flussnetzwerke gebildet werden[123]. Dass auch Verwaltungsgrenzen von dem Verlauf von Wasserscheiden maßgeblich beein-

---

117 ANTE 1981, 111–112.
118 Siehe *Kap. 1.2.*
119 Zu naturentlehnten Grenzen siehe auch ANTE 1981, 111–112; HÄNGER 1990, 135–136; HAGEL 1994, 491; DOBESCH 2005, 36–40 insbes. 39.
120 Siehe *Kap. 1.2.*

121 Einzelberge, die durch Abtragungsprozesse von der Schichtstufe isoliert werden und somit vor dem Albtrauf stehen (MARTIN / EIBLMAIER 2001, 402 s. v. Schichtstufe [W. Andres]).
122 Siehe auch HERZOG / SCHRÖER 2019, 1:14–1:15.
123 Zu Flüssen als wichtigen Handelsrouten in römischer Zeit siehe auch FISCHER 2005.

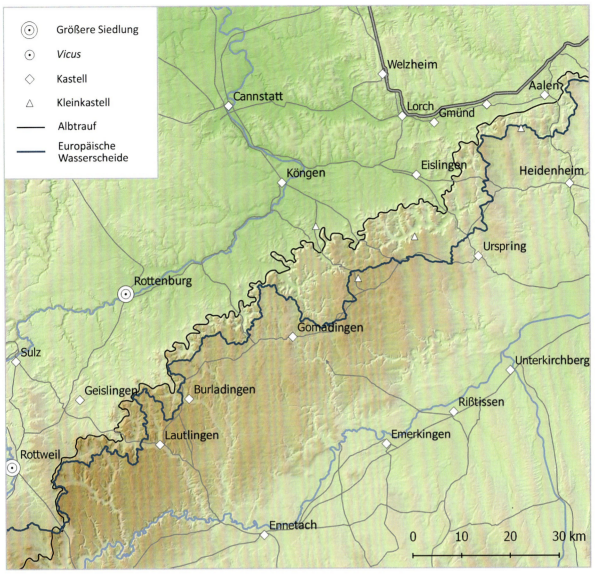

7 Verlauf des Albtraufes und der europäischen Wasserscheide.

flusst sein konnten, legt eine Studie von Daniel Löwenborg nahe, der auffällige Analogien zwischen mittelalterlichen Verwaltungseinheiten in Schweden und dem Verlauf von Wasserscheiden feststellte[124]. Auch die römische Provinzgrenze zwischen Rätien und Obergermanien lag im Bereich der europäischen Wasserscheide zwischen Rhein und Donau (Abb. 7). Davon ausgehend, dass Wasserwege als Kommunikationsräume eine entscheidende Rolle spielten, nahm Siegmar von Schnurbein an, dass durch die Grenzziehung im Bereich der Wasserscheide auf der Schwäbischen Alb weite Teile der oberen Donau der rätischen Provinz, das Neckarland dagegen Obergermanien zugeordnet werden sollte[125]. Rätien, das überwiegend im Einzugsgebiet der Donau und ihrer Nebenflüsse lag, war durch das aus Flussläufen gebildete Verkehrsnetzwerk zu den Donauprovinzen im Osten und dem Alpenraum im Süden hin orientiert, während Obergermanien, im Einzugsgebiet des Rheines und seiner Nebenflüsse gelegen, an ein Netzwerk nach Norden, Süden und Westen in Richtung Gallien angeschlossen war. Freilich handelte es

124 Löwenborg 2007.

125 von Schnurbein 1982, 12.

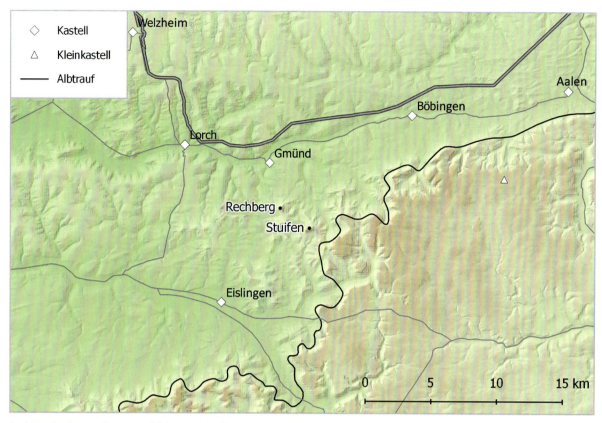

8   Lage der Zeugenberge Rechberg und Stuifen zwischen Albtrauf und Limes.

sich dabei nicht um geschlossene Netzwerke. So bildeten Landwege Verbindungen zwischen den größeren Flussläufen, während der Hochrhein und der Bodenseeraum als Verbindungsglied zwischen dem Einzugsgebiet der Donau und dem des Rheins fungierten[126].

1.3.2 (Militär-)Verwaltungsgrenze

Provinzgrenzen waren in erster Linie Verwaltungsgrenzen und trennten die Wirkungsbereiche der Statthalter. Da diese auch Oberbefehlshaber der in der Provinz stationierten Truppen waren, stellten römische Provinzgrenzen auch Militärverwaltungsgrenzen dar[127]. Daher wäre es möglich, dass sich zwischen zwei Provinzen Unterschiede im Ausbau der Militäranlagen sowie der Organisation der Truppen zeigen. So wurde bereits in *Kap. 1.2* der unterschiedliche Ausbau der Limites in Rätien und Obergermanien genannt. Während das lineare Grenzsystem auf obergermanischer Seite aus einer Holz-Erde-Konstruktion bestand, wurde der rätische Limes um 207 in Stein ausgebaut[128]. Das Ende dieser Mauer markiert daher mit einiger Wahrscheinlichkeit die Provinzgrenze zu Obergermanien[129]. Ein unterschiedlicher Ausbau der Limites zeigt sich jedoch nicht nur am Vorderen Limes, sondern auch in einer früheren Pha-

---

126 Siehe hierzu auch Fischer 2005.
127 Bender 1991, 62.
128 Nördlich des Kastells Dambach (Gemeinde Ehingen, Lkr. Ansbach, Bayern) geborgene Hölzer eines Pfahlrostes, der ver-

mutlich als Fundament der Rätischen Mauer diente, ergaben als Dendrodatum das Winterhalbjahr 206/207 (Czysz / Herzig 2008).
129 Zur Diskussion siehe *Kap. 2.1*.

se, als die Nordgrenze des römischen Reiches vom Neckar-Lautertal-Alblimes gebildet wurde[130]. Auf obergermanischer Seite ist diese Grenze von linearen Sperrwerken wie Palisade und Graben begleitet, wo sie nicht durch Flussgrenzen gebildet wird. Mit dem Lautertal-Limes[131] im Albvorland bei Dettingen unter Teck (Lkr. Esslingen) enden diese linearen Barrieren und der Alblimes ist bis zur Donau ein „offenes System", bestehend aus einer Straße mit daran aufgereihten Kastellen[132]. Analog zum Vorderen Limes könnte auch hier der Wechsel von einem befestigten zu einem offenen Grenzsystem den Übergang von der einen zur anderen Provinz anzeigen. In traianischer Zeit wäre die Provinzgrenze damit am Fuße der Alb etwa zwischen Teckberg und dem südöstlich daran anschließenden Albtrauf zu lokalisieren.

Ein weiteres Indiz zur Unterscheidung der beiden Provinzen ist die Aufgabe der Provinzgebiete im 3. Jahrhundert. So gibt es nach Marcus Reuter in Rätien keine Hinweise darauf, dass die Militärplätze am Vorderen Limes noch nach 254 belegt waren. In Obergermanien ist dagegen noch bis mindestens 260 eine Militärpräsenz am Vorderen Limes nachweisbar[133]. Die Gebiete wurden daher möglicherweise zu unterschiedlichen Zeitpunkten aufgegeben.

Auch Markus G. M. Meyer fiel bei der Bearbeitung der römerzeitlichen Siedlungslandschaft in Oberschwaben auf, dass „[…] westlich, nordwestlich und nördlich von Oberschwaben auf obergermanischem Gebiet, teils nur wenige Kilometer von der Grenze des Arbeitsgebietes entfernt liegende wenige Orte, [sic!] jüngere Funde aufweisen, quasi so, als ob eine unsichtbare Grenzlinie zwischen Obergermanien und Rätien existierte, die gleichzeitig später und früher endende Siedlungsplätze voneinander trennte. Sie fällt ziemlich genau mit der angenommenen Provinzgrenze zusammen"[134]. Dies würde auf die Aufgabe oder den Verlust der transdanubischen rätischen Gebiete sowie die kurzfristige Aufgabe des westlichen Provinzgebietes hinweisen, während das Provinzgebiet Obergermaniens aus unbekannten Gründen intakt blieb. Könnte die unterschiedliche Entwicklung auf Entscheidungen der (Militär-) Verwaltung zurückgegangen sein, beispielsweise einen Teil des Provinzgebietes Rätiens aufgeben bzw. nicht mehr aufzubauen? Eine schlüssige Antwort auf die Frage, warum die westlichen und transdanubischen Gebiete Rätiens früher aufgegeben wurden als die Anlagen im rechtsrheinischen Obergermanien, konnte bisher nicht gefunden werden[135].

1.3.3 Kulturgrenze

In der Literatur ist häufig die Annahme zu lesen, die Provinzgrenze zwischen Rätien und Obergermanien sei ein seltenes Beispiel dafür, dass eine Verwaltungsgrenze mit einer Kulturgrenze übereinstimme[136]. Den Anstoß hierzu gab der viel zitierte Aufsatz Siegmar von Schnurbeins zur kulturgeschichtlichen Stellung Rätiens[137]. Darin verglich er die Verbreitung bestimmter Keramikformen, Grabbräuche und -denkmäler, Trachtbestandteile sowie Religionszeugnisse der Provinzen Obergermanien, Rätien und *Noricum* und kam zu dem Ergebnis, dass sich ein deutlicher Unterschied vor allem zwischen Rätien und Obergermanien zeige. Dies manifestiere sich besonders in unterschiedlichen Bestattungssitten und einer verschiedenen Kultpraxis in den Provinzen. So sei für das nördliche Rätien die Bestattung des Leichenbrandes in einer Urne

---

130 Siehe hierzu auch *Kap. 2.2.1.*
131 Hierzu Planck 1987.
132 Sommer 2011, 152; 2015b, 18.
133 Reuter 2007, 78.
134 Meyer 2010a, 358.

135 Eine ausführlichere Diskussion findet sich bei Meyer 2010a, 357–359.
136 von Schnurbein 1982; Küster 1991 195–196; Bender 1991; Gschwind / Ortisi 2001; Trumm 2002b, 114.
137 von Schnurbein 1982.

charakteristisch, während im obergermanischen Limesgebiet Brandgrubengräber vorherrschten[138]. Des Weiteren seien Krüge als Grabbeigaben in Rätien selten, während sie in obergermanischen Gräbern die Regel darstellten. Auf der sakralen Ebene stellte S. von Schnurbein den größten Unterschied darin fest, dass die in Obergermanien zahlreich vertretenen Jupiter-Giganten-Säulen, Epona-Weihungen und gallo-römischen Umgangstempel im westlichen Rätien bis auf wenige Ausnahmen fehlten[139]. Damit schien für die Grenze zwischen Rätien und Obergermanien ein seltener Nachweis dafür geglückt, dass eine Verwaltungs- und Militärgrenze zur „Ausprägung ganz unterschiedlicher, kultureller Erscheinungen"[140] führte.

Diese sich auf den ersten Blick abzeichnenden Unterschiede zwischen den Provinzen lassen sich durch einen neuen Forschungsstand und überregionale Untersuchungen jedoch relativieren. So konnte Heising anhand der Kartierung von 40 Merkmalskategorien, welche Kleinfundgruppen, Befundgattungen und epigrafische Merkmale umfassen, aufzeigen, dass enge Bezüge zwischen dem obergermanischen und dem rätischen Limesgebiet bestanden sowie zwischen dem südlichen Obergermanien und dem westlichen Rätien südlich der Limeslinie[141]. Eine Grenze in der Verbreitung von Fundgruppen und Befunden verlief demnach nicht entlang der Provinzgrenze, sondern zwischen dem Limesgebiet und dem südlich anschließenden Hinterland. Eine ähnliche Einschätzung vertritt Bernd Steidl, der aufgrund der unterschiedlichen Befundüberlieferung im nord- und süddanubischen Rätien „unterschiedliche Kulturverhältnisse" zwischen dem Limesgebiet und dem süddanubischen Hinterland Rätiens vermutet[142]. Heising begründet die unterschiedliche Fund- und Befundverteilung dagegen mit unterschiedlichen Belieferungssträngen entlang des Rheins und in den Donauraum, wobei die Provinz Obergermanien als Durchgangsregion an beiden Verkehrsräumen teilhatte[143]. Unter den von Heising kartierten Merkmalen sind auch jene, die S. von Schnurbein zur Unterscheidung von Rätien und Obergermanien heranzog. Dass er zu einem anderen Ergebnis kam, ist dadurch zu erklären, dass S. von Schnurbein das westliche Rätien mit dem gesamten Provinzgebiet Obergermaniens verglich, wodurch er die Unterschiede innerhalb der Provinz nicht erfassen konnte.

Auch die von Hansjörg Küster angenommene unterschiedliche Wirtschafts- bzw. Ernährungsweise in den beiden Provinzen, wonach in Rätien, auf dem heuten Gebiet Bayerns, in römischer Zeit Gerste und Dinkel überwog, während in Südwestdeutschland, besonders am Rhein, verstärkt Weizen nachweisbar sei[144], konnte durch neuere Untersuchungen als „provinzinternes" Phänomen herausgestellt werden, das nicht an der Provinzgrenze Halt machte. So wiesen Manfred Rösch et al. in einer Studie zur Geschichte des Getreides in Südwestdeutschland von römischer Zeit bis in die Neuzeit nach, dass das Rheingebiet aufgrund klimatischer Gunst mit dem Anbau von Getreide eine Sonderstellung einnahm, während im rechtrheinischen südlichen Obergermanien wie in Rätien Dinkel das vorherrschende Getreide bildete[145].

Der Ansatz, den Zusammenhang zwischen bestimmten Fundgruppen und antiken Verwaltungsgrenzen zu untersuchen, wird jedoch auch noch in jüngerer Zeit verfolgt[146]. Im Fokus steht dabei vor allem die Verbreitung der handaufgebauten Keramik, die überwiegend lokal produziert und kaum exportiert wurde[147]. So vermutet Trumm aufgrund deutlicher Unterschiede zwischen einigen Fundtypen aus den von ihm bearbeiteten Siedlungen am Hochrhein und aus dem Gutshof von Büßlingen (Lkr. Konstanz), dass dieser noch zur Provinz Rätien gehörte[148]. Ebenso zieht Christof Flügel das Keramikspektrum des Militärlagers von Geislingen-Häsenbühl (Lkr. Zol-

138 von Schnurbein 1982, 5–7 zog dabei die Gräberfelder von Welzheim (Lkr. Rems-Murr-Kreis) und Schwäbisch Gmünd-Schirenhof als Beispiele heran, die zu diesem Zeitpunkt allerdings noch nicht aufgearbeitet waren. Fecher 2010, 67–75 stellte dagegen bei der Zusammenstellung der Bestattungssitten obergermanischer und rätischer Gräberfelder fest, dass nicht zwischen den beiden Provinzen ein Unterschied bestand, sondern zwischen den Gräbern des nördlichen Obergermanien, wo Urnengräber überwogen, und denen des südlichen Obergermanien, das gemeinsam mit rätischen Bestattungen einen höheren Anteil an Brandschüttungsgräbern aufweise, d. h. Bestattungen, in die neben dem ausgelesenen, in einer Urne deponierten Leichenbrand auch weitere Brandschuttreste ins Grab beigegeben wurden. Dagegen konnte Blöck 2016, 170–171 bei der Bearbeitung der römerzeitlichen Besiedlung im rechtsrheinischen Oberrheingebiet einen solchen Unterschied nicht feststellen. So entsprachen einige der von ihm aufgenommenen Gräber im südli-

chen Oberrheingebiet der von Fecher herausgebildeten Nordgruppe, in der Urnenbestattungen überwiegen.
139 von Schnurbein 1982, 10–11.
140 Bender 1991, 62.
141 Heising 2016; 2017.
142 Steidl 2016, 76–78.
143 Heising 2017, 210–211.
144 Küster 1991, 195–196.
145 Rösch et al. 1992, 206.
146 Trumm 2002a, 202–204; 2002b; Schucany 2002, 192–194; Jauch 2014, 205–210; 2016; Flügel 1996, 322–323.
147 Dass höherwertiges Geschirr wie Terra sigillata über Provinzgrenzen hinweg exportiert wurde, zeigt sich am Beispiel der Schwäbischen Ware (Riedl 2011).
148 Trumm 2002a, 202–204. – Zu Büßlingen siehe auch Heiligmann-Batsch 1997, die sich für eine Zugehörigkeit des Gutshofes zu Obergermanien ausspricht.

lernalbkreis), das enge Bezüge zu Rottweil zeigt und sich von dem der Albkastelle unterscheidet, als Argument dafür heran, dass es sich um einen Grenzort zur Provinz Rätien handelt. Auch wenn die Provinzzugehörigkeit Geislingens hier nicht angezweifelt werden soll, ist die Verteilung des Keramikspektrums kaum als Indikator für die Provinzzugehörigkeit geeignet. So konnte Meyer im Rahmen seiner Dissertation zur römerzeitlichen Besiedlung Oberschwabens keinen Unterschied im Keramikspektrum zwischen rätischen und angrenzenden obergermanischen Siedlungen feststellen[149]. Der Unterschied, der sich in einigen Fällen im Keramikspektrum abzeichnet, dürfte daher nicht mit der Provinzgrenze, sondern mit einzelnen Werkstattkreisen und den oben erwähnten unterschiedlichen Belieferungsströmen zusammenhängen[150].

Auch Studien im Rahmen des Projektes „Limites inter Provincias", welche die Verteilung von Fundgruppen im Bereich der Grenze zwischen Rätien und Obergermanien untersuchten, zeigten, dass sich im Fibel- und Keramikspektrum Rätiens und Obergermaniens bestimmte Formenkreise abzeichnen, diese jedoch die Provinzgrenze durchaus überschreiten[151]. Verena Jauch konnte beispielsweise zeigen, dass die sog. Rätische Reibschüssel in den Provinzen Britannien, Obergermanien, Rätien, Noricum und Pannonien vorkommt und produziert wurde, wobei ein Schwerpunkt auf Obergermanien liegt[152]. Den Begriff „Rätische Reibschüssel" lehnt sie daher ab und plädiert für den neutraleren Begriff „teilengobierte

Reibschüssel"[153]. Die Untersuchungen Jauchs zeigten jedoch auch, dass sich radial streifenbemalte Reibschüsseln auf die Donauprovinzen (Rätien, Noricum und Pannonien) beschränken – und hier vorwiegend auf die Limesregion –, während Vertikalrandschüsseln Obergermanien als östlichstes Verbreitungsgebiet aufweisen[154]. Die Verbreitungsgrenze dieser beiden Formen liegt also tatsächlich zwischen Rätien und Obergermanien. Ob der Grund für diese unterschiedliche Verbreitung in Absatzmärkten, Belieferungsströmen, den Angehörigen der verschiedenen Militäreinheiten, Niederlassungen von Handwerkern, Verkehrswegen, naturräumlichen Grenzen liegt oder zufällig zustande gekommen ist, bleibt vorerst unklar[155]. Eine scharfe oder lineare Grenze lässt sich aus den unterschiedlichen Verbreitungsmustern zudem nicht ableiten, so fehlen im südlichen Obergermanien sowohl radial gestreifte Reibschüsseln wie auch solche mit Vertikalrand[156].

Als provinzspezifisches Objekt gilt auch der Fibeltyp Almgren 86, dessen Verbreitung tatsächlich bis auf wenige Ausnahmen auf das Provinzterritorium Rätiens beschränkt ist[157]. Jedoch lassen sich selbst in diesem Fall keine linearen Verwaltungsgrenzen aus dem Verbreitungsbild ableiten. So fehlt der Fibeltyp bislang im Westteil der Provinz. Die Schwierigkeit, administrative Grenzen anhand kultureller Ausprägungen zu erfassen, liegt darin begründet, dass sich letztere selten linear voneinander abgrenzen, sondern durch einen graduellen Übergang gekennzeichnet sind[158].

1.3.4 Zollgrenze

Ein Szenario, in dem sich administrative Grenzen im Fundspektrum widerspiegeln könnten, wäre die Überlagerung von Provinzgrenzen und Zollgrenzen[159]. Ob bzw. zu welchem Zeitpunkt die Provinzgrenze zwischen Rätien und Obergermanien eine Zollgrenze darstellte, ist jedoch den Quellen nicht eindeutig zu entnehmen. Epigrafische und literari-

sche Quellen zeichnen hierzu ein widersprüchliches Bild. Nach Appian, der die Zustände um 160 beschrieb, gehörte die Provinz Rätien – anders als das zum gallischen Zollbezirk gehörende Obergermanien – zum illyrischen Zollbezirk (App. III, 6). Dass an der Provinzgrenze zwischen Rätien und Obergermanien eine Zollgrenze verlief, wird auch durch einen

149 Meyer 2010a, 301–302; 353 Anm. 52.
150 So auch Reuter 2003, 14; 97; 2002, 186 (mit Verweis auf Sommer 1992b, 309–310), der Bezüge zwischen der von ihm als obergermanischer Gutshof angesprochenen Siedlung Wurmlingen und Siedlungen in Rätien feststellte.
151 Blasinger / Grabherr 2016.
152 Jauch 2017, 116–118; 153; 166.
153 Jauch 2017, 166.
154 Jauch 2017, 142–144; 147–151; 153–155; 166–167.

155 Jauch 2017, 166–167.
156 Jauch 2017, 155.
157 Gschwind / Ortisi 2001, Abb. 7; Blasinger / Grabherr 2016, Abb. 7.
158 Siehe Anm. 52.
159 Hoss 2016. Siehe z. B. die Untersuchungen zum unterschiedlichen Keramikspektrum in den römischen Provinzen *Arabia* und *Palaestina* von Da Costa 2011.

Grabstein aus dem 2. Jahrhundert gestützt, der im obergermanischen Provinzgebiet auf dem Lindenhof in Zürich gefunden wurde und den Vorsteher einer Zollstation in Zürich nahe der Provinzgrenze belegt[160]. Diese Zollgrenze könnte sich auch in der Verbreitung von Augenarztstempeln widerspiegeln, die sich mit wenigen Ausnahmen auf Britannien, Gallien und die germanischen Provinzen – also den gallischen Zollbezirk – zu beschränken scheinen[161]. Dagegen liegen an der Ostgrenze Rätiens einige Hinweise darauf vor, dass die Provinz zumindest zeitweise ebenfalls zum gallischen Zollbezirk gehörte[162]. So bezeugen vier[163] Weihesteine, die vermutlich bei Waidbruck (Prov. Bozen, IT) am Inn – also in der Provinz *Noricum* – aufgestellt waren und in das 2. und ausgehende 2. Jahrhundert datieren, dass hier Bedienstete des illyrischen Zollbezirks an der Provinzgrenze zu Rätien anwesend waren[164]. Darüber hinaus belegt ein in das frühe 3. Jahrhundert datierter Wei-

hestein aus Partschins (Prov. Bozen, IT) bei Meran, einige Kilometer westlich des Inns, eine Station des gallischen Zollbezirks an der Grenze zwischen Rätien und der *Regio X*[165]. Hinzu kommen epigrafische Zeugnisse, die weitere Stationen des illyrischen Zolls in Passau-Innstadt (Bayern)[166] sowie in *Ad Enum*[167] bei Pfaffenhofen am Inn (Lkr. Rosenheim, Bayern) bezeugen[168]. Aufgrund dieser widersprüchlichen Hinweise wird auch vermutet, dass die Provinz den Zollbezirk um die Wende vom 2. zum 3. Jahrhundert wechselte[169]. Andere Autoren lehnen einen Wechsel der Provinz von einem zum anderen Zollbezirk ab[170]. Sie verweisen darauf, dass Appian die Verhältnisse in der Provinz nur ungenügend kannte und die Zollstation von *Turicum* (Zürich, CH) eine Binnestation gewesen sein könnte. Bislang kann die Frage nach der (temporären) Zugehörigkeit Rätiens zum illyrischen oder gallischen Zollbezirk daher nicht ohne Zweifel beantwortet werden.

1.3.5 Siedlungsgrenze

Der Ansatz, Territorien und deren Grenzen anhand des Siedlungsmusters zu (re)konstruieren, beruht auf der Annahme, dass politische Grenzen einen Einfluss auf die Interaktion zwischen den beiden Gebieten haben, die durch sie abgegrenzt werden, oder eine Folge der Interaktionsintensität zwischen den beiden Gebieten sind[171]. Die Interaktionsintensität wird bei diesem Ansatz anhand der Siedlungsdichte gemessen. Orientiert sich die Besiedlung innerhalb eines Territoriums zu einem Zentrum hin, ist das Grenzgebiet beispielsweise durch eine Peripher-Lage gekennzeichnet[172]. In der Theorie können sich daher Grenzen als siedlungsleere Streifen oder lokale Dichteminima zu erkennen geben[173]. Andererseits können Grenzregionen unter bestimmten Voraussetzungen auch siedlungsanziehende, die Interaktion fördernde Wirkung haben, die durch einen regen Kontakt über die Grenze hinweg gekennzeichnet ist[174].

Ein Beispiel, bei dem die Siedlungsdichte als Hinweis auf den Verlauf einer politischen Grenze in römischer Zeit herangezogen wurde, ist die Ostgrenze der *civitas Rauricorum* mit Hauptort in Augst (Kt.

160 CIL XIII 5244 (= EDCS-10800649); DRACK / FELLMANN 1988, 169; 571–574.

161 KÜNZL 1986. Sollte hier tatsächlich ein Zusammenhang bestehen, könnten die Augenarztstempel nach RAEPSAET-CHARLIER 2001, 177 die Herkunft der Medizin bezeichnen oder einen Beleg für die Entrichtung des Zolls bezeugt haben.

162 Siehe hierzu ULBERT 1971, 116–118; Czysz in Czysz et al. 1995a, 267–268.

163 CIL V 5079–5081 (= IBR 57–59 = EDCS-05100231–05100233); STEIDL 2011 Abb. 4 (= Bayerische Staatsbibliothek, elm 967 fol. 15v). Lange wurde von drei Weihesteinen ausgegangen (z. B. ULBERT 1971, 116–118). STEIDL 2011, 164 Abb. 4 konnte jedoch wahrscheinlich machen, dass es sich ursprünglich um vier Steine handelte.

164 STEIDL 2011, 164–166.

165 CIL V 5090 (= IBR 68 = EDCS-05100242).

166 CIL III 5691 (= IBR 441 = EDCS-14500980).

167 Bernd Steidl konnte wahrscheinlich machen, dass die auf einer Inschrift aus *Poetovio* (Ptuj, SI) erwähnte Zollstation statio

enensis (CIL III 15184,7 = EDCS-30200469) nicht in *Pons Aeni* (Schechen-Pfaffenhofen, Lkr. Rosenheim, Bayern) zu verorten ist, sondern im auf der norischen Seite des Ufers gelegenen *Ad Enum* (Prutting-Mühltal, Lkr. Rosenheim, Bayern) (STEIDL 2008, 79–83; 2010, 88; 96). Mit dieser Zollstation bringt er darüber hinaus zwei im Bereich des Mithraeums von Prutting-Mühltal am Inn gefundene Weihungen (AE 2008, 1019 = EDCS-51400040 und AE 2008, 1020 = EDCS-51400041) in Zusammenhang (STEIDL 2008, 53–77).

168 STEIDL 2008, 58–60; 79–84; Czysz in Czysz et al. 1995a, 267.

169 AUSBÜTTEL 1998, 90.

170 HEUBERGER 1932, 313–314; ULBERT 1971, 117–118. Zur Diskussion siehe auch STEIDL 2011, 162–164, der eine Verschiebung der Zollbezirksgrenze ebenfalls ablehnt.

171 Zu Interaktionsmodellen und dem Zusammenhang zwischen Interaktion und kulturellen sowie politischen Grenzen siehe NAKOINZ 2013b, 237–244.

172 HAGEL 1994, 493; IRSIGLER 1991, 22.

173 NAKOINZ 2013a, 76–77.

174 HAGEL 1994, 493–494; IRSIGLER 1991, 19.

Basel-Landschaft, CH). Hier überschneiden sich westlich des Zusammenflusses von Rhein und Aare ein siedlungsleerer Streifen, die Abgrenzung zweier Keramikregionen sowie der theoretisch rekonstruierte Verlauf der Civitas-Ostgrenze[175]. Der Naturraum scheidet laut Jürgen Trumm als Erklärung für die im archäologischen, aber auch im siedlungsgeografischen Bild angedeutete Grenze aus. Allerdings schließt Trumm nicht aus, dass es sich bei der Siedlungslücke um eine Forschungslücke handeln könnte[176]. Caty Schucany zieht das Siedlungsmuster zu einer theoretischen Rekonstruktion der Ostgrenze der *civitas Helvetiorum* und damit der Provinzgrenze zwischen Rätien und Obergermanien heran[177]. Zum einen stellte sie eine etwa 10 km breite Siedlungslücke am Hochrhein östlich von Bad Zurzach (Kt. Aargau, CH) fest, zum anderen erkannte sie ein unterschiedliches Siedlungsmuster in Rätien und Obergermanien. So zeigt sich in der Kartierung Schucanys, dass die römische Besiedlung westlich von Zürich (CH) allmählich ausdünnt und in eine lockere lineare Aufreihung der Siedlungsfundstellen übergeht, die auch in Rätien nördlich des Bodensees und südlich der Donau zu beobachten ist. Dieser Wechsel im Besiedlungsmuster korreliert laut Schucany etwa mit der Provinzgrenze[178]. Allerdings stellt sie das von ihr beobachtete Siedlungsmuster nicht den naturräumlichen Bedingungen gegenüber, sodass nicht ausgeschlossen ist, dass diese das unterschiedliche Muster beeinflussten. Bevor ein Zusammenhang zwischen dem Siedlungsmuster und der Verwaltungsgrenze in Betracht gezogen werden kann, müssen daher zunächst naturräumliche, gesellschaftliche und kulturelle Faktoren sowie der Forschungsstand der betreffenden Region überprüft werden, da sie sich auf das Besiedlungsmuster und das heute bekannte Verteilungsmuster der Fundstellen auswirken.

1.3.6 Ansatz der vorliegenden Untersuchung

Zu überprüfen, inwiefern das Siedlungsmuster als Annäherung an die Provinzgrenze zwischen Rätien und Obergermanien in ihrem nördlichen Bereich herangezogen werden kann, ist auch das Ziel der vorliegenden Arbeit. Hierfür wird das nach derzeitigem Forschungsstand bekannte Verbreitungsbild römerzeitlicher Siedlungsfundstellen betrachtet und Auffälligkeiten im Siedlungsmuster werden beschrieben. Dabei werden Methoden erprobt, Siedlungskonzentrationen und -grenzen zu ermitteln. Im Anschluss an diese rein beschreibende Untersuchung folgt die Erarbeitung der Faktoren, die das vorliegende Siedlungsmuster beeinflusst haben könnten. Hierfür werden zunächst diejenigen Faktoren untersucht, welche sich auf die Überlieferung der archäologischen Quellen auswirken. In einem weiteren Schritt wird der Einfluss naturräumlicher, ökonomischer und gesellschaftlicher Faktoren auf das römerzeitliche Besiedlungsmuster herausgestellt. Erst wenn diese Faktoren bekannt sind, kann ergründet werden, in welchem Verhältnis die Provinzgrenze zum vorliegenden Besiedlungsmuster stand und ob durch letzteres eine Annäherung an die römische Provinzgrenze möglich ist. Anhand dieser Untersuchungen sollen mögliche Auffälligkeiten in der Verteilung der Siedlungsfundstellen und im Siedlungssystem mit den bisherigen Erkenntnissen zum Verlauf der Provinzgrenze verglichen und ihre Aussagekraft zur Rekonstruktion des Grenzverlaufs diskutiert werden.

---

175 Trumm 2002b, 119–121.
176 Trumm 2002b, 119–120.

177 Schucany 2002, 190–192.
178 Schucany 2002, 192.

1.4 Vorbemerkungen zum geografischen Informationssystem und Datengundlagen

Zur Untersuchung des Siedlungsmusters wurden alle kaiserzeitlichen Fundstellen innerhalb eines definierten Arbeitsgebietes[179] in eine Access-Datenbank aufgenommen[180]. Diese wurde anschließend in ein Geografisches Inforationssystem übertragen, mit dessen Hilfe die folgenden Analysen durchgeführt wurden[181].

Bei der verwendeten Software handelt es sich um ESRI ArcMap 10.2.1 und Quantum GIS 2.18. Welche Software für welche Berechnungen zur Anwendung kam, wird in den jeweiligen Kapiteln angegeben, ebenso wie die verwendeten Geoverarbeitungswerkzeuge. Sowohl die Fundstellenkoordinaten als auch alle Geodaten, die über die Landesanstalt für Umwelt, Messungen und Naturschutz Baden Württemberg (LUBW), das Landesamt für Geoinformation und Landentwicklung (LGL), das Landesamt für Geologie, Rohstoffe und Bergbau (LGRB) oder das Landesamt für Denkmalpflege in Stuttgart (LDA) bezogen wurden, liegen im Koordinatenbezugssystem Gauß-Krüger, Zone 3, vor. Die meisten Daten zur Topografie, Landnutzung und den naturräumlichen Gegebenheiten sind frei zugänglich. In einzelnen Fällen stellten darüber hinaus das LDA und das LGRB auf Anfrage Daten für die Anfertigung der vorliegenden Arbeit kostenfrei zur Verfügung. Die Bezugsquelle der Daten

wird in den jeweiligen Kapiteln angegeben. An dieser Stelle sei lediglich kurz auf die Datengrundlage der Übersichtskarten hingewiesen: Als Hintergrund und gleichzeitig Grundlage für die Höhendaten im Arbeitsgebiet diente ein vom Landesamt für Denkmalpflege zur Verfügung gestelltes digitales Geländemodell (DGM) mit einer Auflösung von 30 m je Rasterzelle. Im Gegensatz zu frei zugänglichen Daten der Shuttle Radar Topography Mission (SRTM), die seit 2015 in einer Auflösung von einer Bogensekunde (30 m) vorliegen[182], basiert das zur Verfügung gestellte DGM für Baden-Württemberg auf LiDAR-Daten, welche die Vegetation durchdringen und somit ein Oberflächenmodell ohne Bewuchs und Gebäude ermöglichen[183]. Das abgebildete Gewässernetz basiert auf Daten aus dem Umweltinformationssystem (UIS) der LUBW. Für die Analysen wurden einige der Layer auf die Grenzen des Untersuchungsgebietes zugeschnitten, um die Gesamtfläche beispielsweise der verschiedenen Bodenkategorien oder der Höhenstufen abzufragen. Durch das Zuschneiden kann es zu leichten Abweichungen zwischen den Layern kommen, welche die Gesamtfläche beeinflussen. Die Diskrepanz beträgt jedoch höchstens 4 km², was bei einer Gesamtfläche von 3.853,5 km² keinen bedeutenden Einfluss auf das Ergebnis der Analysen hat.

---

179 Siehe *Kap. 2*.

180 Siehe *Kap. 3*.

181 Eine Einführung in die Funktionsweise von Geografischen Informationssystemen und GIS-gestützte Analysemöglichkeiten geben beispielsweise WHEATLEY / GILLINGS 2002, CONOLLY / LAKE 2006 und GILLINGS et al. 2020. Zum Nutzen Geografischer Informationssysteme für die Archäologie siehe auch DONEUS 2013, 102–104. Beispielhaft für siedlungsarchäologische Arbeiten, bei denen Geografische Informationssysteme zur Beantwortung archäologischer Fragestellungen verwendet und neue Methoden entwickelt wurden, sind SAILE 1998, POSLUSCHNY 2002, MISCHKA 2007, PANKAU 2007 und JENESON 2013 zu nennen.

182 Es handelt sich dabei um ein digitales Geländemodell, das die Höhendaten der Erdoberfläche samt Bewuchs und Gebäuden zwischen dem nördlichen 60. und dem südlichen 58. Breitengrad

umfasst: https://www2.jpl.nasa.gov/srtm/ (letzter Abruf: September 2023). Die Daten können als rechteckige Kacheln heruntergeladen werden, wobei eine Kachel im Bereich Mitteleuropas etwa 74 × 111 km misst. Der Vorteil von SRTM 1"-Daten ist die relativ hohe Auflösung und die kostenfreie, unkomplizierte Verfügbarkeit (zu beziehen unter https://earthexplorer.usgs.gov/; letzter Abruf: September 2023).

183 Darüber hinaus stellten einige Autoren, die sich mit der Nutzung digitaler Höhenmodelle beschäftigten, eine unterschiedlich starke horizontale Abweichung von SRTM-Daten zu Referenzdatensätzen fest, die möglicherweise bei der Umprojizierung der Rasterdaten vom Koordinatenbezugssystem WGS84 in das lokale System entstanden (HERZOG / YÉPEZ 2015, 5; 7–9 mit weiterführender Literatur). Neben dem horizontalen Fehler weichen auch die Höhenwerte der SRTM 1"-Daten leicht von genaueren Referenzdaten ab.

2 | Das Untersuchungsgebiet

Fasst man die Quellen zum Verlauf der Provinzgrenze zwischen Rätien und Obergermanien bzw. zur Provinzzugehörigkeit der einzelnen Orte nördlich der Alpen zusammen, so lässt sich ein Korridor eingrenzen, innerhalb dessen die Binnengrenze zu suchen ist *(Abb. 6)*[184]. Für eine nähere Untersuchung der Siedlungslandschaft im Bereich dieser Grenzregion wurde ein Gebiet von etwa 60 × 60 km am nördlichen Abschnitt der Provinzgrenze zwischen Rätien und Obergermanien gewählt *(Abb. 9)*. Nördlicher Ausgangspunkt bildet der einzige archäologisch fassbare Hinweis zum Grenzverlauf – das Ende der rätischen Limesmauer im Rotenbachtal. Neben dem Limes als nördlicher Grenze des Untersuchungsgebietes wurde der übrige Teil des zu untersuchenden Raumes anhand naturräumlicher Grenzen gewählt *(Abb. 10)*. Im Westen entspricht die Grenze des Arbeitsgebietes den Westgrenzen der Naturräume Schurwald / Welzheimer Wald und Filder. Im Südwesten bildet der Neckar die Grenze des Arbeitsgebietes, im Süden begrenzen Echaz und Großer Lauter den untersuchten Raum. Die Donau sowie die Flüsse Kocher und Brenz begrenzen die östliche Ausdehnung. Das Untersuchungsgebiet gliedert sich damit in mehrere naturräumliche Einheiten, die sich in ihrer Topografie, den klimatischen Bedingungen sowie ihrem geologischen Aufbau unterscheiden. Während beispielsweise weite Teile des Naturraumes Schurwald / Welzheimer Wald – wie der Name schon andeutet – bewaldet sind, dominieren in anderen Naturräumen Ackerflächen und moderne Bebauungen[185]. Damit bieten sie unterschiedliche Voraussetzungen – sowohl für eine Aufsiedlung und Nutzung des Gebietes als auch für die Entdeckung archäologischer Fundstellen. Bei der Analyse und Interpretation des Siedlungsmusters müssen diese unterschiedlichen Voraussetzungen stets berücksichtigt werden. Zugleich liegen innerhalb der vorliegenden Naturräume relativ homogene geologische, pedologische, klimatische und topografische Bedingungen vor, weshalb sie günstige Gliederungsebenen für kleinräumige Betrachtungen bieten. In den nachfolgenden Kapiteln werden daher einige der Auffindungsbedingungen und Standortfaktoren römerzeitlicher Siedlungen nicht nur für das Untersuchungsgebiet als Ganzes, sondern auch nach Naturräumen getrennt betrachtet.

Neben den naturräumlichen Voraussetzungen stellen jedoch auch die politische und historische Ent-

---

184 Siehe *Kap. 1.2.1.*

185 Zu den Auswirkungen der unterschiedlichen Landnutzung auf die Auffindbarkeit von Fundstellen siehe *Kap. 6.1.1.1.*

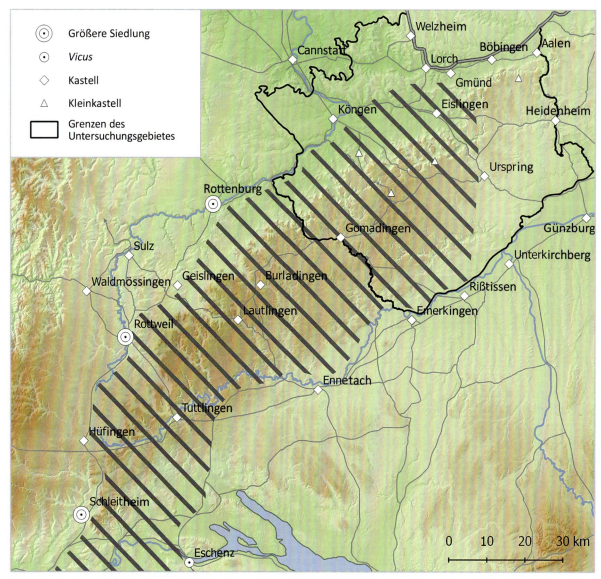

9   Die Grenzen des Arbeitsgebietes und der Grenzkorridor.

wicklung des Gebietes sowie die antike Infrastruktur wichtige Grundlagen für die römerzeitliche Besiedlung dar. Die Entwicklung der Region zwischen Neckar und Donau war stark von der militärischen Erschließung des Gebietes, dem Ausbau des Straßensystems und der Umwandlung militärischer in zivile Strukturen geprägt. Im Folgenden werden daher die naturräumlichen Voraussetzungen, die historischen Gegebenheiten und das antike Verkehrsnetz im Bereich des Untersuchungsgebietes als Rahmen für die sich in dem definierten Raum entwickelnde römerzeitliche Besiedlung näher vorgestellt.

2.1 Die Naturräume

Das gesamte Arbeitsgebiet gehört zum südwestdeutschen Schichtstufenland[186]. Nach dem Einbruch des Oberrheingrabens im Tertiär (vor ca. 30 Millionen Jahren) wurden die verschiedenen in den vorangehenden Erdzeitaltern sedimentierten geologischen Schichten aus ihrer horizontalen in eine Schräglage verkippt und sind seitdem der Verwitterung und Abtragung ausgesetzt. Dadurch stehen sehr alte geologische Formationen neben jüngeren an der Erdoberfläche an. Da die Verkippung im Bereich des Untersuchungsgebietes von Nordwest nach Südost erfolgte, stehen die älteren Schichten im Nordwesten und die jüngeren im Südosten an. Nach dem Handbuch der naturräumlichen Gliederung Deutschlands teilt sich das untersuchte Gebiet zunächst grob in die beiden Haupteinheitengruppen Schwäbisches Keuper-Lias-Land im Westen, in dem Trias- und Jura-Formationen an die Oberfläche treten, und Schwäbische Alb im Osten, wo jura- und tertiärzeitliche Schichten anstehen *(Abb. 10)*. Diese Gruppen lassen sich weiterhin in mehrere naturräumliche Haupteinheiten aufgliedern, die als Gliederungsstruktur für das vorliegende Arbeitsgebiet herangezogen werden. Innerhalb des zu

untersuchenden Gebietes sind das die Naturräume Schurwald / Welzheimer Wald, Filder, Mittleres Albvorland und Östliches Albvorland, die zum Schwäbischen Keuper-Lias-Land gehören, und die Naturräume Mittlere Kuppenalb, Albuch und Härtsfeld, Lonetal-Flächenalb und Mittlere Flächenalb, welche zur Hauptgruppe der Schwäbischen Alb gehören. Im Folgenden werden die topografischen, geologischen, pedologischen, hydrografischen und klimatischen Eigenschaften dieser naturräumlichen Einheiten näher beschrieben. Als Quellen hierzu wurden, ergänzend zur einschlägigen Fachliteratur[187], das DGM für einen Überblick zu den Höhenlagen herangezogen, die Geologische Übersichtskarte im Maßstab 1:300.000 (GÜK 300), die als Web Map Service (WMS) des LGRB zur Verfügung steht[188], die vom LGRB kostenfrei für die Anfertigung dieser Arbeit zur Verfügung gestellte Bodenübersichtskarte im Maßstab 1:200.000 (BÜK 200) sowie Daten zur durchschnittlichen Jahrestemperatur und zum durchschnittlichen Jahresniederschlag, auf die über das „Climate Data Centre"-Portal (CDC) des Deutschen Wetterdienstes frei zugänglich zugegriffen werden kann[189].

2.1.1 Schurwald und Welzheimer Wald – Haupteinheit 107

Der Limes, der die Nordgrenze des bearbeiteten Gebietes bildet, trennt etwa 40 % des Naturraumes Schurwald / Welzheimer Wald[190] vom Arbeitsgebiet ab *(Abb. 11)*. Die übrigen 60 % liegen vollständig innerhalb des zu untersuchenden Raumes. Markante Höhenzüge mit naturraumgliedernder Wirkung sind der Schurwald im Süden, der wie ein Riegel zwischen Fils und Remstal liegt, der Welzheimer Wald im Nor-

den sowie der Höhenzug Berglen im Westen. Rems und Wieslauf trennen diese Höhenzüge voneinander und bilden weite Täler aus, welche den Naturraum in Nord-Süd- und Ost-West-Richtung erschließen.

Die Höhenlagen reichen von ca. 240 m ü. NHN in den Tälern bis zu 450–550 m ü. NHN auf den bewaldeten Höhen von Schurwald, Welzheimer Wald und Berglen.

186 Dongus 2000, 7–17.
187 Dongus 2000; Meynen / Schmithüsen 1955; Geyer / Gwinner 1962; 1979 sowie Beiträge zu den verschiedenen Naturräumen aus den Kreisbeschreibungen der Publikationsreihe „Heimat und Arbeit". An Onlinequellen wurden zudem die Naturraumbeschreibungen des Landeskundlichen Informationssystems Baden-Württemberg herangezogen: https://www.leo-bw.de/web/guest/themen/natur-und-umwelt/naturraume (letzter Abruf: September 2023).

188 https://maps.lgrb-bw.de/ (letzter Abruf: September 2023).
189 https://cdc.dwd.de/portal/ (letzter Abruf: Juli 2024).
190 Siehe hierfür laufend die Naturraumbeschreibung beim Landeskundlichen Informationssystem Baden-Württemberg: http://www.leo-bw.de/web/guest/themen/natur-und-umwelt/naturraum/schurwald-und-welzheimer-wald (letzter Abruf: September 2023).

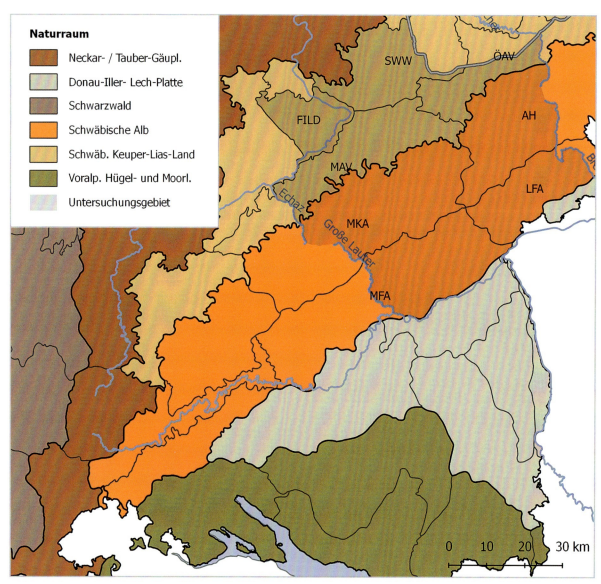

Naturraum
- Neckar- / Tauber-Gäupl.
- Donau-Iller- Lech-Platte
- Schwarzwald
- Schwäbische Alb
- Schwäb. Keuper-Lias-Land
- Voralp. Hügel- und Moorl.
- Untersuchungsgebiet

10   Das Arbeitsgebiet und die naturräumlichen Einheiten nach MEYNEN / SCHMITHÜSEN 1955. – AH: Albuch und Härtsfeld; FILD: Filder; LFA: Lonetal-Flächenalb; MAV: Mittleres Albvorland; MFA: Mittlere Flächenalb; MKA: Mittlere Kuppenalb; ÖAV: Östliches Albvorland; SWW: Schurwald / Welzheimer Wald.

Im Naturraum Schurwald / Welzheimer Wald haben sich die ältesten geologischen Schichten innerhalb des Arbeitsgebietes erhalten. Nur hier stehen obertriaszeitliche Keuperschichten großflächig an. Die Schichtenfolge beginnt mit dem Gipskeuper (km1) entlang der weit ausgeräumten Täler. Die darunter liegenden älteren Keuperformationen sind dagegen in den Flusstälern von holozänen Terrassenschottern (fh) überdeckt[191]. Über dem Gipskeuper folgen entlang der steileren Hänge in einem dünnen Band Schilfsandstein (km2) sowie Bunte Mergel mit dazwischen gelagertem Kieselsandstein (km3)[192]. Großflächig steht darüber auf den Hängen der Keuperberge Stubensandstein (km4) an[193]. Die Steilhänge zu den Hochflächen werden aus dem weichen, zu Rutschungen neigenden Knollenmergel (km5) gebildet. Nur an wenigen Stellen, wie beispielsweise auf den Höhen der Berglen, haben sich darüber Reste des Oberen Keuper (Rät, ko) erhalten, der zu den Formationen des nächsten Erdzeitalter, des Jura, überlei-

191   WILD 1980, 26–27; Huttenlocher in MEYNEN / SCHMITHÜSEN 1955, 177.
192   WILD 1980, 30–31.

193   WILD 1980, 32–33; Huttenlocher in MEYNEN / SCHMITHÜSEN 1955, 177.

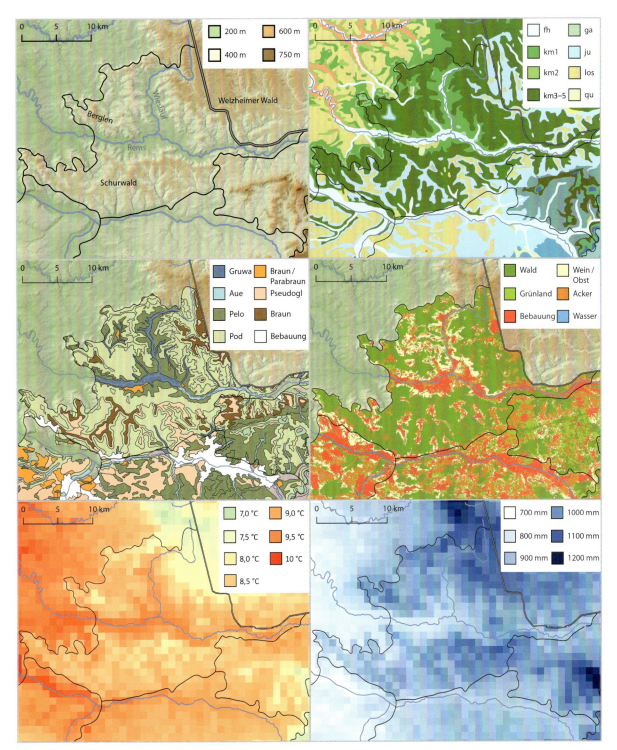

11　Der Naturraum Schurwald / Welzheimer Wald. a) Topografie; b) Geologie (fh: Hochwassersediment, km1: Gipskeuper Formation, km2: Schilfsandsteininformation, km3–5: Untere Bunte Mergel, Kieselsandstein, Obere Bunte Mergel, Stuben-sandstein- und Knollenmergelformation, ga: Älterer Flussschotter, ju: Unterjura, los: Lösssediment, qu: Hangschutt); c) Bodenkategorien (Gruwa: Grundwasser beeinflusste Böden, Aue: Auenböden, Pelo: Pelosole und pelosolige Braunerden, Pod: Podsole und podsolige Braunerden, Braun / Parabraun: Braunerden aus Löss, Pseudogl: Pseudogley-Parabraunerden aus Löss und Lösslehm, Braun: Braunerde aus Fließerden); d) Moderne Landnutzung, e) Mittlere Jahrestemperatur; f) Durchschnittlicher Niederschlag.

tet[194]. Auf den Hochflächen der bewaldeten Keuperberge finden sich inselförmig Formationen der untersten Stufe des Schwarzen Jura (ju). Im Pleistozän lagerte sich darüber Löss (los) ab. Weitere Lössvorkommen befinden sich am Fuß der Keuperberge entlang der Flusstäler[195].

Die Keuperschichten bestehen aus einem Wechsel von Sandsteinen und Mergeln. Die tonigen Mergel verwittern dabei zu schweren Pelosolen und Pelosol-Braunerden, während sich auf den sandigen Schichten leichte, aber nährstoffarme podsolige Braunerden entwickelten[196]. Die Keuperhänge und -berge bieten damit keine guten Voraussetzungen für den Anbau von Feldfrüchten und sind heute größtenteils bewaldet. In den Tälern können die schweren Pelosolböden auf dem Gipskeuper darüber hinaus als Wiese bzw. Baumwiese genutzt werden und in den Hanglagen wird heute Obst- und Weinbau betrieben[197]. Nur auf den zum Teil mit Löss bedeckten Schwarzjuraflächen und den vereinzelten Lössflächen in den Flusstälern entwickelten sich auch fruchtbare Parabraunerden, die heute z. T. ackerbaulich genutzt werden[198]. Einige der Lössflächen auf den Höhen der Keuperberge sind jedoch pseudovergleyt, wodurch sie zu Staunässe neigen. In den kleineren und größeren Flusstälern entwickelten sich durch holozäne Ablagerungen Auengleye und Braune Auenböden, die zwar fruchtbar, jedoch auch hochwassergefährdet sind[199].

Im Bereich der Keuperberge kann auf mehrere Schichtquellen zugegriffen werden. So treten Quellen aus den Schichten des Gipskeuper, des Schilfsandsteines, des Kieselsandsteines und des Knollenmergels am Übergang zwischen Stubensandstein und Unterem Lias aus. Grundwasser führende Schichten befinden sich darüber hinaus in den Schottern der Flusstäler[200].

Die mittlere Jahrestemperatur innerhalb des Naturraumes liegt zwischen 7,5 und 8,5 °C. Die Niederschläge schwanken zwischen 700 mm im Remstal, 750–900 mm im Bereich des Schurwaldes und bis zu 1050 mm im Welzheimer Wald[201].

2.1.2 Filder – Haupteinheit 106

Die Filder[202] *(Abb. 12)* befinden sich vollständig im Untersuchungsgebiet. Es handelt sich um eine leicht von Nordwesten nach Südosten abfallende Ebene, in der kaum markante, landschaftsgliedernde Elemente vorhanden sind. Die Höhenlagen erstecken sich von 480 m ü. NHN am nordwestlichen Rand zur benachbarten Stuttgarter Bucht bis zu etwa 300 m ü. NHN am Ostrand. Nur in den Flusstälern von Neckar und Körsch liegen Höhenlagen von unter 300 m ü. NHN vor.

Ursprünglich befand sich das Gebiet der heutigen Filderebene auf einem wesentlich höheren Niveau. Tektonische Prozesse im Tertiär führten jedoch zum Einbruch des sog. Fildergrabens, sodass die Ebene um etwa 100 m gegenüber dem Schönbuch im Süden und dem Schurwald im Norden eingesunken ist[203]. Obwohl tiefer gelegen, sind die heute an der Oberfläche anstehenden Schichten daher erheblich jünger als die der direkt benachbarten Höhen. Formationen des Keuper stehen oberflächlich nur in den Flusstälern an. Die ältesten Schichten liegen im Neckartal bei Esslingen und Plochingen vor, wo sich der Fluss tief in die Schichten des Oberen und Mittleren Keuper eingeschnitten hat. Hier stehen Bunte Mergel mit dazwischen liegendem Kieselsandstein (km3) an[204]. Darüber folgt der Stubensandstein (km4) an den Talhängen des Neckars[205]. Der zu Rutschungen neigende Knollenmergel (km5) findet sich

194 Wild 1980, 34; Huttenlocher in Meynen / Schmithüsen 1955, 177.
195 Wild 1980, 35–37; Huttenlocher in Meynen / Schmithüsen 1955, 177.
196 Zu den Bodenverhältnissen siehe Wenzel 1980, 365–366; Schlumberger 1992, 418; Huttenlocher in Meynen / Schmithüsen 1955, 177. Zu den Bodentypen Pelosole und Podsole siehe Scheffer / Schachtschabel 2010, 327–328 (Pelosole) und 325–326 (Podsole).
197 Wenzel 1980, 365–366.
198 Wenzel 1980, 366; zu dem Bodentyp und seinen Eigenschaften siehe Scheffer / Schachtschabel 2010, 323–325.

199 Wenzel 1980, 366.
200 Wild 1980, 43–45; Huttenlocher in Meynen / Schmithüsen 1955, 177.
201 Meynen / Schmithüsen 1955, 166.
202 Siehe auch die Naturraumbeschreibung beim Landeskundlichen Informationssystem Baden-Württemberg: http://www.leo-bw.de/web/guest/themen/natur-und-umwelt/naturraum/filder (letzter Abruf: September 2023).
203 Reiff / Bauer 1992, 27–28; siehe auch Huttenlocher in Meynen / Schmithüsen 1955, 175–176.
204 Reiff / Bauer 1992, 18.
205 Reiff / Bauer 1992, 18–19.

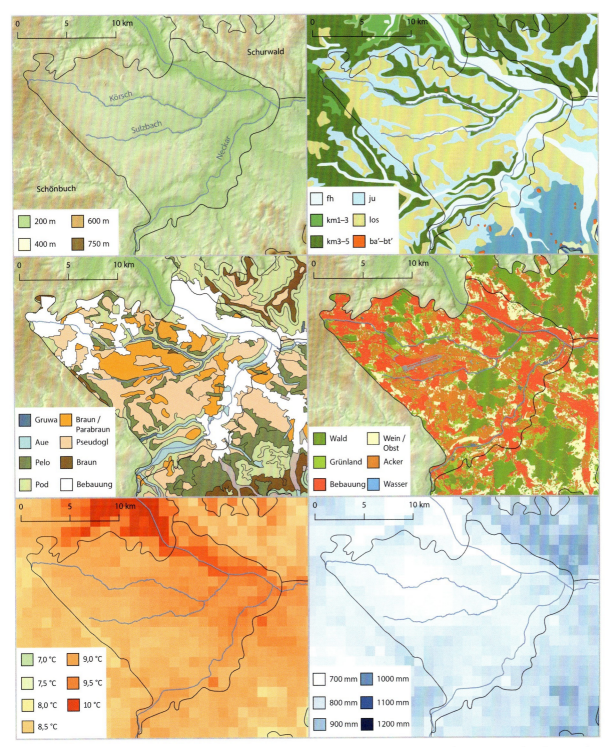

12   Der Naturraum Filder. a) Topografie; b) Geologie (fh: Hochwassersediment, km1–3: Gipskeuper Formation, Buntsandstein und Bunte Mergel Formation, km3–5: Kieselsandstein, Obere Bunte Mergel, Stubensandstein- und Knollenmergelformation, ju: Unterjura, los: Lösssediment, Ba'–Bt': Basalt und Basalttuff); c) Bodenkategorien (Gruwa: Grundwasser beeinflusste Böden, Aue: Auenböden, Pelo: Pelosole und pelosolige Braunerden, Pod: Podsole und podsolige Braunerden, Braun / Parabraun: Braunerden aus Löss, Pseudogl: Pseudogley-Parabraunerden aus Löss und Lösslehm, Braun: Braunerde aus Fließerden); d) Moderne Landnutzung; e) Mittlere Jahrestemperatur; f) Durchschnittlicher Niederschlag.

29

dagegen auch an den steilen oberen Hängen der kleineren, weniger tief eingeschnittenen Flusstäler von Körsch und Sulzbach. Ein dünnes Band der ansonsten weitgehend abgetragenen obersten Keuperschicht leitet zu den maritimen Formationen des Jura über[206]. Im Naturraum der Filder steht nur die unterste lithostratigrafische Gruppe des Jura, der sog. Schwarze Jura (ju), an. Er ist am obersten Anstieg der Talhänge und auf der Oberfläche der Filderebene weitläufig zu finden. Es handelt sich um Formationen des Schwarzen Jura alpha, der aus dunkelgrauen Tonsteinen mit Bänken aus Sand-(Angulatsandstein) und Kalkstein (Arietenkalk) besteht. Der Schwarze Jura ist großflächig mit einer bis zu 4 m mächtigen Lössschicht bedeckt, die hier während des Pleistozäns abgelagert wurde[207].

Auf den Keuperhängen der Flusstäler überwiegen je nach Ausgangsgestein die sandigen podsoligen Braunerden oder die tonigen Pelosolbraunerden. Letztere sind auch auf den Schwarzjuraflächen verbreitet, wo diese nicht von einer Schicht aus Löss und Lösslehm bedeckt sind. Heute dienen diese Bereiche als Standorte für Grünland und Obstanbau. Charakteristisch für den Naturraum sind jedoch die ausgedehnten Lössflächen, auf denen sich fruchtbare Parabraunerden entwickelten. An einigen Stellen sind diese Böden, die prinzipiell gute Standorte für Ackerbau bieten, jedoch pseudovergleyt und neigen daher zu Staunässe. Heute wird der Vernässung durch Drainagen und die Anlage von Hochäckern begegnet[208].

Im Naturraum der Filder gibt es zahlreiche Grundwasservorkommen. Wasserleitend sind die Schichten des Schwarzjura alpha sowie die Flusskiese in den Talauen. An den Rändern des Schurwaldes und des Schönbuchs kann zudem auf Schichtquellen zurückgegriffen werden, die am Übergang zwischen den wasserleitenden Sandsteinen und den stauenden Mergeln austreten[209].

Klimatisch ist die Filderebene gegenüber den übrigen naturräumlichen Hauptgruppen des Albvorlandes begünstigt. Die mittlere Jahrestemperatur beträgt 8,5–9 °C und die Niederschlagsmenge reicht von 650 bis 700 mm[210].

2.1.3 Mittleres Albvorland – Haupteinheit 101

Das Mittlere Albvorland[211] *(Abb. 13)* wurde bis zum Flusslauf der Echaz in das Arbeitsgebiet einbezogen. Dies entspricht etwa 60 % der Gesamtfläche des Naturraumes. Seine Gestalt ist durch den Wechsel von Ebenen und sanften Hügeln im westlichen Bereich und den Voralbhügeln am Rande des Albtraufes geprägt. Die Höhenlagen schwanken zwischen 250 m in den neckarseitigen Flusstälern, 300–400 m auf der flachwelligen Ebene und 450–550 m an den Hängen der Voralbhügel. Die höchsten Erhebungen finden sich am Übergang zum Albtrauf mit Höhen von bis zu 700 m ü. NHN. Bedeutendere Flussläufe, die den Naturraum von Südosten nach Nordwesten durchziehen, sind Fils, Lauter, Erms und Echaz. Sie entspringen allesamt im Bereich der Schwäbischen Alb und entwässern zum Neckar hin.

Die Hauptgesteinsgruppen, die im Mittleren Albvorland anstehen, sind der Schwarze Jura (ju), der die ebene und flachwellige Landschaft des Albvorlandes bildet, und der Mittlere, sog. Braune Jura (jm), aus dem die Voralbberge bestehen[212]. Nur im Bereich der unteren Flusstäler haben sich die Gewässer bis in den mittleren Keuper eingeschnitten, sodass dort an den Hängen Stubensandstein (km4) und darüber Knollenmergel (km5) zu finden sind[213]. Bei den jurazeitlichen Gesteinsgruppen handelt es sich um maritime Ablagerungen. Je nach Durchlüftung, festländischen Einflüssen und organischer Aktivität innerhalb des Jura-Meeres lagerten sich tonige, teils sandige oder biogene Sedimente ab. Mit ihren Bänken aus Sand- und Kalkstein bildet die unterste Formation des Schwarzen Jura die Hangkanten der Tal-

206 Reiff / Bauer 1992, 20.

207 Reiff / Bauer 1992, 21–22 Abb. 2; Geyer / Gwinner 1962, 265; Huttenlocher in Meynen / Schmithüsen 1955, 176.

208 Geyer / Gwinner 1962, 265.

209 Reiff / Bauer 1992, 39; Geyer / Gwinner 1962, 248.

210 Meynen / Schmithüsen 1955, 166.

211 Siehe auch die Naturraumbeschreibung beim Landeskundlichen Informationssystem Baden-Württemberg: http://

www.leo-bw.de/web/guest/themen/natur-und-umwelt/naturraum/mittleres-albvorland (letzter Abruf: September 2023).

212 Huttenlocher in Meynen / Schmithüsen 1955, 166; Dongus 2000, 131–133.

213 Schädel 1975, 36–38; Groschopf / Reiff 1985, 22–23.

einschnitte sowie Verebnungen entlang von Neckar und Fils. Darüber folgen die Tone und Mergel der darüber liegenden Schwarzjuraformationen[214]. Die Formationen des Braunen Jura bestehen überwiegend aus schiefrigen Tonsteinen mit z. T. eingelagerten Sand- und Kalksteinbänken. Die Tone wurden ursprünglich als Meeresschlick in sauerstoffarmem Millieu abgelagert. Sie sind den verschiedenen Erosionsprozessen stärker ausgeliefert als die härteren Sand- und Kalksteinbänke, sodass sie vor allem an den flachen Hanglandschaften anstehen, während letztere Verebnungen und Geländestufen auf den Rücken der Voralbhügel bilden. An den Hängen zum Albtrauf sind die oberen Braunjuraformationen vom Hangschutt (qu) des darüber liegenden Weißen Jura bedeckt[215]. Einige der Berge nahe dem Albtrauf sind vulkanischen Ursprungs. So bildeten sich im Tertiär durch tektonische Prozesse im Bereich der Schwäbischen Alb Schwachstellen im Gestein, an denen sich Magma aus dem Erdinneren einen Weg zur Oberfläche bahnen konnte. Zahlreiche Vulkanschlote durchschlugen daraufhin die Gesteinsgruppen der Schwäbischen Alb und ihres Vorlandes. Das Zentrum der vulkanischen Aktivität war das Gebiet zwischen Kirchheim u. Teck (Lkr. Esslingen) und Urach (Lkr. Reutlingen). Die harten Vulkanschlotfüllungen, die aus den jeweils durchschlagenen Gesteinen und Basalttuff (Ba'–Bt') bestehen, sind schließlich durch Erosion als kegelförmige Berge herauspräpariert worden und bilden heute markante Erhebungen im Vorfeld des Albtraufes[216]. Das für die heutige Landschaft prägende Flusssystem entwickelte sich im Quartär, dem jüngsten Erdzeitalter. Während der Warmzeiten schnitten sich die Flüsse tief in die älteren Gesteinsschichten ein und transportierten Kiese und Schotter in ihrem Flussbett. In den trockenen Kälteperioden nahm die Strömungsgeschwindigkeit ab und die Flusstäler verlagerten sich, sodass die abgelagerten Kiese und Schotter (fh, Wg) zahlreiche Bänke und Terrassen bildeten. Ebenfalls in den Kaltzeiten lagerten sich sowohl auf diesen Kies- und Schotterterrassen als auch auf den Ebenen des Schwarzen Jura großflächig Lössschichten (los) ab.

Auf den lössbedeckten Flächen des Mittleren Albvorlandes entwickelten sich fruchtbare Parabraunerden, die jedoch aufgrund des wasserundurchlässigen Untergrundes der tonigen Schwarzjura-Formationen in großen Teilen zu Staunässe neigen. Auf den übrigen Schwarz- und Braunjuraflächen überwiegen aufgrund des tonigen Ausgangsgesteins z. T. fruchtbare, aber schwere Böden (Pelosole und Pelosolbraunerden sowie Braunerden aus lehmigen über tonigen Fließerden). Sie sind meist Standorte für Wald, Grünland und Obstanbau, werden heute – besonders im Bereich der Schwarzjuraflächen – jedoch auch ackerbaulich genutzt[217]. Am Oberlauf der Flusstäler entwickelten sich auf den Auen- und Terrassensedimenten Auengleye und -lehme. Im Bereich des Hangschuttes, der sich im Vorfeld des Albtraufes ablagerte, kam es dagegen zur Entwicklung von Pararendzinen[218]. Nur an wenigen Stellen im südlichen Bereich des Naturraumes bildeten sich auf dem Hangschutt des Weißen Jura flachgründige Rendzina, die heute bewaldet und nicht als Ackerstandorte geeignet sind[219].

Im Braunen Jura des Mittleren Albvorlandes entspringen zahlreiche Quellen, die zum Neckar hin entwässern. Grundwasservorkommen befinden sich aber auch in den untersten Formationen des Schwarzen Jura und in den Schotter- und Kiesbänken der Flusstäler. Am Albtrauf tritt zudem Karstgrundwasser von der Schwäbischen Alb an Hangschuttquellen aus. Da die Intensität ihrer Schüttungen hauptsächlich vom Niederschlag beeinflusst wird, schwankt sie jedoch stark[220].

Aufgrund der verhältnismäßig niedrigen Lage ist das Mittlere Albvorland gegenüber dem Östlichen Albvorland und der Albhochfläche klimatisch begünstigt. Die mittlere Jahrestemperatur schwankt zwischen 8 und 9 °C. Nur auf den Höhen sinkt sie auf 7 °C. Die Niederschlagsmenge liegt bei etwa 700 mm im Neckartal bei Tübingen (Lkr. Tübingen) und bei 850–980 mm im Bereich des Albtraufes[221].

---

214 Reiff / Bauer 1992, 22; Groschopf / Reiff 1985, 24–25.
215 Groschopf / Reiff 1985, 28–31.
216 Dongus 2000, 129–130; Reiff / Bauer 1992, 28–31; Groschopf / Reiff 1985, 31–32; Schädel 1975, 46–47.
217 Schlumberger 1992, 416–417; Groschopf / Reiff 1985, 24; 29; Streicher 1985, 384; Schädel 1975, 42; Eberhardt 1975, 330.
218 Zu dem Bodentyp und seinen Eigenschaften siehe Scheffer / Schachtschabel 2010, 319.
219 Eberhardt 1975, 330.
220 Reiff / Bauer 1992, 39.
221 Huttenlocher in Meynen / Schmithüsen 1955, 166.

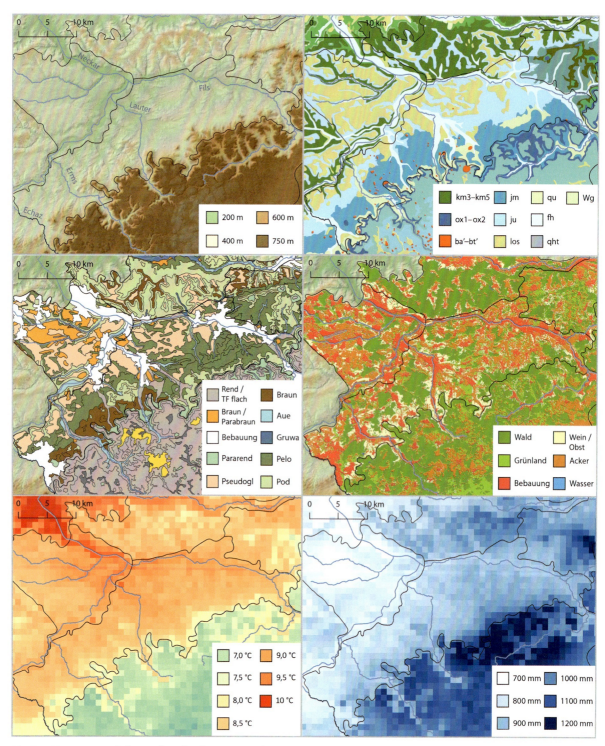

13   Der Naturraum Mittleres Albvorland. a) Topografie; b) Geologie (km3–5: Kieselsandstein, Obere Bunte Mergel, Stuben-sandstein- und Knollenmergelformation, ju: Unterjura, jm: Mitteljura, ox1–ox2: Impressamergel und wohlgeschichtete Kalkformation, los: Lösssediment, Ba'–Bt': Basalt und Basalttuff, qu: Hangschutt, fh: Hochwassersediment, qht: Moorbil-dung, Wg: Würmschotter); c) Bodenkategorien (Gruwa: Grundwasser beeinflusste Böden, Aue: Auenböden, Pelo: Pelosole und pelosolige Braunerden, Pod: Podsole und podsolige Braunerden, Pararend: Pararendzinen, Braun / Parabraun: Brau-nerden aus Löss, Pseudogl: Pseudogley-Parabraunerden aus Löss und Lösslehm, Rend / TF flach: Rendzina und Terra fusca aus Kalksteinverwitterungslehm, Braun: Braunerde aus Fließerden, Koll: Kolluvium); d) Moderne Landnutzung; e) Mittlere Jahrestemperatur; f) Durchschnittlicher Niederschlag.

2.1.4 Östliches Albvorland – Haupteinheit 102

Da der Limes die Nord- und der Kocher die Ostgrenze des Untersuchungsraumes bilden, gehört nur etwa ein Drittel der Fläche des Östlichen Albvorlandes[222] *(Abb. 14)* zum Arbeitsgebiet. Dieser südliche Teil des Naturraumes gliedert sich in das Rehgebirge im Süden, das Rehgebirgevorland im Norden und das Welland im Osten[223]. Rehgebirge und Welland bilden dabei eine ausgeprägte Hügellandschaft und erreichen Höhenlagen zwischen 450 und 757 m ü. NHN. Markante topografische Erhebungen sind die drei Zeugenberge[224] Hohenstaufen (684 m), Rechberg (708 m) und Stuifen (757 m), die sich im Rehgebirge zwischen Göppingen, Schwäbisch Gmünd und dem Albtrauf befinden. Das Rehgebirgevorland ist dagegen weitgehend eben auf einer Höhe zwischen 400 und 450 m gelegen. Die Rems mit ihren Seitentälern sowie einige Nebenflüsse der Fils haben sich bis auf 313 m ü. NHN in den Keuper eingeschnitten.

Über dem Stubensandstein und den Knollenmergeln des Mittleren Keupers, die nur in den Flusstälern vorkommen, stehen im Vorland des Rehgebirges die Formationen des Schwarzen Jura an. Das Rehgebirge im Süden und das Welland im Osten bestehen dagegen größtenteils aus den Tonsteinen des Unteren Braunen Jura. Die Verebnungen auf den Rücken der Voralbberge werden aus den erosionsfesteren Eisensandsteinen der Oberen Braunjuraschichten gebildet[225]. Mit den Zeugenbergen im Rehgebirge haben sich auch Formationen des Weißen Jura im Albvorland erhalten, die nicht der Erosion zum Opfer gefallen sind[226]. Wie im Mittleren Albvorland entstanden im Pleistozän Kies- und Schotterbänke in den Flusstälern. Im Bereich des Albtraufes liegt dagegen ebenfalls im Quartär erodierter Hangschutt auf den oberen Formationen des Braunen und den unteren Formationen des Weißen Jura.

Die Bodengesellschaften und ihre Entstehung entsprechen weitgehend denen im Mittleren Albvorland[227]. An den Keuperhängen überwiegen die sandigen, z. T. podsoligen Braunerden und auf den tonreichen Schwarz- und Braunjuraformationen entwickelten sich schwere Pelosole und Pelosol-Braunerden. Nur wo die Schwarzjuraflächen von Löss bedeckt sind, entstanden z. T. pseudovergleyte Parabraunerden[228]. Die Eisensandsteinformationen auf den Höhenrücken der Voralbberge sind mit nährstoffarmen, sandigen Braunerden aus Fließerden bedeckt. An den Hängen der Zeugenberge entwickelte sich Pararendzina aus steinig-tonigen Fließerden und auf ihren Weißjurakuppen flachgründige Rendzina. Die Flusstäler sind mit fruchtbaren, aber hochwassergefährdeten Auengleyen und -lehmen bedeckt.

Die Lage der Quellen und Grundwasservorkommen entspricht den Verhältnissen im Mittleren Albvorland[229].

Klimatisch ist das Östliche Albvorland mit ca. 7,5 °C mittlerer Jahrestemperatur etwas kühler als die benachbarten Naturräume des Albvorlandes. Die Niederschläge erreichen bis zu 800–900 mm im Jahresdurchschnitt[230].

2.1.5 Mittlere Kuppenalb – Haupteinheit 094

Die naturräumliche Haupteinheit Mittlere Kuppenalb[231] *(Abb. 15)* ist im Süden bis zu den Flüssen Echaz und Große Lauter in das Untersuchungsgebiet einbezogen. Damit liegen etwa 65 % der Fläche dieses Naturraumes innerhalb des Arbeitsgebietes. Deutliche, in der Landschaft erkennbare Stufen, welche

222 Siehe auch die Naturraumbeschreibung beim Landeskundlichen Informationssystem Baden-Württemberg: http://www.leo-bw.de/themen/natur-und-umwelt/naturraume/oestliches-albvorland (letzter Abruf: September 2023).
223 Siehe auch Dongus 1961.
224 Einzelberge, die durch Abtragungsprozesse von der Schichtstufe isoliert werden und somit vor dem Albtrauf stehen (Martin / Eiblmaier 2001, 402 s. v. Schichtstufe (W. Andres)).
225 Huttenlocher in Meynen / Schmithüsen 1955, 171.
226 Siehe auch Martin / Eiblmaier 2001, 402 s. v. Schichtstufe; Dongus 2000, 133.

227 Siehe *Kap. 2.1.3.*
228 Huttenlocher in Meynen / Schmithüsen 1955, 171.
229 Reiff / Bauer 1992, 39.
230 Meynen / Schmithüsen 1955, 166.
231 Huttenlocher in Meynen / Schmithüsen 1955, 158–160 sowie die Naturraumbeschreibung beim Landeskundlichen Informationssystem Baden-Württemberg: http://www.leo-bw.de/web/guest/themen/natur-und-umwelt/naturraume/mittlerekuppenalb (letzter Abruf: September 2023).

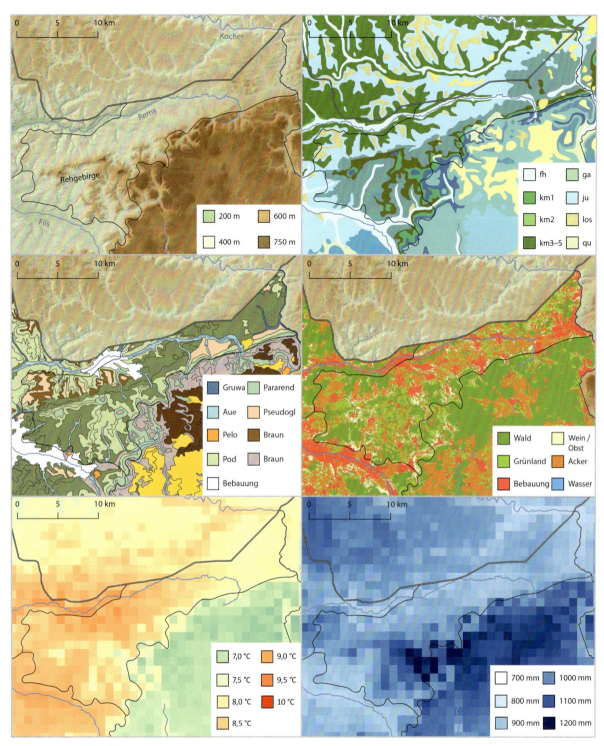

14 Der Naturraum Östliches Albvorland. a) Topografie; b) Geologie (km3–5: Kieselsandstein, Obere Bunte Mergel, Stuben-
sandstein- und Knollenmergelformation, ju: Unterjura, jm: Mitteljura, al2E: Eisensandsteinformation, bj1–cl: Wedelsandstein bis Ornatenton-Formation, ox1–ox2: Impressamergel und wohlgeschichtete Kalkformation, los: Lösssediment, qu:
Hangschutt); c) Bodenkategorien (Gruwa: Grundwasser beeinflusste Böden, Aue: Auenböden, Pelo: Pelosole und pelosolige Braunerden, Pod: Podsole und podsolige Braunerden, Pararend: Pararendzinen, Pseudogl: Pseudogley-Parabraunerden aus Löss und Lösslehm, Rend/TF flach: Rendzina und Terra fusca aus Kalksteinverwitterungslehm, Braun: Braunerde
aus Fließerden, Koll: Kolluvium); d) Moderne Landnutzung; e) Mittlere Jahrestemperatur; f) Durchschnittlicher Niederschlag.

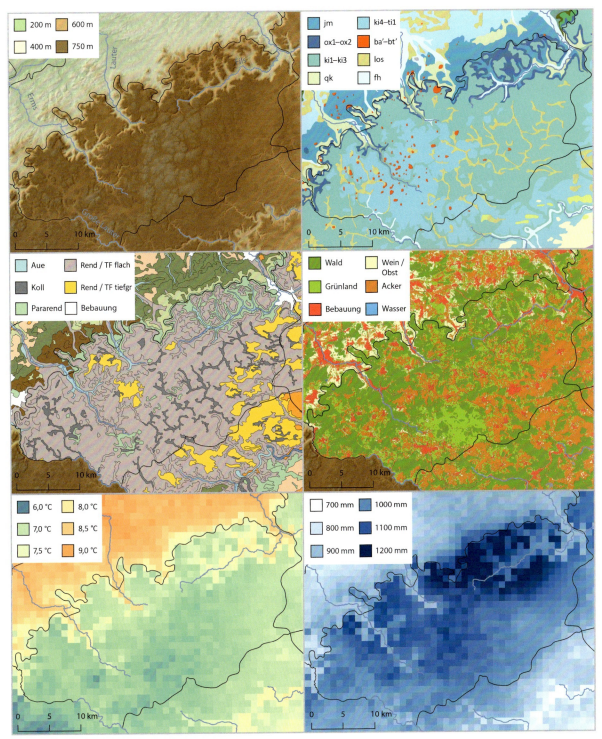

15   Der Naturraum Mittlere Kuppenalb. a) Topografie; b) Geologie (jm: Mitteljura, ox1–ox2: Impressamergel und wohlgeschichtete Kalkformation, ki1-ki3: Lacunosamergel-, Untere und Obere Felsenkalkformation, ki4–ti1: Liegende Bankkalk-,
Zementmergel- und Hangende Bankkalk-Formation, Ba'–Bt': Basalt und Basalttuff, los: Lösssediment, qk: junger Süßwas-
serkalk, qht: Moorbildung, qu: Hangschutt, fh: Hochwassersediment); c) Bodenkategorien (Aue: Auenböden, Pod: Podsole
und podsolige Braunerden, Pararend: Pararendzinen, Rend/ TF tief: Lehmbedeckte Rendzina und Terra fusca aus Kalksteinverwitterungslehm, Rend/ TF flach: Rendzina und Terra fusca aus Kalksteinverwitterungslehm, Braun: Braunerde aus
Fließerden, Koll: Kolluvium); d) Moderne Landnutzung; e) Mittlere Jahrestemperatur; f) Durchschnittlicher Niederschlag.

den Naturraum nach beiden Seiten von den benachbarten Haupteinheiten abgrenzen, bilden der Albtrauf im Nordwesten und die Klifflinie des Molassemeeres im Südwesten. Zahlreiche Kuppen und Trockentäler bestimmen das Erscheinungsbild der welligen Kuppenalb. Auf der Hochfläche überwiegen Höhen von 680–800 m ü. NHN. Östlich von Münsingen und Römerstein (beide Lkr. Reutlingen) werden Höhen von bis zu 878 m erreicht. In den wasserführenden Tälern von Fils, Rohrach und Lauter senkt sich die Hochfläche bis zu einer Höhe von etwa 400 m ü. NHN ab.

Der Albtrauf und die Hochfläche der Schwäbischen Alb werden von Formationen des Weißen Jura gebildet[232]. Es handelt sich um eine Serie aus Kalkmergeln und Kalksteinen. Im Tertiär kam es durch tektonische Prozesse, die bereits am Ende des Jurazeitalters einsetzten, zur Auffaltung der Alpen. Im nördlichen Voralpenraum senkte sich in der Folge die Erdkruste ab, sodass im Miozän das sog. Molassemeer in die so entstandene Senke einströmte. Nördlich der Senke im Voralpenland hob sich die Alb als Festkörper aus dem Meer heraus[233]. Die Brandung des Molassemeeres reichte bis auf die Schwäbische Alb und schuf die Klifflinie, welche heute noch sichtbar ist und die südwestliche Grenze der naturräumlichen Haupteinheiten Mittlere Kuppenalb sowie Albuch und Härtsfeld bildet[234]. Durch die tektonischen Prozesse im Tertiär wurde auch eine intensive vulkanische Aktivität im Bereich der Schwäbischen Alb in Gang gesetzt[235]. Die zahlreichen Vulkanschlote, die in dieser Zeit die älteren Gesteinsschichten durchschlugen, gehen vermutlich auf ein Zentrum, den sog. Schwäbischen Vulkan, zurück[236]. Anders als im Albvorland sind diese Vulkanschlote auf der Mittleren Kuppenalb nicht als herauspräparierte Kegel, sondern als Mulden im Weißen Jura erhalten. Sie sind gefüllt mit Basalttuff, der aufgrund seiner wasserstauenden Eigenschaften eine große Relevanz für die Wasserversorgung auf der ansonsten verkarsteten Albhochfläche besitzt. Die intensive Verkarstung der Schwäbischen Alb setzte im Tertiär ein, als die wasserlöslichen Kalksteine des Weißen Jura dauerhaft zum Festland wurden und damit der Erosion ausgesetzt waren[237]. Im Pleistozän wurde die Verkarstung während der Eiszeiten vorübergehend angehal-

ten, da das Regenwasser über dem gefrorenen Untergrund oberflächlich abfließen konnte. So bildeten sich die zahlreichen Trockentäler der Albhochfläche, in denen sich die durch Erosion abgetragenen Sedimente, darunter auch Löss, akkumulierten[238].

Auf den Weißjurakalken der Mittleren Kuppenalb überwiegen nährstoffarme, skelettreiche Kalksteinverwitterungslehme (Terra fusca) und flachgründige Rendzina[239]. Nur in Mulden, in denen die Terra-fusca-Böden auf einer mächtigeren Lehmdecke liegen, können diese ackerbaulich genutzt werden. In den Trockentälern finden sich tiefgründige Kolluvien aus Abschwemmmassen und seltener auch Pararendzinen. Letztere nehmen besonders im Nordosten, an den Hängen des Filstales sowie in den Nebentälern, größere Flächen ein. Im Bereich der wasserführenden, zum Neckar entwässernden Täler von Echaz, Erms, Lauter und Fils sind fruchtbare, kalkreiche Auenböden vertreten.

Die Hochfläche der Alb ist aufgrund der Verkarstung nahezu frei von Quellen und Fließgewässern. Bei den Tälern handelt es sich überwiegend um Trockentäler, die nur bei starken Regenfällen kurzzeitig Wildwässer führen können[240]. Nur dort, wo die wasserundurchlässigen Schichten des Mergels das Wasser aus dem Karst stauen und höher als die Talsohle liegen, treten Schichtquellen aus. Sie kommen besonders am Nordrand der Alb vor, wo sich die Flusstäler tief in die Weißjuraschichten eingeschnitten haben, sowie an wenigen Stellen der Albhochfläche, wo Formationen des Weißen Jura gamma und delta anstehen. Ihre Schüttung schwankt jedoch stark, da sie weitgehend vom Niederschlag beeinflusst ist und das Wasser nicht über einen längeren Zeitraum gespeichert wird[241]. Als lokale Wasserspeicher fungieren lediglich die wasserundurchlässigen Tuffite der miozänen Vulkanschlote im Gebiet um Urach[242]. Die Wasserarmut auf der Schwäbischen Alb stellte eine besondere Herausforderung für die Siedler aller Epochen dar. Zur Wasserversorgung war man bis zum Bau der Albwasserleitung 1871 auf offene Teiche angewiesen, in denen sich das Regenwasser sammelte. Diese sogenannten Hülen entstehen in Dolinen oder künstlich gegrabenen Mulden, auf deren Grund sich entweder auf natürliche Weise wasserundurchlässiger Ton ablagerte oder die nachträglich mit solchen

---

232 Dongus 2000, 135–137.
233 Reiff / Bauer 1992, 27–28; Reiff / Groschopf 1979, 24.
234 Clarke / Haas-Campen 1997, 11.
235 Dongus 2000, 129–130; Reiff / Bauer 1992, 28–31; Groschopf / Reiff 1985, 31–32; Schädel 1975, 46–47. Siehe auch *Kap. 2.1.3.*
236 Reiff / Bauer 1992, 28–31; Schädel 1975, 46–47.

237 Schädel 1975, 50.
238 Reiff / Groschopf 1979, 37–38; Pankau 2007, 12–13.
239 Bayer 1992, 47.
240 Schreg 2010, 29–31; Reiff / Groschopf 1979, 43–47.
241 Reiff / Groschopf 1979, 43; Geyer / Gwinner 1962, 250–251.
242 Geyer / Gwinner 1962, 253; Schädel 1997, 47; Schreg 2010, 32.

Tonen plombiert wurden[243]. Das Wasser aus den Hülen ist als Trinkwasser von mangelhafter Qualität und nicht mit dem frischen Grundwasser aus Quellen und Brunnen zu vergleichen. Dieser Umstand kommt auch in Albbeschreibungen des 19. Jahrhunderts zum Ausdruck und verdeutlicht die besonderen Lebensumstände für die Albbewohner[244].

Klimatisch ist die Mittlere Kuppenalb aufgrund der Höhe etwas kühler und niederschlagsreicher als das Albvorland. Die mittlere Jahrestemperatur schwankt zwischen 5,5 und 6 °C auf der Hochfläche und 6,5–8 °C im Bereich des Albtraufs. Die Niederschläge schwanken zwischen 800 und 1100 mm[245].

2.1.6 Albuch und Härtsfeld – Haupteinheit Nr. 096

Von dem Naturraum Albuch und Härtsfeld[246] *(Abb. 16)* ist nur der Albuch, also die Westhälfte bis zu den Flüssen Kocher und Brenz, in das Untersuchungsgebiet miteinbezogen.

Das Relief ist wenig ausgeprägt. Höhen von 600–700 m ü. NHN überwiegen. Am im Norden gelegenen Albtrauf und am Südzipfel des Naturraumes kommen auch Kuppen über 70 m ü. NHN vor. Im Bereich der am Rand des Naturraumes hineinragenden Flusstäler von Lone, Brenz, Kocher, Rems und Eyb sinken die Höhenlagen auf 400–550 m ü. NHN ab. Von diesen Flussläufen abgesehen, ist der Albuch weitgehend frei von Oberflächengewässern.

Die geologischen Verhältnisse auf dem Albuch entsprechen in etwa denen der Mittleren Flächenalb. So dominieren auch hier die verkarsteten Kalksteine des Weißen Jura. Eine Besonderheit ist allerdings die großflächige Überdeckung mit Feuersteinlehmen, die im Tertiär durch Kalksteinverwitterung entstanden. Der Name leitet sich von den als Feuersteine nutzbaren Kieselknollen ab, die bei der Verwitterung

der Kalksteine übrig blieben und sich anschließend während des Pleistozäns mit lehmigen Fließerden vermischten[247].

Auch auf den Weißjuraflächen des Albuch entwickelten sich größtenteils flachgründige und skelettreiche Kalksteinverwitterungsböden, die heute überwiegend bewaldet sind. Im Gegensatz zur Mittleren Kuppenalb liegen die Kalksteinverwitterungslehme jedoch an einigen Stellen auf einer Lehmdecke auf, wodurch die Böden eine tiefere Durchwurzelung erlauben, eine bessere Wasserspeicherkapazität besitzen und reicher an Nährstoffen sind. Sie bieten damit brauchbare Ackerstandorte. Die Parabraunerden auf den Feuersteinlehmen sind dagegen tief versauert, sodass sie heute als Waldstandorte genutzt werden.

Die mittlere Jahrestemperatur liegt bei 6,5–7 °C. Besonders heiße Sommer und kalte Winter sind für das Brenztal kennzeichnend. Die Niederschläge reichen von 750 mm in den Tälern bis zu 1000 mm am Albtrauf im Bereich der Kuppenalb[248].

243 SCHREG 2010, 32–35 Anm. 30 und 31; siehe auch VON MEMMINGER 1825, 38–39.
244 SCHREG 2010, 34.
245 MEYNEN / SCHMITHÜSEN 1955, 152.
246 MEYNEN / SCHMITHÜSEN 1955, 161–162 sowie die Naturraumbeschreibung beim Landeskundlichen Informationssys-

tem Baden-Württemberg: http://www.leo-bw.de/web/guest/themen/natur-und-umwelt/naturraume/albuch-und-hartsfeld (letzter Abruf: September 2023).
247 BAYER 1992, 34.
248 MEYNEN / SCHMITHÜSEN 1955, 152.

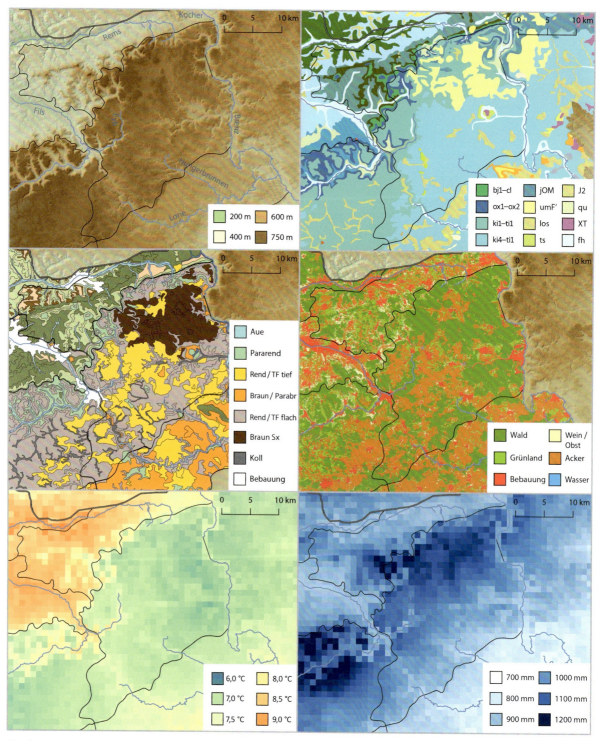

16   Der Naturraum Albuch. a) Topografie; b) Geologie (bj1–cl: Wedelsandstein bis Ornatenton-Formation, ox1–ox2: Impressamergel und wohlgeschichtete Kalkformation, ki1–ki3: Lacunosamergel-, Untere und Obere Felsenkalkformation,
ki4–ti1: Liegende Bankkalk-, Zementmergel- und Hangende Bankkalk-Formation, jOM: Massenkalk-Formation, umF': Umla-
gerungssediment mit Feuersteinen, los: Lösssediment, tS: jungtertiäres Seesediment, J2: jüngere Juranagelfluh, qu: Hangschutt, XT: Bunte Trümmermassen); c) Bodenkategorien (Aue: Auenböden, Pararend: Pararendzinen, Rend/ TF tief: Lehmbedeckte Rendzina und Terra fusca aus Kalksteinverwitterungslehm, Braun/ Parabraun: Braunerden aus Löss, Rend/ TF
flach: Rendzina und Terra fusca aus Kalksteinverwitterungslehm, Braun sx: Braunerde und Parabraunerde aus Feuersteinlehm, Koll: Kolluvium); d) Moderne Landnutzung; e) Mittlere Jahrestemperatur; f) Durchschnittlicher Niederschlag.

2.1.7 Mittlere Flächenalb – Haupteinheit Nr. 095

Das Gebiet der Mittleren Flächenalb[249] *(Abb. 17)* wurde bis zur Großen Lauter in das Arbeitsgebiet miteinbezogen. Damit liegen etwa 50 % der naturräumlichen Hauptgruppe in der zu untersuchenden Region.

Der Naturraum ist durch die miozäne Klifflinie von der Mittleren Kuppenalb abgegrenzt[250]. Die Höhen betragen 650 bis 800 m ü. NHN im nördlichen Bereich und zwischen 550 und 650 m ü. NHN in der tiefer gelegenen Südhälfte. Zur Donau hin und im Bereich der Flusstäler von Blau, Schmiech und Großer Lauter samt Nebentälern ist das Gelände bis auf Höhen von 471 bis 550 m ü. NHN eingeschnitten.

Der nördliche, höher gelegene Bereich der Mittleren Flächenalb stellt die ehemalige Strandzone des Molassemeeres dar[251]. Ein Großteil der Molassesedimente ist hier durch die Erosion bereits abgetragen, weshalb Formationen des Weißen Jura vorherrschen[252]. An wenigen Stellen haben sich jedoch auch Reste der Unteren Süßwassermolasse erhalten. Der südliche Teil des Naturraumes war hingegen im Miozän vom Meer bedeckt. Hier werden die Weißjurakalke großflächig von tertiären Sedimenten überlagert[253]. Dabei handelt es sich um eine Mischung aus in das Meer hineingespülten festländischen und maritimen Sedimenten. Sie bestehen daher aus einer wechselnden Folge aus tonigen, sandigen und kalkigen Sedimenten[254]. Jüngere Ablagerungen aus dem Quartär sind nur an wenigen Stellen vertreten. Entlang der Donau und den zu ihr entwässernden Nebenflüssen finden sich Ablagerungen von Kies und Schotter, die während der Eiszeiten mit dem abfließenden Oberflächenwasser dorthin transportiert wurden. In Tälern und an geschützten Hängen haben sich darüber hinaus Lössablagerungen erhalten.

Auf den Weißjuraflächen überwiegen, wie auf der Mittleren Kuppenalb, die steinigen, flachgründigen Kalksteinbraunlehme, die aufgrund des Ausgangsgesteins sehr wasserdurchlässig sind. Sie dienen heute überwiegend als Waldstandorte. Auf leicht welligem Untergrund und im Bereich von Mulden liegen die Terra-fusca-Böden auf einer Lehmschicht auf, welche ihre Wasserspeicherkapazität und Gründigkeit verbessert. An diesen Lagen können sie als Ackerstandorte genutzt werden. Auf den tertiären Ablagerungen entwickelten sich je nach Ausgangssediment unterschiedliche Böden. Auf den tonig-mergeligen Molassesedimenten liegen schwere Pelosolbraunerden. Wo mergelige Fließerden überwiegen, entwickelten sich Pararendzinen. Auf den mit Löss bedeckten Molassesedimenten kommen dagegen fruchtbare Braunerden und Parabraunerden vor, die gute Ackerstandorte bilden[255]. Als solche dienen auch die Parabraunerden, die sich auf den sandigen Molassesedimenten bildeten.

Der nördliche Teil der Mittleren Flächenalb ist dort, wo die Weißjurakalke anstehen, verkarstet und führt daher kein Oberflächengewässer. Allerdings tritt das auf der Albhochfläche versickerte Wasser aus sog. Quelltöpfen wieder aus[256]. Es handelt sich um den Überlauf des Karstsystems an den Stellen, an denen wasserstauende Mergel unterhalb der Talsohle liegen. Anders als die Schichtquellen am Albtrauf sind die Schüttungen der Quelltöpfe weniger stark von den Niederschlägen abhängig und bieten damit eine verlässliche Wasserversorgung[257]. Zahlreiche Quellhorizonte bestehen in den tertiären Sedimenten, die vor allem im Süden der Mittleren Flächenalb über dem Weißjura aufliegen[258].

Mit einer mittleren Jahrestemperatur von 7 °C und Niederschlagsmengen zwischen 700 und 800 mm ist die Mittlere Flächenalb gegenüber der höher gelegenen Kuppenalb begünstigt[259].

249 Siehe auch die Naturraumbeschreibung beim Landeskundlichen Informationssystem Baden-Württemberg: http://www.leo-bw.de/web/guest/themen/natur-und-umwelt/naturraume/mittlere-flaechenalb (letzter Abruf: September 2023).
250 Clarke / Haas-Campen 1997, 11; zur Entstehung siehe auch *Kap. 2.1.5.*
251 Siehe auch *Kap. 2.1.5.*

252 Zur Geologie der Flächenalb siehe auch Dongus 2000, 146–154.
253 Huttenlocher in Meynen / Schmithüsen 1955, 160.
254 Schädel 1975, 45.
255 Pankau 2007, 23.
256 Huttenlocher in Meynen / Schmithüsen 1955, 160.
257 Reiff / Groschopf 1979, 43.
258 Geyer / Gwinner 1962, 254.
259 Meynen / Schmithüsen 1955, 152.

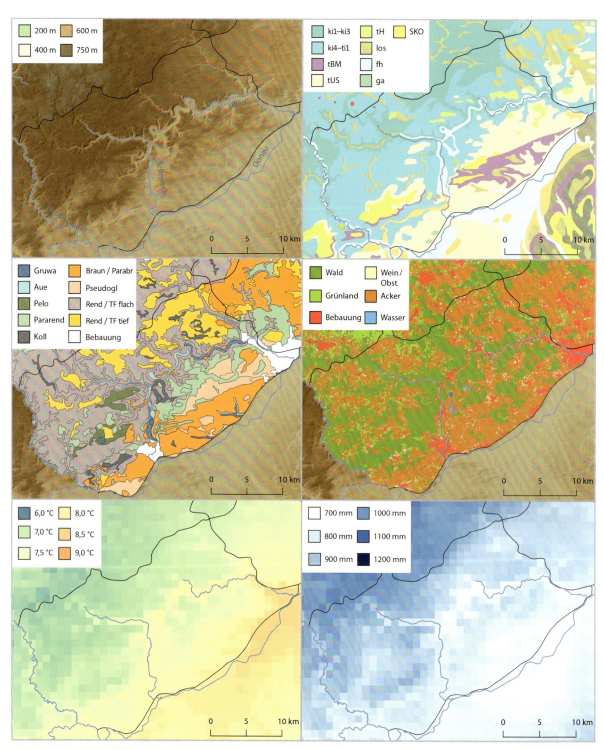

17   Der Naturraum Mittlere Flächenalb. a) Topografie; b) Geologie (ki1–ki3: Lacunosamergel-, Untere und Obere Felsenkalkformation, ki4–ti1: Liegende Bankkalk-, Zementmergel- und Hangende Bankkalk-Formation, tBM: Brackwassermolas-
se, tUS: Untere Süßwassermolasse, SKO: Süßwasserkalke, tOS: Obere Süßwassermolasse, tH: Jungtertiäre Höhenschotter,
los: Lösssediment, fh: Hochwassersediment, ga: Älterer Flussschotter); c) Bodenkategorien (Gruwa: Grundwasser beeinflusste Böden, Aue: Auenböden, Pelo: Pelosole und pelosolige Braunerden, Pararend: Pararendzinen, Rend/TF tief: Lehmbedeckte Rendzina und Terra fusca aus Kalksteinverwitterungslehm, Braun/Parabraun: Braunerden aus Löss/Molasse,
Pseudogl: Pseudogley-Parabraunerden aus Löss und Lösslehm/Molasse, Rend/TF flach: Rendzina und Terra fusca aus
Kalksteinverwitterungslehm, Koll: Kolluvium); d) Moderne Landnutzung; e) Mittlere Jahrestemperatur; f) Durchschnittlicher Niederschlag.

2.1.8 Lonetal-Flächenalb – Haupteinheit Nr. 097

Die Ostgrenze des Untersuchungsgebietes wurde am Flusslauf der Brenz gezogen, sodass nur der westliche Teil der Lonetal-Flächenalb, die sog. Ulmener Alb, zum Arbeitsgebiet gehört *(Abb. 18)*[260]. Damit sind etwa 88 % der naturräumlichen Haupteinheit in die vorliegende Untersuchung miteinbezogen.

Die Lonetal-Flächenalb ist gekennzeichnet durch ein flachwelliges Relief. Die Höhenlagen betragen mehrheitlich zwischen 500 und 600 m ü. NHN. Die tiefsten Lagen zwischen 440 und 500 m ü. NHN befinden sich im Lonetal und zur Donauniederung hin. Nur im Bereich der Klifflinie im Norden des Naturraums sowie im Westen zur Mittleren Flächen- und Kuppenalb hin kommen Lagen zwischen 600 und 700 m ü. NHN vor. Der Naturraum wird durch den Flusslauf der Lone, die fast die gesamte Fläche westlich der Brenz durchzieht, in einen Nord- und einen Südteil gegliedert. Neben der Lone und ihren Nebenflüssen befindet sich im Süden des Naturraums um Langenau (Lkr. Alb-Donau-Kreis) ein dichtes Netz von Bächen und kleinen Flüssen, die hier entspringen und zur Nau hin entwässern.

Wie die Mittlere Flächenalb befindet sich die Lonetal-Flächenalb südlich der Klifflinie des miozänen Meeres, was zu einer Überdeckung mit tertiärzeitlichen Molassesedimenten führte[261]. Anders als auf der Mittleren Flächenalb sind hier großflächig Lösssedimente erhalten, die sich auf den weiten Flächen sowohl über den Weißjuraformationen als auch über den tertiären Sedimenten ablagerten.

Aufgrund der großflächigen Lössüberdeckung herrschen auf der Lonetal-Flächenalb Parabraunerden aus Lösslehm vor. An wenigen Stellen entwickelten sich über den Lehmen auch fruchtbare Braunerden aus sandigen Molassesedimenten. Nur dort, wo weder tertiäre Sedimente noch die pleistozäne Lössüberdeckung erhalten sind, liegen flachgründige Rendzina auf Kalksteinschutt und trockene, steinige Terra-fusca-Böden auf den Formationen des Weißen Jura[262]. Auf mergeligen Fließerden entwickelten sich Pararendzinen.

Grundwasserführende Schichten liegen mit den tertiären Molassesedimenten vor. Im nördlichen Bereich des Naturraumes versickert das Oberflächenwasser dagegen weitgehend im verkarsteten Weißjuragestein[263].

Die Lonetal-Flächenalb ist klimatisch gegenüber den im Norden und Westen anschließenden Naturräumen begünstigt. Die mittlere Jahrestemperatur schwankt zwischen 7 °C im Norden gegen den Albuch hin und 8 °C im Süden gegen Ulm hin. Die Niederschläge schwanken zwischen 700 und 800 mm[264].

---

260 Huttenlocher in Meynen / Schmithüsen 1955, 162–163 sowie die Naturraumbeschreibung beim Landeskundlichen Informationssystem Baden-Württemberg: http://www.leo-bw.de/web/guest/themen/natur-und-umwelt/naturraume/lonetal-flachenalb (letzter Abruf: September 2023).

261 Zur Geologie der Flächenalb siehe auch Dongus 2000, 146–154.
262 Fiedler 1979, 317.
263 Vgl. auch Huttenlocher in Meynen / Schmithüsen 1955, 163.
264 Meynen / Schmithüsen 1955, 152.

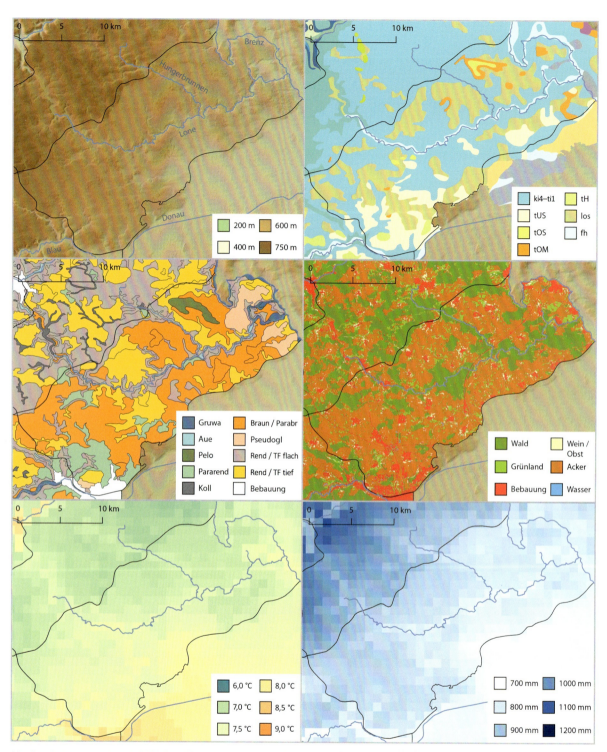

18   Der Naturraum Lonetal-Flächenalb. a) Topografie; b) Geologie (ki4–ti1: Liegende Bankkalk-, Zementmergel- und Hang-ende Bankkalk-Formation, tUS: Untere Süßwassermolasse, SKO: Süßwasserkalke, tOS: Obere Süßwassermolasse, tOM: Obere Meeresmolasse, tH: Jungtertiäre Höhenschotter, los: Lösssediment, fh: Hochwassersediment); c) Bodenkategorien (Gruwa: Grundwasser beeinflusste Böden, Aue: Auenböden, Pelo: Pelosole und pelosolige Braunerden, Pod: Podsole und podsolige Braunerden, Braun / Parabraun: Braunerden aus Löss, Pseudogl: Pseudogley-Parabraunerden aus Löss und Lösslehm, Braun: Braunerde aus Fließerden); d) Moderne Landnutzung; e) Mittlere Jahrestemperatur; f) Durchschnittlicher Niederschlag.

2.2 Abriss zur Besiedlungsgeschichte des östlichen Obergermaniens und westlichen Rätiens nördlich der Donau

Das Untersuchungsgebiet liegt vollständig nördlich der Donau und überwiegend östlich des Neckars. Damit gehört es zu einer Region, die erst in domitianisch-traianischer Zeit ins römische Reich integriert und bereits kurz nach der Mitte des 3. Jahrhunderts wieder aufgegeben wurde. Hinweise auf die Anwesenheit einer einheimischen Bevölkerung zwischen Hochrhein, Bodensee und Vorderem Limes, die der römischen Präsenz direkt vorausging, sind spärlich[265]. Vom letzten Drittel des 2. Jahrhunderts v. Chr. bis zum frühen 1. Jahrhundert v. Chr. bildete das Oppidum Heidengraben bei Grabenstetten (Lkr. Reutlingen) am Westrand der Mittleren Kuppenalb ein politisches und kultisches Zentrum[266]. Nach der Aufgabe, vermutlich um die Mitte des 1. Jahrhunderts v. Chr., war der Bereich der Mittleren Schwäbischen Alb nur noch dünn besiedelt, worauf wenige Funde und Befunde hindeuten[267]. Diese Entwicklung entspricht dem Bild, das sich auch für das übrige Südwestdeutschland abzeichnet: Mit dem Abbruch der Oppidakultur dünnen die Zeugnisse der ländlichen Besiedlung in Südwest-

deutschland kurz vor der Mitte des 1. Jahrhunderts v. Chr. aus. Dieser Rückgang der Besiedlung, der sich auch in den Pollendiagrammen abzeichnet[268], wird meist mit dem literarisch überlieferten Zurückweichen der keltischen Bevölkerung, ausgelöst durch Migrationsbewegungen germanischer Gruppen, erklärt[269]. Durch neuere Ausgrabungen südlich der Donau lässt sich allerdings in manchen Regionen des schweizerischen und bayerischen Voralpenlandes eine durchgehende Besiedlung von der späten Latènezeit bis zur römischen Präsenz in tiberisch-claudischer Zeit nachweisen[270]. Auch für die Region zwischen oberer Donau und unterem Neckar könnten wenige Einzelfunde auf die Anwesenheit einer keltischen Restbevölkerung in der zweiten Hälfte des 1. Jahrhunderts v. Chr. hinweisen[271]. Nördlich der Donau auf der Mittleren und Östlichen Alb fehlen solche Nachweise jedoch bislang. Hier muss daher nach wie vor von einer weitgehenden Siedlungsleere bis zur Ankunft des römischen Militärs in domitianisch-traianischer Zeit ausgegangen werden[272].

2.2.1 Zur Militärgeschichte der Region

Die dauerhafte römische Präsenz am südöstlichen Rand des Untersuchungsgebietes begann mit der Errichtung einer Kastellkette entlang der Donau, die

in spättiberischer Zeit begonnen und in vollem Umfang in claudischer Zeit abgeschlossen wurde *(Abb. 19)*[273].

---

265 Siehe hierzu z. B. Rieckhoff 1995, 197–202; Wieland 1996; 2000; Trumm 2002a, 212 f; Meyer 2010a, 341–346; Konrad 2012, 24–25; 32.
266 Knopf 2006; Ade et al. 2012; Morrissey / Müller 2017.
267 Wieland 1996, 181.
268 Smettan 1999, 804–805; dagegen Peters 2004.
269 Zur Diskussion siehe Wieland 1996, 13–18; 181–182; dagegen Rieckhoff 1995, 187.
270 Hüssen 2004b, 78–80; Zanier 2004; Konrad 2012, 24; 38.

271 Wieland 1996, 172–173; 181–182; 2000, 26–31; dagegen Rieckhoff 1995, 197–202.
272 Pfahl 1999, 51; Sommer 2013, 139.
273 Siehe auch Mackensen 1987, 145–148; Planck 1988b, 254–255; Kemkes 2005, 45–46; 2016, 247–253. Einzelfunde und Indizien könnten darauf hinweisen, dass bereits in der frühesten Kaiserzeit vorgeschobene und nur kurzfristig belegte Militärposten zwischen Hochrhein und oberer Donau existierten (Trumm 2002a, 212–213; Wieland 1994).

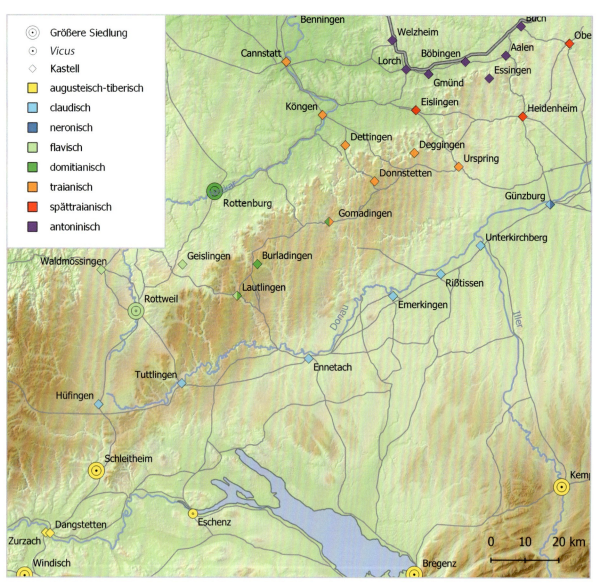

19 Die militärische Entwicklung Süddeutschlands vom 1. Jahrhundert bis zur Mitte des 3. Jahrhunderts.

Dieser dauerhaften Präsenz an der Donau, die fortan für ein halbes Jahrhundert die Nordgrenze Rätiens bildete, ging die Einrichtung der Provinz voraus, die vermutlich in tiberische Zeit datiert werden kann[274]. Unter Vespasian wurde die Nordgrenze des römischen Reiches vom Quellgebiet der Donau in den oberen Neckarraum verschoben. Die militärische Erschließung der Region durch die Anlage von Kastellen in Rottweil, Waldmössingen (Lkr. Rottweil), Sulz (Lkr. Rottweil) und Geislingen-Häsenbühl stand

im Zusammenhang mit der Errichtung einer Straßenverbindung vom Oberrhein durch das Kinzigtal nach Rätien an die Donau, die dank einer Bauinschrift in das Jahr 74 datiert werden kann[275]. Auch die Kastelle entlang der Donau wurden in den anschließenden Jahren reorganisiert, indem in zahlreichen Anlagen Umbauten stattfanden, wenige ältere Kastelle aufgegeben wurden und die Donaulinie durch die Anlage zahlreicher neuer Kastelle verstärkt wurde[276].

274 SCHAUB 2001. Zu den Hintergründen der Eroberung Rätiens und der Einbindung der Provinz in das römische Reich siehe auch STROBEL 2011.

275 Zum Ausgreifen des Militärs ins obere Neckargebiet siehe FRANKE 2003, 149–156. Zur Kinzigtalstraße siehe auch WERNER

2000, 116–117; TEGEL / YUPANQUI-WERNER 1999, 59–61 mit Dendrodaten, die für eine Datierung der Straße um 74 sprechen; SOMMER 2002, 442.

276 KEMKES 2016, 251.

In der Folgezeit fanden bis zur Regierungszeit des Antoninus Pius mehrere Grenzverschiebungen und -korrekturen statt, durch die das Untersuchungsgebiet schrittweise in dauerhafte römische Kontrolle gelangte[277]. Noch in vespasianische Zeit datiert vermutlich die Gründung des im Bereich des Albaufstiegs gelegenen Kastells Ebingen-Lautlingen, das jedoch nur wenige Jahre bestand[278]. In domitianischer Zeit wurde anschließend nordwestlich von Ebingen-Lautlingen, etwa um 80, das Kastell Burladingen-Hausen[279] und vermutlich einige Jahre später, etwa um 85 oder 90, Gomadingen (Lkr. Reutlingen)[280] errichtet. Zur weiteren Entwicklung der Nordgrenze Rätiens und der spätestens in domitianischer Zeit eingerichteten Provinz Obergermanien[281] existieren unterschiedliche Ansichten. Anhand der Auswertung der Befunde des Kastells Ehingen-Rißtissen (Lkr. Alb-Donau-Kreis) kommt Martin Kemkes zu dem Ergebnis, dass die Donaukastelle „von Tuttlingen (?) bis Unterkirchberg um 95 von ihren Truppen geräumt" und gleichzeitig auf der Schwäbischen Alb die Kastelle von Gomadingen bis Lonsee-Ursprung (Lkr. Alb-Donau-Kreis) angelegt wurden[282]. Etwa zum selben Zeitpunkt oder nur wenig später müsste auch das mittlere Neckartal zwischen Bad Wimpfen (Lkr. Heilbronn) und Köngen militärisch erschlossen worden sein, sodass nach Kemkes noch vor oder spätestens zu Beginn der Regierungszeit Traians der obergermanisch-rätische Limes auf der Linie Odenwald–Neckar–Lautertal–Schwäbische Alb–Donau bestanden haben muss[283]. Das Kastell Gomadingen, das hinter dieser Grenzlinie zurückgesetzt liegt, wäre in dieser Version nur sehr kurz oder nie Limeskastell, sondern – wie Jörg Heiligmann vermutet – ein „Straßenschutzkastell"[284] gewesen. Ein anderes Datierungsmodell schlug Sebastian Sommer vor[285]. Die Ergebnisse Klaus Kortüms[286] zur Datierung der römischen Militäranlagen im obergermanisch-rätischen Limesgebiet aufgreifend, sieht Sommer „das Ausgreifen der römischen Okkupation an den Main und Neckar bzw. über die Donau hinweg erst in traianischer Zeit [...],

wahrscheinlich sogar erst ab der zweiten Hälfte des ersten Jahrzehnts des 2. Jahrhunderts"[287]. Sommer geht davon aus, dass nicht nur die Schwäbische Alb, sondern auch der westlich anschließende Neckar- und Lautertal-Limes erst in frühtraianischer Zeit besetzt wurde[288] und nicht unter Domitian, wie lange angenommen wurde[289]. Die im Untersuchungsgebiet gelegenen Kastelle Köngen, Dettingen unter Teck, Römerstein-Donnstetten und Lonsee-Ursprung sind nach Sommer gemeinsame Neugründungen im ersten Jahrzehnt des 2. Jahrhunderts[290]. Damit ergäbe sich jedoch auch eine Neubewertung der Funktion des Kastells Gomadingen, das – hält man an der Datierung um 85 oder 90 fest – für einige Jahre, bis zur Errichtung der Linie Köngen–Dettingen–Donnstetten–Ursprung, unmittelbar an der Nordgrenze des römischen Reiches gelegen haben könnte.

Je nach Datierungsmodell wurde der Neckar-Lautertal-Alblimes somit noch unter Domitian im letzten Jahrzehnt des 1. Jahrhunderts oder erst im ersten Jahrzehnt des 2. Jahrhunderts unter Traian eingerichtet. Auf obergermanischer Seite ging die Errichtung einer Kastellkette an der Außengrenze mit dem Bau von linearen Barrieren wie Palisaden und Gräben einher, während in Rätien ein einheitliches lineares Grenzwerk bis in die zweite Hälfte des 2. Jahrhunderts fehlte[291]. Die Donaukastelle bis Unterkirchberg (Lkr. Alb-Donau-Kreis) sowie die Kastelle am oberen Neckar verloren durch die neue Grenzführung ihre Funktion und das dort stationierte Militär wurde in die neuen Standorte verlegt. Als Begründung für das Vorschieben der Außengrenze auf die Linie Main-Odenwald–Neckar–Lautertal–Donnstetten–Urspring–Günzburg wird die Verkürzung der Straßenverbindung zwischen Mainz (Rheinland-Pfalz) und Augsburg (Bayern) angeführt, durch die der Umweg über den Hochrhein umgangen werden konnte[292].

Ebenfalls in traianischer Zeit wurde innerhalb weniger Jahre die Nordgrenze des römischen Reiches im Bereich der Grenze zwischen Rätien und Obergermanien weiter verändert bzw. angepasst. So wur-

277 Für einen Überblick siehe z. B. PLANCK 1988b; HEILIGMANN 1990; KORTÜM 1998; BAATZ 2000, 14–21; 70–73; KEMKES 2005; KLEE 2006, 40–59; SOMMER 2011; MATEŠIĆ / SOMMER 2015.

278 KEMKES 2016, 244; Planck in PLANCK 2005, 18–19; HEILIGMANN 1990, 40–50.

279 KEMKES 2016, 244–245; Schmidt-Lawrenz in PLANCK 2005, 58–60; HEILIGMANN 1990, 51–70.

280 KEMKES 2016, 245; Heiligmann in PLANCK 2005, 91; HEILIGMANN 1990, 71–79.

281 RAEPSAET-CHARLIER 2001, 169. Ein früheres Datum vertritt Ausbüttel, der sich für eine um 16 v. Chr. eingerichtete Provinz *Germania* ausspricht, die seiner Ansicht nach noch in den letzten Jahren der Regierungszeit des Augustus in Ober- und Niedergermanien geteilt wurde (AUSBÜTTEL 2011).

282 KEMKES 2016, 252.

283 KEMKES 2016, 252.

284 HEILIGMANN 1990, 194.

285 SOMMER 2011.

286 KORTÜM 1998, 29–34.

287 SOMMER 2011, 149–151.

288 SOMMER 2011, 151–152 Anm. 125; KLEE 2006, 44.

289 Siehe z. B. HÜSSEN 2000, 140–143; LUIK 1996, 181–184; 2004, 101–102.

290 SOMMER 2011, 151–152.

291 Östlich des Lautertal-Limes bis zur Donau sind keine linearen Sperrwerke aus traianisch-hadrianischer Zeit bekannt. Siehe SOMMER 2011, 152; 2015b, 18; 22.

292 HEILIGMANN 1990, 193–194; SOMMER 2011, 151–152.

de in fortgeschrittener traianischer Zeit der günstige Albübergang über das Filstal zur Lone erschlossen, was eine weitere Verbesserung der Straßenführung zwischen Mainz und Augsburg brachte[293]. In diesem Zusammenhang wurde vermutlich das Kleinkastell Eislingen (Lkr. Göppingen) zur Überwachung der Straßenverbindung angelegt[294]. Der Lautertal-Limes über Dettingen unter Teck verlor damit seine Funktion und wurde aufgegeben[295]. Weiter östlich wurde mit der Gründung von Heidenheim wohl um 110[296] sowie den Kastellen auf der östlichen Alb und im Nördlinger Ries in spättraianischer Zeit der östliche Alblimes eingerichtet[297].

Am Ende der Regierungszeit des Antoninus Pius kam es um 160 noch einmal zur Erweiterung des römischen Territoriums im Bereich des Untersuchungsgebietes. Die neue Linie des sogenannten Vorderen Limes verlief von Neustadt-Eining (Lkr. Kelheim, Bayern) an der Donau in einem weiten Bogen, der das Nördlinger Ries einbezog, zur Ostalb, über die neu gegründeten Kastelle Rainau-Buch (Lkr. Ostalbkreis), Aalen, Böbingen (Lkr. Ostalbkreis), Schwäbisch Gmünd-Schirenhof, Lorch und Welzheim (Lkr. Rems-Murr-Kreis) und weiter nach Norden bis zum Main bei Miltenberg[298]. Die Kastelle am mittleren Neckar und auf der Schwäbischen Alb wurden in diesem Zuge zugunsten der neuen Standorte verlassen[299]. Kurz nach der Gründung der Kastelle in Westrätien wurde unter Marc Aurel eine Palisade im Vorfeld der

Kastellkette errichtet, sodass nun auch Rätien erstmals eine lineare Grenzbefestigung erhielt[300]. Um das Jahr 207 wurde diese mittlerweile vermutlich marode hölzerne Palisade auf rätischer Seite schließlich durch eine Steinmauer ersetzt[301]. Auf obergermanischer Seite ersetzten Wall und Graben die Holzpalisade, wobei unklar ist, ob der Wechsel noch im späten 2. Jahrhundert oder zeitgleich mit dem Bau der rätischen Mauer stattfand[302].

Um 240 stellen sich die ersten Hinweise auf eine Rücknahme der Limeslinie im östlichen Nördlinger Ries auf die Linie Weißenburg–Burgsalach–Eining ein[303]. Zur selben Zeit kam es an einigen Kastellen des östlichen Limesteils zu Umbauten und Reduktionen. Sommer vermutet, dass der Grund für die Aufgabe des östlichen Limesabschnittes in dem erhöhten Aufwand lag, den dieser Überwachungsabschnitt bereitete[304]. In den 50er Jahren des 2. Jahrhunderts kam es dann vermutlich im Zuge gewaltsamer Auseinandersetzungen zur Aufgabe des gesamten Rätischen Limes[305]. Die Kastelle am Obergermanischen Limes waren dagegen vermutlich noch wenige Jahre länger belegt und wurden erst ab 260 endgültig aufgegeben[306]. In der Folge wurde die militärisch gesicherte Nordgrenze des römischen Reiches auf die Linie Rhein–Iller–Donau zurückgenommen[307], sodass das Untersuchungsgebiet kurz nach der Mitte des 3. Jahrhunderts nicht mehr unter direkter römischer Kontrolle stand.

2.2.2 Die zivile Entwicklung

Die zivile Besiedlung Südwestdeutschlands besaß eine eigenständige Entwicklung, die zum Teil zeitlich versetzt zur militärischen Erschließung verlief. Obwohl im Alpenvorland mit den Orten *Brigantium* (Bregenz, Bl. Vorarlberg, Österreich)[308], *Cambodunum*

(Kempten, Bayern)[309] und *Damasia* (Auerberg, Lkr. Weilheim-Schongau / Ostallgäu, Bayern)[310] seit augusteischer Zeit zivile Zentren bestanden und das Gebiet zwischen Hochrhein, Bodensee und Donau spätestens in claudischer Zeit vollständig in das römische

---

293 Sommer 2011, 152–153.
294 Planck 1974a; Planck in Planck 2005, 70–71.
295 Sommer 2011, 151–152. Zum Lautertal-Limes siehe Planck 1987.
296 Scholz 2009, 457.
297 Sommer 2011, 153–154.
298 Für einen knappen Überblick über die Kastelle des Vorderen Limes siehe die Beiträge in Matešić / Sommer 2015.
299 Kemkes 2005, 50.
300 Czysz / Herzig 2008; Sommer 2011, 162–164; 2015b, 21.
301 Sommer 2011, 142; Czysz / Herzig 2008.
302 Klee 2006, 45–47; Sommer 2015b, 23–24.
303 So argumentiert Sommer, dass die Steintürme entlang der Straße von Burgsalach über Pfünz nach Kösching zu einem spä-

teren, zurückgesetzten Limes gehört haben müssen, da sie keine hölzernen Vorgänger besitzen (Sommer 2011, 170–171).
304 Sommer 2011, 170–173.
305 Reuter 2007.
306 Zur Forschungsgeschichte und den unterschiedlichen Daten für die Aufgabe des Obergermanischen Limes siehe Reuter 2007, 78–86.
307 Nuber 1993; Kemkes 2005, 52–53; Steidl 2000; Sommer 2015b, 25.
308 Grabherr 1994; Zanier 2006, 75–87.
309 Weber in Czysz et al. 1995a, 463–468; Weber 2000.
310 Ulbert in Czysz et al. 1995a, 417–419; Sommer 2015a.

Reich eingegliedert war, setzte die zivile Aufsiedlung der Region – abgesehen von wenigen Ausnahmen[311] – erst einige Jahrzehnte später ein[312]. Das Militär war in diesen Bereichen zur Versorgung vermutlich überwiegend auf Importe angewiesen[313]. Erst in der zweiten Hälfte des 1. Jahrhunderts wurde das Gebiet zwischen Rhein und Donau großflächig aufgesiedelt[314]. Eine ähnliche Situation ist möglicherweise auch am mittleren Neckarlimes zu beobachten. Die Besiedlung westlich des Neckars setzte hier erst im Laufe der ersten Hälfte des 2. Jahrhunderts ein. Sofern der Neckar bereits unter Domitian als militärisch gesicherte Außengrenze eingerichtet wurde, wie Hüssen annimmt[315], bestünde auch hier ein zeitlicher Versatz zwischen der militärischen Präsenz und der zivilen Aufsiedlung. Sollte sich die Anfangsdatierung des Neckarlimes jedoch in traianische Zeit verschieben, wie Sommer annimmt[316], so würde sich die Lücke zwischen der militärischen und der zivilen Erschließung verringern.

Anders verlief die Entwicklung der unter Domitian ins römische Reich eingegliederten Gebiete im Hinterland des Wetteraulimes sowie der spätestens seit traianischer Zeit hinzugewonnen Gebiete auf der Ostalb und im Nördlinger Ries. Hier folgte die zivile Aufsiedlung unmittelbar auf die militärische Erschließung[317]. Dabei handelt es sich überwiegend um fruchtbare Landstriche, sodass vermutet wird, dass diese Gebiete durch die Grenzverschiebungen gezielt ins römische Reich eingegliedert wurden, um die Versorgung der Auxiliareinheiten am Limes aus dem unmittelbaren Hinterland heraus zu gewährleisten[318]. Bei einem Teil der neuen Siedler, die sich im östlichen Obergermanien und im norddanubischen, westlichen Rätien niederließen, könnte es sich um Veteranen gehandelt haben. So vermutet Steidl, dass sich ein Teil der in traianischer und hadrianischer Zeit entlassenen Veteranen, deren Militärdiplome in

den Kastellvici Rätiens gefunden wurden, im ländlichen Raum ansiedelten, und zwar im Umfeld der Truppe, der sie ehemals angehörten[319]. Steidl geht von einer sukzessiven Ansiedlung von Veteranen in den Gebieten nördlich der Donau von traianischer Zeit bis in die zweite Hälfte des 2. Jahrhunderts aus[320]. Die intensive zivile Aufsiedlung der fruchtbaren Gebiete im neuen Limeshinterland, die unmittelbar auf die militärische Erschließung folgte, spricht dafür, dass es sich nicht um einen natürlichen Prozess handelte[321], sondern um ein „gesteuertes Siedlungsprogramm"[322] zur Versorgung des Heeres[323]. Die militärischen Veränderungen in domitianisch-traianischer Zeit zogen darüber hinaus eine administrative Umgestaltung des neuen Hinterlandes nach sich. Durch den Abzug des Militärs kam es zu einer Reorganisation der ehemaligen Kastellvici. Fast alle ehemaligen Lagerdörfer wurden weiter genutzt und blieben als Marktorte und Verkehrsknotenpunkte wichtige Zentren für ihr Umland[324]. Einige der ehemaligen Kastellvici entwickelten sich darüber hinaus zu administrativen Zentren. So wurden in traianischer Zeit die ersten rechtsrheinischen *civitates* eingerichtet und damit zivile Selbstverwaltungseinheiten, welche die Militärverwaltung ablösten[325].

Größere Umstrukturierungen, welche abermals die administrative Organisation des Limeshinterlandes betrafen, gingen mit der Vorverlegung der Grenze auf den Vorderen Limes um 160 einher. Wie schon bei der domitianisch-traianischen Grenzverschiebung zog die Aufgabe der Kastelle entlang der ehemaligen Grenzlinie Main–Odenwald–Neckar–Alb eine Reorganisation der ehemaligen Militärzone nach sich. So folgte nun auf die traianische eine neue Gründungswelle von Gebietskörperschaften unter Marc Aurel[326], bei der wieder überwiegend ehemalige Kastellvici die neuen administrativen Zentren bildeten. Die zweite Hälfte des 2. Jahrhunderts und das

---

311 So z. B. in der Münchner Schotterebene (Czysz 1974; Hüssen 2004b, 81–87; Pietsch 2006). Vorflavische Siedlungen finden sich ebenso an der Donausüdstraße (Hüssen 2004b, 75–78). Dabei handelt es sich jedoch nicht um eine flächige Besiedlung. Bereits in der frühen Kaiserzeit ließen sich darüber hinaus germanische Siedler im Vorfeld der militärisch gesicherten Rheingrenze nieder (Lenz-Bernhard 1990; 2002, 129–133; Lenz-Bernhard / Bernhard 1991).

312 Östlicher Hochrhein (Trumm 2002a, 212), Oberschwaben (Meyer 2010a, 344). Siehe auch die ähnliche Entwicklung am südlichen Oberrhein (Blöck 2016, 230–236).

313 Meyer 2010a, 346.

314 Meyer 2010a, 344–348; Trumm 2002a, 214–215.

315 Hüssen 2000, 151 Anm. 140–143.

316 Sommer 2011, 151 Anm. 125.

317 Die Ostalbvillen könnten nach dem Fundmaterial sogar bereits vor den Albkastellen bestanden haben, auch wenn Pfahl

die Existenz von Zivilsiedlungen vor der militärischen Erschließung für unwahrscheinlich hält (Pfahl 1999, 83).

318 Sommer 2013, 141–142.

319 Steidl 2014, 71–72; 2015, 418.

320 Steidl 2015, 419.

321 Dagegen spricht sich Pfahl 1999, 86 gegen eine gelenkte Aufsiedlung der Gebiete im Hinterland des Wetteraulimes oder des Nördlinger Rieses aus.

322 Sommer 2013, 139; siehe auch Czysz 2013, 294.

323 Steidl 2014, 71–72. Zur Versorgung des Militärs siehe auch Czysz 2013, 346.

324 Sommer 1988a, 630–631; Czysz 2013, 291; 296.

325 Kortüm 2015, 5; Wilmanns 1981, 153–167; Sommer 1988b, 289–290.

326 Sommer 2013, 140–141; Kemkes 2005, 50; Wilmanns 1981, 157–159.

frühe 3. Jahrhundert können als Blütephase der zivilen Entwicklung im Limeshinterland bezeichnet werden. So lässt sich, parallel zur Entwicklung am Limes, ein Ausbau des Limeshinterlandes feststellen[327]. Im östlichen Rätien führte die Stationierung der *Legio III Italica* in Regensburg (Bayern) im Jahr 179 zu einem Höhepunkt der zivilen Aufsiedlung des Umlandes[328]. In der Folge erlangte die Provinz den Status einer prätorischen Provinz mit senatorischem Statthalter[329].

Das Ende der zivilen Besiedlung im Limeshinterland ist chronologisch kaum zu fixieren. Im Umland von Heilbronn lässt sich lediglich feststellen, dass die Gutshöfe bis in das 3. Jahrhundert hinein besiedelt waren[330]. Stefan F. Pfahl konnte für einige *villae* zwischen Donau, Brenz und Nau darüber hinaus nachweisen, dass sie bis ins zweite Drittel des 3. Jahrhunderts bestanden[331]. Da keine genauere Datierung möglich ist, muss vorerst davon ausgegangen werden, dass die zivile Besiedlung des Limeshinterlan-

des etwa zeitgleich mit dem Verlassen der Kastelle am Rätischen Limes in den 50er Jahren des 3. Jahrhunderts und am Obergermanischen Limes ab 260 endete.

Wie die Zusammenfassung zur Militär- und Besiedlungsgeschichte des Untersuchungsgebietes in römischer Zeit zeigt, ist der Einfluss militärischer Aktionen auf die Entwicklung der gesamten Region vorherrschend. So ist die Raumordnung des rechtsrheinischen Obergermaniens und Rätiens maßgeblich an militärischen Überlegungen ausgerichtet. Das Land wurde zunächst vermutlich als Italien vorgelagertes Glacis und zur Kontrolle der Alpenpässe erobert[332], in der Folge zur Verkürzung der Verkehrsverbindungen zwischen Rhein und Donau erweitert[333] und schließlich bis zur Vorderen Limeslinie ausgeweitet, wobei fruchtbare Landstriche miteingegliedert wurden, welche die Versorgung der Auxiliartruppen an der Grenze aus dem Hinterland heraus ermöglichten[334].

2.3 Verkehrswege

Durch das Untersuchungsgebiet verliefen mehrere Fernverbindungsstraßen, welche die militärische Entwicklung des Landes widerspiegeln. Am südöstlichen Rand des Untersuchungsgebietes erstreckte sich die Donausüdstraße *(Abb. 20,1)*, an der sich die spättiberischen und claudischen Donaukastelle reihten[335]. Parallel zur Donausüdstraße verlief die Alblimesstraße *(Abb. 20,2a und b)*, welche in ihrem westlichen Abschnitt *(Abb. 20,2a)* von der Donau kommend die Kas-

telle Burladingen, Gomadingen und Urspring miteinander verband[336]. Sie wurde im Zuge der militärischen Erschließung unter Domitian und Traian errichtet. Aus dieser Zeit stammt ebenso die Straße entlang des Neckarufers *(Abb. 20,3)*[337]. Sie verband das obere Neckartal mit Köngen und den nordwestlich davon gelegenen Militärstandorten des Neckarlimes, weshalb davon ausgegangen werden kann, dass die Straße etwa zeitgleich mit dessen Einrichtung angelegt wurde.

---

327 Heising 2013a, 64–66; Konrad 2012, 45.
328 Fischer 1990, 114–115.
329 Dietz in Czysz et al. 1995a, 171–175.
330 Hüssen 2000, 117–118; 147.
331 Pfahl 1999, 85.
332 Czysz 2013, 276–277; Sommer 2015a, 505–506; Wolff 1986, 55–56; Kemkes 2005, 44. Siehe auch Raepsaet-Charlier 2001, 165–167; 172–173.
333 Heiligmann 1990, 193–194; Franke 2003, 150; Kemkes 2005, 47–49; Sommer 2011, 151–153.

334 Sommer 2013, 142; 2011, 173–174.
335 Meyer 2010a, 58–60 Nr. 2.
336 Zum Alblimes siehe Heiligmann 1990. Zur Straßenverbindung Hertlein / Goessler 1930, 225–240. Ein Teilstück der Straße bei Hohenstadt (Lkr. Göppingen) wurde vor wenigen Jahren bei flächigen Ausgrabungen im Zuge von Baumaßnahmen entlang der A8 freigelegt: Scheschkewitz 2017; Thoma 2013.
337 Hertlein / Goessler 1930, 75–82.

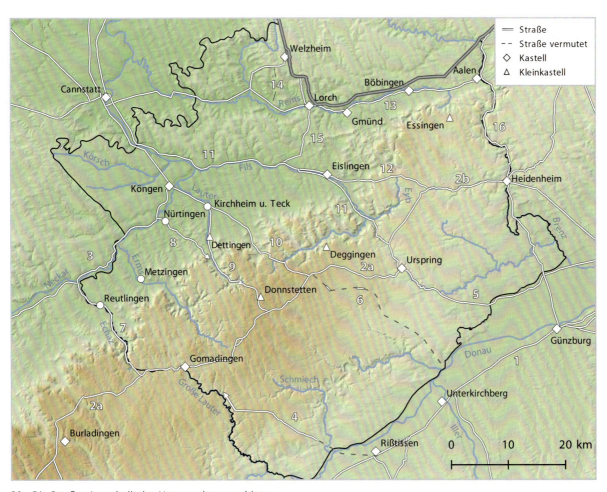

20   Die Straßen innerhalb des Untersuchungsgebietes.

Nur an wenigen Stellen sind Verbindungswege zwischen der Neckartalstraße, der Alblimesstraße und der Donausüdstraße bekannt. Möglicherweise existierten Verbindungswege entlang der von der Alb entwässernden Täler. So würde sich beispielsweise eine Verbindung von Gomadingen nach Emerkingen (Lkr. Alb-Donau-Kreis) über die Große Lauter anbieten. Archäologische Spuren zu dieser Straße fehlen jedoch bislang[338]. Einige Hinweise liegen für eine Straßenverbindung von Ehingen auf die Schwäbische Alb vor *(Abb. 20,4)*. So ist aus der Gemarkung Altstreußlingen, nordwestlich von Ehingen, ein dammartiger Straßenkörper bekannt, der sich auch im LIDAR-Scan zeigt[339]. Ein Straßenzug zwischen Lonsee-Urspring

und der Donau über das Lonetal ist in einigen Abschnitten archäologisch belegt *(Abb. 20,5)*[340]. Er wurde vermutlich zu Beginn des 2. Jahrhunderts vor der Gründung Heidenheims angelegt und verband in dieser Zeit den Alblimes mit der Donau[341]. Zwischen diesen beiden Straßenzügen gab es darüber hinaus vermutlich eine weitere Verbindung von der Donau zur Alblimesstraße. So wurden 2012 bei Sondierungen im Zuge der Bauarbeiten entlang der A8 zahlreiche Schuhnägel entdeckt, die auf eine Straße schließen lassen, die 2 km südlich der Alblimesstraße parallel zu dieser verlief *(Abb. 20,6)*. Nach Westen führte die Straße vermutlich zur Alblimesstraße bei Nellingen (Lkr. Alb-Donau-Kreis); nach Osten verlief sie in Rich-

338 HERTLEIN / GOESSLER 1930, 215–216 erwähnen eine aus älteren Flurkarten bekannte Heerstraße von Zwiefaltendorf (Lkr. Biberach) über Hayingen (Lkr. Reutlingen) in Richtung Ödenwaldstetten (Lkr. Reutlingen), nahe Gomadingen. Ob hiermit eine antike Wegführung gefasst wird, ist jedoch ungewiss.
339 VON PAULUS 1877, 111 Nr. 4. Informationen zu den in LIDAR-Aufnahmen erkennbaren Spuren stammen aus der Fundstellen-

datenbank des Landesdenkmalamtes Baden-Württemberg (ADAB).
340 PFAHL 1999, 100–103.
341 Siehe auch die Phasen 1 und 2 der militärischen Erschließung bei SOMMER 2011, 151–153 Abb. 22. Hier ist zusätzlich ein vermuteter früherer Straßenzug zwischen Lonsee-Urspring und Günzburg eingetragen.

tung Tomerdingen (Lkr. Alb-Donau-Kreis) und könnte von dort eine direkte Verbindung zur Donau bei Ulm gebildet haben[342].

Im Albvorland wird eine Straßenverbindung vom Neckar über Reutlingen (Lkr. Reutlingen) nach Gomadingen durch das Echaztal vermutet *(Abb. 20,7)*[343]. Eine ähnliche Situation liegt wenige Kilometer nördlich im Ermstal vor, wo der von der Alb entwässernde Fluss einen Aufstieg ermöglicht und mit Metzingen (Lkr. Reutlingen) ein *vicus* entlang der Verbindung liegt. Auch hier ist daher mit einem Straßenzug zu rechnen, auch wenn sich dieser bislang archäologisch nicht nachweisen lässt[344]. Weiter nördlich kann ein Straßenabschnitt von Nürtingen (Lkr. Esslingen) an der Donau über Owen (Lkr. Esslingen) zum Ausgang des Lautertals aus der Schwäbischen Alb vermutet werden *(Abb. 20,8)*, worauf auch wenige archäologische Reste hinweisen[345]. Eine weitere Straße von Köngen auf die Schwäbische Alb, die in einigen Teilen vermutlich auf einen vorgeschichtlichen Weg zurückgeht, dürfte entlang des Lautertals über Dettingen nach Donnstetten verlaufen sein *(Abb. 20,9)*[346]. Zudem liegen Hinweise auf eine Fortsetzung der Straße von Köngen nach Kirchheim u. Teck in Richtung Osten über das Lindtal vor *(Abb. 20,10)*[347]. Westlich von Lonsee-Ursprung traf sie auf die Alblimesstraße *(Abb. 20,2a)*. Möglicherweise führte von Kirchheim u. Teck (Lkr. Esslingen) eine weitere Straßenverbindung auf der nördlichen Seite der Lindach entlang auf die Schwäbische Alb. Dafür sprechen zwei Produktionsstätten von Ziegeln und Keramik bei Aichelberg (Lkr. Göppingen), die nach derzeitigem Forschungsstand isoliert von jeglichem Transportweg stehen[348]. Nördlich dieser Verbindungen zwischen dem Neckar und der Schwäbischen Alb, die über Kirchheim u. Teck anzunehmen sind, führte ein weiterer Straßenzug entlang des nördlichen Neckarufers und weiter über das Filstal auf die Schwäbische Alb[349]. Die Verbindung verlief vermutlich zunächst über Geislingen a. d. Steige (Lkr. Göppingen) bis nach

Lonsee-Ursprung (Lkr. Ostalbkreis)[350] *(Abb. 20,11)* und erst mit der Errichtung eines Kastells in Heidenheim wurde sie über Donzdorf (Lkr. Göppingen) und Böhmenkirch (Lkr. Göppingen) zum Alblimes geführt *(Abb. 20,12)*, auf den sie zwischen Lonsee-Ursprung und Heidenheim traf[351]. Die Straße ersetzte den Verkehrsweg über das Lautertal und gewährleistete eine günstigere Verbindung vom Neckar an die Donau. In spättraianischer Zeit wurde im Zuge der Gründung des Kastells Heidenheim die Alblimesstraße in einem Bogen von Lonsee-Ursprung nach Heidenheim weitergeführt *(Abb. 20,2b)*[352].

Mit der militärischen Erschließung der Vorderen Limeslinie um 159/160 entstand schließlich eine Straßenverbindung entlang der neu gegründeten Kastellkette *(Abb. 20,13)*[353]. Verbindungswege zwischen dem Vorderen Limes und dem Neckar-Alb-Limes sind von Welzheim und Lorch über das Remstal an wenigen Stellen nachgewiesen *(Abb. 20,14)*[354]. Weiterhin existierten Verbindungen von Lorch nach Süden zum Filstal[355] *(Abb. 20,15)* sowie von Aalen aus entlang der Flüsse Kocher und Brenz nach Heidenheim *(Abb. 20,16)*[356], wobei der Verlauf dieser Straßen zu großen Teilen vermutet werden muss, da archäologische Belege selten sind.

Neben den Landstraßen existieren innerhalb des Untersuchungsgebietes zahlreiche Wasserverläufe, die möglicherweise bereits in römischer Zeit als Verkehrswege genutzt wurden. Sie boten im Vergleich zum Landweg bequemere und zumindest flussabwärts überdies schnellere Transportwege, über die zudem eine große Menge an Waren bewegt werden konnte. Nach Untersuchungen von Martin Eckolt konnte der Neckar in römischer Zeit wohl spätestens ab Sulz-Fischingen (Lkr. Rottweil), südlich von Rottenburg, und damit auch im Bereich des Untersuchungsgebietes sicher befahren werden[357]. Auch die obere Donau war nach Olaf Höckmann bereits ab der Versinkung von Fridingen (Lkr. Tuttlingen) etwa 9 km nordöstlich von Tuttlingen für Frachtkähne

---

342 THOMA 2013; SCHESCHKEWITZ 2017.
343 HERTLEIN / GOESSLER 1930, 258–260.
344 Lediglich bei Metzingen-Neuhausen wurde bei Aushubarbeiten ein römischer Straßenbelag festgestellt: NÄGELE 1909, 113.
345 LUIK 2012, 208–209. Nahe der *villa* von Owen (Lkr. Esslingen, *Kat. Nr. 389*) sind Reste einer Straße auch archäologisch nachgewiesen (Fundber. Baden-Württemberg 32,2, 2012, 604).
346 HERTLEIN / GOESSLER 1930, 260–262.
347 HERTLEIN / GOESSLER 1930, 262–266.
348 *Kat. Nr. 11* und *9*. Siehe auch *Kap. 3.2.2.2.*
349 HERTLEIN / GOESSLER 1930, 266–269.
350 Der genaue Verlauf ist nicht bekannt. Der Anschluss an die jüngere Straße von Lonsee-Ursprung nach Heidenheim a. d.

Brenz wird beim Steighof in der Gemeinde Amstetten (Lkr. Alb-Donau-Kreis) vermutet (HERTLEIN / GOESSLER 1930, 245; 268). Wenige archäologische Reste einer Straße finden sich wieder bei Eislingen (Lkr. Göppingen) im Filstal (Fundber. Schwaben N. F. 18,2, 1967, 85).
351 HERTLEIN / GOESSLER 1930, 268–269.
352 Zum Straßenzug siehe PFAHL 1999, 94–96. Zur Datierung siehe SOMMER 2011, 153–154.
353 HERTLEIN / GOESSLER 1930, 273–281.
354 HERTLEIN / GOESSLER 1930, 106–111.
355 HERTLEIN / GOESSLER 1930, 104–106.
356 HERTLEIN / GOESSLER 1930, 255–256.
357 ECKOLT 1983, 13–16.

und Ruderschiffe schiffbar[358]. Von den Nebenflüssen des Neckars war die Rems nach Eckolt mindestens ab Waiblingen (Rems-Murr-Kreis), möglicherweise jedoch bereits ab Schorndorf (Rems-Murr-Kreis) schiffbar und auch die Fils könnte bereits ab Eislingen befahrbar gewesen sein[359]. Darüber hinaus ist denkbar, dass einige der Nebenflüsse des Neckars, die aus der Schwäbischen Alb entwässern und an deren Ufern sich nachweislich oder vermutlich *vici* befanden,

ebenfalls in ihren Unterläufen schiffbar waren, so beispielsweise die Erms ab Metzingen, die Echaz ab Reutlingen und die Lauter ab Kirchheim u. Teck. Untersuchungen hierzu stehen allerdings noch aus. Auch die Nebenflüsse der Donau, die innerhalb des Arbeitsgebietes fließen, wurden noch nicht auf ihre Schiffbarkeit hin untersucht. Anbieten würde sich beispielsweise die Brenz als Verbindungsweg vom *vicus* Heidenheim zur Donau[360].

358 HÖCKMANN 2003.
359 ECKOLT 1983, 20.

360 FISCHER 2005, 73.

3 | Fundstellenaufnahme

Mit insgesamt 482 Einträgen wurden bis auf wenige Ausnahmen[361] alle kaiserzeitlichen Fundstellen innerhalb des definierten Untersuchungsgebietes in einer Datenbank erfasst. Hinzu kommen 51 weitere Fundstellen, die unweit außerhalb der definierten Region liegen und im Katalog durch einen entsprechenden Zusatz (AG+) gekennzeichnet sind. Sie wurden hinzugenommen, um Randeffekte, die beispielsweise bei Kartierung der Fundstellendichte auftreten können, zu vermeiden. Auf eine diachrone Auswertung wurde verzichtet, da das Untersuchungsgebiet vergleichsweise kurz unter direkter römischer Kontrolle stand[362]. Die Abgrenzung der einzelnen Fundstellen[363] voneinander erfolgte über funktionale und räumliche Kriterien. Nach funktionalen Kriterien wurden beispielsweise Siedlungsstellen und Bestattungsplätze

voneinander getrennt, auch wenn sie in einem engen räumlichen Zusammenhang standen[364]. Schwieriger als die funktionale ist die räumliche Abgrenzung, wenn beispielsweise entschieden werden muss, ob oberflächliches Fundmaterial nahe einer bekannten Siedlung noch von dieser stammt oder eine eigene Fundstelle bildet. Befunde und Fundstreuungen, die weniger als 200 m voneinander entfernt waren[365], wurden zusammengefasst, sofern funktionale Kriterien und die topografische Situation nicht dagegensprachen – diese beispielsweise durch einen Fluss getrennt waren. Fundstellen gleicher oder unbekannter Funktion, die weiter als 200 m voneinander entfernt sind, können jedoch im Umkehrschluss nicht zwangsläufig als separate Einheiten erfasst werden. Zwar lagen römische Gutshöfe bei den entsprechenden natur-

---

361 Einzelmünzen, deren ursprünglicher Fundort nicht lokalisiert werden konnte, sowie Archaika wie z. B. kaiserzeitliche Objekte in alamannischen Gräbern wurden nicht berücksichtigt, da ihre Herkunft nicht nachvollziehbar ist. Straßenzüge, Brückenbefunde und Meilen- bzw. Leugensteine wurden nicht separat in die Fundstellendatenbank aufgenommen, ebenso wenig wie Wachttürme am Vorderen Limes.
362 Siehe *Kap. 2.2.2.*
363 Das Begriffspaar „Fundstelle" und „Fundplatz" spielt besonders bei diachronen Untersuchungen von Siedlungslandschaften eine Rolle. Handelt es sich bei einem Fundplatz um die kleinste räumliche Einheit, stellt die Fundstelle die kleinste

räumlich-zeitliche Einheit dar (erstmals so beschrieben bei SCHIER 1990, 40–41; 77; siehe auch MOOSBAUER 1997, 124–127; HENRICH 2006, 17). Zum Problem einer fehlenden Definition der Begriffe „Fundstelle"/ „Fundplatz" siehe DONEUS 2013, 122–125. Da sich die vorliegende siedlungsarchäologische Untersuchung auf eine relativ kurze Zeitperiode fokussiert, ist eine Unterscheidung der beiden Begriffe nicht notwendig.
364 Zur funktionalen Abgrenzung siehe *Kap. 3.2.*
365 Häufig werden auch etwa 100 m als „Richtwert" für die Abgrenzung von Fundstellen verwendet. Siehe hierzu PANKAU 2007, 45–46.

räumlichen Voraussetzungen zum Teil sehr nah beieinander[366], dagegen gibt es jedoch ebenso Beispiele von ausgedehnten Villenanlagen, die in mehreren hundert Metern Entfernung noch Nebengebäude besaßen[367]. Auch im Bereich von ausgedehnten Siedlungen wie den *vici* und im Umfeld von Militärlagern streuen die Funde häufig über einige hundert Meter. In den fraglichen Fällen ist daher eine Prüfung individueller Kriterien wie der Topografie, der Art des Nachweises und der Fund- und Befundsituation in der Umgebung nötig, um eine Entscheidung für oder gegen eine Abgrenzung zu treffen[368].

Als Quellen für die Fundstellenaufnahme dienten in erster Linie die Ortsakten des Landesamtes für Denkmalpflege Baden-Württemberg an den Standorten Esslingen und Tübingen. Darüber hinaus wurden die Einträge aus der Fundstellendatenbank ADAB herangezogen. Ergänzend dienten publizierte siedlungsarchäologische Untersuchungen[369], Fundstellenkataloge[370], Oberamts- und Kreisbeschreibungen[371], archäologische Stadtkataster und Fundmeldungen aus archäologischen Zeitschriften[372] als Informationsgrundlage zur Fundstellenaufnahme. Hinzu kommen Monografien und Aufsätze zu einzelnen Fundstellen. Eigene Prospektionen, Grabungen oder Überprüfungen der Fundstellen im Gelände fanden dagegen nicht statt. Da auf eine Feindatierung der Fundstellen aus oben genannten Gründen verzichtet wurde, stammen die Informationen zum Fundmaterial und der Datierung aus den angegebenen Sekundärquellen.

3.1 Die Kartierung der Fundstellen

Für die Kartierung der Fundstellen wurde die auf Access basierende Fundstellendatenbank in ein geografisches Informationssystem eingebunden *(Abb. 21)*. Die Fundstellen wurden dabei als Punkte und nicht in ihrer flächigen Ausdehnung kartiert[373]. Die Punktkartierung hat gegenüber der Flächenkartierung den Nachteil, dass topografische Informationen nur an einer Position – meist dem Mittelpunkt der Fundstelle – abgefragt werden können. Die topografische Lage einer ausgedehnten Siedlung, die sich beispielsweise über mehrere Höhenlagen und Geländeformen erstreckt, wird auf diese Weise auf eine Eigenschaft reduziert. Auch bei Distanzmessungen zwischen zwei archäologischen Fundstellen können Flächenkartierungen von Vorteil sein. Punktdaten haben jedoch den entscheidenden Vorteil, dass sie sich im Gegensatz zu Flächendaten besser für eine statistische Auswertung eignen.

Darüber hinaus ist die exakte flächenmäßige Ausdehnung der Fundstellen nur in den wenigsten Fällen bekannt. In der vorliegenden Arbeit wurden daher alle Fundstellen als Punktdaten kartiert.

Als Fundpunkt wurde jeweils der Mittelpunkt eines Fundplatzes gewählt. Wenn mehrere Fundkomplexe und Befunde eine Fundstelle bildeten, wurde entweder der Mittelpunkt oder – falls die einzelnen Nachweise weiter streuen – der Schwerpunkt der Verteilung als Koordinatenpunkt gewählt. Die Koordinaten der Fundstellen wurden überwiegend aus dem Informationssystem ADAB des Landesamtes für Denkmalpflege Baden-Württemberg bezogen. Um Fundstellen zu kartieren, deren Koordinaten aus der ADAB nicht ermittelt werden konnten, wurde die topografische Karte im Maßstab 1 : 250.000 herangezogen, ergänzt um historische Karten, die das Landes-

---

366 Siehe z. B. die geringe Distanz von nur 240 m zwischen *Kat. Nr. 97* und *98*. Im Umland von Heilbronn beobachtete Hüssen Mindestabstände von unter 200 m: HÜSSEN 2000, 123.
367 Siehe auch HENRICH 2006, 104.
368 So wurden beispielsweise im Fall des *vicus* von Metzingen (*Kat. Nr. 311*) mehrere Fundstreuungen zu einer Fundstelle zusammengefasst.
369 z. B. PFAHL 1999; KLEIN 1992; KLEY / SCHREG 1992; PARET 1932; VON PAULUS 1877.

370 z. B. PLANCK 2005; SCHREG 1996; KOCH 1996; FIEDLER 1962; HAUG 1914.
371 z. B. WEHRBERGER 1992; SEEWALD 1972; OEFTIGER 1997 sowie diverse Bände der „Führer zu archäologischen Denkmälern in Deutschland".
372 z. B. Fundberichte aus Baden-Württemberg, Fundberichte aus Schwaben, Archäologische Ausgrabungen in Baden-Württemberg.
373 Hierzu auch PANKAU 2007, 46.

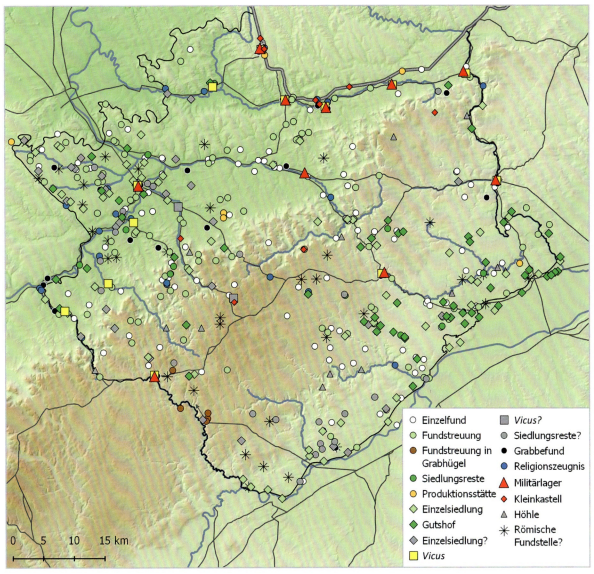

Legende:

○ Einzelfund	▪ Vicus?
○ Fundstreuung	● Siedlungsreste?
● Fundstreuung in Grabhügel	● Grabbefund
● Siedlungsreste	● Religionszeugnis
○ Produktionsstätte	▲ Militärlager
◇ Einzelsiedlung	◆ Kleinkastell
◆ Gutshof	△ Höhle
◆ Einzelsiedlung?	✳ Römische Fundstelle?
▪ Vicus	

0   5   10   15 km

21   In die Datenbank aufgenommene kaiserzeitliche Fundstellen

amt für Denkmalpflege für diese Arbeit zur Verfügung stellte. Nicht jede Fundstelle ließ sich exakt lokalisieren. Gerade bei älteren Beschreibungen wurden häufig lediglich Flurnamen, markante topografische und natürliche Elemente oder ehemalige Grundstücke zur Verortung einer Fundstelle angegeben, die heute nicht mehr zu erkennen oder rekonstruieren sind. In der Datenbank wurde die Genauigkeit der Lokalisierung daher in verschiedene Kategorien eingeteilt *(Tab. 1)*, sodass bei den Analysen ungenau lokalisierte Fundstellen ausgesondert werden konnten. Im Katalog sind entsprechende Unsicherheiten neben den Koordinaten angegeben. Als „verlagerte Fundstelle" werden dabei Einzelfunde oder Fundstreuungen eingeordnet, deren Auffindungsort nicht dem ursprünglichen Ablagerungsort

entspricht, beispielsweise Funde aus Schwemmschichten oder Abraumhalden.

Kategorie „Genauigkeit"	Auflösung
0	Bis auf < 50 m genau
1	Abweichung von < 200 m möglich
2	Abweichung von < 500 m möglich
3	Lokalisierung innerhalb der Gemarkung / des Flurstücks nicht möglich
4	Lokalisierung nicht möglich
5	Verlagerte Fundstelle

Tab. 1   Die Klassifizierung der Lokalisierungsgenauigkeit in der Datenbank.

3.2 Fundstellenklassifizierung

Die kaiserzeitlichen Fundstellen des Untersuchungsgebietes gehören unterschiedlichen funktionalen Einheiten wie Siedlungen, Gräbern oder Militärplätzen an. Darüber hinaus liegen Fundstellen ohne Befundzusammenhang vor, bei denen die Spärlichkeit der vorhandenen Informationen eine Bestimmung der Funktion erschwert. Der unterschiedliche Forschungsstand trägt dazu bei, dass innerhalb dieser größeren funktionalen Einheiten einzelne Fundstellen weiter untergliedert werden können als andere. Um diesem unterschiedlichen Informationsgrad Rechnung zu tragen, wurde, in Anlehnung an

das Vorgehen von Doris Mischka in ihrer Dissertation, ein Code-System zur Ansprache der Fundstellen verwendet *(Tab. 2)*[374]. Die erste Ziffer bezeichnet dabei die grobe Kategorie, die zweite Ziffer grenzt die Ansprache innerhalb dieser Kategorie ein und die dritte Ziffer ermöglicht eine Gliederung in verschiedene Varianten. Dieses System ermöglicht es einerseits, mit einer Abfrage alle Fundstellen einer übergeordneten Kategorie auszuwählen, und andererseits, verschiedene Varianten innerhalb dieser Kategorie weiterhin zu erkennen bzw. voneinander abzugrenzen.

Ohne Befund-zusammenhang	000	Einzelfund
	010	Fundstreuung
	011	Fundstreuung in vorgesch. Grabhügel auf der Münsinger Alb
Siedlungsbefunde	100	Hinweis auf Siedlungsreste
	101	Produktionsstätten ohne Siedlungszusammenhang
	110	Ländliche Einzelsiedlung
	111	Römischer Gutshof
	119	Vermutlich ländliche Einzelsiedlung
	120	*Vicus*
	121	*Vicus* aus Kastellvicus
	122	Kastellvicus
	129	*Vicus* vermutet
	199	Vermutlich römerzeitliche Siedlungsreste

Grabbefund	200	Isolierter Grabbefund
	209	Vermuteter isolierter Grabbefund
	210	Grabbefund im Siedlungskontext
	219	Vermuteter Grabbefund im Siedlungskontext
Religionszeugnis	310	Erd- / Baubefund mit sakraler Funktion
	319	Erd- / Baubefund, vermutlich mit sakraler Funktion
	320	Religionszeugnis ohne Befundzusammenhang
	329	Vermutlich Religionszeugnis ohne Befundzusammenhang
	399	Religionszeugnis vermutet
Militär	410	Auxiliarkastell
	420	Kleinkastell
Sonstiges	910	Fund in einer Höhle
	999	Vermutete römerzeitliche Fundstelle

Tab. 2   Codierung der Fundstellenansprache.

[374] MISCHKA 2007, 48–49; 328 Tab. 12.2.

Im Folgenden werden die Kriterien erläutert, nach denen die verschiedenen Kategorien eingeteilt wurden:

3.2.1 Fundstellen ohne Befundzusammenhang

Dieser Kategorie wurden 108 Einzelfunde und 89 Fundstreuungen zugeordnet. In manchen Gebieten stellen sie die einzigen Hinweise auf Aktivitäten während der römischen Kaiserzeit dar[375]. Einzelfunde und Fundstreuungen lassen sie in folgende Unterkategorien gliedern (Tab. 3).

Einzelfund	Bis zu zwei Einzelfunde ohne damit in Zusammenhang stehende Befunde
Fundstreuung	Fundkomplex von mehr als zwei Fundstücken ohne damit in Zusammenhang stehende Befunde
Sonderfall: Fundstreuung in vorgeschichtlichen Grabhügeln auf der Münsinger Alb	Wenige Befunde (meist Erd- oder Steinhügel) auf der Münsinger Alb mit vorgeschichtlichem, römerzeitlichem und frühmittelalterlichem Fundmaterial

Tab. 3 Ansprache und Definition der bei der Fundstellenaufnahme unterschiedenen Kategorien von Einzelfunden und Fundstreuungen.

3.2.1.1 Einzelfunde (Kennung: 000)

Insgesamt wurden 108 Einzelfunde im Untersuchungsgebiet aufgenommen[376]. Bei mehr als der Hälfte von ihnen handelt es sich um Münzen. Dabei wurden nur kaiserzeitliche Exemplare aufgenommen, die einer Gemarkung zugewiesen werden konnten. Sofern eine Lokalisierung nicht mehr möglich war, wurden die Münzen nicht als Einzelfunde berücksichtigt. Kaiserzeitliche Einzelfunde aus alamannischen Gräbern wurden ebenfalls nicht aufgenommen, da ihre ursprüngliche Herkunft nicht ermittelt werden kann und sie so keine Auskunft über kaiserzeitliche Aktivitäten am Auffindungsort liefern. Neben den Münzen bilden einzelne Keramikscherben, Keramik- und Bronzegefäße, Ziegelbruchstücke, Fibeln, Schmuckgegenstände sowie die Funde eines Schlüssels, einer Schnellwaage und eines bronzenen Gesichtshelmes vergesellschaftet mit einer Einzelscherbe die Gruppe der Einzelfunde.

Für etwa 46 Prozent der Einzelfunde ist der Fundort nicht mehr präzise zu lokalisieren. Sie geben lediglich Auskunft über römerzeitliche Aktivität im weiteren Umfeld der Fundstelle und könnten beispielsweise aus der Umgebung bekannter oder bisher unbekannter Fundstellen stammen. Die präzise lokalisierbaren Einzelfunde könnten auf eine unbekannte Fundstelle am jeweiligen Fundort hinweisen. So könnten sich in ihnen beispielsweise ehemalige Siedlungen in Holz-Erde-Architektur, bei denen ohne flächige Ausgrabungen häufig keine Baubefunde feststellbar sind, widerspiegeln[377]. Jedoch ist nicht ausgeschlossen, dass ein Großteil der Einzelfunde verlagert ist und das sogenannte „Hintergrundrauschen" im antiken Begehungsbereich repräsentiert[378]. In wenigen Fällen liegt eine Deutung der Einzelfunde

---

375 So in den Gemeinden Aichtal*, Altdorf, Bad Boll, Ballendorf, Böhmenkirch, Dettingen a. d. Erms, Fellbach*, Großbettlingen, Gruibingen, Hattenhofen, Hülben, Korb*, Laichingen, Oberboihingen, Oberdischingen, Salach, Schelklingen, Steinheim a. Albuch, Uhingen, Unterensingen, Waldstetten und Wäschenbeuren (*: betrifft nur das zum definierten Untersuchungsgebiet gehörige Gemeindegebiet).

376 Es handelt sich um die Fundstellen *Kat. Nr. 1, 6, 10, 20, 21, 22, 26, 30, 36, 42, 43, 52, 53, 54, 58, 59, 60, 61, 63, 70, 71, 74, 75, 79, 82, 88, 92, 94, 111, 113, 120, 133, 134, 138, 141, 142, 144, 146, 148, 153, 158, 169, 170, 172, 176, 180, 188, 194, 195, 196, 199, 200, 201, 202, 206, 213, 216, 219, 230, 232, 258, 268, 277, 284, 288, 291, 307, 317, 334, 365, 371, 372, 379, 388, 392, 397, 398, 407, 416, 419, 420, 424, 426, 431, 444,*

455, 457, 460, 461, 462, 463, 464, 467, 470, 475, 478, 483, 484, 486, 489, 495, 497, 498, 500, 501, 506, 527, 529.

377 Siehe z. B. die römerzeitlichen Einzelsiedlungen in Holzbauweise, die bei flächigen Ausgrabungen im Vorfeld der Bauarbeiten für die Eisenbahn-Neubaustrecke zwischen Wendlingen am Neckar (Lkr. Esslingen) und Ulm sowie dem Ausbau der Bundesautobahn 8 zwischen Göppingen-Hohenstadt und Ulm entdeckt wurden. Da es sich ausschließlich um Holzbebauung handelte und kaum Fundmaterial vorhanden ist, sind solche Fundstellen durch Feldbegehungen kaum zu erfassen (Thoma / Scheschkewitz 2013, 48).

378 Vgl. Moosbauer 1997, 126 Anm. 865.

als Weihedeponierungen nahe. Dies gilt für Funde in Bach- und Flussläufen bzw. aus Kiesgruben sowie im Bereich von Quellen[379]. Aus dem Untersuchungsgebiet stammen eine Einzelmünze aus dem Neckarbett (*Kat. Nr. 426*), ein Fingerring aus dem Filsbett (*Kat. Nr. 529*) und ein vollständiger Östlandkessel (*Kat. Nr. 120*) aus einer Kiesgrube an der Donau. Darüber hinaus ist eine Deutung als Weihgabe für eine Fibel unmittelbar über dem Nauursprung (*Kat. Nr. 268*) sowie für zwei Einzelmünzen im Bereich einer Quelle in Geislingen a. d. Steige (*Kat. Nr. 176*) nicht ausgeschlossen. Bei den meisten dieser Einzelfunde dürfte es sich jedoch um zufällig verlorene Objekte und Objektreste handeln, die von einem kurzzeitigen Aufenthalt zeugen oder an den endgültigen Ablagerungsort verschleppt wurden. Da sich die Interpretation in den einzelnen Fällen nicht eindeutig klären lässt, sind die Einzelfunde zwar als Hinweise auf römerzeitliche Aktivitäten in der Umgebung des Fundortes im Fundstellenkatalog aufgenommen, sie werden bei den Analysen zum Siedlungsmuster jedoch nicht berücksichtigt.

3.2.1.2 Fundstreuungen (Kennung: 010)

Lag ein Fundkomplex von drei oder mehr Fundstücken ohne Befundzusammenhang vor, so wurde dieser als Fundstreuung aufgenommen[380]. In den meisten Fällen handelt es sich dabei um Reste römerzeitlicher Gefäßkeramik. Da das Fundmaterial selbst nicht gesichtet wurde, stammen die Angaben zur Menge der archäologischen Objekte aus der Literatur und den Ortsakteneinträgen. Das Mengenspektrum reicht dabei von vereinzelten Funden römerzeitlicher Keramik bis hin zu größeren Fundkomplexen.

Zwei Drittel der Fundstreuungen wurde bei Feldbegehungen oder im Rahmen von Bauarbeiten entdeckt. In einigen Fällen handelt es sich vermutlich um Überreste einer an der Fundstelle oder in unmittelbarer Nähe befindlichen römerzeitlichen Ansiedlung. So ist – wie schon bei den Einzelfunden – besonders an Siedlungsstellen in Holz-Erde-Architektur zu denken, die nur bei flächigen Ausgrabungen nachgewiesen werden können und bei denen daher Lesefundkomplexe häufig die einzigen Hinweise auf eine Ansiedlung sind[381]. Daneben lässt sich jedoch besonders bei geringen Fundmengen nicht ausschließen, dass sie von römerzeitlichen Aktivitäten außerhalb einer weiter entfernten Siedlungsstelle zeugen[382]. Bei einer hohen Dichte von Fundmaterial an einem Fundplatz ist die Wahrscheinlichkeit groß, dass es sich um die Überreste einer Siedlung handelt[383] – im Umkehrschluss bedeutet wenig Fundmaterial allerdings nicht, dass diese Deutung ausgeschlossen werden kann. Ohne weitere Hinweise ist auch bei geringen Mengen römerzeitlichen Fundmaterials, die als Lesefunde geborgen wurden, nicht zu unterscheiden, ob es sich um eine kleinere ländliche Einzelsiedlung oder den Niederschlag von Aktivitäten im weiteren Umfeld römerzeitlicher Siedlungen handelt[384]. Bei der Analyse des Siedlungsmusters wird die Unsicherheit des Nachweises dementsprechend durch eine Gewichtung der Fundstellentypen berücksichtigt[385]. Fundkomplexe, die nicht mehr lokalisierbar sind, und solche, deren Auffindungsort vermutlich verlagert ist, beispielsweise Fundstreuungen aus Schwemmschichten, erosionsbedingt abgerutschten Erdmassen sowie in manchen Fällen Funde aus nachrömerzeitlichen Fundstellen, wurden ebenfalls in den Fundstellenkatalog aufgenommen (n = 10). Sie sind jedoch aus der Analyse des antiken Siedlungsmusters ausgeschlossen.

379 Über die Deutung von Gewässerfunden herrscht eine kontroverse Diskussion. Während besonders in der vorgeschichtlichen Forschung sowie im englischsprachigen Raum eine Deutung als Weihgaben überwiegt, wird diese Interpretation in der provinzialrömischen Forschung, und hier besonders im deutschsprachigen Raum, in einigen Fällen angezweifelt. Siehe auch KAPPESSER 2012, 2–4 sowie die unterschiedliche Bewertung der Rezensent:innen in PETROVSZKY 2014 und ECKARDT 2016.
380 Es handelt sich um die 89 Fundstellen *Kat. Nr. 5, 12, 17, 25, 35, 41, 50, 51, 55, 57, 66, 67, 69, 83, 85, 89, 91, 93, 102, 104, 107, 110, 114, 143, 151, 152, 157, 159, 160, 161, 173, 186, 187, 203, 204, 205, 209, 211, 215, 218, 234, 238, 257, 259, 270, 274, 279, 282, 290, 292, 294, 303,*

304, 314, 320, 331, 339, 343, 347, 352, 355, 356, 370, 373, 377, 387, 391, 400, 404, 411, 436, 443, 453, 458, 459, 466, 471, 477, 480, 485, 487, 488, 491, 502, 503, 504, 508, 509.
381 Siehe Anm. 373.
382 Zum sogenannten „Hintergrundrauschen" siehe auch MOOSBAUER 1997, 126 insbes. Anm. 865; DONEUS 2013, 149–150.
383 Zum Problem der Klassifizierung von Fundstreuungen siehe WITCHER 2012, 11–30.
384 Siehe hierzu auch HENRICH 2006, 23–25 und MOOSBAUER 1997, 126 Anm. 865.
385 Siehe *Kap. 4.*

3.2.1.3 Fundstreuungen im Bereich vorgeschichtlicher Grabhügel auf der Münsinger Alb (Kennung: 011)

Einen Sonderfall bilden fünf Fundkomplexe römerzeitlicher Keramik auf der Münsinger Alb, die im Bereich vorgeschichtlicher Grabhügel zutage kamen. Aus der Literatur allein ist häufig nicht ersichtlich, ob es sich um kaiserzeitliches oder spätantikes Fundmaterial handelt. So ist bei der Beschreibung des Phänomens neben wenigen als „römisch" angesprochenen Funden von „barbarischer Spätware"[386] die Rede. Darüber hinaus werden die Befunde im frühen 20. Jahrhundert als Nachweise für eine „kurze frühgermanische Besiedlung" gedeutet[387]. Ohne eingehende Sichtung und Prüfung der Fundkomplexe ist daher sowohl eine Datierung als auch die Deutung dieser Strukturen problematisch. In die vorliegende Arbeit wurden nur solche der erwähnten Fundstellen aufgenommen, die laut den Angaben in der Literatur explizit Keramik des 2. und 3. Jahrhunderts enthielten[388]. Insgesamt handelt es sich um fünf Fundstellen innerhalb des Untersuchungsgebietes, die im Folgenden einzeln vorgestellt werden:

Kat. Nr. 324 – Münsingen-Hundersingen, Flur Göltelfingen
Im Bereich eines bronzezeitlichen Grabhügels fanden sich „rings zerstreut Tierknochen, Reste von Reibsteinen, La Tène- und römische Scherben"[389].

Kat. Nr. 322 – Münsingen-Dottingen, Flur Glindwald, Boppenthal
„Ebenso fanden sich in Hügel Nr. 24 derselben Gruppe noch zwei weitere Nachbestattungen, ebenfalls Leichenbrand, vor. Die erste Bestattung hat ein Steingraber letzten Winter ausgegraben, der mir die aufgefundenen Scherben, unter denen sich römische befinden, übergab. Die mitgefundene Bronzenadel hat er leider verschleudert"[390].

Kat. Nr. 326 – Münsingen-Hundersingen, Flur Reichhardsberg, Sandgruben
„Auf dem Eigentum der Christiane Rehm in den ‚Sandgruben' 1 wallähnlicher Aufbau von 20 m Länge und etwa 5 m Breite; Höhe ca. 65 cm. Aufschüttung vom ebenen Gelände aus Dolomiten mit schwarzer Erde; darin Reibsteine, Fremdlinge, wie Granit, Glimmer, Keuper; ferner eiserne Nägel an zwei Stellen und ausgestreute Scherben; auch T. sigillata und Glas; 1 frühe La Tène Fibel; 1 tönerner Spinnwirtel, ein anderer aus grünlichem Glas, 1 durchbohrter Tierzahn, 1 Bronzering, 1 Bronzeknopf (mit frühgerm. Ornament), 2 Feuersteinschaber, 1 Eisenmesserchen mit Griffzunge, 1 eis. Glocke, 1 eis. Pfeilspitze, 1 Bronzeknopf, 1 Bronzeplättchen mit Knopf (?), 1 grünliche Glasperle, 1 Schneideteil eines Steinbeils, dabei 1 Schweinskiefer, 1 Glöckchen aus Bronze; dabei überall ausgestreute Scherben, darunter Hallstatt, Römisches und vielleicht Mittelalterliches, und Tierknochen"[391].

Ebenfalls beim oberen Reichhardsberg „in den Sandgruben" unweit des Fußweges von Münsingen-Bichishausen nach Münsingen-Bremelau wurden zu einem früheren Zeitpunkt zwei viereckige Fundamente entdeckt. An Fundmaterial werden dort „Scherben von der Bronzezeit an bis zur terra sigillata herab" genannt[392]. Die Fundamente lassen sich nicht mehr lokalisieren und der Zusammenhang mit der oben erwähnten Fundstreuung römerzeitlicher und vorgeschichtlicher Keramik ist unsicher. Es lässt sich nicht ausschließen, dass es sich bei der oben erwähnten Fundstreuung um eine sekundäre Fundstelle, beispielsweise einen Lesesteinhaufen mit archäologischem Fundmaterial, handelte.

Kat. Nr. 327 – Münsingen-Hundersingen, Flur Winkel, Strangen Mahd
„[...] jenseits der Straße Hundersingen-Bremelau im Flur ‚Winkel, Strangen und Maad' gegen die ‚Haide' zu liegt eine Reihe von ca. 20 Hügeln in kleinen Gruppen über das ganze Gebiet zerstreut. Einige davon möchte ich für Wohnstätten halten. Einige enthielten römische Scherben und auch Nägel. Die meisten dieser Hügel und Wohnungen liegen unweit von heute noch benützten Feldwegen"[393].

Kat. Nr. 328 – Münsingen-Hundersingen „Steinriegel"
Im Bereich einer bronzezeitlichen Grabhügelgruppe „lagen daselbst noch an 2 Stellen des Westrands in einer Lehmbettung eine Menge dickwandiger später La Tènescherben [...] und Sigillatascherben"[394].

386 Goessler 1912, 226.
387 Fundber. Schwaben 15, 1907, 29–30.
388 Siehe Fundber. Schwaben 15, 1907, 30–31; Paret 1932, 130; 292 (s. v. Buttenhausen); 323 (s. v. Hundersingen).
389 Goessler 1912, 227; Fundber. Schwaben 15, 1907, 31–32 (Zitat ebd. 31).
390 Bl. Schwäb. Albver. 14, 1902, 395.
391 Fundber. Schwaben 15, 1907, 31,1.
392 Fundber. Schwaben 14, 1906, 4,1.
393 Fundber. Schwaben 14, 1906, 4,4.
394 Fundber. Schwaben 16, 1908, 17–18 (Zitat ebd. 18).

Ohne eine genaue Befundbeschreibung und die Sichtung des Fundmaterials ist eine Deutung der vorgestellten Befunde problematisch. In älterer Zeit wurde bereits die Vermutung geäußert, dass es sich um Lagerplätze und Wohnstellen in Holzbauweise handeln könnte, in einzelnen Fällen vielleicht sogar um Wohnstätten für Hirten[395]. Für eine Deutung als (temporäre?) Lager- und Siedlungsstellen im Zusammenhang mit Viehwirtschaft könnte auch die Lage der Fundstellen auf 730–750 m ü. NN im Bereich flachgründiger Rendzina sprechen, die keine günstigen Bedingungen für Landwirtschaft bieten[396]. Die notizartige Informationslage reicht jedoch nicht für eine zweifelsfreie Deutung der Befunde aus. So ist der Nachweis von Almhütten selbst bei deutlich besserer

Quellenlage umstritten[397]. Die Bestimmung der Funde als mittelkaiserzeitlich ist nicht zweifelsfrei gesichert. Im Fall der Fundstelle *Kat. Nr. 326* ist zudem unklar, ob es sich überhaupt um eine primäre oder doch um eine verlagerte Fundstelle handelt. Die erwähnten möglichen Gebäudegrundrisse in unmittelbarer Nähe sind nicht genau lokalisierbar und der Bezug zum römerzeitlichen Fundmaterial nicht klar. Bei den übrigen Befunden kann darüber hinaus nicht ausgeschlossen werden, dass es sich um Reste von Nachbestattungen handelt. Ohne Ausgrabungen und eine detaillierte Befundbeschreibung ist eine Interpretation der vorgestellten Befunde letztendlich nicht möglich. Daher wurden sie bei der weiteren Analyse nicht als Nachweise für Siedlungsstellen berücksichtigt.

3.2.2 Siedlungsbefunde

Gebäudegrundrisse, Mauerbefunde, Gruben, Pfostenlöcher und sonstige Holz-, Stein- und Erdbefunde, die römerzeitliches Fundmaterial enthielten, wurden als Siedlungsbefunde angesprochen, sofern es keine Hinweise auf eine überwiegend militärische, kultische oder sepulkrale Funktion gab. Daneben wurden auch Fundstreuungen ohne Befundzusammenhang in diese Kategorie aufgenommen, wenn es sich um eine größere Menge von Gefäßkeramik in Vergesellschaftung mit Ziegeln, Estrichresten oder sonstigen Bauresten handelte. Je nach Quellenlage liegen zu den einzelnen Siedlungsbefunden Informationen vor, die eine detailliertere Ansprache der Fundstelle erlauben. Um diesem unterschiedlichen Informationsstand Rechnung zu tragen, wurden die Fundstellen innerhalb der Kategorie „Siedlungsbefunde" in mehrere Untergruppen aufgeteilt *(Tab. 4)*.

Hinweis auf Siedlungsreste	Siedlungsreste in sekundärer Fundlage, Brunnen und Wasserleitungen ohne Siedlungskontext
Produktionsstätte ohne Siedlungszusammenhang	Töpfer- / Ziegel- / Kalkbrennöfen, Gruben mit Fehlbränden sowie Schlackenfunde und sonstige Hinweise auf Handwerk ohne weiteren Siedlungszusammenhang
Ländliche Einzelsiedlungen	Mauerreste und einzelne Gebäudegrundrisse
Römische Gutshöfe	Charakteristische Grundrisse eines römischen Gutshofes
Vermutete ländliche Einzelsiedlung	Massive Streuung von Fundmaterial im Zusammenhang mit Ziegeln und / oder Estrich sowie ausgepflügte Bauresten und Siedlungsgruben
Vici	Zu den einzelnen Nachweisen siehe *Kap. 3.2.2.6*
Siedlungsreste vermutet	In der Literatur des 19. und frühen 20. Jahrhunderts erwähnte Siedlungsstellen ohne späteren Nachweis sowie Siedlungsbefunde, für die eine römische Datierung nicht zweifelsfrei gesichert ist

Tab. 4 Ansprache und Definition der bei der Fundstellenaufnahme unterschiedenen Kategorien von Siedlungsfundstellen.

395 PARET 1932, 129–130: „Es scheinen Reste einfacher Holzbauten zu sein, etwa von Blockbauten, die gegen den Sturm und Schneeverwehungen durch ringsum aufgehäufte Steine und durch ein steinbeschwertes Dach [...] geschützt waren. Die nicht selten Nägel sprechen ebenfalls für Holzbau; Gebrauchsge-

schirr, Tierknochen, Reibsteine, eiserne Geräte, eiserne Glocken, Ketten, Pfeilspitzen u. a. für Wohnungen von Hirten [...]".
396 Siehe hierzu auch Siedlungsfundstellen in für Ackerbau ungünstiger Lage im Schwarzwald, für die eine Deutung als Almhütten möglich erscheint (BLÖCK 2016, 131–132).
397 GLEIRSCHER 2010, 43–62.

3.2.2.1 Hinweis auf Siedlungsreste (Kennung: 100)

Wenige Befunde liefern lediglich einen Hinweis auf eine Siedlungsstelle in der näheren Umgebung, ohne dass sie direkt aus dem Siedlungsbereich stammen müssen[398]. Hierzu gehören Brunnen, Reste von Wasserleitungen sowie Siedlungsreste in sekundärer Fundlage. Ob die Befunde mit einer bisher nicht entdeckten ländlichen Einzelsiedlung, einem *vicus* oder einer anderen Siedlungsform in Zusammenhang standen, kann letztlich nicht sicher entschieden werden. So könnten isoliert stehende Brunnen beispielsweise im Bereich von Viehweiden angelegt worden sein und sind damit nicht zwangsläufig ein Beleg für eine Siedlung unmittelbar am Ort ihrer Auffindung. Eine solche Deutung kommt möglicherweise für einen Brunnen in Schorndorf in Frage, der sich knapp 680 m östlich des römischen Gutshofes im Stadtteil Schornbach und 600 m nordöstlich des *vicus* von Schorndorf in isolierter Lage befand (*Kat. Nr. 429*). Zwar könnte der Befund auf eine dritte Siedlungsstelle in der Schorndorfer Markung hinweisen; die Nähe zu den anderen beiden Fundstellen und die Lage auf schweren, tonigen Böden, die keine optimalen Bedingungen für Ackerbau bieten, könnten jedoch auch dafür sprechen, dass es sich um die Wasserstelle einer zum Gutshof gehörigen Viehweide handelte[399].

Die übrigen Fundstellen, die als „Hinweise auf Siedlungsreste" angesprochen wurden, liegen nicht in der Nähe bereits nachgewiesener ländlicher Einzelsiedlungen. Auch wenn ihr Fundort nicht zwangsläufig mit einer römerzeitlichen Siedlung gleichzusetzen ist, so ist zumindest in der näheren Umgebung dieser Befunde mit einer Siedlungsstelle zu rechnen. In der nachfolgenden Analyse werden sie daher trotz einzelner Bedenken als Siedlungsfundstellen berücksichtigt.

3.2.2.2 Produktionsstätten ohne Siedlungszusammenhang (Kennung: 101)

In wenigen Fällen bestand der „Siedlungs"-Nachweis ausschließlich aus Befunden, die mit einem Handwerk in Zusammenhang gebracht werden können. Ob diese Produktionsstätten zu einer ländlichen Einzelsiedlung gehörten oder mit einem nicht bekannten *vicus* in Zusammenhang standen, kann nicht eindeutig entschieden werden. Isoliert stehende Töpfer- und Ziegelöfen befanden sich in Aichelberg (Lkr. Göppingen) auf der Flur „untere Herrenwiesen" (*Kat. Nr. 11* – drei Ziegelöfen), ebenfalls in Aichelberg auf der Flur „Frauenholz" (*Kat. Nr. 9* – ein Töpferofen), in Niederstotzingen-Stettfeld (Krs. Heidenheim) auf der Flur „Niederfeld" (*Kat. Nr. 353* – Befeuerungsanlage vermutet) sowie in Welzheim auf der Flur „Tannwald" (*Kat. Nr. 522* – ein Töpfer- und ein Ziegelofen). Eine Grube aus Stuttgart-Vaihingen in der Flur „Büsnauer Rain" (*Kat. Nr. 481*), die mit Fehlbränden verfüllt war, weist darüber hinaus auf einen Töpferofen in nächster Nähe hin. Zuletzt wird in Mögglingen (Lkr. Ostalbkreis) unmittelbar am Limes in der Flur „Heuholz" (*Kat. Nr. 315*) ein Kalkbrennofen vermutet.

In einigen Fällen könnte es sich hier um Produktionsstätten bisher nicht entdeckter *villae* handeln. Die handwerkliche Produktion in den überwiegend agrarisch geprägten *villae* diente vornehmlich der Deckung (eines Teiles) des Eigenbedarfs, z. B. der Gefäßkeramik. Kleinere Schmiedestätten könnten neben der Herstellung von Gerät auch zur Reparatur von Werkzeugen und anderen Metallobjekten gedient haben. Ziegel- oder Kalkbrennöfen waren in den meisten Fällen wohl temporäre Einrichtungen auswärtiger Handwerker, die im Zuge von Bauvorhaben errichtet und betrieben wurden[400]. In seltenen Fällen ist darüber hinaus bei ländlichen Einzelsiedlungen der frühen und mittleren Kaiserzeit eine über die Subsistenzwirtschaft hinausgehende Produktion handwerklicher Güter nachgewiesen[401]. Die drei Ziegelöfen aus Aichelberg zeugen möglicherweise sogar von einer spezialisierten Produktionsstätte des

---

398 Es handelt sich um die elf Fundstellen *Kat. Nr. 19, 29, 96, 139, 140, 278, 335, 360, 413, 429, 445*.

399 Auch Blöck 2016, 131 spricht sich bei drei nah beieinander liegenden Brunnen ohne erkennbaren Siedlungszusammenhang für eine Deutung als „Viehtränken" aus und zieht diese als Hinweis auf eine stationäre Weidewirtschaft heran.

400 Zu Handwerk in *villae* siehe u. a. Moosbauer 2005, 80; Luginbühl 2002; Moosbauer 1999; von Bülow 1993, 21.

401 So ist beispielsweise in Seeb-Winkel (Kt. Zürich, CH) die Produktion von Gefäßkeramik und in Regensburg-Neuprüll (Bayern) die Produktion von Gefäßkeramik und Ziegeln nachgewiesen, die in einem lokalen bis regionalen Umkreis Verbreitung fanden (Drack 1990, 156–162; Schmidts-Jüttings 2002, 91–96).

3. Jahrhunderts, beispielsweise einer Privatziegelei[402]. Ob der 800 m entfernte Töpferofen mit dieser Fundstelle in Zusammenhang stand, ist ungewiss. Unklar ist auch der Absatzmarkt der Ziegelei. Nach dem derzeitigen Forschungsstand ist das Gebiet um Aichelberg nur dünn besiedelt. Im näheren Umfeld weisen nur Fundstreuungen und einzelne Gebäudereste auf wenige mögliche Siedlungsstellen hin. Auch gibt es keine Hinweise auf eine günstige Infrastruktur. Eine direkte Anbindung an einen Fluss, über den die Waren hätten transportiert werden können, fehlt. Die Lauter als nächstes größeres Fließgewässer liegt in ca. 7,5 km Entfernung. Auch die nächste vermutete Straßenverbindung liegt etwa 2 km von der Fundstelle der Ziegelöfen entfernt. Da eine Ziegelei außerhalb von Städten und *vici* entweder auf Abnehmer im Umfeld oder einen nahen Markt als Absatzort angewiesen war[403], ist in der näheren Umgebung mit einer größeren Anzahl bisher nicht entdeckter *villae* oder einem *vicus* zu rechnen sowie mit bisher nicht bekannten Straßenverbindungen.

Mit Ausnahme des vermuteten Kalkbrennofens am Limes, der – sofern man von einer kaiserzeitlichen Datierung ausgeht – mit dem Bau der Limesmauer in Zusammenhang stehen könnte[404], werden die isoliert stehenden Produktionsstätten bei der Analyse des Siedlungsmusters als Siedlungsfundstellen behandelt.

3.2.2.3 Ländliche Einzelsiedlungen unbestimmten Typs (Kennung: 110)

Bei den meisten aufgenommenen Fundstellen innerhalb des Untersuchungsgebietes handelt es sich um Nachweise ländlicher Einzelsiedlungen. Darunter werden hier vereinzelt stehende Wohn- und Wirtschaftsstätten sowie von größeren Gruppensiedlungen isolierte Hofstellen mit zugehörigen Wirtschafts- und Wohngebäuden im ländlichen Raum verstanden[405]. In 59 Fällen war keine nähere Ansprache möglich, da lediglich Mauerzüge sowie einzelne oder mehrere Gebäudegrundrisse in Vergesellschaftung mit römerzeitlichem Fundmaterial nachgewiesen werden konnten[406]. Überwiegend wird es sich bei diesen Fundstellen um die Reste agrarisch geprägter Gutshöfe handeln. Daneben gehören auch Rasthäuser, Straßenstationen und – besonders an für Ackerbau ungeeigneten Standorten – einzel stehende, zum Teil nur saisonal genutzte Wirtschafts- und Wohngebäude[407] zum ländlichen Siedlungswesen. Da eine abschließende Interpretation ohne flächige Ausgrabungen nicht möglich ist, werden die Befunde hier als ländliche Einzelsiedlungsstellen unbestimmten Typs zusammengefasst.

3.2.2.4 Römische Gutshöfe (Kennung: 111)

Für 58 aufgenommene Fundstellen[408] (davon 46 innerhalb der Grenzen des Untersuchungsgebietes) lagen Ausgrabungspläne, Luftbilder oder Auswertungen geophysikalischer Prospektionen vor, die vollständige oder charakteristische Reste der Grundrisse römischer Gutshöfe (*villae*[409]) zeigen[410]. Sie bilden das Rückgrat des römerzeitlichen Siedlungsmusters, stellen sie doch die vorherrschende ländliche Siedlungsform dar.

Von den 58 aufgenommenen römischen Gutshöfen sind nur an vier Plätzen Befunde und Fundmaterial ausführlich aufgearbeitet worden (*Kat. Nr. 272, 368, 430, 526*), für fünf weitere liegen detaillierte Berichte vor (*Kat. Nr. 233, 108, 185, 252, 533*). Die meisten Fund-

---

402 Zu zivilen Ziegeleibetrieben siehe BRANDL / FEDERHOFER 1994, 54–63; BRANIGAN 1988, 48. Für den Nachweis einer Privatziegelei bei Großbottwar (Krs. Ludwigsburg, Baden-Württemberg) siehe auch KUHNEN 1994.

403 Vgl. BRANIGAN 1988, 48.

404 Vgl. die Deutung eines Kalkbrennofens bei Dalkingen (Lkr. Ostalbkreis), dessen römische Zeitstellung jedoch ebenfalls nicht gesichert ist: Fundber. Baden-Württemberg 8, 1983, 341–342; Bender in PLANCK 2014, 150. Bei einer nachrömerzeitlichen Datierung könnte der Ofen zur Verwertung des Steinmaterials der Limesmauer angelegt worden sein. Vgl. Bender in PLANCK 2014, 150 Anm. 348.

405 Zum Begriff Einzelsiedlung siehe auch SCHWARZ 1989, 123–124; zum Begriff Einzelhof siehe JÄGER 1989.

406 Es handelt sich um die Fundstellen *Kat. Nr. 24, 31, 33, 38, 45, 49, 68, 87, 105, 116, 117, 122, 128, 130, 131, 135, 137, 154, 155, 162, 165, 167, 174, 175, 182, 198, 208, 225, 228, 241, 248, 253, 261, 264, 280, 289, 295, 312, 316, 319, 337, 338, 344, 348, 361, 375, 405, 425, 452, 456, 468, 469, 472, 496, 505, 507, 523, 528, 532.*

407 Bei CZYSZ 2013, 266 unter *villa rustica* aufgeführt. Zu saisonal genutzten Einzelsiedlungen siehe auch HÜSSEN 2000, 129 bes. Anm. 906 und MOOSBAUER 1997, 160–161.

408 Es handelt sich um die Fundstellen *Kat. Nr. 27, 28, 34, 40, 62, 97, 98, 99, 101, 103, 106, 108, 149, 156, 178, 179, 181, 184, 185, 229, 231, 233, 235, 252, 256, 262, 265, 267, 269, 271, 272, 273, 276, 286, 305, 318, 341, 349, 351, 368, 378, 385, 389, 408, 410, 414, 430, 447, 448, 449, 450, 451, 490, 499, 512, 526, 530, 533.*

409 Zur antiken Bezeichnung und der Diskussion um die in der Forschung verwendeten Begriffe siehe BLÖCK 2016, 41–42; CZYSZ 2013, 266; MEYER 2010a, 85–90; REUTTI 2006, 375; HEIMBERG 2002/2003; TRUMM 2002a, 142; PFAHL 1999, 105.

410 Zur Gestalt und Bauausstattung römischer Gutshöfe im rechtsrheinischen Obergermanien und westlichen Rätien siehe z. B. BLÖCK 2016, 42–69; 82–116; MEYER 2010a, 94–129; REUTTI 2006, 379–385; TRUMM 2002a, 142–164; HÜSSEN 2000, 86–91; PFAHL 1999, 105–119.

stellen sind dagegen lediglich aus knappen Vorberichten oder Luftbildern bekannt. Dementsprechend unzureichend ist die Informationslage zur Datierung, Hofform und -größe sowie den Gebäudeformen der *villae* im Untersuchungsgebiet. Aus Fundberichten und Einzeluntersuchungen geht für die meisten Gutshöfe hervor, dass Fundmaterial aus dem 2. und 3. Jahrhundert geborgen wurde, ohne dass eine nähere Einordnung möglich war oder vorgenommen wurde. Vermutlich wurde die Region – ähnlich wie dies auf der Ostalb festgestellt wurde[411] – unmittelbar nach der militärischen Erschließung zu Beginn des 2. Jahrhunderts bzw. im nördlichen Teil des Arbeitsgebietes in der zweiten Hälfte des 2. Jahrhunderts aufgesiedelt[412]. Das Fundspektrum weniger Fundplätze zeigt jedoch, dass auch noch im fortgeschrittenen 2. Jahrhundert neue Siedlungen im Hinterland gegründet wurden[413].

Römische Gutshöfe waren größtenteils auf die Erzeugung landwirtschaftlicher Güter spezialisiert, mit denen sie die Städte, *vici* und Militärlager des Umlandes versorgten[414]. Der Schwerpunkt der landwirtschaftlichen Betätigung dürfte in den meisten Fällen auf dem Anbau von Getreide gelegen haben[415], daneben spielten jedoch auch der Anbau von Obst und Gemüse sowie Vieh-[416] und Forstwirtschaft[417] eine nicht unbedeutende Rolle[418]. Welche Wirtschaftsformen im Einzelnen in den römischen Gutshöfen des Arbeitsgebietes ausgeübt wurden und ob es Spezialisierungen auf bestimmte Wirtschaftszweige gab, lässt sich anhand des Fundmaterials nur in Einzelfällen erahnen. Aus wenigen Gutshöfen ist landwirtschaftliches Gerät bekannt. So liegt aus dem Gutshof von Köngen, Flur „Fuchsgrube" (*Kat. Nr. 252*) eine eiserne Pflugschar als Zeugnis ackerbaulicher Betätigung vor[419]. Eine Hippe aus einem römischen Gutshof in Neuhausen a. d. Fildern (Lkr. Esslingen), Flur „Horb" (*Kat. Nr. 341*) konnte für unterschiedliche Tätigkeiten in der Land- und Forstwirtschaft sowie beim Handwerk verwendet werden[420]. Ein Jochaufsatz aus Stetten a. d. Fildern bei Leinfelden-Echterdingen (Lkr. Esslingen, *Kat. Nr. 286*) weist auf die Haltung von Zugtieren hin[421].

Einen ausschnitthaften Einblick in die landwirtschaftliche Betätigung innerhalb des Untersuchungsgebietes bieten archäobotanische Untersuchungen von Makro- und Pollenresten[422]. Es ist davon auszugehen, dass beim Getreideanbau ein Schwerpunkt auf dem klimatisch robusten Dinkel lag. So wurde aus dem Keller eines Gebäudes in Oberkochen (Lkr. Ostalbkreis, *Kat. Nr. 375*) ein verkohlter Vorratsfund von über 5 kg Getreide geborgen, das sich aus überwiegend Dinkel (79 %), etwas Roggen (9,9 %), Spelzweizen (5,4 %), Spelzgerste (2,4 %), Einkorn (1,8 %) und ein bis zwei Körnern Saatweizen und Hafer zusammensetzte[423]. Auch die archäobotanische Untersuchung der Makroreste aus dem Gutshof von Nürtingen-Oberensingen (*Kat. Nr. 368*) zeigte Dinkel neben Gerste als dominierendes Getreide[424]. Letztere wurde möglicherweise als Viehfutter verwendet[425]. Als weitere Kulturpflanzen konnten hier Lein, Linse, Erbse, Hasel, Apfel, Schlehe, Hagebutte und Holunder in geringem Umfang nachgewiesen werden[426]. Darüber hinaus lagen subfossile Reste von Grünlandarten vor, die auf Grünschnitt als Viehfutter auf dem Gutshof hindeuten könnten[427]. Hier ist daher eine Mischwirtschaft aus Viehhaltung und Ackerbau anzunehmen. Unter den Getreideresten, die aus den beiden Brunnen im Innenhof des Ostkastells von Welzheim (*Kat. Nr. 514*) geborgen wurden, überwog ebenfalls Dinkel mit 80–90 %[428]. Dagegen belegen die subfossil erhaltenen Grünlandarten, dass Wirtschaftswiesen auf nährstoffreichen ackertauglichen Böden im Umfeld des Kastells existierten, die als Viehweide und Heuschnittwiesen genutzt wurden[429]. Neben Ackerbau und Viehzucht ist jedoch auch mit Waldwirtschaft zu rechnen, wie Pollenanalysen aus dem östlichen Bereich des Untersuchungsgebietes zeigen. Eine Zunahme von Birkenpollen gegenüber Buchenpollen seit der Hallstattzeit weist so im Bereich des Albuchs auf kontinuierlichen Holzschlag hin[430].

---

411 Siehe PFAHL 1999, 83–85.
412 Siehe auch *Kap. 2.2.2.*
413 So erbrachten die Siedlungen *Kat. Nr. 68, 108, 154, 156, 208, 262, 285, 389, 490* und *533* Fundmaterial von der zweiten Hälfte des 2. Jahrhunderts bis ins 3. Jahrhundert hinein.
414 CZYSZ 2013, 346; SOMMER 2013; KREUZ 1995, 78–82.
415 WENDT / ZIMMERMANN 2008, 192.
416 Siehe hierzu PETERS 1998.
417 Siehe hierzu NENNINGER 2001, 41–44.
418 STIKA 1996, 134–136; CZYSZ 2002, 278. Der wirtschaftliche Schwerpunkt beispielsweise auf Ackerbau oder Viehzucht wird sich auch nach den landwirtschaftlichen Voraussetzungen gerichtet haben. Vgl. dazu auch REUTTI 2006, 378; MOOSBAUER 1997, 152–154; BRANIGAN 1988, 42–47.

419 NEUFFER 1971, 250 Abb. 11,3; 252 Nr. D3.
420 PFAHL 1999, 88.
421 ALFÖLDY / RÁDNOTI 1940; ALFÖLDY-THOMAS 2008, 338.
422 Für überblicksartige Untersuchungen zur Archäobotanik in Südwestdeutschland siehe z. B. PIENING 1982; RÖSCH et al. 1992; STIKA 1996; RÖSCH 1998.
423 PIENING 1982, 266–271.
424 STIKA 1996, 52; 55.
425 STIKA 1996, 55.
426 STIKA 1996, 53; 55.
427 STIKA 1996, 54–55.
428 KÖRBER-GROHNE et al. 1983, 49.
429 KÖRBER-GROHNE et al. 1983, 41–44.
430 SMETTAN 1995, 112–115.

Bis auf wenige Ausnahmen beschränkten sich handwerkliche Produktionsstätten in römischen Einzelsiedlungen auf die Deckung des Eigenbedarfs[431]. Je nach geologischen Voraussetzungen und zur Verfügung stehenden Rohstoffen sind daneben auch spezialisierte Betriebe zur Gewinnung und Verarbeitung dieser Rohstoffe nachgewiesen[432]. Selten kann für römische Gutshöfe eine Überschussproduktion von Bau- und Gefäßkeramik nachgewiesen werden, die dann jedoch meist nur einen kleinräumigen Absatzmarkt erreichte[433]. Nur in zwei Fällen sind aus dem Untersuchungsgebiet handwerkliche Tätigkeiten in einem römischen Gutshof nachgewiesen. So legt der Befund einer Schlackenkonzentration im römischen Gutshof von Niederstotzingen-Oberstotzingen, Flur „Steig" (*Kat. Nr. 351*) nahe, dass innerhalb der Siedlung Eisen verarbeitet wurde. Ein zweiter Nachweis stammt aus Schorndorf-Schornbach. Unter dem Fundmaterial des Gutshofes an der Schornbacher Straße (*Kat. Nr. 430*) befand sich laut Ausgrabungsbericht ein Meißel, der möglicherweise zur Holzbearbeitung diente[434], sowie ein bearbeitetes Geweihstück, in dem die Ausgräber einen Weidenhobel vermuten[435].

In sieben Fällen waren Waffen oder Ausrüstungsgegenstände unter dem Fundmaterial der Gutshöfe vertreten. Ausführlich beschäftigten sich Pfahl und Reuter mit Waffenfunden in *villae* und kamen zu dem Ergebnis, dass es sich überwiegend um Jagdwaffen gehandelt haben wird, insbesondere bei Speeren, Lanzen und Geschossspitzen[436]. Als solche sind vermutlich der Lanzenschuh aus Langenau, Flur „Heiligenäcker" (*Kat. Nr. 262*) und eine Geschossspitze aus Langenau, Flur „Mittlerer Albecker Weg" (*Kat. Nr. 267*) zu deuten. Auch Schwerter konnten für die Jagd verwendet werden. Da es sich jedoch um keine klassischen Jagdwaffen handelt und sie meist erst gegen Ende des 2. Jahrhunderts im Fundspektrum der *villae* auftauchen, weisen sie eher auf eine Bewaffnung der Zivilbevölkerung in unruhigen Zeiten hin[437]. In diesem Sinne könnten die Do-

senortbänder in Geislingen a. d. Steige-Weiler (*Kat. Nr. 181*) und Schorndorf-Schornbach (*Kat. Nr. 430*) sowie die Spatha aus Weilheim a. d. Teck-Hepsisau (Lkr. Esslingen, *Kat. Nr. 512*) als Waffen der Zivilbevölkerung gedeutet werden, sofern sie nicht von Veteranen stammten. Für die Anwesenheit von Veteranen sehen Pfahl und Reuter kaum Belege, da besonders Militärdiplome meist in *vici* und nicht in den ländlichen Einzelsiedlungen gefunden wurden[438]. Wie Steidl ausführte, könnte dies jedoch darin begründet sein, dass nicht mehr benötigte Diplome als Rohstoffe in den *vici* weiterverarbeitet wurden. Dafür spricht auch, dass einige der Militärdiplome aus Rätien vor die Errichtung der *vici* datieren, in denen sie gefunden wurden[439]. Steidl spricht sich daher für eine Ansiedlung von Veteranen im Limeshinterland aus. Ein relativ sicherer Hinweis auf einen Veteranen im Untersuchungsgebiet liegt aus dem Fundbestand des Gutshofes von Owen vor (*Kat. Nr. 389*), wo die Reste eines Kettenhemdes, ein Schwert und ein Militädiplom nachgewiesen sind. Unklar ist die Deutung des Gesichtshelmes aus Ostfildern-Ruit (Lkr. Esslingen, *Kat. Nr. 385*). Hierbei könnte es sich ebenfalls um den ehemaligen Ausrüstungsgegenstand eines Veteranen handeln. Pfahl und Reuter machen jedoch darauf aufmerksam, dass Ausrüstungsstücke im Bereich von Gutshöfen meist in beschädigtem Zustand vorliegen und daher möglicherweise als Altmaterial zur Weiterverarbeitung in die Höfe gelangten[440].

Einige der Fundstellen zeigen einen deutlichen Lagebezug zu Fernstraßen, sodass nicht auszuschließen ist, dass unter den als Gutshöfen angesprochenen Siedlungen auch Straßenstationen sind[441]. Die dokumentierte Befundlage reicht jedoch nicht aus, um eine Ansprache als Straßenstation zu rechtfertigen[442]. Nur die Siedlung auf der Flur „Braike" in Sontheim a. d. Brenz (Lkr. Heidenheim), die etwa 1 km außerhalb der Grenzen des Untersuchungsgebietes liegt, kann mit einiger Sicherheit als Straßenstation gedeutet werden[443].

---

431 Siehe auch Anm. 396.
432 z. B. Mühlsteinabbau im Umfeld von Mayen (Mangartz 2008, 93), Eisenerzabbau in der Nordeifel (Rothenhöfer 2005, 98–99); für Britannien Branigan 1988, 42–50.
433 Siehe Anm. 403.
434 Ronke 2009.
435 Schaub / Dreier 1990, 191.
436 Pfahl / Reuter 1996, 128; 136–138.
437 Pfahl / Reuter 1996, 138–140.
438 Pfahl / Reuter 1996, 132–134.
439 Steidl 2015, 117–119.

440 Pfahl / Reuter 1996, 126–127.
441 So spricht Pfahl 1999, 198 Nr. 124 beispielsweise die Siedlung in Niederstotzingen, Flur „Kleinfeld" (*Kat. Nr. 349*) als Straßenstation an. Zur Funktion und Ausstattung von Straßenstationen siehe Bender 1975; 2000; Seitz 2005.
442 Allein durch den Baubestand sind Straßenstationen kaum von römischen Gutshöfen zu trennen, da die bei einer *statio* zu erwartenden Bauten auch bei *villae* vorkommen können. Siehe hierzu auch Kastler 2010, 40–43.
443 Nuber / Seitz in Planck 2005, 321–324.

3.2.2.5 Vermutete ländliche Einzelsiedlungen (Kennung: 119)

Bei einigen Fundstellen zeugen ausgepflügte oder nicht mehr im Verbund befindliche Mauersteine, Siedlungsgruben ohne nachgewiesene Hausgrundrisse oder Fundstreuungen römerzeitlicher Gefäßkeramik zusammen mit Bauresten wie Ziegeln, Mörtel- oder Estrichresten von einer ehemaligen Siedlung. Da keine Gebäudegrundrisse und intakten Mauerzüge bekannt sind, werden sie als „vermutete ländliche Einzelsiedlungen" angesprochen[444]. Zwar fehlen Hinweise, die auf den genauen Siedlungstyp schließen lassen – so ist nicht auszuschließen, dass sich beispielsweise ein bisher nicht bekannter *vicus* unter den Befunden verbirgt –, da der aktuelle Kenntnisstand jedoch keine andere Funktion der Fundstellen nahelegt, werden sie bei der Analyse des Siedlungsmusters wie ländliche Einzelsiedlungen behandelt.

3.2.2.6 *Vici* (Kennung: 120–122)

Aus dem Arbeitsgebiet sind 13 *vici* nachgewiesen[445]. Ob es sich bei den Siedlungsresten im Umfeld des Kleinkastells Donnstetten ebenfalls – wie bisher angenommen – um einen *vicus* handelt, ist aufgrund der Befundlage nicht zweifelsfrei gesichert und wird im Folgenden diskutiert. Für eine weitere Siedlungsstelle kann eine Ansprache als *vicus* vermutet werden. Die (klein)städtischen Siedlungen besaßen im Gegensatz zu den agrarisch geprägten römischen Gutshöfen keinen ausgeprägten landwirtschaftlichen Produktionshintergrund. Zwar können vereinzelt Gartenbau und Viehhaltung im Umfeld von *vici* nachgewiesen werden[446], eine Überschussproduktion landwirtschaftlicher Güter fand jedoch nach Ausweis der Quellen nicht statt. Dagegen stellten die *vici* Marktorte, Handelsknotenpunkte und, je nach Spezialisierung und Angebot, Dienstleistungszentren für ihre ländliche Umgebung dar[447]. Die *vici* des Untersuchungsgebietes lassen sich in drei Kategorien gliedern:

Bis zum Ende der römischen Besiedlung aktive Kastellvici[448] (Kennung: 122)

Siedlungen, die sich aus ehemaligen Kastellvici bildeten[449] (Kennung: 121)

Vici ohne vorherige militärische Präsenz am Siedlungsort (Kennung: 120)

Problematisch bei der Beurteilung und Beschreibung von *vici* ist, dass diese selten flächig untersucht sind. Da sie häufig im Bereich mittelalterlicher und neuzeitlicher Ortschaften liegen, ist das römerzeitliche Siedlungsareal in den meisten Fällen überbaut und Funde und Befunde nur in punktuellen baubegleitenden Untersuchungen dokumentiert. Daher ist die Entwicklung der Zivilsiedlungen nach Abzug der Soldaten häufig nur ausschnitthaft oder gar nicht fassbar. So können Fragen danach, inwiefern die Siedlungsfläche reduziert wurde sowie ob und wie sich die Funktion des *vicus* veränderte, in den seltensten Fällen beantwortet werden. Trotz dieser Einschränkungen sollen im Folgenden die Kerninformationen zu den im Untersuchungsgebiet vorhandenen *vici* – wie Datierung, Mindestausdehnung, wichtige Baubefunde und Funktionen – zusammengetragen werden.

Bis zum Ende der römerzeitlichen Besiedlung aktive Kastellvici

Welzheim (Lkr. Rems-Murr-Kreis, *Kat. Nr. 521*)

Zwischen dem West- und dem Ostkastell von Welzheim erstreckte sich das Lagerdorf, das vermutlich zeitgleich mit der Errichtung der Kastelle um 160/165 entstand. Da der *vicus* vollständig überbaut ist, können Informationen zu Größe und Art der Bebauung nur aus wenigen ausschnitthaften Aufschlüssen im Zuge von Baumaßnahmen gewonnen werden. Danach zeichnet sich ab, dass die gesamte Fläche zwischen den beiden Kastellen sowie ein Areal nördlich und südlich des Westkastells von der Siedlung eingenommen wurde, die nach derzeitigem Stand eine Ausdehnung von etwa 20 ha besaß. Sie bestand wohl überwiegend aus einfachen Holzfachwerkbauten. Etwa 90 m östlich des Westkastells lag in den *vicus* eingebettet das Badegebäude des Auxiliarlagers. Im südwestlichen Bereich

---

[444] Es handelt sich um die 29 Fundstellen *Kat. Nr. 16, 77, 119, 132, 164, 240, 275, 285, 287, 313, 325, 340, 346, 354, 363, 364, 380, 383, 394, 401, 402, 454, 465, 476, 479, 482, 494, 511, 531.*

[445] Zum Begriff und der Definition siehe Waldherr / Sommer 2006; Czysz 2013, 265–267; Heising 2013; Strobel 2016; Tarpin 1999; von Petrikovits 1977.

[446] So z. B. im *vicus* von Rainau-Buch (Piening 1982, 265 f.; Stika 1996, 55–64) und in Welzheim (Körber-Grohne et al. 1983).

[447] Czysz 2013, 265; 267; Waldherr / Sommer 2006; Percival 1988, 5–6.

[448] Allgemein zu Kastellvici in Obergermanien und Rätien auch Sommer 1988a.

[449] Innerhalb des Untersuchungsgebietes ist für jede Zivilsiedlung im Umfeld eines Militärlagers ein Weiterbestehen und zum Teil sogar Aufblühen nach dem Abzug des Militärs nachweisbar.

des *vicus* könnte ein Heiligtumsbezirk gestanden haben, da sich hier an verschiedenen Stellen zwei Reliefs für Epona, zwei Bruchstücke mindestens einer Jupiter-Giganten-Säule sowie ein dem Jupiter geweihter Altar fanden. Nördlich des Ostkastells, an einem zur Lein weisenden Nordhang, ist darüber hinaus ein Mithräum anzunehmen, da hier am Leinufer ein Relief des Cautes geborgen wurde. Am südwestlichen und südöstlichen Rand des *vicus* liegen mit den Überresten mindestens eines Ziegelbrennofens sowie zweier Töpferöfen mehrere Belege für handwerkliche Aktivitäten vor. Ein Konglomerat von Keramikscherben etwa 100 m östlich des Westkastells könnte darüber hinaus auf das Depot einer Töpferei hinweisen. Im Norden und Süden wurde die Siedlung von Gräbern begrenzt, wobei sich das größere Brandgräberfeld im Norden befand, während im Süden nur wenige Einzelgräber lagen. Der *vicus* wurde vermutlich zeitgleich mit den Kastellen um die Mitte des 3. Jahrhunderts aufgegeben. Die jüngsten Funde stammen aus einem hölzernen Brunnen nördlich des Westkastells und weisen ins erste bis zweite Drittel des 3. Jahrhunderts.

Direkte Straßenverbindungen: Schorndorf (ca. 11,5 km), Lorch (ca. 10 km).

Ausgewählte Lit.: Planck in PLANCK 2005, 368; MEYER 2015.

Lorch (Lkr. Ostalbkreis, *Kat. Nr. 302*)

Die Zivilsiedlung des Kastells Lorch im Talgrund der Rems ist weitgehend unerforscht. Sie liegt unter der heutigen Ortschaft und ist nur durch eine Reihe von Einzelfunden und kleineren Fundkomplexen aus punktuellen Aufschlüssen bekannt. Die meisten Funde wurden westlich und östlich des Kastellgeländes dokumentiert. Wenige Aufschlüsse erbrachten auch südlich und nördlich des Lagers römerzeitliche Funde. Etwa 400 m nordwestlich und südwestlich des Kastells befanden sich zwei kleinere Gräberfelder, die nur ausschnitthaft dokumentiert sind. Sie markieren die maximale westliche Ausdehnung der Siedlung. Nimmt man an, dass der Lauf der Rems die Südgrenze des *vicus* bildete, umfasste das Areal von den östlichsten dokumentierten Fundstellen am Götzenbach bis zum Gräberfeld nahe des Aimersbaches etwa 21 ha. Durch die wenigen Baubeobachtungen, die überwiegend einzelne Scherben als Fundmaterial erbrachten, liegen kaum Informationen zur baulichen Ausstattung des *vicus* vor. Angebliche Reste eines Mosaikfußbodens können nicht genau lokalisiert werden und wurden im Zuge von Bauarbeiten undokumentiert zerstört. Ein Eponarelief ca. 40 m westlich des Kastells ist das einzige Religionszeugnis der Siedlung. Glasig verbrannte Sandsteine nahe dem Gräberfeld bei der Aimersbacher Straße könnten auf einen Brennofen am Westrand der Siedlung hinweisen. Aufgrund der Nähe zu den Gräbern ist jedoch auch ein Zusammenhang mit dem Bestattungsplatz nicht auszuschließen. Durch eine Grabinschrift ist weiterhin ein Keramikhändler nachgewiesen (CIL XIII 6524 = IBR 293 = Haug 1914 Nr. 77). Mangels Fundmaterial können sowohl die Zivilsiedlung als auch das Kastell lediglich anhand der geschichtlichen Entwicklung der Region auf den Zeitraum zwischen etwa 160 und der Mitte des 3. Jahrhunderts datiert werden.

Direkte Straßenverbindungen: Welzheim (ca. 10 km), Schorndorf (13,5 km), Schwäbisch Gmünd (ca. 7 km), Lonsee-Ursprung (ca. 42 km).

Ausgewählte Lit.: Stork in PLANCK 2005, 181–182; NUBER 1990; DUMITRACHE / HAAG 2002.

Schwäbisch Gmünd, Schirenhof (Lkr. Ostalbkreis, *Kat. Nr. 438*)

Die Zivilsiedlung des Kohortenkastells auf dem Schirenhof erstreckte sich rings um das Militärlager, wobei das Areal östlich des Lagers, wo dieses an einen steilen Hang grenzt, ausgespart wurde. Abgesehen von punktuellen Bauarbeiten führte die Reichslimeskommission im späten 19. Jahrhundert und das Landesdenkmalamt Baden-Württemberg in den 1980er Jahren kleinere Ausgrabungen am *vicus* durch, sodass die Bebauung an mehreren Stellen dokumentiert werden konnte. Im Norden der Siedlung sind Holzfachwerkbauten auf Steinsockeln nachgewiesen, die sich entlang der Zufahrtsstraße zum Kastell reihten. Reste von Steingebäuden wurden im Südosten des *vicus* sowie westlich der Nordwestecke des Kastells, wo sich auch das Kastellbad befand, dokumentiert. Etwa 300 m südöstlich des Kastells wurde 1976 ein Brandgräberfeld angeschnitten, das die maximale mögliche Ausdehnung der Siedlung in diese Richtung markiert. Ein weiteres Einzelgrab fand sich unmittelbar westlich des Heuselbaches. Aufgrund der nördlichsten Fundstelle des *vicus* in der Eutighofer Straße und der östlichsten Fundstelle am Heuselbach kann eine Mindestausdehnung der Siedlung von etwa 15 ha vermutet werden. Es ist anzunehmen, dass der *vicus* zeitgleich mit dem Kastell um die Mitte des 2. Jahrhunderts entstand und bis zu dessen Aufgabe in der Mitte des 3. Jahrhunderts existierte.

Direkte Straßenverbindungen: Lorch (ca. 7 km), Böbingen a. d. Rems (ca. 12 km).

Ausgewählte Lit.: SULK 2015; Nuber in PLANCK 2005, 315–316.

Schwäbisch Gmünd, Freimühle (Lkr. Ostalbkreis, *Kat. Nr. 440* – nicht separat aufgenommen)

Nördlich des Kastells auf dem Schirenhof und von diesem aus gut sichtbar lag das Kleinkastell Freimühle auf einem Bergvorsprung zwischen Rems- und Rotenbachtal, nur 800 m vom Limes entfernt. Südlich des Kastells konnte 1902 ein Badegebäude in Teilen ausgegraben werden. Ein weiterer Mauerrest wenige Meter südlich des Bades könnte auf weitere Bauten einer kleinen Zivilsiedlung hinweisen. Es ist jedoch nicht anzunehmen, dass diese mögliche Ansiedlung eine größere Rolle als regionales Markt- oder Absatzzentrum spielte.

Ausgewählte Lit.: ORL A Strecke 12, 44–45; Fundber. Schwaben 10, 1902, 6–7; Fundber. Schwaben N. F. 2, 1922–1924 (1924), 32; HERTLEIN / GOESSLER 1930, 286 Abb. 40; PARET 1932, 309; Fundber. Baden-Württemberg 9, 1984, 696; Nuber in PLANCK 2005, 314; Arch. Ausgr. Baden-Württemberg 2005, 117–120.

Böbingen-Unterböbingen (Lkr. Ostalbkreis, *Kat. Nr. 81*)

Der Kenntnisstand zum Kastellvicus von Böbingen stammt überwiegend aus Baubeobachtungen und wenigen Ausgrabungen der Reichslimeskommission und des Landesdenkmalamtes Baden-Württemberg. Danach erstreckte sich die Siedlung überwiegend auf dem Plateau südlich und östlich des Kastells, während das zur Rems und zu einem Seitental abfallende Gelände nördlich und östlich des Lagers vermutlich als Besiedlungsstandort gemieden wurde. An der Ostseite des Lagers wurde ein Gebäudekomplex freigelegt, der vermutlich als Raststation für Reisende zu deuten ist. Er bestand aus einer *taberna*, einer Schmiede, einem Unterkunftshaus, einem weiteren Gebäude mit Baderäumen und einem Stall. Ebenfalls östlich des Kastells befand sich unmittelbar südlich der Rems das zum Kastell gehörige Badegebäude. Südlich dieser Fundstellen und 100 m südöstlich der Lagermauer wurde bei baubegleitenden Ausgrabungen ein weiterer Gebäudekomplex freigelegt, bei dem es sich vermutlich um das Versammlungs- und Kultgebäude eines Kollegiums handelte. In den Kontext dieses Gebäudes gehört auch der Sandsteinkopf einer unbekannten weiblichen Gottheit. Bei den übrigen Aufschlüssen handelt es sich lediglich um punktuelle Baubeobachtungen, die zwar Fundmaterial, jedoch kaum Befunde erbrachten. Die bisher dokumentierten Funde und Befunde erstrecken sich über eine Fläche von 7,8 ha. Es ist jedoch, besonders angesichts der Ausdehnung benachbarter *vici* am Vorderen Limes, zu vermuten, dass die Ausdehnung der Zivilsiedlung über diese Fläche hinausging. Aufgrund des spärlichen Fundmaterials kann auch für den *vicus* von Unterböbingen lediglich im Vergleich mit den Nachbar-*vici* und durch die geschichtlichen Ereignisse der Region vermutet werden, dass er zeitgleich mit dem Kastell um 160 entstand und bis zur Aufgabe des rätischen Limesgebietes um die Mitte des 3. Jahrhunderts besiedelt war.

Direkte Straßenverbindungen: Schwäbisch Gmünd (ca. 12 km), Aalen (12,5 km).

Ausgewählte Lit.: HERTLEIN / GOESSLER 1930, 279; PARET 1932, 385; Fundber. Schwaben N. F. 16, 1962, 316–317; NUBER 1963; Fundber. Schwaben N. F. 18,2, 1967, 83–84; 176–177; Fundber. Baden-Württemberg 2, 1975, 145; Arch. Ausgr. Baden-Württemberg 1975, 52–55; Fundber. Baden-Württemberg 5, 1980, 133; Arch. Ausgr. Baden-Württemberg 1981, 171–175; Fundber. Baden-Württemberg 8, 1983, 255; Fundber. Baden-Württemberg 9, 1984, 668–670; Fundber. Baden-Württemberg 10, 1985, 542; 636; Fundber. Baden-Württemberg 12, 1987, 554–555; Rothacher in PLANCK 2005, 44–45.

Aalen (Lkr. Ostalbkreis, *Kat. Nr. 4*)

Die Zivilsiedlung des Reiterkastells von Aalen liegt vollständig unter der modernen Bebauung, weshalb nur beschränkt Aussagen zur Größe und Ausstattung möglich sind. Einige von der Reichslimeskommission und später vom Landesdenkmalamt Baden-Württemberg durchgeführte Sondagen erbrachten jedoch in wenigen Bereichen Einblicke in die Bebauung. So erstreckte sich der *vicus* überwiegend südlich und östlich des Kastells. Vor dem östlichen Lagertor – der *porta praetoria* – befand sich das Badegebäude sowie Reste von hypocaustierten Steingebäuden. Auch südwestlich des Lagers konnte ein hypocaustiertes Steingebäude angeschnitten werden. Von der übrigen *vicus*-Bebauung sind außerdem Reste von Pfosten und Steinbauten am Südrand der Siedlung dokumentiert. Mehrere holzverschalte Brunnen wurden südwestlich des Kastells aufgedeckt. Bei einem Fundkomplex südlich des Lagers könnte es sich um die Fehlbrände eines Töpferofens handeln, was zumindest indirekt handwerkliche Tätigkeiten in der Siedlung bezeugt. Insgesamt erstrecken sich die zur Zivilsiedlung gehörenden Funde und Befunde über eine Fläche von ca. 20 ha, was etwa der Ausdehnung des *vicus* entsprochen haben könnte. Auch hier wird – entsprechend der Datierung des Kastells – von einem Beginn der Siedlung um 160 und einem Ende um die Mitte des 3. Jahrhunderts, parallel zur Aufgabe des Rätischen Limes, ausgegangen.

Direkte Straßenverbindungen: Böbingen (ca. 12,5 km), Heidenheim (ca. 23,5 km), Rainau-Buch (11,5 km).

Ausgewählte Lit.: Planck in PLANCK 2005, 9–18; DUMITRACHE / SCHURIG 2000; KEMKES 2012; KEMKES 2015.

Vici aus Kastellvici des Neckar-Lautertal-Alblimes

Köngen (Lkr. Esslingen, *Kat. Nr. 249*)

Der *vicus* von Köngen, der durch mehrere Inschriften mit dem antiken *Grinario* identifiziert werden kann, ist trotz moderner Überbauung in größeren Teilen archäologisch dokumentiert, sodass hier im Vergleich zu den übrigen *vici* im Untersuchungsgebiet detaillierte Einblicke in die Bauausstattung und Ausdehnung möglich sind. Der *vicus* erstreckte sich südlich, westlich und nördlich des Kastells, wobei die größte Ausdehnung im Südwesten und Norden lag. Im nördlichen Teil der Siedlung konnten mehrere Holzgebäude mit Steinkellern ausgegraben werden, während im Südteil in Stein gebaute Wohnhäuser nachweisbar waren. Insgesamt zeichnet sich eine Streifenhausbebauung entlang der Fernstraße von Rottenburg nach Stuttgart-Bad Cannstatt ab, die unmittelbar westlich am Kastell vorbeiführte. Die Siedlung entstand als Kastellvicus in traianischer Zeit. Nach Abzug des Militärs bestand die Siedlung weiter, wobei auch das ehemalige Kastellareal in die zivile Bebauung miteingeschlossen wurde. Nach einem Brand gegen Ende des 2. Jahrhunderts kam es zu größeren Umbaumaßnahmen. Seine Blütezeit erlebte der *vicus* zu Beginn des 3. Jahrhunderts. Zu dieser Zeit wurde die Siedlung erweitert und einige Steingebäude entstanden. Vermutlich um die Mitte des 3. Jahrhunderts wurde die Siedlung aufgegeben, wobei Brandspuren auf eine gewaltsame Zerstörung hinweisen könnten. Da die Münzreihe jedoch bis ins dritte Viertel des 3. Jahrhunderts läuft, ist nicht auszuschließen, dass ein Teil der Bevölkerung noch nach der Aufgabe des Vorderen Limes in Köngen verblieb. Zu ihrer Blütezeit im beginnenden 3. Jahrhundert besaß die Siedlung eine Ausdehnung von etwa 20 ha.

Mehrere öffentliche Gebäude verteilten sich auf das Gebiet westlich und südwestlich des Kastells sowie das Kastellgelände selbst, das nach der Vorverlegung des Limes und dem Abzug des Militärs um 160 in die Zivilsiedlung integriert wurde. Nordwestlich des ehemaligen Kastellareals befand sich ein überbreites Streifenhaus, das vermutlich als *taberna* diente. Entlang der Straße südlich davon lag ein Gebäudekomplex mit hypocaustierten Räumen, in dem sich möglicherweise eine Raststation befand. Weiter im Süden kam südlich der Straße nach Rottenburg ein weiteres repräsentatives Steingebäude zutage, bei dem es sich um ein öffentliches Gebäude handeln könnte. Der Fund eines Weihealtars, der von einem Beneficiarier gestiftet wurde, könnte auf eine Beneficiarierstation in einem der genannten Gebäude hinweisen. Reste eines repräsentativen Baus fanden sich

überdies unmittelbar am südlichen Lagertor. Hier weisen die Ausstattung aus Säulen sowie die Reste eines *hypocaustum* auf ein öffentliches Gebäude hin. Im ehemaligen Kastellareal wurde schließlich, vermutlich zeitgleich mit dem Abzug der Truppen, ein Badegebäude errichtet. Zu öffentlichen Gebäuden vor der Aufgabe des Kastells um die Mitte des 2. Jahrhunderts ist bislang nichts bekannt.

An handwerklichen Betrieben ist durch den Fund von zehn Töpferöfen im südwestlichen Teil der Siedlung sowie von Fehlbränden im Umfeld der Öfen die Produktion von Gebrauchskeramik nachweisbar. Darüber hinaus belegen Halbfabrikate und Bronzeschlacken eine Bronzegießerei. Auch eine Eisenschmiede konnte durch den Fund von Schmiedeofenunterlagen, Schlacken und Gusstiegeln nachgewiesen werden. Das Halbfabrikat eines Knochengegenstandes weist darüber hinaus auf Knochenverarbeitung im *vicus* hin.

In Köngen sind zahlreiche Religionszeugnisse und Heiligtümer nachgewiesen. Südlich des Kastells fanden sich auf engstem Raum Statuen- und Reliefreste der Minerva, des Merkur und einer Jupiter-Giganten-Säule, der Kopf einer unbekannten Göttin, ein Altar für Jupiter Dolichenus sowie der Rest einer Statue, die ebenfalls Jupiter Dolichenus zeigen könnte. Weiter südlich lag an der Straße nach Rottenburg ein rechteckiger ummauerter Bezirk mit Seitenlängen von 7 × 10 m. Hier fanden sich Teile einer Jupiter-Giganten-Säule, der Rest eines Eponareliefs sowie der Statuenkopf und ein Weihealtar für den Genius der Siedlung. Am südlichen Rand des *vicus* konnte darüber hinaus der Rest eines Mithrasreliefs geborgen werden, das auf ein Mithräum im Bereich der Siedlung hinweist. Auch das ehemalige Kastellareal wurde nach dem Abzug der Truppen in der Mitte des 2. Jahrhunderts für kultische Zwecke genutzt. So fand sich innerhalb des ehemaligen Fahnenheiligtums, der *principia*, der Rest einer Statue für Commodus, was darauf schließen lässt, dass das Gebäude auch nach Abzug der Truppen Sitz einer Kultstätte für den Kaiserkult war. Ebenfalls in den ehemaligen *principia* fand sich zudem der Rest eines Eponareliefs, was die Bedeutung des Gebäudes als Kultstätte in der Nachkastellzeit verdeutlicht. Weitere einzelne Religionszeugnisse waren im gesamten Siedlungsgebiet des antiken *Grinario* verteilt, wobei ein Verbreitungsschwerpunkt südlich und westlich des Kastellgeländes auffällt. Hierzu gehören weitere Reste von Inschriften, Reliefs oder Statuen für Jupiter, Minerva, Merkur, Diana, Venus, Vulcan, Victoria und Herecura sowie die Steinplastik eines dreigehörnten Stieres und ein Statuensockel mit einer Inschrift für *Dea Virtus*. Angesichts der zahlreichen Religionszeugnisse und Kultstätten dürfte der *vicus* nicht nur ein wirtschaftliches, sondern auch ein religiöses Zentrum für seine Bewohner und sein Umland dargestellt haben.

Direkte Straßenverbindungen: Stuttgart-Bad Cannstatt (ca. 20 km), Kirchheim u. Teck (ca. 7,5 km), Dettingen unter Teck (ca. 13 km), Römerstein-Donnstetten (ca. 28 km), Lonsee-Ursprung (ca. 48 km), Nürtingen (ca. 8 km), Metzingen (ca. 23 km entlang von Neckar und Erms), Reutlingen (ca. 32,5 km), Rottenburg (ca. 45 km).

Ausgewählte Lit.: Luik 1996; Luik 2004; Luik in Planck 2005, 149–151; Engels / Thiel 2016.

Gomadingen, Schwärzach (Lkr. Reutlingen, *Kat. Nr. 191*)

Die Zivilsiedlung des Kastells Gomadingen erstreckte sich nördlich und östlich des Militärlagers auf der Hochfläche der Mittleren Kuppenalb. Sie befindet sich damit unweit nördlich des Oberlaufs der Großen Lauter, in die bei Gomadingen von Norden her die Gächinger Lauter und von Osten her der Schörzbach mündet. Der *vicus* ist nur ausschnittweise durch Sondagegrabungen und Einzelbeobachtungen erforscht. Zahlreiche Trümmer ortsfremder Steine, die auf einer Fläche von 180 × 350 m streuen, weisen auf eine Steinbebauung hin. Auch die wenigen Baubefunde stammen überwiegend von Steinbauten, die jedoch nur ausschnitthaft archäologisch dokumentiert sind. Wenige Erdbefunde weisen darüber hinaus auf eine ältere Holzbauphase hin. Insgesamt erstrecken sich die untersuchten Baubefunde auf eine Fläche von etwa 8 ha. Der *vicus* wurde vermutlich zusammen mit dem Kastell in den letzten zwei Jahrzehnten des 1. oder zu Beginn des 2. Jahrhunderts angelegt. Nach Abzug des Militärs, spätestens in frühhadrianischer Zeit, bestand er nach Ausweis des spärlichen Fundmaterials noch bis über die Wende vom 2. zum 3. Jahrhundert hinaus.

Direkte Straßenverbindung: Burladingen (ca. 30 km), Römerstein-Donnstetten (ca. 24 km), Lonsee-Ursprung (ca. 46 km), Metzingen (ca. 25 km über Erms und Gächinger Lauter), Reutlingen (ca. 24 km), Emerkingen (ca. 31 km).

Ausgewählte Lit.: Heiligmann 1990, 76–79; Heiligmann in Planck 2005, 91.

Römerstein-Donnstetten (Lkr. Reutlingen, *Kat. Nr. 421*)

Etwa 500 m nördlich des Kleinkastells Donnstetten erstrecken sich Funde und Befunde einer Siedlung auf 150 × 350 m. Nachgewiesen sind bisher lediglich ein Badegebäude von etwa 580 m² sowie ein Brun-

nen. Die übrigen Belege für römerzeitliche Siedlungstätigkeit beschränken sich auf Funde ohne Fundzusammenhang. Die ursprüngliche Ausdehnung der Siedlung ist nicht bekannt. Die Baureste streuen auf einer Fläche von etwa 2 ha. Der *vicus* entstand vermutlich zeitgleich mit dem Kastell in frühtraianischer Zeit[450] und war bis in die erste Hälfte des 3. Jahrhunderts besiedelt. Aufgrund der ungewöhnlichen Distanz zwischen dem *vicus* und dem Kastell wird diskutiert, ob die Funde und Befunde tatsächlich von der Zivilsiedlung des Kleinkastells stammen oder ob sie zu einem größeren, bislang nur vermuteten Auxiliarkastell gehörten. Bei einer Besatzungsgröße von etwa 100 Mann besaß das Kleinkastell bei Donnstetten vermutlich eine geringere wirtschaftliche Anziehungskraft als die mit 500 oder mehr Soldaten belegten Auxiliarkastelle des Untersuchungsgebietes. Dies spiegelt sich auch in der geringen Ausdehnung der Siedlungsspuren wider. Auch sind bisher weder Nachweise für Handwerk bekannt noch ist nach derzeitigem Quellenstand davon auszugehen, dass der *vicus* ein religiöses Zentrum für das direkte Umland darstellte. Sofern es sich daher nicht um die Zivilsiedlung eines vermuteten größeren Kastelles handelt und die geringen Siedlungsspuren nicht lediglich dem Forschungsstand geschuldet sind, dürfte der *vicus* – ähnlich der Zivilsiedlung des Kastells Freimühle – keine größere Bedeutung als Markt- und Dienstleistungsort für die nähere Umgebung besessen haben.

Direkte Straßenverbindungen: Köngen (28 km), Kirchheim unter Teck (21 km), Nürtingen (22 km), Lonsee-Ursprung (ca. 32 km), Gomadingen (ca. 24 km).

Ausgewählte Lit.: Heiligmann 1990, 80–87; Heiligmann in Planck 2005, 278–279.

Lonsee-Ursprung (Lkr. Alb-Donau-Kreis, *Kat. Nr. 297*)

Von der zum Kastell Ursprung gehörenden Zivilsiedlung sind einige Funde, jedoch nur wenige Befunde durch Baubeobachtungen bekannt. Die Siedlung erstreckte sich überwiegend auf den östlichen Teil der heutigen Ortschaft Ursprung und nahm mindestens eine Fläche von 10 ha ein. Vier Töpferöfen sowie der Fund einiger Werkzeuge zur Bearbeitung von Metall, Stein und Holz belegen die Anwesenheit einiger Handwerksbetriebe. Nach Aufgabe des Kastells gegen Ende der 50er oder Anfang der 60er Jahre des 2. Jahrhunderts bestand der *vicus* bis in die Mitte des 3. Jahrhunderts weiter.

Direkte Straßenverbindungen: Gomadingen (ca. 46 km), Römerstein-Donnstetten (ca. 32 km), Köngen

---

450 Nach dem neuen Datierungsmodell für den Rätischen Limes von Sommer 2011.

(ca. 48 km), Kirchheim u. Teck (ca. 41 km), Stuttgart-Bad Cannstatt (ca. 68 km), Lorch (ca. 42 km), Heidenheim (ca. 32 km), Langenau (ca. 6 km), Faimingen (ca. 44 km), Günzburg (ca. 39 km).

Ausgewählte Lit.: HEILIGMANN 1990, 88–101; Filtzinger in PLANCK 2005, 179–181.

Heidenheim (*Kat. Nr. 223*)

Der Kastellvicus des Reiterkastells Heidenheim entwickelte sich etwa zeitgleich mit der Gründung des Militärlagers ab spättraianischer Zeit westlich, südlich und östlich um das Lager herum. Die nachgewiesenen Baustrukturen konzentrieren sich dabei südöstlich des Militärlagers. Nach Abzug der *ala* um 160 wurde der südöstliche Teil des Kastellareals in die Siedlung miteinbezogen. Insgesamt reduzierte sich die Siedlungsaktivität jedoch auf den östlichen und südöstlichen Bereich. Der nachkastellzeitliche *vicus* erstreckte sich über eine Fläche von ca. 12 ha. Zwischen dem ehemaligen Lagerbereich und dem Lauf der Brenz sind mehrere öffentliche Gebäude nachgewiesen. Dabei handelt es sich um einen monumentalen Gebäudekomplex, für den Gereon Balle und Markus Scholz eine Deutung als *praetorium* wahrscheinlich machen konnten[451]. Nordöstlich dieser Anlage befanden sich weitere Steinbauten und ein Badegebäude. Möglicherweise handelte es sich hier um eine Straßenstation mit Herberge und Bad. Nach Reinhard Sölch verlagerte sich der öffentliche Bereich des *vicus* zu einem späteren Zeitpunkt nach Westen auf das ehemalige Kastellareal. Hinweise auf weitere öffentliche Gebäude, Tempel oder Heiligtümer fehlen bislang. Zur Architektur der *vicus*-Bebauung ist aufgrund der ausschnitthaften Aufschlüsse nur wenig bekannt. Während die öffentlichen Gebäude in Stein errichtet wurden, handelte es sich bei der übrigen Bebauung vermutlich überwiegend um Holzarchitektur. Einige Töpferöfen im südlichen Bereich des *vicus* belegen eine Keramikproduktion in geringem Umfang. Ebenfalls im südlichen Teil der Siedlung fanden sich mehrere Nachweise für Metallhandwerk. Das Siedlungsende datiert etwa ins zweite Drittel des 3. Jahrhunderts.

Direkte Straßenverbindungen: Aalen (ca. 23,5 km), Oberndorf (ca. 29 km), Stuttgart-Bad Cannstatt

(78,5 km), Lonsee-Ursprung (ca. 32 km), Langenau (ca. 29 km), Günzburg (27,5 km), Faimingen (ca. 31 km).

Ausgewählte Lit.: SÖLCH 2001; Sölch in PLANCK 2005, 116–120; BALLE / SCHOLZ 2018.

Vici ohne militärischen Zusammenhang

Schorndorf (Lkr. Rems-Murr-Kreis, *Kat. Nr. 428*)

Im nördlichen Teil von Schorndorf, nördlich der Rems, kamen bei Bauarbeiten besonders in den 1950er und 1970er Jahren häufig römerzeitliche Keramik und Dachziegel zutage, die auf eine Ansiedlung an dieser Stelle hinwiesen. Mehrere Kellerbefunde, die bei Bauarbeiten aufgedeckt wurden, bestätigen, dass es sich hier um einen *vicus* handelt. Die Fundstreuungen und Befunde erstrecken sich über etwa 700 m entlang der römerzeitlichen Straßenachse. Der Zusammenhang mit einem ca. 500 m nördlich der Siedlung aufgedeckten holzverschalten Brunnen ist bisher nicht nachweisbar. Reste eines Viergöttersteines, die in sekundärer Verwendung auf einem frühmittelalterlichen Friedhof aufgefunden wurden, weisen auf eine Jupitergigantensäule innerhalb des *vicus* hin. Vermutlich stand auch ein Heiligtum des Merkur und der Rosmerta ca. 1 km westlich der Siedlungsspuren mit dem *vicus* in Zusammenhang (*Kat. Nr. 427*). Die Lage des *vicus* von Schorndorf an der Remstalstraße, die von Stuttgart-Bad Cannstatt über Waiblingen nach Welzheim führte, lässt darauf schließen, dass er bald nach der Vorverlegung des Limes und der Errichtung der Welzheimer Kastelle entstand. Vermutlich wurde die Siedlung etwa zeitgleich mit der Aufgabe des Obergermanischen Limes verlassen.

Direkte Straßenverbindungen: Welzheim (11,5 km), Lorch (ca. 13,5 km), Waiblingen (ca. 16 km).

Ausgewählte Lit.: Thiel in PLANCK 2005, 311; Arch. Ausgr. Baden-Württemberg 2014, 188–189.

Kirchheim u. Teck (Lkr. Esslingen, *Kat. Nr. 239*)

In Kirchheim u. Teck kamen bei baubegleitenden Untersuchungen zwischen mittelalterlichen Siedlungsbefunden immer wieder auch römerzeitliche Funde zutage (*Abb. 22*)[452]. Die Aufschlüsse, die römer-

---

451 BALLE / SCHOLZ 2018.
452 Auflösung der Fundstellen in *Abb. 22*: 1. Straßenpflaster, möglicherweise römerzeitlich (BAUR 2000, Fst. 9); 2. Römerzeitliche Keramikscherben im Bereich der Dettinger Straße (PARET 1930, 261); 3. Wenige römerzeitliche Keramikscherben in mittelalterlichem Grubenhaus (Arch. Ausgr. Baden-Württemberg 1999, 194–198); 4. Straßenpflaster, möglicherweise römerzeitlich (Fundber. Schwaben N. F. 18,2, 1967, 94); 5. Römerzeitliche Keramik- und Glasscherben im Bereich einer mittelalterlichen Sied-

lung (BAUR 2000, Fst. 66); 6. Nahezu fundleere Gruben mit einem römerzeitlichen (?) Leistenziegel (BAUR 2000, Fst. 7); 7. Zwei römerzeitliche Einzelscherben in mittelalterlichen Grubenhäusern (Arch. Ausgr. Baden-Württemberg 1991, 288–290); 8. Wenige römerzeitliche Scherben im Bereich eines urnenfelderzeitlichen Gräberfeldes und einer mittelalterlichen Siedlung (Arch. Ausgr. Baden-Württemberg 1996, 240–245); 9. Römerzeitliche Einzelscherbe in mittelalterlichem Grubenhaus (BAUR 2000, Fst. 56).

zeitliches Fundmaterial ergaben, streuen im Stadtgebiet entlang der Lauter auf einer Länge von ca. 700 m. Auch im Bereich der Altstadt wurde römerzeitliches Fundmaterial dokumentiert. Grubenbefunde und ein Straßenpflaster östlich und südöstlich der Altstadt könnten ebenso aus römischer Zeit stammen, mangels Fundmaterial ist die Zeitstellung jedoch nicht gesichert. Die Häufigkeit, mit der im Stadtgebiet von Kirchheim u. Teck römerzeitliche Funde zutage kommen, spricht für eine römerzeitliche Siedlung, deren Spuren aufgrund der mittelalterlichen und modernen Bebauung kaum noch festzustellen sind. Die Siedlung lag an der Lauter, die bei Kirchheim in die Fils mündet, und an einer Kreuzung zweier Straßen, die von der Schwäbischen Alb her zum Kastell Köngen führten. Diese verkehrsgünstige Lage sowie die relativ große Fläche, über welche sich die Fundmeldungen verteilen, könnten dafür sprechen, dass es sich bei der Siedlung um einen *vicus* handelte. Dieser könnte frühestens in traianischer Zeit entstanden sein, als der Limes auf die Linie Köngen–Urspring vorverlegt wurde. Wahrscheinlicher ist jedoch eine Anfangsdatierung um die Mitte des 2. Jahrhunderts, als das Gebiet um Kirchheim nicht mehr direkt an der militärischen Nordgrenze des römischen Reiches lag.

Direkte Straßenverbindungen: Köngen (7,5 km), Römerstein-Donnstetten (ca. 21 km), Lonsee-Urspring (ca. 41 km).

Ausgewählte Lit.: Baur 2000.

Nürtingen (Lkr. Esslingen, *Kat. Nr. 359*)

Im Stadtgebiet von Nürtingen ist an zwei Stellen intensive handwerkliche Tätigkeit nachgewiesen, die darauf hindeutet, dass es sich hier um eine größere Siedlung handelte. So wurden 1988 östlich der Bahngleise im Tiefenbachtal auf der Sohle einer Baugrube 20 kg Eisenschlacken und -luppen in Vergesellschaftung mit römerzeitlicher Keramik des 2. Jahrhunderts dokumentiert. Sie lassen auf die Verhüttung vermutlich von Brauneisenerz in Nürtingen schließen, das im nahe anstehenden Braunjura beta enthalten ist. Etwa 300 m bachaufwärts konnten 2003 im Vorfeld von Bauarbeiten Überreste eines Töpferofens für Terra-Sigillata-Geschirr sowie mehrere Abfallgruben ausgegraben werden. Hergestellt wurde sowohl glatte als auch Reliefsigillata. Aufgrund der Punzen und durch Analysen der glattwandigen Ware konnte ein enger Bezug zur Ware aus Rheinzabern (Lkr. Germersheim, Rheinland-Pfalz) aufgezeigt werden, sodass es sich bei Nürtingen mit einiger Wahr

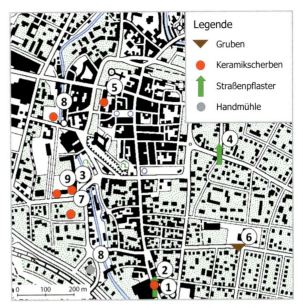

22 Einzelfundstellen in Kirchheim unter Teck. Zu den einzelnen Fundstellen siehe Anm. 452.

scheinlichkeit um einen Filialbetrieb der größeren Terra-Sigillata-Manufaktur handelte.

Die Existenz zweier Handwerkbetriebe sowie die Lage an einer Verbindungsstraße vom Neckar zur Schwäbischen Alb und am Bachlauf des Tiefenbachs, der bei Nürtingen in den Neckar fließt, machen einen *vicus* an dieser Stelle wahrscheinlich[453]. Vermutlich handelte es sich um eine auf die Produktion von handwerklichen Gütern spezialisierte Siedlung ähnlich der Töpfereisiedlung von Waiblingen im Remstal. Bisher liegen jedoch noch keine Spuren von Wohnbauten aus der Umgebung der beiden beschriebenen Fundstellen vor. Die nächsten Siedlungsfundstellen befinden sich etwa 1,3 km südlich des Töpferofens. Ausgehend vom Formenschatz der produzierten Terra-Sigillata-Gefäße kann eine relativ kurzfristige Existenz des *vicus* vom späten 2. bis ins frühe 3. Jahrhundert hinein angenommen werden.

Direkte Straßenverbindungen: Köngen (ca. 8 km), Gomadingen (ca. 22 km), Römerstein-Donnstetten (ca. 22 km), Metzingen (ca. 18 km über Erms und Neckar, Luftlinie 10,6 km), Reutlingen (27 km).

Ausgewählte Lit.: Luik in Planck 2005, 227–228; Luik 2012, 324–332.

Metzingen (Lkr. Reutlingen, *Kat. Nr. 311*)

In Metzingen kamen überwiegend im ersten Viertel des 20. Jahrhunderts eine Reihe an Funden und

---

453 Siehe dagegen Luik 2012, 208, der sich gegen die Existenz eines *vicus* in Nürtingen ausspricht.

Befunden über eine größere Fläche hinweg zum Vorschein. So wurden etwa 440 m südöstlich des Bahnhofs in einer ehemaligen Kiesgrube Reste mehrerer Steingebäude sowie römerzeitliches Fundmaterial beobachtet. Auch beim Bau des Bahnhofs stieß man im 19. Jahrhundert bereits auf „römische Spuren", wobei nähere Angaben fehlen. Unmittelbar nördlich der Erms kam 1923 im Zuge von Bauarbeiten ein Säulenstumpf zum Vorschein, wobei nicht auszuschließen ist, dass es sich hier um eine verlagerte Fundstelle handelt. Auch westlich der Gleise ist römerzeitliches Fundmaterial aus dem Gewann „Schlossgärten", etwa 400 m vom Bahnhof entfernt, bekannt. Diese spärlichen und leider nicht ausreichend dokumentierten Fundstellen alleine stellen nur dürftige Anhaltspunkte für eine größere römerzeitliche Siedlungsstelle dar. Darüber hinaus kamen jedoch 1789 im Zuge einer verheerenden Überschwemmung mehrere sekundär im Wehr der Erms verbaute Reliefsteine einer Jupiter-Giganten-Säule sowie mehrere Altarsteine zutage, von denen einer die Tempelgemeinschaft der *confanesses armisses* bezeugt. In Verbindung mit den Baubefunden und dem Fundmaterial, das über eine Fläche von etwa 9 ha streut, ist im östlichen Stadtgebiet von Metzingen mit einer größeren römerzeitlichen Siedlung – vermutlich einem *vicus* – zu rechnen. Der Ort liegt im Tal der Erms an deren Ausgang aus der Schwäbischen Alb und besitzt damit verkehrstopografisch eine ähnliche Lage wie Reutlingen. Eine Datierung der Siedlung ist bislang nicht möglich, da das Fundmaterial der Baubeobachtungen im frühen 20. Jahrhundert nicht dokumentiert wurde.

Direkte Straßenverbindungen: nicht bekannt. Entfernung zu Gomadingen über Erms und Gächinger Lauter ca. 25 km, Entfernung zu Reutlingen über Erms, Neckar und Echaz ca. 25 km (Luftlinie 8 km), Entfernung nach Köngen über Erms und Neckar ca. 23 km, Entfernung nach Nürtingen über Erms und Neckar ca. 18 km (Luftlinie 10,6 km).

Ausgewählte Lit.: Paret 1932, 180; 339–340 Nr. 1–6; Oeftiger 1997, 30–31 Nr. 1, 3, 4, 7.

Reutlingen (*Kat. Nr. 406*)

Nördlich der Echaz im Bereich der Heppstraße westlich der B28 verteilen sich über eine Fläche von etwa 4 ha römerzeitliche Funde und Befunde. Neben Keramik, Schlacken und Münzen fanden sich die Reste von mindestens zwei Gebäuden, ein Töpferofen, ein Brunnen sowie mehrere Gruben. An drei Stellen konnten darüber hinaus zwei rechtwinklig zueinander verlaufende Straßenzüge aufgedeckt werden. Ob eine Kulturschicht sowie der Keller eines römerzeitlichen Gebäudes südlich der Echaz und ca. 200–300 m südöstlich der erwähnten Fund- und Befundstreu-

ung ebenfalls zur *vicus*-Bebauung oder aber zu einer weiteren Siedlung gehörte, kann beim derzeitigen Forschungsstand nicht festgelegt werden. Die Siedlung lag an der römischen Straße, die die Neckartal-mit der Alblimesstraße verband. Darüber hinaus lag sie am Ufer der zum Neckar entwässernden Echaz, die östlich von Reutlingen aus den Höhen der Schwäbischen Alb austrat. Das geborgene Fundmaterial stammt aus dem 2. und 3. Jahrhundert.

Direkte Straßenverbindungen: Gomadingen (ca. 24 km), Metzingen (ca. 25 km über Echaz, Neckar und Erms, 8 km Luftlinie), Köngen (ca. 32,5 km), Nürtingen (27 km), Rottenburg (ca. 25 km).

Ausgewählte Lit.: Paret 1932, 364 Nr. 3–4; Klein 1992, 28–29; Oeftiger 1997, 56.

Langenau (Lkr. Alb-Donau-Kreis, außerhalb des Untersuchungsgebietes)

In Langenau wurden im Zuge von baubegleitenden Ausgrabungen und Baubeobachtungen drei Steingebäude unterhalb der Kirche St. Martin freigelegt. Weiteres zahlreiches Fundmaterial wurde westlich und nördlich der Kirche im Stadtgebiet gefunden. Laut Pfahl weist die Menge des Fundmaterials sowie die Lage der Siedlungsspuren unmittelbar an der Straße von Lonsee-Ursprung nach Faimingen (Lkr. Dillingen, Bayern) auf eine größere Siedlung hin. Vermutlich handelte es sich hierbei um einen *vicus*. Die Funde und Befunde streuen zwischen der Kirche und dem Fluss Nau über einen Bereich von etwa 2 ha. Das geborgene Fundmaterial weist auf eine Zeitspanne der Besiedlung von traianischer Zeit bis zum mittleren Drittel des 3. Jahrhunderts. Der vermutete *vicus* liegt wenige hundert Meter außerhalb des Untersuchungsgebietes und ist daher nicht im Katalog aufgenommen.

Direkte Straßenverbindungen: Heidenheim (ca. 29 km), Lonsee-Ursprung (ca. 6 km), Günzburg (ca. 20 km).

Ausgewählte Lit.: Pfahl 1999, 104; 158–167 Nr. 93.

3.2.2.7 Vermutlich römerzeitliche Siedlungsreste (Kennung: 199)

Da die Informationen zu den einzelnen Fundstellen ausschließlich aus Sekundärquellen stammen, sind die Angaben, die aus den einzelnen Nachweisen gewonnen werden können, abhängig von der Qualität der Beschreibung und dem Kenntnisstand der Person, die sie bearbeitete. Besonders Fundstellen, die im 19. und frühen 20. Jahrhundert entdeckt wurden und für die ein weiterer Nachweis in jüngerer Zeit fehlt, sind daher mit Vorsicht zu betrachten. So finden sich beispielsweise in den Oberamtsbeschreibungen Württembergs aus dem 19. Jahrhundert häufig Erwähnungen von römerzeitlichen „Niederlassungen", ohne dass näher auf die einzelnen Befunde eingegangen wird. Welche Informationen zu der Ansprache als römerzeitlicher Fundplatz geführt haben, ist daher nicht mehr nachvollziehbar. Auch Eduard von Paulus listet in dem Katalogteil seines Werkes „Die Alterthümer des Königreichs Württemberg" zum Teil römerzeitliche Fundstellen auf, ohne nähere Informationen oder Quellen anzugeben. Zu den Kriterien, wann er eine Fundstelle als römisch bezeichnete, bemerkte er: „Für die auf derselben [archäologischen Karte] angegebenen röm. Wohnpläze kann ich daher einstehen, sie beruhen alle auf Nachforschungen an Ort und Stelle und wurden erst als solche anerkannt, wenn man noch die röm. Gebäudesubstructionen unter der Oberfläche oder wenigstens die ganz sicheren Zeugen, wie röm. Ziegel, Bruchstücke von röm. Gefässen, Estrichböden, Heizröhren *(tubuli)* etc. fand. [...] An vielen Stellen hat freilich die emsige Kultur die Gebäudereste gänzlich oder doch beinahe gänzlich ausgetilgt, allein immer noch kann man hier erkundigen, dass an solchen Stellen Grundmauern aufgefunden worden seien, oder es knüpft sich irgend eine Sage von abgegangenen Orten,

Schlössern etc. an dieselben, die zu weiteren Untersuchungen veranlassen. Dergleichen Stellen wurden genau erforscht und erst wenn auf denselben noch Reste von Gebäudeschutt, Bruchstücke von röm. Ziegeln, Gefässen etc. gefunden wurden, als römische Wohnpläze anerkannt"[454]. Trotzdem finden sich bei E. von Paulus eine Reihe als römisch bezeichneter „Niederlassungen", die bei späteren Nachforschungen nicht mehr lokalisiert werden konnten oder in deren Umfeld bei späteren Begehungen und kleineren Aufschlüssen kein römerzeitliches Fundmaterial beobachtet wurde. Die Angaben durch E. von Paulus sind daher ohne weitere Nachweise nicht unkritisch zu übernehmen[455]. Sofern die Angaben aus der Literatur des 19. Jahrhunderts eine römerzeitliche Fundstelle vermuten lassen, da römerzeitliche Funde und Gebäudereste erwähnt sind, die Datierung jedoch angezweifelt werden muss bzw. ein späterer Beleg fehlt, wurde die entsprechende Fundstelle als „vermutete Siedlungsstelle" angesprochen. Ferner existieren wenige Fundstellen im Untersuchungsgebiet, deren römische Zeitstellung nicht zweifelsfrei gesichert ist. Auch sie wurden als vermutete Siedlungsfundstellen aufgenommen. Sie fanden in der nachfolgenden Siedlungsmusteranalyse keine Berücksichtigung. Da es sich jedoch lediglich um wenige Fundstellen handelt[456], dürfte ihr Ausschluss das Ergebnis nicht wesentlich beeinträchtigen.

3.2.3 Grabbefunde (Kennung: 200–219)

Den zahlreichen Siedlungen des Untersuchungsgebietes stehen nur wenige Grabbefunde gegenüber. Auf 226 Siedlungsfundstellen kommen nur 54 nachgewiesene und vermutete Grabbefunde. Neben Gräberfeldern, Grabgruppen, Einzelgräbern und Nachbestattungen in Grabhügeln wurden auch Befunde in dieser Kategorie zusammengefasst, die lediglich Hinweise auf Bestattungen geben. Dazu gehören beispielsweise Reste von Grabdenkmälern, die sich als Spolien verbaut in sekundärer Fundlage befanden. Die Grabbefunde wurden nach ihrem räumlichen Zusammenhang mit anderen Fundstellen untergliedert. Zusätzlich wurde eine Unterscheidung in tatsächlich

nachgewiesene und lediglich vermutete Grabbefunde getroffen *(Tab. 5)*.

(Vermuteter) Grabbefund in isolierter Lage	(Vermuteter) Grabbefund > 500 m von nächster Fundstelle entfernt
(Vermuteter) Grabbefund in Siedlungszusammenhang	(Vermuteter) Grabbefund < 500 m von nächster Fundstelle entfernt

Tab. 5 Ansprache und Definition der bei der Fundstellenaufnahme unterschiedenen Kategorien von Grabfundstellen.

---

454 VON PAULUS 1877, 7–8.
455 Siehe auch MEYER 2010a, 34 mit Anm. 48.

456 Es handelt sich um die 24 Fundstellen *Kat. Nr. 13, 15, 18, 46, 115, 118, 121, 123, 124, 136, 145, 171, 251, 310, 323, 333, 362, 367, 386, 492, 493, 524, 525.*

Die meisten Grabbefunde[457] lagen weniger als 500 m von Fundstreuungen, Siedlungsbefunden oder Militärlagern entfernt. Die übrigen zwölf Nachweise für Bestattungen[458] standen dagegen isoliert, d. h. die Entfernung zur nächsten Fundstelle betrug mehr als

500 m. In ihrem Umfeld ist mit weiteren Siedlungsbefunden zu rechnen[459]. Da letztere einen indirekten Hinweis auf Siedlungsfundstellen geben, wurden sie in die Analyse der Verteilung der Siedlungsfundstellen miteinbezogen.

3.2.4 Religionszeugnisse (Kennung: 310–399)

Unter dieser Kategorie wurden Inschriften, Reliefsteine und Kleinfunde mit sakralem Bezug sowie Erd- und Baubefunde mit sakraler Funktion aufgenommen, die nicht in einem direkten Zusammenhang mit Siedlungs- und Grabbefunden standen *(Tab. 6)*.

Einzelfund mit sakralem Bezug ohne Befundzusammenhang	Weihe- / Reliefsteine mit Darstellung römischer Gottheiten und ihrer Attribute, Bronzestatuetten römischer Götter und ihrer Attribute
(Vermuteter) Erd- / Baubefund mit sakraler Funktion	Tempel und Gemeinschaftsheiligtümer

Tab. 6 Ansprache und Definition der bei der Fundstellenaufnahme unterschiedenen Kategorien von Religionszeugnissen.

Den größten Anteil bilden isoliert aufgefundene Inschriften, Reliefsteine und Kleinfunde mit sakralem

Bezug. Es handelt sich um die 15 Fundstellen *Kat. Nr. 8, 78, 166, 189, 212, 242, 244, 330, 358, 366, 395, 403, 434, 442* und *517*. Meist sind sie aus dem ursprünglichen Kontext verlagert und die originale Fundstelle ist nicht mehr feststellbar, so beispielsweise bei als Spolien verwendeten Relief- und Inschriftensteinen oder bei Funden in Bach- und Flussläufen. Erd- und Baubefunde mit sakralem Bezug nehmen nur einen geringen Teil der hier aufgenommenen Fundstellen ein. Es handelt sich um die vier Fundstellen *Kat. Nr. 210, 308, 345* und *427*. Hierzu gehört beispielsweise ein Merkurheiligtum in Neuhausen a. d. Fildern (*Kat. Nr. 345*). Heiligtümer und Tempel in *vici* wurden – ebenso wie kleinere Tempel und Schreine innerhalb der Umfassungsmauer einer *villa* – nicht als separate Fundpunkte im Fundstellenkatalog erfasst, sondern werden in der Beschreibung des *vicus* bzw. im Katalogeintrag der ländlichen Einzelsiedlung erwähnt. In zwei Fällen (*Kat. Nr. 47* und *237*) handelt es sich um die Überlieferung einer Fundstelle mit sakralem Charakter, die sich nicht mehr überprüfen lässt.

3.2.5 Militär (Kennung: 410–420)

In dieser Kategorie wurden die bekannten Auxiliar- und Kleinkastelle des Untersuchungsgebietes erfasst. Sie gehören verschiedenen Phasen der Limeslinie an[460]. Größere Kastelle, in denen eine vollständige Kohorte oder *ala* mit 500 oder 1000 Mann stationiert werden konnten, wurden unter der Kennung 410 aufgenommen. Hierzu gehören die Kastelle des Neckar-Alblimes Gomadingen (*Kat. Nr. 190*), Köngen (*Kat. Nr. 255*), Lon-

see-Ursprung (*Kat. Nr. 296*), Eislingen-Salach (*Kat. Nr. 129*) und Heidenheim (*Kat. Nr. 222*) sowie die zum Vorderen Limes gehörenden Kastelle Welzheim-West (*Kat. Nr. 513*), Lorch (*Kat. Nr. 301*), Schwäbisch Gmünd (*Kat. Nr. 438*), Böbingen a. d. Rems (*Kat. Nr. 80*) und Aalen (*Kat. Nr. 3*). Sogenannte Kleinkastelle, in denen ein Numerus oder eine Vexillation stationiert waren, erhielten dagegen die Kennung 420. Es handelt sich um

---

457 Es handelt sich um die 29 Fundstellen *Kat. Nr. 2, 23, 109, 192, 220, 221, 224, 226, 245, 246, 247, 250, 263, 298, 299, 300, 309, 342, 381, 390, 396, 409, 432, 435, 437, 515, 516, 518, 519*.
458 Es handelt sich um die Fundstellen *Kat. Nr. 7, 64, 147, 197, 227, 236, 243, 357, 412, 415, 474, 510*.

459 So auch bei HENRICH 2006, 104.
460 Siehe zur römischen Militärgeschichte des Untersuchungsgebietes *Kap. 2.2.1*.

die zu verschiedenen Phasen des Neckar-Alblimes gehörenden Kastelle Dettingen unter Teck (*Kat. Nr. 90*), Römerstein-Donnstetten (*Kat. Nr. 418*), Deggingen (Lkr. Göppingen, *Kat. Nr. 86*) und Essingen (Lkr. Ostalbkreis, *Kat. Nr. 150*) sowie um die zum Vorderen Limes gehö-renden Kastelle Welzheim-Rötelsee (*Kat. Nr. 520*), Welz-heim-Ost (*Kat. Nr. 514*), Schwäbisch Gmünd-Freimühle (*Kat. Nr. 440*), Schwäbisch Gmünd-Kleindeinbach (*Kat. Nr. 441*) und Schwäbisch Gmünd-Hintere Orthalde (*Kat. Nr. 433*).

3.2.6 Fundmaterial in Höhlen (Kennung: 910)

Befand sich römerzeitliches Fundmaterial in Höhlen, wurde die Fundstelle in einer gesonderten Kategorie aufgenommen. Insgesamt 13 Höhlenfundstellen können so im Arbeitsgebiet verzeichnet werden. Sie können in drei Gruppen gegliedert werden:

Größere Fundkomplexe, unter denen sich auch Feinkeramik befand:

Hohlenstein bei Asselfingen (Lkr. Alb-Donau-Kreis, *Kat. Nr. 32*), Fohlenhaus bei Langenau (*Kat. Nr. 260*).

Kleinere Fundkomplexe und / oder wenige Ziegelbruchstücke:

Bockstein bei Rammingen (Lkr. Alb-Donau-Kreis, *Kat. Nr. 399*), Hartberghöhle bei Bad Urach (Lkr. Reutlingen, *Kat. Nr. 39*), Olgahöhle bei Lichtenstein-Honau (Lkr. Reutlingen, *Kat. Nr. 293*), Schmidtehalde bei Oberkochen (*Kat. Nr. 374*), Falkenhöhle bei Bartholomä (Lkr. Ostalbkreis, *Kat. Nr. 44*), Kahlenloch bei Bad Überkingen (Lkr. Göppingen, *Kat. Nr. 37*), Katzental bei Blaubeuren-Altental (Lkr. Alb-Donau-Kreis, *Kat. Nr. 72*).

Höhlen mit Einzelfunden:

Veronikaloch bei Owen (*Kat. Nr. 393*), Brillenhöhle in Blaubeuren (*Kat. Nr. 73*), Sirgenstein in Blaubeu-ren-Weiler (*Kat. Nr. 76*), Rappenfelshöhle in Römerstein-Böhringen (*Kat. Nr. 417*).

Für römerzeitliches Fundmaterial in Höhlen wurden bereits mehrere Deutungsmöglichkeiten vorgeschlagen[461]. Für die größeren Fundkomplexe, die hier in Gruppe 1 zusammengefasst wurden, ist es wahrscheinlich, dass sie zum Nutzungsbereich nahe gelegener *villae* gehörten und beispielsweise als Lagerräume genutzt wurden[462]. Dafür spricht auch die geringe Entfernung zur nächsten Siedlungsstelle *(Tab. 7)*. Auch eine Deutung als sakrale Orte, beispielsweise als Mithräen, wurde vorgeschlagen[463]. Sie ist jedoch mangels in diese Richtung zu deutenden Fundmaterials für die Höhlenfundstellen des Untersuchungsgebietes nicht zu belegen. Der Fund von Leistenziegelbruchstücken in einer Aschenschicht in der Hartberghöhle bei Bad Urach könnte für eine Deutung der Höhle als Grabstätte sprechen[464]. Bei den geringen Mengen von Fundmaterial in den Höhlenfundstellen der Gruppen 2 und 3 könnte es sich dagegen um Zufallsfunde oder die Zeugnisse temporärer Aufenthalte, beispielsweise bei einer Nutzung als Rastplatz, handeln[465].

---

461 Zusammenfassend mit weiterführender Literatur Wehr-berger 1996, 107–108.
462 Pfahl 1999, 118–119; so auch Czysz in Czysz et al. 1995a, 226.
463 Pfahl 1999, 119; Meyer 2010a, 85.

464 So schlägt W. Weissmüller für ähnliche römerzeitliche Höhlenfunde im südlichen Riesrandgebiet diese Deutung vor (Weissmüller 1986, 132–133; Wehrberger 1996, 107–108).
465 So auch Meyer 2010a, 85.

Kat. Nr. und Höhle	Fundmaterial	Nächste Siedlungsfst.	Entfernung
32. Hohlenstein bei Asselfingen	Größerer Fundkomplex	*Kat. Nr. 19*	0,5 km
260. Fohlenhaus bei Langenau	Größerer Fundkomplex	*Kat. Nr. 22*	1,9 km
39. Hartberghöhle bei Bad Urach	Aschenschicht mit Ziegelbruchstücken	*Kat. Nr. 232*	3,3 km
399. Bockstein bei Rammingen	Scherben weniger Gefäße	*Kat. Nr. 19*	1,7 km
374. Schmidtehalde bei Oberkochen	Scherben weniger Gefäße	*Kat. Nr. 313*	2,1 km
44. Falkenhöhle bei Bartholomä	Scherben weniger Gefäße	*Kat. Nr. 83*	6,6 km
72. Katzental bei Blaubeuren-Altental	Scherben weniger Gefäße	*Kat. Nr. 49*	5,9 km
37. Kahlenloch bei Bad Überkingen	Scherbe eines Gefäßes sowie Einzelmünze	*Kat. Nr. 214*	3,0 km
293. Olgahöhle bei Lichtenstein-Honau	Scherben weniger Gefäße und Einzelmünze	Straße	0,3 km
393. Veronikaloch bei Owen	Einzelmünze	*Kat. Nr. 176*	2,8 km
73. Brillenhöhle in Blaubeuren	Einzelscherbe	*Kat. Nr. 49*	6,5 km
76. Sirgenstein in Blaubeuren-Weiler	Einzelscherbe	*Kat. Nr. 496* (auf der anderen Talseite)	6,5 km
417. Rappenfelshöhle in Römerstein-Böhringen	Einzelfund einer Fibel	*Kat. Nr. 232*	2,5 km

Tab. 7   Auflistung der Funde in Höhlen samt Entfernung zur nächsten Siedlungsfundstelle.

3.2.7 Vermutete römerzeitliche Fundstellen (Kennung: 999)

In wenigen Fällen wurden Fundstellen unbekannter Funktion in die Datenbank aufgenommen, für die eine römerzeitliche Zeitstellung nicht gesichert ist. Es handelt sich um Notizen aus der Literatur des 19. Jahrhunderts, die eine römische „Niederlassung" ohne weitere Angaben zur Art des Nachweises erwähnen[466] und die heute entweder verschollen sind oder bei einer erneuten Untersuchung keine römerzeitlichen Reste erbrachten. Ebenfalls zu den vermuteten römerzeitlichen Fundstellen gehören Mauerreste und Grundrisse aus Luftbildern, für deren römische Zeitstellung es bisher keinen Anhaltspunkt gibt. Sie werden bei den Analysen zur Verteilung des Siedlungsmusters nicht berücksichtigt. Es handelt sich um die 35 Fundstellen *Kat. Nr. 14, 48, 56, 65, 84, 95, 100, 112, 125–127, 163, 168, 177, 183, 193, 214, 217, 254, 266, 281, 283, 306, 321, 329, 336, 350, 369, 376, 382, 384, 422, 423, 446* und *473*.

---

466   Siehe auch die vermuteten Siedlungsreste *Kap. 3.2.2.7.*

4 | Methodische Vorbemerkungen

Um Auffälligkeiten in der Verteilung der Siedlungs-fundstellen und deren Abhängigkeit von Faktoren wie der heutigen Landnutzung, der Geologie oder der Nähe zu bestimmten Fundstellen zu untersuchen, kamen verschiedene statistische Methoden zum Ein-satz. Sie sind häufig Bestandteil der folgenden Ana-lysen und sollen daher an dieser Stelle näher erläu-tert werden. Weitere mathematische Methoden, die im Rahmen der Analyse spezieller Sachverhalte wie beispielsweise bei der Berechnung der Siedlungs-dichte[467] zur Anwendung kamen, werden dagegen in den entsprechenden Kapiteln beschrieben.

4.1 Räumliche Verteilungsmuster erkennen

Es gibt drei grundlegende räumliche Verteilungsmus-ter: die regelmäßige, die zufällige und die gruppierte Verteilung[468]. Darüber hinaus kommen auch lineare Konzentrationen als Variante der gruppierten Vertei-lung vor. Eine Methode, das grundlegende Vertei-lungsmuster von Punktwolken statistisch zu ermit-

---

467 Siehe *Kap. 5.*

468 HODDER / ORTON 1976, 30–31 Abb. 3,1; 53–97; MCGREW et al. 2014, 205–206 Abb. 13,1.

teln, ist die „Nächster-Nachbar-Analyse"[469]. Dabei wird ein Index (R) ermittelt, der sich aus dem Quotienten der beobachteten durchschnittlichen Entfernung der Punkte zum nächsten Nachbarn ($\overline{Db}$) und der bei einer zufälligen Verteilung zu erwartenden durchschnittlichen Entfernung ($\overline{De}$) berechnen lässt.

$$R = \frac{\overline{Db}}{\overline{De}}$$

Die zu erwartende durchschnittliche Entfernung zum nächsten Nachbarn ($\overline{De}$) wird durch folgende Formel berechnet:

$$\overline{De} = \frac{1}{2 * \sqrt{(n/A)}}$$

Dabei steht n für die Gesamtanzahl der Punkte und A für die Fläche des Untersuchungsgebietes (n / A entspricht somit der durchschnittlichen Punktdichte im untersuchten Gebiet). Der errechnete Index kann anschließend mit Kennwerten für unterschiedliche Verteilungsmuster verglichen werden. R = 2,149 entspricht dabei einer regelmäßigen Verteilung (alle Punkte haben den gleichen Abstand zueinander), R = 1,5 entspricht einer eher regelmäßigen Verteilung, R = 1 einer Zufallsverteilung, R = 0,5 einer eher gruppierten und R = 0 einer vollständig gruppierten Verteilung (alle Punkte auf einem Koordinatenpunkt). Ob die Abweichung des gemessenen Mittelwertes aller Distanzen zum nächsten Nachbarn signifikant von der mittleren Distanz bei einer zufälligen Verteilung abweicht, kann mithilfe eines statistischen Tests ermittelt werden:

$$Z = \frac{\overline{Db} - \overline{De}}{\sigma_{\overline{Db}}}$$

wobei

$$\sigma_{\overline{Db}} = \frac{0{,}26136}{\sqrt{n * (n/A)}}$$

Ein negativer Z-Wert weist auf eine regelmäßige Verteilung hin, ein positiver auf eine gruppierte. Der Z-Wert korrespondiert mit verschiedenen Signifikanzleveln (p) *(Abb. 23)*. Ein Signifikanzlevel von p = 0,01 entspricht einer Konfidenz von 99,9 %, dass das beobachtete Muster nicht zufällig ist. Ein Signifikanzlevel von p = 0,05 entspricht einer Konfidenz von 99,5 % usw.

Die „Nächster-Nachbar-Analyse" ist in der gängigen GIS-Software standardmäßig implementiert. In ArcGIS lässt sie sich mit dem in der Toolbox *Spatial Statistics* im Toolset *Analyzing Patterns* enthaltenen Werkzeug *Average Nearest Neighbour* durchführen und in QGIS mit dem Geoverarbeitungswerkzeug *Nearest neighbour analysis*. Dabei ist jedoch zu beachten, dass als standardmäßige maximale Untersuchungsfläche eine konvexe Hülle um die äußeren Punkte definiert wird, sofern man für die Berechnung kein Untersuchungsgebiet spezifiziert. Dies kann Auswirkungen auf das Gesamtergebnis haben, da das Resultat der „Nächster-Nachbar-Analyse" stark durch die in die Berechnung einbezogene Fläche beeinflusst wird[470].

Muster	Z	P
Gruppiert	<-2,58	0,01
	-2,58 – -1,96	0,05
	-1,96 – -1,65	0,10
Zufällig	-1,65 – 1,65	0
	1,65 – 1,96	0,10
	1,96 – 2,58	0,05
Regelmäßig	> 2,58	0,01

23 Verhältnis zwischen Z-Wert und p-Wert und Interpretation in Bezug auf das Punktmuster.

469 Clark / Evans 1954; siehe auch Hodder / Orton 1976, 38–40; McGrew et al. 2014, 211–216 sowie das Online-Handbuch für ArcGIS Pro „Zur Funktionsweise von ‚Mittlerer nächster Nachbar'": https://pro.arcgis.com/de/pro-app/tool-reference/spatial-statistics/h-how-average-nearest-neighbor-distance-spatial-st.htm (letzter Abruf: September 2023).
470 Hodder / Orton 1976, 41–43. Siehe hierzu auch das Beispiel in *Kap. 6.2.5.1, Tab. 34*.

4.2 Abweichungen zwischen der beobachteten und einer zufälligen Verteilung

Bei der „Nächster-Nachbar-Analyse" wird das Verteilungsmuster der Fundpunkte auf einer planen Fläche ohne Barrieren untersucht. In der Realität befinden sich archäologische Siedlungsfundstellen jedoch in einer Landschaft mit unterschiedlichen Geländeformen sowie topografischen und naturräumlichen Gegebenheiten. Darüber hinaus kann die Befundüberlieferung zu einer Überlagerung des ursprünglichen Verteilungsmusters archäologischer Fundstellen führen. So kann es zu einer vollständigen Veränderung des ursprünglichen Verteilungsmusters archäologischer Fundstellen kommen, wenn beispielsweise einzelne Regionen besonders intensiv erforscht wurden, sich flächendeckende archäologische Untersuchungen auf bestimmte Gebiete konzentrieren oder die Fundüberlieferung von Faktoren beeinflusst ist, die selbst räumliche Muster aufweisen, wie beispielsweise der Landnutzung[471]. Eine Methode, den Zusammenhang zwischen der Fundstellenverteilung und einem möglichen räumlich ausgeprägten Einflussfaktor zu untersuchen, ist der Vergleich der beobachteten mit einer zufälligen Verteilung in Bezug auf diesen Einflussfaktor. Hierfür werden zunächst Kategorien von möglichen räumlichen Einflussfaktoren gebildet, beispielsweise Landnutzungstypen, Bodenkategorien, Höhenstufen, naturräumliche Elemente oder Distanzklassen zu anderen Fundstellen. Im Anschluss daran stellt man in einer Tabelle die beobachtete und die bei einer Zufallsverteilung zu erwartende Anzahl der Fundstellen je Kategorie gegenüber (Tab. 8). Letztere errechnet sich über den Anteil des Flächeninhaltes der Kategorie innerhalb des Untersuchungsgebietes multipliziert mit der Gesamtanzahl der Fundstellen:

$$E_i = \frac{Ak_i}{\sum Ak} * n$$

wobei E_i für die bei einer Zufallsverteilung zu erwartende Fundstellenanzahl einer Kategorie, Ak_i für den Flächeninhalt einer Kategorie, $\sum Ak$ für den summierten Flächeninhalt aller Kategorien und n für die Gesamtzahl der Fundstellen steht.

Kategorie	Fläche	Beobachtete Fundstellenanzahl	E	Faktor der Abweichung
A	100 m²	25	23	1,1
B	20 m²	10	4,6	2,2
C	80 m²	11	18,4	0,6
Summe	**200 m²**	**46**	**46**	

Tab. 8   Beispiel für die Gegenüberstellung des beobachteten mit dem bei einer Zufallsverteilung zu erwartenden Wert.

Weicht die Anzahl der beobachteten Fundstellen bei einer der definierten Kategorien stark von diesem theoretischen Wert E ab, so ist die Kategorie im Verhältnis zu ihrer Fläche unter- oder überbelegt. Dies könnte auf eine bewusste Bevorzugung oder Meidung des entsprechenden Gebietes hindeuten. Der Quotient aus der beobachteten Anzahl und dem theoretischen Wert E zeigt an, um welchen Faktor die Fundstellenanzahl von einer Zufallsverteilung abweicht, und gibt so einen Eindruck davon, welche Kategorien

---

471   Siehe hierzu ausführlich SCHIER 1990, 41–45 Abb. 2.

stärker über- oder unterbelegt sind. Der Wert 1 entspricht dabei der völligen Übereinstimmung mit der Zufallsverteilung (äquivalent 100 % der bei einer zufälligen Verteilung erwarteten Anzahl). Ein höherer Wert zeigt eine positive Abweichung an, Werte unter 1 eine negative.

4.3 Signifikanztest

Um zu prüfen, ob die Abweichung zwischen der beobachteten Anzahl und der bei einer Zufallsverteilung zu erwartenden Anzahl statistisch signifikant ist, kann der Chi-Quadrat-Test (X^2-Test) angewendet werden[472]. Der X^2-Wert errechnet sich aus der Summe der quadrierten Abweichungen der beobachteten Anzahl vom Erwartungswert geteilt durch den Erwartungswert (*Tab. 9*):

$$X^2 = \sum \frac{(\text{Beobachtete Anzahl} - \text{Erwartungswert})^2}{\text{Erwarteter Wert}}$$

Kategorie	Fläche	Beobachtete Fundstellenanzahl	E	Quadrierte Abweichung
A	100 m²	25	23	0,17
B	20 m²	10	4,6	6,34
C	80 m²	11	18,4	2,98
Summe	**200 m²**	**46**	**46**	**X² = 9,49** **φ = 0,45**

Tab. 9 Berechnung von Chi-Quadrat anhand des Beispiels aus *Tab. 8*.

Ob die Verteilung der Fundstellen auf die Kategorien signifikant von einer zufälligen Verteilung abweicht, wird im Anschluss mit Hilfe einer Tabelle zur Chi-Quadrat-Verteilung überprüft (*Abb. 24*). Dafür muss zunächst der Freiheitsgrad ermittelt werden[473]. Dieser errechnet sich aus der Anzahl der Zeilen der Tabelle (berücksichtigte Kategorien) -1, multipliziert mit der Anzahl der Spalten der Tabelle (Anzahl der Entitäten, deren Verteilung auf die Kategorien untersucht wird) -1. Im obigen Beispiel (*Tab. 8*) gibt es nur eine Spalte (die beobachtete Fundstellenanzahl) und drei Zeilen (die Kategorien A, B und C). Daraus ergeben sich zwei Freiheitsgrade. Bei zwei Freiheitsgraden und einem X^2-Wert von 9,49 liegt die Wahrscheinlichkeit, dass die Verteilung der Fundstellen auf die Kategorien A bis C im obigen Beispiel dem Zufall entspricht, zwischen 1 und 0,1 % (Signifikanz). Im Umkehrschluss kann also davon ausgegangen werden, dass die Verteilung der Fundstellen auf die einzelnen Landnutzungsklassen mit einer Wahrscheinlichkeit von 99 % nicht zufällig ist (Konfidenz).

Die Aussagekraft des X^2-Testes wird dadurch eingeschränkt, dass der errechnete Wert von der Größe der Stichprobe abhängig ist. Bei prozentual gleicher Verteilung der Fundstellen auf die verschiedenen Kategorien fällt der X^2-Wert daher umso höher aus, je größer die Anzahl der untersuchten Fundstellen ist. Ein Beispiel soll dies illustrieren (*Tab. 10–11*).

---

472 HODDER / ORTON 1976, 224–225; DRENNAN 2009, 182–195.

473 Zur Bedeutung des Freiheitsgrades siehe DRENNAN 2009, 186.

Landnutzung	Fläche	Beobachtete Fundstellenanzahl	E	Quadrierte Abweichung
A	100 m²	250	230	1,74
B	20 m²	100	46	63,39
C	80 m²	110	184	29,76
Summe	**200 m²**	**460**	**460**	$X^2 = 94{,}89$ $\varphi = 0{,}45$

Tab. 10   Berechnung des Chi-Quadrat-Wertes anhand eines theoretischen Beispiels mit 460 Fundstellen. Der Anteil der Fundstellen auf den jeweiligen Kategorien entspricht etwa dem von *Tab. 9*.

Landnutzung	Fläche	Beobachtete Fundstellenanzahl	E	Quadrierte Abweichung
A	100 m²	3	2,5	0,1
B	20 m²	1	0,5	0,5
C	80 m²	1	2	0,5
Summe	**200 m²**	**5**	**5**	$X^2 = 1{,}1$ $\varphi = 0{,}47$

Tab. 11   Berechnung des Chi-Quadrat-Wertes anhand eines theoretischen Beispiels mit fünf Fundstellen. Der Anteil der Fundstellen auf den jeweiligen Kategorien entspricht etwa dem von *Tab. 9*.

Table 14.4. The Chi-Square Distribution

Confidence	50% .5	80% .8	90% .9	95% .95	98% .98	99% .99	99.9% .999
Significance	50% .5	20% .2	10% .1	5% .05	2% .02	1% .01	0.1% .001
Degrees of freedom							
1	.455	1.642	2.706	3.841	5.412	6.635	10.827
2	1.386	3.219	4.605	5.991	7.824	9.210	13.815
3	2.366	4.642	6.251	7.815	9.837	11.341	16.268
4	3.357	5.989	7.779	9.488	11.668	13.277	18.465
5	4.351	7.289	9.236	11.070	13.388	15.086	20.517
6	5.348	8.558	10.645	12.592	15.033	16.812	22.457
7	6.346	9.803	12.017	14.067	16.622	18.475	24.322
8	7.344	11.030	13.362	15.507	18.168	20.090	26.125
9	8.343	12.242	14.684	16.919	19.679	21.666	27.877
10	9.342	13.442	15.987	18.307	21.161	23.209	29.588
11	10.341	14.631	17.275	19.675	22.618	24.725	31.264
12	11.340	15.812	18.549	21.026	24.054	26.217	32.909
13	12.340	16.985	19.812	22.362	25.472	27.688	34.528
14	13.339	18.151	21.064	23.685	26.873	29.141	36.123
15	14.339	19.311	22.307	24.996	28.259	30.578	37.697
16	15.338	20.465	23.542	26.296	29.633	32.000	39.252
17	16.338	21.615	24.769	27.587	30.995	33.409	40.790
18	17.338	22.760	25.989	28.869	32.346	34.805	42.312
19	18.338	23.900	27.204	30.144	33.687	36.191	43.820
20	19.337	25.038	28.412	31.410	35.020	37.566	45.315
21	20.337	26.171	29.615	32.671	36.343	38.932	46.797
22	21.337	27.301	30.813	33.924	37.659	40.289	48.268
23	22.337	28.429	32.007	35.172	38.968	41.638	49.728
24	23.337	29.553	33.196	36.415	40.270	42.980	51.179
25	24.337	30.675	34.382	37.652	41.566	44.314	52.620
26	25.336	31.795	35.563	38.885	42.856	45.642	54.052
27	26.336	32.912	36.741	40.113	44.140	46.963	55.476
28	27.336	34.027	37.916	41.337	45.419	48.278	56.893
29	28.336	35.139	39.087	42.557	46.693	49.588	58.302
30	29.336	36.250	40.256	43.773	47.962	50.892	59.703

(Adapted from Table 14 in *Tables for Statisticians* by Herbert Arkin and Raymond R. Colton (New York: Barnes and Noble, 1963)

24   Chi-Quadrat-Verteilung nach Drennan 2009, Tab. 14,4.

In den Tabellen 10 und 11 ist die Verteilung der Fundstellen auf die untersuchten Beispielkategorien etwa im selben Verhältnis wie im Beispiel von Tabelle 9. Die Anzahl der Fundstellen insgesamt ist jedoch um das Zehnfache erhöht *(Tab. 10)* oder verringert *(Tab. 11)*. Der X^2-Wert verändert sich dementsprechend um ein Zehnfaches, sodass die Verteilung der Fundstellen im Beispiel aus Tabelle 10 höchst signifikant von einer Zufallsverteilung abweicht, während die Wahrscheinlichkeit, dass die in Tabelle 11 abgebildete Verteilung einer Zufallsverteilung entspricht, etwa bei 20–50 % liegt. Da der X^2-Test so stark von der zugrunde liegenden Anzahl an Variablen abhängig ist, werden Kenngrößen für *E* als Voraussetzung festgesetzt, um den statistischen Test durchführen zu können[474]. So sollte der theoretische Wert *E* je Kategorie eine Mindestgröße von fünf aufweisen, sofern die Verteilung auf zwei Kategorien untersucht wird. Bei mehr als zwei Kategorien sollte der Wert *E* bei weniger als einem Fünftel der Kategorien unter fünf und bei keiner unter zwei liegen. Dagegen besteht bei einer großen Anzahl von zur Verfügung stehenden Fundstellen eine höhere Wahrscheinlichkeit, dass der X^2-Wert überschätzt wird. Zusätzlich kann daher der Phi-Koeffizient (φ) herangezogen werden, um die „Stärke" des Zusam-

[474]   Drennan 2009, 191–192; McGrew et al. 2014, 189.

menhangs zwischen der beobachteten und einer Zufallsverteilung zu messen[475]. Die Formel hierfür lautet:

$$\varphi = \sqrt{\frac{X^2}{n}}$$

Dabei steht n für die Gesamtfundstellenanzahl.

Das Ergebnis ist eine Zahl zwischen 1 und 0, wobei $\varphi = 1$ bedeutet, dass die beobachtete Fundstellenverteilung maximal von einer zufälligen abweicht. Der Wert $\varphi = 0$ bedeutet dagegen eine absolute Übereinstimmung mit einer Zufallsverteilung. Wie ein Vergleich der Werte für φ in den verschiedenen Beispielen *(Tab. 9–11)* zeigt, wird dieser kaum durch die Gesamtanzahl der Fundstellen beeinflusst.

4.4 Kritik an der Methode

Bei der Interpretation des X^2-Tests und des Vergleiches zwischen der beobachteten und einer zufälligen Verteilung der Fundstellen muss berücksichtigt werden, dass die Ergebnisse keine monokausalen Abhängigkeiten zeigen[476]. Wenn ein räumlicher Zusammenhang zwischen verschiedenen untersuchten Einflussfaktoren besteht, ist es möglich, dass die eigentliche Ursache für die untersuchte Fundstellenverteilung nicht erkannt bzw. fehlinterpretiert wird. Die heutige Landnutzung ist beispielsweise von geografischen Voraussetzungen beeinflusst, die sich auch in der Verbreitung der Bodengesellschaften oder den klimatischen Voraussetzungen widerspiegeln. Wenn andere Faktoren, die sich ebenfalls auf die Fundstellenverteilung auswirken, den untersuchten Einflussfaktor überlagern, kann es daher zu einer Scheinkorrelation kommen. Darüber hinaus zeigen besonders geografische Eigenschaften eine hohe Autokorrelation. Die räumliche Autokorrelation bezeichnet den Grad, in dem ein bestimmtes geografisches Phänomen mit sich selbst räumlich korreliert. Eine positive Autokorrelation bedeutet, dass nah beieinander liegende Orte dieselben oder ähnliche Eigenschaften aufweisen, während eine negative Autokorrelation bedeutet, dass nah beieinander liegende Orte unterschiedliche Eigenschaf

ten aufweisen. Die hier untersuchten naturräumlichen und siedlungsgeografischen Einflussfaktoren weisen naturgemäß eine positive Autokorrelation auf. Das heißt, nah beieinander liegende Orte befinden sich beispielsweise häufig auf einer ähnlichen Höhenstufe, auf dem gleichen Bodentyp oder besitzen einen ähnlichen Abstand zum nächsten *vicus*. Diese positive Autokorrelation der (siedlungs-)geografischen Phänomene führt zu Problemen bei der Interpretation statistischer Tests, mit denen der Zusammenhang zwischen diesen (siedlungs-)geografischen bzw. naturräumlichen Faktoren und der Verteilung archäologischer Fundstellen untersucht wird[477]. Die statistischen Tests gehen von einer zufälligen Stichprobe aus. Bei einer positiven Autokorrelation ist das jeweilige Attribut von dicht beieinander liegenden Fundstellen jedoch nicht mehr unabhängig.

Die vorangegangenen Ausführungen zeigen, dass die Ergebnisse der statistischen Auswertungen nicht überschätzt werden sollten. Solange man sich der möglichen Schwächen bewusst ist, können die beschriebenen Methoden jedoch durchaus als sinnvolle Werkzeuge gebraucht werden, um Auffälligkeiten in der räumlichen Verteilung der Fundstellen zu erkennen und zu deuten.

---

475 DRENNAN 2009, 188–189.
476 Siehe auch PANKAU 2007, 130.
477 Allgemein: DONEUS 2013, 288; McGREW et al. 2014, 206–208; HERZOG / MISCHKA 2010, 262; PANKAU 2007, 131–132. Dieses Pro

blem besteht auch für alternative Signifikanztests wie die von ATTWELL / FLETCHER 1987 vorgestellte Methode.

4.5 Thiessenpolygone

Thiessenpolygone stellen eine Methode zur Abgrenzung von Punkten auf Basis der Distanz sowie zur Analyse von Nähe und Nachbarschaft dar[478]. Durch Thiessenpolygone wird der gesamte untersuchte Raum in Polygone eingeteilt, deren Zentrum jeweils ein Punkt ist. Jede Stelle innerhalb dieses Polygons ist näher an dem Punkt, den es umschließt, als an jedem anderen Punkt. Die Grenzen der Polygone entsprechen jeweils den Mittelsenkrechten zwischen zwei benachbarten Punktpaaren. Die Methode wird in der Archäologie verwendet, um mögliche Territorien für Fundstellen bzw. deren Grenzen mathematisch auf Basis der Entfernung der Orte zueinander zu konstruieren[479]. Sie finden daneben Anwendung bei anderen Nachbarschaftsanalysen, bei denen die Entfernung der Fundpunkte eine Rolle spielt, beispielsweise bei der Berechnung von Punktdichten[480]. Um neben der Luftlinien-Entfernung auch andere Faktoren wie die geländeabhängigen Bewegungskosten oder die Attraktivität und Bedeutung eines Ortes mit in die Berechnung der mathematisch konstruierten Polygone einfließen zu lassen, wurde die Berechnung der Thiessenpolygone um die Varianten Least-Cost-Thiessenpolygone[481] und Gewichtete Thiessenpolygone[482] erweitert. Allen Varianten liegen jedoch die Voraussetzungen zugrunde, dass die Fundpunkte, um die herum Thiessenpolygone konstruiert werden, gleichzeitig sind, in Bezug auf die Fragestellung eine ähnliche Funktion innehatten, sich auf der gleichen Hierarchieebene befanden und dass das gesamte untersuchte Gebiet flächendeckend in Polygone einzuteilen ist[483].

4.6 Euklidische oder Kostendistanzen

Bei der Analyse von Distanzen zwischen zwei Orten oder zwischen einem Ort und einem zu analysierenden Merkmal stellt sich die grundsätzliche Frage, welches Entfernungsmaß zugrunde gelegt werden soll: die euklidische Distanz oder eine Kostendistanz. Die euklidische Distanz zwischen zwei Koordinaten entspricht der Luftlinienentfernung. Hindernisse, die bei der tatsächlichen Bewegung durch den Raum entstehen, werden dabei nicht berücksichtigt. Mit der heutigen GIS-Software ist es jedoch möglich, bestimmte Aufwandsfaktoren in die Distanzberechnung miteinzubeziehen[484]. Die Grundlage für solche Cost-Surface-Analysen ist ein Raster, bei dem der Wert einer jeden Zelle einem errechneten Kostenwert entspricht (auch *cost raster* oder *friction map* genannt)[485]. Der Kostenwert beschreibt dabei den

---

478 Zum Konzept und der Anwendung siehe z. B. HODDER/ORTON 1976, 59–60; CONOLLY/LAKE 2006, 211–213; DONEUS 2013, 282–283.

479 Siehe z. B. HODDER/ORTON 1976, 59–60; HODDER/HASSEL 1971; KUNOW 1988; 1989; NAKOINZ 2009.

480 So z. B. bei der Berechnung von Isolinien zur Analyse der Fundstellenverteilung (SAILE 2003) oder bei der Berechnung der Fundstellendichte anhand der Least-Empty-Circle-Methode (ZIMMERMANN/WENDT 2003, 493–494; ZIMMERMANN 2004, 51–52).

481 Siehe *Kap. 4.6.*

482 NAKOINZ 2013a, 72–74; DUCKE/KROEFGES 2008, 247–249; CONOLLY/LAKE 2006, 213.

483 Zur Kritik an der Methode siehe z. B. MÜLLER-SCHEESSEL 2013, 117; GRINGMUTH-DALLMER 1999, 16.

484 Zur Funktionsweise und Anwendung siehe z. B. HERZOG 2020; 2014a; 2014b; TRIPCEVICH 2009; CONOLLY/LAKE 2006, 213–225; WHEATLEY/GILLINGS 2002, 151–156; VAN LEUSEN 2002, 6·4–6·9; DA SILVA/PIZZIOLO 2001; VAN LEUSEN 1999, 216–218.

485 DA SILVA/PIZZIOLO 2001, 280–282.

Aufwand, den es benötigt, die entsprechende Rasterzelle zu durchschreiten, z. B. die Zeit, den Energieverbrauch, aber auch Kosten im Sinne von Geld, Treibstoff oder abstrakten Werten. Um auf dieser Grundlage die Kostenentfernung von einem Startpunkt zu einem beliebigen Zielpunkt auf der Karte zu bestimmen, werden für jede Zelle die geringsten akkumulierten Kosten vom Startpunkt aus berechnet und so eine akkumulierte Kostenoberfläche (*accumulated cost surface*, ACS) erstellt[486].

Der erste Schritt zur Erstellung einer ACS ist die Auswahl der Faktoren, die als Kosten bzw. Aufwand berücksichtigt werden sollen. Bei archäologischen Untersuchungen geht es häufig um die Bewegung im geografischen Raum, sodass meist die Hangneigung als Aufwandsfaktor zugrunde gelegt wird. Weitere Faktoren, welche die Bewegung im Raum hindern oder begünstigen können, sind beispielsweise Flussläufe (als Barrieren oder Verbindungen), befestigte Straßen und Wege, der Bewuchs, die Bodenbeschaffenheit sowie künstliche Hindernisse wie Zäune und Bereiche, deren Betreten nicht gestattet war[487]. Daneben können aber auch mentale Faktoren die Bewegung im Raum beeinflussen, wenn beispielsweise schnellere Routen aufgrund einer potentiellen Gefahr gemieden werden oder bestimmte Orte aufgrund ihrer Bedeutung gemieden bzw. trotz Umweg aufgesucht werden (etwa Begräbnisstätten oder Heiligtümer)[488]. Letztere Faktoren lassen sich ungleich schwerer rekonstruieren und sind daher nur selten in Kostendistanzanalysen integriert.

Die zu berechnenden Kostenwerte werden in isotropische und anisotropische Kosten unterschieden. Ein isotropischer Kostenwert ist unabhängig von der Bewegungsrichtung. Ein Beispiel hierfür ist die Landbedeckung: Durchquert man ein sumpfiges Gebiet oder eine Wüste, ist es unerheblich, von welcher Richtung aus man dieses Hindernis durchschreitet[489]. Anders verhält es sich bei der Hangneigung. Hierbei handelt es sich um anisotropische Kosten, da die Bewegung durch den Raum einen unterschiedlichen Aufwand verursacht, je nachdem, ob man sich bergauf oder bergab bewegt[490]. Dies spielt besonders bei Least-Cost-Path-Berechnungen eine Rolle, bei denen die Strecke von einem Startpunkt zu einem Zielpunkt ermittelt wird[491]. Soll dagegen die Entfernung zwischen zwei Orten in beide Richtungen berechnet werden, können die Kosten für die Bewegung bergauf und bergab gemittelt werden[492].

Es gibt zahlreiche Kostenfunktionen für die Berechnung des Aufwandes bei einer gegebenen Hangneigung[493]. Die Auswahl der Kostenfunktion bestimmt die Zuweisung von Kosten zu einer bestimmten Hangneigung und ist daher keine triviale Entscheidung (*Abb. 25*)[494]. Um die für die untersuchte Fragestellung passende Funktion zu finden, schlägt Irmela Herzog ein Kontrollverfahren vor. Eine Möglichkeit ist, mehrere mit verschiedenen Funktionen erstellte Kostenpfade (die kostengünstigste Verbindung zwischen zwei Punkten auf Grundlage von akkumulierten Kostenoberflächen) zu erstellen und diese mit bekannten Routen zu vergleichen[495]. So kann man nicht nur die geeignete Kostenfunktion, sondern auch die Faktoren ermitteln, die für die Anlage oder Nutzung der bekannten Routen eine Rolle spielten. Innerhalb des Untersuchungsgebietes kommen an bekannten Routen nur die Römerstraßen infrage[496]. Sie sind jedoch nur in wenigen Abschnitten koordinatengenau bekannt, wo sie sich im archäologischen Befund, im Luftbild oder im LiDAR-Scan zeigen. Ein Großteil der Verbindungen ist dagegen lediglich vermutet, wobei die Streckenführung meist entlang von alten Feldwegen, Flurstücksgrenzen oder dammartigen Erhebungen im Gelände rekonstruiert wird[497]. Hinzu kommt, dass diese Fernverbindungen in der Limesregion überwiegend im Zuge der militärischen Erschließung angelegt wurden. Kostenfunktionen, welche die Bewegung im Gelände auf Grundlage dieser Wegführungen modellieren, sind daher auf die Bedürfnisse militärischer Bewegungen ausgelegt, die nicht zwangsläufig den Anforderungen der zivilen Bewegung entsprechen. So

---

486 Ausführlicher zur Erstellung von akkumulierten Kostenrastern: HERZOG 2020, 340–346.
487 DA SILVA / PIZZIOLO 2001, 280; WHEATLEY / GILLINGS 2002, 156–157; HERZOG 2013b, 183–185; LLOBERA 2000, 70–75.
488 Zu nicht-topografischen Kostenfaktoren siehe z. B. LLOBERA 2000, 70–75; HERZOG 2013b, 184–185.
489 Beispiele für isotropische Kostenwerte für verschiedene Arten der Bodenbedeckung sowie für Flussläufe finden sich u. a. bei HERZOG 2014b; 2020 Tab. 18,3.
490 DA SILVA / PIZZIOLO 2001, 280; WHEATLEY / GILLINGS 2002, 152; CONOLLY / LAKE 2006, 215.
491 Zu Least-Cost-Path-Berechnungen siehe HERZOG 2013b; HERZOG / POSLUSCHNY 2012; HERZOG 2009, 89–94; WHEATLEY / GILLINGS 2002, 157–158.

492 DA SILVA / PIZZIOLO 2001, 280; HERZOG 2020, 336–338 Abb. 18,2.
493 Eine Zusammenstellung findet sich bei HERZOG 2014a, 223–225 Tab. 1; 231–235 Abb. 3; 2020, Tab. 18,2 Abb. 18,1.2.
494 HERZOG 2013a, 375–378; 2014a, 231–235 Abb. 3; 2020, 336–340 Tab. 18,2.
495 HERZOG 2014a, 236–238; 2009, 89–90 Abb. 2; HERZOG / SCHRÖER 2019; HERZOG 2020, 352.
496 Zu den Römerstraßen im Untersuchungsgebiet siehe *Kap. 2.3*.
497 HERZOG / SCHRÖER 2019, 1:8–10.

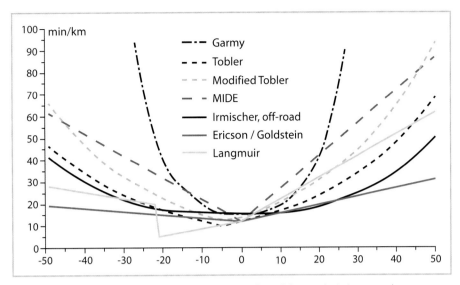

25 Verschiedene Formeln zur Berechnung der Aufwandskosten bei einer gegebenen Hangneigung im Vergleich nach Herzog 2020, Abb. 18,1.

könnte es strategisch von Vorteil sein, eine Militärstraße entlang von Höhenwegen zu errichten, um das Gelände von der Straße aus überblicken zu können. Für die zivile Bewegung spielt dieser Faktor dagegen möglicherweise eine untergeordnete Rolle.

Eine weitere Schwierigkeit bei der Wahl einer geeigneten Kostenfunktion ist die technische Komponente. Die Anwendung der verschiedenen Kostenfunktionen erfordert einiges an mathematischem und informatischem Vorwissen. Das in GRASS implementierte Geoverarbeitungswerkzeug r.walk erlaubt es, ein Kostenraster auf Basis der von Langumir modifizierten *Naismiths rule* zu erstellen[498]. Eine Anleitung zur Verwendung von *Toblers hiking function* mithilfe des in ArcGIS enthaltenen Werkzeuges Cost-Path durch Nicholas Tripcevich macht auch die Anwendung dieser Funktion für einen größeren Anwenderkreis möglich[499]. Auch über den in den gängigen GIS integrierten Rasterrechner lassen sich verschiedene Kostenoberflächen berechnen. Möchte man die Kosten für das Durchschreiten einer Rasterzelle bei einer gegebenen Hangneigung berechnen, setzt man beispielsweise ein zuvor erstelltes Hangneigungsraster als Variable in die entsprechende Formel ein. Dabei kann jedoch nicht die Bewegungsrichtung berücksichtigt werden, sodass sich diese Methode nur eignet, wenn von einem identischen

Hin- und Rückweg ausgegangen wird. In diesem Fall wird die Formel einmal mit negativer und einmal mit positiver Hangneigung berechnet und anschließend der Mittelwert aus beiden Versionen gebildet.

Neben der Hangneigung beeinflussen auch Flussläufe und vorhandene Straßen die Bewegung im Raum und sollten daher bei der Berechnung der akkumulierten Kostenoberfläche miteinbezogen werden[500]. Dabei stellt sich die Frage, ob Flüsse als Barrieren oder Verbindungen modelliert werden sollten[501]. Sofern man sich entscheidet, sie als Barrieren zu modellieren, sollten auch die Flussübergänge berücksichtigt werden, um künstliche Hindernisse zu vermeiden. Diese sind jedoch nur in den seltensten Fällen bekannt. Lineare Barrieren stellen zudem auch technisch besondere Anforderungen. Bei der Konvertierung der Vektordaten in ein Kostenraster wird aus den Linien eine Aneinanderreihung von Rasterzellen. Stoßen diese Rasterzellen diagonal aneinander, entsteht eine „Lücke", die bei einer diagonalen Bewegung übersprungen werden kann[502]. Martijn van Leusen schlägt daher vor, die Barriere um eine weitere Rasterzelle zu verbreitern[503]. Werden vom Zielpunkt aus jedoch 16 oder 24 Nachbarzellen bei der Bewegung berücksichtigt und lässt der verwendete Algorithmus auch Bewegungen wie den *knights move* zu (angelehnt an das

498 Langumir 1984; Aitken 1977.
499 Tripcevich 2009.
500 Auch Faktoren wie die Bodenbeschaffenheit, der Bewuchs und etwaige private oder staatliche Grundstücke, die nicht betreten werden durften, haben einen Einfluss auf die Bewegung,

lassen sich jedoch aufgrund des mangelnden Kenntnisstandes für die antiken Verhältnisse kaum modellieren.
501 Siehe hierzu auch Herzog 2014a, 234–235 mit weiterführender Literatur.
502 van Leusen 2002, 16·14–16; Herzog 2013, 188–189.
503 van Leusen 2002, 16·15.

Bewegungsmuster des Springers beim Schach), können selbst solche verbreiterten Hindernisse ohne oder mit geringen Kosten überschritten werden. Herzog empfiehlt daher, einen Puffer um das lineare Hindernis zu bilden und einen relativ breiten Korridor mit abgestuften Kosten zu erstellen, die zur Mitte hin ansteigen[504].

Neben der Wirkung als Barrieren stellten zumindest die schiffbaren Flüsse besonders bequeme Transportrouten für Warenverkehr dar und hatten damit auch eine verbindende Funktion. Ulrich Fellmeth berechnet eine 8,5-fache Kostenersparnis, wenn für den Transport von Gütern der Wasser- statt dem Landweg gewählt wurde[505]. Dass die meisten *vici* an schiffbaren Flüssen lagen, unterstreicht die wichtige Rolle der Gewässer im Warenverkehr. Eine Möglichkeit, den Widerspruch zwischen Barriere einerseits und Verbindungsweg andererseits zu überwinden, ist die Berechnung einer Zone höherer Kosten an den Rändern der Flüsse und eine Zone niedriger Kosten in der Mitte der Wasserläufe[506]. Dadurch wird verhindert, dass mehrfach zwischen Land- und Flussverkehr gewechselt wird. Auch hier ist jedoch zu berücksichtigen, dass die Zellen mit erhöhten Kosten durch diagonale oder komplizierte Bewegungen nicht übersprungen werden dürfen und daher jeweils ein breiterer Kostenkorridor an den Rändern der Flüsse modelliert werden sollte. Darüber hinaus stellen die Aufwandskosten, die bei der Bewegung auf dem Wasser entstehen, anisotropische Kosten dar, sodass hier eine eigene Formel angewendet werden sollte.

Abgesehen von diesen technischen Herausforderungen stellt sich die Frage der Übertragbarkeit des modernen Gewässerdatensatzes auf die römische Epoche[507]. So unterlag das Gewässernetz seit der Römerzeit mehreren natürlichen und anthropogenen Veränderungen. Auch bei einer Korrektur des Gewässerdatensatzes, indem Kanäle entfernt und die Flussläufe mithilfe historischer Karten modifiziert werden, dürfte die Abweichung von den antiken Verhältnissen besonders in flachen Regionen noch beträchtlich sein, da einige Flusskorrekturen bereits vor dem 19. Jahrhundert erfolgten. Darüber hinaus ist nur für wenige Flüsse bekannt, ob sie in der Antike schiffbar waren[508]. Bezieht man die Flüsse auf Grundlage des modernen Gewässernetzes mit ein,

besteht daher durchaus die Gefahr, dass Verhältnisse modelliert werden, die von der antiken Realität deutlich abweichen.

Die vorangegangenen Ausführungen machen deutlich, dass auch Einzugsgebiete und Wegeberechnungen auf Grundlage von Kostenoberflächen nicht zwangsläufig reale Verhältnisse abbilden, sondern theoretische Modelle bleiben, die von den zugrunde gelegten Parametern abhängen. Besonders in hügeligen oder von Oberflächengewässern geprägten Landschaften liefern sie jedoch unter Umständen realistischere Ergebnisse als Modelle, die auf euklidischen Distanzen basieren. Um die Plausibilät der Ergebnisse einzuschätzen, sollte jedoch unbedingt angegeben werden, auf welchen Parametern die Kostenberechnungen beruhen. Je nach Fragestellung und zugrundeliegenden Daten bieten sich jedoch auch weiterhin Modelle auf Basis euklidischer Distanzen an, da diese – auch in ihren Nachteilen – leicht nachvollziehbar und ohne besondere Kenntnisse und technische Voraussetzungen reproduzierbar sind.

Im gewählten Untersuchungsgebiet ist die Datengrundlage für eine Berechnung von Kostendistanzen, die annähernd reale Verhältnisse abbilden, ungünstig. Zum einen hat sich das Flusssystem seit der Antike erheblich verändert und zum anderen ist das Straßennetz – bis auf einige Fernstraßen – nicht koordinatengenau bekannt. Für die Berechnung der Einzugsgebiete und Umfelder der *vici* würden sich Distanzmessungen auf Basis von Kostenmodellen anbieten[509]. Hierfür wäre jedoch zunächst Grundlagenarbeit notwendig, bei der das Gewässersystem bereinigt und Übergänge rekonstruiert würden. Darüber hinaus sollten verschiedene Kostenformeln sowohl für die Hangneigung als auch für die Wasserwege verglichen, unterschiedliche Parameter ausprobiert und die Ergebnisse anhand von bekannten Wegen überprüft werden. Diese methodische Grundlagenarbeit ist für eine separate Studie lohnenswert, führt jedoch in der vorliegenden Arbeit zu weit. Da für die durchgeführte Untersuchung zudem meist nicht die exakten Einzugsgebiete und Entfernungen im Vordergrund stehen, wurde auf eine aufwendige großräumige Rekonstruktion der Verhältnisse in der Antike verzichtet und ausschließlich auf euklidische Distanzen zurückgegriffen. Größere Abweichungen zwi-

504 Herzog 2020.
505 Fellmeth 2002, 103 Tab. 2.
506 Wheatley / Gillings 2002, 156–157.

507 Siehe hierzu ausführlicher *Kap. 6.2.3.1.*
508 Siehe auch *Kap. 2.3.1.*
509 Siehe *Kap. 6.2.5.*

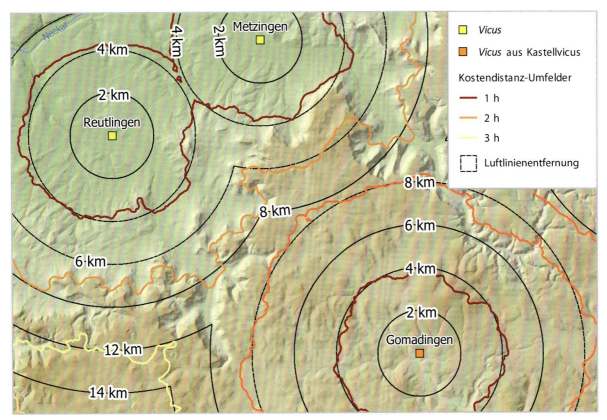

26   Beispiel für eine Berechnung der Kostendistanz (farbige Linien) auf Grundlage der Hangneigung im Vergleich zur Luft-
liniendistanz (schwarze gestrichelte Linie). Die Berechnung der Kostendistanz-Umfelder erfolgte mit dem in GRASS-GIS
implementierten Werkzeug r.walk.

schen der euklidischen und der Kostendistanz sind
für das Untersuchungsgebiet vor allem im Bereich des
Albtraufes zu erwarten, wo steile An- und Abstiege
überwunden werden mussten *(Abb. 26)*. Eine Berechnung von sehr ausgedehnten Einzugsgebieten mögli-

cher Hauptorte römischer Gebietskörperschaften in
Süddeutschland zeigte zudem, dass die berechneten
Least-Cost-Thiessenpolygone bei sehr großen Distanzen nicht wesentlich von Standard-Thiessenpolygonen auf Basis euklidischer Distanzen abwichen[510].

510   HERZOG / SCHRÖER 2019, 1:7 Abb. 3.

5 | Das Siedlungsmuster innerhalb des Untersuchungsgebietes

Die Grundlage zur Erfassung und Interpretation der Siedlungsverteilung beiderseits der Provinzgrenze zwischen Rätien und Obergermanien bildete die Aufnahme der kaiserzeitlichen Fundstellen innerhalb des Untersuchungsgebietes. Einen ersten Überblick über die Siedlungsverteilung gibt bereits die bloße Kartierung aller Hinweise auf ländliche Einzelsiedlungen *(Abb. 27)*. Hierfür wurden nicht nur alle Siedlungsbefunde (mit Ausnahme der *vici*[511] und der vermuteten Befunde ohne sicheren Beleg) berücksichtigt, sondern auch Fundstreuungen und

isolierte Grabbefunde, die auf Siedlungsfundstellen in der Nähe hindeuten könnten[512]. Bereits auf den ersten Blick deutet sich eine Verdichtung der Fundstellen im Westen und Osten des betrachteten Ausschnitts an. Auch die Mittlerer-Nächster-Nachbar-Untersuchung[513] weist mit einem Index R = 0,88 auf eine schwach gruppierte Punktverteilung hin *(Tab. 12)*. Der Z-Wert von -3,64 zeigt an, dass das Ergebnis signifikant ist, d. h. die Wahrscheinlichkeit, dass das leicht gruppierte Muster durch Zufall entstanden ist, liegt bei weniger als 1 %.

N	A	Db	De	R	Z	p
214	3.853,513 km²	1862,9 m	2121,7	0,88	-3,39	0,01

Tab. 12   Ergebnis der Mittlerer-Nächster-Nachbar-Analyse. – N = Anzahl der Fundstellen; A = Fläche des Untersuchungsgebietes; Db = beobachtete mittlere Entfernung; De = erwartete mittlere Entfernung; R = Mittlerer-Nächster-Nachbar-Index; Z = Standardabweichung; p = Signifikanzlevel.

---

511   Da in einem späteren Kapitel die Beziehung zwischen den ländlichen Einzelsiedlungen und den *vici* ausführlich untersucht wird *(Kap. 6.2.5)*, sind letztere aus der hier vorgenommenen Siedlungsmusteranalyse ausgenommen.
512   Siehe hierzu auch *Kap. 3.2.1.2* und *3.2.3*.

513   Siehe dazu *Kap. 4.1*. Berücksichtigt wurden nur Fundstellen der Kennungen 10, 100, 101, 110, 111, 119, 200 und 209, die nicht verlagert sind und innerhalb der Grenzen des Untersuchungsgebietes liegen.

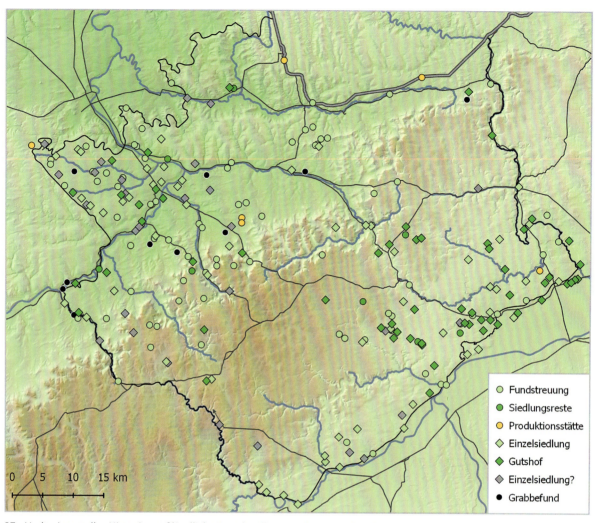

Legende:
- ○ Fundstreuung
- ● Siedlungsreste
- ○ Produktionsstätte
- ◇ Einzelsiedlung
- ◆ Gutshof
- ◈ Einzelsiedlung?
- ● Grabbefund

0 5 10 15 km

27   Verbreitung aller Hinweise auf ländliche Einzelsiedlungen der römischen Kaiserzeit.

Da das Untersuchungsgebiet naturräumlich und topografisch sehr unterschiedliche Regionen umfasst, was bereits eine gruppierte Verteilung der Fundstellen nahelegt, lassen sich aus diesem Ergebnis jedoch keine weiteren Schlüsse ziehen[514]. Um Auffälligkeiten im Siedlungsmuster sichtbar zu machen, eignet sich dagegen eine Dichtekartierung. Sie ermöglicht es, weitere Strukturen innerhalb des bereits mit bloßem Auge zu erkennenden Verbreitungsbildes zu ermitteln und lokale Siedlungskonglomerationen sowie Dichteminima zu lokalisieren[515]. Um die Dichte der Punktverteilung zu visualisieren, steht eine Auswahl

an Methoden zur Verfügung[516]. Bei einem Versuch mit simulierten Daten kam Herzog zu dem Ergebnis, dass das Kerndichteschätzungsverfahren im Gegensatz zu anderen gängigen Methoden wie der Quadratmethode[517] oder der Berechnung von Least-Empty-Circles (LCE)[518] die besten Ergebnisse erzielte – gerade wenn im Arbeitsgebiet größere fundleere Räume vorhanden sind[519].

Beim Kerndichteschätzungsverfahren (KDE) wird in einem zuvor definierten Radius (Bandbreite) für jeden Punkt eine Dichtefunktion (Kern) berechnet. Am Ort des Fundpunktes ist der Wert am höchs-

514 Zu den Einschränkungen der „Mittlerer-Nächster-Nachbar-Analyse" siehe auch DONEUS 2013, 280–282.

515 Zum Vorteil von Dichtekarten, die als „thematische Oberflächen" weitergehende Analysemöglichkeiten bieten als das Betrachten reiner Punktwolken, siehe besonders OSTRITZ 2003.

516 Eine Zusammenstellung einiger Methoden mit weiterführender Literatur findet sich bei HERZOG 2007, 5–9.

517 z. B. HODDER / ORTON 1976, 33–38; 156–159; OSTRITZ 2003, 242–245.

518 ZIMMERMANN / WENDT 2003, 493–494; ZIMMERMANN 2004, 51–52.

519 HERZOG 2007, insbes. 12.

ten und nimmt mit der Entfernung zum Fundpunkt ab[520]. Die Dichtekartierung der Punktverteilung ergibt sich aus der Addition der einzelnen Kerne[521]. Das KDE-Verfahren ist sowohl in ArcGIS als auch in QGIS implementiert. Während in ArcGIS standardmäßig eine quadratische Kerndichtefunktion verwendet wird, kann diese bei der QGIS-Erweiterung *Heatmap* selbst gewählt werden. Die Funktion entscheidet darüber, welche „Gestalt" die Kurve bzw. Glocke besitzt, die für jeden Fundpunkt errechnet wird[522]. Während die Auswahl der Dichtefunktion das Ergebnis nur wenig beeinflusst[523], ist die Bandbreite, d. h. der Radius um jeden Fundpunkt, auf den die Dichtefunktion gestreckt wird, von entscheidender Bedeutung für das Ergebnis. Eine zu kleine Bandbreite führt dazu, dass um jede kleinste Agglomeration von Fundpunkten kleine Dichtezentren gebildet werden, die das Gesamtbild nicht mehr erkennen lassen. Bei einer zu großen Bandbreite entsteht dagegen ein stark geglättetes Bild, bei dem kleinräumige Veränderungen in der Siedlungsdichte nicht mehr erkannt werden[524]. Bei der Wahl der geeigneten Bandbreite gibt es zwar diverse mathematische Hilfestellungen[525]. Die damit ermittelten Werte sind jedoch häufig zu hoch und führen besonders bei komplexeren Punktverteilungen mit mehreren unterschiedlich dichten Konglomerationen zu einer stark geglätteten Dichtekarte. Herzog schlägt daher vor, die geeignete Bandbreite durch das Testen verschiedener Werte zu ermitteln[526].

Neben der Kernfunktion und der Bandbreite stellt schließlich die Gewichtung der Fundpunkte den dritten Parameter dar, der bei der Dichtekartierung zu berücksichtigen ist. Während einige der kartierten Fundpunkte sichere Nachweise für römerzeitliche Siedlungsstellen darstellen, wie beispielsweise der vollständige Grundriss einer *villa* oder Baubefunde, handelt es sich bei einem großen Teil der aufgenommenen Fundstellen um Fundstreuungen oder isoliert stehende Grabbefunde, die lediglich mit einiger Wahrscheinlichkeit auf eine nahe gelegene Siedlungsstelle hindeuten könnten. Die Fundstellentypen unterscheiden sich daher stark in der Qualität und Aussagekraft des Siedlungsnachweises. Um auch die weniger belastbaren Hinweise auf Siedlungsfundstellen in die Analyse miteinzubeziehen und trotzdem der

Qualität der Nachweise Rechnung zu tragen, wurden die Fundstellentypen unterschiedlich gewichtet *(Tab. 13)*. In der QGIS-Erweiterung *Heatmap* lässt sich dies über das Feld „Gewichtung" regulieren, in dem in ArcGIS *Spatial Analyst* enthaltenen Geoverarbeitungswerkzeug KDE über das Feld „Population". Der Wert bestimmt, wie häufig jeder Fundpunkt gezählt wird bzw. welchen Wert die Dichtefunktion an der Position des Fundpunktes besitzt. Statt einem unflexiblen Wert kann in das Gewichtungsfeld sowohl bei ArcGIS als auch bei QGIS ein Attributfeld des Eingabelayers gewählt werden, was es ermöglicht, verschiedene Fundstellentypen innerhalb des Layers unterschiedlich zu gewichten. Fundstellen, die einen relativ sicheren Siedlungsnachweis darstellen, da einzelne Haus-, vollständige Siedlungsgrundrisse oder andere Baubefunde bekannt sind, erhielten den Gewichtungswert 1. Fundstreuungen (Kennung 10) und Hinweise auf Siedlungsstellen (Kennung 100) lassen dagegen nur vermuten, dass sich in ihrem Umfeld eine Siedlungsstelle befand[527]. Sie wurden daher mit dem Wert 0,5 gewichtet.

Fundstellentyp	Kennung	Gewichtung
Fundstreuung	10	0,5
Hinweis auf Siedlungsstelle	100	0,5
Produktionsstätten	101	1
Ländliche Einzelsiedlungen	110	1
Gutshöfe	111	1
Vermutete ländliche Einzelsiedlung	119	1
Isolierter Grabbefund	200	1
Isolierter Grabbefund vermutet	209	0,5

Tab. 13 Gewichtung der Siedlungsfundstellen für die Kerndichteschätzung.

Etwas komplizierter ist die Integration der isolierten Grabbefunde in die Dichtekartierung der Siedlungsfundstellen. Es ist wahrscheinlich, dass sie mit einer bisher nicht entdeckten Siedlung in Zusammenhang standen. Diese befand sich jedoch nicht an

520 Ostritz 2003, 235–238; Conolly / Lake 2006, 175–176; Herzog 2007, 8–9; Doneus 2013, 282.
521 Beardah / Baxter 1996; Wheatley / Gillings 2002, 186–187; Ostritz 2003, 242 Abb. 9; Conolly / Lake 2006, 175–177; Herzog 2006, 1–2.
522 Herzog 2006, 5–6 Abb. 1.

523 Herzog 2006, 5–6 Tab. 7.
524 Conolly / Lake 2006, 176; Herzog 2007, 8–9 Abb. 1i–j.
525 Herzog 2007, 9 mit weiterführender Literatur.
526 Herzog 2006, 8.
527 Siehe hierzu auch *Kap. 3.2.1.2* und *3.2.2.1*.

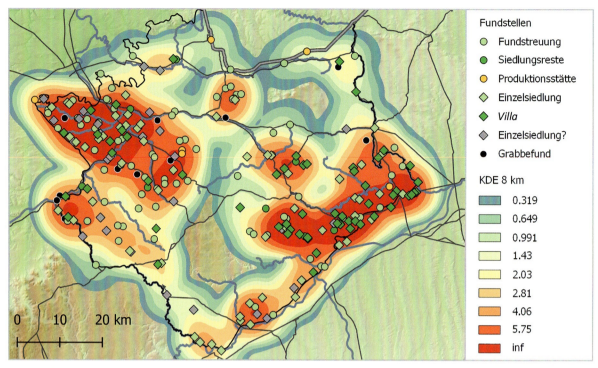

28   Kerndichteschätzung bei einer Bandbreite von 8 km.

der Position des Grabbefundes und damit des Fundpunktes, sondern in einiger Entfernung dazu. Der Wert der Dichtekurve sollte daher an der Position des Fundpunktes am niedrigsten, in einiger Entfernung vom Fundpunkt am höchsten sein und anschließend in einer Kurve zum Rand des Suchradius bzw. der Bandbreite hin wieder sinken[528]. Plastisch beschrieben müsste die Dichtefunktion um die Fundpunkte somit nicht glocken-, sondern ringförmig sein. Da eine entsprechende Dichtefunktion nicht in den verwendeten Geoverarbeitungswerkzeugen implementiert ist, werden die isoliert stehenden Grabbefunde jedoch wie die Siedlungsfundstellen behandelt und mit einer Gewichtung von 1 gewertet. Vermutete isoliert stehende Grabbefunde erhalten dagegen eine Gewichtung von 0,5. Bei der Dichtekartierung wurde keine Rücksicht auf die Lagegenauigkeit der Fundpunktkoordinaten genommen. Da es sich um eine Kartierung auf einem kleinen Maßstab handelt, dürften Verschiebungen der Fundpunkte um wenige hundert Meter keine großen Auswirkungen auf das Ergebnis haben. Lediglich

sekundär verlagerte Fundstellen[529] wie Spolien und Fundmaterial aus Schwemmschichten wurden nicht berücksichtigt.

Um Randeffekte zu vermeiden, wurden darüber hinaus auch einige Fundstellen mit in die Dichtekartierung einbezogen, die sich unmittelbar außerhalb des Arbeitsgebietes befinden. Die entsprechenden Fundstellen sind im Katalog mit dem Zusatz „AG+" gekennzeichnet.

Die Dichtekartierung wurde mit der QGIS-Erweiterung *Heatmap* durchgeführt, da hier im Gegensatz zu dem in der ArcGIS-Erweiterung *Spatial Analyst* enthaltenen Werkzeug *Kernel Density* mehr Einstellungsmöglichkeiten zur Verfügung stehen. Als Kernform wurde eine biquadratische Funktion gewählt und die Bandbreite mit 8 km *(Abb. 28)*, 5 km *(Abb. 29)* und 3 km *(Abb. 30)* festgelegt, bei einer Zellengröße der Rasterpixel von 30 × 30 m. Als Ergebnis zeichnen sich verschiede Gruppierungen von Siedlungsfundstellen ab, die durch Bereiche abnehmender Siedlungsdichte oder besiedlungsleere Streifen voneinander abgegrenzt sind.

---

528   Ostritz 2003, 236–237 Abb. 6.

529   Zur Kategorisierung der Lagegenauigkeit siehe auch *Tab. 1.*

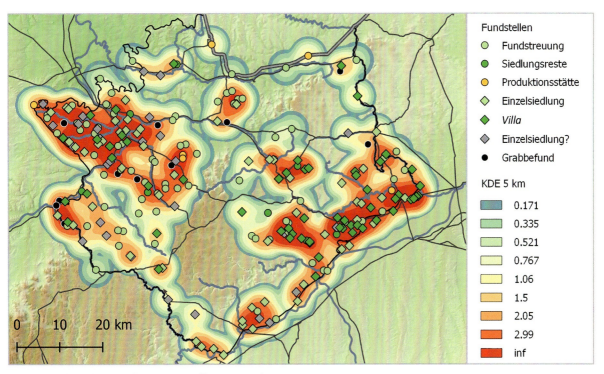

29　Kerndichteschätzung bei einer Bandbreite von 5 km.

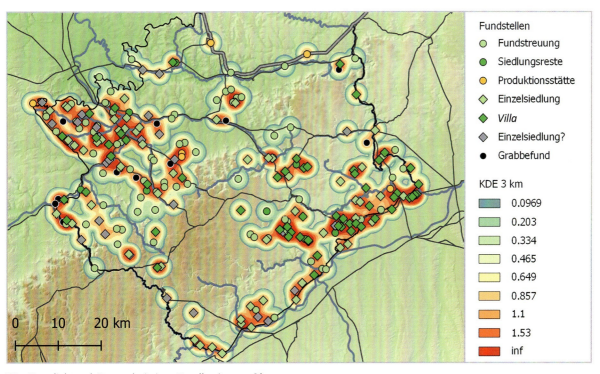

30　Kerndichteschätzung bei einer Bandbreite von 3 km.

5.1 Siedlungsgruppen / Siedlungsgrenzen

Die Kartierung der Kerndichteschätzung mit einer Bandbreite von 8 km erlaubt es, großräumige Tendenzen zu erkennen. Wie bereits auf den ersten Blick zu erkennen, liegen die Bereiche der höchsten Punktdichte im Westen und Osten des Untersuchungsgebietes. Im Westen verteilen sich die Siedlungskonglomerationen auf die Filderfläche *(Abb. 31,1)*, auf ein Gebiet am Fuß der Schwäbischen Alb zwischen Kirchheim unter Teck und dem Fluss Lauter *(Abb. 31,2)* sowie auf einen Bereich um Reutlingen *(Abb. 31,3)*. Im Osten des Untersuchungsgebietes ist eine größere Region hoher Punktdichte auf der Lonetal-Flächenalb zu erkennen *(Abb. 31,4)*. Weitere Bereiche hoher Siedlungsdichte verteilen sich auf das Gebiet um Geislingen a. d. Steige nördlich von Lonsee-Ursprung *(Abb. 31,5)* sowie ein Gebiet um Ehingen am südöstlichen Rand des Arbeitsgebietes *(Abb. 31,6)*. Weniger dichte Siedlungskonglomerationen, die sich jedoch durch den Kontrast zu ihrer dünn besiedelten Umgebung deutlich abzeichnen, sind im Remstal *(Abb. 31,7)*, südlich von Lorch in einem Bereich um Göppingen *(Abb. 31,8)* und im Vorfeld des Kastells Emerkingen an der Südspitze des Untersuchungsgebietes *(Abb. 31,9)* zu erkennen. Bis auf wenige lokale Siedlungsverdichtungen im Remstal, südlich von Lorch und um Aalen ist das Land nördlich von Neckar, Fils und der über das Filstal verlaufenden Fernstraße nach Heidenheim weitgehend frei von bekannten Siedlungsfundstellen. Eine nahezu unbesiedelte Region zeichnet sich darüber hinaus in der Mitte des Untersuchungsgebietes zwischen Fils und Großer Lauter ab.

Je geringer die Bandbreite gewählt wird, desto mehr Untergruppen lassen sich innerhalb dieser großräumigen Dichtemaxima erkennen. Bei einer Bandbreite von 5 km *(Abb. 29)* sind die großräumigen Tendenzen, die sich bei einer Bandbreite von 8 km zeigten, immer noch gut erkennbar, während einige interessante Details sichtbar werden, die bei der Wahl einer größeren Bandbreite interpoliert wurden. So lässt sich die in *Abb. 31,4* erkennbare großflächige Siedlungskonglomeration auf der Lonetal-Flächenalb bei einer Bandbreite von 5 km in drei Gruppen aufteilen. Auch im Bereich der in *Abb. 31,2* zu erkennenden Siedlungshäufung am Fuß der Schwäbischen Alb zeigen sich bei einer geringeren Bandbreite zwei kleinere Konglomerationen nördlich und südlich der Lauter. Im Bereich von Reutlingen grenzt sich bei einer Bandbreite von 5 km eine lineare Konzentration etwa parallel zur Erms von der in *Abb. 31,3* sichtbaren Siedlungshäufung um Reutlingen ab. Schließlich sind auch die übrigen oben beschriebenen Siedlungskonzentrationen sowie die besiedlungsfreien Regionen bei einer geringeren Bandbreite deutlicher sichtbar. Wählt man dagegen eine noch geringere Bandbreite von 3 km *(Abb. 30)*, lösen sich die in *Abb. 28* und *Abb. 29* sichtbaren Gruppierungen in zahlreiche lokale Dichtenmaxima auf.

Ein anderes mathematisches Verfahren zur Identifizierung von Gruppen in Punktmustern schlagen Franz Manni, Etienne Guérard und Evelyne Heyer vor. Sie wenden Monmoniers Algorithmus *Maximum-Difference Barriers* an, um Grenzen z. B. zwischen Fundpunkten zu ermitteln[530]. Hierfür wird zunächst eine Delaunay-Triangulation durchgeführt, d. h. die Fundpunkte werden miteinander verbunden, sodass die Linien zwischen ihnen Dreiecke bilden, wobei ein Kreis, der um die Eckpunkte eines jeden Dreieckes gespannt würde, keine weiteren Fundpunkte enthält *(Abb. 32a–b)*[531]. Anschließend wird über eine Distanzmatrix jeder Verbindung ein Entfernungswert zugewiesen *(Abb. 32c)*. Das erste Grenzsegment wird entlang der Mittelsenkrechten zwischen den beiden Punkten mit der größten Distanz zueinander gezogen *(Abb. 32d)*. Das Grenzsegment entspricht damit der Kante eines Thiessenpolygons, dessen Grenze die beiden Punkte voneinander trennt[532]. Die nächsten Grenzsegmente queren jeweils die Seiten der Triangulationsdreiecke mit dem höchsten Wert, wobei sie immer entlang der Kanten der Thiessenpolygone verlaufen. Diese Schritte werden so lange wiederholt, bis die Grenze des Arbeitsgebietes erreicht ist oder ein Grenzsegment auf ein bereits bestehendes trifft. Für die Anwendung des Verfahrens wurde von den Auto-

---

530 Manni et al. 2004.
531 Doneus 2013, 283.

532 Zum Konzept und der Anwendung siehe z. B. Hodder / Orton 1976, 59–60; Conolly / Lake 2006, 211–213; Doneus 2013, 282–283. Zu Thiessenpolygonen siehe auch *Kap. 4.4.*

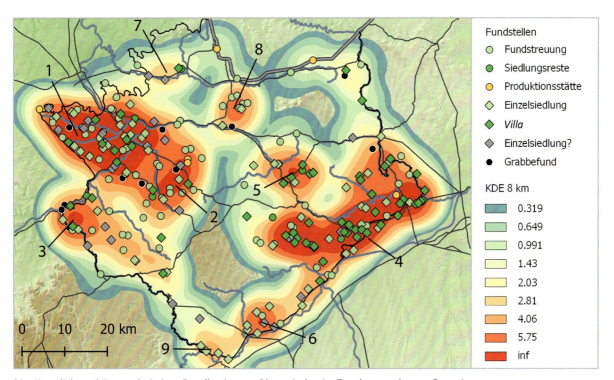

31 Kerndichteschätzung bei einer Bandbreite von 8 km mit den im Text besprochenen Gruppierungen.

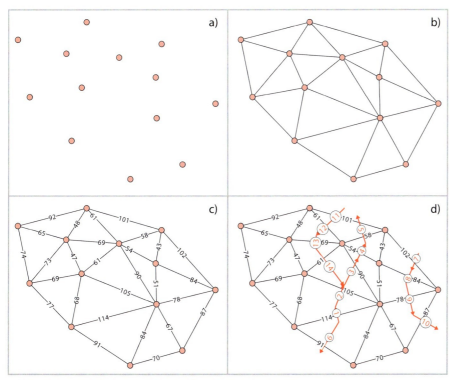

32 Die verschiedenen Arbeitsschritte bei der Erstellung von Grenzen durch Barrier vs. 2

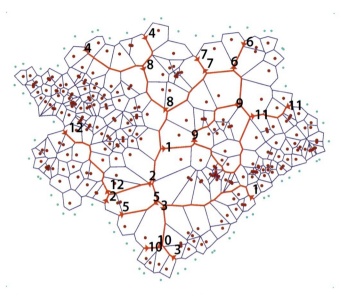

33   Ergebnis der Berechnung von zwölf Grenzlinien mit Barrier vs. 2.
– Rote Punkte: Siedlungsfundstellen. – Blaue Linien: Thiessenpolygone. – Rote Linien: Errechnete Grenzlinien.

ren eigens ein frei verfügbares Programm namens
Barrier vs. 2 entworfen[533]. Für die Modellierung benötigt man einen Datensatz, der die Koordinaten der
Fundpunkte enthält[534], sowie eine Distanzmatrix der
Fundpunkte, die mithilfe der gängigen GIS-Software
erstellt werden kann[535]. Mithilfe des Programmes ist
es möglich, eine beliebige Anzahl an Grenzen auf
Basis der Distanz der Fundpunkte zueinander zu definieren[536].

Für das Arbeitsgebiet wurden zwölf Grenzlinien
modelliert *(Abb. 33)*. Als Fundpunkte dienten auch hier
alle Hinweise auf Siedlungsfundstellen mit Ausnahme
der *vici* sowie alle isoliert liegenden Grabbefunde,
wobei verlagerte Fundstellen nicht berücksichtigt
wurden. Um Randeffekte zu vermeiden, wurden darüber hinaus – wie schon bei der Dichtekartierung – die
unmittelbar an das Arbeitsgebiet angrenzenden Fundstellen in die Berechnung miteinbezogen. Da die Grenzen entlang der Kanten von Thiessenpolygonen gezogen werden, lässt sich das Ergebnis leicht in das geografische Informationssystem übertragen *(Abb. 34)*.
Die erste, d. h. die aufgrund der Entfernung der Fund-

stellen zueinander deutlichste Grenze zwischen Siedlungskonglomerationen wird durch die Berechnung
inmitten des auch in der Dichtekarte zu erkennenden
besiedlungsleeren Streifens auf der Schwäbischen Alb
gezogen. Sie verläuft von der Donau bei Ulm in einem
nach Osten greifenden Halbkreis über die Münsinger
Alb bis zum Albtrauf. Dort folgt sie diesem in nordöst-
liche Richtung, bevor die Grenzlinie südlich von Böbingen a. d. Rems nach Osten und Süden umbiegt und
in einem Bogen um Lonsee-Ursprung herum führt. Dadurch werden die westliche und die östliche Hälfte
des Arbeitsgebietes voneinander getrennt und die
Siedlungskonzentration um Lonsee-Ursprung zusätzlich abgegrenzt. Grenzen werden zudem zwischen der
Siedlungskonglomeration um Göppingen südlich von
Lorch sowie einer Gruppe von Fundstellen im Remstal
und den Fundstellen südlich des Schurwaldes gezogen. Dabei verläuft Grenzlinie 4 genau auf dem Höhenzug des Schurwaldes, der sich somit auch im Sied-
lungsbild zu erkennen gibt.

Ein Vergleich mit der Dichtekartierung bei einer
Bandbreite von 8 km zeigt, dass die meisten in Barrier

533   Download unter http://ecoanthropologie.mnhn.fr/
software/barrier.html (letzter Abruf: September 2023).
534   Die Liste der Fundpunkte, bestehend aus Fundstellennum-
mer, X-Koordinate und Y-Koordinate, wurde aus einer Access-Ab-
frage der Fundstellendatenbank generiert.
535   Eine Distanzmatrix der entsprechenden Fundpunkte wurde mithilfe des Geoverarbeitungswerkzeuges *distance matrix* in
QGIS erstellt (Eingabepunktlayer = Liste der Fundpunkte, Ziel-
punktlayer = Liste der Fundpunkte, Ausgabematrix = Linear
(N*k × 3) distance matrix). Um aus der Distanzmatrix eine Kreuz-

tabelle zu generieren, kann der erstellte Layer als CSV-Datei gespeichert und in Access geöffnet werden, wo über den Abfrage-
entwurf die Möglichkeit geboten wird, eine Kreuztabelle zu erstellen. Diese kann schließlich als Textdatei exportiert werden.
Da die Distanzmatrix für den Import in Barrier vs. 2 keine Spal-
tenüberschriften enthalten darf, sollte die Textdatei zunächst in
Excel geöffnet, die erste Spalte gelöscht und die Tabelle anschließend erneut als txt-Datei gespeichert werden.
536   Zur Funktionsweise von Barrier vs. 2 siehe das Benutzer-
handbuch: MANNI / GUÉRARD 2004.

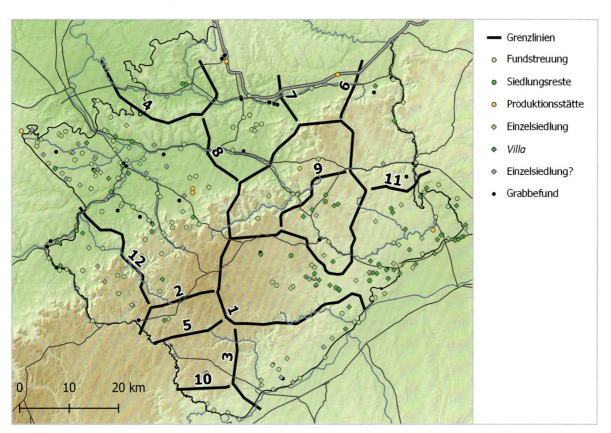

34 Ergebnis der Berechnung von zwölf Grenzlinien mit Barrier vs. 2 auf dem digitalen Geländemodell.

vs. 2 modellierten Grenzlinien die Gruppierungen voneinander trennen, die bei der Kartierung der Kerndichteschätzung bereits subjektiv bestimmt wurden *(Abb. 35)*. Ein Schwachpunkt der vorgestellten Methode, Siedlungsgrenzen mithilfe des von Monmoniers entwickelten Algorithmus *Maximum-Difference Barriers* zu definieren, ist, dass bereits wenige neue, bisher unbekannte Fundpunkte zu einer völlig anderen Grenzziehung führen können. Dies gilt besonders in dünn besiedelten Regionen, wo die Abstände der Siedlungen zueinander groß sind. Der Forschungsstand hat daher maßgebliche Auswirkungen auf das Ergebnis. Außerdem ist die Methode nicht geeignet, um Grenzen zwischen dicht beieinander liegenden Siedlungskonzentrationen darzustellen, da hier die Triangulationslinien zwischen den Gruppen relativ kurz sind. So werden die durch die Kerndichteschätzung erkannten Gruppierungen auf der Filderfläche und am Fuß der Alb bei der Grenzziehung durch Barrier vs. 2 zu einer größeren Gruppe zusammengefasst. Das Ergebnis kann jedoch trotz dieser Schwächen ergänzend zu der Kerndichteschätzung herangezogen werden, um Grenzen, die sich bereits in der Dichtekartierung abzeichnen, deutlicher zu visualisieren.

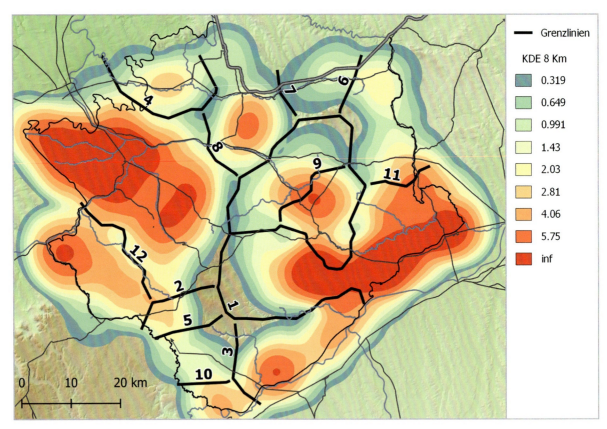

35   Vergleich der Dichtekartierung bei einer Bandbreite von 8 km mit dem Ergebnis der Berechnung von zwölf Grenzlinien mit Barrier vs. 2.2.

6 Faktoren zur Entstehung des Verbreitungsbildes der römerzeitlichen Siedlungsfundstellen im Untersuchungsgebiet

Die Dichtekartierung stellt lediglich eine beschreibende Annäherung an das römerzeitliche Siedlungsmuster dar, die es erlaubt, in bestimmten Regionen des Untersuchungsgebietes Dichtemaxima und -minima zu erkennen, ohne diese jedoch zu deuten. Das überlieferte Punktmuster kaiserzeitlicher Siedlungsfundstellen ist jedoch von zahlreichen Faktoren beeinflusst. Zum einen handelt es sich um Aspekte, die sich bereits in der Antike auf das Siedlungsmuster ausgewirkt haben könnten, wie die topografische und naturräumliche Situation, die Infrastruktur und die politische Entwicklung der Region. Zum anderen ist das aus dem heutigen Forschungsstand gewonne-ne Verbreitungsbild der kaiserzeitlichen Fundstellen auch durch diverse Überlieferungsfaktoren beeinflusst. Im Folgenden werden daher zunächst Faktoren untersucht, welche die Überlieferung des antiken Besiedlungsmusters beeinflussten, und im Anschluss daran solche, die sich auf die Entstehung des Besiedlungsmusters in der Antike auswirkten. Erst wenn die Wirkung dieser Faktoren auf das überlieferte Siedlungsmuster bekannt ist, lässt sich einschätzen, ob – und wenn ja, in wie fern – eine Wechselwirkung zwischen der durch das Arbeitsgebiet verlaufenden Verwaltungsgrenze und der römerzeitlichen Besiedlung bestand[537].

---

537 Gemäß Posluschny ist die „Grundlage jeder siedlungsanalytischen Untersuchung die Erarbeitung eines Besiedlungsmodelles, bei dem herausgearbeitet wurde, in welchem Maß [...] die verschiedenen Faktoren Einfluss auf die Siedlungsplatzwahl [...] gehabt haben. Erst dann ist es möglich, von diesem ‚Idealmodell' abweichende Beobachtungen zu erkennen und zu bewerten" (Posluschny 2002, 88).

6.1 Überlieferungsfaktoren

Archäologische Fundstellen sind von der Entstehung bis zu ihrer Auffindung einer Reihe von Quellenfiltern[538] ausgesetzt. Daher nehmen quellenkritische Studien zum Fundbestand einen großen Stellenwert in siedlungsarchäologischen Arbeiten ein[539]. Sie gehen der Frage nach, ob und inwiefern das sichtbare Verbreitungsbild der Fundstellen durch verschiedene Faktoren beeinflusst und verzerrt wurde[540]. Angeregt durch die Forschungsrichtung der prähistorischen Archäologie, welche die methodischen Grundlagen legte[541], nahm in den letzten beiden Jahrzehnten auch in siedlungsarchäologischen Arbeiten der pro-

vinzialrömischen Archäologie das intensive Studium der Quellengenese zu[542]. Für den vorliegenden Fundstoff werden zunächst die Auffindungsbedingungen von archäologischen Fundstellen für das Arbeitsgebiet untersucht. Hierzu gehören die moderne Landnutzung, die Überdeckung der Fundstellen und die Begehungsaktivität ehrenamtlicher Mitarbeiter:innen des Landesdenkmalamtes. Im Anschluss daran erfolgt eine Analyse des Forschungsstandes, wobei Auffindungsumstände, -zeitpunkte und der aktuelle Stand der Erforschung untersucht werden.

6.1.1 Auffindungsbedingungen

Unter Auffindungsbedingungen werden Faktoren verstanden, die sich auf die Wahrscheinlichkeit auswirken, überhaupt auf archäologisches Fundmaterial zu treffen. Hierzu gehören geografische Filter wie die Bodenverhältnisse, der Bewuchs, die moderne Landnutzung und die Erosion[543], aber auch die Begehungsaktivität von ehrenamtlichen Mitarbeiter:innen des Landesdenkmalamtes[544]. In den folgenden Kapiteln wird geprüft, ob und wie stark diese Quellenfilter das Fundstellenbild verzerrt haben.

6.1.1.1 Landnutzung

Ein Faktor, der die Auffindung archäologischer Fundstellen maßgeblich beeinflusst, ist die heutige Landnutzung. Regelmäßige Eingriffe in das Erdreich wie Baumaßnahmen, Rohstoffabbau oder das Pflügen von Getreideäckern führen einerseits zur Zerstörung archäologischer Denkmäler, andererseits steigern diese Eingriffe erheblich die Wahrscheinlichkeit, auf archäologisches Fundmaterial zu treffen[545]. So stehen

---

538 Schier 1990, 45–53 Abb. 3.
539 Siehe hierzu zusammenfassend Herzog / Mischka 2010, 263–265 mit weiterer Literatur und Beispielen sowie Gerhard 2006, 19–25.
540 Zu den Aufgaben der Quellenkritik siehe auch Pankau 2007, 98 mit weiterführender Literatur.
541 Beispielsweise Wahle 1920, 34–35; Schier 1990, 40–66; Saile 1998, 32–70; Posluschny 2002, 13–24; Mischka 2007, 225–236; Pankau 2007, 98–150.
542 z. B. Moosbauer 1997, 121–141; Hüssen 2000, 25–28; Henrich 2006, 17–23; Blöck 2016, 29–39 Anm. 109 mit weiteren Beispielen.

543 Diese und weitere Faktoren, welche die Auffindung archäologischer Funde beeinflussen, beschreibt Doneus 2013, 140–141. Zu den geografischen Einflussfaktoren auf Luftbild- und Lesefundstellen siehe Matthes 2007.
544 Posluschny 2002, 22–24.
545 Siehe beispielsweise den Braunkohleabbau auf der Aldenhovener Platte, der archäologisch begleitet wird, wodurch eine Vielzahl neuer Fundstellen entdeckt wurde, der jedoch gleichermaßen die Zerstörung der Fundstellen zur Folge hat (Lenz 1999, 11–12).

Baustellen und gepflügte Äcker im Fokus von gezielten Begehungen seitens Archäolog:innen oder archäologisch interessierter Laien. Archäologische Denkmäler, die in Waldgebieten oder auf Grünland liegen, sind dagegen weitgehend vor einer Zerstörung geschützt, was jedoch auch die Wahrscheinlichkeit ihrer Auffindung verringert[546]. Im Folgenden soll untersucht werden, welche Landnutzungskategorien innerhalb des Arbeitsgebietes in welchem Maße als Quellenfilter wirken. Dadurch kann zum einen die Repräsentativität des vorliegenden Verbreitungsmusters der berücksichtigten Fundstellen abgeschätzt werden. Zum anderen lassen sich Zonen mit einer erhöhten oder geringen Auffindungswahrscheinlichkeit innerhalb des Untersuchungsgebietes kartieren.

Als Informationsgrundlage für die moderne Landnutzung in Baden-Württemberg diente der Rasterdatensatz „Landnutzung nach LANDSAT 2010"[547]. Darin werden 15 Landnutzungskategorien unterschieden:

Dichte Siedlung	Streuobst	Laubwald
Industrie	Vegetationslos	Mischwald
Lockere Siedlung	Intensivgrünland	Windwurf
Ackerbau	Extensivgrünland	Wasserflächen
Wein-/ Obstplantage	Nadelwald	Feuchtflächen

Für die Analyse der Auffindungswahrscheinlichkeit ist eine so feine Unterscheidung allerdings nicht nötig. Daher wurden die Kategorien zu sechs Gruppen zusammengefasst *(Tab. 14)*.

Ursprüngliche Kategorien	Neue Kategorie	Fläche (km²)
Dichte Siedlung Lockere Siedlung Industrie	Bebaute Fläche	393,5
Ackerbau	Acker	1218,50
Wein- / Obstplantage Streuobst	Wein- / Obstanbau	252,1
Vegetationslos Intensivgrünland Extensivgrünland	Grünland	623,3
Nadelwald Laubwald Mischwald Windwurf	Wald	1363,10
Wasserflächen Feuchtflächen	Wasser	5
Gesamt		**3855,6**

Tab. 14   Reklassifizierung der Landnutzungskategorien.

Entsprechend der neuen Kategorien wurde der Rasterdatensatz reklassifiziert und anschließend vektorisiert, um die Abfrage und Bearbeitung des Layers im GIS zu erleichtern *(Abb. 36)*. Die Karte zeigt die Verteilung der Landnutzungskategorien in den Jahren 2009/2010 und gibt daher keine Auskunft darüber, wie die Verhältnisse zu den verschiedenen Auffindungszeitpunkten der Fundstellen waren. Aus mehreren Gründen wurde jedoch darauf verzichtet, je nach Auffindungsdatum Landnutzungskarten aus

---

546   Zur Unterscheidung von Erhaltungsbedingungen und Auffindungswahrscheinlichkeit siehe auch GERHARD 2006, 65–66. Die gezielte Prospektion von Waldflächen könnte den Forschungsstand gerade in Randzonen von Siedlungslandschaften erheblich verbessern (WAGNER 2018).
547   Der Datensatz kann über den Daten- und Kartendienst der Landesanstalt für Umwelt, Messungen und Naturschutz Baden-

Württemberg (LUBW) kostenfrei bezogen werden. Es handelt sich um ausgewertete Fernerkundungsdaten der LANDSAT-TM5-Sateliten aus den Jahren 2009 und 2010. Laut Metadatenbeschreibung ist der Datensatz ab einem Maßstab von 1 : 100.000 anwendbar. Die Auflösung des Rasterbildes beträgt 30 × 30 m je Rasterzelle.

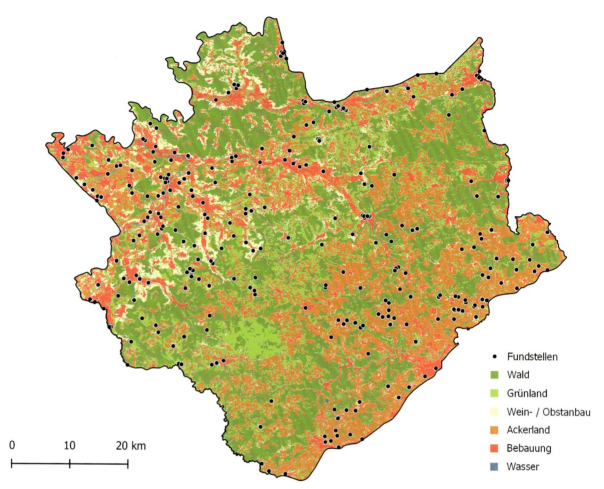

Fundstellen

Wald

Grünland

Wein- / Obstanbau

Ackerland

Bebauung

Wasser

0   10   20 km

36   Landnutzungsklassen innerhalb des Untersuchungsgebietes und für die Analysen berücksichtigte Fundstellen. Datengrundlage verändert nach LANDSAT 2010 (LUBW).

unterschiedlichen Zeitabschnitten auszuwerten. Zum einen würde der Fundstellenbestand durch die Aufsplitterung in verschiedene Zeitabschnitte stark reduziert, so dass eine statistische Analyse mit signifikanten Ergebnissen nicht mehr möglich wäre. Der Fehler, der aus der Anwendung einer modernen Landnutzungskarte für die Auswertung der Auffindungsbedingungen früher entdeckter Fundstellen entstehen kann, wird zudem als gering eingeschätzt, da sich großflächige Landnutzungskategorien wie Wald-, Acker- und Grünlandflächen nur langsam verändern[548]. Die Fundumstände bei der Erstauffindung sind außerdem separat erfasst und werden in einem Kapitel zum Forschungsstand (*Kap. 6.1.3*) ausgewertet.

Auswertung

Den größten Flächenanteil machen mit 35 % der Gesamtfläche des Arbeitsgebietes die Wälder aus, gefolgt von Äckern mit 32 % der Fläche. Grünland besitzt einen Flächenanteil von etwa 16 %, während 10 % des untersuchten Ausschnittes durch Bebauung überprägt sind. Obst- und Weinbau sind mit 7 % Flächenanteil nur untergeordnet vertreten. Wie zu erwarten, nehmen Wasser- und Feuchtflächen mit 0,1 % den geringsten Flächenanteil innerhalb des Arbeitsgebietes ein. Um zu überprüfen, ob es einen Zusammenhang zwischen der Fundstellenhäufigkeit und der modernen Landnutzung gibt, wurde zunächst die Anzahl der Fundstellen je Landnutzungsklasse erfasst. Dabei

---

548   Siehe hierzu auch PANKAU 2007, 128–129.

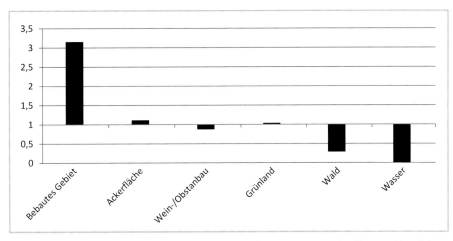

37   Abweichungsfaktor zwischen beobachteter und erwarteter Fundstellenanzahl auf den verschiedenen Kategorien der heutigen Landnutzung.

wurden nur die innerhalb des Untersuchungsgebietes gelegenen Fundstellen berücksichtigt, die bis auf 50 m genau lokalisierbar waren. Höhlen (Kennung 910) und nicht sicher belegte römerzeitliche Fundstellen (Kennung 999) wurden aus der Analyse ausgeschlossen. Damit reduziert sich die Anzahl der für die Untersuchung zur Verfügung stehenden Fundstellen auf 298. Mit Hilfe des X^2-Tests wurde zunächst geprüft, mit welcher Wahrscheinlichkeit die Verteilung der Fundstellen auf die vorhandenen Landnutzungskategorien einem zufälligen Muster entspricht *(Tab. 15)*[549].

Landnutzungskat.	Beobachtet	Erwartet	(Beob. – Erw.)² Erw.
Bebautes Gebiet	96	30,4	141,4
Ackerfläche	105	94,2	1,2
Wein- / Obstanbau	17	19,5	0,3
Grünland	50	48,2	0,1
Wald	30	105,4	53,9
Wasser	0	0,4	0,4
			X² = 197
			φ = 0,81

Tab. 15   Beobachtete und erwartete Fundstellenverteilung auf die Landnutzungsklassen.

Da die Tabelle aus lediglich einer Spalte für die Merkmalsausprägung – die Anzahl der Fundstellen – und sechs Zeilen mit verschiedenen Kategorien besteht, ergeben sich fünf Freiheitsgrade[550]. Um bei fünf Freiheitsgraden sicherzustellen, dass die Verteilung der Fundstellen auf einzelne Landnutzungsklassen mit einer Wahrscheinlichkeit von 99,9 % nicht dem Zufall entspricht, muss der X^2-Wert mindestens 20,517 betragen. Da X^2 = 197 > 20,517, kann also davon ausgegangen werden, dass die Verteilung der Fundstellen auf die einzelnen Landnutzungsklassen mit einer Wahrscheinlichkeit von 99,9 % nicht zufällig ist. Der φ-Wert zeigt darüber hinaus an, dass die beobachtete und die bei einer zufälligen Verteilung zu erwartende Fundstellenanzahl sehr deutlich voneinander abweichen. Mittels des Quotienten aus beobachtetem und erwartetem Wert kann weiterhin geprüft werden, um welchen Faktor die beobachtete Fundstellenanzahl auf den Landnutzungskategorien von einer zufälligen Verteilung abweicht *(Abb. 37)*[551].

Deutlich überbelegt ist demnach bebautes Gebiet. Hier wurden dreimal mehr Fundstellen beobachtet als bei einer zufälligen Verteilung erwartet. In bewaldetem Gebiet befand sich dagegen nur ein Viertel der bei einer Zufallsverteilung zu erwartenden Fundstellen. Die Anzahl der Fundstellen auf Ackerland, Obst- und Weinbaugebieten sowie Grünland weicht dagegen kaum von einer Zufallsverteilung ab. Die üblicherweise günstigen Auffindungsbedingun-

549   Zur Methode siehe *Kap. 4.2* und *4.3.*
550   Siehe auch *Kap. 4.3.*
551   Siehe *Kap. 4.2.*

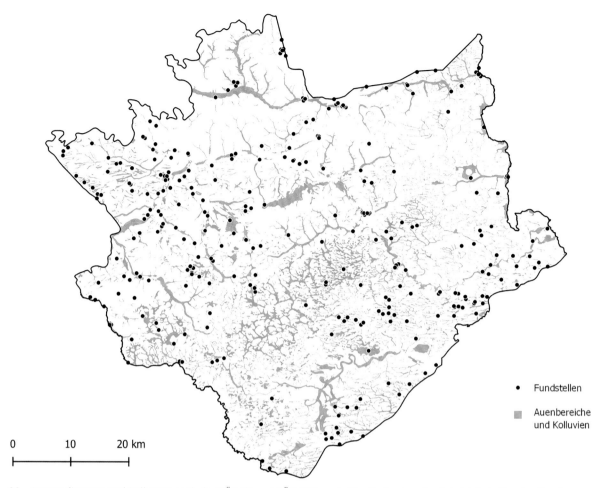

0   10   20 km

• Fundstellen

▨ Auenbereiche
und Kolluvien

38   Auensedimente und Kolluvien nach der BÜK 50 und BÜK 200 sowie für die Analyse berücksichtigte Fundstellen innerhalb des Untersuchungsgebietes. Verändert nach LGRB Regierungspräsidium Freiburg.

gen auf Ackerland und ungünstigen Bedingungen auf Grünland zeichnen sich somit innerhalb des Untersuchungsgebietes kaum ab.

Bei der Interpretation der Ergebnisse muss jedoch
berücksichtigt werden, dass weder der X²-Test noch
die Differenz von beobachtetem und erwartetem
Wert monokausale Abhängigkeiten anzeigt[552]. So
kann es zu einer Scheinkorrelation kommen, wenn
die Landnutzung von anderen Faktoren überlagert
wird, die die Fundstellenverteilung ebenfalls beeinflussen. Beispielsweise steht die heutige Landnutzung mit der Geologie und den Bodengesellschaften
in Zusammenhang, die wiederum Auswirkungen auf
das antike Siedlungsverhalten haben konnten. Heute
besiedelte und ackerbaulich genutzte Flächen waren
in einigen Fällen bereits für antike Kulturen attrak-
tive Siedlungsstandorte, während Wälder auch heute

häufig Standorte bedecken, die eher als siedlungsungünstig eingestuft werden. Die Überlagerung der
Landnutzung mit einem Faktor, der auch die Sied-
lungsgunst beeinflusst, kann so das ursprüngliche
Verteilungsmuster verstärken[553]. Dieser Umstand ist
für die spätere Analyse der naturräumlichen Bedingungen und ihres Einflusses auf das Siedlungsmuster
zu berücksichtigen[554].

6.1.1.2 Akkumulation und Erosion

Ein weiterer Faktor, der die Auffindungswahrscheinlichkeit archäologischer Fundstellen beeinflusst, ist
die Überdeckung[555]. Durch Akkumulation von Erdmaterial, beispielsweise in Talauen und Senken, kön-

552   Siehe auch *Kap. 4.4.*
553   SCHIER 1990, 44–45 Abb. 44c.

554   Siehe auch *Kap. 6.2.1.3.*
555   PANKAU 2007, 135–136.

nen archäologische Fundstellen von mehreren Metern Erde bedeckt sein[556], was ihre Auffindung erschwert. Wie bei einigen Kategorien der Landnutzung schließen sich dabei gute Auffindungsbedingungen und gute Erhaltungsbedingungen aus[557]. So sind die Bereiche, die von einer mächtigen Schicht aus akkumulierter Erde bedeckt sind, vor einer Zerstörung durch den Pflug oder die Erosion geschützt. Im Gegenzug sind dort die Chancen geringer, bei oberflächlichen Schürfungen oder Feldbegehungen auf archäologisches Material zu treffen. Andererseits können Erosionsprozesse, beispielsweise im Bereich von Oberhängen und Kuppen, zur Freilegung archäologischer Fundstellen führen, wodurch sie dort häufiger entdeckt werden. Die Erosion begünstigt jedoch auch ihre Verlagerung und Zerstörung[558].

Um potentielle Bereiche mit einer mächtigen Überdeckung herauszustellen, wurden aus der BÜK 50[559] alle Bodentypen extrahiert, die Auenlehm, Auensand und Kolluvien enthalten. Da die Daten in einer hohen Auflösung vorliegen, sind die so zusammengestellten Flächen häufig durch Flächen heutiger Bebauung unterbrochen. Daher wurden auch aus der BÜK 200, die einen kleineren Maßstab aufweist, alle Böden extrahiert, die Auensedimente und Kolluvien enthalten. Durch den kleineren Maßstab sind hier einige Lücken der großmaßstäbigen Karte interpoliert worden. Für die nachfolgende Analyse wurden beide Karten miteinander kombiniert (Abb. 38). Sie stellen jedoch lediglich eine Annäherung an die durch erodiertes Erdmaterial überdeckten Flächen innerhalb des Arbeitsgebietes dar.

Um zu überprüfen, ob die Verteilung der Fundstellen auf die beiden Kategorien „überdeckt" und „nicht überdeckt" einer zufälligen Verteilung entspricht, wurde anschließend die Anzahl der genau lokalisierbaren Fundstellen innerhalb des Arbeitsgebietes je Überdeckungskategorie ohne Berücksichtigung von Höhlenfunden (Kennung 910) und nicht sicher belegten Fundstellen (Kennung 999) erfasst (n = 298) und mithilfe des X^2-Tests überprüft, mit welcher Wahrscheinlichkeit das Ergebnis auf eine zufällige Verteilung zurückgeht (Tab. 16)[560].

Kategorie	Beobachtet	Erwartet	$\frac{(\text{Beob.} - \text{Erw.})^2}{\text{Erw.}}$
Überdeckt	47	59	2,44
Nicht überdeckt	251	239	0,6
			$X^2 = 3$
			$\varphi = 0,1$

Tab. 16 Beobachtete und erwartete Fundstellenanzahl auf Kolluvien und Auenböden der BÜK 50 und BÜK 200.

Das Ergebnis zeigt, dass zwar weniger Fundstellen im überdeckten Bereich liegen als erwartet. Bei einem Freiheitsgrad müsste der X^2-Wert jedoch unter 3,841 liegen, um das Signifikanzlevel von 5 %, das üblicherweise vorausgesetzt wird, um die Nullhypothese[561] zu verwerfen, nicht zu übersteigen. Mit einem X^2-Wert von 3 ist das Ergebnis nur knapp unter diesem Wert. Auch der φ-Wert von 10 % zeigt nur eine geringe Abweichung von einem zufälligen Verteilungsmuster an. Dieses auf den ersten Blick überraschende Ergebnis, zu dem auch Claudia Pankau bei der Untersuchung der vorgeschichtlichen Besiedlung des Brenz-Kocher-Tals kam[562], ist vermutlich dadurch zu erklären, dass die tiefgründigen, fruchtbaren Auenböden bevorzugt als Siedlungsstandort genutzt wurden. Dadurch steigt die Wahrscheinlichkeit, hier auf archäologische Fundstellen zu treffen, auch wenn die Auffindungsbedingungen durch eine starke Überdeckung der Fundstellen eingeschränkt sein können. Dies ist besonders dann der Fall, wenn die Überdeckung nicht ausreicht, um die Fundstellen vor dem Pflug zu schützen. Darüber hinaus befinden sich auch heute noch einige Siedlungen in den Flusstälern des Albvorlandes, wodurch auch in Bereichen, in denen Erdmaterial akkumuliert ist, archäologische Fundstellen durch tiefe Baueingriffe zutage gefördert werden.

---

556 Siehe z. B. die Untersuchung Hans W. Smettans zur Akkumulation in Talauen, der für die Neckarschlinge bei Lauffen eine Akkumulation von 2 mm / Jahr innerhalb einer Zeitspanne von 100 bis 1500 n. Chr. rekonstruiert: Smettan 1990, 452.
557 Siehe auch Doneus 2013, 133.
558 Doneus 2013, 130–132.
559 Die Bodenübersichtskarten in den Maßstäben 1 : 50.000 und 1 : 200.000 wurden freundlicherweise als Geodatensätze

vom Landesamt für Geologie, Rohstoffe und Bergbau (LGRB) für das Untersuchungsgebiet zur Verfügung gestellt.
560 Zur Methode siehe Kap. 4.2 und 4.3.
561 In diesem Fall wäre die Nullhypothese: „Das beobachtete Muster entspricht einer zufälligen Verteilung."
562 Pankau 2007, 135–136.

6.1.1.3 Begehungen

Eine große Rolle bei der Auffindung archäologischer Fundstellen spielen Sammler:innen, ehrenamtliche Mitarbeiter:innen des Landesdenkmalamtes und Wissenschaftler:innen, die gezielt und wiederholt bestimmte Regionen begehen und nach archäologischen Spuren absuchen[563]. Allein im untersuchten Ausschnitt wurde mehr als ein Viertel der 533 aufgenommenen Fundstellen[564] von diesem als „Begeher:innen" bezeichneten Personenkreis entdeckt. Dessen Aktivitätsbereich hat daher einen nicht unbedeutenden Einfluss auf das Verbreitungsbild archäologischer Fundstellen. Regionen, in denen keine Begehungen stattfinden, sind in der Regel unterrepräsentiert. Besonders aktive Begeher:innen, die darüber hinaus vorwiegend im näheren Umkreis ihres Wohnortes tätig sind, können dagegen zur Entstehung einer artifiziellen Fundstellenhäufung beitragen[565]. Für die Interpretation der Verteilung archäologischer Fundstellen ist es daher von Vorteil, die Aktivitätsbereiche der archäologisch aktiven Personen innerhalb des berücksichtigten Gebietes zu kennen.

Hierfür gibt es verschiedene Vorgehensweisen. So erstellte beispielsweise Mischka „Sammlerterritorien" aus Dichtekarten für die Fundstellen, die von einer Person aufgefunden wurden. Die jeweiligen Territorien grenzte sie durch Isolinien ab[566]. So interpoliert Mischka Aktivitätsbereiche von Begeher:innen aus der Lage aller Fundstellen, die von einer Person aufgefunden wurden. Der Nachteil einer solchen Methode ist, dass Gebiete, die begangen wurden, in denen jedoch kein archäologisches Fundmaterial zutage kam, in der Kartierung unberücksichtigt bleiben. Diese stützt sich also ausschließlich auf Positiv-Nachweise (zu Möglichkeiten einer Negativkartierung siehe unten im Abschnit Sammlungsterritorien). Eine andere Methode ist die ausführliche Befragung von Personen, die Begehungen durchführen. Dadurch können nicht nur die exakten Begehungsareale ermittelt, sondern auch weitere, mitunter bisher nicht gemeldete Informationen zu den aufgefundenen Fundstellen gewonnen werden[567]. Zwar liefert diese Methode detaillierte Erkenntnisse zur Aktivität der Begeher:innen

und Sammler:innen, sie ist jedoch sehr zeitintensiv und schließt Erkenntnisse zu den Begehungsaktivitäten bereits verstorbener Personen aus.

Für die vorliegende Untersuchung wurde daher ein Mittelweg zwischen diesen beiden Ansätzen gewählt. Das Landesamt für Denkmalpflege Baden-Württemberg, Dienstsitze Tübingen und Stuttgart/Esslingen, stellte freundlicherweise eine Liste der zuständigen ehrenamtlichen Mitarbeiter:innen je Gemeinde für das Untersuchungsgebiet zur Verfügung. So konnte der Aktivitätsbereich der einzelnen archäologisch tätigen Personen auch in jenen Gebieten ermittelt werden, in denen keine Fundstellen bekannt sind oder in denen andere Fundumstände zur Auffindung führten. Weitere Ehrenamtliche, die heute nicht mehr aktiv sind, sowie Begeher:innen, die nicht zu dem Kreis der ehrenamtlichen Mitarbeiter:innen gehören (beispielsweise Wissenschaftler:innen), gehen aus Angaben in der Fachliteratur und den Ortsakten hervor. Für diese Personen können jene Gemeinden als Aktivitätsbereich definiert werden, in denen sie an der Auffindung oder Erforschung einer kaiserzeitlichen Fundstelle beteiligt waren. Eine Negativkartierung fehlt in diesen Fällen.

„Sammlungsterritorien"

Anhand der Information, in welchen Gemeinden des Untersuchungsgebietes ehrenamtliche Mitarbeiter:innen tätig sind, können unbearbeitete und damit möglicherweise in der Fundstellenanzahl unterrepräsentierte Gebiete ermittelt werden (Abb. 39). In der kartografischen Darstellung wird deutlich, dass besonders die Filderfläche und der Kreis Esslingen im Westen des Untersuchungsgebietes sowie der südliche Alb-Donau-Kreis und der nordwestliche Bereich des Kreises Reutlingen von mehreren ehrenamtlichen Begeher:innen betreut werden. Zahlreiche Gemeinden werden dagegen nicht begangen oder die Sammler:innen, die dort tätig waren, sind nicht mehr aktiv bzw. gestorben. Dies betrifft weite Teile der Naturräume Schurwald / Welzheimer Wald, Östliches Albvorland und Albuch. Auch in den Gemeinden St.

---

563 Zur Bedeutung der Sammler:innenaktivität für die Fundstellenverbreitung siehe auch LÖHR 1985; SCHIER 1990, 62–66; PANKAU 2007, 102–103.

564 Anders als bei den vorangegangenen Analysen wurden hier auch die Einzelfunde, das Fundmaterial aus Höhlen und lediglich vermutete römerzeitliche Fundstellen berücksichtigt, ebenso wie verlagerte und verschollene Fundstellen.

565 SCHIER 1990, 44–45 Abb. 2d; GERHARD 2006, 211.

566 MISCHKA 2007, 230–232.

567 So führten beispielsweise MOOSBAUER 1997, 130 Anm. 881 und POSLUSCHNY 2002, 22–24 im Zuge einer siedlungsarchäologischen Arbeit Befragungen von Ehrenamtlichen durch. Einen ausführlichen Fragenkatalog als methodische Leitlinie zur Befragung von Sammler:innen und Begeher:innen legte Susanne Gerhard in ihrer Dissertation zur archäologischen Quellenkritik vor (GERHARD 2006, 115–126).

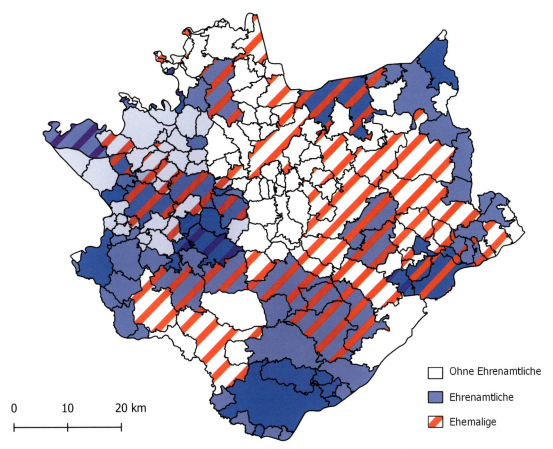

Ohne Ehrenamtliche

Ehrenamtliche

Ehemalige

0   10   20 km

39   Gemeinden, in denen ehrenamtliche Mitarbeiter:innen eingetragen sind. Je mehr Personen eingetragen sind, desto intensiver die Färbung.

Johann, Gomadingen, Münsingen, Mehrstetten und dem gemeindefreien Gebiet Gutsbezirk Münsingen[568] (alle Lkr. Reutlingen) konnten keine aktiven ehrenamtlichen Mitarbeiter:innen oder Sammler:innen verzeichnet werden. Das Bild wird noch deutlicher, wenn diejenigen Ehrenamtlichen und Sammler:innen ausgeschlossen werden, die bisher an keiner Fundstelle aus der römischen Kaiserzeit innerhalb des Untersuchungsgebietes in Erscheinung getreten sind *(Abb. 40)*.

Eine weitere Möglichkeit festzustellen, in welchen Bereichen des Untersuchungsgebietes ehrenamtliche Mitarbeiter:innen und sonstige Begeher:innen aktiv waren, ist die Kartierung ihrer Wohnorte *(Abb. 41)*. Hierfür wurden nur die Wohnorte der Begeher:innen kartiert, die an der Entdeckung mehrerer kaiserzeitlicher Fundstellen beteiligt waren und

deren Aktivität damit eine verzerrende Wirkung auf das Fundstellenmuster haben könnte. Die Kartierung zeigt, dass ein Großteil der archäologisch aktiven Personen entweder im Albvorland im Bereich des Neckars und der Filderfläche oder im Osten des Untersuchungsgebietes auf der Lonetal-Flächenalb wohnhaft ist. In diesen Gebieten, die auch bei der Dichtekartierung eine deutliche Konzentration von Siedlungsfundstellen zeigen, überlagern sich daher die Aktivitätsbereiche mehrerer Begeher:innen. In den übrigen Teilen des Untersuchungsgebietes sind und waren dagegen nur wenige ehrenamtliche Mitarbeiter:innen wohnhaft. Die wenigen Personen, die den Bereich der Schwäbischen Alb abdeckten, sind darüber hinaus bereits verstorben. Seit ihrem Ausscheiden ist dieser Teil des Untersuchungsgebietes daher „unterversorgt".

---

568   Der Gutsbezirk Münsingen (Lkr. Reutlingen) stellt einen Sonderfall dar, da hier von 1895 bis 1992 ein Truppenübungsgelände bestand, sodass Begehungen während dieses Zeitraums ausgeschlossen waren. Erst seit 2006 sind Teile des Geländes für die Öffentlichkeit zugänglich (FROMM-KAUPP 2008).

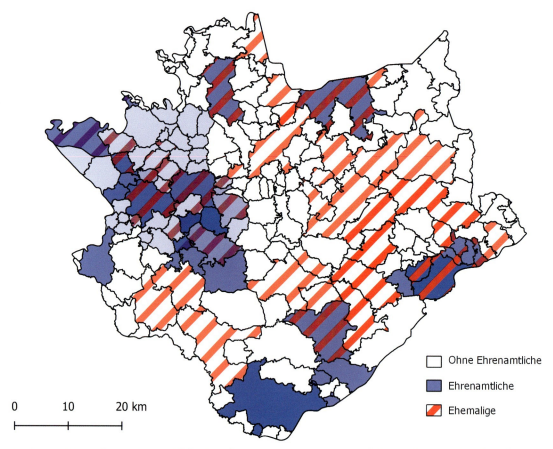

	Ohne Ehrenamtliche
	Ehrenamtliche
	Ehemalige

0   10   20 km

40   Gemeinden, in denen ehrenamtliche Mitarbeiter:innen eingetragen sind, die mindestens eine der aufgenommenen kaiserzeitlichen Fundstellen entdeckten oder dort Feldbegehungen / Beobachtungen durchführten.

Aktivität der Begeher:innen

Um die Aktivität der Begeher:innen einzuschätzen, wurde die Anzahl ihrer Erstauffindungen, die Anzahl der Fundstellen, an deren Untersuchung sie beteiligt waren, und die mittlere Entfernung der von ihnen aufgefundenen Fundstellen zu ihrem Wohnort erfasst *(Anhang 1 und 2; Abb. 42)*[569]. Dabei wurden alle Erstauffindungen aufgelistet ohne Rücksicht auf den Fundstellentyp oder die Lagegenauigkeit.

Die Mehrzahl der Sammler:innen war für zwei bis vier Erstauffindungen verantwortlich. Der Einfluss, den diese Personen auf das heute überlieferte kaiserzeitliche Fundstellenmuster hatten, ist daher als eher gering bis mäßig einzuschätzen. Acht Personen waren dagegen für fünf bis zwölf Erstauffin-

dungen verantwortlich. Besonders herauszuheben sind dabei die ehrenamtlichen Mitarbeiter des Landesdenkmalamtes Helmut Mollenkopf († 2009) und Albert Kley († 2000), die auf der Schwäbischen Alb für die Entdeckung von sieben bzw. zwölf Fundstellen verantwortlich waren. Deutlich zeichnet sich ihr Einfluss auf die überlieferte Fundstellenverbreitung auch im Kartenbild ab, wo eine Häufung der Fundstellen im Bereich ihrer Wohnorte zu erkennen ist. Eine Reihe von Entdeckungen geht darüber hinaus auf die im 19. und frühen 20. Jahrhundert tätigen Archäologen Ludwig Bürger († 1898) und Franz Sautter († 1913) zurück, die – zum Teil im Auftrag von Vereinen – zahlreiche vorgeschichtliche und römerzeitliche Fundstellen archäologisch untersuchten.

---

569 Wie bei der Kartierung der Wohnorte wurden auch hier nur diejenigen Begeher:innen berücksichtigt, die an der Entdeckung mindestens zweier Fundstellen beteiligt waren. Überre- gional forschende Personen wie Oscar Paret, Eduard von Paulus oder Konrad Miller wurden von der Analyse ausgeschlossen.

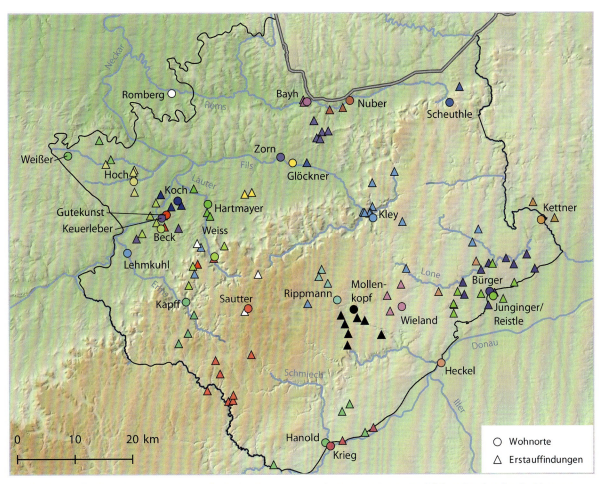

41   Wohnorte der Begeher:innen, die an der Auffindung von mindestens zwei römerzeitlichen Fundstellen im Untersuchungsgebiet beteiligt waren. Unterscheidung der Personen nach Farbgebung.

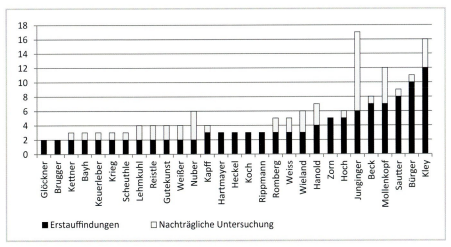

42   Anzahl der Erstauffindungen und Aktivitäten der Begeher:innen an kaiserzeitlichen Fundstellen im Untersuchungsgebiet.

Die Berechnung der mittleren Entfernung des Wohnortes von Begeher:innen zu den von ihnen begangenen Bereichen und entdeckten Fundstellen zeigt, dass die Personen meist in einem kleinräumigen Areal nahe ihrem Wohnort aktiv waren *(Anhang 1 und 2; Tab. 17)*. So liegen ca. 66 % der Erstauffindungen in einem Umkreis von bis zu 7 km von den Wohnorten der jeweiligen Ehrenamtlichen. Die intensive Begehung kleiner Areale kann dabei zu einem artifiziell überlieferten Fundstellenmuster oder einer Musterverstärkung führen[570] und ist bei der Interpretation des Fundstellenmusters zu berücksichtigen.

Entfernung	< 1 km	1–5 km	5–10 km	10–20 km	> 20 km
Erstentdeckungen	7	42	38	14	4
	Mittelwert: 6,7	**Median: 5,3**			

Tab. 17   Entfernung zwischen Wohnort und Fundstellen.

6.1.1.4 Lineares Projekt: Das Bahnprojekt Stuttgart–Ulm und der Ausbau der Autobahn A8

Quer durch das Untersuchungsgebiet erstreckt sich das Bauvorhaben einer ICE-Trasse von Wendlingen (Lkr. Esslingen) bei Stuttgart nach Ulm, das zusammen mit Stuttgart 21 Teil des Bahnprojekts Stuttgart–Ulm ist *(Abb. 43)*[571]. Im Zuge des Neubaus der ICE-Strecke wurde auch die Autobahntrasse der A8 auf der Hochfläche der Schwäbischen Alb sechsspurig ausgebaut. Diesem bislang größten linearen Projekt des Landes Baden-Württemberg[572] gingen seit 2003 intensive Begehungen einzelner Abschnitte der Strecke und im Winterhalbjahr 2009/2010 geomagnetische Untersuchungen voraus, die eine Fläche von 255 ha umfassten[573]. Die durch die Prospektionen ermittelten Verdachtsflächen wurden schließlich von 2010 bis 2016 archäologisch untersucht[574]. Insgesamt wurden durch die flächigen Ausgrabungen an 29 Stellen neue Fundplätze aus einer Zeitspanne vom Neolithikum bis in das Hochmittelalter dokumentiert[575].

Lineare Projekte sind aufgrund der hohen Anzahl potentiell zu erforschender Fundstellen eine Herausforderung für die Landesdenkmalpflege. Gleichzeitig bieten sie jedoch die Chance, zahlreiche archäologische Fundplätze zu dokumentieren, die ansonsten möglicherweise unentdeckt geblieben wären. So umfassen die großflächigen Bodeneingriffe im Zuge linearer Projekte meist auch solche Bereiche, die in Bezug auf die Landnutzung oder die Aktivitätsbereiche von Begeher:innen nur geringe Auffindungschancen für archäologische Fundstellen bieten[576]. Im Fall der ICE-Trasse zwischen Wendlingen und Ulm sind dies beispielsweise Wiesen, Wälder und unbewohnte Gebiete der mittleren Kuppenalb. So fanden sich beispielsweise auf der Tomerdinger Alb die Überreste mehrerer römerzeitlicher Siedlungsfundstellen, die ausschließlich in Holzarchitektur errichtet waren[577]. Der Forschungsstand entlang des linearen Projektes ist daher tendenziell durch weniger Quellenfilter beeinflusst als der übrige Teil des Untersuchungsgebietes und kann als Korrektiv herangezogen werden, um mögliche Lücken im Forschungsstand aufzudecken.

Von den 29 neu entdeckten Fundplätzen enthielten 15 römerzeitliche Befunde und liegen innerhalb des Untersuchungsgebietes *(Abb. 43)*. Es handelt sich dabei um zehn Siedlungsbefunde[578], die sich bis auf zwei Ausnahmen alle auf der Lonetal-Flächenalb befinden. Allein sechs Fundstellen liegen auf dem Gemeinde-

---

570 Das artifizielle Muster kann zustande kommen, wenn einzelne Bereiche des Untersuchungsgebietes durch die Aktivitäten einer einzelnen Person überproportional gut erforscht sind (siehe auch Schier 1990, 44–45 Abb. 2d). Mit einer Musterverstärkung ist zu rechnen, wenn Begeher:innen vornehmlich in Gebieten nach archäologischen Fundstellen suchen, in denen Topografie und Auffindungsbedingungen günstig sind, wie es Peter Henrich für die Eifel nachweisen konnte (Henrich 2006, 102–104 Abb. 13).
571 Hye et al. 2017.

572 A. Neth in Hye et al. 2017, 14.
573 J. König in Hye et al. 2017, 16–21.
574 Hye et al. 2017; Scheschkewitz / Thoma 2011; Thoma / Scheschkewitz 2013; König et al. 2014; König 2015.
575 Siehe den Fundstellenkatalog in Hye et al. 2017, 134–137.
576 Zum archäologischen Potential linearer Projekte siehe auch A. Neth in Hye et al. 2017, 13.
577 M. Thoma in Hye et al. 2017, 50–55; Thoma 2011.
578 *Kat. Nr. 11,* 96 (erstreckt sich auf zwei Fundplätze), 97, 98, 99 (erstreckt sich auf zwei Fundplätze), 105, 106, 335.

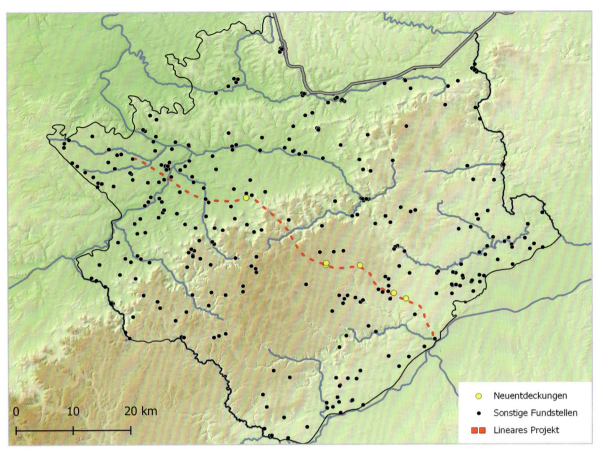

43   Verlauf des linearen Projektes innerhalb des Untersuchungsgebietes.

gebiet von Dornstadt (Lkr. Alb-Donau-Kreis) und somit auf engem Raum beieinander[579]. Grabbefunde (*Kat. Nr. 309*) und Überreste eines Heiligtums (*Kat. Nr. 308*) wurden nahe einem bereits bekannten Gutshof (*Kat. Nr. 305*) bei Merklingen-Widderstall (Lkr. Alb-Donau-Kreis) entdeckt. Bei zwei weiteren Fundstellen ist unklar, ob es sich um ehemalige Siedlungen handelt[580]. An weiteren drei Fundplätzen wurden Überreste von römerzeitlichen Straßenkörpern aufgedeckt. Auffällig ist, dass ein Großteil der neu entdeckten Fundstellen in einem Gebiet liegt, in dem auch vor den flächigen Aus-

grabungen bereits mehrere Siedlungsfundstellen bekannt waren. Sie verdichten damit das bereits zuvor erkennbare Siedlungsmuster auf der Tomerdinger Alb, ohne es stark zu verändern. Auf der besiedlungsarmen Kuppenalb wurden dagegen kaum neue kaiserzeitliche Fundstellen entdeckt. Dies ist ein Hinweis darauf, dass im Bereich der Schwäbischen Alb trotz der oben besprochenen quellenverzerrenden Faktoren das überlieferte Besiedlungsmuster in etwa repräsentativ für das tatsächliche antike Besiedlungsmuster sein könnte.

579   M. Thoma in HYE et al. 2017, 50–55; THOMA 2012.   580   *Kat. Nr. 100* und *333*.

6.1.2 Zwischenfazit: Überlieferungsbedingungen im Untersuchungsgebiet

Die Untersuchungen zur Auswirkung der heutigen Landnutzung, der Akkumulation, der Aktivität ehrenamtlicher Sammler:innen und linearer Baumaßnahmen auf das Verbreitungsbild der römerzeitlichen Fundstellen zeigt, dass besonders die heutige Landnutzung und die Aktivität ehrenamtlicher Sammler:innen einen großen Einfluss auf den Quellenbestand haben. So sind die römerzeitlichen Fundstellen überproportional häufig in heute bebauten Flächen anzutreffen, während sie in Waldgebieten unterrepräsentiert sind. Für die ehrenamtlichen Sammler:innen, die für die Entdeckung von über einem Viertel der aufgenommenen Fundstellen verantwortlich sind, konnte ein durchschnittlicher Radius von ca. 7 km um ihren Wohnort als Aktivitätszone definiert werden. Innerhalb dieser Zone ist die Auffindungswahrscheinlichkeit für römerzeitliche Fundstellen besonders hoch. Die Akkumulation von Erdmaterial scheint dagegen keine deutliche Auswirkung auf das Verbreitungsbild zu haben; zumindest lässt sich dies statistisch nicht nachweisen. Ein Grund hierfür könnte die häufige Überlagerung von Kolluvien und Auensedimenten mit bebautem Gebiet und Ackerflächen sein, die wiederum positive Auffindungsbedingungen bieten. Der potentielle quellenverzerrende Effekt der Akkumulation könnte dadurch ausgeglichen werden. Das lineare Projekt – der Bau der ICE-Strecke von Wendlingen bei Stuttgart nach Ulm in Kombination mit dem Ausbau der Autobahn A8 – und die damit einhergehenden flächigen Ausgrabungen bieten schließlich einen archäologisch gut untersuchten Querschnitt durch fast das gesamte Untersuchungsgebiet. Hier ist innerhalb eines kleinen Ausschnittes ein nahezu vollständiger Forschungsstand zu vermuten.

Die beiden Faktoren, die am deutlichsten das Verbreitungsbild der römerzeitlichen Fundstellen verzerrt haben könnten – die heutige Landnutzung und die Aktivität der ehrenamtlichen Sammler:innen – lassen sich in einer Karte zu den Auffindungsbedingungen innerhalb des Arbeitsgebietes kombiniert darstellen. Hierfür wurde zunächst im GIS der Layer mit den verschiedenen Landnutzungsklassen reklassifiziert, wobei bebautes Land und Ackerflächen, die tendenziell positive Auffindungsbedingungen bieten, den Wert 1, Flächen, die als Grünland genutzt werden oder auf denen Wein oder Obst angebaut wird, den

Wert 0 und Wald- und Wasserflächen, die in der Regel sehr schlechte Auffindungsbedingungen für römerzeitliche Fundstellen bieten, den Wert -1 erhielten. Das Ergebnis der Reklassifizierung ist eine Karte der negativen und positiven Auffindungsbedingungen, sofern nur die Landnutzung berücksichtigt wird *(Abb. 44a)*.

Im Anschluss daran wurde eine entsprechende Karte für den Einfluss der ehrenamtlichen Sammler:innen erstellt *(Abb. 44b)*. Hierfür wurden die Wohnorte jener Sammler:innen ausgewählt, die für

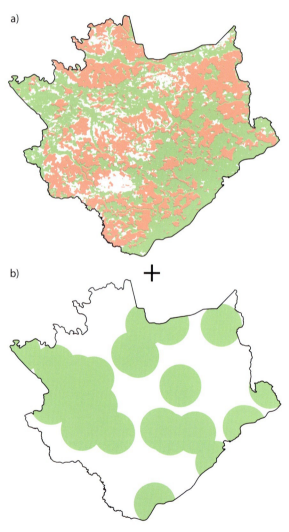

44 Schematische Darstellung der Addition der beiden reklassifizierten Layer Landnutzung (a) und Entfernung zu den Wohnorten der Begeher:innen (b).

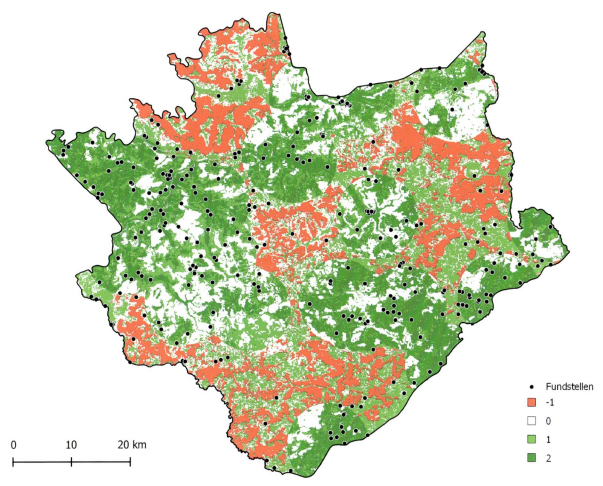

0   10   20 km

• Fundstellen
🟧 -1
⬜ 0
🟩 1
🟩 2

45   Kombinierte Karte der quellenverzerrenden Auffindungsbedingungen im Untersuchungsgebiet. Für die Auflösung der Werte siehe *Tab. 18*.

mehr als eine Fundstellenentdeckung verantwortlich waren[581]. Um diese Wohnorte herum wurde ein Puffer mit einem Radius von 7 km erstellt[582]. Innerhalb dieses Puffers sind die Auffindungsbedingungen für archäologische Fundstellen theoretisch höher als außerhalb, weshalb dieser Bereich den Wert 1 erhielt. Für das vorliegende Modell wird angenommen, dass die Auffindungsbedingungen au-

ßerhalb dieses definierten Umkreises nicht durch die Begeher:innen beeinflusst werden. Diesen übrigen Flächen wurde deshalb der Wert 0 zugewiesen. Mithilfe des Rasterrechners wurden die beiden Rasterlayer miteinander addiert[583]. Das Ergebnis ist eine kombinierte Karte der quellenverzerrenden Auffindungsbedingungen im Untersuchungsgebiet *(Abb. 45)*.

---

581   Dadurch wurden die Personen ausgeschlossen, deren Aktivität keine Auswirkungen auf das Fundstellenmuster hatte.
582   Von dieser Regel ausgenommen wurde der Ehrenamtliche Günter Romberg, der innerhalb des Untersuchungsgebietes aus-

schließlich an weit von seinem Wohnort entfernten römerzeitlichen Fundstellen in Erscheinung trat.
583   Zur Funktionsweise von Map Algebra siehe z. B. Conolly / Lake 2006, 187–189.

Folgende Kategorien der Auffindungsbedingungen können dabei unterschieden werden (Tab. 18):

Wert der Rasterzelle	Signatur	Kategorie	Beschreibung
2	Dunkelgrün	Sehr günstig	Die Landnutzung ist günstig für die Entdeckung arch. Fundstellen und liegt innerhalb des Einzugsgebietes von ehrenamtlichen Sammler:innen
1	Hellgrün	Günstig	Die Landnutzung ist günstig für die Entdeckung arch. Fundstellen, liegt aber außerhalb des Einzugsgebietes von ehrenamtlichen Sammler:innen
0	Weiß	Keine Präferenz	Die Landnutzung ist nicht günstig für die Entdeckung arch. Fundstellen oder sie ist sehr ungünstig, liegt aber innerhalb des Einzugsgebietes von ehrenamtlichen Sammler:innen
-1	Rot	Ungünstig	Die Landnutzung ist sehr ungünstig für die Entdeckung arch. Fundstellen und liegt außerhalb des Einzugsgebietes von ehrenamtlichen Sammler:innen

Tab. 18   Erläuterung zu *Abb. 45*.

Die Karte zeigt deutlich die Überschneidung zwischen günstigen Auffindungsbedingungen und dem Standort römerzeitlicher Fundstellen. Das könnte darauf hinweisen, dass einige Verdichtungen und Lücken in der überlieferten Fundstellenverteilung mit recht hoher Wahrscheinlichkeit durch den Forschungsstand zu erklären sind. Bei der Interpretation des Kartenbildes ist jedoch Vorsicht geboten. Die günstigen Auffindungsbedingungen überlagern sich in großen Teilen mit günstigen naturräumlichen Bedingungen für eine antike Besiedlung: Wo sich heute Acker- und Bauland befinden, liegen meist fruchtbare Böden vor, die sich auch in römischer Zeit als Siedlungsstandorte eigneten. Dort befinden sich auch die meisten Wohnorte der ehrenamtlichen Begeher:innen. Heute bewaldete Gebiete wiederum, wie beispielsweise die Keupersandsteine im Schurwald, boten bereits in der Antike keine guten Anbau- und Siedlungsgebiete. Die Naturraumfaktoren und die Auffindungsbedingungen überlagern sich also, was zu einer Verstärkung des tatsächlichen Verbreitungsmusters der archäologischen Fundstellen führen kann. Das antike Siedlungsmuster wäre damit in einem gegenüber der Realität stärkeren Kontrast überliefert, jedoch nicht vollständig verändert. Die neuen Fundstellen, die bei Ausgrabungsarbeiten im Zuge des Neubaus der ICE-Strecke von Wendlingen nach Ulm zutage kamen, weisen ebenfalls in diese Richtung. Die durch die flächigen Ausgrabungen neu entdeckten Fundstellen konzentrieren sich auf die Lonetal-Flächenalb, die mit fruchtbaren Lössböden bedeckt ist und auf der bereits vor dem linearen Projekt einige Fundstellen bekannt waren. Weiter nord-

westlich auf der Kuppenalb mit ihren kargen Böden und eher ungünstigen Auffindungsbedingungen wurden dagegen kaum neue Fundstellen entdeckt. Bis auf die Ziegelei bei Aichelberg befanden sich die neu entdeckten Fundstellen darüber hinaus ausschließlich in Bereichen, die schon vor dem linearen Projekt günstige Auffindungsbedingungen aufwiesen. Da es sich bei den aufgedeckten Siedlungsspuren überwiegend um Pfostenlöcher und Gräben handelte, wurden diese jedoch bei den oberflächlichen Begehungen und landwirtschaftlichen Eingriffen nicht entdeckt. Es ist daher damit zu rechnen, dass auch in anderen Gebieten des Untersuchungsgebietes römerzeitliche Siedlungen in Holzbauweise existierten, die noch nicht bekannt oder bereits zerstört sind – auch in Gebieten, die tendenziell günstige Auffindungsbedingungen aufweisen.

Insgesamt lässt sich daraus schließen, dass der Quellenstand im Arbeitsgebiet mit Sicherheit verzerrt ist. Der Vergleich mit dem durch das lineare Projekt gut erforschten Bereich legt jedoch nahe, dass diese Verzerrung hauptsächlich verstärkend wirkte, sodass das antike Verbreitungsbild kontrastreicher überliefert ist als es tatsächlich war. Gebiete, die in der Antike verstärkt als Siedlungsstandorte aufgesucht wurden, erscheinen in der heutigen Verbreitungskarte als überdeutliche Siedlungsschwerpunkte, während der Quellenbestand in ehemals dünn besiedelten Regionen unterrepräsentiert sein dürfte. Siedlungen, die in Holz-Erde-Architektur errichtet wurden, sind davon ausgenommen, da anzunehmen ist, dass sie im gesamten Arbeitsgebiet stark unterrepräsentiert sind. Je nach Forschungsstand dürfte sich die beschriebene

Verzerrung innerhalb des Untersuchungsgebietes regional unterscheiden[584]. Eine vollständige Veränderung des antiken Siedlungsmusters durch die Quellenfilter ist jedoch unwahrscheinlich.

6.1.3 Forschungsstand

Um einzuschätzen, ob das vorliegende Verbreitungsbild als repräsentativ für das antike Besiedlungsmuster gelten kann, ist neben der Untersuchung der allgemeinen Auffindungsbedingungen eine genaue Kenntnis des Forschungsstandes unerlässlich. Im Gegensatz zu den allgemeinen Auffindungsbedingungen liegt nun der Fokus auf den einzelnen Fundstellen. So werden hier deren Fundumstände, der Auffindungszeitpunkt und der Grad der Erforschung herangezogen, um auf den allgemeinen Forschungsstand innerhalb des Untersuchungsgebietes zu schließen und regionale Unterschiede herauszuarbeiten. Da es für die Untersuchung unerheblich ist, um welchen Fundstellentyp es sich handelt oder wie gut sich die einzelnen Fundstellen lokalisieren lassen, konnten hier alle 533 aufgenommenen Fundstellen berücksichtigt werden.

6.1.3.1 Fundumstände bei der Erstauffindung

Die Fundumstände bei der Erstauffindung sind ein Spiegel der Auffindungsbedingungen innerhalb des Untersuchungsgebietes. Sie geben einen Einblick, welche Faktoren die Auffindung von Fundstellen im Untersuchungsgebiet in welchem Maße beeinflussten. So ermöglicht eine Zusammenstellung der Fundumstände in Kombination mit der Analyse der Auffindungsbedingungen, die im Untersuchungsgebiet wirkenden Quellenfilter zu erkennen und zu bewerten. Unter den Fundumständen wurden folgende Kategorien unterschieden:

Altfund: Fundstellen, die bereits seit mehreren Jahrhunderten durch obertägige Spuren bekannt waren, und solche, die im 19. und frühen 20. Jahrhundert entdeckt wurden, ohne dass näheres zu den Fundumständen bekannt ist.

Lesefunde: Zufällige oberflächliche Aufsammlungen archäologischen Materials, denen keine intentionelle Begehung vorausging. Ein Beispiel hierfür sind bei Spaziergängen entdeckte Funde.

Landwirtschaft / Forstwirtschaft / Rohstoffgewinnung: Hierzu zählen Funde, die im Zusammenhang von Tätigkeiten wie Pflügen, Drainagearbeiten, Baumpflanzungen, Graben von Rübenmieten, Stein-, Kalk-, Lehm- und Torfabbau sowie Arbeiten in Sand- und Kiesgruben gemacht wurden. Diese Kategorien wurden zusammengefasst, da sie zufällige, punktuelle Aufschlüsse von Funden und Befunden darstellen, die durch physische / mechanische Einwirkung an die Oberfläche gebracht wurden. Im Gegensatz zu Baubeobachtungen handelt es sich ausschließlich um Fundstellen außerhalb heutiger Siedlungsgebiete. Zu unterscheiden ist diese Kategorie von Begehungen auf gepflügten Äckern und in Steinbrüchen, da keine archäologische Motivation zur Entdeckung der Fundstelle führte und diese von den Arbeiter:innen selbst gemeldet wurde[585].

Begehungen: Gezielte Begehungen, überwiegend auf Wiesen und Äckern, bei denen intentionell nach archäologischen Funden und Befunden gesucht wurde.

Baubeobachtungen: Bei Bauarbeiten entdeckte archäologische Funde und Befunde. Hierbei wurde nicht unterschieden, ob die Meldung durch Mitarbeiter:innen des Landesdenkmalamtes oder durch die Baustellenarbeiter:innen selbst erfolgte.

Luftbild: Seit den 1950er Jahren wurden immer wieder sporadisch Luftbilder von archäologischen Strukturen im Bereich des Untersuchungsgebietes angefertigt. Ausschlaggebend waren das Interesse und der Tatendrang einzelner Personen[586]. Mit der Einrichtung einer Stelle für Luftbildarchäologie in der Abteilung Bodendenkmalpflege des Landesdenkmalamtes Baden-Württemberg im Jahr 1982 wurde die Erforschung archäologischer Strukturen aus der

---

584 Siehe hierzu *Kap. 6.1.3.4.*
585 Zur Abgrenzung siehe auch PANKAU 2007, 100.

586 Zu nennen sind insbesondere Philipp Filtzinger und Otto Braasch. Siehe auch FILTZINGER 1996.

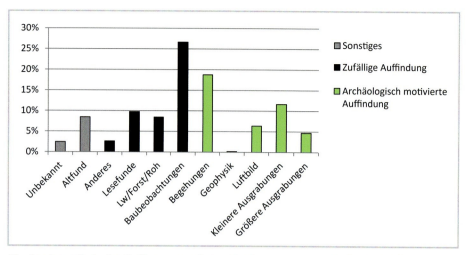

46 Fundumstände der Siedlungen, Gräber und Militäranlagen innerhalb des Arbeitsgebietes.

Luft institutionalisiert[587]. Die neu geschaffene Stelle wurde zunächst 1982–1989 von Rolf Gensheimer bekleidet. Seit 1985 finden systematische Befliegungen im Auftrag der Landesarchäologie durch Otto Braasch statt.

Geophysikalische Untersuchungen: Im Auftrag des Landesdenkmalamtes durchgeführte geophysikalische Prospektionen oder Untersuchungen einer Fundstelle. Darunter werden geoelektrische und geomagnetische Messungen sowie Untersuchungen durch Georadar zusammengefasst[588].

Kleinere Ausgrabungen: Darunter werden kleinräumige oder punktuelle Ausgrabungen einzelner Strukturen eines archäologischen Fundplatzes verstanden, die darauf abzielen, archäologisches Fundmaterial oder Befunde freizulegen. Dazu gehören beispielsweise Sondagen und archäologische Notgrabungen im Zuge von Bauarbeiten, aber auch kleinere Ausgrabungen des 19. Jahrhunderts. Diese hatten zum Ziel, die Ausdehnung einzelner Gebäude festzustellen, ohne dass großflächige Untersuchungen angestellt wurden.

Größere Ausgrabungen: Großflächige Ausgrabungen, die von archäologischen Institutionen (Landesdenkmalpflege, Kreisarchäologie, Institute und Vereine) durchgeführt und bei denen große Teile oder die gesamte Fläche eines archäologischen Fundplatzes erfasst wurden. Dazu gehören sowohl Forschungs-grabungen als auch flächige Ausgrabungen im Zuge von Bauarbeiten wie beispielsweise die archäologischen Untersuchungen im Vorfeld der geplanten ICE Neubaustrecke zwischen Wendlingen und Ulm[589].

Anderes: In dieser Kategorie sind Fundumstände zusammengefasst, die keiner der obigen Definitionen entsprechen. Wie bei den Lesefunden handelt es sich hier um zufällig entdeckte archäologische Funde und Befunde. Im Gegensatz zu diesen kamen sie jedoch durch lokale Bodenaufschlüsse zutage. Dazu gehören Tätigkeiten wie Gartenarbeit, das Ausheben von Gräbern auf dem Friedhof, Flurbereinigungen, aber auch Unwetterereignisse, bei denen archäologische Objekte zutage kamen, oder Funde und Befunde, die von spielenden Kindern ausgegraben wurden.

Die verschiedenen Kategorien der Fundumstände lassen sich zusätzlich je nach Motivation der Auffindung in die zwei Gruppen „Zufällige Auffindung" und „Archäologisch motivierte Auffindung" einteilen (*Abb. 46*)[590]. Zu den zufälligen Auffindungen gehören Lesefunde, Funde, die im Rahmen land- und forstwirtschaftlicher Aktivitäten, Rohstoffgewinnung oder Baubeobachtungen[591] entdeckt wurden, sowie die unter „Anderes" eingestuften Fundumstände. Archäologisch motiviert sind dagegen Begehungen, luftbild- und geophysikalische Untersuchungen sowie kleinere und größere Ausgrabungen. Altfunde

---

587 PLANCK / GENSHEIMER 1982; PLANCK 1983b.
588 Zu den verschiedenen Methoden siehe z. B. LORRA et al. 1998.
589 Siehe *Kap. 6.1.1.4.*
590 SCHIER 1990, 41–42 Tab. 3; PANKAU 2007, 99–102.
591 Zwar sind auch Baustellenbeobachtungen in gewisser Weise archäologisch motiviert, da einige der Baustellen gezielt von

Mitarbeiter:innen des Landesdenkmalamtes begangen werden. Da es sich jedoch um zufällige Aufschlüsse handelt, die in einigen Fällen erst durch eine Fundmeldung der Baustellenarbeiter:innen bekannt werden, ist eine Zuweisung zu der Kategorie „Zufällige Auffindungen" gerechtfertigt.

und unbekannte Fundumstände wurden zu einer dritten Gruppe „Sonstiges" zusammengefasst.

Eine Zusammenstellung der Fundumstände von 533 Fundstellen zeigt, dass der Anteil zufälliger und archäologisch motivierter Auffindungen in etwa gleich ist, wobei die zufälligen Auffindungen leicht überwiegen *(Tab. 19)*. In der Gruppe der zufälligen Auffindungen dominieren die Baubeobachtungen, die mit 27 % die häufigste Auffindungsursache überhaupt darstellten. Darin zeigt sich einmal mehr die stark quellenverzerrende Wirkung von modernen Siedlungsgebieten innerhalb des betrachteten Ausschnittes, die bereits bei der Analyse der allgemeinen Auffindungsbedingungen nachgewiesen werden konnte[592]. Weit weniger Fundstellen wurden durch Lesefunde entdeckt. Auf diese Kategorie entfallen 10 % der Erstauffindungen. Auch auf land- und forstwirtschaftliche Aktivitäten bzw. den Rohstoffabbau entfallen nur in 8 % der Erstauffindungen. Der relativ geringe Wert rührt vermutlich daher, dass archäologische Funde und Befunde – abgesehen von wertvollen Objekten und Steinbefunden – dem Laien kaum auffallen oder schlicht nicht gemeldet werden. Die meisten der bei diesen Tätigkeiten zutage geförderten archäologischen Spuren werden daher erst bei gezielten Begehungen entdeckt. Diese machen den größten Anteil der archäologisch motivierten Auffindungskategorien aus. Mit 19 % der Fundstellen stellen sie außerdem die zweithäufigste Auffindungsursache insgesamt dar. Dieser Umstand unterstreicht die Bedeutung der Begehungsaktivität der ehrenamtlichen Mitarbeiter:innen des Landesdenkmalamtes sowie archäologisch interessierter Laien für die Auffindung römerzeitlicher Fundstellen[593]. Bei 12 % der Fundstellen waren kleinere Ausgrabungen ausschlaggebend für die Auffindung. Es handelt sich überwiegend um Grabungstätigkeiten des 19. und frühen 20. Jahrhunderts. Ihnen gingen in den meisten Fällen andere Fundumstände wie beispielsweise Begehungen im Vorfeld voraus, die sich aus der älteren Literatur jedoch nicht entnehmen ließen. Etwa 6 % der Fundstellen wurden bei Luftbildprospektionen entdeckt. Dabei ist zu berücksichtigen, dass durch die institutionalisierte Luftbildarchäologie überwiegend der östliche Teil des Untersuchungsgebietes abgedeckt wird. Betrachtet man nur die östlichen Landkreise innerhalb des untersuchten Raumes, machen Luftbilder bereits 10 % der Auffindungsursachen aus. Etwa die Hälfte der durch größere

Ausgrabungen entdeckten Fundstellen sind auf das lineare Projekt zurückzuführen. Unbekannte Auffindungsbedingungen und Altfunde bilden insgesamt 11 % der Fundumstände und verdeutlichen, dass für einen nicht unerheblichen Teil der Fundstellen kaum Informationen zu ihrer Auffindung vorliegen.

Zufallsauffindungen	Archäologisch motiviert	Sonstiges
255 (48 %)	222 (42 %)	56 (11%)

Tab. 19   Anteil der zufälligen, archäologisch motivierten und sonstigen Erstauffindungen.

Betrachtet man die Motivation der Auffindung nach Fundstellentyp getrennt, so fällt auf, dass besonders Siedlungs- und Militärbefunde von archäologisch motivierten Tätigkeiten profitieren *(Abb. 47)*. Bei Militärbefunden spielen zufällige Auffindungen praktisch keine Rolle. Die überwiegend archäologisch motivierten Entdeckungen gehen zu einem großen Teil auf die ausgeprägte Limesforschung seit dem 19. Jahrhundert zurück, die spätestens mit Gründung der Reichslimeskommission institutionalisiert wurde[594]. Gräber und Religionszeugnisse wurden dagegen überwiegend zufällig entdeckt. Neben der Fokussierung der Forschung auf bestimmte Fundstellentypen liegt die Diskrepanz auch darin begründet, dass die verschiedenen Befunde nicht die gleichen Auffindungschancen besitzen. So sind Steinmauern einer Siedlung oder eines Militärlagers wesentlich auffälliger als einfache Brandbestattungen, die möglicherweise unbemerkt überpflügt werden. Bei Begehungen dokumentierte Oberflächenfunde werden zudem häufig pauschal als Siedlungsreste angesprochen, während ein Befund nur bei eindeutigen Hinweisen, beispielsweise dem Vorhandensein von Leichenbrand, als Grab gedeutet werden kann[595]. Auch die unterschiedliche Lage der Fundstellentypen kann ihre Auffindungswahrscheinlichkeit beeinflussen. So bemerkt beispielsweise Claus-Michael Hüssen, dass die Grabbefunde im Umland von Heilbronn häufig hangabwärts der Siedlungen im Bereich der Talaue lagen und daher von „meterhohem, akkumuliertem Material überdeckt" waren[596]. Die Diskrepanz zwischen Siedlungs- und Grabfunden dürfte

592   Siehe *Kap. 6.1.1*.
593   Siehe hierzu auch *Kap. 6.1.1.3*.
594   Zur Geschichte der Limesforschung siehe beispielsweise SEITZ 2011; SOMMER 1993; NUBER 1983.

595   HENRICH 2006, 21–23.
596   HÜSSEN 2000, 125.

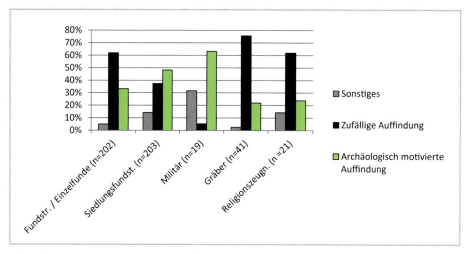

47 Auffindungsmotivation je Fundstellentyp.

daher hauptsächlich den unterschiedlichen Auffindungsbedingungen geschuldet sein.

6.1.3.2 Zeitpunkt der Erstauffindung

Die Erforschung der römischen Vergangenheit in den Nordwestprovinzen nimmt ihren Anfang in der Renaissance[597]. Während dieser Zeit wurden auch innerhalb des Untersuchungsgebietes die ersten römerzeitlichen Fundstellen dokumentiert[598]. Die archäologische Forschung beschränkte sich während dieser Epoche weitgehend auf das objektorientierte, unsystematische Sammeln antiker Gegenstände. Der Kontext spielte eine untergeordnete Rolle[599]. Eine systematische Erforschung der römischen Geschichte setzte dagegen erst im 18. Jahrhundert ein, angeregt durch die 1748 von der Berliner Akademie der Wissenschaften gestellte Preisfrage „Wie weit der Römer Macht, nachdem sie über den Rhein und die Donau gesetzt, in Deutschland eingedrungen, was vor Merkmale davon ehemals gewesen und etwa noch vorhanden seien"[600]. Damit bewegte sich das Interesse an römerzeitlichen Überresten weg vom objektori-

entierten Sammeln und hin zur Betrachtung des archäologischen Kontextes im Rahmen einer Fragestellung[601]. Auch im Untersuchungsgebiet kam es in der zweiten Hälfte des 18. Jahrhunderts zu einem Anstieg der Fundstellenentdeckungen *(Abb. 48)*. Der überwiegende Teil der während dieser Zeitspanne entdeckten Plätze ist jedoch nicht auf ein gesteigertes wissenschaftliches Interesse zurückzuführen, sondern kam zufällig bei Bauarbeiten oder landwirtschaftlichen Aktivitäten zutage. Die erste systematische archäologische Untersuchung innerhalb des Untersuchungsgebietes fand 1783 mit der Ausgrabung des Kastells Köngen und eines Teils des *vicus* auf Veranlassung von Herzog Carl Eugen statt, durchgeführt von Johann Eberhard Roser[602].

Ein kontinuierlicher Anstieg der Fundstellenentdeckungen innerhalb des Arbeitsgebietes ist erst im 19. Jahrhundert zu beobachten *(Abb. 48)*. Die archäologische Forschung profitierte seit dem Ende des 18. Jahrhunderts von einem erstarkten Interesse des Bürgertums für die eigene Vergangenheit und Altertümer auf heimischem Boden[603]. Mit den Beschreibungen der Oberämter des Königreichs Württemberg, die seit 1820 von dem Leiter des königlichen statistisch-topografischen Bureaus Johann D. G. von Memminger herausgegeben wurden, fand sukzessive

---

597 Zur Geschichte der provinzialrömischen Archäologie in Deutschland siehe beispielsweise NUBER 1983; FILTZINGER 1986; NICK 2004; FISCHER 2010; HEISING 2011.

598 *Kat. Nr. 3, 222, 452, 492.*

599 NICK 2004, 15–19.

600 Der von Christian Ernst Hansselmann zu dieser Preisfrage eingereichte und 1768 publizierte „Beweiß, wie weit der Römer Macht, in den mit verschiedenen teutschen Völkern geführten

Kriegen, auch in die nunmehrige Ost-Fränkische, sonderlich Hohenlohische, Lande eingedrungen" und die 1773 erschienene „Fortsetzung des Beweißes [...]" gelten als Beginn der Limesforschung in Deutschland (HEISING 2011, 66–67; NEUMAIER 1993).

601 FILTZINGER 1986, 16–17; NICK 2004, 21.

602 LUIK 1996, 17–20.

603 NUBER 1983, 111; NICK 2004, 28–29; HEISING 2011, 68–69.

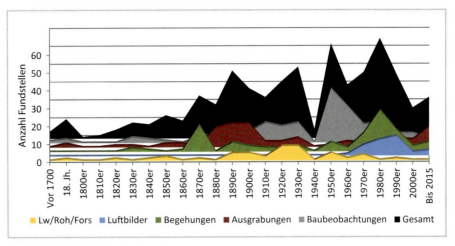

48   Auffindungsart und -zeitpunkt.

eine systematische Zusammenstellung aller bekannten Altertümer Württembergs statt[604]. Der erste deutlichere Anstieg an Neufunden in den 50er Jahren des 19. Jahrhunderts ist so beispielsweise mit dem Erscheinen der Beschreibung des Oberamtes Stuttgart 1851 zu erklären, wo auf den fruchtbaren Filderflächen zahlreiche bisher unbekannte Fundstellen dokumentiert wurden[605].

Zu einem massiven Anstieg der bekannten Fundstellen kam es dann in der zweiten Hälfte des 19. Jahrhunderts *(Abb. 48)*. Um die Jahrhundertmitte gab es einige wichtige Impulse für die archäologische Forschung in Württemberg. Dazu gehört die Gründung des Württembergischen Geschichts- und Altertumsvereins 1843, der mit dem Ziel „Denkmäler der Vorzeit […] vor Zerstörung zu bewahren [… und …] sie der Betrachtung zugänglich zu machen" erste denkmalpflegerische Ansätze verfolgte[606]. Auf Anregung des Gesamtvereins der deutschen Geschichts- und Alterthumsvereine und des Württembergischen Geschichts- und Altertumsvereins wurde schließlich 1858 das „Conservatorium für die vaterländischen Kunst- und Altertumsdenkmale" gegründet[607]. Der Anstieg an Erstauffindungen in der 70er Jahren des 19. Jahrhunderts *(Abb. 48)* ist durch das Erscheinen

des zusammenfassenden Werkes „Die Alterthümer Württembergs" zu erklären, in dem E. von Paulus alle bis dahin bekannten als keltisch, römisch und alamannisch bezeichneten Fundstellen Württembergs zusammenstellte[608]. Die Arbeit beruhte auf 53 Jahren eigener Feldforschung. Wenn der Zeitpunkt der Entdeckung aus der Beschreibung nicht zu ermitteln war, wurde das Jahr 1877 als Auffindungszeitpunkt festgelegt, weshalb der starke Fundstellenanstieg in den 1870er Jahren künstlich ist und auf Auffindungen des gesamten zweiten bis dritten Viertel des 19. Jahrhunderts zurückgehen dürfte.

Ein weiterer Anstieg von Neufunden gegen Ende des 19. Jahrhunderts ist durch die Grabungsaktivität der 1892 gegründeten Reichslimeskommission zu erklären *(Abb. 48)*[609]. Gleichzeitig erschienen ab 1892 regelmäßig die vom Württembergischen Anthropologischen Verein herausgegebenen „Fundberichte aus Schwaben". Der Verein trieb seit den 1890er Jahren die archäologische Landesaufnahme voran und veröffentlichte alle neuen Fundstellen und Grabungsergebnisse[610]. Peter Goessler, der ab 1909 das neu eingerichtete Amt des zweiten Landeskonservators bekleidete, beförderte ebenfalls die Landesaufnahme, was jedoch durch den Ausbruch des Ersten Welt-

604   Paret 1961, 6; Filtzinger 1986, 17.

605   Kgl. topogr. Bureau 1851, 105–109. Wenn keine Angabe zum genauen Auffindungszeitpunkt existiert, wurde das Erscheinungsdatum der Oberamtsbeschreibung als Auffindungszeitpunkt definiert. Einige der Fundstellen könnten allerdings bereits in den 40er Jahren des 19. Jahrhunderts entdeckt worden sein.

606   Krins 1983, 34; Nuber 1983, 111; Paret 1961, 7.

607   Krins 1983.

608   von Paulus 1877.

609   Paret 1961, 10; Filtzinger 1986, 19; Sommer 1993; Seitz 2011, 84–86.

610   Goessler 1922.

kriegs unterbrochen wurde[611]. Die gesteigerte Ausgrabungstätigkeit spiegelt sich auch in der Zusammenstellung der Erstauffindungen nach Auffindungsart wider. Sie erreicht ihren Höhepunkt um die Wende zum 20. Jahrhundert und kommt mit Beginn des Ersten Weltkriegs vorläufig zum Erliegen *(Abb. 48)*. Insgesamt gibt sich die Zeit des Ersten Weltkriegs im Diagramm der Erstauffindungen als Zäsur zu erkennen, obwohl trotz der Krise einige Neufunde verzeichnet werden konnten. Nach dem Krieg stieg die Anzahl der Neufunde wieder deutlich an. Es handelte sich hier vornehmlich um Baubeobachtungen und im Rahmen von land- und forstwirtschaftlichen Arbeiten bzw. dem Rohstoffabbau gemeldete Funde. Ein wichtiger Impuls für die provinzialrömische Forschung in Württemberg nach dem Weltkrieg war die Herausgabe des dreibändigen Werkes „Die Römer in Württemberg" in den Jahren 1928–1932, das sowohl auf die Forschungen der Reichslimeskommission als auch auf neue Erkenntnisse durch Begehungen und Grabungen seit 1918 zurückgriff[612].

Die Jahre des Zweiten Weltkrieges stellen eine deutliche Zäsur im Diagramm der Neufunde dar *(Abb. 48)*. Sowohl die Grabungstätigkeit als auch die Zahl der gemeldeten Funde gingen während der 1940er Jahre stark zurück. Einige bis dahin unveröffentlichte Neufunde der vor- und frühgeschichtlichen Staatsammlung wurden darüber hinaus bei der Zerstörung des Alten Schlosses in Stuttgart durch Luftangriffe zwischen 1943 und 1944 vernichtet[613]. Für das Untersuchungsgebiet sind aus diesem Jahrzehnt daher kaum Neufunde bekannt. Nach dem Zweiten Weltkrieg änderte sich die Situation drastisch. Im Zuge der Wohnungsnot und des wirtschaftlichen Aufschwungs kam es zu einem Bauboom, durch den zahlreiche bisher unbekannte Fundstellen aufgedeckt, aber auch zerstört wurden. So ist in den 1950er und 1960er Jahren ein massiver Anstieg der Neufunde zu verzeichnen, die größtenteils bei Bauarbeiten entdeckt wurden *(Abb. 48)*. Das Landesamt für Denkmalpflege an den Standorten Stuttgart und Tübingen, das zu diesem Zeitpunkt noch nicht über ein Denkmalschutzgesetz verfügte, war mit seiner Kapazität den zahlreichen Bodeneingriffen kaum gewachsen, sodass nach eigener Einschätzung mehr Fundstellen zerstört wurden als dokumentiert werden konnten[614]. Die rege Bautätigkeit hielt bis in die 1960er Jahre an. Danach sinkt auch die Anzahl der Neufunde innerhalb des Untersuchungsgebietes.

Ein deutlicher Zuwachs an Fundstellen ist wieder in den 1980er Jahren zu verzeichnen. Einen großen Beitrag dazu leistete die 1982 institutionalisierte Luftbildarchäologie[615]. So sind neun der 55 in den 1980er Jahren entdeckten Fundstellen durch Luftbildprospektionen erkannt worden *(Abb. 48)*. Den größten Anteil machen jedoch die Feldbegehungen aus. In keinem Jahrzehnt war die Aktivität der Begeher:innen größer.

Von den 1990er bis in die 2000er Jahre hinein nahmen die Neuentdeckungen wieder ab. Erst in den 2010er Jahren kam es wieder zu einem deutlichen Anstieg der neu entdeckten Fundstellen *(Abb. 48)*. Maßgeblich dazu beigetragen haben die Ausgrabungen im Vorfeld des Baus der ICE-Strecke zwischen Wendlingen und Ulm[616].

Es lässt sich insgesamt festhalten, dass die Entdeckung neuer Fundstellen durch die Zeit hinweg nicht gleichmäßig und zufällig erfolgt, sondern von dem Engagement einzelner Personen, politischen Ereignissen, denkmalpflegerischen Maßnamen und der Einführung neuer Methoden bestimmt wird, die sich damit auf den vorliegenden Quellenbestand auswirken.

6.1.3.3 Grad der Erforschung

Während die Fundumstände die Auffindungsbedingungen verdeutlichen, gibt der aktuelle Forschungsstand einen Einblick in die Qualität der Forschung innerhalb des Untersuchungsgebietes *(Abb. 49)*. Einige der Fundstellen, die durch Alt- und Lesefunde, Begehungen und Baubeobachtungen entdeckt wurden, sind mittlerweile durch Luftbilder, geophysikalische Prospektionen und besonders durch kleinere und größere Ausgrabungen näher erforscht. Dadurch erhöht sich der Anteil archäologisch untersuchter Fundstellen auf 54 %, während es bei 39 % der berücksichtigten Fundstellen bei einer Dokumentation und Archivierung der zufällig beobachteten Funde und Befunde blieb *(Tab. 20)*. Mit jeweils 22 % und 18 %

---

611 Schiek 1983, 54.
612 Hertlein 1928; Hertlein / Goessler 1930; Paret 1932; Schiek 1983, 54.
613 Paret 1950.
614 Planck 1991, 31. Mit Inkrafttreten des ersten Denkmalschutzgesetzes zum 1. Januar 1972 wurden die Landesämter für Denkmalpflege aus den verschiedenen nach dem Zweiten Welt-

krieg aufgeteilten Landesteilen vereint und das Landesdenkmalamt Baden-Württemberg eingerichtet (Schiek 1983, 56).
615 Planck / Gensheimer 1982; Planck 1983b; Filtzinger 1996.
616 Scheschkewitz / Thoma 2011; 2012; Thoma 2011; 2012; Thoma / Schweschkewitz 2013; Neth 2013; König et al. 2014; König 2015.

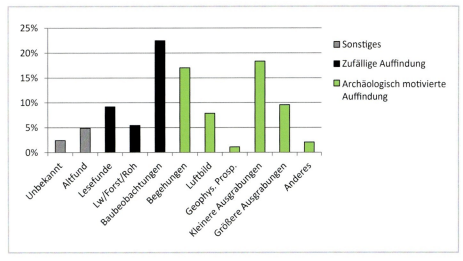

49   Aktueller Forschungsstand der Fundstellen.

sind die meisten Fundstellen heute durch die Dokumentation von Baubeobachtungen und kleinere Ausgrabungen untersucht. Darauf folgen 17 % durch Begehungen erforschte Fundstellen, von denen nur die
oberflächlich sichtbaren Spuren bekannt sind. Es
handelt sich dabei überwiegend um Fundstreuungen
sowie Fundplätze, die Paulus d. Ältere entdeckte und
die bis heute nicht weiter erforscht sind. An insgesamt 10 % der Fundstellen sind größere Ausgrabungen durchgeführt worden. Dazu gehören die
meisten Militärlager und einige römische Gutshöfe.
Bei 9 % der Fundstellen beschränkt sich der Forschungsstand auf die Dokumentation von Lesefunden. Hierbei handelt es sich überwiegend um Münzfunde. Etwa 8 % der Fundstellen sind durch Luftbilder erforscht. Die übrigen Fundumstände spielen
eine untergeordnete Rolle.

Obertägig / durch lokale Aufschlüsse dokumentiert	Archäologisch untersucht	Sonstiges
39 %	54 %	7 %

Tab. 20   Anteil der obertägigen und durch lokale Aufschlüsse erforschten sowie der durch archäologische Untersuchungen dokumentierten Fundstellen.

Je nach Intensität des Aufschlusses lässt sich der
Forschungsstand in verschiedene Kategorien einteilen. Bei Lesefunden und Feldbegehungen handelt
es sich überwiegend um Oberflächenfunde. Hieraus
lassen sich die wenigsten Informationen beispiels-

weise zur Ansprache, Datierung und Ausdehnung
des ursprünglichen Fundplatzes gewinnen. Ähnlich
verhält es sich bei Baubeobachtungen, dem Rohstoffabbau und einigen der land- und forstwirtschaftlichen Tätigkeiten. Dabei handelt es sich lediglich um lokale und kleinflächige Aufschlüsse, die
wenige Informationen zu einer archäologischen
Fundstelle preisgeben. Luftbilder und geophysikalische Prospektionen erlauben bereits häufiger eine
präzise Ansprache und eine Bestimmung der Ausmaße der Fundstelle. Die meisten Informationen
werden jedoch bei kleineren und größeren Ausgrabungen gewonnen. Daher überrascht es nicht, dass
der Stand der Untersuchung eng mit der Präzision
der Fundstellenansprache korreliert. Deutlich wird
dies beispielsweise bei einer Zusammenstellung des
Forschungsstandes für die eingangs definierten Arten von Siedlungsfundstellen *(Abb. 50)*[617]. Die Fundstreuungen wurden in die Grafik integriert, da auch
sie häufig als Hinweise auf Siedlungsreste gedeutet
werden. Fundstellen, bei denen Oberflächenfunde
und kleinere Aufschlüsse überwiegen (Fundstreuungen, vermutete Siedlungsstellen und vermutete
ländliche Einzelsiedlungen), entziehen sich einer
eindeutigen Ansprache. Dagegen dominieren bei
den sicher als ländliche Einzelsiedlungen angesprochenen Fundplätzen Luftbilduntersuchungen sowie
Ausgrabungen. Kleinere und größere Ausgrabungen sind auch bei den Hinweisen auf Siedlungsstellen am häufigsten, auch wo dies nicht dazu führte,
dass die Fundstellen präziser angesprochen werden
können. Eine eindeutige Bestimmung als römischer
Gutshof war jedoch nur bei solchen Fundplätzen

617   Siehe hierzu *Kap. 3.2.2.*

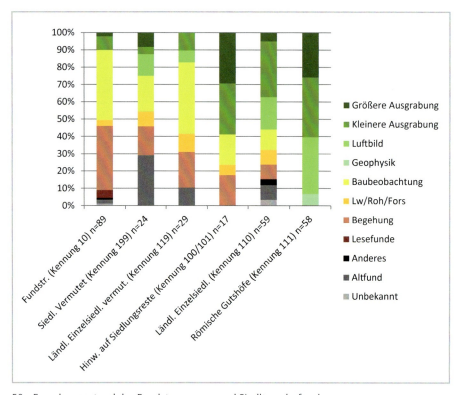

50   Forschungsstand der Fundstreuungen und Siedlungsbefunde.

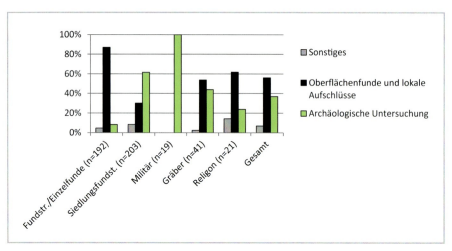

51   Forschungsstand der verschiedenen Fundstellentypen.

möglich, die durch Luftbild- und geophysikalische Untersuchungen oder Ausgrabungen großflächig erforscht wurden.

Dieses Beispiel macht deutlich, welchen Einfluss der Untersuchungsstand auf die Ansprache der Fundstellen und damit die Analysen zum Siedlungsmuster hat. Eine Zusammenstellung des Forschungsstandes für das gesamte Arbeitsgebiet zeigt, dass der Grad der

Erforschung bei den verschiedenen Fundstellentypen sehr unterschiedlich ist *(Abb. 51)*. So sind besonders die Militäranlagen ausführlich untersucht. Hier macht sich vermutlich, wie schon bei der Analyse der Erstauffindungen, die ausgeprägte Limesforschung bemerkbar[618]. Auch bei Siedlungsfundstellen überwiegen Ausgrabungen und Luftbild- wie geophysikalische Untersuchungen gegenüber Ober-

---

618 Siehe Anm. 590.

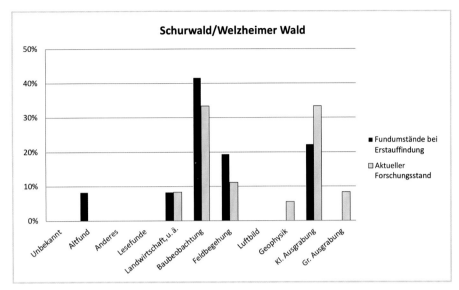

52   Vergleich der Fundumstände bei der Erstauffindung und des aktuellen Forschungsstandes der Fundstellen innerhalb des Naturraumes Schurwald / Welzheimer Wald.

flächenfunden und lokalen Aufschlüssen. Im Fall der
Grabbefunde hingegen haben zwar einige kleinere
und größere Ausgrabungen den Forschungsstand im
Vergleich zur Situation bei ihrer Auffindung erheblich verbessert, jedoch sind die meisten Fundplätze
dieser Kategorie immer noch lediglich durch lokale
Aufschlüsse in Form von Baubeobachtungen dokumentiert. Bei den Einzelfunden und Fundstreuungen
handelt es sich naturgemäß überwiegend um Oberflächenfunde und solche, die bei lokalen Aufschlüssen beobachtet wurden.

Insgesamt überwiegen Oberflächenfunde und lokale Aufschlüsse (56 %) gegenüber Ausgrabungen,
Luftbildern und geophysikalischen Prospektionen
(37 %). Daraus geht hervor, dass noch ein erhebliches
Forschungspotential innerhalb des Arbeitsgebietes
besteht und für einen großen Teil der Fundstellen
eine präzise Ansprache aufgrund des Forschungsstandes nicht möglich ist.

6.1.3.4 Der Forschungsstand im Raum

Die Untersuchung des Forschungsstandes im Raum
erlaubt eine Einschätzung darüber, wie der Grad der

Erforschung innerhalb des Arbeitsgebietes differiert,
ob es besser oder schlechter erforschte Regionen gibt
und wo diese jeweils liegen. Als räumliche Einheiten
wurden die naturräumlichen Einheiten gewählt. Da
sie in sich zum Teil homogene morphologische, geologische und bodenkundliche Eigenschaften aufweisen, bieten sie einheitliche Bedingungen sowohl für
die antiken Siedler als auch für die heutige Auffindung von Fundstellen. Im Folgenden werden für jede
naturräumliche Einheit die Fundumstände bei der
Erstauffindung der Fundstellen und der aktuelle
Stand ihrer Untersuchung verglichen. Fundstellen
außerhalb der Grenzen des Untersuchungsgebietes
sowie Einzelfunde wurden für die folgende Zusammenstellung nicht berücksichtigt[619].

Schurwald / Welzheimer Wald (36 Fundstellen, 0,09 Fst. / km²)

Im Schurwald / Welzheimer Wald *(Abb. 52)* ist der Anteil zufälliger Fundumstände mit 50 % relativ hoch.
Etwa 42 % der Fundstellen sind hier während Bauarbeiten entdeckt worden. Begehungen, bei denen
19 % der Fundstellen aufgefunden wurden, spielten
im Gegensatz dazu eine untergeordnete Rolle. Dieses
Verhältnis von Baubeobachtungen zu Feldbegehungen spiegelt sich auch in den Auffindungsbedingun-

619 Es ist zu vermuten, dass es sich bei den Einzelfunden häufig um Verlustfunde handelt oder um solche, die das „Hintergrundrauschen" antiker Siedlungen repräsentieren (vgl. Moosbauer 1997, 126 Anm. 865; siehe auch *Kap. 3.2.2.1*). Naturgemäß

wird diese Fundstellenkategorie meist durch oberflächliche Aufsammlungen und lokale Bodeneingriffe bekannt, ohne dass
weitere archäologische Nachforschungen folgen.

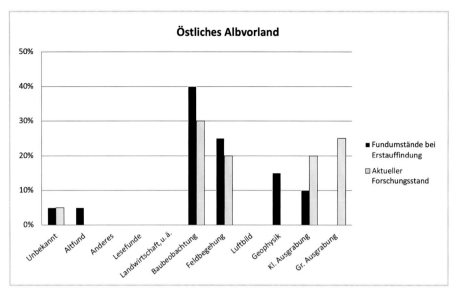

53   Vergleich der Fundumstände bei der Erstauffindung und des aktuellen Forschungsstandes der Fundstellen innerhalb des Naturraumes Östliches Albvorland.

gen wider. So stehen aufgrund des hohen Waldanteils von 54 % nur wenige Ackerflächen für gezielte Begehungen zur Verfügung. Darüber hinaus wird das Gebiet kaum von Ehrenamtlichen begangen. Von den aktiven Sammler:innen, die mehr als zwei Fundstellen innerhalb des Arbeitsgebietes entdeckten, waren nur Gotthilf Bayh und Hans Ulrich Nuber innerhalb des Naturraumes ansässig. Deren Aktivitätsradius beschränkt sich jedoch weitgehend auf die Militärstandorte Lorch (Bayh) und Schwäbisch Gmünd (Nuber). Demgegenüber erklärt sich der hohe Anteil an Baubeobachtungen durch die unbewaldeten, fruchtbaren Täler von Rems und Wieslauf, die heute dicht besiedelt sind. Zwar herrschen insgesamt eher ungünstige Auffindungsbedingungen innerhalb des Naturraumes, jedoch ist aufgrund der naturräumlichen Voraussetzungen zu vermuten, dass die schwer zu prospektierenden und heute bewaldeten Keuperhänge auch in der Antike weitgehend siedlungsleer waren.

Beim aktuellen Forschungsstand liegen Fundstellen, die durch die Dokumentation von Baubeobachtungen erforscht sind, und solche, die durch kleinere Ausgrabungen erfasst sind, mit jeweils 33 % gleichauf. Hinzu kommen größere Ausgrabungen, die bei 8 % der Fundstellen den Forschungsstand bestimmen. Die kleineren und größeren Ausgrabungen beschränken sich fast ausschließlich auf die Militärplätze Welzheim, Lorch und Schwäbisch Gmünd sowie deren direktes Umfeld. Insbesondere in den Tälern von Rems und Wieslauf könnten daher bei gezielten Prospektionen weitere Fundstellen entdeckt werden.

Östliches Albvorland (20 Fundstellen, 0,08 Fst. / km²)

Auch im Östlichen Albvorland *(Abb. 53)* stellen Baubeobachtungen mit acht von 20 Fundstellen (40 %) die hauptsächliche Auffindungsursache dar. An zweiter Stelle folgen Feldbegehungen und archäologische Ausgrabungen mit jeweils fünf Fundstellen (25 %). Die durch Feldbegehungen entdeckten Fundstellen gehen jedoch fast ausschließlich auf das Engagement Gretel Zorns zurück, die überwiegend in Göppingen aktiv war. Der Großteil der Ackerflächen blieb dagegen ohne Fundnachweis. Möglicherweise liegen dort noch weitere, bisher nicht entdeckte kaiserzeitliche Fundstellen verborgen. Archäologische Ausgrabungen führten hauptsächlich an Militärstandorten zur Entdeckung von Fundstellen.

Baubeobachtungen dominieren auch den aktuellen Forschungsstand innerhalb der naturräumlichen Einheit. An 45 % der Fundstellen fanden dagegen archäologische Ausgrabungen statt. Diese beschränken sich jedoch, wie schon im Fall der Fundumstände, fast völlig auf die Militärstandorte und deren direktes Umfeld.

Filder (77 Fundstellen, 0,29 Fst. / km²)

Baubeobachtungen dominieren mit 31 % der Fundstellen auch auf der Filderebene *(Abb. 54)* die Auffindungsumstände, darauf folgen mit 22 % die Begehungen. Der hohe Anteil an Baubeobachtungen überrascht nicht, handelt es sich doch bei den Fildern um den auch heute am dichtesten besiedelten Naturraum.

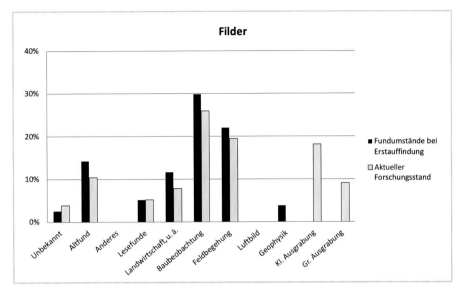

54 Vergleich der Fundumstände bei der Erstauffindung und des aktuellen Forschungsstandes der Fundstellen innerhalb des Naturraumes Filder.

Die nicht bebaute Fläche wird überwiegend ackerbaulich genutzt, wodurch gute Bedingungen für archäologische Feldbegehungen bestehen. Zahlreiche
ehrenamtliche Mitarbeiter:innen sind auf oder im
Randbereich der Filderebene ansässig und tätig. Aufgrund der damit günstigen Auffindungsbedingungen
dürfte ein großer Anteil der antiken Fundstellen innerhalb des Naturraumes bekannt sein.

Nur an wenigen der entdeckten Fundstellen fanden Ausgrabungen statt (28 %), sodass der Anteil lediglich durch oberflächliche Aufsammlungen und
lokale Aufschlüsse bekannter Fundstellen mit 58 %
recht hoch ist. So ist eine große Zahl ländlicher Einzelsiedlungen nur durch Mauerzüge oder einzelne
Gebäudegrundrisse nachgewiesen. Der hohe Anteil
an Bau- und Ackerland und die Aktivität zahlreicher
Sammler:innen sorgen dafür, dass einige Fundstellen entdeckt werden und daher wohl ein relativ repräsentatives Bild der römerzeitlichen Besiedlung im
Naturraum der Filder vorhanden ist. Da jedoch nur in
seltenen Fällen archäologische Ausgrabungen stattfanden, ist der Untersuchungsstand der bekannten
Fundstellen vergleichsweise unbefriedigend.

von mehreren ehrenamtlichen Mitarbeiter:innen des
LDA begangen. Davon abgesehen ist die archäologische Aktivität jedoch eher als gering einzustufen. So
wurden nur acht der 57 Fundstellen (14 %) durch
Luftbilder oder kleinere Ausgrabungen entdeckt.
Insgesamt halten sich daher die durch Zufallsfunde
und die durch archäologisch motivierte Tätigkeiten
bekannt gewordenen Fundstellen die Waage.

Auch der aktuelle Stand der Untersuchung ist
durch wenig archäologische Aktivität geprägt. So
wurden nur in seltenen Fällen die durch Begehungen, Baubeobachtungen oder Luftbildprospektionen
entdeckten Fundstellen anschließend archäologisch
untersucht. Insgesamt überwiegen daher die oberflächlichen Aufsammlungen und lokalen Aufschlüsse mit zusammen 61 % sehr deutlich gegenüber den
großflächigeren archäologischen Untersuchungen
(26 %). Das Fundstellenbild dürfte somit zwar durch
die positiven Auffindungsbedingungen, die u. a.
durch eine rege Aktivität der Begeher:innen geprägt
sind, etwa repräsentativ sein, die einzelnen Fundstellen sind jedoch in den meisten Fällen nur unzureichend erforscht.

Mittleres Albvorland (57 Fundstellen, 0,11 Fst. / km²)

Der Naturraum Mittleres Albvorland (Abb. 55) zeichnet sich durch eine hohe Begehungsintensität aus. So
wurden 30 % der Fundstellen bei Feldbegehungen
entdeckt. Besonders das Gebiet zwischen Nürtingen,
Kirchheim u. Teck und dem Albtrauf wird intensiv

Albuch (28 Fundstellen, 0,05 Fst. / km²)

In der heute eher dünn besiedelten naturräumlichen
Untereinheit Albuch wurde mehr als ein Drittel der
Fundstellen im Rahmen von Baubeobachtungen entdeckt (Abb. 56). Hierin spiegelt sich die quellenverzerrende Wirkung der Bauflächen wider, die flächen-
mäßig nur 5 % der zum Untersuchungsgebiet gehö-

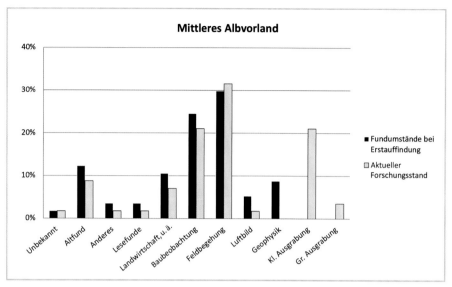

55   Vergleich der Fundumstände bei der Erstauffindung und des aktuellen Forschungsstandes der Fundstellen innerhalb des Naturraumes Mittleres Albvorland.

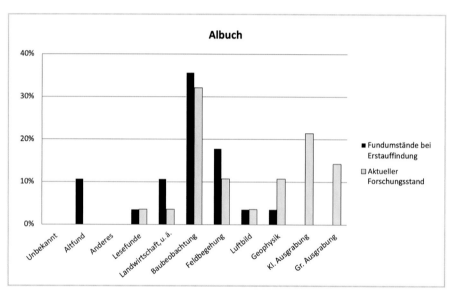

56   Vergleich der Fundumstände bei der Erstauffindung und des aktuellen Forschungsstandes der Fundstellen innerhalb des Naturraumes Albuch.

renden Areale des Albuchs ausmachen. Begehungen
nehmen dagegen mit 18 % der Erstauffindungen einen eher geringen Anteil ein. Ein Großteil der bekannten Siedlungsfundstellen geht dabei auf die Aktivität des ehemaligen ehrenamtlichen Mitarbeiters
des Landesdenkmalamtes Albert Kley zurück. Das
Fundstellenbild innerhalb des Naturraumes ist daher stark durch die Quellenfilter Landnutzung und
ehrenamtliche Begeher:innen beeinflusst. Heute sind
dagegen nur noch wenige Sammler:innen für das Ge-

biet aktiv. Die zufälligen Auffindungen nehmen mit
insgesamt 50 % der Fundstellen einen hohen Wert innerhalb des Arbeitsgebietes ein. Möglicherweise ist
daher bei intensiven Prospektionen mit weiteren
Fundstellen zu rechnen. Da der zum Untersuchungsgebiet gehörende Teil des Naturraums großteils ungünstige naturräumliche Voraussetzungen für Besiedlung bietet, dürfte die Anzahl unentdeckter
Fundstellen jedoch begrenzt sein. So weisen auch
pollenanalytische Untersuchungen in der Umgebung

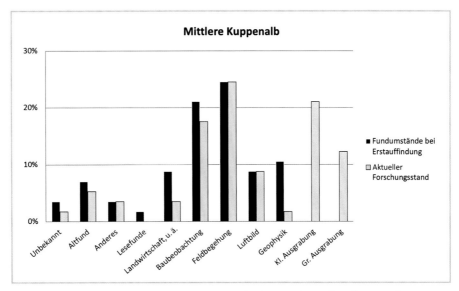

57   Vergleich der Fundumstände bei der Erstauffindung und des aktuellen Forschungsstandes der Fundstellen innerhalb des Naturraumes Mittlere Kuppenalb.

von Böhmenkirch und Bartholomä darauf hin, dass
weite Teile des Naturraumes bewaldet und nicht besiedelt waren[620].

Mit insgesamt 21 % und 14 % hat der Anteil kleinerer und größerer archäologischer Ausgrabungen gegenüber der jeweiligen Erstentdeckung stark zu-
genommen. An vier Plätzen (14 %) fanden zudem geophysikalische Untersuchungen statt oder es liegen
Luftbilder vor. Insgesamt sind so 50 % der Fundstellen mittlerweile archäologisch untersucht. Bei fast
der Hälfte dieser intensiv erforschten Fundplätze
handelt es sich jedoch um Militärstandorte und deren Umfeld. Ähnlich wie im östlichen Albvorland
und im Schurwald / Welzheimer Wald beschränkt
sich die archäologische Forschung damit weitgehend
auf die Militärgeschichte.

Mittlere Kuppenalb (57 Fundstellen, 0,08 Fst. / km²)

Nur 5 % der Fläche der Mittleren Kuppenalb (Abb. 57)
sind heute bebaut, was den im Verhältnis zu den anderen Naturräumen geringen Anteil an Baubeobachtungen erklären könnte (21 %). Mit 25 % bilden Feldbegehungen die hauptsächliche Auffindungsursache. Hier
spiegelt sich die Aktivität einiger Begeher, die in die-

sem Naturraum wohnhaft waren. Besonders zu erwähnen sind Albert Kley, der vornehmlich im nordöstlichen Bereich der Mittleren Kuppenalb aktiv war,
sowie Ludwig Rippmann und Franz Sautter, die um
die Wende vom 19. zum 20. Jahrhundert an der Entdeckung mehrerer Fundstellen beteiligt waren. Bei
den flächigen archäologischen Untersuchungen im
Zusammenhang mit der ICE-Neubaustrecke Wendlingen–Ulm wurden nur zwei nah beieinander liegende
Fundstellen auf der Mittleren Kuppenalb entdeckt.
Dies steht in einem deutlichen Kontrast zu den zahlreichen Neufunden auf der Lonetal-Flächenalb und
könnte dafür sprechen, dass die geringe Fundstellendichte auf der Mittleren Kuppenalb nicht allein Pro-
dukt des Quellenstandes ist, sondern tatsächlich antike Verhältnisse widerspiegelt. Der relativ hohe Anteil
an Begehungen und bei archäologischen Ausgrabungen entdeckten Fundstellen hat zur Folge, dass archäologisch motivierte Tätigkeiten mit 54 % gegenüber den zufälligen Auffindungen (35 %) überwiegen.

Beim größeren Teil der Fundstellen beschränkt
sich der aktuelle Forschungsstand auf Baubeobachtungen und Feldbegehungen. Daher sind 46 % der
Fundstellen lediglich durch Oberflächenfunde und
lokale Aufschlüsse bekannt. Archäologische Ausgrabungen und Luftbilduntersuchungen machen dagegen 44 % des aktuellen Forschungsstandes aus.

620 Smettan 1995, 114–115.

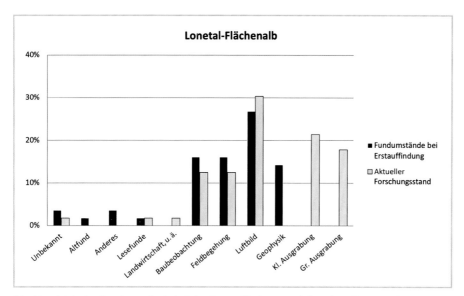

58   Vergleich der Fundumstände bei der Erstauffindung und des aktuellen Forschungsstandes der Fundstellen innerhalb des Naturraumes Lonetal-Flächenalb.

Lonetal-Flächenalb (56 Fundstellen, 0,14 Fst. / km²)

Als besonders gut erforscht hebt sich die Lonetal-Flächenalb unter den naturräumlichen Einheiten des
Arbeitsgebietes ab *(Abb. 58)*. Aufgrund des hohen Anteils an Ackerland und der geringen Bewaldung herrschen gute Bedingungen für Luftbildprospektionen
und archäologische Feldbegehungen. So sind 27 %
der Fundstellen durch Luftbilder und 16 % durch
Feldbegehungen entdeckt worden. Neben der intensiven Luftbildarchäologie durch Braasch und den zahlreichen Begeher:innen, die auf der Lonetal-Flächenalb aktiv waren und sind, profitierte der Forschungsstand durch die archäologischen Untersuchungen im
Zuge der Arbeiten an der ICE-Neubaustrecke zwischen Wendlingen und Ulm[621]. Hier kamen bei flächigen Ausgrabungen zahlreiche neue Fundstellen zutage, die aufgrund der Holzbauweise kaum Chancen
auf eine Entdeckung im Zuge von Oberflächenpro-
spektionen und kleineren Aufschlüssen gehabt hätten. Der Anteil der archäologisch motivierten Auffindungen ist daher mit 65 % ausgesprochen hoch.

Auch der aktuelle Forschungsstand wird für 70 %
der Fundstellen von archäologischer Forschung dominiert. An erster Stelle stehen mit 17 der 56 Fundstellen die Luftbilder (30 %), gefolgt von kleineren
und größeren Ausgrabungen, durch die zwölf (21 %)
und zehn (18 %) der Fundstellen erforscht sind. Da
die archäologischen Fundstellen innerhalb des Na-

turraumes deutlich gegenüber Oberflächenfunden
und lokalen Aufschlüssen überwiegen, ist auch der
Anteil präzise ansprechbarer Fundstellen höher als
in den übrigen Naturräumen.

Mittlere Flächenalb (46 Fundstellen, 0,08 Fst. / km²)

Auch auf der Mittleren Flächenalb *(Abb. 59)* ist der Anteil der im Rahmen von Luftbildprospektionen entdeckten Fundstellen mit 13 % vergleichsweise hoch.
Den größten Anteil der Erstauffindungen machen jedoch Baubeobachtungen und kleinere Ausgrabungen
mit jeweils 22 % aus. Feldbegehungen spielten mit nur
4 % der Auffindungsursachen kaum eine Rolle. Außergewöhnlich hoch ist auf der Mittleren Flächenalb der
Anteil der Altfunde mit 20 %. Mehr als zwei Drittel der
Fundstellen wurden vor 1950 entdeckt. Seitdem profitierte der Forschungsstand in hohem Maße von Luftbildprospektionen. So sind sechs der 15 seit 1950 aufgefundenen Siedlungsfundstellen durch Luftbilder
entdeckt worden, keine jedoch durch Begehungen.
Dieser Umstand lässt vermuten, dass einige Fundstellen noch unentdeckt sind.

Auch die aktuelle Kenntnis zu den Fundstellen
beruht größtenteils auf einem älteren Forschungsstand. Einige davon sind heute zwar durch Luftbilder
sowie kleine und größere Ausgrabungen erforscht,
sodass die archäologischen Untersuchungen mit 54 %

621 Siehe *Kap. 6.1.1.4.*

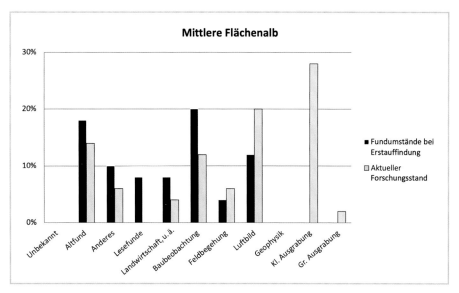

59   Vergleich der Fundumstände bei der Erstauffindung und des aktuellen Forschungsstandes der Fundstellen innerhalb des Naturraumes Mittlere Flächenalb.

deutlich gegenüber den Oberflächenfunden und lokalen Aufschlüssen (24 %) überwiegen. Jedoch ist der
Anteil an Fundstellen, die nur durch Altfunde bekannt sind und bei denen keine moderneren Untersuchungen stattgefunden haben, mit 15 % außergewöhnlich hoch. Die Mittlere Flächenalb bietet daher vermutlich noch großes Forschungspotential und
es ist anzunehmen, dass die heute sichtbare Fundstellenverteilung nicht repräsentativ für die antiken
Verhältnisse ist.

Zusammenfassung

Der Vergleich der Auffindungsbedingungen und des
Forschungsstandes innerhalb der verschiedenen Naturräume zeigte, dass die Filder, das Mittlere Albvorland, die Mittlere Kuppenalb und die Lonetal-Flächenalb durch günstige Auffindungsbedingungen
profitierten. Besonders durch die rege Aktivität der
Begeher:innen dürfte hier ein Großteil der antiken
Fundstellen bekannt sein. Mit Ausnahme der Lonetal-Flächenalb sind die Fundstellen jedoch häufig
nicht archäologisch erforscht. Im Naturraum Schurwald / Welzheimer Wald schränken ungünstige Auffindungsbedingungen den Forschungsstand ein. Es
ist jedoch zu erwarten, dass sich das Fundstellen-

muster auch bei einer Verbesserung des Forschungsstandes nicht drastisch ändert, da ein Großteil des
Naturraumes von siedlungsungünstigen, bewaldeten
Keuperhängen dominiert wird. Ähnlich verhält es
sich mit dem Fundstellenmuster auf dem Albuch.
Auch hier schränkt die Landnutzung die Auffindungswahrscheinlichkeit archäologischer Fundstellen ein. Ein Teil des Naturraumes überschneidet sich
jedoch mit dem Gebiet, das der aktive Begeher Albert
Kley bearbeitete. Allerdings legen pollenanalythi-
sche Untersuchungen nahe, dass der Naturraum auch
in der Antike nur dünn besiedelt war. Es ist daher
auch hier nicht damit zu rechnen, dass bislang nicht
entdeckte Fundstellen das bisher überlieferte Bild
gravierend verändern werden. Das Östliche Albvorland ist in der Verteilung der Fundstellen durch die
rege Aktivität der vornehmlich in Göppingen aktiv
gewesenen Begeherin Gretel Zorn möglicherweise
etwas überrepräsentiert. Der übrige Teil des Naturraumes scheint dagegen wenig archäologisch erforscht, sodass nicht auszuschließen ist, dass intensive Begehungen das aktuelle Bild noch verändern
können. Wenig repräsentativ dürfte auch das überlieferte Fundstellenmuster auf der Mittleren Flächenalb sein, die durch einen außergewöhnlich hohen Anteil an Altfunden hervorsticht, die bis heute
nicht näher archäologisch untersucht sind.

6.2 Der Einfluss naturräumlicher und gesellschaftlicher Faktoren auf das Besiedlungsmuster

In der Siedlungs- und Landschaftsarchäologie nimmt die Analyse von Geofaktoren und deren Einfluss einen großen Raum bei der Interpretation von Besiedlungsmustern ein. Das liegt zum einen daran, dass die naturräumlichen Bedingungen besonders in agrarisch geprägten Gesellschaften große Auswirkungen auf die Wirtschaftsgrundlage der Menschen haben. Zum anderen lassen sich diese Faktoren einfach quantifizieren und statistisch auswerten. Andere Aspekte, die sich ebenfalls auf das Siedlungsmuster auswirken könnten, wie zum Beispiel die politischen Verhältnisse, die Nähe oder Entfernung zu bestimmten emotional aufgeladenen Orten oder auch individuelle Entscheidungen, lassen sich dagegen durch quantitative Methoden kaum auswerten und bleiben daher meist unberücksichtigt. Nur vereinzelt finden sich Ansätze, diese Elemente in GIS-basierte landschaftsarchäologische Auswertungen einzubeziehen[622]. GIS-gestützten Studien, deren Fokus auf der Untersuchung von Geofaktoren zur Analyse des Besiedlungsmusters liegt, wird daher häufig Ökodeterminismus[623] vorgeworfen und kritisiert, dass sie aus einem westeuropäischen, kapitalistischen Blickwinkel heraus angegangen werden[624].

Sicherlich lässt sich nicht leugnen, dass der „Zeitgeist" archäologische Forschung beeinflusst[625] und Bearbeiter:innen archäologischer Themen nicht frei von ihrem kulturellen und gesellschaftlichen Hintergrund sind. Der Fokus auf den Naturraum und wirtschaftliche Voraussetzungen als Einflussfaktoren auf das antike Besiedlungsmuster ist für die vorliegende Studie jedoch trotz dieser Kritik berechtigt[626]. Zum einen war das Untersuchungsgebiet nach derzeitigem Forschungsstand unmittelbar vor der Ankunft des römischen Militärs kaum oder nicht besiedelt, sodass bei der römerzeitlichen Besiedlung nicht auf ältere Strukturen Rücksicht genommen werden musste[627]. Die „neuen" Siedler besaßen somit noch keine im kulturellen Gedächtnis verankerte emotionale Beziehung zu bestimmten Orten und Plätzen, die bei der Wahl der Siedlungsstandorte eine bedeutende Rolle gespielt haben könnte. Darüber hinaus war der römische Gutsbetrieb nachweislich auf die Produktion landwirtschaftlicher Erzeugnisse spezialisiert und auf die Überproduktion von Nahrungsmitteln zur Versorgung militärischer und ziviler Standorte in der Umgebung ausgerichtet[628]. Daher ist davon auszugehen, dass naturräumliche, topografische und ökonomische Faktoren bei der Ansiedlung eine große Rolle spielten. In mehreren übergreifenden und regionalen Studien konnte ein Bezug römerzeitlicher ländlicher Einzelsiedlungen zu fruchtbarem Ackerland[629], Ökotopengrenzen[630], Rohstoffquellen[631], Gewässern[632] und / oder Absatzmärkten[633] nachgewie-

---

622 z. B. TILLEY 1994; LLOBERA 1996; 2012 mit weiterführender Literatur. Siehe auch DONEUS 2013, 92–100.
623 d. h. „die Auffassung, dass Kultur, anthropogene Strukturen und gesellschaftliche Verhältnisse durch ‚Umweltzwänge' [...] verursacht und beeinflusst werden und somit ein Kausalverhältnis besteht" (DONEUS 2013, 77).
624 DONEUS 2013, 36–37; 77–81.
625 Erst kürzlich beleuchtete David Breeze den Einfluss des „Zeitgeistes" bei der Erforschung der Funktion des Limes (BREEZE 2018).
626 Zur Überwindung des Ökodeterminismus wird auch mit dem Modell des „Resourceful, Restricted, Expecting, Evaluating, Maximising Man" (RREEMM) gearbeitet, d. h. dem rational handelnden Menschen, dessen Handeln bestimmten Rahmenbedingungen unterworfen ist. Diese Rahmenbedingungen können naturräumlicher, aber auch religiöser, kultureller, gesellschaft-

licher oder politischer Art sein, sodass die Natur nicht als einziger Faktor für die Bestimmung menschlichen Handelns vorausgesetzt wird. Siehe hierzu ausführlich DONEUS 2013, 78–81.
627 Siehe *Kap. 2.2.*
628 Siehe z. B. SOMMER 2013; CZYSZ 2013, 294; HEIMBERG 2002/2003, 133–134; BENDER 2001, 16–18; MEHL 1990; PERCIVAL 1988, 5–6.
629 z. B. PFAHL 1999, 123; FISCHER 1990, 102; STRUCK 1996, 143.
630 Erstmals erkannt für Rheinhessen (BAYER 1967, 159); siehe auch LENZ 1999, 107 mit weiterer Literatur.
631 z. B. ROTHENHÖFER 2005, 77–117.
632 z. B. FISCHER 1990, 105; MOOSBAUER 1997, 148; STRUCK 1996, 143–144 Anm. 835; HÜSSEN 2000, 119–120; FAUSTMANN 2007, 62–65.
633 z. B. JENESON 2013, 210; ULBERT 2013, 7–9; FELLMETH 2002, 61–68; MOOSBAUER 1997, 181–184; VON BÜLOW 1993, 29–30.

sen werden[634]. Es ist daher davon auszugehen, dass sich die römischen Siedler durchaus der naturräumlichen Standortfaktoren bewusst waren und sie dieses Wissen bei der Anlage von Gutshöfen nutzten[635]. Dieses planerische Konzept wird in besonderem Maße in den Schriften antiker Agrarschriftsteller mit Ratschlägen zur Anlage von Gutsbetrieben deutlich, auch wenn es sich dabei um Fachliteratur handelte, die nur von einem bestimmten Leserkreis wahrgenommen wurde und sich zudem auf die Verhältnisse in Italien bezieht[636].

Für das Verständnis und die Interpretation des vorliegenden Siedlungsmusters ist es unerlässlich, möglichst viele dieser Faktoren zu erschließen und ihren möglichen Einfluss auf das überlieferte Besiedlungsmuster zu erforschen. Nur so kann auch der Einfluss politischer Verhältnisse eingeschätzt werden. Im Folgenden wird daher der Zusammenhang zwischen verschiedenen naturräumlichen und gesellschaftlichen Faktoren und der Lage ländlicher Einzelsiedlungen innerhalb des Arbeitsgebietes untersucht. Im Fokus stehen dabei die Bodenverhältnisse, die Höhenlage, die Nähe zu Gewässern und die Nähe zu *vici*. So soll ergründet werden, welche Faktoren für die antike Besiedlung eine Rolle spielten, wie diese innerhalb des Untersuchungsgebietes verteilt sind und in welchem Verhältnis sie zur römischen Provinzgrenze standen. Dabei ist weniger der exakte Standort einzelner Siedlungen von Bedeutung als die Beziehung von Siedlungskonglomerationen und dünn besiedelten Regionen zu den ausgewählten Faktoren. Es wurden nur (Hinweise auf) ländliche Siedlungsfundstellen berücksichtigt (Kennungen 10, 100, 101, 110, 111, 119), die innerhalb der Grenzen des Untersuchungsgebietes liegen und sich bis auf 50 m genau[637] lokalisieren lassen. Insgesamt bleiben damit 161 Siedlungsstellen für die Analyse der naturräumlichen Standortfaktoren.

6.2.1 Bodentypen

Für eine genaue Auswertung und die Lokalisierung der zur Verfügung stehenden Bodentypen sind möglichst großmaßstäbige Karten (1 : 25.000 und größer) von Vorteil, da die Bodenverhältnisse auch auf kleinstem Raum wechseln können[638]. Für die vorliegende Untersuchung stellte das Landesamt für Geologie, Rohstoffe und Bergbau (LGRB) die Bodenübersichtskarten von Baden-Württemberg im Maßstab 1 : 200.000 (BÜK 200) und 1 : 50.000 (BÜK 50) als Shapefile zur Verfügung. Letztere ist laut beigefügter Erläuterung für einen Maßstabsbereich von 1 : 25.000 bis 1 : 50.000 nutzbar und wäre daher für eine Standortanalyse der Siedlungsfundstellen vorzuziehen. Jedoch bereiten der Detailreichtum der enthaltenen Informationen sowie der Aufbau der Datenbank Probleme bei der Auswertung. So sind in der BÜK 50 für das Untersuchungsgebiet insgesamt 647 Bodentypen unterschieden. Die Zellen der hinterlegten Tabelle, in denen Informationen zum Ausgangsmaterial, dem Klassenzeichen der Bodenschätzung, der vorwiegenden Nutzung oder zu den einzelnen Bodenkennwerten aufgeführt sind, enthalten zudem jeweils mehrere Attribute, was eine Klassifizierung erschwert. Der Detailreichtum, die starke Aufgliederung und die Angabe mehrerer unterschiedlicher Klassen für eine Kartiereinheit[639] erschweren daher die Handhabung der BÜK 50, insbesondere ohne einen bodenkundlichen Fachhintergrund. Daher wurde die niedriger aufgelöste Bodenübersichtskarte im Maßstab 1 : 200.000 für die Untersuchung des Bezugs zwischen Bodenart und Sied-

634 Überblicksartige Untersuchungen zur Lage von ländlichen Einzelsiedlungen in römischer Zeit finden sich z. B. bei Haversath 1984; Rind 2015; Flügel / Valenta 2016; 2017. An regionalen Studien siehe z. B. Smith et al. 2016 (Britannien); Jeneson 2013, 157–222 (Raum zwischen Tongern [Prov. Limburg, BE] und Köln [Nordrhein-Westfalen]); Fischer 1990, 102–106 (Umland von Regensburg); Czysz 1978 (Nördlinger Ries); Struck 1996, 143–150 (unteres Isartal); Bernhard 1976, 49–55 (Hinterland von Speyer [Rheinland-Pfalz]); Hüssen 2000, 119–135 (Umland von Heilbronn); Czysz 1974, 30–41 (Münchener Schotterebene); Moosbauer 1997, 147–150; 152–162 (östliches Rätien); Lenz 1999, 106–108 mit weiterführender Literatur (Aldenhovener Platte); Henrich 2006, 104–106 (westliche Vulkaneifel); Trumm 2002a, 196–202 (östlicher Hochrhein); Faustmann 2007, 54–70 (rechter,

südlicher Oberrhein); Meyer 2010a, 90–94 (Oberschwaben); Pfahl 1999, 122–123 (Langenauer Becken).

635 Rind 2015, 232–234.

636 Rind 2015, 232–233; Fellmeth 2002, 15–50; Pekáry 1994.

637 Bei dem verwendeten Maßstab dürften sich kleinere Schwankungen in der Lokalisierung nicht gravierend auf das Ergebnis auswirken, besonders da der Fundpunkt selbst nur den Mittelpunkt einer Siedlungsstelle darstellt, die sich über eine größere Fläche erstreckte.

638 Gringmuth-Dallmer / Altermann 1985, 340–341; 350; Schier 1990, 120; Fries 2005, 144. Pankau 2007, 202–203 diskutiert die Problematik ausführlich und gibt weitere Literaturangaben.

639 Kleinste auf der Karte abgrenzbare Bodengesellschaften.

lungsstandort vorgezogen. Zwar ist dieser Maßstab für eine individuelle Standortanalyse oder Bestimmung der Wirtschaftsflächen einzelner Siedlungsstellen kaum geeignet. Für eine regionale Lokalisierung der verschiedenen überwiegend verbreiteten Bodenverhältnisse und eine Analyse des Bezuges der Siedlungskonzentrationen und -lücken zu diesen Verhältnissen lässt sich jedoch auch die Karte im Maßstab 1 : 200.000 durchaus verwenden.

Neben dem zu nutzenden Maßstab ist auch die Übertragbarkeit heutiger Bodenanalysen auf (prä)historische Zeiten umstritten[640], da Bodenverhältnisse einem ständigen Veränderungsprozess unterliegen[641]. Die natürliche Verwitterung, die Erosion und die menschliche Nutzung von Böden können deren Eigenschaften stark beeinflussen, sodass vom heutigen Zustand nicht zwangsläufig auf antike Verhältnisse geschlossen werden kann. Dieser Umstand schränkt die Aussagekraft von Analysen, die den Zusammenhang zwischen der (prä)historischen Besiedlung und modernen Bodenkategorien untersuchen, durchaus ein. Karl Brunnacker vermutet, dass die Böden und ihre Vergesellschaftung nördlich der Alpen in römischer Zeit in etwa mit den heutigen Verhältnissen zu vergleichen sind[642]. Michael Doneus lehnt es dagegen ab, heutige Bodenkarten auf die Vergangenheit – auch die jüngere wie Römerzeit oder Mittelalter – zu übertragen[643]. Da es jedoch bislang keine flächendeckende Rekonstruktion der römerzeitlichen Bodenverhältnisse für das Untersuchungsgebiet gibt und moderne Karten somit die einzige Quelle für eine Annäherung an die antiken Verhältnisse darstellen, wird trotz dieser Unsicherheiten auf die aktuellen Angaben zurückgegriffen.

Auf der BÜK 200 sind innerhalb des Untersuchungsgebietes 83 Kartiereinheiten mit unterschiedlichen Bodenleitkategorien[644] unterschieden. Über die Spalte „Kurzlegende" sind diese nach ähnlichen Eigenschaften zu 32 Klassen zusammengefasst. Für eine statistische Auswertung der Bodentypen im Bereich der Siedlungsstandorte ist diese Anzahl jedoch immer noch zu groß. Daher mussten Merkmale zunächst zusammengefasst werden. Dabei ist zu bedenken, dass es bei einer so starken Zusammenfassung der Bodenleittypen zu einem Verlust von Informationen kommt. Zudem ist die Klassifizierung stark von der Fragestellung beeinflusst und kann je nach Bearbeiter:in unterschiedlich ausfallen. Für die vorliegende Untersuchung wurden die Fruchtbarkeit und die Nutzung als Ackerstandort als wichtige Unterscheidungskriterien für die Bildung von Bodenklassen berücksichtigt. Für ein optimales Pflanzenwachstum sollte ein Boden gut durchwurzelbar und tiefgründig sein. Darüber hinaus benötigen Pflanzen ausreichend Wasser und Nährstoffe[645]. Die 83 Kartiereinheiten (KE) wurden daher unter der Berücksichtigung der Bodenleitkategorie, der nutzbaren Feldkapazität (NFK)[646], der potentiellen Kationenaustauschkapazität (KAK)[647], der Gründigkeit und der Skeletthaltigkeit[648] zu 13 Kategorien zusammengefasst (Anhang 3; Tab. 21). Informationen zu den einzelnen Kennwerten sind im GIS über die Shapefiles „Bodeneigenschaften" und „Bodenkennwerte" der BÜK 200 abfragbar.

640 Siehe z. B. GRINGMUTH-DALLMER / ALTERMANN 1985, 339; SAILE 1998, 100; GERLACH 2003, 90; 93–94 Tab. 1; DONEUS 2013, 111–113.

641 Zu den Grundlagen der Bodenbildung siehe SCHEFFER / SCHACHTSCHABEL 2010, 273–281.

642 BRUNNACKER 1994, 4.

643 DONEUS 2013, 113.

644 Dabei handelt es sich um die vorherrschenden Böden einer Kartiereinheit mit einem Flächenanteil von mehr als 50 %.

645 Zu den Voraussetzungen von Böden als Standorte für Pflanzen siehe SCHEFFER / SCHACHTSCHABEL 2010, 379–401.

646 Die nutzbare Feldkapazität ist ein Maß für den Bodenwasserspeicher, d. h. die Menge an Wasser, die der Boden nach der Wassersättigung speichern kann und die der Pflanze zur Verfügung stehen (SCHEFFER / SCHACHTSCHABEL 2010, 242–243; 381–384).

647 Die potentielle Kationenaustauschkapazität gibt an, wie viele Kationen ein Boden bei einem PH-Wert von 7 bis 8 absorbieren kann. Sie ist ein Maß für die Speicherfähigkeit eines Bodens für Nährstoffe (SCHEFFER / SCHACHTSCHABEL 2010, 139–141).

648 Das Bodenskelett, d. h. der Grobbodenanteil und die mechanische Gründigkeit, bestimmt, wie viel Bodenraum der Pflanze zur Durchwurzelung zur Verfügung steht (SCHEFFER / SCHACHTSCHABEL 2010, 380).

Bodenkategorie	Fläche (km²)
Braunerden u. Parabraunerden aus Löss / Molasse	332,3638
Pseudogley-Parabraunerden aus Löss / Molasse	268,8695
Pararendzina	203,1906
Rendzina / Terra fusca aus lehmbedecktem Kalksteinverwitterungslehm	380,0113
Auenböden	89,9652
Kolluvien	90,1442
Braunerden aus Fließerden	87,3247
Pelosole und pelosolige Braunerden	382,4349
Podsole und podsolige Braunerden	440,8393
Parabraunerden aus Feuersteinlehm	117,1265
Rendzina / Terra fusca aus Kalkstein-verwitterungslehm	1203,49
Grundwasserbeeinflusste Böden	50,5202
Ortslage	206,0511
Gesamt	**3852,33**

Tab. 21   Verteilung der verschiedenen Bodenkategorien im Untersuchungsgebiet.

Im Folgenden werden die 13 definierten Bodenkategorien kurz erläutert und, unter Berücksichtigung der genannten Eigenschaften, nach ihrer Eignung für eine landwirtschaftliche Nutzung in vier Kategorien gegliedert:

Für Ackerbau sehr gut geeignete Böden:

Braunerde und Parabraunerde aus Löss, Lösslehm und Molassesedimenten (KE 84, 112, 119, 148, 175, 199, 207, 224, 225, 246, 247, 257)

Bei den in dieser Kategorie zusammengefassten Bodengesellschaften handelt es sich um überwiegend skelettfreie, tiefgründige Lehmböden mit hohem bis sehr hohem Bodenwasservorrat und guter Nährstoffversorgung.

Für Ackerbau eher gut geeignete Böden:

Pseudogley-Parabraunerden aus Löss und Lösslehm/ Parabraunerde aus Molassesedimenten mit Hang zur

Staunässe (KE 132, 149, 150, 158, 159, 177, 212, 237, 242, 249)

Hierbei handelt es sich überwiegend um skelettfreie, tiefgründige Lehmböden. Wie die Braunerden und Parabraunerden aus Löss und Lösslehm weisen sie einen hohen Bodenwasservorrat und eine gute Nährstoffversorgung auf. Durch den tonigen geologischen Untergrund und die Lage auf Ebenen und in Mulden neigen die Böden jedoch zur Staunässe, weshalb die Durchwurzelbarkeit eingeschränkt ist. Unter bestimmten Umständen, beispielsweise in trockenen Monaten oder nach einer Drainage, eignen sie sich als Ackerstandorte. Ansonsten können sie auch als fruchtbare Viehweiden genutzt werden. Unklar ist, ob die Böden in römischer Zeit bereits pseudovergleyt waren. Nach Renate Gerlach begannen die bodenbildenden Prozesse, durch die sich fruchtbare Parabraunerden auf Löss zu Pseudogleyen wandeln, während der Eisen- und Römerzeit und setzten sich im Mittelalter fort[649]. Es ist daher möglich, dass die Pseudovergleyung während des hier betrachteten Zeitabschnittes weniger fortgeschritten war als heute und sich die Böden somit uneingeschränkt als gute Ackerböden eigneten.

Pararendzina (KE 185, 186, 195, 221, 222, 233, 234)

Pararendzinen finden sich innerhalb des Arbeitsgebietes vornehmlich in Erosionslagen – so am Fuß des Albtraufes und der steilen Flusstäler, die in die Schwäbische Alb hinein ragen. Sie bestehen überwiegend aus tonigem bis lehmig-tonigem Sediment. Sie sind skeletthaltig und mittel- bis tiefgründig. An den Hängen des Molassegebietes kommen auch lehmige, skelettfreie, tiefgründige Lagen vor. Der Bodenwasservorrat der Pararendzinen ist im Arbeitsgebiet überwiegend sehr gering bis mittel, sodass es sich um eher trockene Standorte handelt. Da die Nährstoffversorgung der meist tonigen Böden jedoch mittel bis hoch ist, können sie gute Ackerstandorte bilden[650].

Lehmbedeckter Kalksteinverwitterungslehm (KE 187, 192, 202, 210)

Besonders in Mulden, Karsttälern und vor Erosion geschützten Lagen sind die Kalksteinverwitterungslehme von einer zum Teil aus Löss gebildeten Lehmschicht bedeckt. Dadurch werden einige der für den Ackerbau negativen Eigenschaften abgemildert. So sind die Böden hier weniger skelettreich und etwas tiefgründiger als die Rendzina und Terra fusca in den weniger geschützten Lagen der Albhochfläche. Auch die Fruchtbarkeit und der Bodenwasservorrat sind hier höher, sodass diese Standorte neben der

---

649 Gerlach 2003, 90–91 Tab. 1.

650 Siehe auch Scheffer / Schachtschabel 2010, 319.

Nutzung als Wald- oder Grünland auch den Anbau von Feldfrüchten zulassen.

Auenböden (KE 170, 179, 180, 181, 226, 228, 305)

Die Auenböden bestehen überwiegend aus lehmigem und lehmig-schluffigem Substrat. Sie sind fruchtbare Standorte mit einer hohen Wasserspeicherkapazität. Trotzdem ist ihre Nutzung als Acker- und Siedlungsstandort risikoreich, da aufgrund der Nähe zu Flüssen und Bächen stets die Gefahr von Hochwassern besteht. Sie eignen sich jedoch hervorragend als Standorte für Viehweiden und Grünland.

Kolluvien (KE 217)

Kolluvien aus Abschwemmmassen entstehen durch die Erosion von meist lehmigen Lockersedimenten, die in Tallagen akkumuliert werden. Sie sind tiefgründig, weisen eine gute Nährstoffversorgung und einen hohen Bodenwasservorrat auf. Unsicher ist die Entstehungszeit der Kolluvien. Die Erosionsprozesse, durch die sie entstanden, werden durch die Abholzung von Wäldern und die zunehmende landwirtschaftliche Nutzung der Landschaft begünstigt. Es ist daher nicht auszuschließen, dass einige der Kolluvien erst im Mittelalter oder der Neuzeit entstanden und die heutigen Bodenverhältnisse nicht den antiken entsprechen.

Für Ackerbau eher ungeeignete Böden:

Braunerden aus Fließerden (KE 144, 147, 166)

Sowohl der Bodenwasservorrat als auch die Kationenaustauschkapazität der Braunerden aus lehmigen Fließerden schwanken im Untersuchungsgebiet stark. Wo sie über tonigem Substrat liegen, weisen sie, ähnlich den pelosoligen Böden, einen mittleren NFK-Wert und einen hohen bis sehr hohen Nährstoffgehalt auf. Sie dürften sich zum Teil als Ackerstandorte geeignet haben, jedoch wird die Bodenqualität durch sandiges oder toniges Ausgangsgestein zum Teil eingeschränkt.

Pelosol-Braunerden (KE 113, 140, 141, 142, 143, 151, 153, 154, 156, 196)

Bei den hierunter zusammengefassten Bodengesellschaften handelt es sich um schwere, tonige Böden. Zwar weisen sie eine gute Nährstoffversorgung auf, der Wasserhaushalt der Pelosolböden ist jedoch problematisch für den Anbau von Feldfrüchten. Die Tonminerale quellen bei der Aufnahme von Wasser auf und neigen daher zu Staunässe. Da sie die

Feuchtigkeit jedoch nicht langfristig speichern können, ist der Bodenwasservorrat trotzdem stark eingeschränkt. Zudem schrumpfen die Tonminerale bei Trockenheit zusammen, wodurch sich tiefe Risse im Boden bilden können, in denen das Oberflächenwasser versickert. Ohne bodenverbessernde Maßnahmen eignen sich die Pelosole und Pelosolbraunerden daher kaum als Ackerflächen und bilden überwiegend Grünland- oder Waldstandorte[651].

Braunerden, z. T. podsolig, aus lehmig-sandigen Fließerden und aus Schottern (KE 124, 128, 129, 138, 139, 146, 167, 171, 255)

Hierunter wurden Braunerden aus lehmsandigem Substrat sowie Parabraunerden aus Schotter zusammengefasst. Sowohl die Nährstoffversorgung als auch der Bodenwasservorrat ist meist sehr gering bis gering. Oft handelt es sich um Waldstandorte. Für Ackerbau bieten die mageren Böden ohne Düngung schlechte Voraussetzungen[652].

Für Ackerbau ungeeignete Böden:

Parabraunerden und Pseudogley aus Feuersteinlehm (KE 200, 201, 205, 216)

Die hier zusammengefassten Bodengesellschaften kommen ausschließlich in einem begrenzten Bereich innerhalb der naturräumlichen Untereinheit Albuch vor. Wie die Parabraunerden und Pseudogley-Parabraunerden aus Löss weisen sie eine gute Nährstoffversorgung und eine hohe Wasserspeicherkapazität auf. Im Gegensatz zu diesen sind sie jedoch stark versauert, weshalb sie sich als Standorte für den Anbau von Feldfrüchten nicht eignen[653].

Rendzina und Terra fusca aus Kalksteinverwitterungslehm / Pararendzina aus Schottern (KE 161, 168, 169, 188, 190, 193, 220)

Rendzina und Terra fusca aus Kalksteinverwitterungslehm sind innerhalb des Arbeitsgebietes auf die Schwäbische Alb beschränkt. Sie sind steinig und flachgründig, sodass den Pflanzen nur ein geringes Bodenvolumen zur Verfügung steht und beim Pflügen schnell der steinige Untergrund „angekratzt" wird[654]. Sowohl die Nährstoffversorgung als auch der Bodenwasservorrat werden als sehr gering bis mittel angegeben. Die Verkarstung der Schwäbischen Alb trägt dazu bei, dass das Oberflächenwasser nicht gespeichert werden kann und vollständig versickert[655]. Ertragreicher Ackerbau ist unter diesen Umständen

---

651 SCHEFFER / SCHACHTSCHABEL 2010, 328.
652 SCHEFFER / SCHACHTSCHABEL 2010, 225–226.
653 DONGUS 1999, 117.

654 Daher der Name „Rendzina", der aus dem Polnischen stammt und das kratzende Geräusch beschreibt, das beim Pflügen entsteht (SCHEFFER / SCHACHTSCHABEL 2010, 317).
655 Siehe auch *Kap. 2.1.5*; SCHREG 2010, 29–31.

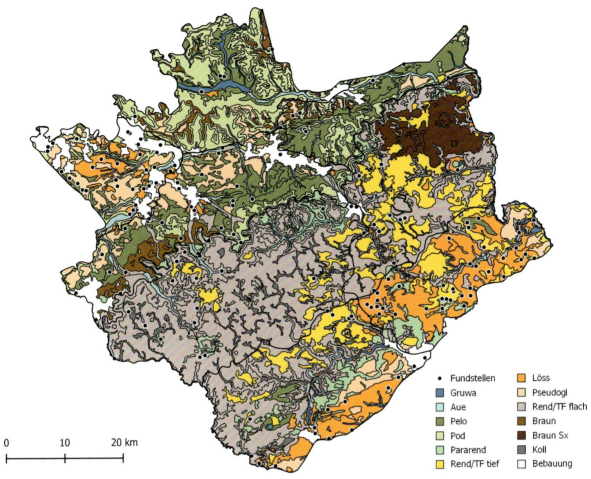

• Fundstellen	◻ Löss
◻ Gruwa	◻ Pseudogl
◻ Aue	◻ Rend/TF flach
◻ Pelo	◻ Braun
◻ Pod	◻ Braun Sx
◻ Pararend	◻ Koll
◻ Rend/TF tief	◻ Bebauung

0   10   20 km

60   Zusammengefasste Bodengesellschaften im Untersuchungsgebiet. Kartengrundlage verändert nach LGRB Regierungspräsidium Freiburg.

nicht möglich[656]. Auch die Pararendzinen aus kiesigen Fließerden, Kalksteinkiesen und Basalttuffzersatz wurden in diese Kategorie integriert. Obwohl sie zum Teil eine gute Nährstoffversorgung aufweisen, ist Landwirtschaft an diesen Standorten aufgrund des hohen Anteils an Grobboden und der Flachgründigkeit kaum möglich. Die betreffenden Böden befinden sich in den Flusstälern auf den Niederterrassen im Albvorland bzw. im Fall der Pararendzinen aus Basalttuffzersatz auf den Vulkankegeln des Mittleren Albvorlandes.

Grundwasserbeeinflusste Böden (KE 121, 135, 183, 230, 232, 310, 314, 321)

In dieser Kategorie wurden Moore und Auengleye zusammengefasst, die stellenweise Gley-Subtypen enthalten. Da der hohe Grundwasserstand das Pflan-

zenwachstum stark einschränkt, werden diese Böden in der Regel als Wald- oder Grünlandstandorte, nicht aber als Ackerstandorte genutzt[657].

6.2.1.1 Die Verteilung der Bodentypen innerhalb des Arbeitsgebietes

Die verschiedenen Bodentypen sind nicht zufällig oder gleichmäßig über das Arbeitsgebiet verteilt *(Abb. 60)*. An ihrer Entstehung ist das Ausgangsgestein beteiligt, weshalb sich ihre Verbreitung grob an den geologischen Gegebenheiten orientiert[658]. Die frucht-

---

656   Eberhardt 1975, 330.
657   Scheffer / Schachtschabel 2010, 333.

658   Scheffer / Schachtschabel 2010, 274–275; zu den geologischen Verhältnissen im Untersuchungsgebiet auch *Kap. 2.1.*

baren Braunerden und Parabraunerden aus Lösslehm sowie aus Molassesedimenten sind auf die lössbedeckten Schwarzjuraflächen der Filderebene und weite Teile der Lonetal-Flächenalb verteilt. Hierbei handelt es sich um die fruchtbarsten Areale des Arbeitsgebietes. Die eher gut für Ackerbau geeigneten Böden sind über das gesamte Untersuchungsgebiet verteilt. Besonders zu erwähnen sind hier die Pseudogley-Parabraunerden und Parabraunerde-Pseudogleye aus Lösslehm und die lehmbedeckten Kalksteinverwitterungslehme, da sie die größte Fläche einnehmen. Erstere sind vor allem auf der Filderebene und im westlichen und nördlichen Bereich des Mittleren Albvorlands verbreitet; letztere kommen überwiegend in erosionsgeschützten Mulden und Trockentälern der Schwäbischen Alb vor. Die eher nicht für Ackerbau geeigneten Böden verteilen sich fast ausschließlich auf das Albvorland. Pelosolige Braunerden dominieren weite Teile der Braunjuragebiete im Östlichen Albvorland sowie den östlichen Bereich des Mittleren Albvorlandes und kommen darüber hinaus am unteren Anstieg der Keuperberge oberhalb der Täler von Rems und Wieslauf vor. Die podsoligen Braunerden sind überwiegend auf die Hänge der Keuperberge im Naturraum Schurwald / Welzheimer Wald verteilt. Die für Ackerbau nicht geeigneten Bö

den werden größtenteils von flachgründiger Rendzina und Terra fusca aus Kalksteinverwitterungslehm gebildet, die weite Teile der Schwäbischen Alb bedecken. Sie werden auf der Albhochfläche nur von Kolluvien in Trockentälern sowie tiefgründigeren Böden im Bereich flachwelliger Lagen unterbrochen. Die Parabraunerden und Pseudogleye aus Feuersteinlehm sind lokal auf ein Gebiet im Albuch beschränkt.

6.2.1.2 Die Verteilung der Siedlungsfundstellen auf die Bodenkategorien

Die Verteilung der Siedlungsfundstellen auf die einzelnen Bodenkategorien wurde mithilfe des X^2-Tests statistisch ausgewertet *(Tab. 22; Anhang 4)*[659]. So lässt sich untersuchen, mit welcher Wahrscheinlichkeit die Fundstellenverteilung auf die Bodenkategorien einer Zufallsverteilung entspricht. Der Quotient aus der beobachteten und der bei einer zufälligen Verteilung erwarteten Anzahl an Fundstellen gibt darüber hinaus einen Hinweis darauf, welche Bodenkategorien eher gemieden und welche eher bevorzugt wurden[660].

Bodenkategorie	Beobachtet	Erwartet	(Beob. – Erw.)² / Erw.
Braunerden u. Parabraunerden auf Löss / Molasse	38	13,9	41,85
Pseudogley-Parabraunerden	16	11,2	2,02
Pararendzina	12	8,5	1,45
Lehmbedeckter Kalksteinverwitterungslehm	18	15,9	0,28
Auenböden	6	3,8	0,01
Kolluvium	0	3,8	3,77
Braunerden aus lehmigen Fließerden	3	3,6	0,12
Pelosol-Braunerden	14	16	0,25
Podsolige Braunerden und solche aus Schotter	7	18,4	7,08
Parabraunerden u. Pseudogley aus Feuersteinlehm	0	4,9	0,28
Flachgründiger Kalksteinverwitterungslehm	21	50,3	17,07
Grundwasserbeeinflusste Böden	2	2,1	0,01
Ortslagen	24	8,6	27,5
			X^2 = 197 φ = 0,81

Tab. 22   Beobachtete und erwartete Verteilung auf die Bodenkategorien.

---

659 Zur Methode siehe *Kap. 4.3.*

660 Zur Methode siehe *Kap. 4.2.*

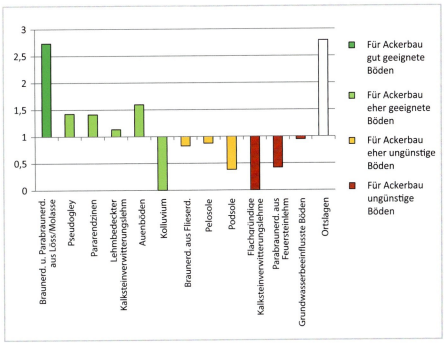

61 Abweichungsfaktor zwischen beobachtetem und erwartetem Wert bei der Verteilung der Siedlungsfundstellen auf die Bodenkategorien. Die farbigen Markierungen geben die Eignung für Ackerbau wieder.

Die Verteilung der 161 Siedlungsfundstellen auf die einzelnen Bodenkategorien weicht höchst signifikant von einer Zufallsverteilung ab: $X^2 = 107,61$. Um die Nullhypothese – die Siedlungsfundstellen seien zufällig auf die definierten Bodenkategorien verteilt – zu verwerfen, muss der X^2-Wert bei zwölf Freiheitsgraden mindestens 32,91 betragen. Der hohe X^2-Wert kommt auch durch die deutliche Überbelegung von Ortslagen zustande, für die keine Informationen zur Bodenart vorliegen. Hier wird ein weiteres Mal der Einfluss der Landnutzung auf die archäologische Quellenlage deutlich[661]. Jedoch bleibt der X^2-Wert auch bei Ausschluss dieser Ortslagen in einem Bereich, der als höchst signifikant gilt. Bei fast der Hälfte der Kategorien liegt der Erwartungswert jedoch unter fünf. Für die Anwendung des X^2-Tests sollte dieser Wert bei weniger als einem Fünftel der untersuchten Kategorien unterschritten werden, da das Ergebnis ansonsten überschätzt werden könnte[662]. Es ist daher mit Vorsicht zu deuten. Jedoch zeigt auch der Phi-Koeffizient (φ) an, dass die beobachteten und erwarteten Werte zu 81 % von einer Zufallsverteilung abweichen.

Betrachtet man die Verteilung der Fundstellen auf die einzelnen Bodenkategorien, so zeigt sich, dass die fruchtbaren Braunerden und Parabraunerden aus Löss und Lösslehm sowie aus Molassesedimenten deutlich bevorzugt als Siedlungsstandorte aufgesucht wurden (Abb. 61). Die Bodenklasse wurde fast dreimal häufiger belegt als bei einer zufälligen Verteilung zu erwarten wäre. Die eher für Ackerbau geeigneten Böden wurden bis auf die Kolluvien ebenfalls etwas häufiger als bei einer Zufallsverteilung erwartet als Siedlungsstandorte gewählt. Podsolige Braunerden aus sandig-lehmigen Fließerden, Parabraunerden und Pseudogleye aus Feuersteinlehm sowie Rendzina und Terra fusca aus Kalksteinverwitterungslehm wurden dagegen weit weniger als erwartet aufgesucht. Für die übrigen Kategorien zeigt sich keine deutliche Abweichung zwischen der beobachteten und der erwarteten Fundstellenanzahl. Zwar wurden auf Braunerden aus Fließerden und podsoligen Braunerden etwas weniger Fundstellen beobachtet als bei einer zufälligen Verteilung zu erwarten, die Abweichung ist jedoch sehr gering, sodass nicht von einer klaren Bevorzugung oder Meidung gesprochen werden kann. Eine deutliche Abweichung von der erwarteten Fundstellenanzahl ist somit hauptsächlich bei den landwirtschaftlich sehr gut und sehr schlecht geeigneten Standorten feststellbar.

---

661 Siehe auch *Kap. 6.1.1.1*.

662 Siehe *Kap. 4.3*.

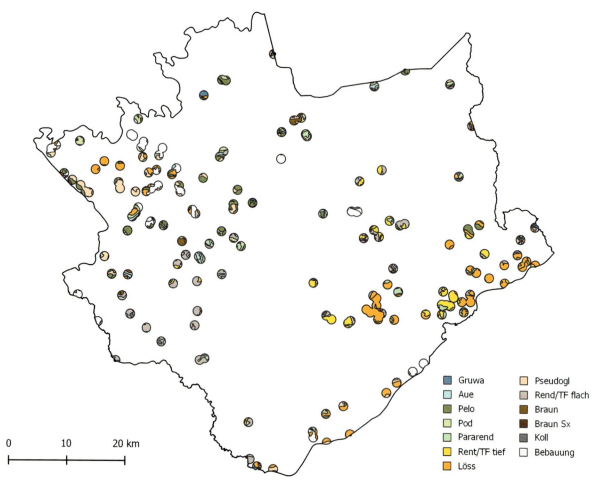

Gruwa
Aue
Pelo
Pod
Pararend
Rent/TF tief
Löss

Pseudogl
Rend/TF flach
Braun
Braun Sx
Koll
Bebauung

0   10   20 km

62   Bodengesellschaften innerhalb der Umfelder von 750 m um die Siedlungsfundstellen. Kartengrundlage verändert nach LGRB Regierungspräsidium Freiburg (BÜK 200).

6.2.1.3 Die Verteilung der Bodenkategorien auf die Umfelder der Siedlungen

Das Ergebnis legt zwar nahe, dass ackerbaulich gut nutzbare Standorte bevorzugt aufgesiedelt wurden, bisher wurden die Siedlungsbefunde jedoch lediglich als einzelne Fundpunkte betrachtet. Die landwirtschaftlich potentiell nutzbaren Flächen liegen allerdings in der Regel außerhalb der eigentlichen Siedlungsstelle. Um das Umfeld der Siedlungen in die Standortanalyse miteinzubeziehen[663], wurden im GIS mithilfe des Puffer-Werkzeuges Kreispolygone um die Siedlungsfundstellen erstellt und über das Geoverarbeitungswerkzeug *Überschneiden* ihre Schnittmengen mit den Bodengesellschaften abgefragt. Anschließend kann der Flächenanteil der in der definierten Umgebung befindlichen Bodenkategorien ermittelt werden *(Abb. 62)*[664]. Es muss betont werden, dass die Kreispolygone nicht die tatsächlichen Wirtschaftsflächen eines Gutshofes darstellen. Weder befanden sich die Siedlungen stets in der Mitte des von ihnen bewirtschafteten Umfeldes noch ist von ein-

---

663 Zu Umfeldanalysen bei der Auswertung von Geofaktoren und Besiedlung siehe beispielsweise PANKAU 2007, 187–188 mit weiterführender Literatur.

664 Die Flächeninhalte der Bodenkategorien je Fundstellenumgebung wurden mithilfe des QGIS-Plugins *group stats* als Tabelle ausgelesen.

heitlichen, gleich großen Wirtschaftsflächen auszugehen[665]. Bei der Umfeldanalyse wird daher nur ein hypothetischer Bereich im näheren Umfeld der Siedlungen herangezogen, der u. a. als Nutzland zur Verfügung gestanden haben könnte. Versuche mit verschiedenen Puffergrößen haben gezeigt, dass die Größe des definierten Umfeldes das Ergebnis kaum beeinflusst[666]. Für die vorliegende Analyse wurde daher, in Anlehnung an bisherige Umfeldanalysen vorgeschichtlicher Siedlungsräume, ein Radius von 750 m verwendet[667].

Das Ergebnis zeigt kaum Abweichungen von der punktuellen Standortanalyse *(Tab. 23; Abb. 63)*. So sind Parabraunerden und Braunerden aus Löss und Molassesedimenten überproportional innerhalb der Umfelder der berücksichtigten Siedlungen vertreten. Der Anteil der für Ackerbau eher gut geeigneten Bodenkategorien ist in den Umfeldern der Siedlungen ebenfalls leicht gegenüber dem Anteil dieser Böden im gesamten Untersuchungsgebiet erhöht. Die als für Ackerbau eher ungeeignet und ungeeignet eingestuften Bodenkategorien sind in den Siedlungsumfeldern dagegen unterproportional vertreten.

Bodenkategorie	Flächenanteil innerhalb der Kreispolygone	Flächenanteil im Untersuchungsgebiet
Braunerden u. Parabraunerden auf Löss / Molasse	22 %	9 %
Pseudogley-Parabraunerden	9 %	7 %
Pararendzina	6 %	5 %
Lehmbedeckter Kalksteinverwitterungslehm	10 %	10 %
Auenböden	3 %	2 %
Kolluvium	1 %	2 %
Braunerden aus lehmigen Fließerden	2 %	2 %
Pelosol-Braunerden	9 %	10 %
Podsolige Braunerden und solche aus Schotter	6 %	11 %
Parabraunerden u. Pseudogley aus Feuersteinlehm	0 %	3 %
Flachgründiger Kalksteinverwitterungslehm	17 %	31 %
Grundwasserbeeinflusste Böden	1 %	1 %
Ortslagen	13 %	5 %

Tab. 23   Vergleich zwischen dem Flächenanteil der einzelnen Bodenkategorien in den Siedlungsumfeldern und im gesamten Untersuchungsgebiet.

6.2.1.4 Die Verteilung der Bodenkategorien auf die Landnutzungsklassen

Bei der Deutung des Ergebnisses muss beachtet werden, dass der X^2-Test keine monokausalen Zusammenhänge aufzeigt. Gibt es andere Faktoren, welche

das überlieferte Verbreitungsmuster der Siedlungsfundstellen beeinflussen und gleichzeitig die Bodenkategorien überlagern, kann es zu einer Scheinkorrelation kommen, was zu einer falschen Interpretation des Ergebnisses führt[668]. Die Bodenverhältnisse gaben nicht nur in der Antike den Rahmen der Bewirtschaftung vor, sie spiegeln sich auch in der modernen Landnutzung wider. Letztere beeinflusst wiederum

---

665   In einigen Einzelstudien wurde bereits der Versuch unternommen, die Wirtschaftsflächen und -größen römischer Gutshöfe zu rekonstruieren. Für Beispiele und Methoden siehe Moosbauer 1997, 156–160; Struck 1996, 145–146 Tab. 25; Hüssen 1994, 261. Die theoretisch berechneten Größen liegen meist zwischen 50 und 200 ha. Die Größe hängt dabei von vielen Faktoren wie der Größe und Art des Betriebes und den naturräumlichen Vo

raussetzungen ab. Einheitsgrößen können nicht festgestellt werden (Moosbauer 1997, 157–158).
666   Hierzu mit weiteren Literaturangaben Pankau 2007, 188.
667   Siehe Saile 1997, 222 Anm. 8–11 mit weiteren Literaturangaben.
668   Siehe auch *Kap. 4.4*.

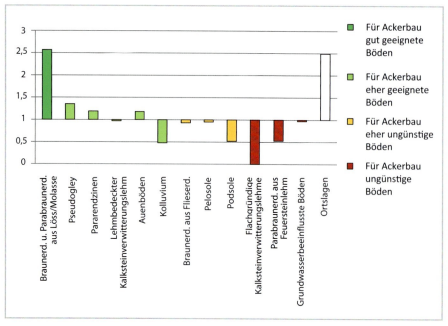

63   Abweichungsfaktor zwischen dem Flächenanteil der Bodengesellschaften innerhalb der Siedlungsumfelder und im gesamten Untersuchungsgebiet.

die Wahrscheinlichkeit, auf archäologische Fundstellen zu stoßen. Sind gute Auffindungsbedingungen überwiegend auf für Ackerbau gut nutzbare Boden und ungünstige Bedingungen auf für Ackerbau ungeeignete Böden verteilt, könnte dies zu einer Verzerrung des Fundstellenmusters im Sinne einer Musterverstärkung führen.

Um zu prüfen, ob die moderne Landnutzung das Ergebnis der Verteilung der bekannten Siedlungsfundstellen auf die Bodenkategorien stark beeinflusst, wurde eine zweite Analyse nach Auffindungsbedingungen getrennt vorgenommen. Hierfür wurde der vektorisierte Landnutzungsdatensatz über die in ArcGis implementierte Overlay-Funktion *identity* mit dem Shapefile der Bodengesellschaften kombiniert. Dadurch können zum einen die Flächen der verschiedenen Kategorien je Landnutzungsklasse bestimmt und zum anderen die Anzahl der darauf befindlichen Fundstellen über eine räumliche Abfrage ermittelt werden. Die Beurteilung der Eignung für den Ackerbau entspricht den in *Kap. 6.1.2* definierten Kategorien. Als ungünstige Auffindungsbedingungen wurden Wald und Wasser definiert, Grünland, Obst- und Weinbauflächen wurden zu eher ungünstigen Auffindungsbedingungen zusammengefasst und Ackerland sowie bebautes Gebiet zu günstigen Auffindungsbedingungen. Anschließend wurde die Fundstellenanzahl auf den Bodenkategorien nach Auffindungsbedingungen getrennt ausgezählt *(Tab. 24)* und mit der erwarteten Fundstellenanzahl bei einer zufälligen Verteilung verglichen *(Tab. 25)*.

Eignung für Ackerbau	Ungünstige Auffindungsbedingungen	Günstige Auffindungsbedingungen	Eher ungünstige Auffindungsbedingungen
Geeignet	2	30	6
Eher geeignet	9	32	11
Eher nicht geeignet	3	12	9
Nicht geeignet	2	17	4
Ortslagen	0	23	1
Gesamt	**16**	**114**	**31**

Tab. 24   Beobachtete Anzahl von Fundstellen auf den Bodenkategorien nach Auffindungsbedingungen getrennt.

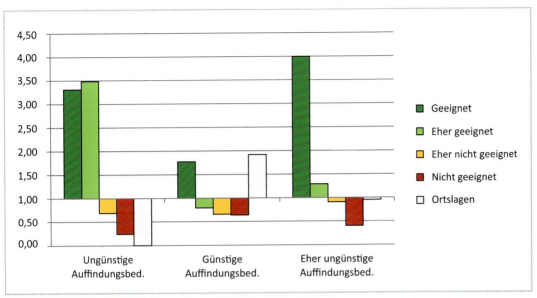

64   Abweichungsfaktor zwischen beobachteter und erwarteter Fundstellenanzahl auf den Bodenkategorien nach Auffindungsbedingungen getrennt.

Eignung für Ackerbau	Ungünstige Auffindungsbedingungen	Günstige Auffindungsbedingungen	Eher ungünstige Auffindungsbedingungen
Geeignet	0,6	16,9	1,5
Eher geeignet	2,6	40,3	8,5
Eher nicht geeignet	4,4	18,2	9,9
Nicht geeignet	8,4	26,6	10
Ortslagen	0,1	12	1,1
Gesamt	**16**	**114**	**31**

Tab. 25   Erwartete Anzahl an Fundstellen bei einer zufälligen Verteilung auf die Bodenkategorien nach Auffindungsbedingungen getrennt.

Das Ergebnis zeigt, dass die für Ackerbau günstigen Böden in allen drei Kategorien der Auffindungsbedingungen überproportional häufig belegt wurden *(Abb. 64)*. Ebenso sind Siedlungen auf für Ackerbau ungeeigneten Böden in allen drei Kategorien unterre-

präsentiert. Der quellenverzerrende Einfluss des Faktors Landnutzung dürfte den erkennbaren Bezug der Siedlungsfundstellen zu fruchtbaren Böden daher nicht stark beeinflussen.

6.2.2 Höhenlagen

Mit zunehmender Höhe verändern sich die klimatischen Bedingungen an einem Standort. So nimmt die Temperatur ab[669], wodurch sich auch der Vegetationsbeginn verzögert. Eine Gegenüberstellung der mittleren Jahrestemperatur[670], des Vegetationsbeginns[671] und der Höhenlagen des Untersuchungsgebietes verdeutlicht diesen Zusammenhang *(Abb. 65)*. Die Klimadaten des Deutschen Wetterdienstes liegen in einer sehr niedrigen Auflösung von 1 × 1 km je Rasterzelle vor. Sie können daher lediglich als Überblickskarten verwendet werden, eignen sich jedoch nicht dazu, die Bedingungen an einem Standort zu bestimmen. Im Folgenden wird daher der Bezug zwischen der Wahl des Siedlungsstandortes und der Höhenlage als Annäherung an die klimatischen Bedingungen untersucht. Die Datengrundlage bildet ein digitales Geländemodell (DGM), das auf LIDAR-Daten beruht und vom Landesamt für Denkmalpflege in einer Auflösung von 30 m je Rasterzelle zur Verfügung gestellt wurde[672].

Um den Bezug zwischen der Wahl des Siedlungsstandortes und der Höhenlage zu untersuchen, wurden die Höhen innerhalb des Untersuchungsgebietes in Klassen eingeteilt. Hierfür wurde das DGM zunächst auf die Grenzen des Untersuchungsgebietes zugeschnitten, anschließend in ArcGIS mithilfe des in der Erweiterung *Spatial Analyst* enthaltenen Geoverarbeitungswerkzeuges *Reclassify* reklassifiziert und das Ergebnis schließlich in ein Polygonlayer konvertiert. So lässt sich der Flächeninhalt einer definierten Höhenklasse berechnen und die Anzahl der Fundstellen je Kategorie im Verhältnis zu ihrer Gesamtzahl auswerten. Für die Untersuchung wurden auch Siedlungsfundstellen berücksichtigt, die lediglich bis auf 200 m genau lokalisierbar waren (n = 198). Einerseits stehen so mehr Fundstellen für die Analyse zur Verfügung, andererseits ist die Gefahr einer falschen Zuweisung durch eine ungenaue Lokalisierung relativ gering. Sie betrifft lediglich Fundstellen, die am Rand einer Höhenstufe gelegen sind. Da sich räumlich benachbarte Klassen im Fall von metrischen Daten zudem ähneln, hat eine falsche Zuwei-

sung von Fundstellen in eine angrenzende Höhenklasse nur geringe Auswirkungen auf das Ergebnis.

Die Höhenlagen verteilen sich ungleichmäßig auf die naturräumlichen Einheiten *(Abb. 66)*. Höhenlagen bis 500 m ü. NN sind weitgehend auf das Albvorland beschränkt, während Lagen von 500 bis 900 m ü. NN fast ausschließlich auf der Schwäbischen Alb vorkommen. Im Albvorland bilden Teile des Albtraufes und die Keuperberge der Region Schurwald / Welzheimer Wald die höchsten Erhebungen. Die höchstgelegenen Gebiete der Schwäbischen Alb befinden sich auf der Mittleren Kuppenalb entlang des Albtraufes.

Im Albvorland verteilen sich insgesamt 95 berücksichtigte Fundstellen auf Höhenlagen zwischen 236 und 698 m ü. NN, wobei der Schwerpunkt auf Lagen zwischen 300 und 450 m liegt *(Abb. 67)*. Auf der Schwäbischen Alb befinden sich die Siedlungsfundstellen auf Höhen von 415 bis 748 m ü. NN. Insgesamt zeichnet sich für das Arbeitsgebiet ein Schwerpunkt der Verteilung von Siedlungsfundstellen auf Höhen zwischen 300 und 550 m ü. NN m ab. Der X^2-Test zeigt eine höchst signifikante Abweichung von einer zufälligen Fundstellenverteilung an: X^2 = 46,9 *(Tab. 26)*. Um die Nullhypothese – die Siedlungsfundstellen seien zufällig auf die Höhenstufen verteilt – zu verwerfen, müsste der X^2-Wert bei elf Freiheitsgraden mindestens 31,26 betragen. Der Phi-Koeffizient (φ) zeigt an, dass die beobachtete und die erwartete Anzahl von Fundstellen auf den Höhenkategorien zu 49 % voneinander abweichen. Dieser Wert ist im Vergleich zu den Untersuchungen zur Verteilung der Siedlungsfundstellen auf die Landnutzungsklassen oder die Bodenkategorien sehr gering. Die größten Abweichungen ergeben sich auf den Lagen bis 300 m und ab 750 m ü. NN. Erstere sind deutlich häufiger als erwartet aufgesucht worden, während sich auf letzteren keine Siedlungsfundstellen mehr befinden. Die übrigen Höhenlagen zeigen keine starken Abweichungen von einer Zufallsverteilung. Eine Ausnahme stellt die Klasse zwischen 500 und 550 m ü. NN dar, die eine deutlich höhe-

---

669 Siehe auch MARTIN / EIBLMAIER 2001, 435–436 s. v. Höhenstufen (S. Meier-Zielinski).

670 DWD Climate Data Center (CDC), Raster der vieljährigen Mittel der Lufttemperatur (2 m) für Deutschland 1961–1990, Version v1.0. Die Daten wurden vom Deutschen Wetterdienst erhoben und sind frei zugänglich: https://opendata.dwd.de/climate_environment/CDC/grids_germany/multi_annual/air_temperature_mean/ (letzter Abruf: September 2023).

671 DWD Climate Data Center (CDC), Vieljährige Raster des mittleren Vegetationsbeginns in Deutschland, Version 0.x, 2016.

Die Daten wurden vom Deutschen Wetterdienst erhoben und sind frei zugänglich. Sie decken in der genutzten Fassung den Zeitraum von 1991 bis 2015 ab: https://opendata.dwd.de/climate_environment/CDC/grids_germany/multi_annual/vegetation_begin/ (letzter Abruf: September 2023).

672 Jede Zelle des Rasterdatensatzes entspricht einem Höhenwert und besitzt eine Seitenlänge von 30 × 30 m. Siehe auch *Kap. 1.4*.

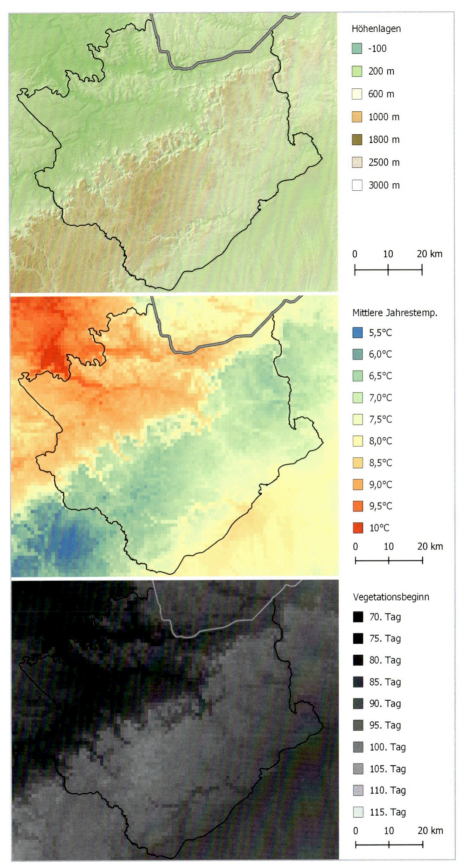

65 Vergleich zwischen Höhe (oben), mittlerer Jahrestemperatur (Mitte) und Vegetationsbeginn (unten).

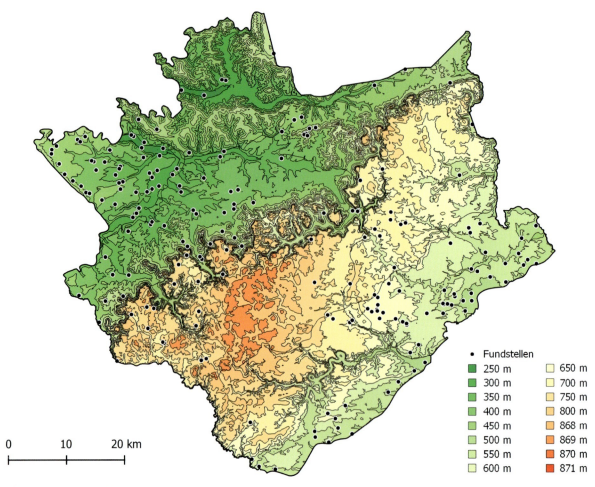

66 Höhenstufen im Untersuchungsgebiet.

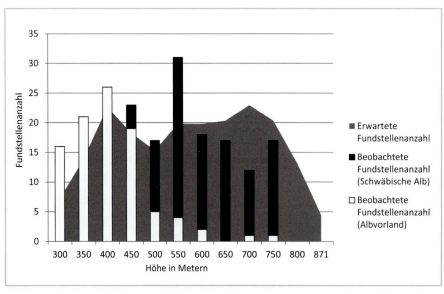

67 Beobachtete und bei einer zufälligen Verteilung erwartete Fundstellenanzahl auf den Höhenstufen.

re Anzahl an Fundstellen enthält als zu erwarten wäre. Möglicherweise hängt dies mit der hohen Fundstellendichte auf der fruchtbaren Lonetal-Flächenalb

zusammen, die 34 % der Fläche dieser Höhenstufe einnimmt. Dann wäre hier mit einer Überlagerung verschiedener Faktoren zu rechnen.

Höhenstufe	Fläche (km2)	Beobachtet	Erwartet	Abweichung	Abweichungsfaktor
300	139,1675	16	7,1	11	2,2
350	270,2914	21	13,9	3,6	1,5
400	441,3148	26	22,7	0,5	1,1
450	354,6202	23	18,2	1,3	1,3
500	297,5831	17	15,3	0,2	1,1
550	385,1958	31	19,8	6,3	1,6
600	385,1958	18	19,8	0,2	0,9
650	395,3535	17	20,3	0,5	0,8
700	446,7213	12	23	5,2	0,5
750	396,3341	17	20,4	0,6	0,8
800	255,8453	0	13,1	13,1	0
871	85,5499	0	4,4	4,4	0
Gesamt	**3853,5135**	**198**	**198**	**X^2 = 46,9** φ = 0,49	

Tab. 26   Beobachtete und erwartete Verteilung der Siedlungsfundstellen auf die Höhenstufen.

6.2.2.1 Zusammenhang zwischen Höhenlagen und weiteren Faktoren

In einem zweiten Schritt wurde daher der Zusammenhang zwischen der Verteilung der Höhenstufen und den Landnutzungsklassen sowie den Bodenkategorien untersucht *(Tab. 27; Abb. 68)*[673].

Das Diagramm *Abb. 68* zeigt die Abweichung des Flächenanteils einer Landnutzungsklasse auf einer Höhenstufe von dem Flächenanteil, den diese Landnutzungsklasse im gesamten Untersuchungsgebiet einnimmt. So wird deutlich, auf welcher Höhenstufe eine Landnutzungsklasse über- oder

unterproportional vertreten ist. Aus dem Diagramm wird deutlich, dass Wald und Grünland, die ungünstige Auffindungsbedingungen für archäologische Fundstellen bieten, überproportional auf hohen Lagen ab 650 m ü. NN verteilt sind. Auf niedrigen Lagen herrschen dagegen bebautes Gebiet sowie Obst- und Weinbauflächen vor. Besonders die quellenverzerrende Wirkung der modernen Bebauung und der Wälder dürfte das Ergebnis beeinflussen. Der hohe Anteil von Fundstellen auf niedrigeren Lagen könnte also durch die positiven Auffindungsbedingungen zu erklären sein und muss nicht zwingend eine bewusste Standortwahl widerspiegeln.

---

673   Zum Vorgehen vergleiche *Kap. 6.2.1.3.*

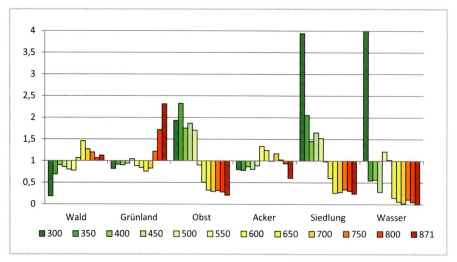

68 Abweichungsfaktor zwischen der Gesamtfläche der Landnutzungskategorien und der Fläche, welche diese auf den einzelnen Höhenstufen einnehmen.

Höhenlage	Wald (35 %)	Grünland (16 %)	Obst (7 %)	Acker (32 %)	Siedlung (10 %)	Wasser (0 %)
300	7 %	15 %	13 %	25 %	40 %	2 %
350	24 %	15 %	15 %	25 %	21 %	0 %
400	32 %	15 %	11 %	27 %	15 %	0 %
450	30 %	15 %	12 %	25 %	17 %	0 %
500	28 %	17 %	11 %	28 %	16 %	0 %
550	27 %	28 %	6 %	42 %	10 %	0 %
600	38 %	14 %	3 %	39 %	6 %	0 %
650	52 %	12 %	2 %	31 %	3 %	0 %
700	45 %	13 %	2 %	37 %	3 %	0 %
750	42 %	20 %	2 %	32 %	3 %	0 %
800	38 %	28 %	2 %	30 %	3 %	0 %
871	40 %	37 %	1 %	19 %	2 %	0 %

Tab. 27 Anteil der Landnutzungsklassen auf den verschiedenen Höhenstufen.

Auch bei der Untersuchung des Verhältnisses zwischen Höhenlagen und Bodenkategorien zeigen sich einige Auffälligkeiten *(Tab. 28)*. Das Diagramm *Abb. 69* zeigt den Abweichungsfaktor zwischen dem Gesamtflächenanteil der Bodenkategorien und dem Anteil, den diese auf den einzelnen Höhenstufen einnehmen. Für Ackerbau geeignete Böden kommen überproportional häufig auf Höhenlagen zwischen 500 und 600 m ü. NN vor. Dies erklärt vermutlich die hohe Anzahl an Fundstellen auf der Höhenstufe 500–550 m ü. NN. Auch Böden, die als noch günstig für Ackerbau eingestuft wurden, sind auf Lagen zwischen 500 und 600 m ü. NN überproportional häufig vertreten. Die für Ackerbau ungeeigneten Böden be-

finden sich dagegen auffällig häufig auf Höhenlagen ab 600 m ü. NN. In den höheren Lagen bilden sie zwischen 70 und 94 % der vorkommenden Böden. Die deutliche Meidung dieser Höhenstufen entspricht den Beobachtungen der Fundstellenverteilung auf die Bodenkategorien. Der naturräumliche Faktor Höhe dürfte demzufolge eine eher geringe Auswirkung auf das römerzeitliche Siedlungsverhalten gehabt haben und scheint nicht als bedeutender limitierender Faktor gewirkt zu haben. Die scheinbare Korrelation zwischen niedrigen Höhenlagen und einer höheren Fundstellendichte ist durch die Überlagerung der Faktoren Höhenstufe, moderne Landnutzung und Bodenkategorien zu erklären.

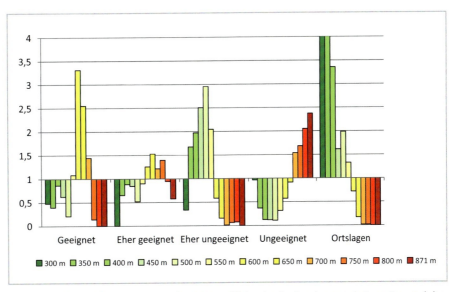

69   Abweichungsfaktor zwischen der Gesamtfläche der Bodeneignungskategorien und der Fläche, welche diese auf den einzelnen Höhenstufen einnehmen.

Höhenlage	Geeignet (9 %)	Eher geeignet (27 %)	Eher nicht geeignet (24 %)	Nicht geeignet (36 %)	Ortslage (5 %)
300	4 %	15 %	35 %	16%	30%
350	7 %	24 %	47 %	4%	18%
400	5 %	23 %	59 %	4%	9%
450	2 %	14 %	70 %	4%	11%
500	9 %	24 %	48 %	11%	7%
550	29 %	34 %	14 %	20%	4%
600	22 %	41 %	4 %	32%	1%
650	12 %	33 %	0 %	55%	0%
700	1 %	37 %	1 %	60%	0%
750	0 %	25 %	2 %	73%	0%
800	0 %	15 %	0 %	85%	0%
871	0 %	6 %	0 %	94%	0%

Tab. 28   Anteil der Bodenkategorien auf den verschiedenen Höhenstufen.

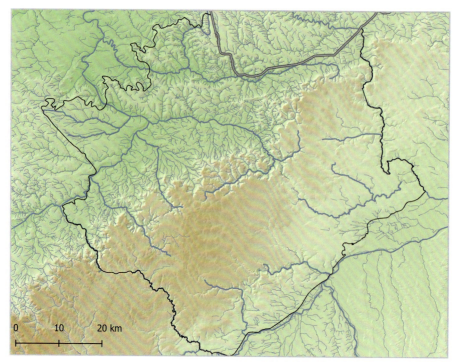

70   Karte der Fließgewässer im Bereich des Untersuchungsgebietes.

6.2.3 Entfernung zu Gewässern

Wasser ist ein unverzichtbarer Rohstoff für jegliche
Lebensform. Daher überrascht es nicht, dass durch
alle Epochen hinweg immer wieder ein deutlicher Bezug zwischen der Wahl des Siedlungsstandortes und
der Nähe zu Gewässern festgestellt werden kann[674].
Neben der Trinkwasserversorgung ist die Verfügbarkeit von Wasser für die Land- und Viehwirtschaft sowie die Hygiene von großer Bedeutung. Fließgewässer
spielen auch für den Transport von Waren eine große
Rolle. Sicher schiffbar waren der Neckar und die Donau in den Bereichen, in denen sie das Untersuchungsgebiet durchfließen bzw. berühren. Dass die Rems und
die Fils in römischer Zeit schiffbar waren, ist ebenfalls denkbar. Für die übrigen Nebenflüsse des Neckars und der Donau stehen Untersuchungen noch
aus[675]. Bis auf die verkarstete Albhochfläche wird das
Untersuchungsgebiet von zahlreichen Flüssen und
Bächen durchzogen *(Abb. 70)*. Eine große Anzahl an
Quellen entspringt den Mergelschichten am Albtrauf
und in den Taleinschnitten der Schwäbischen Alb und
des Schurwaldes sowie den Braunjuraschichten im
Albvorland. Die Albhochfläche ist dagegen aufgrund

der Verkarstung nahezu frei von Quellen und Fließgewässern. Grundwasser ist hier nur im Bereich der
Basalttuffe erreichbar, die als Wasserspeicher fungieren. Eine wichtige Rolle für die Trink- und Brauchwasserversorgung spielen daher die natürlich ent-
standenen oder künstlich angelegten Hülen, die wie
Zisternen das Regenwasser speichern[676].

6.2.3.1 Datengrundlage
und Übertragbarkeit

Um den Gewässerbezug der römerzeitlichen Siedlungsfundstellen innerhalb des Arbeitsgebietes zu
untersuchen, muss auf den modernen Verlauf der
Fließgewässer zurückgegriffen werden. Die Landesanstalt für Umwelt, Messungen und Naturschutz Baden-Württemberg (LUBW) bietet in ihrem Daten- und
Kartendienst den freien Download des Amtlichen
Digitalen Wasserwirtschaftlichen Gewässernetzes

---

674   Für die römische Epoche siehe z. B. MOOSBAUER 1997, 148;
STRUCK 1996, 143–144 Anm. 835; HÜSSEN 2000, 119–120. Für die
Vorgeschichte siehe beispielsweise POSLUSCHNY 2002, 103–106
mit weiterführender Literatur; PANKAU 2007, 228–230.

675   Siehe *Kap. 2.3.1.*
676   SCHREG 2010, 29–31; REIFF / GROSCHOPF 1979, 43–47. Zu den
hydrogeologischen Verhältnissen auf der Schwäbischen Alb siehe auch *Kap. 2.1.5.*

(AWGN) im Shapefile-Format an, in dem u. a. alle Fließgewässer Baden-Württembergs im Maßstab 1 : 10.000 digitalisiert sind[677]. Um auch im Bereich der verkarsteten Schwäbischen Alb eine Annäherung an die Verfügbarkeit von Wasser zu gewinnen, wurden darüber hinaus alle Quellen und Hülen innerhalb des Arbeitsgebietes anhand der topografischen Karte im Maßstab 1 : 25.000 digitalisiert. Bei kleineren offenen Gewässern ist es häufig nicht möglich, zu entscheiden, ob es sich um eine Hüle oder ein künstlich angelegtes Gewässer handelt. Im Zweifel wurde das entsprechende Objekt als Hüle kartiert.

Die Übertragung der modernen Gewässerkarte auf die antiken Verhältnisse ist äußerst problematisch. So wurden die Fluss- und Bachläufe im Laufe der Jahrhunderte und insbesondere im 19. Jahrhundert zum Teil stark verändert. Begradigungen, die Anlage von Kanälen, Entwässerungs- und Entlastungsgräben sowie trocken gefallene Talschlingen sind das Ergebnis dieser Modifizierung. Andere Gewässer, die in der Antike noch bestanden, können seitdem versiegt sein. Hinzu kommt die natürliche Verlagerung von Flüssen, insbesondere in ebenen, weit ausgeräumten Tälern, wo genug Platz für eine Verlagerung oder Neubildung von Mäandern, beispielsweise bei Hochwasser, zur Verfügung steht[678]. Die Gewässerstrukturkarte von Baden-Württemberg verdeutlicht die Abweichung des heutigen Gewässernetzes von seinem ursprünglichen Zustand (Abb. 71).

Eine Möglichkeit, sich dem ehemaligen Verlauf der Flüsse anzunähern, ist der Vergleich mit historischen Karten. Georeferenziert und in einem ausreichend großen Maßstab liegen diese für Württemberg jedoch erst ab dem 19. Jahrhundert vor[679]. Zwar lässt sich hierdurch ein älterer Zustand rekonstruieren, jedoch waren zum Zeitpunkt der Anfertigung bereits einige gravierende anthropogene Modifikationen erfolgt[680]. Darüber hinaus erlauben die relativ jungen Karten keine Aussagen über die natürlichen Verlagerungen seit der Antike[681]. Die größten Veränderungen sind im Bereich von Ortschaften zu vermuten sowie in ebenen Tälern, die natürliche Verlagerungen der Wasserläufe ermöglichen und wo die Topografie der Umleitung von

Flüssen und Bächen nicht im Wege steht. In engen Seitentälern, am Oberlauf der Flüsse und Bäche sowie in gebirgigen Lagen gibt es dagegen wenig Spielraum für eine größere Verlagerung der Wasserläufe.

Auch im Fall der Hülen ist unklar, ob die heute sichtbaren Wasserstellen auch in römischer Zeit schon vorhanden waren. Besonders gut ist die Erhaltung in den bewaldeten Gebieten des Albuchs, in dem sich die meisten Hülen befinden[682]. Es ist jedoch davon auszugehen, dass eine Vielzahl der ehemaligen Wasserstellen heute nicht mehr bekannt ist. So rechneten Hans Mattern und Harald Buchmann 1983 mit einem Verlust von etwa 150 Hülen in 150 Jahren[683].

Im Rahmen siedlungsarchäologischer Untersuchungen, insbesondere zu vor- und frühgeschichtlichen Epochen, wurde die Unsicherheit bei der Untersuchung des Gewässerbezugs als topografischer Faktor bereits ausführlich diskutiert und es wurden verschiedene Methoden zum Umgang mit der Problematik vorgeschlagen[684]. Eine Lösung, um sich trotz aller Unsicherheiten dem Gewässerbezug zumindest anzunähern, ist die Bildung von Abstandskategorien statt einer metergenauen Messung. Geringfügige Verschiebungen der Wasserläufe fallen dadurch weniger stark ins Gewicht. Auch bei dieser Vorgehensweise handelt es sich jedoch um eine Annäherung, die die antiken Verhältnisse nicht exakt abbilden kann.

6.2.3.2 Auswertung

Das Untersuchungsgebiet wurde nach dem Abstand zum nächsten Gewässer in vier Kategorien eingeteilt (Abb. 72)[685]. Die erste Kategorie umfasst das direkte Umfeld eines Gewässers mit maximal 100 m Abstand. Die zweite Klasse definiert den Nahbereich mit maximal 500 m Abstand und die dritte Klasse den erweiterten Nahbereich mit bis zu 1000 m Abstand zum nächsten Gewässer. Entfernungen über 1000 m bilden die vierte Klasse. Hier dürfte sich die Wasserversorgung schwierig gestaltet haben und Fundstellen innerhalb dieser Bereiche nehmen keinen Bezug auf

---

677 Zum AWGN siehe https://pudi.lubw.de/detailseite/-/publication/95506 (letzter Abruf: September 2023).

678 Siehe z. B. Pankau 2007, 225–228 sowie Doneus 2013, 114–117, der eine Untersuchung des Zusammenhangs zwischen Gewässernähe und Besiedlung aufgrund des hypothetischen Charakters ablehnt. Für die römische Zeit siehe auch Gerlach 1995; 2003, 91–92 Tab. 1.

679 Die historischen Flurkarten liegen im Maßstab 1 : 2500 vor und sind das Resultat der württembergischen Landesvermessung von 1818 bis 1840: https://www.leo-bw.de/themen/historische-flurkarten (letzter Abruf: September 2023). Zur

württembergischen Landesvermessung siehe auch Kling 2018.

680 Die Begradigung der Donau erfolgte beispielsweise bereits ab 1806 (Pankau 2007, 28).

681 Doneus 2013, 114.

682 Pankau 2007, 30–31 mit weiterführender Literatur.

683 Mattern / Buchmann 1983, 108–109.

684 Doneus 2013, 114–115; Pankau 2007, 225–228 mit weiterführender Literatur; Mischka 2007, 109–111.

685 Die Einteilung der Kategorien orientiert sich an Pankau 2007, 228.

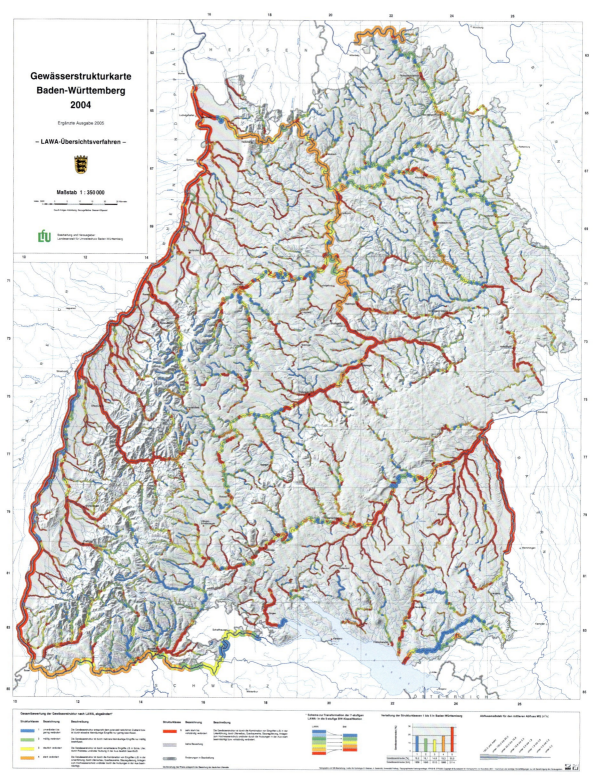

71   Gewässerstrukturkarte Baden-Württemberg 2004 (Ergänzte Ausgabe 2005). – Blau: unverändert bis gering verändert.
– Grün: mäßig verändert. – Gelb: deutlich verändert. – Orange: stark verändert. – Rot: sehr stark bis vollständig verändert.
– Grau: keine Bewertung. – Quelle: LUBW.

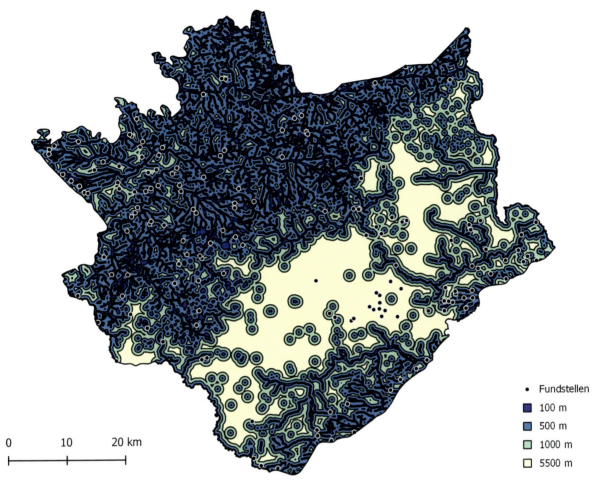

Fundstellen
■ 100 m
■ 500 m
■ 1000 m
□ 5500 m

0   10   20 km

72   Gewässerabstandskategorien für alle Oberflächengewässer innerhalb des Untersuchungsgebietes.

heute bekannte Gewässer. Für die Verteilung der Siedlungsfundstellen auf die Abstandskategorien wurde – wie schon bei den anderen Analysen – eine Tabelle mit der beobachteten und der bei einer zufälligen Verteilung zu erwartenden Fundstellenanzahl erstellt *(Tab. 29)*. Der X^2-Test ergibt, dass die Verteilung auf die gebildeten Gewässerabstandsklassen mit einer Wahrscheinlichkeit von 99 % nicht zufällig ist. Der Phi-Koeffizient (φ) ist mit 0,28 im Vergleich zu den vorherigen Analysen jedoch sehr gering. Die Gegenüberstellung der beobachteten und erwarteten Fundstellenanzahlen zeigt, dass im direkten Umfeld der Gewässer etwas mehr Fundstellen als erwartet liegen, während die vierte Kategorie – der Bereich, der keinen Gewässerbezug erkennen lässt – deutlich unterbelegt ist *(Abb. 73)*. Die beiden mittleren Kategorien weichen dagegen kaum von dem Erwartungswert bei einer zufälligen Verteilung ab.

Abstand	Fläche	Beobachtet	Erwartet	Abweichung	Abweichungsfaktor
100 m	672,263	40	28,1	5,05	1,4
500 m	1720,762	81	71,9	1,15	1,1
1000 m	747,472	25	31,2	1,24	0,8
> 1000 m	712,283	15	29,8	7,32	0,5
Gesamt	**3852,779**	**161**	**158**	$X^2 = 14,77$ $\varphi = 0,3$	

Tab. 29   Beobachtete und erwartete Fundstellenanzahl auf den Gewässer-Abstandskategorien.

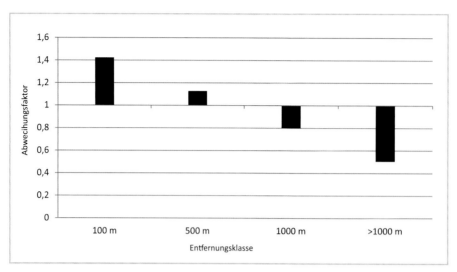

73 Abweichungsfaktor zwischen der beobachteten und der bei einer zufälligen Verteilung zu erwartenden Anzahl an Fundstellen auf den Gewässer-Abstandskategorien.

Bei der Interpretation des Ergebnisses muss jedoch berücksichtigt werden, dass die Nähe zum Gewässer nicht der einzige naturräumliche Faktor ist, der das Siedlungsmuster beeinflusste. Wie bereits deutlich wurde[686], hatte die Eignung der Böden als Ackerstandorte einen großen Einfluss auf die Wahl des Siedlungsstandortes. Betrachtet man die Verteilung der Abstandskategorien zu den Gewässern auf die verschiedenen Bodenkategorien *(Tab. 30)*, fällt auf, dass die für Ackerbau geeigneten Böden überproportional auf die höheren Gewässer-Abstandsklassen verteilt sind.

Abstandsklasse	Geeignet (9 %)	Eher geeignet (27 %)	Eher nicht geeignet (24 %)	Nicht geeignet (36 %)	Ortslage (5 %)
100	5 %	24 %	41 %	22 %	9 %
500	8 %	23 %	34 %	28 %	7 %
1000	12 %	32 %	7 %	47 %	3 %
> 1000	10 %	34 %	0 %	55 %	0 %

Tab. 30   Anteil der Bodenkategorien auf den verschiedenen Gewässer-Abstandkategorien.

Geht man davon aus, dass die für Ackerbau günstigen Böden bevorzugt besiedelt wurden, könnte dies zu einer Verzerrung des Verteilungsmusters der Fundstellen auf den definierten Gewässerabstandsklassen führen. Daher wurde in einem zweiten Schritt die Anzahl der Siedlungsfundstellen auf den Gewässerabstandsklassen nach der Eignung der Böden für Ackerbau getrennt aufgelistet *(Tab. 31)* und mit der erwarteten Fundstellenanzahl bei einer zufälligen Verteilung *(Tab. 32)* verglichen. Das Diagramm *Abb. 74* zeigt den Abweichungsfaktor zwischen der erwarteten und der beobachteten Fundstellenanzahl auf den Gewässerabstandskategorien nach Bodenkategorien getrennt.

686   Siehe *Kap. 6.2.1.2.*

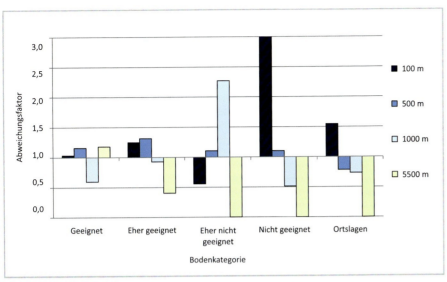

74   Abweichungsfaktor zwischen der beobachteten und der bei einer zufälligen Verteilung zu erwartenden Anzahl an Fundstellen auf den Gewässer-Abstandskategorien. Nach Bodeneignungskategorien getrennt.

Abstand zum Gewässer	Geeignet für Ackerbau	Eher geeignet für Ackerbau	Eher nicht geeignet für Ackerbau	Nicht geeignet für Ackerbau	Ortslage
100 m	4	10	4	11	11
500 m	18	26	17	9	11
1000 m	6	11	3	3	2
> 1000 m	10	5	0	0	0
Gesamt	**38**	**52**	**24**	**23**	**24**

Tab. 31   Beobachtete Anzahl von Fundstellen auf den Gewässerabstandsklassen nach Eignung der Böden für Ackerbau getrennt.

Abstand zum Gewässer	Geeignet für Ackerbau	Eher geeignet für Ackerbau	Eher nicht geeignet für Ackerbau	Nicht geeignet für Ackerbau	Ortslage
100 m	3,9	8	7,2	2,4	11
500 m	15,6	19,8	15,4	8,2	11
1000 m	10,1	11,9	1,3	5,9	2
> 1000 m	8,5	12,4	0,1	6,5	0
Gesamt	**38**	**52**	**24**	**23**	**24**

Tab. 32   Bei einer zufälligen Verteilung erwartete Anzahl von Fundstellen auf den Gewässerabstandsklassen nach Eignung der Böden für Ackerbau getrennt.

Ein Bezug zu gewässernahen Standorten zeigt sich dabei ausgeprägt nur auf für Ackerbau ungeeigneten Böden *(Abb. 74)*. Diese Beobachtung könnte darauf hinweisen, dass auch unfruchtbare Standorte aufgesucht wurden, sofern es Zugang zu Wasser gab. Es ist vorstellbar, dass hier andere Wirtschaftszweige wie Viehzucht betrieben wurden, für die die Nähe zum Gewässer zur Versorgung der Tiere ein wichtiges Kriterium war. Im Bereich von für Ackerbau gut geeigneten Böden sind dagegen auch Lagen überproportional als Siedlungsstandorte gewählt worden, die weiter als 1 km von modernen Gewässern entfernt sind. Dies betrifft besonders die Einzelsiedlungen auf der südwestlichen Lonetal-Flächenalb im Bereich um Tomerdingen, wo seit den

flächigen Ausgrabungen im Vorfeld des Gleis- und Autobahnbaus zahlreiche neue Fundstellen entdeckt wurden[687]. Diese befinden sich bereits im Karstgebiet der Albhochfläche, jedoch in einem flachwelligen Bereich, in dem sich eiszeitliche Lössschichten erhalten haben, auf denen sich fruchtbare Parabraunerden entwickelten. Bei den Ausgrabungen wurden runde und rechteckige Gruben entdeckt, die möglicherweise als Zisternen dienten[688]. Badegebäude fehlen bei den bisher ausgegrabenen Siedlungen, was die Ausgräber ebenfalls auf die Wasserarmut zurückführen. Der trockene, in Bezug auf die Trink- und Brauchwasserversorgung schwierige Standort wurde hier also für die fruchtbaren Böden in Kauf genommen.

6.2.4 Zwischenfazit: Der Einfluss naturräumlicher Faktoren auf das römerzeitliche Besiedlungsmuster

Die Untersuchung der räumlichen Beziehung zwischen Siedlungsfundstellen und der Verteilung von Bodenkategorien, Höhen sowie Oberflächengewässern zeigt, dass besonders der Faktor Boden innerhalb des Untersuchungsgebietes einen großen Einfluss auf die Entstehung des Siedlungsmusters hatte. Fruchtbare Standorte, die landwirtschaftliche Überproduktion begünstigen, wurden deutlich bevorzugt, während für Ackerbau ungeeignete Standorte eher gemieden wurden. In einigen Regionen treten Auffälligkeiten im überlieferten Siedlungsmuster möglicherweise stärker hervor, da sich günstige Auffindungsbedingungen mit günstigen Siedlungsstandorten überlagern. So korrelieren insbesondere auf der dicht besiedelten Filderebene fruchtbare Böden mit Acker- und Siedlungsflächen, welche die Auffindung archäologischer Fundstellen begünstigen. In den bewaldeten Gebieten des Schurwaldes und der Albhochfläche fallen dagegen unfruchtbare Böden mit ungünstigen Auffindungsbedingungen zusammen. Die Untersuchung des Bezugs der Siedlungsfundstellen zu fruchtbaren Standorten nach Auffindungsbedingungen getrennt zeigte jedoch, dass der verzerrende Effekt hier nicht allzu groß einzuschätzen ist. Auch wenn bevorzugt

fruchtbare Standorte aufgesiedelt wurden, befindet sich eine nicht geringe Zahl an Fundstellen in landwirtschaftlich eher ungünstigen Lagen (47 der 161 berücksichtigten Fundstellen), besonders auf der Albhochfläche und in Teilen des Albvorlandes. Hier ist zum einen mit alternativen Wirtschaftsformen wie einer Spezialisierung auf Vieh- und Waldwirtschaft zu rechnen[689], aber auch die Möglichkeit der Bodenverbesserung war in römischer Zeit bereits gegeben. So vermutet Hans-Peter Stika für die Umgebung von Rainau-Buch den Einsatz von Dünger, da das dort aufgefundene Pflanzenspektrum die ungünstigen Bedingungen für Ackerbau nicht widerspiegelt[690].

Die Höhenlage spielte vermutlich eine untergeordnete Rolle bei der Wahl des Siedlungsplatzes. So wurden Lagen über 500 m ü. NN, beispielsweise im Bereich der Lonetal-Flächenalb, in Kauf genommen, sofern die Böden eine ackerbauliche Betätigung begünstigten. Hierbei ist anzumerken, dass die in römischer Zeit in der Region am häufigsten angebaute Getreidepflanze – Dinkel – raueres Klima verträgt als der empfindliche Weizen und daher auch in hohen Lagen angebaut werden kann[691]. Die Verteilung der Höhenlagen auf die unterschiedlichen Bodengüten zeigt zudem, dass un-

---

687 Siehe *Kap. 6.1.1.4.*
688 THOMA 2011, 197–198.
689 Zur Bedeutung von Wald- und Viehwirtschaft in römischer Zeit siehe auch NENNINGER 2001, 41–44; 174; 183–188; PETERS 1998, 275–282.

690 STIKA 1996, 64; 135.
691 Siehe z. B. KÖRBER-GROHNE et al. 1983, 49–52; STIKA 1996, 97.

geeignete Böden überproportional auf Lagen über 700 m ü. NN verteilt sind. Darüber hinaus deutet sich eine Überlagerung von bestimmten Höhenlagen und heutigen Landnutzungskategorien an. So sind die niedrigen Lagen bis 350 m ü. NN heute zu einem großen Teil von bebautem Gebiet bedeckt, wodurch überproportional viele Fundstellen im Zuge von Bauarbeiten entdeckt werden. Ein möglicher Höhenbezug der Siedlungsstellen kann durch die Überlagerung mit anderen Faktoren daher nicht mehr erkannt werden.

Der Gewässerbezug ist innerhalb des Arbeitsgebietes nur in unfruchtbaren Lagen deutlich ausgeprägt. So wurden die für Ackerbau ungünstigen Bereiche stellenweise besiedelt, sofern die Wasserversorgung gewährleistet war. Auf für Ackerbau geeigneten Böden wurde dagegen auch eine größere Entfernung zu verfügbarem Oberflächenwasser in Kauf genommen. Unklar ist, ob in diesen Bereichen – vornehmlich der südöstlichen Lonetal-Flächenalb – heute nicht mehr vorhandene Hülen den Wasserbedarf deckten. Da die Verfügbarkeit von Trink- und Brauchwasser unverzichtbar für eine dauerhafte Ansiedlung ist, kann davon ausgegangen werden, dass in den Siedlungen, die weit vom nächsten Oberflächenwasser entfernt waren, Regenwasser in Zisternen aufgefangen wurde, um den Wasserbedarf zu decken[692].

6.2.5 Die *vici* und ihr Verhältnis zu ländlichen Einzelsiedlungen

Die römerzeitlichen ländlichen Einzelsiedlungen standen in einem engen Austausch mit den umliegenden *vici* und Militärlagern. Letztere waren auf die Versorgung durch landwirtschaftliche Güter aus den *villae* angewiesen und dienten als Absatz- und Verteilerorte der Produkte[693]. In den *vici* konnten darüber hinaus handwerkliche Erzeugnisse bezogen und saisonale Arbeitskräfte angeworben werden[694]. Darüber hinaus erfüllten die *vici* in einigen Fällen zentralörtliche Funktionen für ihr Umland, beispielsweise als Handels-, Kult- oder Verwaltungszentren[695]. Andererseits war für die Entstehung von *vici* als Marktorte ein florierendes Umfeld aus ländlichen Einzelsiedlungen von Bedeutung[696]. Eine dicht besiedelte Region konnte so auch den Anreiz für die Entstehung eines Marktortes schaffen[697]. Die Beziehung zwischen *villae* und *vici* kann nach der Definition von Eike Gringmuth-Dallmer als Siedlungssystem verstanden werden, in

dem die verschiedenen Siedlungstypen aufgrund unterschiedlicher Funktionen und damit einhergehender Abhängigkeiten miteinander interagierten[698].

Es liegt nahe, zu vermuten, dass sich die Beziehung der beiden Siedlungstypen auch räumlich durch ihre Lage zueinander widerspiegelt. Im Folgenden soll daher die Verteilung der *vici* im Untersuchungsgebiet sowie ihre Lage zu den ländlichen Einzelsiedlungen analysiert werden. Bei solchen Untersuchungen ist jedoch zu berücksichtigen, dass die Ergebnisse maßgeblich durch den Forschungsstand bestimmt werden. Um die räumliche Beziehung zwischen der ländlichen Besiedlung und den *vici* zu fassen, müssten nicht nur die Verteilungsmuster der ländlichen Einzelsiedlungen repräsentativ, sondern vor allem sämtliche *vici* bekannt sein. Da nicht ausgeschlossen werden kann, dass es einige bislang nicht bekannte *vici* innerhalb des Untersuchungs-

692 So beispielsweise nachgewiesen für *Kat. Nr. 97*: Thoma 2017, 52; 2011, 197–198.
693 Czysz 2013, 346; Sommer 2013; Mehl 1990, 451.
694 Intensiv beschäftigte sich Ulrich Fellmeth mit der Nähe zu Städten als Standortfaktor für die italische Villenwirtschaft sowie den Transportkosten für unterschiedliche Waren, wobei er Angaben römischer Agrarschriftsteller, epigrafische und archäologische Hinweise sowie verschiedene theoretische Modelle in seine Überlegungen miteinbezog: Fellmeth 2002. Zum Verhältnis zwischen *villae* und *vici* bzw. *villae* und Militärstandorten siehe Todd 1988, 17–18; Percival 1988, 5–8; von Bülow 1993, 18–29; Fellmeth 2002; Moosbauer 2005, insbes. 80–81; Flügel/Valenta 2016; Kortüm 2015.

695 Czysz 2013, 343–346.
696 So entstanden beispielsweise im Rheinland zahlreiche *vici* im Bereich der dicht besiedelten, fruchtbaren Lösszonen, wo sie ein günstiges Absatzgebiet fanden (Ulbert 2013, 7–9).
697 Hodder/Orton 1976, 86.
698 Während das Siedlungsmuster lediglich durch die räumliche Beziehung von gleichwertigen Siedlungen zueinander definiert ist, setzt ein Siedlungssystem mehrere hierarchisch gegliederte Siedlungstypen voraus, die aufgrund verschiedener Funktionen aufeinander bezogen sind (Gringmuth-Dallmer 1996, 7; Löffler 1996, 39–41).

gebietes gab, können die Ergebnisse lediglich als Zwischenstand betrachtet werden, der bei einer veränderten Quellenbasis neu überprüft werden muss.

Darüber hinaus ist die zeitliche Komponente zu berücksichtigen. Das Untersuchungsgebiet umfasst einen Raum, der in römischer Zeit spätestens von traianischer Zeit bis zur Mitte des 3. Jahrhunderts besiedelt war[699]. In diesem Zeitraum wurden Siedlungen und Kastelle gegründet und wieder aufgegeben. Da eine archäologische Bearbeitung der Funde aus den ländlichen Einzelsiedlungen in den meisten Fällen noch aussteht, kann diese zeitliche Komponente bei der Untersuchung der Beziehung zwischen *villae* und *vici* nicht berücksichtigt werden. Für die nachfolgende Analyse wird daher von dem Zustand ab der zweiten Hälfte des 2. Jahrhunderts ausgegangen, als die Vordere Limeslinie bestand und die ehemaligen Kastellvici der Alb- und Neckarkastelle Marktorte ohne militärische Komponente waren *(Abb. 75)*[700]. Für die ländlichen Einzelsiedlungen wird dagegen von einer Gleichzeitigkeit ausgegangen, auch wenn nicht ausgeschlossen werden kann, dass einige der Siedlungen bereits vor der Mitte des 2. Jahrhunderts aufgegeben oder erst zu einem späteren Zeitpunkt gegründet wurden.

Häufig liegt der nächste *vicus* zu einer ländlichen Einzelsiedlung außerhalb des Untersuchungsgebietes. Daher wurden auch die dem Arbeitsgebiet benachbarten *vici* berücksichtigt, sofern sie zwischen der zweiten Hälfte des 2. Jahrhunderts und der Mitte des 3. Jahrhunderts bestanden. Die in die Untersuchung einbezogenen *vici* sind in *Tab. 33* aufgelistet.

1	Emerkingen	Ehemaliger Kastellvicus (Donaulimes)
2	Ehingen-Rißtissen	Ehemaliger Kastellvicus (Donaulimes)
3	Unterkirchberg	Ehemaliger Kastellvicus (Donaulimes)
4	Langenau	Vom Militär unabhängige Gründung
5	Günzburg	Ehemaliger Kastellvicus (Donaulimes)
6	Gomadingen *(Kat. Nr. 191)*	Ehemaliger Kastellvicus (Alblimes)
7	Donnstetten *(Kat. Nr. 421)*	Ehemaliger Kastellvicus (Alblimes)
8	Urspring *(Kat. Nr. 297)*	Ehemaliger Kastellvicus (Alblimes)
9	Heidenheim *(Kat. Nr. 223)*	Ehemaliger Kastellvicus (Alblimes)
10	Reutlingen *(Kat. Nr. 406)*	Vom Militär unabhängige Gründung
11	Metzingen *(Kat. Nr. 311)*	Vom Militär unabhängige Gründung
12	Nürtingen *(Kat. Nr. 359)*	Vom Militär unabhängige Gründung
13	Köngen *(Kat. Nr. 249)*	Ehemaliger Kastellvicus (Neckarlimes)
14	Kirchheim *(Kat. Nr. 239)*	Vom Militär unabhängige Gründung
15	Sindelfingen	Vom Militär unabhängige Gründung
16	Bad Cannstatt	Ehemaliger Kastellvicus (Neckarlimes)
17	Waiblingen	Vom Militär unabhängige Gründung
18	Schorndorf *(Kat. Nr. 428)*	Vom Militär unabhängige Gründung
19	Welzheim *(Kat. Nr. 521)*	Kastellvicus (Vorderer Limes)
20	Lorch *(Kat. Nr. 302)*	Kastellvicus (Vorderer Limes)
21	Schwäbisch Gmünd *(Kat. Nr. 435)*	Kastellvicus (Vorderer Limes)
22	Unterböbingen *(Kat. Nr. 81)*	Kastellvicus (Vorderer Limes)
23	Aalen *(Kat. Nr. 4)*	Kastellvicus (Vorderer Limes)

Tab. 33 Für die nachfolgenden Untersuchungen berücksichtigte *vici*. Orte ohne Katalognummer befanden sich außerhalb des Untersuchungsgebietes, wurden jedoch aufgrund ihrer Nähe zu den im Untersuchungsgebiet befindlichen Siedlungsfundstellen in die Untersuchung miteinbezogen, um Randeffekte zu vermeiden.

699 Siehe *Kap. 2.2.*
700 Zur Militärgeschichte des Untersuchungsgebietes siehe *Kap. 2.2.1.*

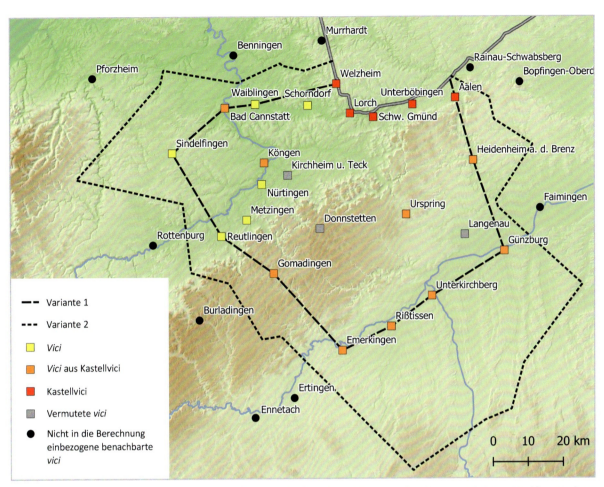

75   Berücksichtigte *vici* und zwei Varianten von Grenzen des in die Durchführung der Mittlerer-Nächster-Nachbar-Analyse miteinbezogenen Gebietes.

6.2.5.1 Die Verteilung der *vici*

Um einen ersten Eindruck von der Verteilung der *vici* im Untersuchungsgebiet zu erhalten, wurde eine „Nächster-Nachbar-Analyse" durchgeführt[701]. Als Untersuchungsausschnitt muss das eingangs definierte Arbeitsgebiet für diese Analyse erweitert werden, da einige der berücksichtigten *vici* außerhalb dieses Gebietes lagen *(Tab. 33)*. Die Größe des Arbeitsgebietes hat jedoch direkten Einfluss auf das Ergebnis der „Nächster-Nachbar-Analyse". Daher muss zunächst ein sinnvoller Ausschnitt für die Berechnung gewählt werden. Als mögliche Ausdehnungsgrenzen könnten der Verlauf des Vorderen Limes und die Eckpunkte der äußersten *vici* dienen. Dieses kleinste mögliche Untersuchungsgebiet (nachfolgend als Variante 1 bezeichnet) umfasst eine Flä-

che von 4217,648 km² *(Abb. 75*, Variante 1). In einer zweiten Variante werden die Mittelsenkrechten zwischen den äußersten berücksichtigten *vici* und ihren direkten Nachbarn außerhalb des untersuchten Gebietes als Ausdehnungsgrenzen festgelegt, um die Siedlungsverteilung in einem großräumigeren Kontext zu erfassen. Für diese Variante wurden vom Vorderen Limes ausgehend im Uhrzeigersinn folgende benachbarte *vici* und Städte für die Begrenzung miteinbezogen: Rainau-Buch, Oberdorf (Lkr. Ostalbkreis), Faimingen, Augsburg, Schwabmünchen (Lkr. Augsburg, Bayern), Kempten, Bregenz, Ertingen (Lkr. Biberach), Mengen-Ennetach, Burladingen, Rottenburg, Pforzheim, Benningen (Lkr. Ludwigsburg) und Murrhardt (Lkr. Rems-Murr-Kreis). Die Mittelsenkrechten zwischen diesen Randpunkten und den in die Untersuchung miteinbezogenen Orten *(Tab. 33)*

---

701   Zur Methode siehe *Kap. 4.1.*

157

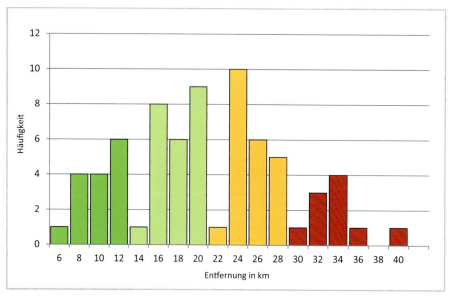

76 Histogramm der Distanzen zwischen den *vici*. Die Farben zeigen definierte Gruppen an.

wurden mithilfe von Thiessenpolygonen bestimmt[702]. Das so festgelegte Arbeitsgebiet der Variante 2 umfasst eine Fläche von 8503,360 km² (*Abb. 75*, Variante 2). Die „Nächster-Nachbar-Analyse" für die beiden Varianten ergab folgendes Ergebnis (*Tab. 34*):

	Variante 1	Variante 2
Fläche des Arbeitsgebietes	4217,648 km²	8503,360 km²
Anzahl der *vici*	23	23
Mittlerer nächster Abstand	11,51 km	11,51 km
Vici / km²	0,005453	0,002705
Erwarteter mittlerer nächster Abstand	6,77 km	9,61 km
R	1,7	1,19
Z	6,42	1,84
Signifikanz (p-Wert)	< 0,01	0,1

Tab. 34 Nächster-Nachbar-Analyse für die berücksichtigten *vici*.

Die *vici* im untersuchten Raum sind im Mittel ca. 11,5 km von ihrem nächsten Nachbarn entfernt. Die geringsten Abstände liegen etwa bei 6 km und die größten etwa bei 19 km. Für beide Varianten ergibt die Berechnung, dass die *vici* ein gleichmäßiges Verteilungsmuster aufweisen. Für Variante 2 ist die gleichmäßige Verteilung jedoch wesentlich undeutlicher und könnte mit einer Wahrscheinlichkeit von 10 % zufällig entstanden sein. Hier zeigt sich deutlich die Auswirkung der Grenzen des Untersuchungsgebietes auf den statistischen Test[703]. Die annähernd regelmäßige Verteilung in beiden Varianten lässt jedoch insgesamt auf eine räumliche Ordnung schließen. Geht man davon aus, dass alle berücksichtigten *vici* neben möglichen weiteren Funktionen auch als Marktorte dienten[704], wurde durch die regelmäßige Verteilung das gesamte Gebiet annähernd flächendeckend versorgt, ohne dass eine Ballung von regionalen Zentren an einem Ort zu einer Überversorgung führte[705].

Die Abstände zwischen den Nachbarsiedlungen lassen sich in vier Gruppen einteilen: Geringe Entfernungen zwischen 6 und 13 km, mittlere Entfer-

---

702 Zur Methode siehe *Kap. 4.4*. Da auch bei dieser Variante der Vordere Limes die nördliche Grenze bilden soll, musste das so definierte Gebiet entsprechend beschnitten werden.
703 HODDER / ORTON 1976, 41–42 Abb. 3,7.

704 Zu den Spezialfunktionen der *vici* siehe z. B. SOMMER 1994, 90–93.
705 Zur Interpretation regelmäßiger Siedlungsverteilungen siehe auch HODDER / ORTON 1976, 54–55.

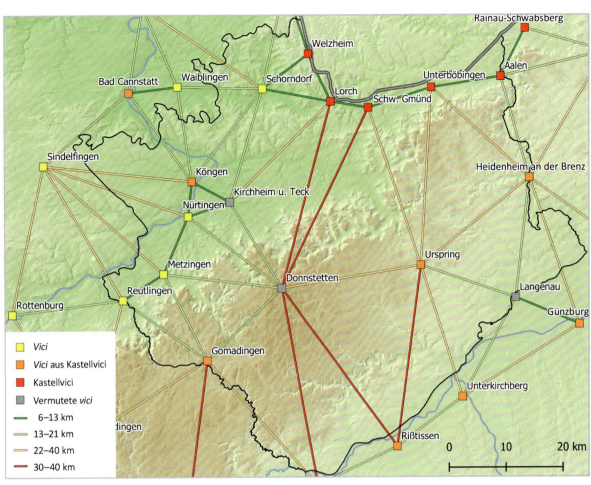

77   Abstände zwischen den *vici* im Untersuchungsgebiet.

nungen zwischen 13 und 21 km, größere Abstände zwischen 21 und 30 km und sehr weite Abstände von 30 bis 40 km. Die Grenzen zwischen den Gruppen wurden gebildet, wo sich ein lokales Minimum im Histogramm der Distanzen zeigte *(Abb. 76)*.

Bei einer näheren Betrachtung dieser Entfernungsgruppen zeigen sich regionale Unterschiede *(Abb. 77)*: Geringere Distanzen zwischen 6 und 13 km sind schwerpunktmäßig im obergermanischen Teil des Untersuchungsgebietes sowie entlang des Vorderen Limes zu finden. Abgesehen von den Kastellvici am Vorderen Limes handelt es sich ausschließlich um vom Militär unabhängige Neugründungen. Während auf der rätischen Seite des Untersuchungsgebietes nur ein *vicus* ohne militärischen Vorgänger bekannt ist, wurden auf obergermanischer Seite im Laufe des

2. Jahrhunderts mit Schorndorf, Nürtingen, evtl. Kirchheim u. Teck, Metzingen und Reutlingen einige neue Siedlungen und Produktionsorte gegründet[706]. Im Gegensatz zu Rätien wurde der Raum zwischen den ehemaligen Kastellvici dort also durch Neugründungen erschlossen, was zu einer Verdichtung der *vici* führte. In Rätien ist eine solche vom Militär unabhängige zivile Erschließung durch Marktorte, die auch als regionale Zentren fungieren konnten, kaum zu erkennen, weshalb das Verteilungsmuster der ehemaligen Kastelle Basis für die Verteilung der *vici* war[707]. Darüber hinaus korrespondiert das Verbreitungsbild etwa mit der Verteilung der ländlichen Einzelsiedlungen. Geringe Abstände zwischen den *vici* finden sich besonders dort, wo fruchtbare Böden vorherrschen, wie auf der Filderebene, entlang der

---

706 Siehe *Kap. 3.2.2.6.*
707 Ob dies auch für das rätische Provinzgebiet südlich der Donau zutrifft, ist unklar. Nach Bernd Steidl geht die geringe Dichte der *vici* südlich der Donau auf einen unzureichenden Forschungsstand zurück. Die vom Militär unabhängig gegründeten

Siedlungen könnten dort in Holzarchitektur errichtet gewesen sein, wodurch sich ihre Auffindungswahrscheinlichkeit verringere. Auch der Vergleich mit Itinerarien legt nahe, dass die Dichte der *vici* hier höher war als bislang vermutet (STEIDL 2016).

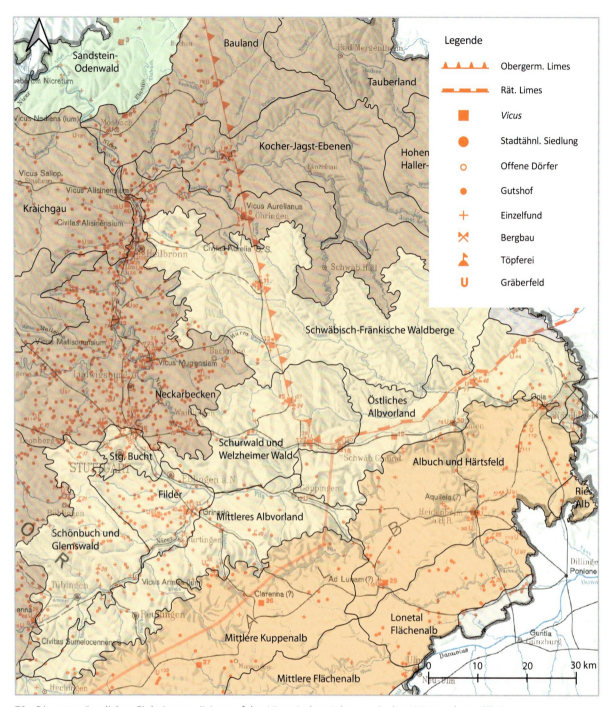

78   Die naturräumlichen Einheiten projiziert auf den Historischen Atlas von Baden-Württemberg (III 4).

zum Neckar entwässernden Flusstäler im Albvorland und im Langenauer Becken – den Regionen also, in denen auch eine Häufung ländlicher Einzelsiedlungen festzustellen ist (vgl. *Abb. 29*)[708]. Auch wenn eine Bearbeitung der betreffenden Fundplätze noch aussteht, deutet sich für die meisten vom Militär unabhängig gegründeten *vici* eine Datierung in die zweite Hälfte des 2. Jahrhunderts an. Sie entwickelten sich daher vermutlich innerhalb einer bereits bestehenden Siedlungslandschaft, die möglicherweise Impulsgeber für die Gründung neuer Markt- und Produktionsorte war[709].

---

708   Siehe *Kap. 5.1.*

709   Ein ähnliches Bild zeigt sich im Rheinland, wo der Großteil der *vici* innerhalb der fruchtbaren Lösszone lag, in der sich auch eine dichte Villenbesiedlung entwickelte (ULBERT 2013, 7–9).

Mittlere Entfernungen zwischen den *vici* von 13 bis 21 km finden sich in allen Bereichen des Untersuchungsgebietes. Häufig handelt es sich um die Abstände zwischen einem *vicus* ohne militärischen Hintergrund und einem ehemaligen Kastellvicus. Größere Abstände zwischen den ehemaligen Kastellvici wurden somit durch die Gründung neuer Siedlungen verkürzt. Hier zeigt sich erneut, wie die vom Militär unabhängigen Neugründungen im Albvorland und im Bereich des Langenauer Beckens das Verteilungsmuster der *vici* verdichteten.

Größere (zwischen 21 und 30 km) und sehr weite Abstände zu den direkten Nachbarn finden sich überwiegend zwischen den ehemaligen Kastellvici sowie zwischen diesen und den aktiven Kastellvici. Die größten Abstände finden sich im Hinterland des Limes zwischen Lorch bzw. Schwäbisch Gmünd und Römerstein-Donnstetten sowie im Bereich der Schwäbischen Alb. Diese Regionen liegen damit in der Peripherie zu Marktorten und regionalen Zentren. Auch hier deutet sich an, dass die Abstände mit der Verteilung ländlicher Einzelsiedlungen sowie dem Naturraum in Verbindung stehen. So sind zwischen den Kastellen des Vorderen Limes und entlang der Straßenverbindung von Bad Cannstatt über das Filstal nach Heidenheim mit Ausnahme der Fundstellenkonzentration im Raum Göppingen-Hohenstaufen kaum ländliche Einzelsiedlungen bekannt. Das direkte Hinterland des Vorderen Limes blieb folglich nach derzeitigem Forschungsstand weitgehend siedlungsfrei. Dieses Bild zeigt sich auch in den nordwestlich und östlich anschließenden Regionen. So ist das direkte Umfeld der Kastelle am Vorderen Limes von Öhringen bis Halheim nur dünn besiedelt *(Abb. 78)*. Hierfür sind in erster Linie naturräumliche Gründe anzuführen. So liegt das Hinterland der entsprechenden

Limeskastelle im Bereich der landwirtschaftlich ungünstigen Keuperberge (von Nord nach Süd: Löwensteiner Berge, Welzheimer Wald, Schurwald) sowie dem verkarsteten und mit kalkarmem Feuersteinlehm bedeckten nördlichen Rand der Schwäbischen Alb (Albuch). Nördlich der Löwensteiner Berge, wo die fruchtbaren Neckar-Tauber-Gäu-Platten anschließen, ist dagegen auch das nahe Hinterland der Limeskastelle stärker besiedelt, ebenso östlich des Härtsfelds im Nördlinger Ries. Auch die Hochfläche der Schwäbischen Alb, auf der die *vici* größere Abstände zueinander aufwiesen, war nur dünn besiedelt (vgl. *Abb. 29*) und auch hier konnte ein Zusammenhang mit den für landwirtschaftliche Betätigung ungünstigen naturräumlichen Bedingungen nahegelegt werden[710].

Die sich abzeichnende räumliche Beziehung zwischen ländlichen Einzelsiedlungen und *vici* soll im folgenden Abschnitt näher untersucht werden.

6.2.5.2 Das räumliche Verhältnis zwischen ländlichen Einzelsiedlungen und *vici*

Die ländlichen Einzelsiedlungen des untersuchten Gebietes sind im Durchschnitt 6,7 km vom nächsten *vicus* entfernt. Dabei sind Entfernungen von 4 bis 10 km am häufigsten vertreten. Um den Zusammenhang zwischen der Siedlungsdichte und der Entfernung zum nächsten *vicus* zu prüfen, wurden Puffer in verschiedenen Abständen um die *vici* als Entfernungsklassen definiert *(Abb. 79)* und die Anzahl der Fundstellen in diesen Klassen ausgelesen *(Tab. 35)*.

Entfernung	Fläche (km²)	Anzahl Siedlungsfundstellen	Siedlungsfundstellen / km²
0–2 km	166,893 (4,3 %)	16 (8,1 %)	0,096
2–4 km	481,944 (12,5 %)	27 (13,6 %)	0,056
4–6 km	683,218 (17,8 %)	32 (16,2 %)	0,047
6–8 km	743,051 (19,3 %)	51 (25,8 %)	0,069
8–10 km	723,681 (18,8 %)	43 (21,7 %)	0,059
10–12 km	513,555 (13,3 %)	20 (10,1 %)	0,039
12–14 km	333,539 (8,7 %)	8 (4 %)	0,024
14–16 km	165,764 (4,3 %)	1 (0,5 %)	0,006
16–18 km	41,87 (0,1 %)	0	0

Tab. 35   Lagebezug zwischen Siedlungsfundstellen und *vici*.

---

710   Siehe *Kap. 6.2.4*.

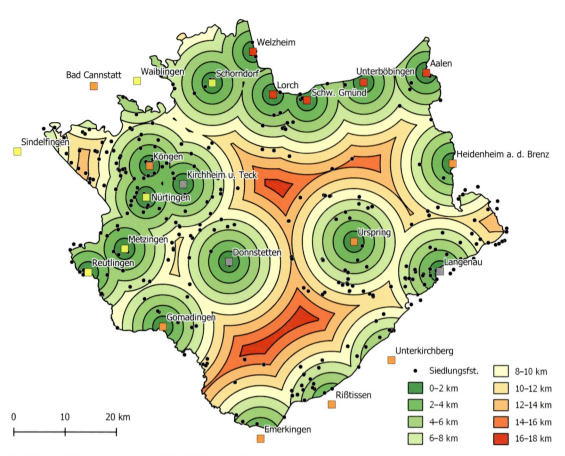

79 Abstandsklassen um die berücksichtigten *vici* im Untersuchungsgebiet. Für die Auflösung der Signaturen der *vici* siehe *Abb. 75.*

Wie in den vorigen Kapiteln könnte mithilfe des X^2-Testes nun geprüft werden, ob die Verteilung der ländlichen Einzelsiedlungen auf bestimmte Entfernungsklassen signifikant von einer zufälligen Verteilung abweicht. Ist diese Methode aufgrund der räumlichen Autokorrelation der zugrunde gelegten Variablen bereits im Fall der naturräumlichen Faktoren problematisch gewesen[711], sprechen hier weitere Gründe gegen ihre Anwendung. So ist die Verteilung der *vici* möglicherweise von ähnlichen Faktoren abhängig wie die der ländlichen Einzelsiedlungen. Darüber hinaus kann sich die Verteilung der beiden Siedlungstypen gegenseitig beeinflussen. Hinzu kommt, dass die bekannte Verteilung der *vici* ebenso wie die der ländlichen Einzelsiedlungen vom Forschungsstand beeinflusst ist. Anders als bei den *villae* hätte die Entdeckung eines einzigen neuen *vicus* erhebliche Auswirkungen

auf das Analyseergebnis, da sich die Abstände dadurch halbieren können. Diese Unsicherheitsfaktoren machen das Ergebnis einer statistischen Auswertung sehr angreifbar. Auf die Anwendung des X^2-Tests wurde in diesem Fall daher verzichtet. Um die Beziehung zwischen der Entfernung zum nächsten *vicus* und der Siedlungsdichte trotzdem fassen zu können, wurden zunächst in einem Streudiagramm die Entfernungsklassen und die Anzahl der Siedlungen je km² innerhalb dieser Klassen gegenübergestellt. Dabei zeigt sich deutlich eine negative Beziehung *(Abb. 80)*. Die Anzahl der Siedlungen je Flächeneinheit nimmt also mit zunehmender Entfernung ab. Stärkere Abweichungen von dieser Tendenz zeigen nur die Entfernungsklassen von 2–4 und von 4–6 km.

Stellt man dagegen ebenfalls in einem Streudiagramm die Siedlungsdichte am Standort einer ländli-

---

711 Siehe hierzu *Kap. 4.3.1.*

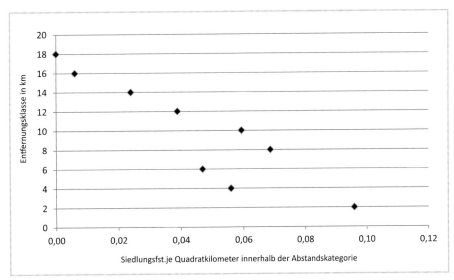

80 Streudiagramm der Siedlungsdichte je Entfernungsklasse vom nächsten *vicus*.

chen Einzelsiedlung[712] und die Entfernung dieser Siedlung zum nächsten Marktort gegenüber, zeigt sich ein anderes Ergebnis. Hier lässt sich kein Zusammenhang zwischen den Parametern erkennen *(Abb. 81)*. Dass die beiden Resultate so stark voneinander abweichen, liegt vermutlich in der Natur der Daten begründet. Bei der Messung an jeder individuellen Fundstelle fallen lokale Schwankungen der Siedlungsdichte stärker ins Gewicht, z. B. lokale Fundstellenkonzentrationen abseits bekannter Marktorte wie zwischen Römerstein-Donnstetten, Kirchheim u. Teck und Nürtingen. Auch Fälle, in denen der Nahbereich zu einem Markt dichter besiedelt ist als die ferneren Gebiete, die Siedlungsdichte jedoch insgesamt niedriger ist als im Umfeld eines anderen Marktes, haben vermutlich einen starken Einfluss auf das Ergebnis. Indem Kategorien gebildet werden und die Siedlungsdichte innerhalb dieser Kategorien gemessen wird, werden solche Effekte ausgeglichen. Insbesondere für die Anwendung auf archäologische Daten, bei denen lokale Schwankun-

gen in der Siedlungsdichte allein schon aufgrund des Forschungsstandes auftreten können, eignet sich daher die Einteilung in Kategorien, um Tendenzen im Verhältnis zwischen der Siedlungsdichte und der Entfernung zum Markt aufzudecken.

Der Zusammenhang zwischen der Siedlungsdichte und der Entfernung von Zentren ist bereits durch Modelle der sozialgeografischen Regionalanalyse beschrieben[713] und zeichnet sich auch in anderen Regionen des römischen Reiches ab[714]. Nach der Standorttheorie des Agrar- und Wirtschaftswissenschaftlers Johann Heinrich von Thünen unterscheidet sich dabei die Bedeutung des Standortfaktors „Entfernung zum Markt" je nach Wirtschaftszweig. So sollten verderbliche Agrarerzeugnisse, die nicht über längere Strecken importiert werden können, sowie Produkte, die im Verhältnis zu ihrem Wert hohe Transportkosten besitzen, möglichst nah am Absatzort produziert werden. Mit zunehmender Entfernung zur Stadt ist dagegen eher die Erzeugung von Waren rentabel, die im Verhältnis zu ihrem Wert mindere Transportkosten

712 Bei der Berechnung der Siedlungsdichte durch die in ArcGIS und QGIS implementierten Geoverarbeitungswerkzeuge kann es zu Randeffekten kommen: Der Berechnung der Fundstellendichte liegt immer ein bestimmter Suchradius zugrunde. Für Fundstellen am Rand des Arbeitsgebietes umfasst dieser Suchradius auch Bereiche außerhalb. Dadurch kann die berechnete Siedlungsdichte in den Randbereichen fälschlicherweise sehr gering ausfallen. Um solche Randeffekte zu vermeiden, wurden die kreisförmigen Umfelder um die *vici* an den Rändern des Untersuchungsgebietes auf dessen Grenzen zugeschnitten. Die Berechnung erfolgte in folgenden Schritten: 1. Erstellen von

kreisförmigen Puffern mit einem Radius von 5 km um jede Fundstelle. 2. Zuschneiden der Puffer auf das Arbeitsgebiet. 3. Berechnung der Fläche jedes Puffer-Polygons mithilfe des Feldrechners in QGIS. 4. Berechnung der Fundstellenanzahl je Puffer-Polygon mithilfe des Geoverarbeitungswerkzeuges „Spatial Join" in ArcGIS. 5. Berechnung der Siedlungsdichte je Puffer-Polygon mithilfe des Feldrechners in QGIS (Fundstellenanzahl / Fläche).
713 Haggett 1973, 67–69; 116–118; siehe auch Kunow 1989, 378 mit weiterführender Literatur.
714 Kunow 1989, 378–379; Jeneson 2013, 203–210.

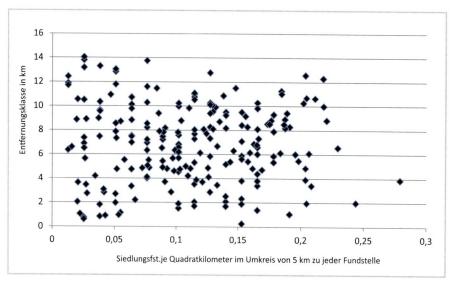

81 Streudiagramm der Siedlungsdichte im Umkreis von 5 km von jeder Fundstelle und der Entfernung zum nächsten *vicus*.

aufweisen[715]. Von Thünens Modell bezieht sich auf einen theoretischen „isolierten Staat", der sich in einer gleichförmigen Landschaft mit homogenen naturräumlichen Bedingungen befindet und in dessen Mitte sich nur eine Stadt als Zentrum befindet[716]. In der Realität kommen jedoch topografische, naturräumliche, wirtschaftliche und politische Faktoren hinzu, die sowohl Anbaumöglichkeiten als auch Transportkosten beeinflussen[717]. Zudem entsprechen die Wirtschaftsformen, Marktpreise, Transportkosten und Transportmittel, von denen von Thünen ausgeht, nicht den römerzeitlichen Verhältnissen. Das Grundprinzip, wonach sich ein zu großer Abstand zu einem regionalen Zentrum negativ auf die Standortwahl auswirken kann, dürfte jedoch auch auf die römische Zeit übertragbar sein[718].

6.2.5.3 Einzugsgebiete der *vici*

Die vorangegangenen Analysen machen einen Zusammenhang zwischen der Lage der *vici* und derjenigen der ländlichen Einzelsiedlungen wahrscheinlich. Um diese Beziehung näher zu beleuchten, wurden für die

vici theoretische Einzugsgebiete konstruiert und mit der Verteilung der ländlichen Einzelsiedlungen verglichen. Die theoretischen Einzugsgebiete sind nicht als „exklusive Territorien" zu verstehen, bei denen die Siedlungen innerhalb einer bestimmten Region nur einer Einheit, in diesem Fall einem *vicus*, zugeordnet sind. Vielmehr dürfte es sich um „Dominanzgebiete" gehandelt haben, bei denen das Einzugsgebiet von mehreren Einheiten geteilt werden kann, es jedoch der dominanten Einheit zugeordnet ist[719]. Werden die theoretischen Territorien der *vici* als „Dominanzgebiete" definiert, ist es nicht ausgeschlossen, dass die Bewohner einer ländlichen Einzelsiedlung besonders in Gebieten, in denen die Marktorte dicht gestreut waren, mehrere Märkte aufsuchten bzw. belieferten oder dass die Waren einiger ländlicher Einzelsiedlungen direkt am Hof verkauft wurden.

Als Annäherung an die theoretischen Dominanzterritorien wurden Thiessenpolygone für die *vici* konstruiert *(Abb. 82)*[720]. Dabei wird davon ausgegangen, dass es keine Hierarchie zwischen den *vici* gab[721] und diese gleichzeitig existierten. Vergleicht man die so generierten Abgrenzungen mit der Dichtekartierung der ländlichen Einzelsiedlungen, zeigen sich auffällige Zusammenhänge, die mit den oben gewonnenen

---

715 VON THÜNEN 1826, 1–2.
716 VON THÜNEN 1826, 1.
717 Beispiele dafür, welche Konsequenzen Abweichungen von dieser idealisierten Darstellung auf das Modell haben können, finden sich beispielsweise bei FELLMETH 2002, 76–80 Abb. 7; HODDER / ORTON 1976, 229–230 Abb. 7,3.
718 FELLMETH 2002, 74–80 Abb. 7.
719 NAKOINZ 2011, 185.
720 Zur Methode siehe *Kap. 4.5.*

721 Es gibt die Möglichkeit, gewichtete Thiessenpolygone zu erstellen, bei denen nicht nur die Distanz zwischen den Orten, sondern auch deren Einfluss bzw. Attraktivität für das Umland als Faktor mit einberechnet werden kann (NAKOINZ 2013a, 72–74; DUCKE / KROEFGES 2008, 247–249; CONOLLY / LAKE 2006, 213). Da bei den meisten *vici* des Untersuchungsgebietes nur wenige Informationen zu ihrer Größe und Struktur vorhanden sind, müsste eine solche Gewichtung im vorliegenden Fall allerdings zu großen Teilen auf Spekulationen basieren, weshalb darauf verzichtet wurde, gewichtete Thiessenpolygone zu erstellen.

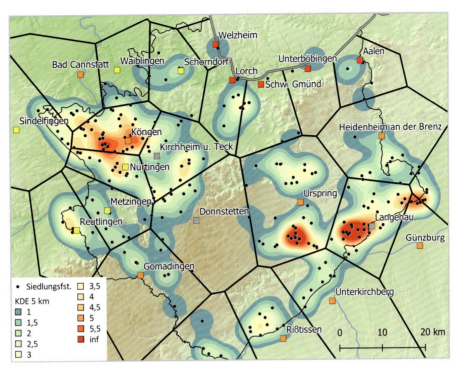

82 Thiessenpolygone um alle berücksichtigten *vici* und Kerndichteschätzung der ländlichen Einzelsiedlungen bei einer Bandbreite von 5 km. Für die Auflösung der Signaturen der *vici* siehe *Abb. 75.*

Ergebnissen korrespondieren. In einigen Fällen korreliert die auf Distanz beruhende, idealisierte Grenzlinie zwischen den Einflussgebieten der *vici* mit lokalen Dichteminima der ländlichen Besiedlung, so zwischen den *vici* Reutlingen und Metzingen, Metzingen und Nürtingen, Gomadingen und Emerkingen, Lonsee-Ursprung und Langenau, zwischen den *vici* der ehemaligen Donaukastelle sowie zwischen Schorndorf und den östlich und südlich angrenzenden *vici*. Hier lassen sich die Einflussgebiete der *vici* auch in der Verteilung ländlicher Einzelsiedlungen erkennen. Das idealisierte Polygon um Ursprung schließt dagegen zwei Siedlungskonzentrationen auf fruchtbaren Flächen ein, die im Norden durch den unfruchtbaren Albuch, im Süden durch das Flusstal der Blau und im Westen durch die karge Hochfläche der Schwäbischen Alb begrenzt sind. Der *vicus* selbst liegt zwischen den beiden Konzentrationen im Bereich eines Siedlungsdichte-Minimums. Die Abweichung von einer „idealen" Siedlungsverteilung, bei der die Siedlungsdichte nahe dem Zentrum am höchsten sein sollte, erklärt sich hier vermutlich durch die ungleiche Verteilung der Ressourcen, da die für eine Besiedlung attraktiven

Standorte nördlich und südlich des *vicus* großflächig verteilt waren *(Abb. 83)*[722]. Insgesamt wird jedoch deutlich, dass die auf Basis der Distanz angenäherten Territorien der *vici* in einigen Fällen eine oder mehrere Siedlungskonglomerationen voneinander abgrenzen. Möglicherweise drückt sich darin das tatsächliche Dominanzterritorium bzw. Absatzgebiet der *vici* aus. Im Fall des *vicus* von Schorndorf, wo die idealisierte Südgrenze entlang des bewaldeten Höhenzuges des Schurwalds verläuft, trennt die theoretisch modellierte Einflusszone zudem zwei auch topografisch voneinander getrennte Siedlungskammern ab[723].

Nicht für alle *vici* zeichnet sich ein deutlicher Bezug zur ländlichen Besiedlung ab. So lässt sich im ohnehin dünn besiedelten Limeshinterland kein Zusammenhang der Siedlungskonglomerationen zu den distanzoptimierten theoretischen Einflussgebieten der Kastellvici erkennen. Auch im Fall der *vici* von Nürtingen, Kirchheim unter Teck und Römerstein-Donnstetten lässt sich ein solcher Bezug nicht feststellen, wobei berücksichtigt werden muss, dass für diese drei Orte eine Ansprache als *vicus* nicht gesichert ist. Insbesondere für die Siedlungsreste aus Rö-

---

722 Haggett 1973, 118–120 Abb. 4,5.

723 Eine ähnliche Situation findet sich in der Eifel, wo die Kyllburger Waldeifel zwei Siedlungskammern voneinander trennt (Henrich 2006, 105).

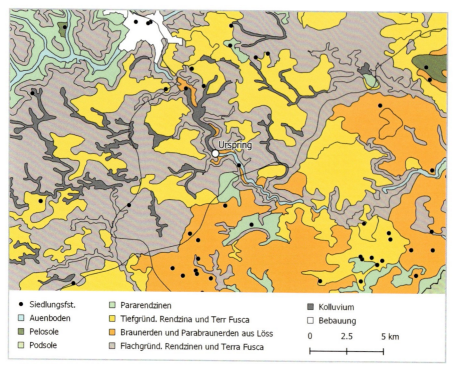

83   Detailausschnitt der Besiedlung im Umfeld des *vicus* Lonsee-Urspring auf der Bodenübersichtskarte 200. Verändert nach LGRB Regierungspräsidium Freiburg.

merstein-Donnstetten muss eine Funktion als regional bedeutender Marktort angezweifelt werden[724].
Schließt man den Ort aus der Analyse aus, würde der
Dominanzbereich des *vicus* Kirchheim u. Teck etwa
vom Ausgang des Lautertals aus der Alb im Süden bis
zur Fils im Norden reichen und im Osten das westliche Randgebiet der Schwäbischen Alb miteinschlie-
ßen *(Abb. 84)*. Die theoretische Grenzlinie zwischen
Kirchheim u. Teck und Urspring läge in diesem Szenario inmitten der siedlungsfreien Zone auf der Hochfläche der Schwäbischen Alb. Die südliche und westliche Polygongrenze des *vicus* Urspring würde mit
erstaunlicher Präzision mit der auf Basis der Distanz
berechneten idealisierten Grenzlinie im Siedlungs-

muster übereinstimmen *(Abb. 85)*. Zwar verdeutlicht
dieses Beispiel auch, dass ein veränderter Forschungsstand bei der Anwendung von Thiessenpoylgonen zur
Rekonstruktion von Territorien das Ergebnis stark
beeinflusst[725]. In der Summe der Beobachtungen ist
der räumliche Bezug zwischen den *villae* und *vici* jedoch auffällig. Innerhalb des Untersuchungsgebietes
zeichnet sich ab, dass sich die Lagen der beiden Siedlungstypen gegenseitig beeinflussten. Zum einen
wirkten die *vici* als Marktorte und regionale Zentren
anziehend auf die ländliche Besiedlung, sodass sich
im Umkreis einiger *vici* regelrechte Siedlungsgruppen bildeten, zum anderen begünstigten dicht besiedelte Gebiete die Anlage neuer *vici*.

---

724 Siehe auch *Kap. 3.2.2.6*.

725 Zur Kritik an Thiessenpolygonen zur Rekonstruktion von
Territorien siehe z. B. Müller-Scheessel 2013, 117.

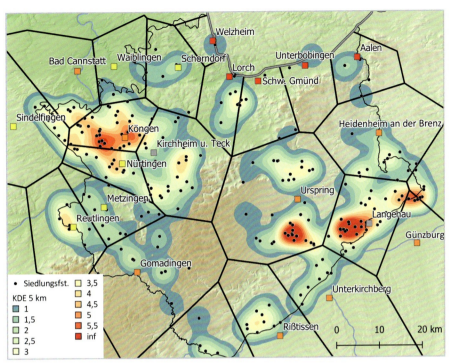

84   Thiessenpolygone um alle berücksichtigten *vici* ohne Römerstein-Donnstetten und Kerndichteschätzung der ländlichen Einzelsiedlungen bei einer Bandbreite von 5 km. Für die Auflösung der Signaturen der *vici* siehe *Abb. 75*.

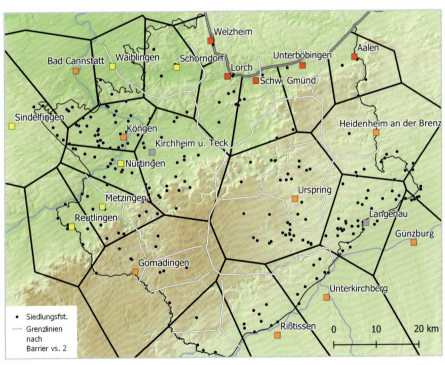

85   Thiessenpolygone um alle berücksichtigten *vici* ohne Römerstein-Donnstetten und Ergebnis der Grenzziehung durch Barrier vs. 2 (siehe *Kap. 5.1*). Für die Auflösung der Signaturen der *vici* siehe *Abb. 75*.

167

6.3 Fazit: Interpretation des Siedlungsmusters im Arbeitsgebiet

Wie in den vorangegangenen Kapiteln deutlich gemacht werden konnte, zeigt das überlieferte römerzeitliche Siedlungsmuster innerhalb des untersuchten Ausschnittes einen deutlichen Bezug zu naturräumlichen und gesellschaftlichen Faktoren. Besonders fruchtbare, für Ackerbau geeignete Böden und die Nähe zu Marktorten machten Standorte zu siedlungsgünstigen Plätzen. Ein Gewässerbezug der Siedlungen zeigt sich besonders ausgeprägt in Bereichen mit für Ackerbau ungeeigneten Böden. Der Bezug zu bestimmten Höhenlagen konnte dagegen nicht nachgewiesen werden. Für eine Interpretation des Siedlungsmusters lassen sich die verschiedenen Faktoren im GIS zu einer Karte kombinieren. Ähnlich wie bei der Kombination der relevanten Auffindungsbedingungen[726] wurden dabei die Vektordaten zu den Bodenkategorien, den Distanzen zu Oberflächengewässern und den Distanzen zu *vici* in Rasterdateien konvertiert. Anschließend wurden die Rasterkarten der einzelnen Faktoren reklassifiziert. Die verschiedenen Bodenkategorien wurden dabei in zwei Klassen eingeteilt, die zur besseren Übersicht in *Tab. 36* aufgeführt sind *(Abb. 86a)*. Das Raster der Entfernung zu Gewässern wurde ebenfalls in zwei Klassen eingeteilt *(Abb. 86b)*. Da sich der Gewässerbezug besonders darin ausdrückt, dass Standorte, die weiter als 500 m von der nächsten Wasserquelle entfernt sind, gemieden wurden, erhielten die entsprechenden Rasterzellen einen Wert von -10. Rasterzellen innerhalb eines Puffers von 500 m um jedes Gewässer erhielten dagegen den Wert 0. Auch das Raster der Entfernung zu den bekannten *vici* wurde in zwei Klassen eingeteilt *(Abb. 86c)*: Gebiete, die außerhalb eines Radius von 10 km zum nächsten *vicus* lagen, erhielten den Wert -100; Rasterzellen innerhalb dieses Puffers den Wert 0.

Eignungskategorie	Bodenkategorie	Reklassifizierter Wert
Für Ackerbau sehr gut geeignet	Braunerde und Parabraunerde aus Lösslehm	1
Für Ackerbau eher gut geeignet	Pararendzina Pseudovergleyte Parabraunerden aus Lösslehm Auenböden Kolluvien Rendzina und Terra fusca aus lehmbedecktem Kalksteinverwitterungslehm	1
Für Ackerbau eher ungeeignet	Braunerden aus Fließerden Grundwasserbeeinflusste Böden Podsole und podsolige Braunerden Pelosole und pelosolige Braunerden	-1
Für Ackerbau ungeeignet	Parabraunerden aus Feuersteinlehm und Terra fusca Rendzina aus Kalksteinverwitterungslehm	-1

Tab. 36   Reklassifizierung der Bodenkategorien.

Der reklassifizierte Wert entspricht nicht einer Bewertung der Standorte, sondern dient lediglich dazu, verschiedene Bereiche voneinander zu unterscheiden. Indem die drei Rasterkarten miteinander addiert werden *(Abb. 86)*, ergeben sich folgende Zahlenkombinationen, die für verschiedene Wirtschaftsbereiche stehen können *(Abb. 87, Tab. 37)*:

---

726 Siehe *Kap. 6.1.2.*

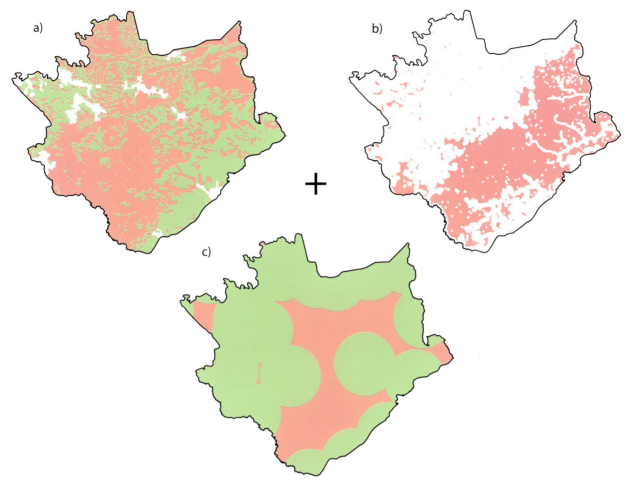

86   Schematische Darstellung der Addition der reklassifizierten Layer Bodenkategorien (a), Entfernung zu Gewässern (b) und Entfernung zu *vici* (c).

Wert	Boden	Wasser	*Vicus*	Bewertung
1	✓	✓	✓	Ackerbau in Überschussproduktion ohne Einschränkung möglich; gute Anbindung an Marktorte
	–	✓	✓	Alternative Wirtschaftsformen möglich; gute Anbindung an Marktorte
-9	✓	–	✓	Ackerbau in Überschussproduktion mit Beschaffung von Wasserquelle möglich; gute Anbindung an Marktorte
-11	–	–	✓	Siedlungsungünstig
-99	✓	✓	–	Ackerbau bei höheren Transportkosten möglich
-101	–	✓	–	Alternative Wirtschaftsform bei höheren Transportkosten möglich
-109	✓	–	–	Ackerbau bei höheren Transportkosten und Beschaffung von Wasserquelle möglich
-111	–	–	–	Siedlungsungünstig

Tab. 37   Erläuterungen zu den Signaturen aus *Abb. 87.*

Wert 1 (dunkelbraune Signatur): Hier herrschen für Ackerbau günstige Böden vor, es befindet sich mindestens eine Wasserquelle in der näheren Umgebung und der nächste *vicus* ist nicht weiter als 10 km entfernt. Dies sind ideale Voraussetzungen für Ackerbau mit einer Überschussproduktion. Eine Kombination mit weiteren Wirtschaftsformen ist nicht ausgeschlossen. Es handelt sich um die naturräumlich und ökonomisch günstigsten Siedlungsstandorte. Die Kategorie kann zusammengefasst werden mit **Wert**

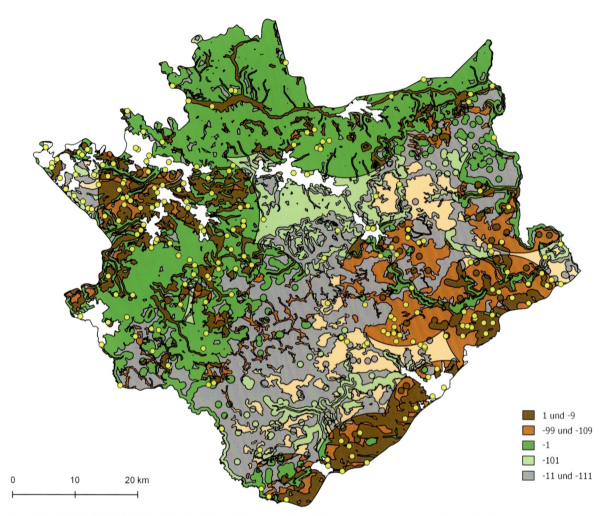

■	1 und -9
■	-99 und -109
■	-1
■	-101
■	-11 und -111

0   10   20 km

87   Kombinierte Karte der naturräumlichen und ökonomischen Faktoren, die das kaiserzeitliche Siedlungsmuster beeinflussten. Zur Auflösung der Zahlen siehe Text und *Tab. 37*.

-9 (dunkelbraune Signatur): Auch hier herrschen für Ackerbau nutzbare Böden vor und der nächste Absatzmarkt ist weniger als 10 km entfernt. Zwar ist die nächste Quelle oder das nächste Fließgewässer mehr als 500 m von der Fundstelle entfernt, dieser Einschränkung konnte jedoch durch die Anlage von Brunnen oder Zisternen begegnet werden, wie es beispielsweise für ein Gehöft auf der verkarsteten Albhochfläche nachgewiesen ist[727]. Die Analysen in *Kap. 6.2.3.2* zeigten, dass der Gewässerbezug auf fruchtbaren Böden kaum ausgeprägt war.

Wert -1 (dunkelgrüne Signatur): Hier eignen sich die Böden nur wenig oder nicht für Ackerbau. Da der Zugang zu einer Wasserquelle in der näheren Umgebung gewährleistet und auch der nächste Absatzmarkt nicht weit entfernt ist, können sich diese

Standorte jedoch für andere Wirtschaftsformen wie Viehzucht oder Forstwirtschaft eignen.

Wert -11 (graue Signatur): Plätze, an denen keine günstigen Voraussetzungen für Ackerbau herrschen und es darüber hinaus zu Schwierigkeiten bei der Wasserversorgung kommen kann, werden als Standorte ohne Siedlungseignung eingestuft. Die Kategorie kann zusammengefasst werden mit **Wert -111 (graue Signatur).** Hier war zusätzlich der nächste Absatzmarkt weiter als 10 km entfernt. Auch diese Standorte werden als siedlungsungünstig bewertet.

Wert -99 (hellbraune Signatur): Hier herrschen für Ackerbau günstige Böden vor und die Wasserversorgung ist durch nahe Quellen und / oder Fließgewässer gewährleistet. Da die Standorte jedoch weiter als 10 km vom nächsten bekannten *vicus* entfernt

---

727   THOMA 2011, 197–198.

sind, entstehen höhere Transportkosten – sowohl für den Absatz der eigenen Produkte als auch für den Einkauf von handwerklichen Gütern und Produkten des täglichen Bedarfs. Mit steigender Entfernung zum *vicus* könnte hier daher die Selbstversorgung an Bedeutung gewonnen haben[728]. Die Kategorie kann zusammengefasst werden mit **Wert -109 (hellbraune Signatur)**. Diese Standorte unterscheiden sich von den Rasterzellen des Wertes -99 darin, dass zusätzlich die Wasserversorgung durch Brunnen oder Zisternen gesichert werden muss.

Wert -101 (hellgrüne Signatur): Auch für diese Standorte dürften sowohl der Absatz als auch der Einkauf von Produkten auf dem lokalen Markt mit hohen Transportkosten einhergegangen sein. Darüber hinaus eignen sie sich kaum für Ackerbau, weshalb der Schwerpunkt der Produktion vermutlich auf alternativen Wirtschaftsformen wie Viehzucht und Waldwirtschaft lag.

In Kombination mit der zusammenfassenden Karte der Auffindungsbedingungen *(Abb. 45)* und den Ergebnissen zum Forschungsstand innerhalb des Untersuchungsgebietes[729] ist es nun möglich, die eingangs[730] definierten Siedlungsgruppen und -grenzen *(Abb. 29; 35)* zu interpretieren und zu bewerten.

Im Albvorland liegen insgesamt ein guter Forschungsstand und günstige Auffindungsbedingungen vor. Besonders beiderseits des Neckars sowie auf der Filderebene profitiert die archäologische Quellenlage von mehreren ehrenamtlichen Begeher:innen, die auf den umliegenden Äckern und bei Bautätigkeiten innerhalb der dicht besiedelten Landschaft archäologische Spuren melden und dokumentieren. Die Siedlungskonglomerationen auf der Filderebene und im Umfeld von Kirchheim u. Teck sind jedoch nicht allein dem Forschungsstand geschuldet. Hier herrschen überdies hervorragende Bedingungen für Ackerbau, was die Siedlungstätigkeit begünstigte.

Auch im Bereich der *vici* von Reutlingen und Metzingen, wo eine erhöhte Siedlungsdichte festzustellen war, befanden sich, besonders zum Neckartal hin, einige Flächen mit günstigen Anbaubedingungen. Darüber hinaus dürften die beiden *vici* als Anziehungspunkte für eine Besiedlung gewirkt haben. Die lineare Siedlungskonzentration zwischen Metzingen und Gomadingen könnte für eine Straßenverbindung in diesem Bereich sprechen. Jedoch wäre diese eher im Bereich des Ermstales zu vermuten, das von der Schwäbischen Alb her entwässert und nördlich der Siedlungskonzentration liegt. Ein anderes Bild ergibt

sich im Naturraum Schurwald / Welzheimer Wald. Die bewaldeten Keuperhänge bieten hier keine günstigen Voraussetzungen für die Auffindung archäologischer Fundstellen und es stehen nur wenige Flächen zum Getreideanbau zur Verfügung. Die wenigen Fundstellen beschränken sich auf die Täler von Rems und Wieslauf, insbesondere auf die Region um Schorndorf. Hier lässt der Naturraum Ackerbau und Viehzucht zu und mit dem *vicus* von Schorndorf existierte ein naher Absatzmarkt. Da im Schurwald / Welzheimer Wald, noch deutlicher als in anderen Regionen, die Auffindungsbedingungen mit den naturräumlichen Bedingungen korrelieren, ist mit einer Verstärkung des antiken Besiedlungsmusters zu rechnen. Jedoch dürften die umliegenden bewaldeten Keuperhänge bereits in der Antike kaum Siedler angezogen haben. Die deutlich erhöhte Siedlungsdichte nördlich von Göppingen lässt sich vermutlich am ehesten durch Auffindungsbedingungen und Forschungsstand erklären. So wurden alle Siedlungsfundstellen von einer einzigen ehrenamtlichen Begeherin gemeldet.

Im Bereich der Schwäbischen Alb herrschen im Vergleich zum Albvorland etwas ungünstigere Auffindungsbedingungen vor. Ehemalige Begeher:innen hatten hier großen Einfluss auf das Verbreitungsbild, da es wenige, sehr aktive Personen gab, die für einen großen Teil der Fundstellen verantwortlich sind. Besonders auf der Lonetal-Flächenalb und in einigen westlich angrenzenden Gebieten profitierte der Forschungsstand deutlich durch die Aktivität Ehrenamtlicher. Überdies liegt der östliche Rand des untersuchten Gebietes in der Aktivitätszone des Luftbildarchäologen Otto Braasch, der den Quellenstand maßgeblich bereicherte. Auch hier überschneiden sich günstige Auffindungs- mit hervorragenden Anbaubedingungen. Auf der Lonetal-Flächenalb befinden sich folglich auch einige Siedlungskonglomerationen. Dass hier in erster Linie die fruchtbaren Böden für die intensive Besiedlung verantwortlich waren und das überlieferte Siedlungsmuster somit nicht nur den guten Forschungsstand widerspiegelt, zeigt sich durch die flächigen Ausgrabungen beim Bau der ICE-Strecke zwischen Wendlingen und Ulm. Die Siedlungen, die im Zuge dieses Projektes neu entdeckt wurden, beschränken sich auf die fruchtbaren Lössflächen. Auf den flachgründigen und skelettreichen Kalksteinverwitterungsböden der Mittleren Kuppenalb wurden dagegen keine neuen Fundstellen entdeckt. Weitere Siedlungskonglomerationen befinden sich im Vorfeld

---

728 Fellmeth 2002, 51.
729 Siehe *Kap. 6.1.3.4.*

730 Siehe *Kap. 5.1.*

der Donau-*vici* am Südostrand der Mittleren Flächenalb. Hier dürften die fruchtbaren Böden zusammen mit der Nähe zu *vici*, die als Absatzmärkte fungierten, Siedler angezogen haben. Auch nördlich und südlich des *vicus* Ursprung zeichnen sich zwei Bereiche erhöhter Siedlungsdichte ab. Im direkten Umfeld des *vicus* selbst sind dagegen kaum Siedlungen bekannt. Diese Situation spiegelt zum einen die naturräumlichen Bedingungen wider. So liegen nördlich und südlich von Ursprung fruchtbare Braunerden aus Löss oder lössbedeckte Kalksteinverwitterungsböden. Betrachtet man jedoch die kombinierte Karte der Auffindungsbedingungen, wird deutlich, dass sich die Siedlungen überdies auf die Einzugsbereiche zweier sehr aktiver ehrenamtlicher Begeher konzentrieren. Der besiedlungsarme Bereich um den *vicus* Lonsee-Urspring selbst wird dagegen von beiden Einzugsgebieten ausgespart. Hier besteht daher eine große Wahrscheinlichkeit, dass das antike Besiedlungsmuster verzerrt überliefert ist.

Siedlungsarme oder -freie Bereiche erstrecken sich überwiegend auf Regionen, die sich aufgrund der Böden nicht oder kaum für Ackerbau eignen, beispielsweise im Raum zwischen Nürtingen, Metzingen und Kirchheim u. Teck, auf den Keuperhängen des Schurwaldes und Welzheimer Waldes und über weite Teile der Schwäbischen Alb, auf der zudem der Mangel an Oberflächenwasser zur Siedlungsungunst beitrug. Die wenigen Siedlungsfundstellen, die genau lokalisierbar sind und sich innerhalb dieser als siedlungsungünstig definierten Bereiche befanden, liegen bis auf eine Ausnahme nah an besser geeigneten Standorten (< 100 m Entfernung zum nächsten Oberflächengewässer). Nur eine Fundstreuung (*Kat. Nr. 143*) lag mitten innerhalb dieses Bereiches. Es handelt sich jedoch lediglich um wenige Scherben römerzeitlicher und neuzeitlicher Keramik, für die eine Verlagerung nicht ausgeschlossen ist. Die besiedlungsarme Region fällt mit Bereichen zusammen, die abgeschieden von *vici* lagen, beispielsweise im Hinterland des Limes und auf der Mittleren Kuppenalb. Auch wenn sich einige dieser siedlungsungünstigen Bereiche mit schlechten Auffindungschancen überlagern, dürfte das überlieferte Siedlungsmuster insgesamt repräsentativ sein. Bei einer Verbesserung des Forschungsstandes ist jedoch insbesondere auf der Mittleren Flächenalb mit Neufunden zu rechnen, die das Verbreitungsbild der römerzeitlichen Siedlungen verändern könnten.

6.3.1 Zusammenfassung

Es lässt sich zusammenfassen, dass sich ein deutlicher Bezug der Siedlungskonglomerationen zu ackerbaulich gut nutzbaren Gebieten zeigt, die günstig an die umliegenden Absatzmärkte angebunden sind. Auch Regionen, in denen Ackerbau nicht oder nur eingeschränkt möglich ist, wurden vereinzelt aufgesucht, jedoch nur dann, wenn sie sich in der Nähe von Quellen, Bächen oder Hülen befanden. Das Limeshinterland, das sich vorwiegend für Weide- und Waldwirtschaft eignete, war nur dünn besiedelt, weshalb die Versorgung des Militärs aus den fruchtbaren Standorten auf der Filderebene, dem Mittleren Albvorland und dem Langenauer Becken erfolgt sein dürfte. Auf der Albhochfläche fallen in dem Gebiet südlich der Alblimesstraße bis auf die Höhe von Deggingen mehrere für die römerzeitliche Besiedlung ungünstige Faktoren zusammen: Hier herrschen naturräumlich ungünstige Voraussetzungen für Ackerbau und weite Entfernungen zu lokalen Zentren bzw. Absatzmärkten. Nach Norden setzt sich diese ökonomisch siedlungsungünstige Region bis in den Raum um Göppingen fort. Im Besiedlungsmuster spiegeln sich diese Verhältnisse in einem breiten nahezu siedlungsleeren Streifen in der Mitte des Arbeitsgebiets wider. Das überlieferte Verbreitungsmuster der römerzeitlichen Besiedlung, das eine Konzentration auf die wenigen fruchtbaren Landstriche des Arbeitsgebietes zeigt, entspringt vermutlich den Bestrebungen, die Truppen am Limes aus dem nahen Hinterland heraus zu versorgen. Dabei muss jedoch berücksichtigt werden, dass dieses Bild durch eine den Auffindungsbedingungen geschuldete Überlagerung verstärkt ist. Zwar lag der Schwerpunkt der Besiedlung auf den fruchtbaren Ebenen der Filder und der Lonetal-Flächenalb – dass sich auch auf der Hochfläche der Schwäbischen Alb trotz der wenigen siedlungsgünstigen Standorte einige Siedlungsfundstellen befinden, zeigt jedoch, dass der für die Besiedlung zur Verfügung stehende Raum intensiv ausgenutzt wurde.

7 | Zur (Re)konstruktion von Territorien der römischen Gebietskörperschaften im westlichen Rätien und rechtsrheinischen Obergermanien

Der Versuch einer Annäherung an den Verlauf von Provinzgrenzen entspricht im Grunde dem Versuch, verschiedene Territorien voneinander abzugrenzen, in diesem Fall das westliche Rätien vom rechtsrheinischen Obergermanien. Römische Provinzen waren in regionale Verwaltungseinheiten bzw. Gebietskörperschaften unterteilt[731]. Hierzu zählen Städte wie *coloniae* und *municipia* samt ihrem Territorium sowie *civitates* peregrinen Rechts mit ihren Hauptorten[732]. Diese administrativen Einheiten waren unmittelbar dem Statthalter der jeweiligen Provinz unterstellt, übten jedoch eine weitgehend autonome Selbstverwaltung aus und waren damit der „wesentliche Bezugspunkt für die Provinzbewohner"[733]. Die Hauptorte dieser Gebietskörperschaften waren Sitz der regionalen Administration, Finanzverwaltung und Gerichtsbarkeit und fungierten darüber hinaus als komplexe Zentren mit mehreren zentralörtlichen Funktionen[734].

Bei der Frage nach der Lokalisierung der Provinzgrenze könnte eine genauere Untersuchung der Territorien dieser sekundären Verwaltungseinheiten einen wichtigen Ansatzpunkt liefern, da ihre Grenzen im Bereich der Provinzgrenze mit dieser übereinstimmen sollten. Jedoch sind im westlichen Rätien und im östlichen Obergermanien weder alle Gebietskörperschaften zweifelsfrei lokalisierbar noch ist die Ausdehnung ihrer Territorien bekannt. Für Rätien ist sogar umstritten, ob das *civitas*-System, wie es in Gallien und Obergermanien nachgewiesen ist[735], überhaupt existierte[736]. Dass die Raumordnung Rätiens bis heute Fragen aufwirft und auch im rechtsrheinischen Obergermanien noch nicht alle *civitates* zweifelsfrei lokalisiert werden können, hängt zum einen mit der Quellenlage zusammen. Zum anderen ist dieser Umstand vermutlich auf die Situation zum Zeitpunkt der militärischen Inbesitznahme des Landes zurückzufüh-

---

731 Eck 1997, 184–185. Hinzu kommen weitere Formen von Territorien wie *ager publicus* oder *saltus*. Die Vielzahl von Territorien und die damit einhergehende Polysemie machen deutlich, dass die Binnengliederung des Römischen Reiches von einem komplexen System von Territorien unterschiedlicher Funktion und unterschiedlichen Rechts geprägt war (Favory 2005, bes. 171–173).

732 Zu den verschiedenen Rechtsstatus siehe Ausbüttel 1998, 39–41; Czysz 2013, 263–264; Pferdehirt 2014; Tarpin 1999.

733 Eck 1995, 5–6. Zum Verhältnis zwischen den regionalen administrativen Einheiten und dem Statthalter einer Provinz siehe auch Wolff 1999b.

734 Zu *civitates* und Gebietskörperschaften siehe auch Strobel 2014, 296; Burton 2000, 196–197; Ausbüttel 1998, 39–41; Eck 1995, 5–6; Lintott 1993, 54–55.

735 Siehe z. B. Wolff 1989.

736 Czysz 2013, 264; Konrad 2012, 37; Kolendo 1994, 88–90.

ren. Anders als in Gallien, wo die Vertreter Roms auf eine ausgeprägte Infrastruktur, Verwaltungsstrukturen und ein intaktes Stammeswesen trafen, wiesen weite Teile des rechtsrheinischen Obergermaniens und Rätiens keine soziopolitischen Vorgängerstrukturen auf[737]. Die Raumordnung wurde daher in der Frühzeit überwiegend durch das Militär vorgegeben[738]. Erst mit der Vorverlegung der Truppen von der Donau und dem Neckar in weiter

nördlich und östlich gelegene Gebiete etablierten sich ehemalige militärische Standorte als zivile Zentren und das Hinterland wurde flächendeckend durch Neugründungen von Gutshöfen aufgesiedelt[739]. So ist erst ab traianischer Zeit eine Urbanisierungswelle im rechtsrheinischen Obergermanien fassbar, bei der sich die Zivilsiedlungen einiger ehemaliger Kastellstandorte zu *civitas*-Hauptorten entwickelten[740].

7.1 Gebietskörperschaften im rechtsrheinischen Obergermanien

Für das rechtsrheinische Obergermanien sind in Inschriften acht *civitates* und ein *municipium* nachgewiesen, deren Hauptorte sich in den meisten Fällen sicher lokalisieren lassen *(Tab. 38;* für die Orte im südlichen Teil siehe auch *Abb. 88)*[741]. Es handelt sich von Norden nach Süden um die *civitas Ulpia Mattiacorum* mit dem Hauptort *Aquae Mattiacorum* (Wiesbaden, Hessen), die *civitas Ulpia Taunensium* mit dem Hauptort *Nida* (Frankfurt-Heddernheim, Hessen), die *civitas Auderiensium* mit dem Hauptort *Med[...]* oder *V[...] V[...]* (Dieburg, Hessen), die *civitas Ulpia Sueborum Nicrensium* mit dem Hauptort *Lopodunum* (Ladenburg, Lkr. Rhein-Neckar-Kreis), die *civitas Aurelia Aquensis* mit dem Hauptort *Aquae* (Baden-Baden), die *civitas Alisin[...]* mit einem namentlich unbekannten Hauptort in Bad Wimpfen, die *civitas Aurelia G[...]* mit einem namentlich unbekannten Hauptort, der mit einiger Sicherheit in Neuenstadt am Kocher (Lkr. Heilbronn) zu lokalisieren ist[742], die *civitas Sumelocennensis* mit dem Hauptort *Sumelocenna* (Rotten-

burg) und das *municipium Arae Flaviae* (Rottweil). Die Einrichtung der *civitates* erfolgte nach Abzug des Militärs im Zuge des Aufbaus einer zivilen Infrastruktur im Limeshinterland. Die älteste Gebietskörperschaft im südlichen rechtsrheinischen Obergermanien dürfte mit dem *municipium Arae Flaviae* noch in spätflavischer Zeit eingerichtet worden sein[743]. Weitere wurden in traianischer Zeit eingerichtet, nachdem der Limes nach Osten und Norden vorgeschoben und in der ehemaligen militärischen Grenzzone eine zivile Administration aufgebaut worden war[744]. Zu den in traianischer Zeit eingerichteten Gebietskörperschaften gehören die *civitates* um die heutigen Orte Wiesbaden, Frankfurt-Heddernheim, Dieburg und Ladenburg. Nach der letzten Vorverlegung des obergermanisch-rätischen Limes um 160 wurden noch unter Antoninus Pius oder unter Marc Aurel die *civitates* um die heutigen Orte Baden-Baden, Bad Wimpfen, Neuenstadt am Kocher und Rottenburg eingerichtet[745].

---

737 Wolff 1986, 156–157; Wilmanns 1981, 100–101.
738 Wolff 1986, 159–162; Konrad 2012, 44.
739 Siehe auch *Kap. 2.2.*
740 Kortüm 2015, 6–7; Wilmanns 1981, 153–167; Sommer 1988b, 289–290.

741 Kortüm 2015, 6–7; Schmidts 2014, 43–50; Sommer 1992b; Wilmanns 1981.
742 Kortüm 2013, 162–164.
743 Wilmanns 1981, 103–108; Sommer 1992a.
744 Wilmanns 1981, 153–167; Sommer 1988b, 289–290.
745 Sommer 1992b, 120.

Gebietskörperschaft	Hauptort	Ansprache	Beleg	Bauausstattung	Literatur (Auswahl)
civitas Ulpia Mattiacorum	Aquae Mattiacorum (Wiesbaden)	Gesichert	Inschriften	Öffentliche Bäder Herberge (Kur / Unterkunftshaus) Heiligtum	Schoppa 1974, 45–65; Czysz 1994; Wieland 2016, 19–22.
civitas Ulpia Taunensium	Nida (Frankfurt-Heddernheim)	Gesichert	Inschriften	Praetorium Öffentliche Bäder Theater Heiligtümer Stadtmauer (45 ha)	Huld-Zetsche 1994; Fasold 1999; 2017.
civitas Auderiensium	Med [...] oder V [...] V [...] (Dieburg)	Gesichert	Inschriften	Forum Tempelbezirk Stadtmauer (23 ha)	Schallmeyer 2018, 16–43.
civitas Ulpia Sueborum Nicrensium	Lopodunum (Ladenburg)	Gesichert	Inschriften	Forum Herberge / Straßenstation Öffentliche Bäder Theater Heiligtümer Stadtmauer (36 ha)	Rabold / Sommer 1998; Sommer 1998; Filgis 1999, 53–56; Eingartner 2011.
civitas Aurelia Aquensis	Aquae (Baden-Baden)	Gesichert	Inschriften	Öffentliche Bäder Tempelbezirk Weitere öffentliche Bauten unbekannter Funktion	Rabold in Planck 2005, 28–32; Riedel 1982.
civitas Alisin [...]	[...] (Bad-Wimpfen)	Gesichert	Inschriften	Heiligtümer Stadtmauer (19 ha)	Wilmanns 1981, 141–145; Filgis 1999, 56–62; Filgis in Planck 2005, 22–27.
civitas Aurelia G [...]	[...] (Neuenstadt am Kocher)	Sehr wahrscheinlich	Inschriften Bauausstattung	Forum? Herberge Öffentliches Bad Tempelbezirk	Kortüm 2013.
civitas Sumelocennensis	Sumelocenna (Rottenburg)	Gesichert	Inschriften	Öffentliche Bäder Latrine Aquädukt Mansio? Tempelbezirk? Stadtmauer (30 ha)	Gaubatz-Sattler 1999.
municipium Arae Flaviae	Arae Flaviae (Rottweil)	Gesichert	Inschriften	Forum Mansio Öffentliches Bad Palastvillen Theater Tempelbezirk	Planck 1975; Filtzinger 1995; Sommer 1992a.
?	[...] Riegel	Sehr wahrscheinlich	Bauausstattung	Forum Heiligtum	Dreier 2010.
?	P (ortus) (Pforzheim)	Unsicher	Caput viarum	Öffentliches Bad?	Kortüm 1995.
?	Iuliomagus (Schleitheim)	Unsicher	Lateinischer Name Lage	Öffentliches Bad Theater Tempelbezirk	Homberger 2013.
?	Da [...] oder Da [...] sag [...] (Stuttgart-Bad Cannstatt)	Unwahrscheinlich	Lage	Wichtiger Militärstützpunkt Verkerskknotenpunkt	Filtzinger in Planck 2005, 327–331.

Tab. 38 Zusammenstellung der bekannten und vermuteten Hauptorte von Gebietskörperschaften im rechtsrheinischen Obergermanien.

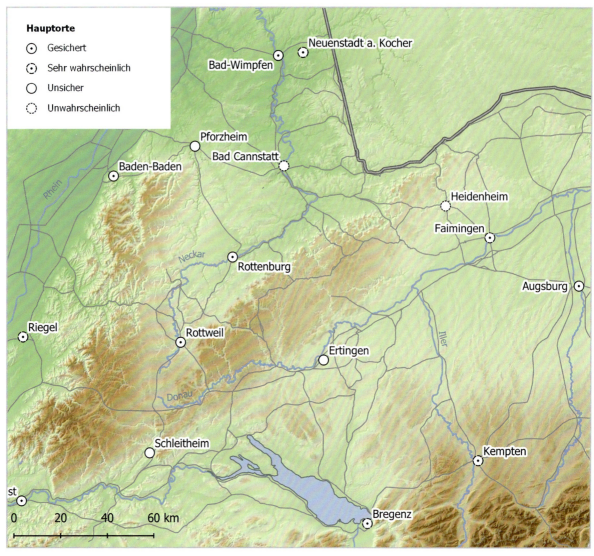

88   Bekannte und vermutete Hauptorte von Gebietskörperschaften im südlichen rechtsrheinischen Obergermanien und westlichen Rätien.

Der Verwaltungssitz einer weiteren, bisher unbekannten Gebietskörperschaft ist mit großer Wahrscheinlichkeit in Riegel am Kaiserstuhl (Lkr. Emmendingen) zu lokalisieren *(Abb. 88)*. Hierfür sprechen zunächst die Lage des *vicus* an einer verkehrstopografisch günstigen Position sowie seine Größe von ca. 27 ha, was etwa der Größe anderer *civitas*-Hauptorte im rechtsrheinischen Obergermanien entspricht *(Tab. 38)*[746]. Ausschlaggebend für die Ansprache als überörtliches Zentrum und möglicher Hauptort einer Verwaltungseinheit war die Aufdeckung einer Forumsbasilika, die spätestens in traianischer Zeit errichtet wurde und Verwaltungstätigkeiten nahe-

legt. Die Anlage des Forums gibt auch einen Anhaltspunkt zur Datierung der Einrichtung einer *civitas* um Riegel spätestens in traianische Zeit. Für das ausgehende 2. oder die erste Hälfte des 3. Jahrhunderts ist darüber hinaus ein *dispensator* in Riegel belegt, der mit Aufgaben der Finanzverwaltung – möglicherweise der Überwachung von Steuereingängen – betraut war[747].

Aufgrund eines Leugensteines aus Friolzheim (Lkr. Pforzheim), der Pforzheim als *caput viae* nennt, lässt sich auch hier der Sitz einer Regionalverwaltung vermuten *(Abb. 88; Tab. 38)*[748]. Als *caput viae* tritt auf Meilen- und Leugensteinen meist die Stadt oder das

---

746   Kortüm 2015, 13.
747   Dreier 2010, 54–56.

748   CIL XVII 2, 653 (= EDCS-12400395). Siehe hierzu ausführlich Kortüm 1995, 95–101.

Gemeinwesen auf, das für die Administration des entsprechenden Straßenabschnittes zuständig war[749]. Dabei handelt es sich meist um die Gebietskörperschaft, in deren Territorium der Stein aufgestellt war[750]. Allerdings treten auch Ausnahmen auf, bei denen Meilen- und Leugensteine zu Orten benachbarter *civitates* und Provinzen zählten oder mehrere Orte auf einem Meilenstein genannt wurden[751]. Da weitere schriftliche oder epigrafische Quellen fehlen, die eine Deutung Pforzheims als Vorort einer Gebietskörperschaft unterstützen könnten, und auch der Baubefund des *vicus* keine zentralörtlichen Funktionen erkennen lässt[752], muss die Ansprache vorerst als unsicher gelten.

Weitere Orte, die bereits als mögliche Hauptorte von Gebietskörperschaften im rechtsrheinischen Obergermanien vorgeschlagen wurden, deren Ansprache als solche jedoch noch unter Vorbehalt steht, sind Stuttgart-Bad Cannstatt und Schleitheim (Kt. Schaffhausen, CH) *(Abb. 88)*:

Die Vermutung, dass es sich bei dem *vicus* von Schleitheim um mehr als einen „beliebigen kleinen *vicus*"[753] handelte, basiert auf der Identifizierung des Ortes mit dem auf der Tabula Peutingeriana verzeichneten *Iuliomagus*[754]. So stellt Regula Frei-Stolba *Iuliomagus* in eine Reihe gallischer Städte mit kaiserlichem Namensbestandteil, bei denen es sich häufig um neu gegründete Hauptorte von Stammesgemeinden handelte oder die zumindest eine wirtschaftliche Zentralortfunktion aufwiesen[755]. Daher nimmt sie auch für den *vicus* von Schleitheim an, dass der „hybride Ortsname mit einem Kaisernamensbestandteil auf einen Stammesmittelpunkt, auf ein von Rom gewolltes Zentrum" hinweise[756]. Von archäologischer Seite her könnten der Tempelbezirk und die verhältnismäßig große Thermenanlage für eine zentralörtliche Funktion des römischen Schleitheim sprechen[757]. Allerdings schließt das nicht zwingend den Status als Hauptort einer Gebietskörperschaft mit ein. Ein Forum als gesellschaftlicher und politischer Nukleus einer Stadt sowie aufwändige Stadtvillen, die als Wohnsitze von Dekurionen gedient haben könnten, fehlen bislang in Schleitheim[758]. Im Vergleich zu den bereits bekannten Hauptorten obergermanischer Gebietskörperschaften erscheint auch die bisher bekannte Siedlungsfläche mit 6 ha recht klein *(Tab. 38)*. Natürlich muss dabei der Forschungsstand berücksichtigt werden. So ist die Ausdehnung des *vicus* nach Norden und Westen unbekannt und im Süden nur annäherungsweise über den kleinen Ausschnitt des Gräberfeldes erfasst[759]. Die archäologischen Indizien alleine reichen daher nach derzeitigem Forschungsstand nicht aus, um für das römische Schleitheim den Status eines *civitas*-Hauptortes zu postulieren. Einen anderen Ansatz verfolgt Sommer, der neben dem antiken Namen auch die Lage Schleitheims im römerzeitlichen Siedlungsmuster als Hinweis auf den Hauptort einer Gebietskörperschaft anführt. So würden sich regelmäßige Abstände zwischen den Hauptorten der rechtsrheinischen obergermanischen Gebietskörperschaften ergeben, wenn man Schleitheim und Bad Cannstatt als solche interpretiert[760]. Jedoch ist auch keineswegs gesichert, dass im Bereich des heutigen Bad Cannstatt in römischer Zeit der Hauptort einer Gebietskörperschaft lag. Es ist festzuhalten, dass der Name des antiken *Iuliomagus* und seine Lage im römerzeitlichen Siedlungssystem zwar eine Deutung als *civitas*-Hauptort nahelegen könnten, der archäologische Befund diese Vermutung jedoch kaum unterstützt. Zwar mag der *vicus* durchaus eine beschränkte zentralörtliche Funktion innegehabt und eine wichtige Station auf der Strecke zwischen *Vindonissa* (Windisch) und *Arae Flaviae* (Rottweil) dargestellt haben, für eine sichere Ansprache als *civitas*-Hauptort reicht die Beweislage jedoch nicht aus, weshalb die Forschung hier auf weitere inschriftliche Belege oder neue archäologische Befunde angewiesen ist. Der *vicus* wird daher in *Tab. 38* unter den unsicheren *civitas*-Hauptorten geführt.

749 Rathmann 2004, 215.

750 Kortüm 1995, 97.

751 Kolb 2007, 171–172; Rathmann 2004, 221–223.

752 Außer einem vermuteten Bad sind keine öffentlichen Gebäude bekannt (Kortüm 1995, 63–67).

753 Frei-Stolba 1987, 383.

754 Zur Bedeutung und Zuweisung des einzig auf der Tabula Peutingeriana überlieferten Namens siehe Homberger 2013, 11; Trumm 2002a, 179 Anm. 1385; Frei-Stolba 1987.

755 Frei-Stolba 1987, 380–383.

756 Frei-Stolba 1987, 383. Regula Frei-Stolba schließt sich damit Hans Lieb an, der ebenfalls aufgrund der Namensbildung auf einen neu gegründeten oder umbenannten Vorort einer vindelikischen Stammesgemeinde schließt (Lieb in Bürgi / Hoppe 1985, 8).

757 Trumm 2002a, 203.

758 Einzig die 3 km nördlich des *vicus* gelegene Anlage von Schleitheim „Vorholz" könnte als Wohnsitz einer lokalen Oberschicht oder auch als Straßenstation angesprochen werden (Trumm 2002a, 353–365).

759 Homberger 2013, 8 Abb. 1. Bis auf wenige flächige archäologische Untersuchungen wie die Ausgrabung der Thermen 1974/1975 beschränkte sich die Erforschung des antiken Schleitheim größtenteils auf kleinere Notgrabungen, Sondagen und Luftbildarchäologie (Bürgi / Hoppe 1985). Für eine Zusammenfassung der Forschungsgeschichte mit zahlreicher weiterführender Literatur siehe Homberger 2013, 11–15; Trumm 2002a, 342–343.

760 Sommer 1988b, 290–291.

Bevor das Apollo-Grannus-Heiligtum in Neuenstadt am Kocher aufgedeckt und die Bedeutung der Siedlung erkannt wurde, galt der *vicus* von Bad Cannstatt als Kandidat für das *caput civitatis* der im Neckartal lokalisierten *civitas A(urelia) G[...]*. Grund zur Annahme, dass im Bereich von Bad Cannstatt der Hauptort einer *civitas* existiert haben könnte, gibt zum einen die Bedeutung des Auxiliarlagers, das sich bis zur Vorverlegung des Limes um 160 im heutigen Bad Cannstatt befand. Die meisten der nachgewiesenen *civitas*-Vororte gingen aus ehemaligen Militärstandorten hervor, und zwar aus den Standorten mit „dem jeweils größten Kastell bzw. mit der vornehmsten Truppe" in der Region[761]. In Bad Cannstatt war die einzige *ala* im Neckartal stationiert, sodass der Ort dem Auswahlmuster der übrigen *civitas*-Hauptorte entspräche. Mit zahlreichen religiösen Zeugnissen von insgesamt 20 verschiedenen Gottheiten bildete es darüber hinaus ein religiöses Zentrum der Region[762]. Als wichtigstes Argument für eine Ansprache Bad Cannstatts als regionales Zentrum führt Sommer die

Lage an einer zentralen Position im Verkehrssystem am Schnittpunkt mehrerer wichtiger Fernstraßenverbindungen ins Feld[763]. Er erkennt in dem Abstand, der sich zwischen den *civitas*-Vororten ergibt – sofern man Schleitheim und Bad Cannstatt als solche berücksichtigt – ein planerisches Konzept, was die Deutung der Siedlungen als Hauptorte von Gebietskörperschaften unterstützt. Jedoch fehlen nicht nur epigrafische und literarische Hinweise auf eine Stellung Bad Cannstatts als *civitas*-Vorort, auch der archäologische Befund gibt eine solche Deutung bislang nicht her. Seit der Entdeckung des Apollo-Grannus-Heiligtums in Neuenstadt am Kocher konnte darüber hinaus wahrscheinlich gemacht werden, dass dort der Hauptort der *civitas A(urelia) G[...]* zu verorten ist[764]. Solange keine weiteren epigrafischen oder archäologischen Quellen bekannt sind, reichen die wenigen Indizien, die bisher zur Ansprache des Ortes als *civitas*-Vorort herangezogen wurden, nicht aus, um eine zusätzliche, bisher nicht bekannte Gebietskörperschaft im Neckartal zu postulieren.

7.2 Gebietskörperschaften im westlichen Rätien

Ob es in Rätien eine dem rechtsrheinischen Obergermanien vergleichbare Gliederung des Provinzgebietes in Gebietskörperschaften gab, ist umstritten[765]. Nur für das *municipium Augusta Vindelicum / Aelium Augustum* (Augsburg) ist der rechtliche Status nachgewiesen *(Abb. 88; Tab. 39)*[766]. Epigrafische Hinweise auf weitere Gebietskörperschaften fehlen dagegen weitgehend. Jedoch sind mit *Brigantium* (Bregenz) und *Cambodunum* (Kempten) zwei urbane Zentren bekannt *(Abb. 88; Tab. 39)*, für die sich eine Ansprache als re-

gionale Verwaltungszentren anbietet. Durch die Ausführungen Strabons in seinen *geographika* (IV 6, 8) können die beiden Orte darüber hinaus mit den Stämmen der Brigantier (Bregenz) und Estionen (Kempten) in Verbindung gebracht werden[767]. Auch der einzige epigrafische Anhaltspunkt zu *civitates* in Rätien – eine in Isny (Lkr. Ravensburg) bei Kempten gefundene und heute verschollene Ehreninschrift für Antoninus Pius – stammt aus dem Voralpenland[768]. Die Inschrift wurde im Jahr 144 von mehreren *civitates* errichtet, deren

761 Sommer 1988b, 290–292 (Zitat ebd. 290); 1992b, 120–127.
762 Scheuermann 2013, 101–103.
763 Sommer 1988b, 290.
764 Kortüm 2013, 162–164.
765 Wolff 1986; 1995; 2002, 3–4; Czysz et al. 1995a; Czysz 2013, 264; Konrad 2012, 33–37.

766 Wilmanns 1981.
767 Gottlieb 1989a, 77–78.
768 CIL III 5770 (= IBR 78 = Haug 1914, 27–28 Nr. 1 = EDCS-27100287). Die Inschrift ist lediglich in Abschriften aus dem 18. Jahrhundert überliefert.

Namen allerdings aufgrund der fragmentarischen Erhaltung nicht überliefert sind. Sofern der Stein ursprünglich in der Nähe von Isny aufgestellt war, bezieht sich die Inschrift auf *civitates* im Raum um Bregenz und Kempten und kann damit als Beleg dafür herangezogen werden, dass es zumindest im Voralpenland um die Mitte des 2. Jahrhunderts solche Gebietskörperschaften gab[769].

Gebietskörperschaft	Hauptort	Ansprache	Beleg	Bauausstattung	Literatur
?	*Brigantium* (Bregenz)	Sehr wahrscheinlich	Bauausstattung *Caput viarum*	Forum *Mansio?* *Öffentliche Bäder* Tempelbezirk	Zanier 2006, 75–87; Grabherr 1994.
?	*Cambodunum* (Kempten)	Sehr wahrscheinlich	Bauausstattung *Caput viarum*	Forum *Praetorium* *Öffentliche Bäder* Tempelbezirk	Weber in Czysz et al. 1995a, 463–468; Czysz et al. 1995b; Weber 2000.
Municipium Aelium Augustum	*Aelia Augusta* (Augsburg)	Gesichert	Inschriften Bauausstattung *Caput viarum*	Forum *Praetorium?* Macellum *Öffentliche Bäder* Tempelbezirk? 65 ha Größe	Bakker in Czysz et al. 1995a, 419–425; Schaub / Bakker 2001; Schaub 2002.
?	[…] Ertingen	Unsicher	Bauausstattung	Forum	Meyer 2006; 2010b, 175–191.
?	*Phoebiana* (Faimingen)	Sehr wahrscheinlich	*Caput viarum* Bauausstattung	Forum? Tempelbezirk Stadtmauer	Eingartner et al. 1993; Weber in Czysz et al. 1995a, 441–444
?	*Aquileia* (Heidenheim)	Unwahrscheinlich	Bauausstattung	*Öffentliche Bäder* *Praetorium?*	Sölch 2001; Balle / Scholz 2018.

Tab. 39   Zusammenstellung der bekannten und vermuteten Hauptorte von Gebietskörperschaften im westlichen Rätien.

In der Frühzeit der Provinz Rätien besaß auch die Siedlung auf dem im Voralpenland gelegenen Auerberg mit einiger Wahrscheinlichkeit eine Stellung als Zentralort[770]. Da der Standort allerdings um die Mitte des 1. Jahrhunderts aufgegeben wurde, findet er bei der Aufstellung der vermuteten und sicheren Hauptorte von Gebietskörperschaften gegen Ende des 2. Jahrhunderts *(Tab. 39)* keine Berücksichtigung.

Darüber hinaus sind für Rätien mittlerweile einige Stammesnamen für das 2. Jahrhundert belegt, was nicht zuletzt Neufunden von Militärdiplomen zu verdanken ist[771]. Bisher sind insgesamt vier Stämme aus dem Provinzgebiet als Herkunftsangaben auf Militär-

diplomen des 2. Jahrhunderts bekannt[772]. Es handelt sich um die *Licates*[773], *Rucinates*, *Catenates*[774] und *Caluconi*[775]. Sie belegen, dass zumindest ein Teil der vorrömischen Stammesstruktur, die durch antike Schriftsteller und die Inschrift auf dem *tropaeum Alpium* überliefert ist[776], bis ins 2. Jahrhundert hinein weiter bestand. Ob diese Stammesverbände in *civitates* organisiert waren und wo die jeweiligen Hauptorte lagen, ist jedoch nicht bekannt[777]. Zwar setzt die *origo*-Angabe auf einem juristischen Dokument wie dem Militärdiplom nach Hartmut Wolff „eine gewisse Institutionalisierung der Heimatgemeinde" voraus, weshalb für ihn „Heimatangaben in den Bürger-

---

769   Gottlieb 1989a, 77; Wolff 1986, 166.
770   Ulbert 1994; zuletzt Sommer 2015a. Siehe auch Gottlieb 1989a, 77; Czysz 2013, 277. Möglicherweise handelt es sich bei der Zivilsiedlung auf dem Auerberg um *Damasia*, den bei Strabon überlieferten Hauptort der Likattier. Archäologische Belege dafür fehlen jedoch. Siehe hierzu Sommer 2015a, 504 mit weiterführender Literatur.
771   Wolff 1999a; Steidl 2014, 82–83 Liste A. Zu den im 2. Jahrhundert nachgewiesenen Stammesnamen in Rätien siehe auch Wolff 2002, 1–7.

772   Siehe auch Wolff 2000, Beilage 1.
773   Militärdiplom aus Rainau-Buch: Seitz 1982; Militärdiplom aus Eining: Garbsch 1988.
774   Sowohl die Heimatangabe eines Rucinaten als auch die eines Catenaten fanden sich auf einem Militärdiplom aus Künzing (Wolff 1999a, 23–31).
775   Dietz 1999, 244–245.
776   CIL V 7817 (= EDCS-05401067); Plin. nat. hist. 3, 136–137.
777   Wolff 2002, 7–10.

rechtskonstitutionen [...] auf Gebietskörperschaften schließen lassen, die hinsichtlich der Personenerfassung dieselben Aufgaben wie normale *civitates* besaßen"[778]. Dies bedeutet jedoch nicht zwangsläufig, dass es sich bei den genannten Stämmen tatsächlich um institutionalisierte *civitates* handelte. So ist aus Niedergermanien der Stamm der *Condrusi* auf Militärdiplomen belegt, obwohl er nachweislich keine *civitas* bildete, sondern als *pagus* in die übergeordnete Gebietskörperschaft der *civitas Tungrorum* integriert war[779]. Insbesondere in dem nach derzeitigem Quellenstand wenig urbanisierten Rätien diskutiert Wolff daher auch die Möglichkeit polyzentrischer Gebietskörperschaften ohne einen städtischen Hauptort[780] bzw. nicht urbanisierter *civitates*[781]. Abgesehen davon sind für Rätien auch andere Formen von Zusammenschlüssen denkbar, die nicht an den Organisationsgrad einer Gebietskörperschaft heranreichten. Für das rechtsrheinische Oberrheingebiet ist eine solche untere Verwaltungsebene durch den Fund des Grabsteines eines *princeps Sueborum* bei Offenburg (Lkr. Ortenaukreis) für das ausgehende 1. Jahrhundert nachgewiesen[782]. Er belegt, dass es bereits vor dem Aufbau der regulären Verwaltungsstruktur ab traianischer Zeit einen von Rom legitimierten Zusammenschluss peregriner Gruppen gab, der möglicherweise auch administrative Aufgaben wahrnahm und zu einem späteren Zeitpunkt in einer *civitas* aufgegangen sein könnte[783]. Auch die Möglichkeit, dass einige Gebiete Rätiens dem Militär oder dem Kaiser *(saltus)* unterstanden oder provinzunmittelbar verwaltet wurden, kann nicht ausgeschlossen werden[784]. Dies gilt insbesondere für die Gebiete nördlich der Donau, wo die Quellenlage noch dürftiger ist als im Voralpenland. Ohne Neufunde schriftlicher Zeugnisse wird sich die Frage nach der Raumordnung Rätiens kaum lösen lassen[785].

Trotz dieser Unsicherheiten existieren einige wenige Orte im westlichen Rätien, die als Kandidaten für Hauptorte vermuteter Gebietskörperschaften infrage kommen *(Abb. 88; Tab. 39)*. Als Sitz einer Regionalverwaltung wird zum Beispiel häufig Faimingen vorgeschlagen. Zum einen ist der Ort auf Meilensteinen des frühen 3. Jahrhunderts als *caput viae* genannt[786] und zum anderen befindet sich hier mit dem Tempelbezirk für Apollo Grannus ein überörtliches kultisches Zentrum[787]. Ein Forum, das nördlich des Tempels vermutet wird[788], könnte auf Verwaltungstätigkeit hinweisen. Im frühen 3. Jahrhundert wurde Faimingen zudem mit einer steinernen Stadtmauer umgeben, womit es in einer Reihe mit einigen obergermanischen *civitas*-Vororten steht[789].

Auch der *vicus* auf dem Gebiet des heutigen Heidenheim wurde mehrfach als Hauptort einer Gebietskörperschaft vorgeschlagen[790]. Als ein Argument wird die Stationierung einer *ala miliaria* angeführt, wodurch Heidenheim während der Garnisonszeit Sitz des zweithöchsten Beamten der Provinz war. Dies alleine ist jedoch noch kein Anhaltspunkt für die Rechtsstellung des Ortes nach Abzug der Garnison[791]. Als wichtigster Hinweis gilt daher der Monumentalbau östlich des Kastellgeländes, dessen Deutung bislang unklar ist. Vergleiche finden sich zu monumentalen Badegebäuden[792], aber auch zu öffentlichen Gebäuden aus dem Bereich von *fora*, was auf eine Verwaltungsfunktion Heidenheims, beispielsweise als *civitas*-Vorort, hindeuten könnte[793]. Markus Scholz und Gereon Balle schlagen dagegen vor, dass es sich bei dem Monumentalbau um den Amtssitz eines Beamten der Provinzverwaltung handelte, der hier zeitweise ansässig war. Als Gegenargument zur Ansprache Heidenheims als Hauptort einer *civitas* führen sie die Reduktion des *vicus* nach Abzug der Garnison um 160 an sowie das Fehlen weiterer öffentlicher Gebäude, größerer Heiligtümer oder einer Stadtmauer[794]. Da der Rechtsstatus der Siedlung bislang unklar ist und auch der archäologische Befund für eine Deutung als regionales Verwaltungszentrum nicht herangezogen werden kann, ist Heidenheim in *Tab. 39* als unwahrscheinlicher *civitas*-Vorort gelistet.

778 Wolff 1999a, 30.
779 CIL XVI 125; RMD I 26, Nr. 125; Wolff 2000, 163. Zur Praxis, ein Gemeinwesen unter die Verwaltung einer anderen Gebietskörperschaft zu stellen, siehe auch Strobel 2014, 296.
780 Wolff 1999a, 30–31; 1989, 15.
781 Wolff 2002.
782 EDCS-74700698; Blöck et al. 2016.
783 Blöck et al. 2016, 506–507.
784 Strobel 2014, 296–297.
785 Siehe auch Czysz in Czysz et al. 1995a, 198–199.
786 Dietz 1985; Nuber / Seitz 2009. Als *caput viae* wurden meist die größeren Städte und Gemeinwesen des Territoriums genannt, auf dem die Steine aufgestellt waren. Meist handelte es sich dabei

um die Hauptorte von Gebietskörperschaften. Siehe auch Kortüm 1995, 97; Rathmann 2004, 212–224.
787 Eingartner in Eingartner et al. 1993, 13–83.
788 Eingartner in Eingartner et al. 1993, 67–68.
789 Eingartner in Eingartner et al. 1993, 82. Zu den Stadtmauern im rechtsrheinischen Obergermanien siehe Gairhos 2008, 113–120.
790 Siehe z. B. Czysz 2013, 345; Sommer 1988b, 294.
791 Sölch 2001, 122.
792 Siehe die Zusammenstellung bei Sölch 2001, 89–95 mit Abb. 27.
793 Sölch 2001, 89–95 mit Abb. 29.
794 Balle / Scholz 2018, 116.

Ein weiterer möglicher Sitz einer Regionalverwaltung könnte in Ertingen gelegen haben. Hier ist der Grundriss eines Forums im Luftbild erkennbar. Jedoch lassen weder das bei Feldbegehungen geborgene Fundmaterial noch die übrigen auf dem Luftbild erkennbaren Strukturen auf eine ausgedehnte Siedlung oder gar ein urbanes Zentrum schließen. Der vermutete Forumsbefund steht daher isoliert in einer kleinen *vicus*-artigen Siedlung, was – sofern man davon ausgeht, dass es sich bei den Hauptorten von *civitates* zwingend um urbane Zentren handelte – Zweifel an der Deutung als Hauptort einer Gebietskörperschaft zulässt[795]. Der Ort ist daher in *Tab. 39*

als unsicher bestimmter Hauptort einer Gebietskörperschaft gelistet.

Der *vicus* auf dem Gebiet des heutigen Günzburg, der sich an einem wichtigen Donauübergang befand, nämlich dem Kreuzungspunkt der Donausüdstraße und der Straße von *Augusta Vindelicum* zum Vorderen Limes bei Aalen, wurde dagegen nicht in die Tabelle der möglichen Hauptorte aufgenommen. Zwar handelte es sich um einen wichtigen Verkehrsknotenpunkt und ein Handelszentrum, das mit Sicherheit eine starke Anziehungskraft auf die ländliche Besiedlung im Umland besaß[796], Hinweise auf eine Verwaltungstätigkeit fehlen jedoch bislang.

7.3 Die Territorien der Gebietskörperschaften westlich und östlich der Provinzgrenze zwischen Rätien und Obergermanien

Die Ausgangslage für eine Rekonstruktion der Territorien obergermanischer und rätischer Gebietskörperschaften ist aufgrund der mangelhaften Quellenlage denkbar ungünstig[797]. Während schon die Identifizierung von *civitates* und ihrer Hauptorte in Teilen Rätiens und des rechtsrheinischen Obergermanien Schwierigkeiten bereitet, ist über die Ausdehnung ihrer Territorien noch weniger bekannt. Bereits 1981 unternahm Juliane C. Wilmanns einen Versuch, die Territorien einiger *civitates* im rechtsrheinischen Obergermanien zu rekonstruieren[798]. Da Grenzsteine oder andere Grenzmonumente fehlen, griff sie hierfür auf Inschriften städtischer Funk-

tionäre zurück[799]. Daneben bezog sie topografische Faktoren wie Höhenzüge und Flussläufe in die Überlegungen mit ein. Auch Meilen- bzw. Leugensteine werden häufig zur Bestimmung der Territorien von Gebietskörperschaften herangezogen. Ihre Aussagekraft diesbezüglich wird jedoch zum Teil heftig diskutiert[800]. Zwar kann keines der genannten Elemente als sicherer Beleg für die Ausdehnung einer Gebietskörperschaft gewertet werden, eine Häufung der Indizien sollte jedoch zumindest eine Annäherung erlauben. Da geeignetere Quellen fehlen, werden die bisherigen Rekonstruktionsversuche im Folgenden knapp vorgestellt (siehe hierzu laufend *Abb. 89*). Im

---

795 Meyer 2006; 2010b, 175–179.
796 Schmid 2000; Czysz 2002; Gottlieb 1989a, 80.
797 Zu Methoden der Rekonstruktion städtischer Territorien am Beispiel der Provinz *Noricum* Alföldy 1989, 44–54.
798 Wilmanns 1981, 100–152.
799 Diesen Ansatz verfolgte schon Alföldy 1970, 166–167; siehe auch Alföldy 1989, 48. Allerdings gibt es auch Beispiele für

Inschriften städtischer Beamter außerhalb der *civitas*, in der sie wirkten (Alföldy 1970, 166; Kortüm 1995, 99).
800 So sind einige Meilen- und Leugensteine bekannt, die außerhalb des Territoriums der Stadt aufgestellt wurden, zu der sie zählen. Siehe dazu ausführlich Alföldy 1970, 164–165; Wilmanns 1981, 127; Alföldy 1989, 45–48; Rathmann 2004, 221–224.

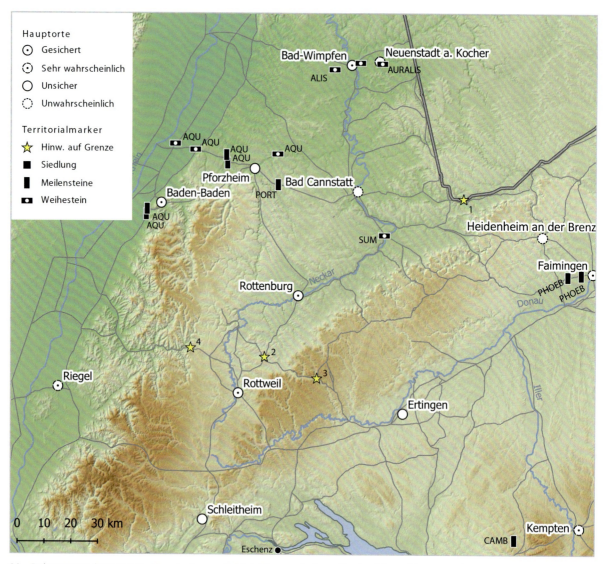

89   Bekannte und vermutete Hauptorte von Gebietskörperschaften, Territorial- und Grenzmarker. – ALIS: *Alisin[...]* (Bad-Wimpfen); AQU: *Aquae* (Baden-Baden); AUR: *Aurelia G[...]* (Neuenstadt am Kocher); CAMB: *Cambodunum* (Kempten); PHOEB: *Phoebiana* (Faimingen); PORT: *Portus* (Pforzheim). – 1 Ende der rätischen Mauer im Rotenbachtal; 2 Monument mit Kaiserinschrift bei Geislingen-Häsenbühl; 3 Kaiserinschrift bei Ebingen-Lautlingen; 4 Heiligtum am Brandsteig.

Fokus stehen die Gebietskörperschaften im südlichen rechtsrheinischen Obergermanien und im westlichen Rätien.

Aus der *civitas Alisin[...]* (Bad Wimpfen) liegt eine Statuenbasis des *genius Alisin[...]* vor, dessen Errichtung laut Inschrift auf einen *decurio civitatis* zurückzuführen ist[801]. Der Fundort liegt nur wenige Kilometer südwestlich von Bad Wimpfen in Bonfeld-Bad Rappenau (Lkr. Heilbronn) und besitzt aufgrund der geringen Distanz zum Hauptort nur eine beschränkte

Aussagekraft für die Ausdehnung der *civitas* (Abb. 89). Wilmanns greift daher auf die topografischen Gegebenheiten der Region zurück, wenn sie die Nordgrenze entlang des Odenwaldes, die Ostgrenze entlang des Neckars und die Westgrenze entlang der Elsenz vorschlägt[802].

Mehrere Weihinschriften von Decurionen der *civitas A(urelia) G[...]* fanden sich im Umfeld von Neuenstadt am Kocher[803]. Nach Wilmanns gehören vermutlich auch zwei Inschriftensteine aus Neuenstadt am

---

801   CIL XIII 6482 (= HAUG 1914, 516–518 Nr. 364 = EDCS-11000504).
802   WILMANNS 1981, 144.

803   Darunter: Bad Friedrichshall-Hagenbach (Lkr. Heilbronn) (FILTZINGER 1980, 23–24 Nr. 27 (= EDCS-11202225)); Neuenstadt am Kocher (FILTZINGER 1980, 64 Nr. 28 = CIL XIII 6462 = EDCS-11000483)).

Kocher-Bürg zu dieser *civitas*[804]. Mit Ausnahme des Steins aus Bad Friedrichshall-Hagenbach liegen sie – wie im Fall von Bad Wimpfen – so nah am postulierten Hauptort der Gebietskörperschaft (noch dazu in sekundärer Fundlage), dass sie die Diskussion um die Ausdehnung des Territoriums der *civitas* nicht bereichern können *(Abb. 89)*. Nach Osten wird das Territorium der *civitas* durch einen in die Zuständigkeit der Militärverwaltung fallenden Bereich entlang des Vorderen Limes begrenzt. Nach Westen hin könnte der Neckar die Grenze gebildet haben, wofür auch die Lage des Weihesteins aus Bad-Friedrichshall-Hagenbach spricht. Im Norden und Süden ist die Ausdehnung des Territoriums dagegen völlig unklar.

Von Beamten der *civitas Aurelia Aquensis* liegen mehrere Inschriftensteine in größerer Entfernung zum Hauptort *Aquae* (Baden-Baden) vor. So sind Weihesteine von Dekurionen aus Ettlingen (Lkr. Karlsruhe)[805], Au am Rhein (Lkr. Rastatt)[806] und Dürrmenz-Mühlacker (Lkr. Enzkreis)[807] bekannt *(Abb. 89)*. Sie bieten Hinweise auf die Mindestausdehnung des *civitas*-Territoriums. Der Weihestein aus Dürrmenz-Mühlacker gibt jedoch Grund zur Diskussion, inwiefern Weihungen städtischer Funktionäre auf dem Territorium der *civitas* aufgestellt sein mussten, in der sie tätig waren[808]. Der Fundort einige Kilometer nordöstlich von Pforzheim legt nahe, dass auch Pforzheim noch zur *civitas Aurelia Aquensis* gehörte und keine eigene Gebietskörperschaft bildete. Kortüm argumentiert dagegen, dass der Name der *civitas* meist in abgekürzter Form wiedergegeben ist, wenn der Stein auf dem eigenen Territorium aufgestellt war, und ausgeschrieben wurde, wenn er sich auf fremdem Territorium befand[809]. Der ausgeschriebene Name der *civitas* auf dem Stein aus Dürrmenz-Mühlacker ist daher für ihn ein Beleg dafür, dass er außerhalb des Territoriums der *civitas Aurelia Aquensis* aufgestellt war. Jedoch ist auch Kortüms Zusammenstellung nicht frei von Ausnahmen[810]. Solange der Status des *vicus* von Pforzheim als *civitas*-Vorort

nicht sicher nachgewiesen ist, ist es daher kaum möglich, zu beurteilen, ob es sich bei dem Weihestein von Dürrmenz-Mühlacker tatsächlich um einen „Ausreißer" handelte, der außerhalb des Territoriums der *civitas* aufgestellt war[811]. Neben den Weihesteinen sind Meilensteine aus Nöttingen (Lkr. Pforzheim)[812] und Ellmendingen[813] (Lkr. Enzkreis) bekannt, die *Aquae* als *caput viae* nennen und von denen letzterer ausdrücklich von der *civitas Aurelia Aquensis* errichtet wurde. Weitere Meilensteine stammen aus dem direkten Umfeld von Baden-Baden: Es handelt sich um drei Steine aus Sinzheim (Lkr. Rastatt)[814] nur wenige Kilometer südöstlich des Ortes und einen, der ehemals vermutlich in Steinbach (Lkr. Baden-Baden) aufgestellt war[815].

Außer dem Leugenstein[816] aus Friolzheim, der *Portus* (Pforzheim) als *caput viae* nennt, liegen keine Hinweise auf die Ausdehnung des Territoriums der vermuteten *civitas* vor *(Abb. 89)*.

Drei Inschriften belegen, dass der *vicus* von Köngen der obergermanischen *civitas Sumelocennensis* zugeordnet war *(Abb. 89)*[817]. Die Datierungen der Steine (in die zweite Hälfte des 2. oder die erste Hälfte des 3. Jahrhunderts bzw. in das späte 2. oder frühe 3. Jahrhundert) legen nahe, dass der *vicus* mit dem Abzug des Militärs zwischen 155 und 160 direkt in das Territorium der neu gegründeten *civitas* übergegangen ist. Die westliche Grenze der *civitas* vermutet Wilmanns aus topografischen Gründen am Schwarzwald[818].

Für das *municipium Arae Flaviae* liegen keine Weihungen von Beamten des Gemeinwesens vor, die Vermutungen zur Ausdehnung seines Territoriums erlauben. Die westliche Grenze wird im Bereich des Schwarzwaldes postuliert[819]. Was die nördliche Ausdehnung betrifft, so vermutet Wilmanns aufgrund der zeitgleichen Gründung, dass Sulz noch zum Territorium des *municipiums* gehörte[820]. Daneben liegen zwei schwache archäologische Indizien zum nördlichen Grenzverlauf vor: Nordöstlich des Kastells Geis-

---

804 Wilmanns 1981, 145 Anm. 627; CIL XIII 6468; 6467 (= EDCS-11000490; 11000489).

805 CIL XIII 6326 (= EDCS-11000335).

806 CIL XIII 9115 (= EDCS-12400386).

807 CIL XIII 6339 (= Haug 1914, 444–445 Nr. 315 = EDCS-11000349).

808 Siehe zu der Problematik auch Alföldy 1970, 166.

809 Kortüm 1995, 98–99.

810 So wurde beispielsweise der Name der *civitas Lingonum* auf dem Weihestein CIL XIII 5682 (= EDCS-10801092), der innerhalb des *civitas*-Territoriums aufgefunden wurde, ausgeschrieben, während im Fall des in Mainz aufgestellten Weihesteins eines Funktionsträgers der *civitas Mattiacorum* (CIL XIII 7062 = EDCS-11001124) abgekürzt wurde (Kortüm 1995, Tab. 10).

811 Daneben ist die Möglichkeit von Enklaven zu berücksichtigen. Siehe beispielsweise Talbert 2005, 99 mit weiterführender Literatur.

812 CIL XIII 9113 (= EDCS-12400392).

813 CIL XIII 9114 (= EDCS-12400394).

814 CIL XIII 9117–9119 (= EDCS-12400388; 12400389; 12400390).

815 CIL XIII 9116 (= EDCS-12400387).

816 CIL XVII 2, 653 (= EDCS-12400395); Kortüm 1995, 95–101.

817 CIL XIII 6384 (= Haug 1914 Nr. 184 = Luik 1996, 175–176 Nr. 2 = EDCS-11000395); CIL XIII 11727 (= Haug 1914 Nr. 497 = Luik 1996, 177–178 Nr. 5 = EDCS-12600030); CIL XIII 11726 (= Haug 1914 Nr. 498 = Luik 1996, 178–179 Nr. 7 = EDCS-12600029).

818 Wilmanns 1981, 147.

819 Wilmanns 1981, 109.

820 Wilmanns 1981, 109.

lingen-Häsenbühl kamen 1953 die Überreste eines Monumentes in unmittelbarer Nähe zur römischen Straße zum Vorschein *(Abb. 89,2)*[821]. Der Befund besteht aus einer rechteckigen, 13,1 m langen und 6 m breiten Fundamentgrube, die mit Bauschutt und Architekturteilen verfüllt war. Zwischen der Fundamentgrube und der römischen Straße befand sich zudem ein Inschriftenfragment mit dem Rest einer Kaisertitulatur. Während Dieter Planck den Befund als östlichen Pfeiler eines Bogenmonumentes ansprach, der „die Territoriumsgrenze vom *municipium Arae Flaviae* nach Osten kennzeichnet[e]"[822], stellte Martin Kemkes bei der Neubearbeitung fest, dass es sich vermutlich um ein einzelnes, auf einem rechteckigen Sockel angebrachtes Monument von bis zu 25 m Höhe handelte[823]. Auch Kemkes schließt einen Zusammenhang mit einer zivilrechtlich relevanten Grenze zwischen dem *municipium Arae Flaviae* und dem nördlich anschließenden *saltus* bzw. der *civitas Sumelocenna* nicht aus. Aus historischer Sicht hält er jedoch eine Deutung als Ehrenmonument im Zuge der umfassenden militärischen Umstrukturierungen in vespasianischer Zeit für wahrscheinlicher[824]. Dies würde eine Funktion als Grenzmarkierung zwischen den Gebietskörperschaften, die erst später eingerichtet wurden, ausschließen. Ein Zusammenhang mit der Grenze des Territoriums von *Arae Flaviae* bleibt somit spekulativ. Das gleiche gilt für das Bruchstück einer Inschrift für Kaiser Traian aus den Jahren 102–117[825]. Dieses fand sich – wohl in sekundärer Lage – in der Verfüllung eines Kellers im *vicus* von Ebingen-Lautlingen *(Abb. 89,3)* und könnte ebenfalls an einem Monument angebracht gewesen sein, das die nördliche Grenze des in traianischer Zeit zum *municipium* erhobenen *Arae Flaviae* markierte, wenn der Text auch nicht an die Maße der Geislinger Inschrift heranreicht[826]. Da hier jedoch keine weiteren Hinweise vorliegen, geht die historische Einordnung der Inschrift nicht über eine bloße Vermutung hinaus[827]. Als weiteres Indiz zur Ausdehnung des *municipiums* könnte schließlich das Passheiligtum am Brandsteig

in exponierter Lage auf einer Anhöhe am Rand des Schwarzwaldes herangezogen werden *(Abb. 89,4)*[828]. In anderen Regionen des römischen Reiches lassen sich Stadt- oder Provinzgrenzen mit Heiligtümern in Verbindung bringen[829]. Jedoch bleibt auch hier der Zusammenhang mit einer Verwaltungsgrenze spekulativ, sodass keine epigrafischen oder archäologischen Zeugnisse vorliegen, die Aussagen zur Ausdehnung des Territoriums des *municipiums Arae Flaviae* zulassen.

Die Ausdehnung der vermuteten rätischen *civitates* lässt sich kaum bestimmen. Lediglich für das *municipium Augusta Vindelicum* vermutete Hartmut Wolff aufgrund der Standorte von Dekurioneninschriften eine Ausdehnung des Territoriums bis zur Donau bei Gundremmingen (Lkr. Günzburg, Bayern) im Norden, bis zum Starnberger See im Südosten und vermutlich bis Epfach (Lkr. Landsberg, Bayern) im Süden[830]. Die Abgrenzung nach Westen hin zu den möglichen Gebietskörperschaften um Kempten und Bregenz ist hingegen unklar.

Hertlein vermutet die Grenze zwischen den *Brigantes* und *Estiones* und damit zwischen den potentiellen Gebietskörperschaften um Bregenz und Kempten aus topografischen Gründen im Bereich der Wasserscheide zwischen Rhein und Donau, die östlich von Isny über den Gebirgszug der Adelegg verläuft[831]. Ein Meilenstein, der nach Kempten zählt, befand sich wenige Kilometer südwestlich des Ortes bei Isny *(Abb. 89)*[832]. Ebenfalls aus Isny stammt die bereits erwähnte Inschrift, welche sich möglicherweise auf die Gebietskörperschaften von *Brigantium* und *Cambodunum* bezog und ursprünglich an deren Grenze aufgestellt gewesen sein könnte[833]. Da der Stein jedoch in sekundärer Lage aufgefunden wurde und der ursprüngliche Aufstellungsort unbekannt ist, lässt sich darüber keine Aussage zur Ausdehnung der beiden vermuteten Gebietskörperschaften treffen.

Die Meilensteine, die *Phoebiana* (Faimingen) als *caput viae* nennen, stammen aus Gundelfingen[834] (Lkr. Dillingen a. d. Donau, Bayern) und Sontheim

---

821 Paret 1954; Heiligmann 1990, 39 Abb. 6.

822 Planck 1975, 13 Anm. 44.

823 Kemkes 2018, 128–129.

824 Kemkes 2018, 129–133 mit Auflistung der bisherigen Deutungsansätze.

825 Heiligmann 1990, 49 Abb. 11,22.

826 Heiligmann 1990, 192.

827 Martin Kemkes äußert die Vermutung, dass die Inschrift mit einer vermuteten, in traianischer Zeit errichteten Straßenstation in Zusammenhang steht (Kemkes 2018, 130 Anm. 38).

828 von der Osten-Woldenburg et al. 2013.

829 So markiert ein Heiligtum die Grenze zwischen den Städten *Apameia* in Phrygien (heute Dinar, TR) und *Apollonia* (nahe des heutigen Uluborlu, TR), ebenfalls in Phrygien, und damit die Grenze zwischen den Provinzen *Asia* und *Galatia* (Christol / Drew-Bear 1987, 13–19). Zu Grenzheiligtümern siehe auch Spickermann 2003, 260–262.

830 Wolff 1986, 167.

831 Hertlein 1928, 9.

832 CIL III 5987 (= IBR 470 = EDCS-27700263).

833 Hertlein 1928, 9 Anm. 1; CIL III 5770 (= IBR 78 = EDCS-27100287).

834 Dietz 1985.

a. d. Brenz *(Abb. 89)*[835]. Sie waren ursprünglich an der Straße von Sontheim zum *vicus* Faimingen aufgestellt. Neben den allgemeinen Bedenken, Meilen- und Leugensteine als Hinweise auf die Ausdehnung städtischer Territorien heranzuziehen[836], ist ihre Aussagekraft hier auch aufgrund der geringen Entfernung zum vermuteten *caput civitatis* beschränkt. Weitere epigrafische Quellen, die Hinweise auf die Ausdehnung der vermuteten Gebietskörperschaft um Faimingen geben könnten, fehlen.

7.4 Mathematische Konstruktion von Idealterritorien als Annäherung an die realen Territorien

Wie die vorangegangenen Ausführungen zeigen, lassen sich aufgrund der Quellenlage kaum Aussagen zur Ausdehnung der Gebietskörperschaften im rechtsrheinischen südlichen Obergermanien und im westlichen Rätien treffen. Die archäologischen Hinweise reichen nicht aus, um ihre Territorien zu rekonstruieren. Ein anderer Weg, sich der Ausdehnung und damit den Grenzen der Verwaltungseinheiten anzunähern, ist die Konstruktion von Idealterritorien. Diese zeigen als Modelle, „welche territoriale Gliederung unter bestimmten Aspekten die beste ist"[837]. Faktoren, die herangezogen werden können, um ein ideales Territorium zu konstruieren, sind beispielsweise die Entfernung zu zentralen Orten, das von einem Ort aus sichtbare Gebiet, die geografischen bzw. naturräumlichen Gegebenheiten und die Topografie[838]. Letztere wurde vereinzelt bei der Diskussion zu den Territorien der *civitates* bereits miteinbezogen. So lässt sich beispielsweise für Rottweil und Rottenburg der Schwarzwald als westliche Grenze vermuten.

Die Konstruktion von Idealterritorien ist weniger dazu geeignet, eine unbekannte Grenze oder Territoriumsausdehnung zu finden. Vielmehr dient sie der Interpretation bekannter Realterritorien. Indem die idealen mit den realen, im besten Fall archäologisch nachgewiesenen Territorien verglichen werden, lassen sich Faktoren herausarbeiten, die der Abgrenzung verschiedener Gebiete zugrunde gelegen haben könnten. Für die vorliegende Untersuchung ist ein solcher Vergleich nur bedingt möglich, da weder alle *civitas*-Vororte bekannt sind noch deren Territorien auf archäologischem Wege bestimmt werden können. Trotz dieser unbefriedigenden Ausgangslage werden im Folgenden anhand der Distanz und der Topografie Idealterritorien für die Gebietskörperschaften im Untersuchungsgebiet konstruiert und mit den wenigen archäologischen Hinweisen verglichen. Dadurch soll geprüft werden, ob die so konstruierten Territorien die Diskussion um die Ausdehnung der Gebietskörperschaften und die Position der Provinzgrenze bereichern können[839].

---

835 Nuber / Seitz 2009.
836 Siehe hierzu ausführlich Alföldy 1970, 164–165; Wilmanns 1981, 127; Alföldy 1989, 45–48. Zu Meilensteinen außerhalb des Territoriums einer Gebietskörperschaft siehe auch Rathmann 2004, 221–224.

837 Nakoinz 2011, 185–186.
838 Siehe hierzu ausführlich Nakoinz 2013a, 71–75.
839 Zu Methoden der (mathematischen) (Re)konstruktion von Territorien siehe auch Nakoinz 2013a, 70–85; 2011.

7.4.1 Thiessenpolygone

Eine beliebte Methode, Territorien aufgrund der Distanz zwischen zwei Orten zu konstruieren, ist die Berechnung von Thiessenpolygonen[840]. Das Konzept der einfachen Thiessenpolygone wurde in der Vergangenheit mehrfach optimiert, um realistischere Ergebnisse zu erhalten. So ist es beispielsweise durch Kostenberechnungen möglich, statt der Luftlinie den tatsächlichen Aufwand (z. B. in Form von Zeit oder Energie) bei der Distanzmessung zugrunde zu legen, indem die Topografie in die Berechnung miteinbezogen wird[841]. Wie an anderer Stelle gezeigt werden konnte[842], weichen die Ergebnisse für die im Untersuchungsgebiet vermuteten Gebietskörperschaften jedoch kaum von den Standard-Thiessenpolygonen ab, weshalb die folgenden Berechnungen möglichst einfach gehalten sind und auf die Nutzung sogenannter Least-Cost-Thiessenpolygone verzichten.

Eine weitere Optimierung der Thiessenpolygone berücksichtigt darüber hinaus den unterschiedlichen Einfluss oder die unterschiedlichen Anziehungskräfte der Gebietskörperschaften. Sogenannte gewichtete Thiessenpolygone ergeben größere Territorien für Orte, denen eine größere Anziehungskraft zugesprochen wird[843]. Dabei stellt sich allerdings die Frage, nach welchen Faktoren die Hauptorte gewichtet werden sollten. Eine Möglichkeit besteht in der Differenzierung nach Größe oder Anzahl öffentlicher Gebäude. Häufig sind jedoch nur Ausschnitte der Siedlungen untersucht, sodass die Quellenlage eine hierarchische Gliederung der Orte nicht erlaubt. Darüber hinaus ist nicht erwiesen, dass die Ausdehnung des Territoriums zwangsläufig mit der Bedeutung und dem Einfluss des Hauptortes bzw. der Gebietskörperschaft in Zusammenhang stand. Ein im überregionalen Vergleich wenig attraktives Zentrum, das in einer Region mit wenigen Rohstoffen und einer geringen Besiedlung lag, könnte beispielsweise ein großes Territorium besitzen, während sich in einer Region mit fruchtbaren Böden, reichen Bodenschätzen und florierender ländlicher Besiedlung mehrere prosperierende Zentren mit kleineren Territorien entwickelt haben könnten. Aus der sozialgeografischen Forschung liegen Beispiele für einen solchen negativen Zusammenhang zwischen der Besiedlungsdichte im Umfeld eines modernen Verwaltungszentrums oder eines Teilmarktes und der Größe des jeweiligen Territoriums

bzw. Einzugsgebietes vor. Dessen Ausdehnung wurde dabei von der Besiedlungsdichte bestimmt. In dünn besiedelten Gebieten deckten die Einzugsgebiete ein größeres Gebiet ab als in dicht besiedelten Regionen[844]. Durch gewichtete Thiessenpolygone werden solche Prozesse nicht abgebildet. Da die archäologische Quellengrundlage eine Hierarchie der Hauptorte zudem kaum möglich macht, wurde auf ihre Anwendung verzichtet.

Um der unsicheren Bestimmung einiger Hauptorte von Gebietskörperschaften im betrachteten Ausschnitt Rechnung zu tragen, werden im Folgenden verschiedene Versionen modelliert.

7.4.1.1 Version 1 (Alle potentiellen Gebietskörperschaften im südlichen rechtsrheinischen Obergermanien und westlichen Rätien)

In der ersten Version sind alle potentiellen Hauptorte von Gebietskörperschaften berücksichtigt. Sie verteilen sich gleichmäßig über das betrachtete Gebiet, wobei der mittlere Abstand zum nächsten Nachbarn 39,08 km beträgt. Von jeder Position des Kartenausschnittes ist das nächste Zentrum meist nicht weiter als 24 km entfernt *(Abb. 90)*. Dies gilt besonders für den obergermanischen Raum, in dem die vermuteten Hauptorte dichter verteilt sind. Größere Entfernungen korrelieren in einigen Fällen mit topografischen Auffälligkeiten wie dem Schwarzwald und der Schwäbischen Alb. Im rätischen Teil des betrachteten Ausschnittes sind die vermuteten Hauptorte weniger dicht verteilt, weshalb hier besonders im Raum südlich der Donau zum Teil wohl weite Distanzen zum nächsten Zentrum überwunden werden mussten.

Häufig korrelieren die distanzoptimierten Grenzen zwischen den Gebietskörperschaften mit topografischen Grenzen *(Abb. 91)*. So verlaufen die theoretischen Westgrenzen der *civitates* von Schleitheim und Rottweil entlang der Höhenzüge des Schwarzwaldes und die distanzoptimierte Grenze zwischen

---

840 Zur Methode siehe *Kap. 4.4.*
841 Siehe *Kap. 4.5.*
842 Herzog / Schröer 2019, 1:7 Abb. 3.

843 Zur Methode siehe beispielsweise Nakoinz 2013a, 72–74; Ducke / Kroefges 2008, 247–249; Conolly / Lake 2006, 213.
844 Haggett 1973, 66–69.

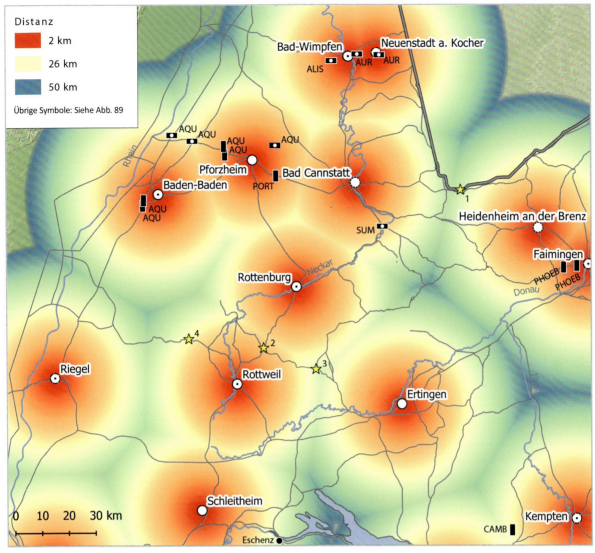

90   Distanzgrafik der Gebietskörperschaften, Version 1.

Rottweil und Schleitheim entspricht in weiten Teilen dem Verlauf der Donau bzw. der Breg. Auch die hypothetischen Ostgrenzen von Rottweil und Rottenburg, die der Provinzgrenze entsprechen sollten, verlaufen in diesem Modell auf der Schwäbischen Alb, allerdings nicht wie vermutet entlang des Albtraufes, sondern auf der Hochfläche nahe der sogenannten Alblimesstraße. Die Fundorte der beiden vermuteten Grenzmonumente nördlich von Rottweil liegen im distanzoptimierten Modell tatsächlich nur 1 km (Ebingen-Lautlingen) und 5 km (Geislingen) von der theoretischen Grenze entfernt. Auch im Bereich des Limes ist die Thiessenpolygon-Grenze zwischen Bad

Cannstatt und Heidenheim nur 4 km von dem wahrscheinlichen Schnittpunkt zwischen Provinzgrenze und Limes entfernt. In anderen Bereichen weichen die distanzoptimierten Idealgrenzen jedoch stark von den archäologischen Hinweisen auf die Ausdehnung der Territorien ab. So läge der *vicus* von Köngen, der durch epigrafische Quellen eindeutig der *civitas* von *Sumelocenna* zugewiesen werden kann, in dem vorliegenden Modell inmitten des Territoriums von Bad Cannstatt. Auch der sicher in Rätien zu lokalisierende *vicus* von Eschenz läge hier inmitten des Territoriums des obergermanischen *vicus* Schleitheim.

187

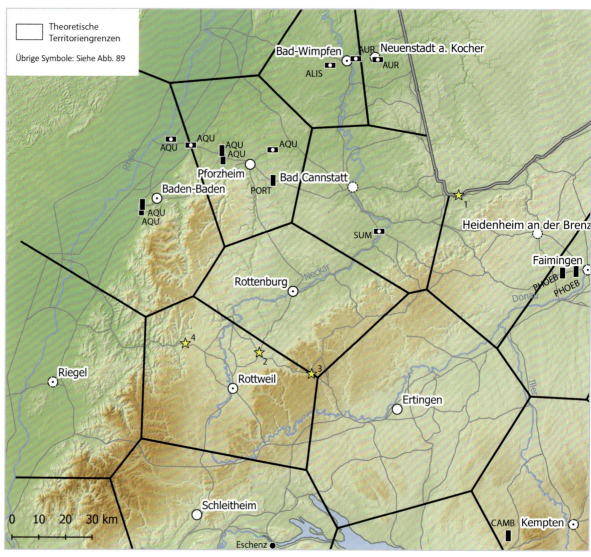

91　Distanzoptimierte Grenzen der Gebietskörperschaften, Version 1.

7.4.1.2　Version 2 (Die potentiellen Gebietskörperschaften im südlichen rechtsrheinischen Obergermanien und westlichen Rätien ohne Schleitheim, Bad Cannstatt und Heidenheim)

In der zweiten Version sind die Orte Bad Cannstatt, Heidenheim und Schleitheim nicht berücksichtigt, deren Ansprache auf nur wenigen Indizien beruht. Damit vergrößern sich die Territorien von Rottweil, Rottenburg und Faimingen erheblich *(Abb. 92)*. Gleichzeitig entsteht so ein Gebiet im Bereich der nördlichen Pro-

vinzgrenze nahe des Limes, in dem weite Distanzen zum nächsten Zentralort bestehen. Folgt man diesem Modell, war hier die Nähe zu einer zivilen Verwaltung möglicherweise zweitrangig, da das Gebiet unter der Verwaltung des am Limes stationierten Militärs stand.

Durch die Verschiebung der Nordgrenze Rottenburgs läge Köngen in dieser Version innerhalb des theoretischen *civitas*-Territoriums *(Abb. 93)*. Die distanzoptimierte Grenze zur nördlich gelegenen *civitas* um Neuenstadt am Kocher verliefe in diesem Modell entlang des Höhenzugs des Schurwaldes, wenige Kilometer südlich der Rems. Der Höhenzug würde also nicht nur zwei Siedlungskammern und die theoretischen Dominanzterritorien mehrerer *vici* voneinander trennen[845], sondern auch zwei Gebietskörperschaften. Die Südgrenze Rottweils schiebt sich in die-

---

845　Siehe *Kap. 6.2.5.3.*

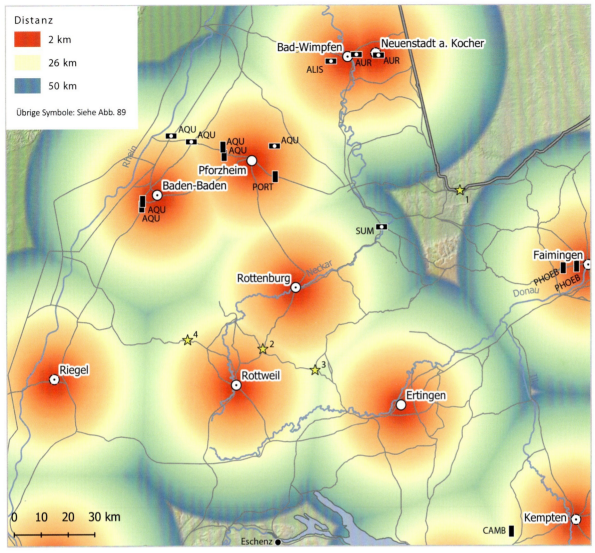

92   Distanzgrafik der Gebietskörperschaften, Version 2.

sem Modell weit nach Süden auf eine Linie von der aus dem Schwarzwald entwässernden Wutach über das Randengebirge – den Südausläufer der Schwäbischen Alb – bis zum Bodensee. Zwar läge Eschenz weiterhin noch im obergermanischen Gebiet, jedoch weicht die distanzoptimierte Grenze dort nur noch sieben Kilometer von dem vermuteten Verlauf der Provinzgrenze ab und kommt damit den realen Verhältnissen näher.

Im Norden weicht die Grenze auch nach der Entfernung Heidenheims aus der Liste der möglichen *civitas*-Vororte nur 2,5 km von dem bekannten Fixpunkt der Provinzgrenze am Limes ab. Die Thiessenpolygongrenze verläuft vom Limes in einem nach Westen ausgreifenden Bogen über Göppingen zum Albtrauf und folgt wie bei Version 1 etwa der Alblimesstraße auf der Hochfläche der Schwäbischen Alb.

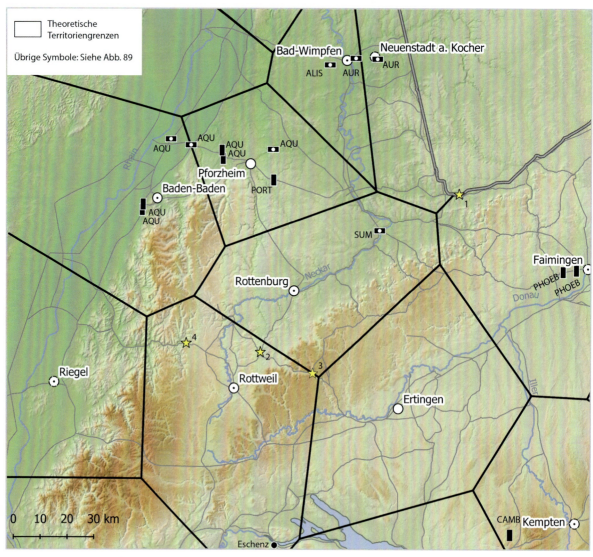

93 Distanzoptimierte Grenzen der Gebietskörperschaften, Version 2.

7.4.1.3 Version 3 (Die potentiellen Gebietskörperschaften im südlichen rechtsrheinischen Obergermanien und westlichen Rätien ohne Schleitheim, Bad Cannstatt, Heidenheim und Ertingen)

In einer dritten Version ist neben Heidenheim, Bad Cannstatt und Schleitheim auch Ertingen an der oberen Donau nicht mehr als *civitas*-Hauptort berücksichtigt, da auch für diesen Ort die Ansprache als überregionales Zentrum stark angezweifelt wird. Sollte sich in Ertingen kein Verwaltungszen-

trum befunden haben, so wäre ein großes Gebiet des westlichen Rätien weiter als 48 km vom nächsten Hauptort entfernt und befände sich damit in der äußersten Peripherie zu überregionalen Zentren *(Abb. 94)*.

Durch den Wegfall von Ertingen würden sich darüber hinaus die theoretischen Territorien von Rottenburg, Rottweil und der rätischen Orte Kempten, Bregenz und Faimingen erheblich vergrößern. Die distanzoptimierte Grenze zwischen den vermuteten rätischen und obergermanischen Gebietskörperschaften verschiebt sich in diesem Modell weit nach Osten und durchquert Oberschwaben einige Kilometer südlich der Donau etwa parallel zum Fluss *(Abb. 95)*. Erst nordwestlich von Biberach a. d. Riß (Lkr. Biberach, Bayern) führt sie nach Norden

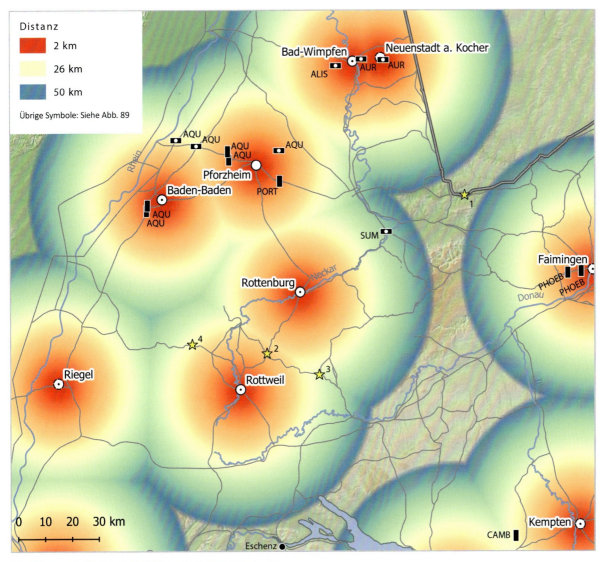

94   Distanzgrafik der Gebietskörperschaften, Version 3.

über die Schwäbische Alb zum Limes. Da die Donau jedoch mit einiger Sicherheit mindestens ab Sigmaringen (Lkr. Sigmaringen) auf rätischem Gebiet lag, stimmt das Ergebnis dieser Version nicht mit den Erkenntnissen zum Verlauf der Provinzgrenze überein.

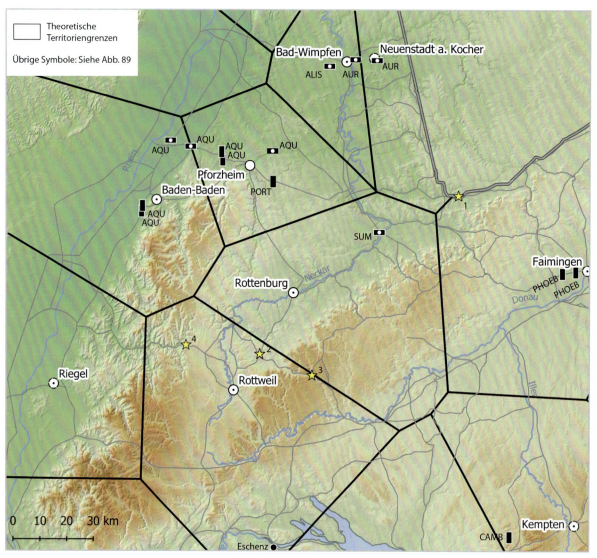

95   Distanzoptimierte Grenzen der Gebietskörperschaften, Version 3.

7.4.2 Fazit zur (Re)konstruktion der Territorien von Gebietskörperschaften im südlichen rechtsrheinischen Obergermanien und westlichen Rätien zur Annäherung an die Provinzgrenze

Setzt man voraus, dass tatsächlich ein Zusammenhang zwischen der Ausdehnung der Gebietskörperschaften und der Distanz zu benachbarten Zentren bestand, so lässt sich einzig das Modell der zweiten Version mit den archäologischen Quellen in Einklang bringen *(Abb. 92–93)*, bei der Ertingen als Hauptort einer Gebietskörperschaft akzeptiert wird, Schleitheim, Bad Cannstatt und

Heidenheim dagegen ausgenommen sind. Die nach der Distanzoptimierung ideale Grenze zwischen den rätischen und den obergermanischen Gebietskörperschaften läge in diesem Fall auf der Hochfläche der Schwäbischen Alb und damit ca. 9 km südwestlich des Albtraufes, wo aus topografischen Gründen häufig die Provinzgrenze lokalisiert wird[846]. In einigen Bereichen

846   Siehe *Kap. 1.2.*

nähert sich die theoretische Grenzlinie auffällig dem Verlauf der sogenannten Alblimesstraße an, sodass diese den tatsächlichen Grenzverlauf in etwa vorgeben könnte. In diesem Szenario wäre der westliche Rand der Schwäbischen Alb mit den Orten Burladingen und Ebingen-Lautlingen noch Obergermanien zuzurechnen. Die *vici* Gomadingen und Donnstetten befinden sich nahezu exakt auf der theoretischen Grenzlinie. Ihre Provinzzugehörigkeit ließe sich daher auch anhand des distanzoptimierten Modells nicht entscheiden. In einigen Fällen liegen die anhand von Thiessenpolygonen angenäherten Grenzlinien im Bereich von topografischen Grenzen. So könnte die nördliche Grenze der *civitas Sumelocennensis* entlang des Schurwaldes oder der Rems verlaufen sein. Interessanterweise bildet der markante Höhenzug des Schurwaldes auch heute die Verwaltungsgrenze zwischen den Landkreisen Rems-Murr-Kreis, Esslingen und Göppingen. Die westliche Grenze des Territoriums um *Arae Flaviae* (Rottweil) verliefe auch im distanzoptimierten Modell im Schwarzwald und die südliche Grenze könnte durch Donau bzw. Breg gebildet worden sein, sofern *Iuliomagus* (Schleitheim) als Gebietskörperschaft an das *municipium* grenzte, oder durch den Rhein, falls *Iuliomagus* nicht berücksichtigt wird.

Sollte es sich bei Ertingen allerdings nicht um den Hauptort einer Gebietskörperschaft handeln und auch im restlichen oberen Donauraum kein alternatives Zentrum zu lokalisieren sein, scheidet die Distanz als Faktor für die Grenzziehung zwischen den rätischen und obergermanischen Gebietskörperschaften aus. Ansonsten wäre dann fast die gesamte Albhochfläche bis Donnstetten zu obergermanischen Zentren hin orientiert und die theoretische Grenzlinie zwischen obergermanischen und rätischen Gebietskörperschaften würde sich bis weit über die Donau nach Südosten verschieben *(Abb. 95)*. Dies widerspricht den bisherigen Kenntnissen zum Verlauf der Provinzgrenze, nach denen Rätien im Norden mindestens bis zur Donau reichte[847].

Den oben diskutierten Überlegungen liegt die Prämisse zugrunde, dass der gesamte untersuchte Raum flächendeckend in zusammenhängende Territorien eingeteilt war. In welcher Form die Provinzen tatsächlich in regionale Verwaltungseinheiten aufgeteilt waren, entzieht sich jedoch unserer Kenntnis. So ist nicht auszuschließen, dass die Territorien der *civitates* von Gebieten unterbrochen wurden, die dem Statthalter, dem Militär oder dem Kaiser direkt unterstellt waren[848]. Ein Beispiel für solche Bereiche ist der *saltus Sumelocennensis*, der entweder vor Einrichtung der *civitas* oder gleichzeitig mit ihr um Rottenburg bestand[849]. Weiterhin ist mit Enklaven anderer Stadtgebiete innerhalb einer Gebietskörperschaft zu rechnen. Einen solchen Fall schlägt Richard Talbert beispielsweise für *Aquileia* (Reg. Friaul-Julisch Venetien, IT) vor, das eine Enklave innerhalb des Territoriums von *Emona* (Ljubljana, SI) besessen haben könnte[850]. Solche Verhältnisse können durch Thiessenpolygone nicht modelliert werden. Trotzdem erlaubt die Darstellung der Distanzen und darauf basierender idealisierter Grenzen zwischen den vermuteten Verwaltungszentren zumindest eine theoretische Annäherung an die Ausdehnung der *civitates* im untersuchten Bereich. Um abschließend beantworten zu können, ob sich Thiessenpolygone hierfür eignen, müssten entweder alle Hauptorte der Gebietskörperschaften oder zumindest für wenige Gebietskörperschaften das Territorium bekannt sein. Nur so könnten Realterritorien mit den mathematisch konstruierten Idealterritorien verglichen und damit validiert werden. Festzuhalten ist jedoch, dass der dünn besiedelte Teil der Abhochfläche nach aktuellem Quellenstand in allen drei Versionen in der Peripherie zu überregionalen Zentren lag. Neben der weiten Entfernung zu *vici* als lokalen Absatzmärkten und naturräumlich ungünstigen Voraussetzungen für Ackerbau[851] dürfte dieser Umstand die Siedlungsungunst der Mittleren Kuppenalb verstärkt haben.

---

847 Siehe *Kap. 1.2.*
848 So zweifelt Karl Strobel an, dass das „Landgebiet einer Provinz allein in *civitates* bzw. den aus ihnen hervorgegangenen municipalen Stadtgemeinden aufgeteilt" war (Strobel 2014, 296–297). Auch Alföldy konnte anhand der *origo*-Angaben in Inschriften zeigen, dass die Provinz *Noricum* im 3. Jahrhundert

wohl nicht allein in städtische Territorien aufgeteilt war (Alföldy 1970, 165).
849 Gaubatz-Sattler 1999, 415–417; Wilmanns 1981, 150–153.
850 Talbert 2005, 99 mit weiterführender Literatur zu Enklaven von Stadtgebieten in Anm. 21–22.
851 Siehe *Kap. 6.3.1.*

8 | Annäherung an den Verlauf der Provinzgrenze zwischen Rätien und Obergermanien nördlich der Donau

In den vorangegangenen Kapiteln wurden verschiedene Aspekte beleuchtet, welche die Grenzregion zwischen Rätien und Obergermanien zur Römerzeit prägten. Hierzu gehören die topografische Gestalt der Region[852], der geschichtliche Rahmen, in dem sie während der römischen Epoche besiedelt war[853], die naturräumlichen und gesellschaftlichen Voraussetzungen der Besiedlung[854] und die Einbettung in provinziale Verwaltungsstrukturen[855]. Welche Rückschlüsse können daraus nun auf den Verlauf der Provinzgrenze gezogen werden? Zunächst können einige topografische und siedlungsgeografische Faktoren benannt werden, die sich für eine Rekonstruktion der Provinzgrenze anbieten könnten (vgl. laufend *Abb. 96*):

Topografische Grenzelemente

Zunächst bietet sich als markantes topografisches Element der Albtrauf als Anhaltspunkt für eine mögliche Grenzführung an. Wie in *Kap. 1.3.1* ausgeführt wurde, könnte der Anschluss zwischen dem Steilabfall der Schwäbischen Alb und dem Limes über die Zeugenberge Stuifen und Rechberg verlaufen sein.

Die Wasserscheide zwischen Donau und Rhein gibt die Versorgungswege in die jeweiligen Provinzen vor und bietet sich daher ebenfalls als mögliches Element einer Grenzlinie an. Sie deckt sich überdies auf der Schwäbischen Alb über weite Strecken mit dem Verlauf der Alblimesstraße, in deren Vorfeld die Provinzgrenze auch aus historischer Sicht vermutet wird.

Siedlungsgeografische Grenzelemente

Ein etwas anderes Bild lässt sich anhand siedlungsgeografischer Merkmale gewinnen. Wie die vorangegangenen Untersuchungen zeigen konnten, befand sich auf der Hochfläche der Alb ein breiter besiedlungsarmer Streifen, der sich dadurch erklären lässt, dass hier besonders siedlungsungünstige Bedingungen (unfruchtbare Böden, Wasserarmut) vorlagen und dieser Bereich darüber hinaus in der Peripherie zu Marktorten und überregionalen Zentren

---

852 Siehe *Kap. 2.1.*
853 Siehe *Kap. 2.2.*

854 Siehe *Kap. 6.2.*
855 Siehe *Kap. 7.*

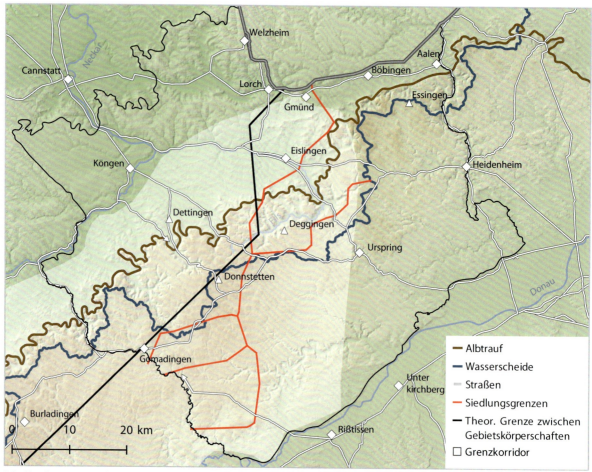

96 Kartierung verschiedener im Text erwähnter, möglicherweise grenzwirksamer Elemente im Bereich der Provinzgrenze zwischen Rätien und Obergermanien.

lag[856]. Diese Region dürfte von den Menschen, die hier in der Antike siedelten, durchaus als marginale Zone wahrgenommen worden sein. Wie eingangs dargestellt, sind periphere Lagen für Grenzen nicht ungewöhnlich, sodass sich die Provinzgrenze in dem besiedlungsarmen Streifen widerspiegeln könnte. Nimmt man darüber hinaus an, dass die Städte, Marktorte und Militärlager durch Gutshöfe aus der eigenen Provinz versorgt wurden und die *vici* als Verteilerorte dienten, so könnte sich die Provinzgrenze in der auffälligen Distanz von mehr als 30 km zwischen den *vici* am Westrand der Schwäbischen Alb und denen an der Donau sowie zwischen den *vici* im Albvorland und denen auf der Hochfläche der Schwäbischen Alb widerspiegeln[857]. Noch auffälliger wird diese Distanz, wenn es sich bei den Siedlungsspuren im Umfeld von Donnstetten nicht um einen

vicus, sondern um eine Straßensiedlung handeln sollte[858].

Eine ähnliche Version der Grenzführung zeigt sich in der Annäherung der Provinzgrenze durch die Konstruktion von Idealterritorien der römischen Gebietskörperschaften[859]. Auch hier verläuft die hypothetische Grenzlinie auf der Hochfläche der Schwäbischen Alb, wobei sich Donnstetten und Gomadingen etwa auf der Grenzlinie befinden und ihre Provinzzugehörigkeit bei dieser Variante damit nicht eindeutig zu bestimmen ist.

Grenzgürtel

Indem die genannten grenzwirksamen Elemente gemeinsam kartiert werden, lassen sich verschiedene

856 Siehe *Kap. 6.3.*
857 Siehe hierzu *Kap. 6.2.5.2.*

858 Siehe hierzu *Kap. 3.2.2.6.*
859 Siehe *Kap. 7.4.2.*

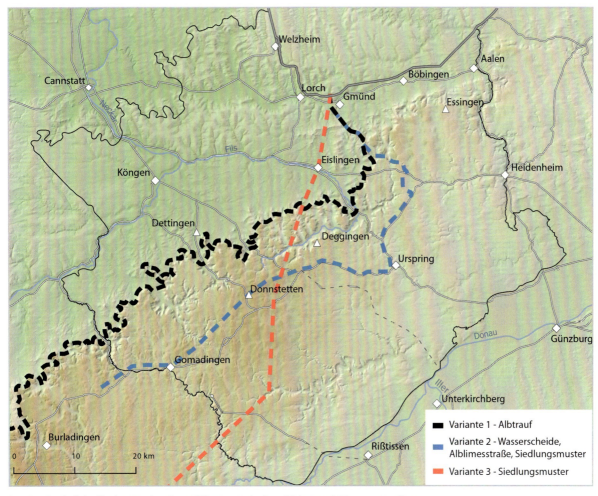

97   Drei mögliche Varianten der Grenzführung zwischen Rätien und Obergermanien.

Varianten einer möglichen Grenzführung zwischen den Provinzen vorschlagen[860]. Das Verfahren ist an die von Otto Maull für die Abgrenzung von Elementen einer Landschaft erprobte „Grenzgürtelmethode" angelehnt, bei der verschiedene Arten von Grenzen kartiert werden, um eine Abgrenzung der Kerngebiete voneinander zu erreichen. Als Grenzgürtel wird das Gebiet bezeichnet, in dem sich die verschiedenen Arten von Grenzen bündeln, das Kerngebiet liegt außerhalb dieses Grenzgürtels[861]. Als Rahmen für die Kartierung der verschiedenen Elemente dient der eingangs definierte Korridor, innerhalb dessen die Provinzgrenze nach Ausweis der historischen Quellen verlaufen sein muss (Abb. 96)[862].

Der Verlauf der Provinzgrenze vom Schnittpunkt mit dem Limes im Rotenbachtal bei Schwäbisch Gmünd bis zur Schwäbischen Alb kann am ehesten anhand topografischer Marker vermutet werden. So bietet sich ein Verlauf über die Zeugenberge Rechberg und Stuifen an, die möglicherweise die Verbindung zwischen dem Limes und dem Steilabfall der Schwäbischen Alb bildeten. Dieser Verlauf deckt sich darüber hinaus ungefähr mit einer in der Antike besiedlungsarmen Region. Berücksichtigt man ausschließlich die topografische Situation, könnte die Provinzgrenze südlich anschließend entlang des Steilabfalls der Schwäbischen Alb verlaufen sein (Abb. 97,1).

Weiter östlich verlaufen mehrere grenzwirksame Elemente dicht beieinander (Abb. 96). So nehmen die Wasserscheide, die Alblimesstraße und eine mathematisch berechnete Siedlungsgrenze[863] über eine

---

860   Eine ähnliche Methode verfolgt eine Gruppe von Historikern aus Cadiz (Region Andalusien, ES), denen für die Annäherung an die Grenze der Provinz *Baetica* jedoch mehrere epigrafische Quellen zur Verfügung stehen (BASTOS et al. 2014).

861   MAULL 1925, 117–118; HAGEL 1994, 494–495.

862   Siehe *Kap. 1.2.1*.

863   Zur Methodik siehe *Kap. 5.1*.

197

weite Strecke den gleichen Verlauf. Ab dem Oberlauf der Fils kommt noch die theoretisch konstruierte Grenze zwischen Rottenburg und Ertingen hinzu, sodass hier bis auf den Albtrauf alle berücksichtigten Grenzelemente aufeinandertreffen. Das Bündel an Grenzläufen deckt sich darüber hinaus in etwa mit dem Gebiet, das aufgrund unfruchtbarer Böden, Wasserarmut und seiner Lage in der Peripherie zu Marktorten und regionalen Zentren als siedlungsungünstig einzustufen ist. Das Aufeinandertreffen mehrerer grenzwirksamer Elemente könnte dafür sprechen, dass hier tatsächlich die Verwaltungsgrenze verlief *(Abb. 97,2)*. In diesem Fall hätte die Provinzgrenze sowohl einen trennenden als auch einen verbindenden Charakter. Einerseits verliefe sie in einem Gebiet, das aufgrund der naturräumlichen Situation und der peripheren Lage kaum besiedelt war, andererseits dienten die Straßenzüge, die vom Albvorland und dem Donautal auf die Schwäbische Alb führten, als Verteiler zwischen verschiedenen Versorgungsräumen, die durch die Wasserscheide zwischen Rhein und Donau getrennt wurden. Die Alblimesstraße, die gemäß dieser Version nahe der Provinzgrenze verlief, verband diese von Obergermanien und Rätien kommenden Wege miteinander.

In einer dritten Version könnte man den Verlauf der Provinzgrenze inmitten des besiedlungsleeren Streifens auf der Schwäbischen Alb postulieren *(Abb. 97,3)*. Der aufgrund der Entfernung zwischen den *vici* eher zum obergermanischen Gebiet orientierte *vicus* Gomadingen sowie die Siedlungsfundstellen am Westrand der Alb würden in dieser Version dem obergermanischen Territorium zugewiesen. Die Provinzgrenze verliefe in einer in siedlungsgeografischer, naturräumlicher und ökonomischer Hinsicht peripheren Region und hätte damit vorwiegend trennenden Charakter. Sofern das unbesiedelte Gebiet bewaldet war, könnte dieser Wald eine sichtbare Demarkationslinie zwischen den Provinzen gebildet haben. Bei diesen Überlegungen ist jedoch zu berücksichtigen, dass nicht mit letzter Sicherheit zu belegen ist, ob die ausgewählten Faktoren in römischer Zeit die Grenzziehung beeinflussten. Ohne Bestätigung durch epigrafische Quellen bleiben die vorgestellten Varianten eines Grenzlaufes hypothetischer Natur. Sie dienen vor allem dazu, eine Diskussion über den Verlauf der Provinzgrenze anhand der vorliegenden Untersuchungen zum Besiedlungsmuster anzuregen.

Blickt man an dieser Stelle zurück auf die vorgestellten Ansätze zur Lokalisierung und Erforschung von Binnengrenzen des römischen Reiches[864], lässt sich festhalten, dass besonders die Kombination aller verfügbaren Hinweise auf Siedlungs-, Kultur-, Wirtschafts- und politische Grenzen im Bereich römischer Binnengrenzen dabei hilft, deren Verlauf, aber vor allem ihre Wirkung und Funktion zu verstehen. Nicht alle Ansätze eignen sich jedoch zur exakten Lokalisierung der Grenze. So wird man über die Verbreitung von materiellem Kulturgut nur unscharfe Grenzen ermitteln können. Zudem scheint nach derzeitigem Forschungsstand die Verbreitung von ausgewählten Waren im Bereich der Provinzgrenze zwischen Rätien und Obergermanien eher Belieferungsströme als eine Verwaltungs- oder Kulturgrenze abzubilden[865]. Trotzdem lassen sich über die Verbreitung von Kulturmerkmalen auch die Auswirkungen von Verwaltungsgrenzen auf Belieferungsströme und Kulturentwicklungen erforschen, besonders wenn der Grenzverlauf bekannt ist. Auch ein Negativnachweis – also der Fall, dass kein Zusammenhang zwischen einem untersuchten Aspekt und der Binnengrenze nachzuweisen ist – liefert wichtige Erkenntnisse zu deren Verständis. Daher muss auch herausgestellt werden, wenn die Verwaltungsgrenze sich nicht mit einer Kultur-, Besiedlungs-, Kommunikations- oder Wirtschaftsgrenze deckt.

In Zukunft könnte bei der Erforschung von Binnengrenzen ein weiterer, hier nicht behandelter Aspekt näher betrachtet werden, nämlich der Zusammenhang zwischen Verkehrswegen und Binnengrenzen. Dieser Zusammenhang wurde für die Alblimesstraße bereits deutlich. So orientierten sich die früheren Versuche, die Grenze zwischen Rätien und Obergermanien zu lokalisieren, am Verlauf dieser Straße und auch in der vorliegenden Untersuchung konnte gezeigt werden, dass er in einigen Teilen mit anderen grenzwirksamen Elementen wie der Wasserscheide und einer mathematisch berechneten Siedlungsgrenze grob übereinstimmt. Die Basis für eine nähere Untersuchung des Zusammenhangs zwischen Straßennetz und Binnengrenze im süddeutschen Raum müsste eine genaue Erforschung des römerzeitlichen Verkehrsnetzes bilden, bei der die bisher rekonstruierten Straßenverläufe wie auch bisher nicht belegte Vermutungen durch Bohrungen und Prospektionen mit geophysikalischen Methoden überprüft würden. Eine großflächige Untersuchung liegt für das Gebiet Württembergs mehr als 100 Jahre zurück[866].

---

864 Darunter fallen neben den althistorischen Quellen die verschiedenen Ansätze, die Topografie, die militärische Organisation der Provinzen, die Verbreitung materieller Kultur sowie die GIS-gestützte Analyse des Siedlungsmusters und Siedlungssystems zur Rekonstruktion und Erforschung römischer Verwaltungsgrenzen heranzuziehen.
865 Siehe hierzu *Kap. 1.3.3.*
866 Hertlein / Goessler 1930.

9 | Zusammenfassung – Summary – Résumé

Zusammenfassung

Die vorliegende Arbeit entstand im Rahmen des Forschungsprojektes „Limites inter Provincias – Roms innere Grenzen, eine Annäherung", das von 2014 bis 2017 an den Universitäten Zürich, Freiburg und Innsbruck durchgeführt wurde. Ziel des Projektes war es, über verschiedene interdisziplinäre Ansätze den Verlauf, die Wirkung und die Funktion der Provinzgrenze zwischen Rätien und Obergermanien zu beleuchten. Die vorliegende Arbeit verfolgt dabei den Ansatz, das römerzeitliche Besiedlungsmuster zu beiden Seiten der Grenze zu erschließen und zu erörtern, inwiefern sich daraus neue Erkenntnisse zum Verlauf und zur Wirkung dieser Grenze ableiten lassen.

Hierfür wurden zunächst die Quellen zusammengestellt, die traditionell zur Rekonstruktion des Verlaufes der Provinzgrenze herangezogen wurden, und Ansätze außerhalb der althistorischen Forschung vorgestellt, die einen Beitrag leisten könnten, die Provinzgrenze zu lokalisieren sowie ihre Wirkung und Funktion zu verstehen (Kap. 1.2 und 1.3). Zusätzlich wurden die archäologischen, historischen und epigrafischen Hinweise zur Provinzzugehörigkeit der Orte im Bereich der Grenze kritisch geprüft, was es ermöglichte, einen breiten Korridor einzugrenzen, innerhalb dessen die Provinzgrenze verlaufen sein muss (Kap. 1.2.1). Dieser Korridor ist der Hintergrund, vor dem im Schlusskapitel Überlegungen zum Verlauf geäußert werden.

Den Schwerpunkt der vorliegenden Arbeit bilden GIS-gestützte Raumanalysen zum römerzeitlichen Besiedlungsmuster im Bereich der Grenze. Das gewählte Untersuchungsgebiet befindet sich am nördlichen Abschnitt der Provinzgrenze, zwischen Limes und Donau (Kap. 2). Die nördliche Grenze des Arbeitsgebietes bildet der Limes, die restlichen Grenzen wurden nach naturräumlichen Gesichtspunkten gewählt. Die westliche Begrenzung wird durch die Grenzen der Naturräume Schurwald / Welzheimer Wald und Filder gebildet. Als südliche Grenze diente der Lauf der Flüsse Echaz und Große Lauter und die östliche Grenze entspricht dem Verlauf der Flüsse Kocher und Jagst bzw. der naturräumlichen Grenze der Lonetal- und Mittleren Flächenalb. Die Grundlage für die Interpretation der Siedlungsverteilung im Bereich der Provinzgrenze bildet die Erfassung aller kaiserzeitlichen Fundstellen innerhalb dieses Areals. Hierfür wurden insgesamt 533 kaiserzeitliche Fundstellen in eine Datenbank aufgenommen (Kap. 3). Als Quelle für die Fundstellenaufnahme dienten die Ortsakten des Landesdenkmalamtes Baden-Württemberg in den Dienststellen Esslingen und Tübingen, die Einträge der Denkmaldatenbank ADAB sowie Fundmeldungen, Fundstellenkataloge, archäologische Stadtkataster und ausführlichere Bearbeitungen römerzeitlicher Fundstellen in der Literatur.

Um die Verteilung der aufgenommenen Siedlungsfundstellen und Hinweise auf solche darzustellen, wurde eine Dichtekartierung vorgenommen. In diesem Rahmen wurden Methoden zur Identifizierung von Siedlungsgruppen und -grenzen vorgestellt *(Kap. 5).* Im Besiedlungsmuster zeigten sich eine östliche und eine westliche Gruppe, die durch einen relativ breiten kaum besiedelten Streifen auf der Hochfläche der Schwäbischen Alb voneinander getrennt sind. Auch der Bereich nördlich der Straßenverbindung von Köngen nach Heidenheim – das seit etwa 160 erschlossene Hinterland des Vorderen Limes – stellt sich bis auf wenige Ausnahmen als nahezu besiedlungsfrei dar. Auffälligere Siedlungskonglomerationen befanden sich dagegen auf der Filderebene, im Albvorland und auf der Lonetal-Flächenalb.

Diese Siedlungsverteilung wurde anschließend im Hauptteil der Arbeit durch statistische Methoden näher untersucht. In einem ersten Abschnitt zu den Überlieferungsbedingungen *(Kap. 6.1)* konnte dabei herausgestellt werden, dass das überlieferte Besiedlungsmuster deutlich durch die moderne Landnutzung und die Aktivität ehrenamtlicher Begeher:innen beeinflusst ist. Die Überdeckung durch akkumuliertes Material im Bereich von Auen und Kolluvien hatte dagegen keinen statistisch nachweisbaren Einfluss auf die Überlieferung. Der quellenverzerrende Einfluss der modernen Landnutzung und der Begehungsaktivität dürfte vor allem zu einer Musterverstärkung geführt haben, durch die das antike Besiedlungsmuster in einem stärkeren Kontrast überliefert ist. Diesen Schluss legen unter anderem die Untersuchungen im Zuge eines linearen Projektes – des Baus der ICE-Strecke zwischen Wendlingen und Ulm – nahe *(Kap. 6.1.1.4):* Die Neufunde, die im Rahmen dieser bauvorgreifenden Untersuchungen zutage kamen, lagen fast ausschließlich in einem Gebiet, in dem schon zuvor einige archäologische Fundstellen bekannt waren. Die nahezu siedlungsleere Albhochfläche bleibt dagegen auch nach den archäologischen Untersuchungen entlang der Neubaustrecke nahezu fundfrei. Darüber hinaus konnte deutlich gemacht werden, dass die Auffindungsbedingungen in einigen Bereichen deutlich mit den naturräumlichen Bedingungen korrelieren *(Kap. 6.1.2),* was zu einer Musterverstärkung beiträgt. Eine anschließende Analyse des Forschungsstandes *(Kap. 6.1.3),* d. h. der Auffindungsumstände, des aktuellen Stands der Untersuchung und des Auffindungszeitpunktes der Fundstellen, zeigte, dass die überlieferte Verbreitung der Fundstellen überwiegend repräsentativ sein dürfte. Größere Forschungslücken bestehen auf der Mittleren Flächenalb und im Östlichen Albvorland. Auf der Filderebene sind durch die dichte moderne Bebauung zahlreiche Fundstellen bekannt geworden, aber nur selten archäologisch untersucht worden. Besonders gut ist der Forschungsstand auf der Lonetal-Flächenalb, wo die Fundüberlieferung nicht nur von der Tätigkeit zahlreicher ehrenamtlicher Mitarbeiter:innen des Landesdenkmalamtes Baden-Württemberg profitierte, sondern auch von den Aktivitäten des Luftbildarchäologen Otto Braasch und den archäologischen Untersuchungen im Zuge des linearen Projektes.

In einem zweiten Abschnitt wurde der Einfluss naturräumlicher und gesellschaftlicher Faktoren auf die römerzeitliche Besiedlung untersucht *(Kap. 6.2).* Dabei stellte sich heraus, dass besonders die Lage fruchtbarer, für Ackerbau geeigneter Böden für Siedlungskonglomerationen verantwortlich war. Die Höhenlagen spielten dagegen kaum eine Rolle bei der Wahl des Siedlungsstandortes. So wurden auch Lagen über 500 m ü. NN aufgesucht, sofern dort fruchtbare Böden vorkamen. Der Gewässerbezug der römerzeitlichen Siedlungen zeigte sich nur auf den für Ackerbau mäßig geeigneten bis ungeeigneten Böden: Diese Standorte wurden nur aufgesucht, sofern die Wasserversorgung durch Oberflächengewässer gesichert war. Auf den besonders fruchtbaren Lagen wurden dagegen auch weitere Entfernungen zum nächsten Oberflächengewässer in Kauf genommen und die Wasserversorgung wurde dementsprechend durch die Anlage von Zisternen und Brunnen gesichert. Ein deutlicher Bezug konnte auch zwischen der Verteilung ländlicher Einzelsiedlungen und den *vici* als Marktorten und regionalen Zentren festgestellt werden. Dabei beeinflussten sich beide Siedlungstypen vermutlich gegenseitig. So wurden besonders auf obergermanischer Seite in den dicht besiedelten Gebieten im Laufe des 2. Jahrhunderts mehrere neue *vici* gegründet, was zu einer dichten Verteilung im Bereich des Neckartals führte. Auf der anderen Seite konnte nachgewiesen werden, dass die Dichte der ländlichen Einzelsiedlungen mit zunehmendem Abstand zu den *vici* abnahm. Eine Rekonstruktion möglicher Einflussgebiete der *vici* legt darüber hinaus nahe, dass sich diese auch in der Verteilung der Siedlungsfundstellen widerspiegeln. So umschlossen die über Thiessenpolygone modellierten theoretischen Grenzen zwischen den *vici* häufig Siedlungskonglomerationen, verliefen selbst jedoch im Bereich geringer Siedlungsdichte oder topografischer Grenzen.

Zur Interpretation des Siedlungsmusters im Bereich der Provinzgrenze wurden die untersuchten Faktoren abschließend in einer Karte kombiniert *(Kap. 6.3).* Dabei stellte sich heraus, dass sich die Siedlungskonglomerationen überwiegend mit Regionen decken, die aufgrund fruchtbarer Böden Ackerbau in Überschussproduktion ermöglichen und zudem nah an Marktorten gelegen sind. Auf der Albhochfläche ist dagegen ein breiter Streifen zu erkennen, in dem unfruchtbare Böden vorherrschen, kein Oberflächenwasser zur Verfügung stand und der darüber hinaus in der Peripherie zu Marktorten und regionalen Zentren lag. Dieser Streifen deckt sich mit der von ländlicher Besiedlung nahezu freien Region. In Bezug auf die Provinzgrenze ist vorstellbar, dass auch sie innerhalb dieses siedlungsungünstigen Streifens verlief.

Ein weiterer Ansatz zur Annäherung an den Verlauf der Provinzgrenze ist die Rekonstruktion der Territorien von Gebietskörperschaften *(Kap. 7)*. Hierfür wurden die bekannten und vermuteten *civitates* und *municipia* im rechtsrheinischen Obergermanien und westlichen Rätien zusammengestellt und die archäologischen wie epigrafischen Hinweise auf die Ausdehnung ihrer Territorien diskutiert. Über Thiessenpolygone wurden anschließend distanzoptimierte Idealterritorien der Gebietskörperschaften konstruiert und mit den epigrafischen und archäologischen Quellen verglichen. Eine Rekonstruktion durch mathematische Modelle ist im vorliegenden Fall sehr schwierig, da der Forschungsstand eine Validierung der Modelle nicht zulässt. Geht man davon aus, dass die Distanz zwischen den Hauptorten der Gebietskörperschaften einen Einfluss auf deren Territoriumsgröße hatte, so würde die Version am besten mit den archäologischen und epigrafischen Quellen harmonieren, bei der Rottenburg und Ertingen als benachbarte Gebietskörperschaften definiert,

Bad Cannstatt, Heidenheim und Schleitheim dagegen nicht als Hauptorte von *civitates* berücksichtigt sind. In allen modellierten Versionen liegt die Hochfläche der Schwäbischen Alb weit entfernt von den städtischen Zentren und damit auch diesbezüglich in der Peripherie des römerzeitlichen Besiedlungssystems.

Für eine Annäherung an den Grenzverlauf zwischen Rätien und Obergermanien wurden schließlich alle untersuchten Faktoren, die diesen beeinflusst haben könnten, kartiert *(Kap. 8)*. Als mögliche grenzwirksame Elemente wurden dabei topografisch markante Höhenzüge und Berge, die Wasserscheide zwischen Rhein und Donau[867], Flussläufe[868], das römische Straßensystem[869], unbesiedelte Räume[870], siedlungsungünstige Regionen[871] und die theoretisch rekonstruierte Abgrenzung zwischen den Gebietskörperschaften[872] gewählt. Eine Zusammenstellung dieser Elemente legt drei verschiedene mögliche Grenzführungen nahe. Zwei der vorgeschlagenen Versionen verlaufen weiter östlich als die bislang vermutete Grenzlinie, sodass die Provinzzugehörigkeit von Gomadingen und Römerstein-Donnstetten diskutiert werden könnte. Da es jedoch kaum epigrafische Quellen gibt, die einen der vorgeschlagenen Grenzverläufe in diesem Abschnitt stützen könnten, bleiben die Rekonstruktionsversuche hypothetischer Natur. Sie sollen einen Anstoß zur Diskussion des Verlaufs der rätisch-obergermanischen Provinzgrenze liefern, bis die Quellensituation durch Neufunde verbessert wird.

Summary

This publication was written as part of the research project *"Limites inter Provincias – Roms innere Grenzen, eine Annäherung"* (Rome's inner borders, an approach) carried out at the universities of Zurich (Switzerland), Freiburg (Germany), and Innsbruck (Austria) from 2014 to 2017. By utilizing interdisciplinary approaches, the project aimed at shedding light on the course, the implication, and the function of the provincial border between Raetia and Germania Superior. This monograph's approach is to reveal the Roman-period settlement pattern on both sides of the border and

to discuss whether this leads to new insights regarding this border's course and effect.

To do so, the sources that traditionally served to reconstruct the course of the provincial borders were compiled, and approaches outside the field of ancient-history research were presented that may be able to contribute to locating the provincial border and to understanding its impact and function *(chapters 1.2 and 1.3)*. In addition, the archaeological, historical, and epigraphical indications for the provincial affiliation of the places close to the border were scrutinized, which

---

867 Siehe *Kap. 1.3.1.*
868 Siehe *Kap. 2.3.1.*
869 Siehe *Kap. 2.3.*

870 Siehe *Kap. 5.1.*
871 Vgl. das Ergebnis aus *Kap. 6.3.*
872 Siehe *Kap. 7.*

made it possible to narrow down a broad corridor in which the provincial border must have run *(chapter 1.2.1)*. This corridor provides the background for considerations on the border's course in the final chapter.

This publication mainly focuses on the GIS-assisted spatial analyses of the Roman-period settlement pattern in the area of the border. The chosen study area lies at the northern section of the provincial border, between the *limes* and the Danube *(chapter 2)*. The northern boundary of the study area is the *limes*; the other boundaries were chosen according to physiogeographical aspects: the limits of the natural spaces of Schurwald / Welzheim Forest and the Filder Plain formed the western boundary; the rivers Echaz and Lauter served as the southern boundary, whereas the eastern boundary corresponds to the course of the rivers Kocher and Jagst and to the physiogeographical boundary of the mountainous region of the Lonetal-Flächenalb and the Mittlere Flächenalb. The interpretation of the settlement distribution in the area of the provincial border is based on records of all archaeological sites within this area dating to the time of the Roman Empire. To do so, 533 sites from this period were entered into a database *(chapter 3)*. The information stems from the records of the Esslingen and Tübingen subsidiaries of the State Office for Cultural Heritage Baden-Württemberg, from the monuments database ADAB, and from find reports, findspot catalogues, archaeological cadastres, and detailed publications of Roman-period sites.

In order to present the distribution of the settlement sites in our database, a heatmap was compiled and methods for identifying settlement groups and boundaries were discussed *(chapter 5)*. In the settlement pattern, an eastern and western group became apparent, separated by a relatively wide, barely populated strip on the plateau of the Swabian Mountains. Also the hinterland of the Upper Germanic-Raetian Limes – the area north of the road between Köngen and Heidenheim – was, with few exceptions, almost uninhabited. Conspicuous conglomerations of settlements were furthermore located on the Filder Plain, in the foothills of the Swabian Mountains, and on the Lonetal-Flächenalb.

By means of statistical methods, the settlement distribution is examined in more detail in the main part of this publication. The first section on preservation conditions *(chapter 6.1)* demonstrates that the preserved settlement pattern has clearly been influenced by modern land use and by the field surveys performed by volunteers. Surface deposits of accumulated material in floodplains and colluvia, on the other hand, did not influence the preservation in a statistically verifiable way. The skewing influence of modern land use and field surveys on the sources most likely intensified the settlement pattern as we see it today; as a result, the ancient settlement pattern was preserved with stronger contrasts. This conclusion is suggested by, for example, the investigations conducted in the course of a railway line project, namely the construction of the ICE train rail section between Wendlingen and Ulm *(chapter 6.1.1.4)*. The new finds from these preconstruction investigations were almost exclusively discovered in an area that had already been known for several archaeological sites. The Alb plateau, however, with almost no known Roman settlements, remains pretty much without finds even after the archaeological investigations along the new stretch of track. Furthermore, a strong correlation between the circumstances of discovery and the physiogeographical conditions was revealed in some areas *(chapter 6.1.2)*, which also contributes to an intensification of the pattern. A subsequent analysis of the state of research *(chapter 6.1.3)* highlighting the circumstances of discovery, the current status of the investigation, and the date of discovery revealed that the preserved distribution of the sites may be considered predominantly representative. Larger research gaps exist for the Mittlere Flächenalb and the eastern foothills of the Swabian Mountains. Numerous sites are known on the Filder Plain thanks to the dense modern development, but rarely have they been archaeologically examined. The state of research is particularly good on the Lonetal-Flächenalb, where our archaeological record has profited from the activity of numerous volunteers of the State Office for Cultural Heritage Baden-Württemberg, the work of aerial archaeologist Otto Braasch, and the archaeological investigations of the railway line project.

The second section takes a closer look at the influence of physiogeographical and societal factors on the Roman-period settling *(chapter 6.2)*. The location of fertile soils suitable for farming proves to have been largely responsible for conglomerations of settlements. Altitude, however, hardly plays a role in the selection of locations for settling, which is why even sites above 500 m above sea level were chosen if they had fertile soil. A connection between bodies of water and Roman-period settlements only exists where the soil is merely moderately suitable for farming or not at all: These locations were only selected where surface waters ensured the water supply. By contrast, where the soil was particularly fertile, longer distances to the next surface water were accepted, and the water supply was secured by constructing cisterns and wells. A distinct connection was identified between the distribution of rural settlements *(villae)* and *vici* as market towns and regional centres. Both settlement types probably influenced each other in terms of their spatial distribution. In the course of the 2nd century, several new *vici* were founded, particularly in the densely settled areas on the Germania Superior side, which led to a dense distribution of *vici* in the area of the Neckar Valley. On the other hand, proof was found that the density of the rural settlements decreased with increasing distance to the *vici*. In addition, a reconstruction of possible influence areas of the *vici* also suggests that they played a role in the distribution of settlement sites. The theoretical borders between *vici*, modelled via Thiessen polygons, often enclosed conglomerations of settlements but ran through areas with low settlement density or along topographic boundaries.

Both the physiogeographical and societal factors were finally combined in a map in order to interpret the settlement patterns in the area of the provincial border. As it turns out, the settlement conglomerations predominantly correspond to regions that allow agricultural surplus production thanks to their fertile soil and that are close to market towns. On the Alb plateau, however, a wide strip can be discerned that lies on the periphery of market towns and regional centres. In it, infertile soils predominate and no surface water is available, and it coincides with the area that is almost free of rural settling. It is conceivable that the provincial border also ran within this strip, which was so unfavourable for settlements.

Another approach to approximate the course of the provincial border is the reconstruction of the territories of regional administrative bodies *(chapter 7)*. To do so, the known and assumed *civitates* and *municipia* on the right bank of the Rhine in Germania Superior and in western Raetia were compiled, and the archaeological and epigraphic indications of the extent of their territories were discussed. Using Thiessen polygons, distance-optimized ideal territories were subsequently reconstructed for the regional administrative

bodies and then compared with the epigraphic and archaeological sources. The reconstruction using mathematical models is very difficult in this case because the state of research does not allow these models to be validated. If the distance between the main towns of the regional administrative bodies had an influence on the size of their territories, then the best match with the archaeological and epigraphic sources would be that Rottenburg and Ertingen were neighbouring regional administrative bodies, whereas Bad Cannstatt, Heidenheim, and Schleitheim are not considered as main towns of *civitates*. In all modelled versions, the plateau of the Swabian Mountains was far away from the urban centres and was therefore on the periphery of the Roman-period settlement systems.

In order to approximate the course of the border between Raetia and Germania Superior, all examined factors that might have influenced it were mapped *(chapter 8)*. The following potentially influential elements have been chosen: topographically prominent mountains and ranges of hills, the watershed between Rhine and Danube[873], river courses[874], the Roman road system[875], uninhabited areas[876], regions unfavourable for settling[877], and the theoretically reconstructed borders between the regional administrative bodies[878]. A compilation of these elements suggests three possible border delineations. Two of the suggested versions run further east than has previously been assumed, so that the provincial affiliation of Gomadingen and Römerstein-Donnstetten is debatable. However, because there are hardly any epigraphic sources that support one of the suggested courses of the border in this section, the reconstruction attempts remain hypothetical. Perhaps they may inspire further discussion about the course of the provincial border between Raetia and Germania Superior until new finds improve the situation with regard to sources.

Translated by Tora von Collani, Textability

Résumé

Ce travail a vu le jour dans le cadre du projet de recherche « Limites inter Provincias – les frontières intérieures de Rome, une approche » mené de 2014 à 2017 par les universités de Zurich, Freiburg i. B. et Innsbruck. Ce projet a pour but de déterminer le tracé, l'impact et la fonction de la frontière entre la Rhétie et la Germanie supérieure à travers différentes approches interdisciplinaires. L'approche choisie ici

---

873   See *chapter 1.3.1.*
874   See *chapter 2.3.1.*
875   See *chapter 2.3.*

876   See *chapter 5.1.*
877   Cf. the result from *chapter 6.3.*
878   See *chapter 7.*

consiste à déterminer le modèle de peuplement des deux côtés de la frontière à l'époque romaine et à examiner dans quelle mesure on peut en tirer de nouvelles connaissances sur le tracé et l'impact de cette frontière.

On a tout d'abord réuni les sources utilisées d'habitude pour reconstituer le tracé de la frontière provinciale et présenté les approches menées en dehors de la recherche en histoire ancienne susceptibles de contribuer à la localisation de cette frontière et à la compréhension de son impact et de sa fonction *(ch. 1.2 et 1.3)*. On a en outre examiné avec attention les indices archéologiques, historiques et épigraphiques relatifs à l'appartenance provinciale des localités situées à proximité de la frontière, permettant ainsi de cerner un large corridor le long duquel devait courir la démarcation provinciale *(ch. 1.2.1)*. Ce corridor constitue la toile de fond des réflexions sur le tracé partagées dans le chapitre final.

Ce travail met l'accent sur des analyses spatiales des modèles de peuplement le long de la frontière provinciale basées sur le SIG. La région choisie pour cette étude se situe dans la partie nord de la frontière provinciale, entre le limes et le Danube *(ch. 2)*. Le limes constitue la frontière septentrionale de la zone étudiée, les autres frontières étant établies selon des critères liés aux espaces naturels. Les limites des espaces naturels de Schurwald / Weilzeimer Wald et Filder constituent la démarcation occidentale. La frontière méridionale correspond aux rivières de l'Echaz et de la Grosse Lauter, et la frontière orientale aux rivières de Kocher et Jagst, respectivement à la frontière des espaces naturels de la Lonetalalb et de la Mittlere Flächenalb. L'interprétation de la distribution de l'habitat à proximité de la frontière provinciale se base sur le recensement de tous les sites de l'époque impériale situés dans cette zone. On a enregistré à cet effet 533 sites de l'époque impériale dans une base de données *(ch. 3)*. Ont servi de source pour le relevé des sites les dossiers locaux du Landesdenkmalamt Baden-Württemberg des services d'Esslingen et de Tübingen, les entrées de la base de données des monuments historiques ADAB, ainsi que des annonces de trouvailles, catalogues de sites, cadastres archéologiques urbains et des études plus poussées de sites de l'époque romaine dans la littérature.

Une cartographie des densités fut réalisée pour représenter la distribution des sites d'habitat et des indices de tels sites. Plusieurs méthodes relatives à l'identification de groupes et limites d'habitats furent présentées dans ce cadre *(ch. 5)*. L'occupation du territoire révèle un groupe oriental et occidental que sépare une zone assez large, mais à peine peuplée, sur le plateau du Jura souabe. La zone située au nord

de l'axe reliant Köngen à Heidenheim - les terres situées derrière le limes avancé et occupées depuis environ 160 - est à quelques exceptions près dénuée d'habitats. Des groupements d'habitats plus frappants se trouvaient en revanche sur le plateau des Filder, dans le piémont du Jura souabe, dans la Lonetalalb et la Flächenalb.

Un examen plus approfondi de la distribution de l'habitat fut ensuite réalisé dans la partie centrale de ce travail à l'aide de méthodes statistiques. On a pu établir dans une première section sur les conditions de conservation *(ch. 6.1)* que le modèle de peuplement conservé est nettement conditionné par l'exploitation moderne du sol et l'activité des bénévoles. En revanche, le recouvrement sédimentaire dans les zones alluviales et colluviales n'a exercé aucune influence sur la conservation vérifiable par la statistique. L'impact de l'exploitation moderne du sol et de l'activité des bénévoles a dû accentuer les distributions qui, elles, déterminent les contrastes du modèle de peuplement antique. C'est la conclusion à laquelle aboutissent, entre autres, les études menées dans le cadre d'un projet linéaire - la construction de la ligne ICE entre Wendlingen et Ulm *(ch. 6.1.1.4)* : Les nouvelles trouvailles mises à jour lors de ces prospections se situaient presque uniquement dans une région où étaient déjà connus plusieurs sites archéologiques. Par contre, le plateau du Jura souabe, pratiquement vide d'habitations, n'a livré aucune trouvaille, même après les investigations archéologiques menées le long de la nouvelle ligne ferroviaire. Il a été en outre démontré que les conditions de découverte sont, à certains endroits, clairement corrélées aux conditions déterminées par les espaces naturels *(ch. 6.1.2)*, ce qui accentue encore les distributions. Une analyse subséquente de l'état de la recherche *(ch. 6.1.3)*, c'est-à-dire des circonstances des découvertes, de l'état actuel de l'étude et de la date de la découverte des sites, révèle que la distribution des sites qui s'est conservée serait représentative. La recherche affiche de plus grandes lacunes dans la Mittlere Flächenalb et dans le piémont oriental du Jura souabe. La densité des constructions modernes sur le plateau des Filder a contribué à la découverte de nombreux sites qui ne firent cependant que rarement l'objet d'investigations archéologiques. L'état de la recherche est particulièrement bon dans la Lonetalalb et la Flächenalb où la conservation des trouvailles profita non seulement de l'activité de nombreux bénévoles du Landesdenkmalamt Baden-Württemberg, mais aussi de celles de l'archéologue aérien Otto Braasch, ainsi que des investigations archéologiques le long du tracé de l'ICE.

La deuxième section traite de l'impact des facteurs naturels et sociaux sur l'occupation du sol à l'époque romaine *(ch. 6.2)*. Il s'avéra que c'est surtout la présence de sols fertiles, propices à l'agriculture, qui favorisa des groupements d'habitats. L'altitude ne joua guère de rôle dans le choix de l'emplacement de l'habitat. Même des endroits situés à plus de 500 m d'altitude furent occupés pour autant qu'il y eût des sols fertiles. Un lien entre les habitats de l'époque romaine et les cours d'eau n'apparut que sur les sols moyennement ou pas du tout adaptés à l'agriculture : Ces emplacements furent choisis pour autant que l'alimentation en eau fût garantie par des eaux de surface. Dans les zones particulièrement fertiles, les gens assumaient de plus grandes distances pour atteindre les eaux de surface et, de ce fait, l'approvisionnement en eau fut assuré par l'aménagement de citernes et de puits. On a pu également établir un lien très net entre la répartition des habitats ruraux *(villae)* et les *vici*, en tant que bourgs et centres régionaux. Les deux types d'habitat se sont probablement influencés mutuellement dans leur répartition spatiale. Ainsi, du côté de la Germanie supérieure, plusieurs nouveaux *vici* furent fondés au cours du 2e siècle dans les régions densément peuplées, ce qui entraîna une distribution dense dans la région du Neckar. On a pu démontrer d'autre part que la densité des habitats ruraux diminuait à mesure que l'on s'éloignait des *vici*. Une reconstitution des zones d'influence possibles des *vici* suggère en outre que celle-ci se reflète également dans la répartition des sites d'habitat. Ainsi, les frontières théoriques entre les *vici*, modélisées par des polygones de Thiessen, englobaient souvent des groupements d'habitats, mais passaient elles-mêmes à travers des zones faiblement peuplées ou le long de limites topographiques.

Les facteurs examinés furent finalement combinés sur une carte pour interpréter le modèle de peuplement dans la zone frontalière. Il s'est alors avéré que les groupements d'habitats coïncident principalement avec des régions dont les sols fertiles permettent une production agricole excédentaire et qui se situent à proximité de bourgs. Sur le plateau du Jura souabe, en revanche, on distingue une large bande caractérisée par la prédominance de sols stériles, l'absence d'eau de surface et sa position à la périphérie des bourgs et des centres régionaux. Et cette bande coïncide avec la région presque totalement dénuée d'habitats ruraux. On peut imaginer que la frontière provinciale passait également à l'intérieur de cette bande peu favorable à l'implantation d'habitats. Une autre approche pour appréhender le tracé de la frontière provinciale consiste à reconstituer les territoires des collectivités territoriales *(ch. 7)*. On a réuni à cet effet les *civitates* et *municipia* connus et supposés de la Germanie supérieure de la rive droite du Rhin et de la Rhétie occidentale, puis discuté les indices archéologiques et épigraphiques de l'étendue de leurs territoires. Des polygones de Thiessen ont ensuite permis de construire à l'aide des distances proximales des territoires idéaux des collectivités territoriales et de les comparer aux sources épigraphiques et archéologiques. Une reconstitution par des modèles mathématiques se révèle difficile dans le cas présent, car l'état de la recherche ne permet pas de valider les modèles. Si l'on considère que la distance entre les chefs-lieux des collectivités territoriales a influencé la taille de leur territoire, la version coincidant le mieux avec les sources archéologiques et épigraphiques est celle qui définit Rottenburg et Ertingen comme des collectivités territoriales voisines, Bad Cannstatt, Heidenheim et Schleitheim n'étant pas retenus comme chefs-lieux de *civitates*. Toutes les versions modélisées montrent que le haut plateau du Jura souabe se situe loin des centres urbains et donc à la périphérie du système d'occupation de l'époque romaine.

Enfin, pour cerner le tracé de la frontière séparant la Rhétie de la Germanie supérieure, tous les facteurs susceptibles de l'avoir influencé furent cartographiés *(ch. 8)*. On a retenu comme éléments pouvant servir de frontière les chaînes de collines et les montagnes, la ligne de partage des eaux entre le Rhin et le Danube[879], les cours d'eau[880], le système routier romain[881], les zones non peuplées[882], les régions impropres à l'habitat[883] et la démarcation reconstituée des collectivités territoriales[884]. Une compilation de ces éléments suggère trois types de frontières possibles. Deux des versions proposées passent plus à l'est que la ligne de démarcation supposée jusqu'ici, de sorte que le rattachement provincial de Gomadingen et de Römerstein-Donnstetten pourrait être discuté. Comme il n'existe guère de sources épigraphiques qui pourraient étayer l'un des tracés frontaliers proposés pour cette région, les tentatives de reconstitution restent de nature hypothétique. Elles veulent stimuler la discussion sur le tracé de la frontière provinciale entre Rhétie et Germanie supérieure, jusqu'à ce que de nouvelles découvertes améliorent l'état des sources.

Traduit par Yves Gautier

---

879 Voir ch. *2.3.1.*
880 Voir ch. *2.3.1.*
881 Voir ch. *2.3.*

882 Voir ch. *5.1.*
883 Cf. résultats au *ch. 6.3.*
884 Voir ch. *7.*

Katalog

Der vorliegende Katalog enthält alle 533 in die Fundstellendatenbank aufgenommenen kaiserzeitlichen Fundstellen. Die Fundstellenaufnahme wurde 2017 abgeschlossen. Nach diesem Zeitpunkt hinzugekommene römerzeitliche Fundstellen sind nicht berücksichtigt. Der Zusatz „AG+" kennzeichnet Fundstellen, welche sich wenige Kilometer außerhalb des Untersuchungsgebietes befinden, die jedoch in einige Untersuchungen mit einbezogen wurden, um Randeffekte zu vermeiden. Der Katalog ist alphabetisch nach Gemeinden geordnet und wie folgt aufgebaut:

Katalognummer. Gemeinde-Ortsteil (Landkreis)

Flur bzw. Gemarkung (ADAB-Kennung)

Koordinaten
Lagegenauigkeit
Ansprache des Fundstellentyps (Kennung laut Datenbank)
Forschungsgeschichte
Beschreibung
Literatur

Der Landkreis ist dabei abgekürzt in Klammern angegeben und wird folgendermaßen aufgelöst:

UL: Alb-Donau-Kreis
ES: Esslingen
GP: Göppingen
HDH: Heidenheim
NU: Neu-Ulm
AA: Ostalbkreis
WIN: Rems-Murr-Kreis
RT: Reutlingen
TÜ: Tübingen

Bei den zu den kreisfreien Städten Stuttgart und Ulm gehörigen Gemeinden wurde auf eine zusätzliche Abkürzung des Landkreises verzichtet.

Die Koordinaten sind im Gauß-Krüger-System des 3. Meridianstreifens angegeben. In Absprache mit dem Landesdenkmalamt Baden-Württemberg sind aus Denkmalschutzgründen die letzten beiden Stellen „geschwärzt" (#), sodass die Koordinatengenauigkeit lediglich bis auf 100 m genau nachvollzogen werden kann. Bei der Lagegenauigkeit handelt es sich um die Auflösung der in der Datenbank verwendeten Kennung (siehe *Tab. 1*). Die Ansprache des Fundstellentyps richtet sich nach den in *Kap. 3.2* definierten Kriterien (siehe *Tab. 2*). Die Forschungsgeschichte der

Fundstellen ist anschließend stichpunktartig mit Angabe der Auffindungsbedingungen (nach den Definitionen in *Kap. 6.1.3*) und, sofern bekannt, der Nennung der beteiligten Personen und des Auffindungszeitpunktes aufgelistet. Darauf folgen eine Kurzbeschreibung der Fundstellen und eine Literaturliste. Letztere erhebt keinen Anspruch auf Vollständigkeit. Hier sind wichtige Fundmeldungen, Artikel und zusammenfassende Publikationen zitiert, in denen sich zum Teil weitere Literaturangaben zu den Fundstellen befinden.

1. Aalen (AA)

Burgstallstraße, Krähenbühl (AALE039)

x: 35805##, y: 54108##

Lagegenauigkeit: 0 (bis auf 50 m genau lokalisierbar).

Ansprache: Einzelfund (Kennung 0).

Forschungsgeschichte: Lesefund 1927.

Beschreibung: Denar des Alexander Severus (222–235 n. Chr.).

Literatur: Fundber. Schwaben N. F. 4, 1926–1928 (1928), 103. doi: https://doi.org/10.11588/diglit.43775#0113.

2. Aalen (AA)

Krähenbühl, Burgstallstraße 30–32, Langertstraße 54–58 (AALE030)

x: 35805##, y: 54108##

Lagegenauigkeit: 0 (bis auf 50 m genau lokalisierbar).

Ansprache: Grabbefunde im Siedlungskontext (Kennung 219).

Forschungsgeschichte: Baubeobachtung 1925; kleinere Ausgrabung des LDA 1925.

Beschreibung: Zwei quadratische Fundamentsockel aus behauenen Quadersteinen mit einer Seitenlänge von jeweils 2 m. Zwischen den beiden Fundamentblöcken ließ sich auf einer Breite von 3,3 m eine Pflasterung nachweisen. Möglicherweise handelt es sich um die Fundamente eines Grabbaus. Innerhalb einer Baugrube kam ca. 70 m westlich der Fundstelle holzkohlehaltige Erde zutage, die Eisennägel, Knochenreste, geschmolzenes Glas und verbrannte Keramik, darunter ein Öllämpchen, enthielt. Hierbei könnte es sich um die Überreste eines Bestattungsplatzes handeln. Ein Zusammenhang mit zwei Spolien aus Aalen-Unterkochen ist möglich (siehe *Kat. Nr. 7–8*). Etwa 416 m entfernt liegt die Fundstreuung *Kat. Nr. 5*.

Literatur: RIEDL 1987, 606–608; Fundber. Schwaben N. F. 3, 1924–1926 (1926), 113–115. doi: https://doi.org/10.11588/diglit.43774.22; PARET 1932, 171; LUIK 1994, 271–280; 348; Planck in PLANCK 2005, 18.

3. Aalen (AA)

Maueräcker (AALE004, AALE036, AALE046, AALE054, AALE056, AALE059, AALE067)

x: 35797##, y: 54115##

Lagegenauigkeit: 0 (bis auf 50 m genau lokalisierbar).

Ansprache: Auxiliarkastell (Kennung 410).

Forschungsgeschichte: Altfund des 16. Jahrhunderts (Beatus Rhenanus schreibt 1531 von weitläufigen römischen Grundmauern); kleinere Ausgrabung durch H. Bauer 1851; kleinere Ausgrabung durch E. von Paulus und L. Mayer 1882; größere Ausgrabung durch K. Miller 1890; größere Ausgrabung der RLK; kleinere Ausgrabung des LDA 1962; Luftbild durch Ph. Filtzinger und W. Sölter 1976; größere Ausgrabung durch das LDA 1978–1996; kleinere Ausgrabungen des LDA 1988 und 1997; größere Ausgrabungen des LDA 2004.

Beschreibung: Alenkastell mit einer Innenfläche von 6,07 ha. Die Umwehrung bestand aus einer Steinmauer und vier umlaufenden Gräben. Das Kastellareal ist größtenteils überbaut. Bei der hier stationierten Einheit handelt es sich um die *ala II flavia pia fidelis*. Das Kastell wurde um 160 im Zuge der Vorverlegung des Limes errichtet und war bis zur Aufgabe des rätischen Limes um die Mitte des 3. Jahrhunderts belegt.

Literatur: ORL B 66 Aalen; PARET 1932, 273,1; Fundber. Schwaben N. F. 18,2, 1967, 78,1; Arch. Ausgr. Baden-Württemberg 1978, 49–52; Fundber. Baden-Württemberg 5, 1980, 110–111,1–2. doi: https://doi.org/10.11588/fbbw.1980.0.26295; Arch. Ausgr. Baden-Württemberg 1980, 91–95; Arch. Ausgr. Baden-Württemberg 1981, 175–179; Arch. Ausgr. Baden-Württemberg 1982, 150–155; Arch. Ausgr. Baden-Württemberg 1983, 158–161; Fundber. Baden-Württemberg 8, 1983, 249,2–3. doi: https://doi.org/10.11588/fbbw.1983.0.26586; Fundber. Baden-Württemberg 9, 1984, 662,2. doi: https://doi.org/10.11588/fbbw.1984.0.30850; Arch. Ausgr. Baden-Württemberg 1984, 153–156; Arch. Ausgr. Baden-Württemberg 1985, 147–148; Arch. Ausgr. Baden-Württemberg 1986, 95–101; Fundber. Baden-Württemberg 12, 1987, 548,1.3. doi: https://doi.org/10.11588/fbbw.1987.0.39544; Arch. Ausgr. Baden-Württemberg 1988, 87–91; Fundber. Baden-Württemberg 17,2, 1992, 91. doi: https://doi.org/10.11588/fbbw.1992.2.42864; Fundber. Baden-Württemberg 19,2, 1994, 81,1. doi: https://doi.org/10.11588/fbbw.1994.2.44824; Arch. Ausgr. Baden-Württemberg 1999, 91–93; DUMITRACHE/ SCHURIG 2000, 23–24 Fundstelle 1; Arch. Ausgr. Baden-Württemberg 2004, 125–129; Planck in PLANCK 2005, 9–18; Fundber. Baden-Württemberg 28,2, 2005, 187,1. doi: https://doi.org/10.11588/fbbw.2005.2.73063; KEMKES/ SCHOLZ 2012; KEMKES 2015.

4. Aalen (AA)

Ort (AALE002–003, AALE005–007, AALE009–017, AALE019–023, AALE025–026, AALE029, AALE035, AALE038, AALE040, AALE045–046, AALE054, AALE057, AALE059, AALE070, AALE072, AALE075)

x: 35801##, y: 54111##

Lagegenauigkeit: 0 (bis auf 50 m genau lokalisierbar).

Ansprache: Kastellvicus (Kennung 122).

Forschungsgeschichte: Größere Ausgrabung durch E. von Paulus und L. Mayer 1882; kleinere Ausgrabung der RLK 1897; Lesefunde 1900/1907; kleinere Ausgrabung der RLK 1904; Baubeobachtungen u. a. durch P. Goessler und O. Paret 1927, 1928, 1933, 1937, 1938, 1948, 1950er; kleinere Ausgrabungen durch das LDA 1954; Baubeobachtungen 1954, 1955, 1957, 1958, 1960, 1963, 1967, 1971, 1973, 1974; kleinere Ausgrabung durch das LDA 1979; Baubeobachtung 1982; kleinere Ausgrabung durch das LDA 1988; Baubeobachtungen 1992, 1994, 1995, 1997; kleinere Ausgrabungen durch das LDA 2013, 2014, 2017.

Beschreibung: *Vicus* des Auxiliarkastells. Zur Beschreibung siehe *Kap. 3.2.2.6.*

Literatur: Fundber. Schwaben 5, 1897, 5,1. doi: https://doi.org/10.11588/diglit.27823#0011; Fundber. Schwaben 22–24, 1914–1916 (1917), 66. doi: https://doi.org/10.11588/diglit.43769#0076; Fundber. Schwaben N. F. 5, 1928–1930 (1930), 56–57. doi: https://doi.org/10.11588/diglit.57653.12; PARET 1932, 273,2; Fundber. Schwaben N. F. 8, 1933–1935 (1935), 95. doi: https://doi.org/10.11588/diglit.57656#0103; Fundber. Schwaben N. F. 12, 1938–1951 (1952), 51–52; 92; Fundber. Schwaben N. F. 13, 1952–1954 (1955), 50. doi: https://doi.org/10.11588/diglit.60965#0056; Fundber. Schwaben N. F. 14, 1957, 195,1.4 doi: https://doi.org/10.11588/diglit.66264#0207; Fundber. Schwaben N. F. 15, 1959, 161. doi: https://doi.org/10.11588/diglit.66263#0189; Fundber. Schwaben N. F. 16, 1962, 248; 306; Fundber. Schwaben N. F. 18,2, 1967, 78,2; 79,3; 175; Arch. Ausgr. Baden-Württemberg 1980, 96–99; Fundber. Baden-Württemberg 5, 1980, 110,1. doi: https://doi.org/10.11588/fbbw.1980.0.26295; Fundber. Baden-Württemberg 8, 1983, 249,1. doi: https://doi.org/10.11588/fbbw.1983.0.26586; Fundber. Baden-Württemberg 9, 1984, 662–666,3 Abb. 61-63. doi: https://doi.org/10.11588/fbbw.1984.0.30850; Fundber. Baden-Württemberg 12, 1987, 548,2. doi: https://doi.org/10.11588/fbbw.1987.0.39544; Arch. Ausgr. Baden-Württemberg 1988, 87–91; Fundber. Baden-Württemberg 15, 1990, 609. doi: https://doi.org/10.11588/fbbw.1990.0.40673; Fundber. Baden-Württemberg 17,2, 1992, 91. doi: https://doi.org/10.11588/fbbw.1992.2.42864; LUIK 1994; Fundber. Baden-Württemberg 19,2, 1994, 81,2–3. doi: https://doi.org/10.11588/fbbw.1994.2.44824; Fundber. Baden-Württemberg 26, 2002, 122–123. doi: https://doi.org/10.11588/fbbw.2002.0.70560; Planck in PLANCK 2005, 9–18; Fundber. Baden-Württemberg 28,2, 2005, 187,2. doi: https://doi.org/10.11588/fbbw.2005.2.73063; Arch. Ausgr. Baden-Württemberg 2014, 181–185; KEMKES 2015; Arch. Ausgr. Baden-Württemberg 2017, 179–182.

5. Aalen (AA)

Pommernstraße, Mecklenburger Straße (AALE027)

x: 35808##, y: 54105##

Lagegenauigkeit: 2 (bis auf 500 m genau lokalisierbar).

Ansprache: Fundstreuung (Kennung 10).

Forschungsgeschichte: Baubeobachtung 1960.

Beschreibung: Bei Bauarbeiten fanden sich Bruchstücke eines Leistenziegels und eines Hohlziegels sowie mehrere Scherben römerzeitlicher Keramik.

Literatur: Fundber. Schwaben N. F. 16, 1962, 248,7; Luik 1994, 269,1.

6. Aalen (AA)

Schleifbrückenstraße 17, Hinterer Brühl (AALE031)

x: 35802##, y: 54122##

Lagegenauigkeit: 0 (bis auf 50 m genau lokalisierbar).

Ansprache: Einzelfund (Kennung 0).

Forschungsgeschichte: Baubeobachtung 1934.

Beschreibung: Einzelfund eines römerzeitlichen Gefäßes.

Literatur: Fundber. Schwaben N. F. 8, 1933–1935 (1935), 95. doi: https://doi.org/10.11588/diglit.57656#0103; Luik 1994, 341,63; Dumitrache / Schurig 2000, 24 (2).

7. Aalen-Unterkochen (AA)

Auf dem Kirchberg (UNTE011)

x: 35829##, y: 54091##

Lagegenauigkeit: 5 (verlagerte Fundstelle).

Ansprache: Vermuteter isolierter Grabfund (Kennung 209).

Forschungsgeschichte: Baubeobachtung 1765.

Beschreibung: Pinienzapfen, der zusammen mit *Kat. Nr. 8* als Spolie in der Kirche verbaut war. Möglicherweise zu einem Grabdenkmal gehörig.

Literatur: Riedl 1987, 606–607; Fundber. Schwaben N. F. 3, 1924–1926 (1926), 115. doi: https://doi.org/10.11588/diglit.43774#0127; Paret 1932, 273,3; Planck in Planck 2005, 18.

8. Aalen-Unterkochen (AA)

Auf dem Kirchberg (UNTE011)

x: 35829##, y: 54091##

Lagegenauigkeit: 5 (verlagerte Fundstelle).

Ansprache: Religionszeugnis ohne Befundzusammenhang (Kennung 320).

Forschungsgeschichte: Baubeobachtung 1765.

Beschreibung: Kapitell, das zusammen mit *Kat. Nr. 7* als Spolie in der Kirche verbaut war. Möglicherweise Teil einer Jupiter-Giganten-Säule.

Literatur: Riedl 1987, 606–607; Fundber. Schwaben N. F. 3, 1924–1926 (1926), 115. doi: https://doi.org/10.11588/diglit.43774#0127; Paret 1932, 273,3.

9. Aichelberg (GP)

Frauenholz, Lange Auchtert (AICH002)

x: 35404##, y: 53890##

Lagegenauigkeit: 0 (bis auf 50 m genau lokalisierbar).

Ansprache: Produktionsstätte ohne Siedlungszusammenhang (Kennung 101).

Forschungsgeschichte: Feldbegehung durch B. Hauff 1923; Feldbegehung durch das LDA 1924.

Beschreibung: Bei der Begehung eines Steinbruches fand B. Hauff Scherben römerzeitlicher Keramik, die er an das Landesamt für Denkmalpflege Baden-Württemberg sendete. Bei einer erneuten gemeinsamen Begehung mit dem Landesamt für Denkmalpflege wurden Reste eines Töpferofens festgestellt. Weitere Öfen wurden bereits unbeobachtet abgegraben. Unter der hergestellten Keramik befinden sich Gefäße mit Kammstrichverzierung. Die Fundstelle erstreckt sich auch auf die Gemarkung Holzmaden.

Literatur: Fundber. Schwaben N. F. 2, 1922–1924 (1924), 33–34 s. v. Holzmaden. doi: https://doi.org/10.11588/diglit.43773.13; Paret 1932, 322; Schreg 1996, Aichelberg 1,1.

10. Aichelberg (GP)

Rappeneich (AICH003)

x: 35414##, y: 53887##

Lagegenauigkeit: 0 (bis auf 50 m genau lokalisierbar).

Ansprache: Einzelfund (Kennung 0).

Forschungsgeschichte: Lesefund 1921.

Beschreibung: Dupondius des Traian (99–100 n. Chr.).

Literatur: Fundber. Schwaben N. F. 2, 1922–1924 (1924), 40. doi: https://doi.org/10.11588/diglit.43773#0048; FMRD II 4, 93,4137; Schreg 1996, Aichelberg 1–2,2.

11. Aichelberg (GP) / Weilheim a. d. Teck (ES)

Untere Herrenwiesen, Vor dem See (AICH006; WEIL011)

x: 35404##, y: 53882##

Lagegenauigkeit: 0 (bis auf 50 m genau lokalisierbar).

Ansprache: Produktionsstätte ohne Siedlungszusammenhang (Kennung 101).

Forschungsgeschichte: Baubeobachtung 2012; größere Ausgrabung durch das LDA 2012.

Beschreibung: Beim Bau einer Wasserleitung im Bereich der geplanten ICE-Trasse, kamen römerzeitliche Funde zutage. Bei einer daraufhin eingeleiteten Notgrabung wurden drei Töpferöfen freigelegt. Etwa 100 m entfernt befand sich ein Pfostenbau, der möglicherweise mit der Ziegelei in Zusammenhang stand. Das geborgene Fundmaterial stammt aus dem 2. und dem 3. Jahrhundert.

Literatur: Arch. Ausgr. Baden-Württemberg 2012, 48–50; 188–191.

12. Aichtal-Grötzingen (ES)

Unteres Altgrötzinger Tal (GRÖT010)

x: 35198##, y: 53890##

Lagegenauigkeit: 1 (bis auf 200 m genau lokalisierbar).

Ansprache: Fundstreuung (Kennung 10).

Forschungsgeschichte: Feldbegehung durch G. Klock vor 2012.

Beschreibung: Bei Feldbegehungen fanden sich zwei Randscherben von Reibschalen und ein vollständiges Öllämpchen der zweiten Hälfte des 1. Jahrhunderts n. Chr. Darüber hinaus wurden mittelalterliche Keramik sowie nicht näher zu datierende Schlackefunde geborgen.

Literatur: Fundber. Baden-Württemberg 32,2, 2012, 592.

13. Allmendingen (UL)

Brett, Siegental (ALLM011)

x: 35558##, y: 53557##

Lagegenauigkeit: 0 (bis auf 50 m genau lokalisierbar).

Ansprache: Vermutlich römerzeitliche Siedlungsreste (Kennung 199).

Forschungsgeschichte: Kleinere Ausgrabung des LDA 2000.

Beschreibung: Im Zuge von Wegbaumaßnamen führte das LDA eine kleinere Ausgrabung durch, bei der das Fundament und stellenweise aufgehendes Mauerwerk eines rechteckigen Gebäudes mit den Maßen 19,5 × 13,5 m zutage kam. Der Nordteil des Gebäudes war unterkellert. Oberflächlich wurde in der Umgebung vorgeschichtliches, römerzeitliches und mittelalterliches Fundmaterial geborgen.

Literatur: –

14. Allmendingen-Grötzingen (UL)

Burggassenäcker (GRÖT003)

x: 35478##, y: 53558##

Lagegenauigkeit: 0 (bis auf 50 m genau lokalisierbar).

Ansprache: Vermutete römerzeitliche Fundstelle (Kennung 999).

Forschungsgeschichte: Landesaufnahme durch von E. von Paulus vor 1877; Feldbegehung durch R. Kreutle 1990.

Beschreibung: Nach E. von Paulus befanden sich hier römerzeitliche Gebäudereste. Ein weiterer Nachweis fehlt. Bei Feldbegehungen 1990 konnten nur mittelalterliche Scherben festgestellt werden.

Literatur: VON PAULUS 1877, 112; PARET 1932, 312; WEHRBERGER 1992, 9,4.

15. Allmendingen-Niederhofen (UL)

Im Ort (-)

x: 35584##, y: 53525##

Lagegenauigkeit: 2 (bis auf 500 m genau lokalisierbar).

Ansprache: Vermutlich römerzeitliche Siedlungsreste (Kennung 199).

Forschungsgeschichte: Baubeobachtung 1846 und vor 1893.

Beschreibung: Laut der Oberamtsbeschreibung Ehingen fanden sich im Ort Mauerreste, römerzeitliche Scherben und möglicherweise Hypocaustpfeiler. Daneben wurden ebenfalls im Ort beim Graben eines Kellers Reste einer Wasserleitung aus Tonröhren angeschnitten. Die römische Zeitstellung beider Befunde ist nicht zweifelsfrei gesichert.

Literatur: KGL. STATIST. LANDESAMT 1893, 301,13.

16. Allmendingen-Niederhofen (UL)

Teichhau, Schlauhau (NIED003; ÖPFI013?)

x: 35582##, y: 53518##

Lagegenauigkeit: 1 (bis auf 200 m genau lokalisierbar).

Ansprache: Vermutlich römerzeitliche Siedlungsreste (Kennung 119).

Forschungsgeschichte: Altfund 1860.

Beschreibung: Im 19. Jahrhundert fand man hier Mauerreste, Ziegelbruchstücke sowie angeblich einen Ziegelofen. Ein späterer Nachweis fehlt bislang.

Literatur: VON PAULUS 1877, 112; KGL. STATIST. LANDESAMT 1893, 301,13; PARET 1932, 351,1; WEHRBERGER 1992, 10,5.

Allmendingen-Niederhofen / Öpfingen (UL)

Trinkholz (ÖPFI001; NIED007)

Siehe *Kat. Nr. 381.*

17. Allmendingen-Niederhofen-Schwörzkirch (UL)

Hochsträß (NIED017)

x: 35577##, y: 53534##

Lagegenauigkeit: 1 (bis auf 200 m genau lokalisierbar).

Ansprache: Fundstreuung (Kennung 10).

Forschungsgeschichte: Altfund 1910 (Jahr der Auffindung nicht gesichert).

Beschreibung: Im frühen 19. Jahrhundert wurden beim „Ulmenbauer" Egle in Schwörzkirch eine eiserne Lanzenspitze und römerzeitliche Keramikscherben gefunden.

Literatur: Fundber. Schwaben 18, 1910, 74. doi https://doi.org/10.11588/diglit.43785#0083; Paret 1932, 374; Wehrberger 1992, 10,6.

18. Allmendingen-Weilersteußlingen (UL)

Im Dorf (WEIL005)

x: 35488##, y: 53561##

Lagegenauigkeit: 1 (bis auf 200 m genau lokalisierbar).

Ansprache: Vermutlich römerzeitliche Siedlungsreste (Kennung 199).

Forschungsgeschichte: Baubeobachtung 1830er Jahre; Lesefund 1845; Baubeobachtungen vor 1845.

Beschreibung: Laut der Oberamtsbeschreibung Ehingen fanden sich bei Bauarbeiten Mauerreste sowie römerzeitliche Keramikscherben. Darüber hinaus wurde eine Münze des Traian in sekundärer Lage (vermutlich aus verlagertem Bauschutt) gefunden, die im Zusammenhang mit den genannten Bauresten stehen könnte.

Literatur: Kgl. Statist. Landesamt 1893, 310,16; Paret 1932, 392.

19. Altbach (ES)

Esslinger Straße, Sedanstraße, Schurwaldstraße (ALTB003)

x: 35281##, y: 53983##

Lagegenauigkeit: 0 (bis auf 50 m genau lokalisierbar).

Ansprache: Hinweis auf Siedlungsreste (Kennung 100).

Forschungsgeschichte: Landwirtschaftliche Tätigkeit 1932; Fundumstände unbekannt 1935.

Beschreibung: Beim Ausheben eines Rübenkellers wurde 1932 römerzeitliches Fundmaterial entdeckt. Etwa 200 m nördlich fanden sich 1935 Reste einer wohl römerzeitlichen Wasserleitung.

Literatur: Fundber. Schwaben N. F. 8, 1933–1935 (1935), 96. doi: https://doi.org/10.11588/diglit.57656#0104.

20. Altbach (ES)

Kraftwerk (-)

x: 35277##, y: 53978##

Lagegenauigkeit: 3 (Lokalisierung innerhalb der Flur nicht gesichert).

Ansprache: Einzelfund (Kennung 0).

Forschungsgeschichte: Baubeobachtung 1952.

Beschreibung: Münze des Gordianus III (238–244 n. Chr.).

Literatur: Fundber. Schwaben N. F. 16, 1962, 306,480,3.

21. Altdorf (ES)

Vogelsang, Greut (ALTD005)

x: 35210##,#, y: 53836##,#

Lagegenauigkeit: 0 (bis auf 50 m genau lokalisierbar).

Ansprache: Einzelfund (Kennung 0).

Forschungsgeschichte: Feldbegehung durch F. Keuerleber vor 1975.

Beschreibung: Bruchstück einer römerzeitlichen Schale im Bereich einer bandkeramischen Siedlung.

Literatur: Fundber. Baden-Württemberg 2, 1975, 7. doi: https://doi.org/10.11588/fbbw.1975.0.24584.

22. Altheim (UL)

Kohlplattenhau (ALTH020)

x: 35579##, y: 53556##

Lagegenauigkeit: 0 (bis auf 50 m genau lokalisierbar).

Ansprache: Einzelfund (Kennung 0).

Forschungsgeschichte: Feldbegehung durch W. Hanold 1997.

Beschreibung: Zwei römerzeitliche Randscherben. Eine weitere römerzeitliche Einzelscherbe fand sich etwa 300 m nordöstlich in der Flur Fischerhau. Die Einordnung der Funde als römerzeitlich erfolgte durch W. Hanold.

Literatur: –

23. Altheim (UL)

Krumme Erlen (ALTH008)

x: 35565##, y: 53544##

Lagegenauigkeit: 0 (bis auf 50 m genau lokalisierbar).

Ansprache: Grabbefunde im Siedlungskontext (Kennung 210).

Forschungsgeschichte: Kleinere Ausgrabung durch W. Hanold 1997.

Beschreibung: Römerzeitliches Brandgrab das bei der Überprüfung eines Luftbildbefundes ausgegraben wurde. Das Grab gehört vermutlich zu einem bisher nicht bekannten Gräberfeld des römischen Gutshofes *Kat. Nr. 122*.

Literatur: –

24. Altheim (Alb) (UL)

Büchlesteig, Im Wiesenweg (ALTH002)

x: 35773##, y: 53825##

Lagegenauigkeit: 0 (bis auf 50 m genau lokalisierbar).

Ansprache: Ländliche Einzelsiedlung (Kennung 110).

Forschungsgeschichte: Feldbegehung durch K. Miller 1893; Feldbegehung durch R. Kreutle 1988.

Beschreibung: Mauerreste sowie mehrere römerzeitliche Keramikscherben und Ziegelbruchstücke.

Literatur: Pfahl 1999, 127,1.

Altheim / Ehingen (Donau)-Heufelden

Am kleinen Häulesberg, Gießübel (HEUF002; ALTH008)

Siehe *Kat. Nr. 122*.

25. Amstetten (UL)

Steighof (-)

x: 35641##, y: 53836##

Lagegenauigkeit: 4 (genauer Fundort nicht bekannt).

Ansprache: Fundstreuung (Kennung 10).

Forschungsgeschichte: Altfund 1846; Baubeobachtung durch A. Kley 1976.

Beschreibung: Am Steighof wurden bereits 1846 römerzeitliche Mauerreste vermutet. In der Nähe der Ziegelhütte, die 170 m nordöstlich des Steighofes liegt und unmittelbar östlich an die Flur „Steighof" angrenzt, wurden zur selben Zeit ebenfalls Mauerreste entdeckt, für die eine römische Zeitstellung allerdings nicht gesichert ist. Bei einer Baubeobachtung stellte A. Kley 1976 wenig römerzeitliches Fundmaterial und einige Ziegelsplitter innerhalb einer Kulturschicht fest. Eine genaue Lokalisierung der Fundstelle ist nicht möglich.

Literatur: Seewald 1972, 7,1–2; Wehrberger 1992, 11,3; Pfahl 1999, 127,3.

26. Amstetten-Bräunisheim (UL)

Im öden Weiler (-)

x: 35686##, y: 53861##

Lagegenauigkeit: 3 (Lokalisierung innerhalb der Flur nicht gesichert).

Ansprache: Einzelfund (Kennung 0).

Forschungsgeschichte: Lesefund vor 1893.

Beschreibung: Denar des Hadrian (117–138 n. Chr.).

Literatur: FMRD II 4, 323,4521,2; Fundber. Schwaben 1, 1893, 44,4. doi: https://doi.org/10.11588/diglit.27197#0052; Seewald 1972, 37,1.

27. Amstetten-Bräunisheim (UL)

Seiboldskirchle (BRÄU004)

x: 35689##, y: 53857##

Lagegenauigkeit: 0 (bis auf 50 m genau lokalisierbar).

Ansprache: Römischer Gutshof (Kennung 111).

Forschungsgeschichte: Landwirtschaftliche Aktivität in den 1870er Jahren; Flurbereinigung 1960; Feldbegehung durch O. Werner in den 1990er Jahren; Luftbild durch R. Schreg 1997; geophysikalische Prospektionen 2006 und 2011.

Beschreibung: Aus Luftbildern und geophysikalischen Messungen ist ein römerzeitliches Gehöft mit Hauptgebäude und vier Nebengebäuden bekannt. Im Bereich der Fundstelle las O. Werner über mehrere Jahre hinweg römerzeitliche sowie spätmittelalterliche oder frühneuzeitliche Keramik auf.

Literatur: Pfahl 1999, 127,7; Schreg 2007/2008, 113–114; Arch. Ausgr. Baden-Württemberg 2011, 41.

28. Amstetten-Bräunisheim (UL)

Tellenäcker, Beim breiten Weg, Beim Wasserbrunnen (BRÄU002)

x: 35697##, y: 53859##

Lagegenauigkeit: 0 (bis auf 50 m genau lokalisierbar).

Ansprache: Römischer Gutshof (Kennung 111).

Forschungsgeschichte: Landwirtschaftliche Aktivität in den 1970er Jahren; Felbegehung durch G. Krauss, O. Lang und O. Werner 1990er Jahre; Luftbild durch O. Braasch 1992 und 1994; geophysikalische Prospektion 2011.

Beschreibung: Römischer Gutshof mit Hauptgebäude und mindestens einem Nebengebäude. Die Fundstelle war bereits vor der geophysikalischen Prospektion 2011, bei der eindeutige Gebäudegrundrisse erfasst werden konnten, bekannt, da Feldbegehungen sowie landwirtschaftliche Arbeiten auf dem Acker immer wieder römerzeitliches Fundmaterial und Reste von Mauerzügen zutage brachte. Weitere Strukturen westlich des Hauptgebäudes, die im Magnetogramm sichtbar sind, könnten von einem Grabmonument stammen. Die Fundstelle ist etwa 900 m von der *villa rustica* in der Flur „Seibolskirchle" entfernt (*Kat. Nr. 27*).

Literatur: Pfahl 1999, 127,8; Arch. Ausgr. Baden-Württemberg 2011, 41–42.

29. Amstetten-Schalkstetten (UL)

Boden (SCHA004)

x: 35671##, y: 53864##

Lagegenauigkeit: 0 (bis auf 50 m genau lokalisierbar).

Ansprache: Hinweis auf Siedlungsreste (Kennung 100).

Forschungsgeschichte: Baubeobachtung durch A. Kley 1967.

Beschreibung: Römerzeitlicher Brunnen beim Ausschachten einer Werkhalle freigelegt. Unter dem Fundmaterial befand sich ein Terra sigillata-Stempel des Natalis.

Literatur: Kley / Schreg 1992, 37; Pfahl 1999, 128,11.

30. Amstetten-Stubersheim (UL)

An der Straße nach Bräunisheim (-)

x: 35682##, y: 53848##

Lagegenauigkeit: 3 (Lokalisierung innerhalb der Flur nicht gesichert).

Ansprache: Einzelfund (Kennung 0).

Forschungsgeschichte: Lesefund (Auffindungszeitpunkt unbekannt).

Beschreibung: Bronzemünze des Marc Aurel (161–180 n. Chr.).

Literatur: FMRD II 4, 330,4545,2; Seewald 1972, 72,2,1.

31. Amstetten-Stubersheim (UL)

Sandrain (STUB002)

x: 35653##, y: 53837##

Lagegenauigkeit: 0 (bis auf 50 m genau lokalisierbar).

Ansprache: Ländliche Einzelsiedlung (Kennung 110).

Forschungsgeschichte: Kleinere Ausgrabung durch P. Schultz 1900; kleinere Ausgrabung durch P. Schultz, G. Sixt und E. Fabricius 1903.

Beschreibung: Nordöstlich von Amstetten wurden bei Nachforschungen und anschließenden Ausgrabungen 1900 und 1903 zwei Nebengebäude sowie ein Keller dokumentiert. Der Keller könnte sowohl zu einem Nebengebäude als auch zu einem Risalit des Hauptgebäudes gehören.

Literatur: Pfahl 1999, 128,12.

32. Asselfingen (UL)

(Beim) Hohlenstein (ASSE001)

x: 35866##, y: 53797##

Lagegenauigkeit: 0 (bis auf 50 m genau lokalisierbar).

Ansprache: Fundmaterial in Höhle (Kennung 910).

Forschungsgeschichte: Größere Ausgrabung durch O. Fraas 1862; größere Ausgrabungen durch R. Wetzel und O. Völzings 1934–39, 1956–57 und 1959–61.

Beschreibung: Höhle mit zahlreicher römerzeitlicher Keramik des 2. und des 3. Jahrhunderts, darunter Reibschalen, Feinkeramik, fünf Öllämpchen, ein Schlüssel und ein As des Hadrian (117–138 n. Chr.).

Literatur: Wehrberger 1992, 12–14,1; Clarke / Haas-Campen 1997, 84–91; Pfahl 1999, 130,14.

33. Asselfingen (UL)

Hohlenstein, Lehenhölzle (ASSE004)

x: 35867##, y: 53792##

Lagegenauigkeit: 0 (bis auf 50 m genau lokalisierbar).

Ansprache: Ländliche Einzelsiedlung (Kennung 110).

Forschungsgeschichte: Kleinere Ausgrabung durch L. Bürger 1890.

Beschreibung: Vier Gebäudegrundrisse, die vermutlich zu einem römischen Gutshof gehörten, wurden hier freigelegt, darunter ein Keller. Unter dem Fundmaterial befand sich ein Sesterz der Faustina II (176–180 n. Chr.).

Literatur: Pfahl 1999, 132–133,15.

34. Asselfingen (UL)

Riedfeld, unterhalb Unholdenstein (ASSE005)   AG+

x: 35893##, y: 53762##

Lagegenauigkeit: 0 (bis auf 50 m genau lokalisierbar).

Ansprache: Römischer Gutshof (Kennung 111).

Forschungsgeschichte: Feldbegehung durch E. Junginger 1984; Luftbild durch R. Gensheimer 1984; Luftbilder durch O. Braasch 1992–1994 und 2001–2011.

Beschreibung: Aus Luftbildern sind das Hauptgebäude und drei Nebengebäude eines römischen Gutshofes bekannt.

Literatur: Pfahl 1999, 134,16.

35. Bad Boll (GP)

Maurenen (BOLL001)

x: 35437##, y: 53893##

Lagegenauigkeit: 0 (bis auf 50 m genau lokalisierbar).

Ansprache: Fundstreuung (Kennung 10).

Forschungsgeschichte: Feldbegehung durch H. Mayer 1957.

Beschreibung: Bei Feldbegehungen wurden zwei Randfragmente römerzeitlicher Gebrauchskeramik sowie Ziegelbruchstücke aufgelesen.

Literatur: Fundber. Schwaben N. F. 15, 1959, 162. doi: https://doi.org/10.11588/diglit.66263#0190; Schreg 1996, Boll 2,4.

36. Bad Überkingen (GP)

Hohe Gasse 4 (-)

x: 35587##, y: 53849##

Lagegenauigkeit: 0 (bis auf 50 m genau lokalisierbar).

Ansprache: Einzelfund (Kennung 0).

Forschungsgeschichte: Auffindungsumstände und -zeitpunkt unbekannt.

Beschreibung: Römerzeitliche Einzelscherbe im Bereich einer Quelle.

Literatur: KLEY/ SCHREG 1992, 72; SCHREG 1996, Bad Überkingen 2,3.

37. Bad Überkingen (GP)

Kahlenloch, Höhle (ÜBER001)

x: 35596##, y: 53851##

Lagegenauigkeit: 0 (bis auf 50 m genau lokalisierbar).

Ansprache: Fundmaterial in Höhle (Kennung 910).

Forschungsgeschichte: Fund bei Instandsetzung der Höhle 1973.

Beschreibung: Die Höhle besitzt einen schmalen Zugang und dahinter eine etwas geräumigere Halle. Bei Instandsetzungs- und Aufräumarbeiten, kamen verschiedene Funde unterschiedlicher Zeitstellung zutage. In römische Zeit datiert lediglich ein Sesterz Antoninus Pius (140–144 n. Chr., bestimmt durch Dr. E. Nau) sowie die Randscherbe einer Schüssel.

Literatur: Fundber. Schwaben N. F. 16, 1962, 225; Fundber. Baden-Württemberg 8, 1983, 100–101. doi: https://doi.org/10.11588/fbbw.1983.0.26581; Fundber. Baden-Württemberg 10, 1985, 635,408. doi: https://doi.org/10.11588/fbbw.1985.0.28161; KLEY/ SCHREG 1992, 18; 21; 72; SCHREG 1996, Bad Überkingen 2–3,4.

38. Bad Überkingen-Unterböhringen (GP)

Im Bol, Wolfsgrube (UNTE003)

x: 35557##, y: 53876##

Lagegenauigkeit: 0 (bis auf 50 m genau lokalisierbar).

Ansprache: Ländliche Einzelsiedlung (Kennung 110).

Forschungsgeschichte: Landwirtschaftliche Aktivität 1950; Feldbegehung und größere Ausgrabung durch A. Kley 1950.

Beschreibung: Bei Drainagearbeiten wurden Mauerreste angeschnitten, die sich bei anschließenden Ausgrabungen als die Reste eines Badegebäudes herausstellten, das vermutlich zu einem römerzeitlichen Gehöft gehörte.

Literatur: Fundber. Schwaben N. F. 12, 1938–1951 (1952), 87–88; KLEY/ SCHREG 1992, 38 Abb. 38; SCHREG 1996, Bad Überkingen 8,12.

39. Bad Urach-Urach (RT)

Hartberghöhle (URAC006)

x: 35310##, y: 53707##

Lagegenauigkeit: 0 (bis auf 50 m genau lokalisierbar).

Ansprache: Fundmaterial in Höhle (Kennung 910).

Forschungsgeschichte: Kleinere Ausgrabung durch R. Kapff 1937.

Beschreibung: Innerhalb der Höhle konnte eine Ascheschicht freigelegt werden, die u. a. römerzeitliche Ziegel enthielt.

Literatur: Fundber. Schwaben N. F. 9,1935–1938 (1938), 8; OEFTIGER 1997, 3,4.

40. Bad Urach-Hengen (RT)

Steinhäuser (HENG005)

x: 35342##, y: 53712##

Lagegenauigkeit: 0 (bis auf 50 m genau lokalisierbar).

Ansprache: Römischer Gutshof (Kennung 111).

Forschungsgeschichte: Luftbilder durch O. Braasch 1991, 1992, 1998 und 2001.

Beschreibung: Aus dem Luftbild sind das Hauptgebäude, ein Nebengebäude und die Umfassungsmauer eines römerzeitlichen Gehöfts bekannt.

Literatur: –

41. Bad Urach-Wittlingen (RT)

Weidental, Mühläcker (WITT010)

x: 35338##, y: 53688##

Lagegenauigkeit: 0 (bis auf 50 m genau lokalisierbar).

Ansprache: Fundstreuung (Kennung 10).

Forschungsgeschichte: Baubeobachtung durch F. Klein 1989.

Beschreibung: Im Bereich eines Bachlaufes fanden sich bei der Anlage von Feuchtbiotopen eine Terra sigillata-Randscherbe sowie fünf weitere „wohl römische Scherben". Eine Verlagerung der Funde ist nicht ausgeschlossen.

Literatur: OEFTIGER 1997, 7,10.

42. Ballendorf (UL)

Mehrstetter Feld (BALL001)

x: 35794##, y: 53829##

Lagegenauigkeit: 0 (bis auf 50 m genau lokalisierbar).

Ansprache: Einzelfund (Kennung 0).

Forschungsgeschichte: Feldbegehung durch A. Kley vor 1957.

Beschreibung: Einzelfund einer Terra sigillata-Scherbe im Bereich einer vorgeschichtlichen Fundstreuung.

Literatur: Seewald 1972, 27; Pfahl 1999, 134,18.

43. Ballendorf (UL)

Südlicher Ortsausgang, Steinenberg (BALL005)

x: 35800##, y: 53797##

Lagegenauigkeit: 1 (bis auf 200 m genau lokalisierbar).

Ansprache: Einzelfund (Kennung 0).

Forschungsgeschichte: Lesefunde durch A. Heckel 1956.

Beschreibung: Ein As der Faustina II (161–167 n. Chr.).

Literatur: Fundber. Schwaben N. F. 15, 1959, 206. doi: https://doi.org/10.11588/diglit.66263#0236; Seewald 1972, 21; Pfahl 1999, 134,17.

44. Bartholomä-Kitzinghof (AA)

Falkenhöhle (BART004)

x: 35682##, y: 54010##

Lagegenauigkeit: 0 (bis auf 50 m genau lokalisierbar).

Ansprache: Fundmaterial in Höhle (Kennung 910).

Forschungsgeschichte: Prospektion durch M. Benzin 1969.

Beschreibung: In der Falkenhöhle fanden sich die Scherben einer Reibschüssel und mehrere Terra sigillata-Scherben.

Literatur: Fundber. Baden-Württemberg 2, 1975, 135. doi: https://doi.org/10.11588/fbbw.1975.0.24589.

45. Beimerstetten-Hagen (UL)

Brunnenbühl, Hinter den Gärten (BEIM005)

x: 35733##, y: 53709##

Lagegenauigkeit: 0 (bis auf 50 m genau lokalisierbar).

Ansprache: Ländliche Einzelsiedlung (Kennung 110).

Forschungsgeschichte: Luftbild durch O. Braasch 1991; Feldbegehung durch E. Junginger 1992.

Beschreibung: Aus dem Luftbild sind die Grundrisse von mindestens zwei Gebäuden bekannt. Bei einer anschließenden Begehung fanden sich Mauer- und Schuttreste sowie römerzeitliches Fundmaterial.

Literatur: Pfahl 1999, 135,19.

46. Bempflingen (ES)

Mauern, Sahrwiesen (BEMP001)

x: 35202##, y: 53814##

Lagegenauigkeit: 1 (bis auf 200 m genau lokalisierbar).

Ansprache: Vermutlich römerzeitliche Siedlungsreste (Kennung 199).

Forschungsgeschichte: Landesaufnahme durch E. von Paulus bis 1877.

Beschreibung: E. von Paulus erwähnt römerzeitliche Gebäudereste sowie eine Merkurstatue in der Nähe des Ortes.

Literatur: von Paulus 1877, 87; Paret 1932, 280.

47. Bempflingen (ES)

Rainer, Tischinger (-)

x: 35201##, y: 53822##

Lagegenauigkeit: 1 (bis auf 200 m genau lokalisierbar).

Ansprache: Religionszeugnis vermutet (Kennung 399).

Forschungsgeschichte: Auffindungszeitpunkt und -umstände sind nicht mehr zu ermitteln.

Beschreibung: Aus den Ortsakten des Landesamtes für Denkmalpflege geht hervor, dass hier laut der mündlichen Überlieferung der Dorfbewohner ein römerzeitlicher Altar gestanden haben soll. Weitere Anhaltspunkte fehlen.

Literatur: –

48. Bempflingen-Kleinbettlingen (ES)

Hintere Braike (KLEI001)

x: 35215##, y: 53818##

Lagegenauigkeit: 0 (bis auf 50 m genau lokalisierbar).

Ansprache: Vermutete römerzeitliche Fundstelle (Kennung 999).

Forschungsgeschichte: Altfund, Fundzeitpunkt und -umstände sind nicht zu ermitteln.

Beschreibung: Durch von E. von Paulus eingezeichnete römerzeitliche Gebäude. Es existiert kein weiterer Nachweis.

Literatur: von Paulus 1877, 67; Paret 1932, 328.

49. Berghülen (UL)

Auf dem Dauner (BERG013)

x: 35601##, y: 53693##

Lagegenauigkeit: 0 (bis auf 50 m genau lokalisierbar).

Ansprache: Ländliche Einzelsiedlung (Kennung 110).

Forschungsgeschichte: Flurbereinigung 1986; kleinere Ausgrabung durch G. Häfele und H. Mollenkopf 1986; kleinere Ausgrabung durch das LDA 1988.

Beschreibung: Gebäudegrundriss sowie römerzeitliches Fundmaterial im Bereich der Fundstelle. 650 m östlich der Fundstelle befindet sich eine flache Hühle, in der ebenfalls stark verschliffene römerzeitliche Scherben zum Vorschein kamen. Ein Zusammenhang mit der 550 m entfernten Fundstelle *Kat. Nr. 51* ist möglich.

Literatur: KLEIN 1988, 161–163; WEHRBERGER 1992, 17,12.

50. Berghülen (UL)

Bei Oberweiler (BERG024)

x: 35564##, y: 53706##

Lagegenauigkeit: 0 (bis auf 50 m genau lokalisierbar).

Ansprache: Fundstreuung (Kennung 10).

Forschungsgeschichte: Feldbegehung durch H. Mollenkopf.

Beschreibung: In unmittelbarer Nähe zu einer Hühle fanden sich römerzeitliche Scherben, darunter das Randfragment einer Reibschale sowie wenig vorgeschichtliches Fundmaterial. Die Fundstelle befindet sich im Bereich einer mittelalterlichen Wüstung.

Literatur: Fundber. Baden-Württemberg 19,2, 1994, 87. doi: https://doi.org/10.11588/fbbw.1994.2.44824.

51. Berghülen (UL)

Dauner (BERG016)

x: 35605##, y: 53697##

Lagegenauigkeit: 0 (bis auf 50 m genau lokalisierbar).

Ansprache: Fundstreuung (Kennung 10).

Forschungsgeschichte: Baubeobachtung durch H. Mollenkopf 1980.

Beschreibung: Bei dem Ausbau eines Waldweges kamen wenige römerzeitliche Scherben zutage. Die Fundstelle befindet sich nahe einer Hühle. Möglicherweise besteht ein Zusammenhang mit den unter *Kat. Nr. 49* geführten Siedlungsresten ca. 550 m südwestlich der Fundstelle.

Literatur: WEHRBERGER 1992, 15,1; Fundber. Baden-Württemberg 19,2, 1994, 87. doi: https://doi.org/10.11588/fbbw.1994.2.44824.

52. Berghülen (UL)

Hirschhüle (BERG011)

x: 35592##, y: 53702##

Lagegenauigkeit: 0 (bis auf 50 m genau lokalisierbar).

Ansprache: Einzelfund (Kennung 0).

Forschungsgeschichte: Feldbegehung durch H. Mollenkopf 1989.

Beschreibung: Bei Flurbereinigungsarbeiten las H. Mollenkopf einige Scherben unterschiedlicher Zeitstellung auf, darunter eine vermutlich römerzeitliche Scherbe. Im Bereich der Fundstelle befanden sich „Steinwälle", die durch die Flurbereinigung abgetragen wurden.

Literatur: –

53. Berghülen (UL)

Lausegert (BERG032)

x: 35579##, y: 53706##

Lagegenauigkeit: 0 (bis auf 50 m genau lokalisierbar).

Ansprache: Einzelfund (Kennung 0).

Forschungsgeschichte: Lesefund 2006.

Beschreibung: Bronzemünze der Bruttia Crispina (177–180 n. Chr.). Frühere Begehungen der Äcker im Bereich der Fundstelle erbrachten keine Ergebnisse.

Literatur: –

54. Berghülen (UL)

Untere Wennender Heide (-)

x: 35552##, y: 53677##

Lagegenauigkeit: 0 (bis auf 50 m genau lokalisierbar).

Ansprache: Einzelfund (Kennung 0).

Forschungsgeschichte: Lesefund vor 1988.

Beschreibung: Randstück einer römerzeitlichen Reibschale.

Literatur: –

55. Berghülen (UL)

Unteres Eile, Unteres Äule

x: 35573##, y: 53700##

Lagegenauigkeit: 0 (bis auf 50 m genau lokalisierbar).

Ansprache: Fundstreuung (Kennung 10).

Forschungsgeschichte: Landwirtschaftliche Tätigkeit, gemeldet von G. Häfele und H. Mollenkopf 1978.

Beschreibung: Beim Öffnen einer Rübenmiete kam eine Konzentration römerzeitlicher Keramik zutage.

Literatur: WEHRBERGER 1992, 17,13.

56. Berghülen-Bühlenhausen (UL)

Baumäcker, Breite, Unter den Schönen Tälern (BERG018; BÜHL002)

x: 35571##, y: 53691##

Lagegenauigkeit: 0 (bis auf 50 m genau lokalisierbar).

Ansprache: Vermutete römerzeitliche Fundstelle (Kennung 999).

Forschungsgeschichte: Beobachtung bei Flurbereinigungsmaßnahmen durch G. Häfele und H. Mollenkopf 1978; Feldbegehung durch G. Häfele und H. Mollenkopf 1978.

Beschreibung: Holzbau mit westlich anschließender römerzeitlicher Fundstreuung. Eisenschalckenkonzentration unterhalb des Holzbaus. Da datierendes Fundmaterial aus den Pfostenlöchern des Holzbaus fehlt, ist die römische Zeitstellung nicht zweifelsfrei gesichert.

Literatur: Wehrberger 1992, 15,3; 17,1; Fundber. Baden-Württemberg 17,2, 1992, 99–100,1–2 Abb. 35. doi: https://doi.org/10.11588/fbbw.1992.2.42864.

57. Berglen-Bretzenacker (WN)

Volkhardsmühle (BRET001)

x: 35335##, y: 54131##

Lagegenauigkeit: 5 (verlagerte Fundstelle).

Ansprache: Fundstreuung (Kennung 10).

Forschungsgeschichte: Baubeobachtung durch Vollrath 1960.

Beschreibung: Einige Scherben römerzeitlicher Keramik, die vermutlich von der Flur „Maurenäcker" abgerutscht sind.

Literatur: Fundber. Schwaben N. F. 16, 1962, 250.

58. Berglen-Rettersburg (WN)

Auf dem Acker 300 m östlich des Ortes (-)

x: 35351##, y: 54150##

Lagegenauigkeit: 3 (Lokalisierung innerhalb der Flur nicht gesichert).

Ansprache: Einzelfund (Kennung 0).

Forschungsgeschichte: Lesefund 1920.

Beschreibung: Münze des Claudius.

Literatur: Fundber. Schwaben N. F. 2, 1922–1924 (1924), 37,531. doi: https://doi.org/10.11588/diglit.43773#0045.

59. Bernstadt (UL)

Am Hohlweg (BERN020)

x: 35768##, y: 53746##

Lagegenauigkeit: 0 (bis auf 50 m genau lokalisierbar).

Ansprache: Einzelfund (Kennung 0).

Forschungsgeschichte: Feldbegehung durch E. Junginger 1991.

Beschreibung: Fund einer unbestimmten Silbermünze. Möglicherweise Zusammenhang mit *Kat. Nr. 62.*

Literatur: –

60. Bernstadt (UL)

Butzenhöfe 2 (BERN014)

x: 35734##, y: 53746##

Lagegenauigkeit: 0 (bis auf 50 m genau lokalisierbar).

Ansprache: Einzelfund (Kennung 0).

Forschungsgeschichte: Baubeobachtung durch A. Heckel 1958.

Beschreibung: Einzelscherbe eines römerzeitlichen Henkelkruges.

Literatur: Fundber. Schwaben N. F. 16, 1962, 299,2; Seewald 1972, 25,1; Wehrberger 1992, 18,14; Pfahl 1999, 135,20.

61. Bernstadt (UL)

Butzenhöfe 4 (BERN016, BERN028)

x: 35737##, y: 53749##

Lagegenauigkeit: 0 (bis auf 50 m genau lokalisierbar).

Ansprache: Einzelfund (Kennung 0).

Forschungsgeschichte: Kleinere Ausgrabung durch F. Hertlein 1889; Baubeobachtung in den 1960er Jahren, gemeldet durch H. Mollenkopf.

Beschreibung: Im Gewann „Putzen" wurden bei der Ausgrabung der römischen Straße durch Hertlein ein Mittelerz des Hadrian (117–138 n. Chr.) sowie „weitere römische Reste" gefunden. In den 1960er Jahren fand sich schließlich beim Neubau des Aussiedlerhofes eine Münze des Gordianus III (240 n. Chr.).

Literatur: Fundber. Schwaben 1, 1893, 44,318. doi: https://doi.org/10.11588/diglit.27197#0052; Seewald 1972, 25,2; Fundber. Baden-Württemberg 2, 1975, 333,318,3. doi: https://doi.org/10.11588/fbbw.1975.0.24593.

62. Bernstadt (UL)

Graben, Dörrgrube, Bartensteige (BERN015)

x: 35763##, y: 53747##

Lagegenauigkeit: 0 (bis auf 50 m genau lokalisierbar).

Ansprache: Römischer Gutshof (Kennung 111).

Forschungsgeschichte: Luftbild durch O. Braasch 1978; Feldbegehung durch E. Junginger und M. Reistle 1978; Baubeobachtung durch E. Junginger 1995.

Beschreibung: Aus einem Luftbild sind das Hauptgebäude und zwei Nebengebäude eines römischen Gehöfts bekannt. Feldbegehungen erbrachten Keramik des 2. und des 3. Jahrhunderts.

Literatur: Pfahl 1999, 135–136,21.

63. Bernstadt (UL)

Walkstetten (BERN032)

x: 35740##, y: 53741##

Lagegenauigkeit: 3 (Lokalisierung innerhalb der Flur nicht gesichert).

Ansprache: Einzelfund (Kennung 0).

Forschungsgeschichte: Lesefund, Auffindungszeitpunkt unbekannt.

Beschreibung: Münze des Commodus (181 n. Chr.).

Literatur: Fundber. Baden-Württemberg 2, 1975, 333,318,2. doi: https://doi.org/10.11588/fbbw.1975.0.24593.

64. Beuren (ES)

Lehenwasen (BEUR008)

x: 35297##, y: 53835##

Lagegenauigkeit: 0 (bis auf 50 m genau lokalisierbar).

Ansprache: Isolierter Grabfund (Kennung 200).

Forschungsgeschichte: Baubeobachtung durch Ch. Rebmann 1937; kleinere Ausgrabung durch O. Lau 1957.

Beschreibung: Bei Drainagearbeiten fand Ch. Rebmann einen rechteckig behauenen, innen ausgehöhlten Sandstein, der mit einem Leistenziegel abgedeckt war. Daneben befand sich eine im Durchmesser 1,5 m breite und 80 cm tiefe Brandschicht, die neben Ascheresten auch Keramikscherben, Ziegelbruchstücke und Knochenreste enthielt. Ein zweiter Stein, der laut Ch. Rebmann ebenfalls in dem Drainagegraben gelegen habe, jedoch nicht geborgen wurde, war bei der Nachgrabung durch O. Lau nicht mehr auffindbar. Möglicherweise handelt es sich um den Bestattungsplatz einer bisher nicht bekannten Siedlung. Die östlich benachbarte Flur trägt den Namen „Ziegelwiesen"; etwa 1 km östlich liegt die Flur „Weileräcker" (*Kat. Nr. 65*).

Literatur: Fundber. Schwaben N. F. 15, 1959, 162. doi: https://doi.org/10.11588/diglit.66263#0190.

65. Beuren (ES)

Weileräcker (BEUR007)

x: 35312##, y: 53828##

Lagegenauigkeit: 1 (bis auf 200 m genau lokalisierbar).

Ansprache: Vermutete römerzeitliche Fundstelle (Kennung 999).

Forschungsgeschichte: Feldbegehung im Zuge der Landesaufnahme durch E. von Paulus bis 1877.

Beschreibung: E. von Paulus vermutet hier römerzeitliche Siedlungsreste. Kein weiterer Nachweis.

Literatur: von Paulus 1877, 67; Paret 1932, 282,1.

66. Birenbach (GP)

Wiesenteich, Lorcher Straße (BIRE001)

x: 35486##, y: 54011##

Lagegenauigkeit: 0 (bis auf 50 m genau lokalisierbar).

Ansprache: Fundstreuung (Kennung 10).

Forschungsgeschichte: Baubeobachtung 1952.

Beschreibung: In einer Baugrube wurde eine Kulturschicht mit vorgeschichtlicher Keramik und wenigen römerzeitlichen Scherben beobachtet. Darunter befand sich eine kleine Terra sigillata-Scherbe.

Literatur: Fundber. Schwaben N. F. 13, 1952–1954 (1955), 43. doi: https://doi.org/10.11588/diglit.60965#0049; Schreg 1996, Birenbach 2,4.

67. Bissingen a. d. Teck (ES)

Eichhalde (BISS004)

x: 35363##, y: 53824##

Lagegenauigkeit: 0 (bis auf 50 m genau lokalisierbar).

Ansprache: Fundstreuung (Kennung 10).

Forschungsgeschichte: Feldbegehungen durch F. Weiss 1995–2010.

Beschreibung: Bei Feldbegehungen las die archäologische Gruppe um F. Weiss neben vorgeschichtlichem und mittelalterlichem Fundmaterial römerzeitliche Keramik auf. Darunter befanden sich wenige Scherben von Terra sigillata-Gefäßen. Da sich die Fundstelle am Fuße eines Steilhanges befindet, ist eine Verlagerung der Funde nicht ausgeschlossen.

Literatur: Fundber. Baden-Württemberg 32,2, 2012, 595.

68. Bissingen a. d. Teck (ES)

Hinterburg, Steinriegel (BISS003)

x: 35384##, y: 53845##

Lagegenauigkeit: 0 (bis auf 50 m genau lokalisierbar).

Ansprache: Ländliche Einzelsiedlung (Kennung 110).

Forschungsgeschichte: Luftbild durch R. Gensheimer 1983; Feldbegehungen durch U. Ölkrug 1984 und Ch. Bizer (unbekannter Zeitpunkt); Fundmeldung von F. Weiss 2008.

Beschreibung: Durch ausgepflügte Steine erkannte U. Ölkrug vom Breitenstein aus lineare Steinhäufungen. Der Befund wurde durch ein früheres Luftbild des LDA bestätigt. Bei späteren Feldbegehungen konnte römerzeitliche Keramik aus der zweiten Hälfte des 2. Jahrhunderts und dem frühen 3. Jahrhundert n. Chr.

aufgelesen werden. Darunter befanden sich Ziegel- und Tubuli-bruchstücke, Amphorenscherben, Grobkeramik sowie Terra sigillata. Neben den keramischen Funden wurde auch ein Denar des Severus Alexander aus dem Jahr 226 n.Chr. geborgen (Bestimmung durch Dr. U. Klein).

Literatur: Fundber. Baden-Württemberg 28,2, 2005, 199–200. doi: https://doi.org/10.11588/fbbw.2005.2.73063; BIZER 2007.

69. Bissingen a. d. Teck-Ochsenwang (ES)

Zwischen Salzmannstein und Randeck (OCHS001)

x: 35391##, y: 53814##

Lagegenauigkeit: 1 (bis auf 200 m genau lokalisierbar).

Ansprache: Fundstreuung (Kennung 10).

Forschungsgeschichte: Rohstoffgewinnung vor 1930; Feldbegehung durch G. Riek 1930.

Beschreibung: In einer Lehmgrube wurden Scherben römerzeitlicher Keramik entdeckt.

Literatur: Fundber. Schwaben N. F. 5, 1928–1930 (1930), 80. doi: https://doi.org/10.11588/diglit.57653#0092; PARET 1932, 355.

70. Blaubeuren (UL)

Bödemle (-)

x: 35575##, y: 53655##

Lagegenauigkeit: 1 (bis auf 200 m genau lokalisierbar).

Ansprache: Einzelfund (Kennung 0).

Forschungsgeschichte: Feldbegehung durch H. Mollenkopf 1992.

Beschreibung: Bei Feldbegehungen las H. Mollenkopf vorgeschichtliche und mittelalterliche Keramik sowie eine römerzeitliche Einzelscherbe auf.

Literatur: –

71. Blaubeuren (UL)

Hessen, Schäfer, beim Schafstall (BLAU014)

x: 35577##, y: 53675##

Lagegenauigkeit: 5 (verlagerte Fundstelle).

Ansprache: Einzelfund (Kennung 0).

Forschungsgeschichte: Baubeobachtung durch G. Häfele und H. Mollenkopf 1978.

Beschreibung: Bei Wegbaumaßnahmen im Zuge der Flurbereinigung kam eine Kulturschicht mit vorgeschichtlichen Funden und eine römerzeitliche Einzelscherbe zutage. Es ist nicht ausgeschlossen, dass die Funde verlagert sind.

Literatur: WEHRBERGER 1992, 20,10.

72. Blaubeuren-Altental (UL)

Katzental, Gairen (BLAU007)

x: 35627##, y: 53640##

Lagegenauigkeit: 0 (bis auf 50 m genau lokalisierbar).

Ansprache: Fundmaterial in Höhle (Kennung 910).

Forschungsgeschichte: Zufallsfund durch zwei Schüler 1954.

Beschreibung: Wenige Scherben rätischer Ware innerhalb einer kleinen Höhle.

Literatur: Fundber. Schwaben N. F. 14, 1957, 159. doi: https://doi.org/10.11588/diglit.66264#0171; SEEWALD 1972, 30; WEHRBERGER 1992, 20,3.

73. Blaubeuren-Seißen (UL)

Brillenhöhle, Weilerhalde (-)

x: 35576##, y: 53633##

Lagegenauigkeit: 0 (bis auf 50 m genau lokalisierbar).

Ansprache: Fundmaterial in Höhle (Kennung 910).

Forschungsgeschichte: Kleinere Ausgrabungen durch R. R. Schmidt 1909 sowie das LDA in den Jahren 1956, 1957, 1960 und 1961.

Beschreibung: Innerhalb einer durch mehrere kleinere Ausgrabungen erforschten Höhle befand sich neben zahlreichen vorgeschichtlichen Funden auch eine römerzeitliche Einzelscherbe.

Literatur: SEEWALD 1972, 114.

74. Blaubeuren-Sonderbuch (UL)

Ortsausgang nach Blaubeuren (ADAB-Nr. 96602217)

x: 35596##, y: 53645##

Lagegenauigkeit: 3 (Lokalisierung innerhalb der Flur nicht gesichert).

Ansprache: Einzelfund (Kennung 0).

Forschungsgeschichte: Rohstoffgewinnung 1932.

Beschreibung: Beim „Steinebrechen" fand man 1932 einen Sesterz des Antoninus Pius (138–161 n.Chr.).

Literatur: SEEWALD 1972, 71; Fundber. Schwaben N. F. 7, 1930–1932 (1932), 63,479,2. doi: https://doi.org/10.11588/diglit.57655#0073.

75. Blaubeuren-Sonderbuch (UL)

Schlaghau (SOND008)

x: 35615##, y: 53650##

Lagegenauigkeit: 0 (bis auf 50 m genau lokalisierbar).

Ansprache: Einzelfund (Kennung 0).

Forschungsgeschichte: Feldbegehung durch R. Bollow 2012.

Beschreibung: Auf einem Acker las R. Bollow eine stark abgegriffene Münze des Hadrian (117–138 n. Chr.) auf.

Literatur: –

76. Blaubeuren-Weiler (UL)

Sirgenstein (-)

x: 35564##, y: 53612##

Lagegenauigkeit: 0 (bis auf 50 m genau lokalisierbar).

Ansprache: Fundmaterial in Höhle (Kennung 910).

Forschungsgeschichte: Kleinere Ausgrabung durch R. R. Schmidt 1906 und G. Riek 1937.

Beschreibung: Höhle mit überwiegend altsteinzeitlichen Schichten. Als Einzelfund wurden auch Funde jüngerer Epochen geborgen, darunter eine römerzeitliche Scherbe.

Literatur: Seewald 1972, 114; Wehrberger 1992, 25,2; Clarke/Haas-Campen 1997, 114–117.

77. Blaustein-Bermaringen / Dornstadt-Temmenhausen (UL)

Äußeres Hart, Blumenhau (BERM014; TEMM002)

x: 35639##, y: 53711##

Lagegenauigkeit: 0 (bis auf 50 m genau lokalisierbar).

Ansprache: Vermutlich ländliche Einzelsiedlung (Kennung 119).

Forschungsgeschichte: Beobachtung von Siedlungsresten 1985 (Fundumstände unbekannt); Fundmeldung durch G. Wieland nach Pflugarbeiten.

Beschreibung: An der Markungsgrenze zwischen Bermaringen und Tomerdingen wurden insgesamt sechs Gruben angepflügt. Vier der Gruben enthielten Scherben römerzeitlicher Gebrauchskeramik, Terra sigillata sowie Eisenschlackereste. In einem Fall fanden sich darüber hinaus verbrannte Kalksteine in der Verfüllung. An Streufunden konnten zudem zahlreiche Gebrauchskeramik, Reste von Amphoren sowie wenige Terra sigillata-Scherben im Umfeld der Fundstelle festgestellt werden.

Literatur: Wehrberger 1992, 27,15; 32,3; Fundber. Baden-Württemberg 19,2, 1994, 90,2. doi: https://doi.org/10.11588/fbbw.1994.2.44824.

78. Blaustein-Ehrenstein (UL)

Unbekannt (ADAB-Nr. 96609745)

Lagegenauigkeit: 4 (genauer Fundort nicht bekannt).

Ansprache: Religionszeugnis ohne Befundzusammenhang (Kennung 320).

Forschungsgeschichte: Kleinere Ausgrabung 1736.

Beschreibung: Jupiterstatuette aus Bronze, die kurz nach der Entdeckung zerstört wurde.

Literatur: von Paulus 1877, 126; Paret 1932, 299; Seewald 1972, 33,1.

79. Blaustein-Wippingen (UL)

Höfermahd (WIPP001)

x: 35634##, y: 53673##

Lagegenauigkeit: 2 (bis auf 500 m genau lokalisierbar).

Ansprache: Einzelfund (Kennung 0).

Forschungsgeschichte: Feldbegehung durch H. Mollenkopf 2001/2002.

Beschreibung: Bei Feldbegehungen fand H. Mollenkopf im Bereich einer vorgeschichtlichen Fundstelle die Wandscherbe einer Terra sigillata-Schüssel.

Literatur: –

80. Böbingen a. d. Rems-Unterböbingen (AA)

Bürgle (BÖBI002)

x: 35679##, y: 54094##

Lagegenauigkeit: 0 (bis auf 50 m genau lokalisierbar).

Ansprache: Auxiliarkastell (Kennung 410).

Forschungsgeschichte: Kleinere Ausgrabung durch E. von Kallee 1885–86; größere Ausgrabung der RLK 1892; unbeobachtete Zerstörung fast eines Drittels des Kastells durch Bauarbeiten für die Remstalstraße in den 1930er Jahren; Baubeobachtungen durch A. H. Nuber und H. U. Nuber 1956–1967; kleinerer Ausgrabungen des LDA 1973 und 1975; Feldbegehung durch Kessler 1976; kleinere Ausgrabungen des LDA 1976, 1978, 1881 und 1983.

Beschreibung: Um 160 n. Chr. gegründetes Auxiliarkastell mit einer Größe von ca. 2 ha. Die Umwehrung bestand aus einer Steinmauer und drei umlaufenden Spitzgräben. Es wird vermutet, dass in Unterböbingen die *cohors VI Lusitanorum* stationiert war. Das Kastell war bis zur Aufgabe des rätischen Limes belegt.

Literatur: ORL B 65 Unterböbingen; Fundber. Schwaben 5, 1897, 6,8. doi: https://doi.org/10.11588/diglit.27823#0012; Hertlein 1928, 278 Abb. 36; Paret 1932, 385; Fundber. Schwaben N. F. 12, 1938–1951 (1952), 87; Fundber. Schwaben N. F. 15, 1959, 212,281,9–10. doi: https://doi.org/10.11588/diglit.66263#0242; Fundber. Schwaben N. F. 16, 1962, 271; 316–317; Fundber. Schwaben N. F. 18,2, 1967, 176–177; 283–287; Planck 1974b; Fundber. Baden-Württemberg 2, 1975, 334. doi: https://doi.org/10.11588/fbbw.1975.0.24593; Fundber. Baden-Württemberg 5, 1980, 133–134,2. doi: https://doi.org/10.11588/fbbw.1980.0.26295; Fundber. Baden-Württemberg 8, 1983, 255,2–4. doi: https://doi.org/10.11588/fbbw.1983.0.26586; Fundber. Baden-Württemberg 10, 1985, 636. doi: https://doi.org/10.11588/fbbw.1985.0.28161; Rothacher in Planck 2005, 43–45; Farkas 2015, 70; 157.

81. Böbingen a. d. Rems-Unterböbingen (AA)

Bürgle (BÖBI003–012)

x: 35680##, y: 54093##

Lagegenauigkeit: 0 (bis auf 50 m genau lokalisierbar).

Ansprache: Kastellvicus (Kennung 122).

Forschungsgeschichte: Größere Ausgrabung der RLK 1892; Baubeobachtungen durch A. H. und H. U. Nuber 1956–1967; größere Ausgrabung des LDA 1975; Baubeobachtungen durch P. Schonter 1976–77; Baubeobachtungen 1981; kleinere Ausgrabung des LDA 1981.

Beschreibung: Kastellvicus des Auxiliarlagers. Zur Beschreibung siehe *Kap. 3.2.2.6.*

Literatur: HERTLEIN 1928, 279; PARET 1932, 385; Fundber. Schwaben N.F. 16, 1962, 316–317; NUBER 1963; Fundber. Schwaben N.F. 18,2, 1967, 83–84; 176–177; Arch. Ausgr. Baden-Württemberg 1975, 52–55; Fundber. Baden-Württemberg 2, 1975, 145. doi: https://doi.org/10.11588/fbbw.1975.0.24589; Fundber. Baden-Württemberg 5, 1980, 133,1. doi: https://doi.org/10.11588/fbbw.1980.0.26295; Arch. Ausgr. Baden-Württemberg 1981, 171–175; Fundber. Baden-Württemberg 8, 1983, 255. doi: https://doi.org/10.11588/fbbw.1983.0.26586; Fundber. Baden-Württemberg 9, 1984, 668–670 Abb. 64–65. doi: https://doi.org/10.11588/fbbw.1984.0.30850; Fundber. Baden-Württemberg 10, 1985, 542; 636. doi: https://doi.org/10.11588/fbbw.1985.0.28157; https://doi.org/10.11588/fbbw.1985.0.28161; Fundber. Baden-Württemberg 12, 1987, 554–555 Abb. 55. doi: https://doi.org/10.11588/fbbw.1987.0.39544; Rothacher in PLANCK 2005, 43–45.

82. Böbingen a. d. Rems-Unterböbingen (AA)

Untere Steinge (BÖBI021)

x: 35689##,#, y: 54079##,#

Lagegenauigkeit: 0 (bis auf 50 m genau lokalisierbar).

Ansprache: Einzelfund (Kennung 0).

Forschungsgeschichte: Lesefund 1986.

Beschreibung: Fund einer römischen Münze auf einem Feldweg (ohne Bestimmung).

Literatur: –

83. Böhmenkirch-Treffelhausen (GP)

Roggentalstraße 11 (TREFF003)

x: 35657##, y: 53949##

Lagegenauigkeit: 0 (bis auf 50 m genau lokalisierbar).

Ansprache: Fundstreuung (Kennung 10).

Forschungsgeschichte: Baubeobachtungen in den 1950er Jahren durch A. Kley.

Beschreibung: In einer Baugrube in der Roggentalstraße 11 beobachtete A. Kley eine Kulturschicht mit römer- und völkerwanderungszeitlicher Keramik. Auch die römerzeitlichen Funde in der ca. 400 m südwestlich gelegenen Flur Hürbenloh stammen aus dem Bauaushub eines Gebäudes in der Roggentalstraße 11.

Literatur: Fundber. Baden-Württemberg 22,2, 1998, 101,1. doi: https://doi.org/10.11588/fbbw.1998.2.57178.

84. Börslingen (UL)

Börslinger Halde (-)

x: 35794##, y: 53783##

Lagegenauigkeit: 3 (Lokalisierung innerhalb der Flur nicht gesichert).

Ansprache: Vermutete römerzeitliche Fundstelle (Kennung 999).

Forschungsgeschichte: Kleinere Ausgrabung 1893.

Beschreibung: Mehrere Schuttwälle, in denen Mörtelreste sowie Spuren eines Fachwerkbaus erhalten waren. Die römische Zeitstellung ist nicht gesichert.

Literatur: Fundber. Schwaben 2, 1894, 21. doi: https://doi.org/10.11588/diglit.27198#0027; Fundber. Schwaben 3, 1895, 54. doi: https://doi.org/10.11588/diglit.27199#0060; PARET 1932, 289; SEEWALD 1972, 35.

85. Deggingen (GP)

An der Ditzenbacher Steige / An der Dietzenbrunner Steige, Winkeleschle (DEGG007)

x: 35535##, y: 53832##

Lagegenauigkeit: 1 (bis auf 200 m genau lokalisierbar).

Ansprache: Fundstreuung (Kennung 10).

Forschungsgeschichte: Feldbegehungen durch F. Glöckner, W. Lang und R. Schreg von der Kreisarchäologie Göppingen 1988, 1991 und 1994.

Beschreibung: Etwa 200 m östlich des Kleinkastelles (*Kat. Nr. 86*) wurden bei Feldbegehungen Scherben hauptsächlich scheibengedrehter Gebrauchskeramik aufgelesen. Weitere Scherben, südöstlich des Kastells, lassen auf weitere Siedlungsreste schließen. Bei der Fundstelle handelt es sich vermutlich um eine kleine zum Kastell gehörende Zivilsiedlung oder einen römischen Gutshof.

Literatur: SCHREG 1996, Deggingen 2,3; Fundber. Baden-Württemberg 22,2, 1998, 107. doi: https://doi.org/10.11588/fbbw.1998.2.57178.

86. Deggingen (GP)

An der Ditzenbacher Steige, Schonterhöhe (DEGG005)

x: 35534##, y: 53831##

Lagegenauigkeit: 0 (bis auf 50 m genau lokalisierbar).

Ansprache: Kleinkastell (Kennung 420).

Forschungsgeschichte: Luftbild durch Ph. Filtzinger und W. Sölter 1976; geophysikalische Prospektion 1988.

Beschreibung: Durch Luftbilder entdecktes Kastell mit einer Fläche von 0,42 ha. Von der Umwehrung sind bisher ein umlaufender Graben sowie Tore im Norden und Süden nachgewiesen.

Literatur: Fundber. Baden-Württemberg 8, 1983, 265. doi: https://doi.org/10.11588/fbbw.1983.0.26586; SCHREG 1996, Deggingen 1–2,2; Planck in PLANCK 2005, 61.

87. Deizisau (ES)

Gemäuer (DEIZ003)

x: 35275##, y: 53971##

Lagegenauigkeit: 0 (bis auf 50 m genau lokalisierbar).

Ansprache: Ländliche Einzelsiedlung (Kennung 110).

Forschungsgeschichte: Feldbegehung im Zuge der Landesaufnahme durch E. von Paulus bis 1877; Feldbegehungen durch H. Mehlo 1926, 1933 und 1955.

Beschreibung: E. von Paulus erwähnt 1877 bereits römische Gebäudereste in der Gewann „Gemäuer", die jedoch bei einer späteren Begehung 1926 nicht mehr auffindbar waren. Später stieß man in besagter Flur beim Pflügen wiederholt auf Mauerreste und H. Mehlo las bei Begehungen eine Hypocaustpfeilerplatte auf. 1955 fand H. Mehlo am Wegesrand im Bereich der Fundstelle einige Ziegelbruchstücke sowie die Randscherbe einer Reibschale. Aus Deizisau stammt darüber hinaus ein As des Hadrian (125–128 n. Chr.), dessen genauer Fundort nicht bekannt ist.

Literatur: VON PAULUS 1877, 38; PARET 1932, 293; Fundber. Schwaben N. F. 14, 1957, 196. doi: https://doi.org/10.11588/diglit.66264#0208.

88. Dettingen a. d. Erms (RT)

Unterer Döhrain (DETT019)

x: 35236##, y: 53766##

Lagegenauigkeit: 0 (bis auf 50 m genau lokalisierbar).

Ansprache: Einzelfund (Kennung 0).

Forschungsgeschichte: Baubeobachtung durch F. Klein 2012.

Beschreibung: Bei einer Begehung von Wegebaumaßnahmen entdeckte F. Klein einen gerippten Bandhenkel eines römerzeitlichen Kruges.

Literatur: –

89. Dettingen u. Teck (ES)

Au (DETT012)

x: 35333##, y: 53880##

Lagegenauigkeit: 0 (bis auf 50 m genau lokalisierbar).

Ansprache: Fundstreuung (Kennung 10).

Forschungsgeschichte: Feldbegehung durch R. Hartmayer 1986.

Beschreibung: Bei der Begehung eines Ackers, auf den R. Hartmayer durch Luftbilder in einem Dettinger Heimatbuch aufmerksam wurde, las dieser zahlreiche römerzeitliche Keramikscherben auf.

Literatur: Fundber. Baden-Württemberg 28,2, 2005, 201. doi: https://doi.org/10.11588/fbbw.2005.2.73063.

90. Dettingen u. Teck (ES)

Dürre Wasserwiesen (Dett008)

x: 35334##, y: 53849##

Lagegenauigkeit: 0 (bis auf 50 m genau lokalisierbar).

Ansprache: Kleinkastell (Kennung 420).

Forschungsgeschichte: Luftbild durch A. Brugger 1976; kleinere Ausgrabung des LDA 1982.

Beschreibung: Seit den 50er Jahren des 20. Jahrhunderts wurden Untersuchungen an der Sibyllenspur durchgeführt, einem Bewuchsmerkmal im Lautertal zwischen Dettingen und Owen, in dem zwei parallel verlaufende Streifen zu erkennen sind. Ein auf Luftbildern entdeckter viereckiger Grundriss im Vorfeld der Sibyllenspur führte zur Vermutung, dass es sich um eine römerzeitliche Grenzanlage mit vorgelagertem Militärlager handelte. 1982 wurden kleinere Sondagegrabungen durchgeführt, welche die Situation klären sollten. Dabei bestätigte sich, dass es sich bei der Sibyllenspur um zwei Spitzgräben handelt, die einer Holz-Erde-Palisade vorgelagert sind. Auch die Vermutung einer militärischen Anlage konnte durch eine Sondage bestätigt werden, bei der die Südecke eines Holz-Erde-Kastells mit umlaufendem Spitzgraben dokumentiert wurde. Das Kastell wurde vermutlich zeitgleich mit dem Kastell Köngen (*Kat. Nr. 255*) zu Beginn des 2. Jahrhunderts gegründet und noch in spättraianischer Zeit wieder aufgegeben.

Literatur: Arch. Ausgr. Baden-Württemberg 1982, 94–99; PLANCK 1987; Planck in PLANCK 2005, 61–63.

91. Dettingen u. Teck (ES)

Entensee, Hinter St. Nikolaus, Jauchert, Milben, Untere Wiesen, Zwischen den Bächen (DETT007)

x: 35338##, y: 53874##

Lagegenauigkeit: 0 (bis auf 50 m genau lokalisierbar).

Ansprache: Fundstreuung (Kennung 10).

Forschungsgeschichte: Feldbegehung durch R. Hartmayer 1986.

Beschreibung: Bei Feldbegehungen wurde zahlreiche römerzeitliche Keramik aufgelesen.

Literatur: Fundber. Baden-Württemberg 28,2, 2005, 201,2. doi: https://doi.org/10.11588/fbbw.2005.2.73063.

92. Donzdorf (GP)

Hauptstraße 112 (-)

x: 35600##, y: 53951##

Lagegenauigkeit: 0 (bis auf 50 m genau lokalisierbar).

Ansprache: Einzelfund (Kennung 0).

Forschungsgeschichte: Lesefund 1950.

Beschreibung: Auf einem Privatgrundstück gefundener As des Vespasian (69–79 n. Chr.).

Literatur: FMRD II 4, 93,4139,1; Fundber. Schwaben N. F. 12, 1938–1951 (1952), 92; Schreg 1996, Donzdorf 3,5.

93. Donzdorf (GP)

Oberweckerstell (DONZ008)

x: 35619##, y: 53930##

Lagegenauigkeit: 0 (bis auf 50 m genau lokalisierbar).

Ansprache: Fundstreuung (Kennung 10).

Forschungsgeschichte: Fundmeldung durch A. Kley 1965 nach landwirtschaftlicher Aktivität.

Beschreibung: Aus dem Aushub einer Rübenmiete wurden die Randscherbe einer Reibschüssel, Reste römerzeitlicher Drehscheibenware und zahlreiche vorgeschichtliche Scherben geborgen.

Literatur: Schreg 1996, Donzdorf 6–7,11; Fundber. Baden-Württemberg 22,2, 1998, 16. doi: https://doi.org/10.11588/fbbw.1998.2.57173.

94. Donzdorf (GP)

Sperrnagel (-)

x: 35607##, y: 53933##

Lagegenauigkeit: 0 (bis auf 50 m genau lokalisierbar).

Ansprache: Einzelfund (Kennung 0).

Forschungsgeschichte: Lesefund 1955.

Beschreibung: Fund eines Antoninian des Valerian I (257 n. Chr.).

Literatur: FMRD II 4, 93,4139,2; Fundber. Schwaben N. F. 14, 1957, 227,662,2. doi: https://doi.org/10.11588/diglit.66264#0239; Schreg 1996, Donzdorf 8,16.

95. Donzdorf-Reichenbach (GP)

Birkhof (REIC005)

x: 35568##, y: 53977##

Lagegenauigkeit: 0 (bis auf 50 m genau lokalisierbar).

Ansprache: Vermutete römerzeitliche Fundstelle (Kennung 999).

Forschungsgeschichte: Auffindungszeitpunkt und -umstände sind nicht zu ermitteln.

Beschreibung: In der Oberamtsbeschreibung Gmünd wird hier ein römischer Gutshof vermutet. Keine weiteren Angaben.

Literatur: Kgl. statist.-topogr. Bureau 1870, 172; Paret 1932, 363; Kley / Schreg 1992, 72; Schreg 1996, Donzdorf 12,23.

96. Dornstadt / Dornstadt-Bollingen (UL)

Mädlesweg (-)

x: 35692##, y: 53695##

Lagegenauigkeit: 1 (bis auf 200 m genau lokalisierbar).

Ansprache: Hinweis auf Siedlungsreste (Kennung 100).

Forschungsgeschichte: Größere Ausgrabung des LDA 2011.

Beschreibung: Im Zuge der Ausgrabungsarbeiten entlang der geplanten ICE-Trasse Wendlingen-Ulm wurde eine Grabenstruktur mit römerzeitlicher Keramik freigelegt. Möglicherweise handelt es sich um die Umfriedung eines römerzeitlichen Gehöfts oder um römerzeitliche Flurgrenzen. Die Verlängerung des Grabens wurde weiterhin in Bollingen in der Flur „Am Strößle" aufgefunden.

Literatur: Arch. Ausgr. Baden-Württemberg 2011, 174–177; Arch. Ausgr. Baden-Württemberg 2012, 44–48; Thoma 2017, 54.

97. Dornstadt (UL)

Schottfeld (-)

x: 35699##, y: 53690##

Lagegenauigkeit: 1 (bis auf 200 m genau lokalisierbar).

Ansprache: Römischer Gutshof (Kennung 111).

Forschungsgeschichte: Größere Ausgrabung des LDA 2010.

Beschreibung: Im Zuge der Ausgrabungsarbeiten entlang der geplanten ICE-Trasse Wendlingen-Ulm wurden zahlreiche Pfostenlöcher, Gruben und Gräbchen freigelegt, die zu einem römischen Gutshof in Holzbauweise gehören. Die Anlage umfasst 10–15 Hausgrundrisse, darunter zwei Hauptgebäude, und ist durch Grabenstrukturen unterteilt. Es lassen sich mehrere Bauphasen feststellen, was durch Überschneidungen von Hausgrundrissen, Gräbchen und Gruben belegt ist. Während ein Umfassungsgraben vollständig dokumentiert ist, schließen nördlich und südlich weitere Gräben an, deren Ausdehnung jedoch nicht erfasst werden konnte. Das geborgene Fundmaterial stammt aus dem 2. Jahrhundert n. Chr.

Literatur: Arch. Ausgr. Baden-Württemberg 2010, 194–199; Arch. Ausgr. Baden-Württemberg 2012, 44–48; Thoma 2017, 50–51.

98. Dornstadt (UL)

Wiesenberg (-)

x: 35699##, y: 53692##

Lagegenauigkeit: 1 (bis auf 200 m genau lokalisierbar).

Ansprache: Römischer Gutshof (Kennung 111).

Forschungsgeschichte: Größere Ausgrabung des LDA 2012.

Beschreibung: Im Zuge der Ausgrabungsarbeiten entlang der geplanten ICE-Trasse Wendlingen-Ulm wurden die Reste eines römerzeitlichen Gehöfts freigelegt. Bisher sind mindestens drei Holzbauten nachgewiesen sowie eine Grabenstruktur, die das Gehöft nach außen abgrenzte. Das geborgene Fundmaterial stammt aus dem 2. Jahrhundert n. Chr.

Literatur: Arch. Ausgr. Baden-Württemberg 2012, 44–48.

Dornstadt-Bollingen / Dornstadt (UL)

Am Sträßle

Siehe *Kat. Nr. 96.*

99. Dornstadt-Bollingen (UL)

Fünf Äcker, Bühläcker (-)

x: 35680##, y: 53700##

Lagegenauigkeit: 0 (bis auf 50 m genau lokalisierbar).

Ansprache: Römischer Gutshof (Kennung 111).

Forschungsgeschichte: Größere Ausgrabung des LDA 2011.

Beschreibung: Im Zuge der Ausgrabungsarbeiten entlang der geplanten ICE-Trasse Wendlingen-Ulm wurden die Reste eines römerzeitlichen Gehöfts freigelegt. Innerhalb einer durch einen flachen Graben umfriedeten Anlage waren Reste von mindestens vier Pfostenbauten erkennbar, die in römische Zeit datieren. Die Innenbebauung der Siedlungsstelle konnte nur innerhalb der Südostecke erfasst werden. Eine bronzene Zierscheibe die 2016 in Dornstadt-Bollingen gefunden wurde, stammte möglicherweise von diesem Gehöft.

Literatur: Arch. Ausgr. Baden-Württemberg 2011, 174–177; RONKE 2017.

100. Dornstadt-Temmenhausen (UL)

Am Treffensbucher Weg (-)

x: 35632##, y: 53729##

Lagegenauigkeit: 2 (bis auf 500 m genau lokalisierbar).

Ansprache: Vermutete römerzeitliche Fundstelle (Kennung 999).

Forschungsgeschichte: Größere Ausgrabung des LDA 2012.

Beschreibung: Innerhalb eines dem Geländeverlauf folgenden Grabens fanden sich Schlacke und Keramikreste römischer Zeit. Die Ausgrabungen konnten nicht klären, ob der Graben anthropogenen Ursprungs ist oder ob es sich um eine Erosionsrinne handelt. Somit ist nicht auszuschließen, dass es sich bei den Funden um sekundär verlagertes Material handelt.

Literatur: Arch. Ausgr. Baden-Württemberg 2013, 27–31.

Dornstadt-Temmenhausen / Blaustein-Bermaringen (UL)

Äußeres Hart, Blumenhau (BERM014; TEMM002)

Siehe *Kat. Nr. 77.*

101. Dornstadt-Temmenhausen (UL)

Bermaringer Weg, Maienbrunnen (TEMM008)

x: 35632##, y: 53716##

Lagegenauigkeit: 0 (bis auf 50 m genau lokalisierbar).

Ansprache: Römischer Gutshof (Kennung 111).

Forschungsgeschichte: Luftbild durch O. Braasch 1985.

Beschreibung: Im Luftbild zeichnen sich mindestens vier Gebäude eines römischen Gutshofes sowie ein Teil der Umfassungsmauer ab.

Literatur: –

102. Dornstadt-Temmenhausen (UL)

Denkental (TEMM003)

x: 35650##, y: 53735##

Lagegenauigkeit: 0 (bis auf 50 m genau lokalisierbar).

Ansprache: Fundstreuung (Kennung 10).

Forschungsgeschichte: Feldbegehungen seit 1988.

Beschreibung: Vereinzelte Funde römerzeitlicher Keramik. Ein Zusammenhang mit der etwa 700 m nordwestlich gelegenen Fundstelle *Kat. Nr. 104* ist nicht ausgeschlossen.

Literatur: –

103. Dornstadt-Temmenhausen (UL)

Haldermahd, Hafermahd (TEMM006)

x: 35650##, y: 53723##

Lagegenauigkeit: 0 (bis auf 50 m genau lokalisierbar).

Ansprache: Römischer Gutshof (Kennung 111).

Forschungsgeschichte: Luftbilder durch O. Braasch 1997, 1998, 2011 und 2013.

Beschreibung: Aus Luftbildern ist ein römerzeitliches Gehöft mit einem Hauptgebäude und mindestens zwei Nebengebäuden bekannt.

Literatur: –

104. Dornstadt-Temmenhausen (UL)

Schwarzhülenäcker (TEMM004)

x: 35644##, y: 53739##

Lagegenauigkeit: 0 (bis auf 50 m genau lokalisierbar).

Ansprache: Fundstreuung (Kennung 10).

Forschungsgeschichte: Feldbegehungen durch G. Wieland 1986 und 1988.

Beschreibung: Einige Funde römerzeitlicher Keramik, darunter Terra sigillata, Reibschalenfragmente, Grobkeramik und der Henkel eines Bronzegefäßes. Ein Zusammenhang mit der Fundstelle *Kat. Nr. 102* ist nicht ausgeschlossen.

Literatur: Wehrberger 1992, 32,2; Fundber. Baden-Württemberg 19,2, 1994, 89. doi: https://doi.org/10.11588/fbbw.1994.2.44824.

105. Dornstadt-Tomerdingen (UL)

Blumenhau (-)

x: 35648##, y: 53715##

Lagegenauigkeit: 1 (bis auf 200 m genau lokalisierbar).

Ansprache: Ländliche Einzelsiedlung (Kennung 110).

Forschungsgeschichte: Größere Ausgrabung des LDA 2011.

Beschreibung: Im Zuge der Ausgrabungsarbeiten entlang der geplanten ICE-Trasse Wendlingen-Ulm wurden hier eine römerzeitliche Schwellbalkenkonstruktion und eine Brandstelle freigelegt. Weiterhin fand sich im Bereich zweier Dolinen eingeschwemmtes römerzeitliches Fundmaterial.

Literatur: Thoma 2017, 54.

106. Dornstadt-Tomerdingen (UL)

Blumenhau, A8 (TOME012)

x: 35659##, y: 53710##

Lagegenauigkeit: 0 (bis auf 50 m genau lokalisierbar).

Ansprache: Römischer Gutshof (Kennung 111).

Forschungsgeschichte: Landwirtschaftliche Aktivität; Baubeobachtung 1930; Baubeobachtung durch B. Krieg 1935; Feldbegehung durch G. Wieland 1981; größere Ausgrabung des LDA 2011.

Beschreibung: Beiderseits der Autobahn A8 kamen seit 1935 römerzeitliche Keramikfunde zutage. Darüber hinaus wurden beim Bau der Autobahn sowie bei Pflugarbeiten auf den angrenzenden Feldern Mauerreste festgestellt. Ausgrabungen entlang der geplanten ICE-Trasse von Wendlingen nach Ulm brachten Pfostenbauten und die Umfriedung des Gehöfts zutage. Dies lässt auf eine Anlage von mindestens 57×33 m Ausdehnung schließen, die mindestens eine Holz- und eine Steinbauphase aufweist. Das geborgene Fundmaterial datiert die Anlage ins 2. Jahrhundert. In unmittelbarer Nähe zu der Fundstelle schließen nördlich der A8 weitere Gruben und Pfostenbauten an, die von zwei Gräben umfriedet sind. Vermutlich bestanden die Fundplätze nördlich und südlich der A8 gleichzeitig und bildeten gemeinsam ein römisches Gehöft.

Literatur: Seewald 1972, 75,3; Fundber. Baden-Württemberg 19,2, 1994, 89–90,1. doi: https://doi.org/10.11588/fbbw.1994.2.44824; Arch. Ausgr. Baden-Württemberg 2011, 174–177; Thoma 2017, 53–54; 54.

107. Dornstadt-Tomerdingen (UL)

Blumenhau, beiderseits des Feldwegs Tomerdingen-Bermaringen (TOME011)

x: 35649##, y: 53713##

Lagegenauigkeit: 0 (bis auf 50 m genau lokalisierbar).

Ansprache: Fundstreuung (Kennung 10).

Forschungsgeschichte: Feldbegehung durch G. Wieland 1986.

Beschreibung: Fundstreuung jüngerlatènezeitlicher und römerzeitlicher Keramik beiderseits des Feldweges von Tomerdingen nach Bermaringen.

Literatur: Fundber. Baden-Württemberg 19,2, 1994, 90,2. doi: https://doi.org/10.11588/fbbw.1994.2.44824.

108. Dornstadt-Tomerdingen (UL)

Blumenhau, Hardt (TOME010, TOME17)

x: 35653##, y: 53700##

Lagegenauigkeit: 0 (bis auf 50 m genau lokalisierbar).

Ansprache: Römischer Gutshof (Kennung 111).

Forschungsgeschichte: Altfund mindestens seit 1865; Feldbegehung durch O. Paret 1928; kleinere Ausgrabung des LDA 1928; Feldbegehung durch G. Wieland 1983.

Beschreibung: Die Fundstelle, die bereits 1865 als Ruine im Wald bekannt gewesen ist, konnte durch eine Feldbegehung 1928 als römischer Gutshof identifiziert werden. Kleinere Ausgrabungen folgten noch im selben Jahr und legten die Hofmauer, das zum Teil unterkellerte Hauptgebäude sowie ein an die Hofmauer angebautes Nebengebäude frei. Dabei wurden lediglich die Umrisse der Gebäude untersucht. Das geborgene Fundmaterial reicht von der zweiten Hälfte des 2. Jahrhunderts bis in das 3. Jahrhundert hinein. Etwa 400 m südlich der Anlage befand sich eine Viereckschanze.

Literatur: Fundber. Schwaben N. F. 4, 1926–1928 (1928), 100–102. doi: https://doi.org/10.11588/diglit.43775.18; Paret 1932, 248 Abb. 120; 382; Fundber. Schwaben N. F. 12, 1938–1951 (1952), 86; Seewald 1972, 75,1; Clarke/Haas-Campen 1997, 123–124; Planck in Planck 2005, 64; Fundber. Baden-Württemberg 28,1, 2005, 214–215,10. doi: https://doi.org/10.11588/fbbw.2005.1.73096.

109. Dornstadt-Tomerdingen (UL)

Blumenhau, Hardt (-)

x: 35652##, y: 53699##

Lagegenauigkeit: 0 (bis auf 50 m genau lokalisierbar).

Ansprache: Vermutete Grabbefunde im Siedlungskontext (Kennung 219).

Forschungsgeschichte: Kleinere Ausgrabung 1928.

Beschreibung: Südwestlich des römischen Gutshofes in der Flur Blumenhau (siehe *Kat. Nr. 108*) befanden sich vorgeschichtliche Grabhügel. In einem der Hügel kamen bei privaten Ausgrabungen römerzeitliche Keramikscherben mit Anzeichen von Feuereinwirkung zutage. Möglicherweise stammen sie von einem zum Gutshof gehörigen Bestattungsplatz südwestlich der Anlage.

Literatur: Fundber. Schwaben N. F. 4, 1926–1928 (1928), 51,4; 100–102. doi: https://doi.org/10.11588/diglit.43775#0061; https://doi.org/10.11588/diglit.43775.18; Seewald 1972, 75,2; Clarke / Haas-Campen 1997, 123–124; Planck in Planck 2005, 64.

110. Ebersbach a. d. Fils (GP)

Blumenstraße 19 (EBER004)

x: 35387##, y: 53978##

Lagegenauigkeit: 0 (bis auf 50 m genau lokalisierbar).

Ansprache: Fundstreuung (Kennung 10).

Forschungsgeschichte: Baubeobachtung durch H. Allmendinger 1969.

Beschreibung: Beim Bau eines Gewächshauses kamen einige Scherben römerzeitlicher Keramik zutage.

Literatur: Fundber. Baden-Württemberg 2, 1975, 152. doi: https://doi.org/10.11588/fbbw.1975.0.24589; Schreg 1996, Ebersbach 2,3.

111. Ebersbach a. d. Fils (GP)

Martinstraße (-)

x: 35380##, y: 53975##

Lagegenauigkeit: 0 (bis auf 50 m genau lokalisierbar).

Ansprache: Einzelfund (Kennung 0).

Forschungsgeschichte: Baubeobachtung durch K. Schneider 1957.

Beschreibung: In einem Leitungsgraben fand K. Schneider einen Sesterz (193 n. Chr) und einen Denar d. Septimius Severus (206 n. Chr.).

Literatur: FMRD II 4, 94,4140,4.5; Fundber. Schwaben N. F. 15, 1959, 206. doi: https://doi.org/10.11588/diglit.66263#0236; Schreg 1996, Ebersbach 3–4,7.

112. Ebersbach a. d. Fils (GP)

Maurersäcker (EBER006)

x: 35374##, y: 53999##

Lagegenauigkeit: 0 (bis auf 50 m genau lokalisierbar).

Ansprache: Vermutete römerzeitliche Fundstelle (Kennung 999).

Forschungsgeschichte: Feldbegehungen durch E. von Paulus im Zuge der Landesaufnahme bis 1877.

Beschreibung: Laut E. von Paulus „Spuren römischer Gebäude". Weitere Hinweise fehlen. Möglicherweise gab lediglich der Flurname Anlass zur Vermutung römerzeitlicher Siedlungsreste.

Literatur: von Paulus 1877, 114; Paret 1932, 217; Schreg 1996, Ebersbach 6,10.

113. Ebersbach a. d. Fils (GP)

Stegwiesen, Mühlweg (EBER005)

x: 35385##, y: 53972##

Lagegenauigkeit: vermutlich 5 (verlagerte Fundstelle).

Ansprache: Einzelfund (Kennung 0).

Forschungsgeschichte: Baubeobachtung durch K. Schneider 1952.

Beschreibung: In einer Baugrube fanden sich römerzeitliche Scherben, darunter zwei stark verschliffene Randscherben eines Kruges und einer Schale. Möglicherweise handelt es sich um eine verlagerte Fundstelle.

Literatur: Fundber. Schwaben N. F. 13, 1952–1954 (1955), 55. doi: https://doi.org/10.11588/diglit.60965#0061; Schreg 1996, Ebersbach 4,8.

114. Ebersbach a. d. Fils-Weiler (GP)

Steinriegel (-)

x: 35380##, y: 53969##

Lagegenauigkeit: 0 (bis auf 50 m genau lokalisierbar).

Ansprache: Fundstreuung (Kennung 10).

Forschungsgeschichte: Feldbegehung durch Haußmann 1995.

Beschreibung: Einige Lesefunde römerzeitlicher Keramik, darunter auch Reste von Terra sigillata-Gefäßen.

Literatur: Schreg 1996, Ebersbach 13,17.

115. Ehingen (Donau) (UL)

Kappelesberg, Eschenberg (ADAB-Nr. 107529110, 96606103)

x: 35552##, y: 53505##

Lagegenauigkeit: 0 (bis auf 50 m genau lokalisierbar).

Ansprache: Vermutlich römerzeitliche Siedlungsreste (Kennung 199).

Forschungsgeschichte: Altfund 1892; Luftbild durch O. Braasch 1997.

Beschreibung: Aus einem Luftbild ist ein viereckiger Mauergrundriss mit Innenstrukturen bekannt, dessen Zeitstellung bislang unklar ist. Etwa 200 m südwestlich wurden 1892 Spuren eines angeblich römerzeitlichen Mauerwerks festgestellt. Weitere nicht lokalisierbare römerzeitliche Einzelfunde befinden sich in der Umgebung.

Literatur: Fundber. Schwaben 1, 1893, 11. doi: https://doi.org/10.11588/diglit.27197#0018; Paret 1932, 299,2; Wehrberger 1992, 35,11.

116. Ehingen (Donau) (UL)

Schönbronn, Blaubeurer Straße (EHIN008)

x: 35543##, y: 53503##

Lagegenauigkeit: 0 (bis auf 50 m genau lokalisierbar).

Ansprache: Ländliche Einzelsiedlung (Kennung 110).

Forschungsgeschichte: Baubeobachtung 1913; kleinere Ausgrabung 1913; Baubeobachtung durch W. Hanold 2004.

Beschreibung: Bei der Errichtung von Masten für das Elektrizitätswerk kamen 1913 auf einem Grundstück an der Blaubeurer Straße Mauerreste zum Vorschein. Die Fundstelle wurde anschließend archäologisch untersucht, wobei mittelalterliche Siedlungsspuren sowie ein römerzeitliches Gebäude mit Unterkellerung freigelegt wurden. Das geborgene Fundmaterial stammt aus dem 2. Jahrhundert n. Chr. Im Jahr 2004 fand W. Hanold auf dem für einen Neubau gerodeten Grundstück der Blaubeurer Straße 29 weitere Scherben, darunter laut Finder vermutlich auch eine römerzeitliche.

Literatur: Fundber. Schwaben 21, 1913, 42–45 Abb. 15. doi: https://doi.org/10.11588/diglit.43334.12; Paret 1932, 298,1; Wehrberger 1992, 34–35,9.

117. Ehingen (Donau)-Berkach (UL)

Grießgrund, Peter- und Paul-Weg 50 (EHIN010)

x: 35541##, y: 53512##

Lagegenauigkeit: 0 (bis auf 50 m genau lokalisierbar).

Ansprache: Ländliche Einzelsiedlung (Kennung 110).

Forschungsgeschichte: Kiesabbau 1890er Jahre.

Beschreibung: Beim Kiesabbau wurden in den 1890er Jahren Mauerreste angeschnitten. Darüber hinaus kam römerzeitliches Fundmaterial aus der Kiesgrube zutage, darunter Amphorenscherben.

Literatur: Kgl. Statist. Landesamt 1893, 300; Paret 1932, 281,1; Wehrberger 1992, 35,10.

118. Ehingen (Donau)-Frankenhofen (UL)

Tiefenhülen (FRAN002)

x: 35450##, y: 53570##

Lagegenauigkeit: 0 (bis auf 50 m genau lokalisierbar).

Ansprache: Vermutlich römerzeitliche Siedlungsreste (Kennung 199).

Forschungsgeschichte: Altfund, Auffindungszeitpunkt unbekannt.

Beschreibung: Laut der Oberamtsbeschreibung Ehingen traf man im Ort immer wieder auf Mauerreste sowie Ziegel, Keramikscherben und Eisenfunde. Die Funde sind heute verschollen und die römische Zeitstellung nicht zweifelsfrei gesichert.

Literatur: Kgl. Statist. Landesamt 1893, 302,24; Paret 1932, 382,1; Wehrberger 1992, 37,2.

119. Ehingen (Donau)-Granheim (UL)

Mäuerle, Riedeschle (GRAN005)

x: 35431##, y: 53527##

Lagegenauigkeit: 0 (bis auf 50 m genau lokalisierbar).

Ansprache: Vermutlich ländliche Einzelsiedlung (Kennung 119).

Forschungsgeschichte: Lesefund 1847; Feldbegehung durch K. Miller im 19. Jahrhundert und R. Kreutle in den 1980er Jahren.

Beschreibung: 1847 wurde auf der Flur „auf dem Mäuerle" eine heute verschollene Bronzemünze gefunden. Bei einer späteren Begehung stellte K. Miller römerzeitliche Scherben, darunter den Henkel einer Amphore fest. Eine in den Ortsakten erwähnte deutliche Erhebung im Gelände könnte von dem Schutthügel eines Gebäudes stammen.

Literatur: Kgl. Statist. Landesamt 1893, 300,8; Paret 1932, 310,1; Wehrberger 1992, 38,6.

120. Ehingen (Donau)-Herbertshofen-Dintenhofen (UL)

Kiesgrube (HERB003)   AG+

x: 35532##,#, y: 53463##,#

Lagegenauigkeit: 5 (verlagerte Fundstelle).

Ansprache: Einzelfund (Kennung 0).

Forschungsgeschichte: Beim Kiesbaggern zu einem unbekannten Zeitpunkt gefunden.

Beschreibung: Einzelfund eines Östlandkessels sowie mittelalterliche oder neuzeitliche Eisengegenstände aus einer unbekannten Kiesgrube.

Literatur: –

121. Ehingen (Donau)-Herbertshofen-Dintenhofen (UL)

Maueräcker, Hauäcker, Kapellenberg (HERB002) AG+

x: 35527##, y: 53462##

Lagegenauigkeit: 0 (bis auf 50 m genau lokalisierbar).

Ansprache: Vermutlich römerzeitliche Siedlungsreste (Kennung 199).

Forschungsgeschichte: Feldbegehung im Zuge der Landesaufnahme durch E. von Paulus bis 1877.

Beschreibung: Laut E. von Paulus befanden sich auf der Flur „Maueräcker" Gebäudereste. Darüber hinaus stieß man hier auf römerzeitliche Keramik.

Literatur: von Paulus 1877, 112; Kgl. Statist. Landesamt 1893, 302,21; Paret 1932, 318; Wehrberger 1992, 38,1.

122. Ehingen (Donau)-Heufelden / Altheim (UL)

Am kleinen Häulesberg, Gießübel (HEUF002; ALTH008).

x: 35564##, y: 53542##

Lagegenauigkeit: 0 (bis auf 50 m genau lokalisierbar).

Ansprache: Ländliche Einzelsiedlung (Kennung 110).

Forschungsgeschichte: Baubeobachtung 1923–24; Feldbegehung durch O. Paret 1930; Luftbild durch R. Gensheimer 1986; Feldbegehungen durch R. Bollow 1987–2007; Luftbild durch O. Braasch 1989; Feldbegehungen durch W. Hanold 1992, 1993 und 1997 sowie durch F. Klein 2002.

Beschreibung: Aus Luftbildern und durch regelmäßige Begehungen sind die Reste mehrerer Gebäude eines römischen Gehöfts bekannt. Bei Feldbegehungen fand sich ausgepflügtes Mauerwerk, darunter auch ortsfremder roter Sandstein, zahlreiches römerzeitliches Fundmaterial und Ziegel. Das zu der Siedlungsfundstelle gehörige Gräberfeld befand sich vermutlich im Nordosten der Fundstelle, wo die Reste eines Brandgrabs bekannt sind (*Kat. Nr. 23*).

Literatur: Paret 1932, 285–286 s. v. Blienshofen; Fundber. Baden-Württemberg 17,2, 1992, 107. doi: https://doi.org/10.11588/fbbw.1992.2.42864; Wehrberger 1992, 38,2.

123. Ehingen (Donau)-Heufelden (UL)

Brandelshofen

x: 35560##, y: 53522##

Lagegenauigkeit: 0 (bis auf 50 m genau lokalisierbar).

Ansprache: Vermutlich römerzeitliche Siedlungsreste (Kennung 199).

Forschungsgeschichte: Altfund des 19. Jahrhunderts.

Beschreibung: Laut der Oberamtsbeschreibung Ehingen von 1893 und O. Paret befanden sich in der Flur „Brandelshofen" Mauern und Ziegel. Die römische Zeitstellung ist jedoch nicht gesichert.

Literatur: Kgl. Statist. Landesamt 1893, 302; Paret 1932, 286 s. v. Blienshofen.

124. Ehingen (Donau)-Heufelden (UL)

Pfarrgartenweg (HEUF003)

x: 35563##, y: 53514##

Lagegenauigkeit: 0 (bis auf 50 m genau lokalisierbar).

Ansprache: Vermutlich römerzeitliche Siedlungsreste (Kennung 199).

Forschungsgeschichte: Altfund des 19. Jahrhunderts.

Beschreibung: In der Oberamtsbeschreibung Ehingen werden wahrscheinlich römerzeitliche Mauerreste im Kaplangarten erwähnt. Die römische Zeitstellung ist jedoch nicht gesichert.

Literatur: Kgl. Statist. Landesamt 1893, 302; Paret 1932, 318,1; Wehrberger 1992, 38,3.

125. Ehingen (Donau)-Kirchen (UL)

Kilicheimstraße 2/1 (KIRC012)

x: 35468##, y: 53486##

Lagegenauigkeit: 0 (bis auf 50 m genau lokalisierbar).

Ansprache: Vermutete römerzeitliche Fundstelle (Kennung 999).

Forschungsgeschichte: Altfund des 19. Jahrhunderts.

Beschreibung: In der Oberamtsbeschreibung von Ehingen werden römerzeitliche Gebäudereste erwähnt. Kein weiterer Nachweis.

Literatur: Kgl. Statist. Landesamt 1893, 302; Paret 1932, 326; Wehrberger 1992, 40,12.

126. Ehingen (Donau)-Kirchen (UL)

Winkel (KIRC033)

x: 35508##, y: 53469##

Lagegenauigkeit: 0 (bis auf 50 m genau lokalisierbar).

Ansprache: Vermutete römerzeitliche Fundstelle (Kennung 999).

Forschungsgeschichte: Luftbild 1996.

Beschreibung: In einem Luftbild ist ein rechteckiger Gebäudegrundriss erkennbar. Da Fundmaterial von dieser Stelle bisher fehlt, ist die Zeitstellung des Befundes jedoch unklar.

Literatur: –

127. Ehingen (Donau)-Mundingen (UL)

Riedäcker, Saure Wasen (Alt: Mauerskirch, Aufgehende Äcker) (MUND007)

x: 35438##, y: 53505##

Lagegenauigkeit: 0 (bis auf 50 m genau lokalisierbar).

Ansprache: Vermutete römerzeitliche Fundstelle (Kennung 999).

Forschungsgeschichte: Altfund des 19. Jahrhunderts.

Beschreibung: Laut der Oberamtsbeschreibung Ehingen befand sich hier eine römerzeitliche Siedlung. Kein weiterer Nachweis.

Literatur: Kgl. Statist. Landesamt 1893, 301; Paret 1932, 344; Wehrberger 1992, 41,6.

128. Ehingen (Donau)-Nasgenstadt (UL)

Halden (NASG001)

x: 35566##, y: 53494##

Lagegenauigkeit: 0 (bis auf 50 m genau lokalisierbar).

Ansprache: Ländliche Einzelsiedlung (Kennung 110).

Forschungsgeschichte: Landwirtschaftliche Tätigkeit 1939; Gartenarbeiten 1939.

Beschreibung: Bei Drainagearbeiten stieß man auf Mauerschutt, römerzeitliches Fundmaterial und Ziegel. Im selben Jahr kamen bei Gartenarbeiten etwa 50 m von der Fundstelle entfernt weitere römerzeitliche Keramikscherben zum Vorschein.

Literatur: Fundber. Schwaben N. F. 12, 1938–1951 (1952), 72; WEHRBERGER 1992, 41.

129. Eislingen a. d. Fils (GP)

Steiniger Esch (EISL002)

x: 35537##, y: 53953##

Lagegenauigkeit: 0 (bis auf 50 m genau lokalisierbar).

Ansprache: Auxiliarkastell (Kennung 410).

Forschungsgeschichte: Luftbild durch A. Brugger 1966; kleinere Ausgrabung des LDA 1967; Baubeobachtung 1996.

Beschreibung: Auxiliarkastell, das durch Luftbilder und einen Suchschnitt bekannt ist. Der Holz-Erde-Bau nimmt etwa eine Fläche von 2,2 ha ein. Von der Umwehrung ist ein 6 m breiter umlaufender Graben dokumentiert und im Inneren zeichnen sich einige Pfostenlöcher als Bewuchsmerkmale im Luftbild ab, die von der Innenbebauung zeugen. Das Kastell wurde möglicherweise in spättraianischer Zeit, zeitgleich mit der Errichtung des Kastells Heidenheim (*Kat. Nr. 222*), gegründet und bestand wohl bis zur Vorverlegung des Limes um die Mitte des 2. Jahrhunderts.

Literatur: PLANCK 1974a; HEILIGMANN 1990, 198; SCHREG 1996, Eislingen 9,19; Planck in PLANCK 2005, 70–71.

130. Elchingen-Oberelchingen (NU)

Goldäcker   AG+

x: 35790##, y: 53683##

Lagegenauigkeit: 1 (bis auf 200 m genau lokalisierbar).

Ansprache: Ländliche Einzelsiedlung (Kennung 110).

Forschungsgeschichte: Feldbegehung und Luftbild.

Beschreibung: Im Luftbild zeichnen sich Baubefunde ab. Durch Feldbegehungen sind darüber hinaus römerzeitliche Funde bekannt.

Literatur: PFAHL 1999, 136,23.

131. Elchingen-Thalfingen (NU)

Gänseacker   AG+

x: 35773##, y: 53675##

Lagegenauigkeit: 0 (bis auf 50 m genau lokalisierbar).

Ansprache: Ländliche Einzelsiedlung (Kennung 110).

Forschungsgeschichte: Luftbild 1982; Feldbegehung durch J. Eckenfels 1982; kleinere Ausgrabung der Kreisarchäologie Ulm 1994.

Beschreibung: Grundriss eines römerzeitlichen Gebäudes, das aus einem Luftbild bekannt ist und dessen Grundmauern 1994 ausgegraben wurde.

Literatur: PFAHL 1999, 136,24.

132. Eningen u. Achalm-Albgut Lindenhof (RT)

Rauschges Feld (ENIN005, ENIN009)

x: 35225##, y: 53707##

Lagegenauigkeit: 0 (bis auf 50 m genau lokalisierbar).

Ansprache: Vermutlich ländliche Einzelsiedlung (Kennung 119).

Forschungsgeschichte: Baubeobachtung 1915.

Beschreibung: Beim Wasserleitungsbau wurden Reste von Mauersteinen und vermutlich römerzeitliches Fundmaterial entdeckt. Etwa 300 m westlich der Fundstelle fand sich das Bruchstück einer römerzeitlichen Reibschale.

Literatur: Fundber. Schwaben 22–24, 1914–1916 (1917). doi: https://doi.org/10.11588/diglit.43769.5, 18–19; PARET 1932, 300; Fundber. Schwaben N. F. 18,2, 1967, 16; OEFTIGER 1997, 14,7–8.

133. Erbach (UL)

Ried (-)   AG+

x: 35685##, y: 53552##

Lagegenauigkeit: 1 (bis auf 200 m genau lokalisierbar).

Ansprache: Einzelfund (Kennung 0).

Forschungsgeschichte: Rohstoffgewinnung 1970er Jahre.

Beschreibung: In einer Kiesgrube fand man das Halsstück einer Amphore.

Literatur: SEEWALD 1972, 44,2; Fundber. Baden-Württemberg 2, 1975, 154. doi: https://doi.org/10.11588/fbbw.1975.0.24589.

134. Erbach (UL)

Stockäcker (-)

x: 35657##, y: 53569##

Lagegenauigkeit: 1 (bis auf 200 m genau lokalisierbar).

Ansprache: Einzelfund (Kennung 0).

Forschungsgeschichte: Lesefund 1950er Jahre.

Beschreibung: Fund eines vermutlich römerzeitlichen Ziegels in der Nähe eines vorgeschichtlichen Grabhügels.

Literatur: Fundber. Schwaben N. F. 15, 1959, 163. doi: https://doi.org/10.11588/diglit.66263#0191; Seewald 1972, 44,3.

135. Erbach (UL)

Untere Halde (ERBA003) AG+

x: 35670##, y: 53557##

Lagegenauigkeit: 0 (bis auf 50 m genau lokalisierbar).

Ansprache: Ländliche Einzelsiedlung (Kennung 110).

Forschungsgeschichte: Landwirtschaftliche Aktivität 1821; kleinere Ausgrabung 1821; Luftbild durch O. Braasch 1989.

Beschreibung: Mauerreste und Teil einer Hypocaustanlage, die 1821 von einem Bauern freigelegt wurden, der „seinen Acker verbessern wollte". Auf einem späteren Luftbild dieser Fundstelle zeigten sich schwach ausgeprägte negative Bewuchsmerkmale.

Literatur: von Paulus 1877, 122; Paret 1932, 302; Seewald 1972, 44,1; Wehrberger 1992, 47,6.

136. Erbach-Ringingen (UL)

Hafenäcker (ADAB-Nr. 96608568)

x: 35601##, y: 53570##

Lagegenauigkeit: 0 (bis auf 50 m genau lokalisierbar).

Ansprache: Vermutlich römerzeitliche Siedlungsreste (Kennung 199).

Forschungsgeschichte: Altfund des 19. Jahrhunderts; Feldbegehung durch R. Kreutle 1991; Luftbilder durch O. Braasch 1988–1994.

Beschreibung: Laut E. von Paulus fand man auf der Flur „Hafenäcker" römerzeitliches Fundmaterial. Im Luftbild sind Anomalien feststellbar, jedoch keine klaren Gebäudeumrisse. Die Deutung und Zeitstellung der Fundstelle ist daher nicht gesichert.

Literatur: von Paulus 1877, 110; Fundber. Schwaben 1, 1893, 49. doi: https://doi.org/10.11588/diglit.27197#0057; Paret 1932, 364.

137. Erbach-Ringingen (UL)

Heiden (RING012)

x: 35594##, y: 53555##

Lagegenauigkeit: 0 (bis auf 50 m genau lokalisierbar).

Ansprache: Ländliche Einzelsiedlung (Kennung 110).

Forschungsgeschichte: Luftbild durch O. Braasch 1988; Feldbegehungen durch R. Grünbacher 1988, F. Klein und R. Kreutle 1988 sowie W. Hanold 1994 und 1996.

Beschreibung: Aus einem Luftbild sind mindestens vier Gebäudegrundrisse und möglicherweise ein Teil der Umfassungsmauer eines römischen Gutshofes bekannt. Weiterhin fanden sich bei späteren Feldbegehungen römerzeitliche Keramik und Ziegel im Umfeld der Fundstelle.

Literatur: Wehrberger 1992, 49,11.

138. Erkenbrechtsweiler (ES)

Burghörnle (-)

x: 35318##, y: 53811##

Lagegenauigkeit: 5 (verlagerte Fundstelle).

Ansprache: Einzelfund (Kennung 0).

Forschungsgeschichte: Lesefund 1941.

Beschreibung: Fund eines römerzeitlichen Leistenziegels aus einem Lesesteinhaufen.

Literatur: Fundber. Schwaben N. F. 11, 1938–1950 (1951), 59.

139. Erkenbrechtsweiler (ES)

Grabenäcker, Heidengraben Tor G (ERKE008)

x: 35322##, y: 53805##

Lagegenauigkeit: 0 (bis auf 50 m genau lokalisierbar).

Ansprache: Hinweis auf Siedlungsreste (Kennung 100).

Forschungsgeschichte: Größere Ausgrabung des LDA 1981.

Beschreibung: Bei einer archäologischen Ausgrabung des LDA vor Tor G des Oppidums Heidengraben wurden 10 kg römerzeitliche Keramik aus einer wohl spätlatènezeitlichen Materialentnahmegrube geborgen. Dieser Fund könnte auf eine nahe gelegene Siedlungsstelle hinweisen. Darüber hinaus kamen insgesamt 291 römerzeitliche Schuhnägel aus der Schotterung über der vorgeschichtlichen Straßenführung durch Tor G zutage, was die Nutzung des vorgeschichtlichen Weges in römischer Zeit belegt.

Literatur: Arch. Ausgr. Baden-Württemberg 1981, 77–82; Ade et al. 2012, 111.

140. Erkenbrechtsweiler (ES)

Hülbenäcker (ERKE006)

x: 35316##, y: 53793##

Lagegenauigkeit: 5 (verlagerte Fundstelle).

Ansprache: Hinweis auf Siedlungsreste (Kennung 100).

Forschungsgeschichte: Feldbegehung durch W. Gutekunst 1977; Lesefund 1978.

Beschreibung: In dem bereits abgefahrenen Aushub von Straßenbauarbeiten fand sich römerzeitliches Fundmaterial, darunter Terra sigillata sowie Ziegel und Hüttenlehm, die auf eine römerzeitliche Ansiedlung hinweisen. Mögliche Befunde waren bereits einplanert.

Literatur: Fundber. Baden-Württemberg 8, 1983, 268. doi: https://doi.org/10.11588/fbbw.1983.0.26586; ADE et al. 2012, 111.

141. Erkenbrechtsweiler (ES)

Hülbenäcker (-)

x: 35317##, y: 53794##

Lagegenauigkeit: 1 (bis auf 200 m genau lokalisierbar).

Ansprache: Einzelfund (Kennung 0).

Forschungsgeschichte: Altfund 1838.

Beschreibung: Aureus des Nero.

Literatur: Fundber. Schwaben N. F. 1, 1917–1922 (1922), 101–102,94,1. doi: https://doi.org/10.11588/diglit.43772.19.

142. Erkenbrechtsweiler (ES)

Krähenweg (-)

x: 35313##, y: 53787##

Lagegenauigkeit: 0 (bis auf 50 m genau lokalisierbar).

Ansprache: Einzelfund (Kennung 0).

Forschungsgeschichte: Lesefund 1980er Jahre.

Beschreibung: Fund einer römerzeitlichen Wandscherbe.

Literatur: Fundber. Baden-Württemberg 10, 1985, 544. doi: https://doi.org/10.11588/fbbw.1985.0.28157.

143. Erkenbrechtsweiler (ES)

Schotterwerk Bauer (ADAB-Nr. 96984298)

x: 35308##, y: 53790##

Lagegenauigkeit: 0 (bis auf 50 m genau lokalisierbar).

Ansprache: Fundstreuung (Kennung 10).

Forschungsgeschichte: Feldbegehung durch F. Weiss und R. Löw 2011.

Beschreibung: Bei Begehungen im Zuge der Erweiterung des Schotterwerks der „Jakob Bauer Söhne GmbH & Co. KG" wurde wenig römerzeitliche und neuzeitliche Keramik aufgelesen.

Literatur: –

144. Erkenbrechtsweiler (ES)

Viehweide (Alt: Hochholz) (ERKE005)

x: 35303##,#, y: 53784##,#

Lagegenauigkeit: 0 (bis auf 50 m genau lokalisierbar).

Ansprache: Einzelfund (Kennung 0).

Forschungsgeschichte: Lesefund 1975.

Beschreibung: Fund einer Terra sigillata-Bodenscherbe.

Literatur: Fundber. Baden-Württemberg 2, 1975, 154. doi: https://doi.org/10.11588/fbbw.1975.0.24589.

145. Essingen (AA)

Evangelische Stadtkirche St. Quirinus (ESSI016)

x: 35756##, y: 54082##

Lagegenauigkeit: 5 (verlagerte Fundstelle).

Ansprache: Vermutlich römerzeitliche Siedlungsreste (Kennung 199).

Forschungsgeschichte: Baubeobachtung des LDA 1963–64.

Beschreibung: Reliefquader, die in der Kirche als Spolien verbaut waren. Die römische Zeitstellung ist nicht gesichert. Möglicherweise besteht ein Zusammenhang mit den Fundstellen *Kat. Nr. 149* oder *147*.

Literatur: Fundber. Schwaben N. F. 18,2, 1967, 86,1.

146. Essingen (AA)

Hochgasse (ESSI013)

x: 35755##,#, y: 54082##,#

Lagegenauigkeit: 0 (bis auf 50 m genau lokalisierbar).

Ansprache: Einzelfund (Kennung 0).

Forschungsgeschichte: Baubeobachtung 1910.

Beschreibung: Beim Aushub eines Fundaments wurden ein Denar des Vespasian und Scherben vermutlich römerzeitlicher Gefäße gefunden. Die Zeitstellung der Keramik ist nicht gesichert.

Literatur: –

147. Essingen (AA)

Kügelesteich, Teussenberg (ESSI019–020)

x: 35770##, y: 54080##

Lagegenauigkeit: 1 (bis auf 200 m genau lokalisierbar).

Ansprache: Vermuteter isolierter Grabfund (Kennung 209).

Forschungsgeschichte: Baubeobachtung 1872; Feldbegehung durch W. Scheuthle 1896.

Beschreibung: Beim Anlegen einer Wegführung in einem zum Plateau der Schwäbischen Alb aufsteigenden, kleinen Seitental westlich des Theussenberges wurde ein römerzeitlicher Grabbefund angeschnitten, ohne dass der Inhalt dokumentiert wurde. Unweit der Fundstelle fand man auf dem Hof Theussenberg in sekundärer Lage den Rest eines Grabdenkmals mit architektonischer Gliederung, der dort als „Dengelstock" genutzt wurde.

Möglicherweise steht die Fundstelle in Zusammenhang mit *Kat. Nr. 149*.

Literatur: RIEDL 1987, 598–602; Fundber. Schwaben 4, 1896, 34,2. doi: https://doi.org/10.11588/diglit.27822#0040; PARET 1932, 304,2.

148. Essingen (AA)

Sixenhof (-)

x: 35728##, y: 54117##

Lagegenauigkeit: 0 (bis auf 50 m genau lokalisierbar).

Ansprache: Einzelfund (Kennung 0).

Forschungsgeschichte: Altfund 1933.

Beschreibung: Sesterz des Antoninus Pius (138–161 n. Chr.).

Literatur: FMRD II 4, 36,4021; Fundber. Schwaben N. F. 8, 1933–1935 (1935), 122,595. doi: https://doi.org/10.11588/diglit.57656#0130.

149. Essingen-Dauerwang (AA)

Dauerwangfeld (ESSI009)

x: 35772##, y: 54092##

Lagegenauigkeit: 0 (bis auf 50 m genau lokalisierbar).

Ansprache: Römischer Gutshof (Kennung 111).

Forschungsgeschichte: Feldbegehung durch W. Scheuthle 1895; kleinere Ausgrabung durch H. Steimle 1896.

Beschreibung: 1895 im Gelände entdeckte und 1896 ausgegrabene Grundmauern eines römerzeitlichen Gebäudes sowie Reste der Umfassungsmauer eines römischen Gehöfts. Unter dem Fundmaterial befinden sich u. a. ein Denar des Septimius Severus (193–211 n. Chr.) und ein Follis aus constantinischer Zeit (306/337/361 n. Chr.).

Literatur: FMRD II 4, 36,4020,2.3; Fundber. Schwaben 4, 1896, 33–34; 57. doi: https://doi.org/10.11588/diglit.27822.9; https://doi.org/10.11588/diglit.27822#0063; PARET 1932, 304,1.

150. Essingen-Tauchenweiler (AA)

Weiherplatz (ESSI021)

x: 35750##, y: 54049##

Lagegenauigkeit: 0 (bis auf 50 m genau lokalisierbar).

Ansprache: Kleinkastell (Kennung 420).

Forschungsgeschichte: Feldbegehung durch L. Mack seit 1979; Luftbild durch O. Braasch 1987; geophysikalische Untersuchung durch H.-G. Jansen 1988 und durch J. Faßbinder 1989 und 1990; kleinere Ausgrabung des LDA 1990; geophysikalische Untersuchung durch H. von der Osten 1992; Feldbegehung durch H. Wagner 1996; Feldbegehung 2011; Feldbegehung durch M. Friedel, M. Kaiser und B. Rieger 2012.

Beschreibung: Erstmals wurde die Fundstelle durch Fundmaterial bekannt, das L. Mack bei Feldbegehungen im Bereich der Flur „Weiherwiesen" auflas. Auf einem Luftbild von O. Braasch, zeichnete sich 1987 der Grundriss eines römischen Kleinkastells ab, das in den Folgejahren durch geophysikalische Prospektionen und archäologische Ausgrabungen untersucht wurde. Von der Innenbebauung sind wenige Pfostenbauten bekannt. Darüber hinaus sind eine ca. 5 m breite Wehrmauer in Holz-Erde-Konstruktion und ein umlaufender Graben nachgewiesen. Die Innenfläche des Kastells beträgt etwa 0,6 ha.

Literatur: Arch. Ausgr. Baden-Württemberg 1990, 172–175; 308; KEMPA 1995; Planck in PLANCK 2005, 80; BANTEL et al. 2008, 21; Fundber. Baden-Württemberg 37, 2017, 435. doi: https://doi.org/10.11588/fbbw.2017.0.70428.

151. Esslingen a. Neckar (ES)

Kupfergasse 11 (-)

x: 35229##, y: 54003##

Lagegenauigkeit: 0 (bis auf 50 m genau lokalisierbar).

Ansprache: Fundstreuung (Kennung 10).

Forschungsgeschichte: Kleinere Ausgrabung des LDA 1990.

Beschreibung: Bei einer Ausgrabung kamen ohne erkennbaren Befundzusammenhang wenige Einzelscherben römerzeitlicher Keramik zutage, darunter Terra sigillata.

Literatur: –

152. Esslingen a. Neckar (ES)

Marktplatz, St. Dionysius (ESSL012)

x: 35226##, y: 54005##

Lagegenauigkeit: 0 (bis auf 50 m genau lokalisierbar).

Ansprache: Fundstreuung (Kennung 10).

Forschungsgeschichte: Kleinere Ausgrabungen des LDA 1960–1963.

Beschreibung: Bei Ausgrabungen in der Kirche kamen neben mittelalterlichen und vorgeschichtlichen Befunden auch römerzeitliche Funde aus der zweiten Hälfte des 2. und der ersten Hälfte des 3. Jahrhunderts zutage.

Literatur: Fundber. Schwaben N. F. 16, 1962, 308,24; Fundber. Schwaben N. F. 18,2, 1967, 49; STEUDLE 2009, 174.

153. Esslingen a. Neckar (ES)

Römerstraße, „beim Dulkhäuschen" (-)

x: 35249##, y: 54024##

Lagegenauigkeit: 0 (bis auf 50 m genau lokalisierbar).

Ansprache: Einzelfund (Kennung 0).

Forschungsgeschichte: Lesefund im 19. Jahrhundert.

Beschreibung: Bei der Römerstraße fand man im 19. Jahrhundert ein Mittelerz des Traian (98–117 n. Chr.).

Literatur: Fundber. Schwaben 3, 1895, 56,24,183. doi: https://doi.org/10.11588/diglit.27199#0062.

154. Esslingen a. Neckar-Berkheim (ES)

Munkbrunnen, Steinriegel, Weilwisäcker (ESSL024)

x: 35246##, y: 53968##

Lagegenauigkeit: 0 (bis auf 50 m genau lokalisierbar).

Ansprache: Ländliche Einzelsiedlung (Kennung 110).

Forschungsgeschichte: Kleinere Ausgrabung durch E. Kapff 1895; kleinere Ausgrabung des Altertumsvereins Esslingen 1910–1911; landwirtschaftliche Tätigkeit 1954.

Beschreibung: Bei Ausgrabungen 1895 wurden Teile der Umfassungsmauer vermutlich eines römerzeitlichen Gehöfts freigelegt. Weitere Teile der Umfassungsmauer sowie die Reste zweier Steingebäuden kamen bei Ausgrabungen 1910–1911 zutage. 1954 stieß man im Zuge von Entwässerungsarbeiten erneut auf weitere Mauerzüge, Ziegel und römerzeitliches Fundmaterial. Die Funde weisen in die zweite Hälfte des 2. Jahrhunderts und das frühe 3. Jahrhundert.

Literatur: Fundber. Schwaben 3, 1895, 11. doi: https://doi.org/10.11588/diglit.27199#0017; PARET 1932, 282 Abb. 109; Fundber. Schwaben N. F. 13, 1952–1954 (1955), 52. doi: https://doi.org/10.11588/diglit.60965#0058; Fundber. Schwaben N. F. 14, 1957, 166. doi: https://doi.org/10.11588/diglit.66264#0178; KOCH 1969, 22–23 Taf. 25–26; LUIK/MÜLLER 1999, 11–25; STEUDLE 2009, 295.

155. Esslingen a. Neckar-Liebersbronn (ES)

Braunhalde (ESSL018)

x: 35270##, y: 54015##

Lagegenauigkeit: 1 (bis auf 200 m genau lokalisierbar).

Ansprache: Ländliche Einzelsiedlung (Kennung 110).

Forschungsgeschichte: Forstwirtschaftliche Tätigkeit 1924.

Beschreibung: Beim Anlegen eines Waldweges kamen Bruchstücke von Angulatensandstein sowie römerzeitliches Fundmaterial aus dem 2. Jahrhundert n. Chr. zutage. Die Fundstelle ist nicht exakt lokalisierbar.

Literatur: Fundber. Schwaben N. F. 2, 1922–1924 (1924), 23–24,1. doi: https://doi.org/10.11588/diglit.43773.13; PARET 1932, 304,2; KOCH 1969, 23 Taf. 32b; STEUDLE 2009, 315.

156. Esslingen a. Neckar-Oberesslingen (ES)

Keplerstraße 36/1 (ESSL019)

x: 35248##, y: 53993##

Lagegenauigkeit: 0 (bis auf 50 m genau lokalisierbar).

Ansprache: Römischer Gutshof (Kennung 111).

Forschungsgeschichte: Baubeobachtung durch K. Spieth 1910; kleinere Ausgrabung durch den Esslinger Altertumsverein 1910.

Beschreibung: Beim Bau eines Gewächshauses wurden die Reste des Hauptgebäudes eines römischen Gutshofes angeschnitten. Bei den anschließenden Ausgrabungen wurde das Gebäude zu großen Teilen freigelegt. Das Fundmaterial weist in die zweite Hälfte des 2. Jahrhunderts und das 3. Jahrhundert. Eine in einer späteren Bauphase eingebaute Kanalheizung legt nahe, dass die Siedlung bis in die 50er Jahre des 3. Jahrhunderts bestand.

Literatur: FMRD II 4, 77,4128,2.3.4; Fundber. Schwaben 17, 1909, 59,457,1. doi: https://doi.org/10.11588/diglit.43784#0064; Fundber. Schwaben 18, 1910, 50–58. doi: https://doi.org/10.11588/diglit.43785.17; Fundber. Schwaben N. F. 1, 1917–1922 (1922), 98,457,2–3. doi: https://doi.org/10.11588/diglit.43772#0104; PARET 1932, 353; KOCH 1969, 23–25 Taf 32–35; 41; STEUDLE 2009, 339.

157. Esslingen a. Neckar-Sirnau (ES)

Untere Ebene (-)

x: 35243##, y: 53984##

Lagegenauigkeit: 0 (bis auf 50 m genau lokalisierbar).

Ansprache: Fundstreuung (Kennung 10).

Forschungsgeschichte: Lesefunde 1937.

Beschreibung: Wenige Einzelscherben römerzeitlicher Gebrauchskeramik.

Literatur: KOCH 1969, 25,2; 121.

158. Esslingen a. Neckar-Sulzgries (ES)

Hochwiesenweg 51 (ESSL030)

x: 35217##, y: 54017##

Lagegenauigkeit: 2 (bis auf 500 m genau lokalisierbar).

Ansprache: Einzelfund (Kennung 0).

Forschungsgeschichte: Feldbegehung durch H. M. Riehle 2005.

Beschreibung: Unter mehreren Scherben, die im Neubaugebiet aufgelesen wurden, befand sich auch das Randstück eines wohl römerzeitlichen Gefäßes.

Literatur: STEUDLE 2009, 368; Fundber. Baden-Württemberg 32,2, 2012, 596.

159. Esslingen a. Neckar-Wäldenbronn (ES)

Birkengehren, Katzenbühl (-)

x: 35238##, y: 54031##

Lagegenauigkeit: 0 (bis auf 50 m genau lokalisierbar).

Ansprache: Fundstreuung (Kennung 10).

Forschungsgeschichte: Rohstoffgewinnung vor 1922.

Beschreibung: Aus einem Steinbruch stammen wohl römerzeitliche Scherben.

Literatur: Fundber. Schwaben N. F. 2, 1922–1924 (1924), 23–24,2. doi: https://doi.org/10.11588/diglit.43773.13; PARET 1932, 304,1.

160. Fellbach (WN)

Kappelberg (FELL001)

x: 35212##, y: 54063##

Lagegenauigkeit: 2 (bis auf 500 m genau lokalisierbar).

Ansprache: Fundstreuung (Kennung 10).

Forschungsgeschichte: Kleinere Ausgrabung des LDA 1926.

Beschreibung: Im Bereich einer vorgeschichtlichen Fundstelle kam bei archäologischen Grabungen römerzeitliche Keramik zutage.

Literatur: Fundber. Schwaben N. F. 3, 1924–1926 (1926), 98. doi: https://doi.org/10.11588/diglit.43774#0110; PARET 1932, 304–305,3.

161. Filderstadt-Bernhausen (ES)

Ringlesäcker (BERN003)

x: 35165##, y: 53947##

Lagegenauigkeit: 0 (bis auf 50 m genau lokalisierbar).

Ansprache: Fundstreuung (Kennung 10).

Forschungsgeschichte: Baubeobachtung durch G. Wein 1959.

Beschreibung: Bei Bauarbeiten zur Erweiterung des Flughafens kamen im Bereich einer wohl spätmittelalterlichen Fundstelle römerzeitliche Scherben zutage.

Literatur: Fundber. Schwaben N. F. 16, 1962, 291.

162. Filderstadt-Bonlanden / Filderstadt-Harthausen (ES)

Brandfeld (BONL004; HART005)

x: 35175##, y: 53897##

Lagegenauigkeit: 1 (bis auf 200 m genau lokalisierbar).

Ansprache: Ländliche Einzelsiedlung (Kennung 110).

Forschungsgeschichte: Altfund des 19. Jahrhunderts.

Beschreibung: Auf der Flur „Brandfeld" sind seit dem 19. Jahrhundert Mauerreste, Ziegel und *tubuli* bekannt. Laut Oberamtsbeschreibung befindet sich die Fundstelle nordwestlich von Harthausen, die Flur „Brandfeld" liegt heute jedoch in der Markung Bonlanden.

Literatur: VON PAULUS 1877, 49 s. v. Harthausen; KGL. TOPOGR. BUREAU 1851, 109,6; PARET 1932, 314 s. v. Harthausen.

163. Filderstadt-Bonlanden (ES)

Kapellenäcker (BONL003)

x: 35174##, y: 53903##

Lagegenauigkeit: 0 (bis auf 50 m genau lokalisierbar).

Ansprache: Vermutete römerzeitliche Fundstelle (Kennung 999).

Forschungsgeschichte: Auffindungszeitpunkt und -umstände unbekannt.

Beschreibung: Laut einem Eintrag in der historischer Flurkarte aus dem 19. Jahrhundert befand sich hier eine römerzeitliche Fundstelle. Weitere Belege fehlen.

Literatur: –

Filderstadt-Harthausen / Filderstadt-Bonlanden (ES)

Brandfeld (BONL004; HART005)

Siehe *Kat. Nr. 162.*

164. Filderstadt-Plattenhardt (ES)

Hofwiesen (PLAT003)

x: 35148##, y: 53910##

Lagegenauigkeit: 0 (bis auf 50 m genau lokalisierbar).

Ansprache: Vermutlich ländliche Einzelsiedlung (Kennung 119).

Forschungsgeschichte: Landwirtschaftliche Tätigkeit 1936.

Beschreibung: Bei Entwässerungsarbeiten kamen römerzeitliche Baureste, Leistenziegel und Fundmaterial aus dem 2. und dem 3. Jahrhundert n. Chr. zutage.

Literatur: Fundber. Schwaben N. F. 9, 1935–1938 (1938), 94.

165. Filderstadt-Plattenhardt (ES)

Pfaffenweg (PLAT008)

x: 35154##, y: 53908##

Lagegenauigkeit: 0 (bis auf 50 m genau lokalisierbar).

Ansprache: Ländliche Einzelsiedlung (Kennung 110).

Forschungsgeschichte: Altfund des 19. Jahrhunderts.

Beschreibung: Auf der Flur „Pfaffenweg" wurden im 19. Jahrhundert Mauerreste, römerzeitliches Fundmaterial und Ziegel festgestellt.

Literatur: KGL. TOPOGR. BUREAU 1851, 108,5; VON PAULUS 1877, 49; PARET 1932, 288 s. v. Bonlanden.

166. Filderstadt-Plattenhardt (ES)

Uhlbergstraße 82 (-)

x: 35147##, y: 53902##

Lagegenauigkeit: 0 (bis auf 50 m genau lokalisierbar).

Ansprache: Religionszeugnis ohne Befundzusammenhang (Kennung 320).

Forschungsgeschichte: Baubeobachtung 1878.

Beschreibung: Bei Bauarbeiten wurde ein Relief mit einer Darstellung der Victoria und Diana freigelegt.

Literatur: HAUG 1914, Nr. 337; PARET 1932, 361,2.

167. Filderstadt-Plattenhardt (ES)

Unter Horb (PLAT002)

x: 35139##, y: 53920##

Lagegenauigkeit: 0 (bis auf 50 m genau lokalisierbar).

Ansprache: Ländliche Einzelsiedlung (Kennung 110).

Forschungsgeschichte: Altfund des 19. Jahrhunderts.

Beschreibung: Seit dem 19. Jahrhundert sind hier Reste von Estrichböden, einer Hypocaustanlage und Ziegel bekannt.

Literatur: KGL. TOPOGR. BUREAU 1851, 108; PARET 1932, 361,1.

168. Filderstadt-Sielmingen (ES)

Steinigter Morgen (SIEL004)

x: 35176##, y: 53935##

Lagegenauigkeit: 0 (bis auf 50 m genau lokalisierbar).

Ansprache: Vermutete römerzeitliche Fundstelle (Kennung 999).

Forschungsgeschichte: Feldbegehung im Zuge der Landesaufnahme durch E. von Paulus bis 1877; Baubeobachtung durch H. Zürn 1955.

Beschreibung: Laut E. von Paulus befanden sich hier römerzeitliche Gebäude. Bei einer späteren Überbauung der Fläche wurden jedoch keine Befunde vermerkt.

Literatur: VON PAULUS 1877, 49; PARET 1932, 375.

169. Geislingen a. d. Steige (GP)

Am Stöttener Berg (-)

x: 35620##, y: 53890##

Lagegenauigkeit: 3 (Lokalisierung innerhalb der Flur nicht gesichert).

Ansprache: Einzelfund (Kennung 0).

Forschungsgeschichte: Baubeobachtung vor dem 2. Weltkrieg. Mitteilung durch A. Kley.

Beschreibung: Beim Bau der Gmünder Steige fand sich eine Münze des Traian.

Literatur: SCHREG 1996, Geislingen 2,3; SCHREG 1999, 511,9.

170. Geislingen a. d. Steige (GP)

Oberes Tor (-)

x: 35623##, y: 53862##

Lagegenauigkeit: 2 (bis auf 500 m genau lokalisierbar).

Ansprache: Einzelfund (Kennung 0).

Forschungsgeschichte: Fundumstände unbekannt.

Beschreibung: Denar des Traian (114–117 n. Chr.).

Literatur: FMRD II 4, 94,4142,1; SCHREG 1996, Geislingen 10,20; SCHREG 1999, 511,13.

171. Geislingen a. d. Steige-Altenstadt (GP)

Forststraße 9 (-)

x: 35603##, y: 53880##

Lagegenauigkeit: 0 (bis auf 50 m genau lokalisierbar).

Ansprache: Vermutlich römerzeitliche Siedlungsreste (Kennung 199).

Forschungsgeschichte: Baubeobachtung durch A. Kley.

Beschreibung: Bei Bauarbeiten an der Kanalisation kamen Grubenbefunde mit unbestimmter und römerzeitlicher Keramik zum Vorschein. Möglicherweise besteht ein Zusammenhang mit *Kat. Nr. 174*.

Literatur: KLEY / SCHREG 1992, 49; SCHREG 1996, Geislingen 20–21,40; SCHREG 1999, 511,1.

172. Geislingen a. d. Steige-Altenstadt (GP)

Friedensstraße 13 (-)

x: 35607##, y: 53877##

Lagegenauigkeit: 0 (bis auf 50 m genau lokalisierbar).

Ansprache: Einzelfund (Kennung 0).

Forschungsgeschichte: Lesefunde 1938.

Beschreibung: Denar des Antoninus Pius (147–148 n. Chr.).

Literatur: FMRD II 4, 95,4144,1; Fundber. Schwaben N. F. 12, 1938–1951 (1952), 94,4; SCHREG 1996, Geislingen 21,41; SCHREG 1999, 511,4.

173. Geislingen a. d. Steige-Altenstadt (GP)

Hospitalweiher (GEIS015)

x: 35616##, y: 53879##

Lagegenauigkeit: 0 (bis auf 50 m genau lokalisierbar).

Ansprache: Fundstreuung (Kennung 10).

Forschungsgeschichte: Baubeobachtung durch A. Kley 1955.

Beschreibung: Beim Bau eines Leitungsmasts entdeckte A. Kley Scherben römerzeitlicher Keramik.

Literatur: Schreg 1996, Geislingen 6–7,13; Schreg 1999, 511,8.

174. Geislingen a. d. Steige-Altenstadt (GP)

Kantstraße 10 (GEIS016)

x: 35615##, y: 53879##

Lagegenauigkeit: 0 (bis auf 50 m genau lokalisierbar).

Ansprache: Ländliche Einzelsiedlung (Kennung 110).

Forschungsgeschichte: Baubeobachtung durch A. Kley 1950 und 1962.

Beschreibung: Bei Bauarbeiten wurden Mauerreste angeschnitten und es fand sich wenig römerzeitliches Fundmaterial.

Literatur: Fundber. Schwaben N. F. 12, 1938–1951 (1952), 45; Kley / Schreg 1992, 39; Schreg 1996, Geislingen 22,44.

175. Geislingen a. d. Steige-Altenstadt (GP)

Martinskirche, Stuttgarter Straße (GEIS002)

x: 35606##, y: 53880##

Lagegenauigkeit: 0 (bis auf 50 m genau lokalisierbar).

Ansprache: Ländliche Einzelsiedlung (Kennung 110).

Forschungsgeschichte: Baubeobachtung und kleinere Ausgrabung durch A. Kley 1962.

Beschreibung: Beim Bau einer Werkstatt kamen Reste eines Badegebäudes zum Vorschein, dessen Fundamente bis unter die Martinskirche reichen. Das Badegebäude gehört vermutlich zu einem römerzeitlichen Gehöft.

Literatur: Schreg 1996, Geislingen 35–36; Schreg 1999, 511,3.

176. Geislingen a. d. Steige-Altenstadt (GP)

Springequelle (GEIS026–027)

x: 35612##, y: 53879##

Lagegenauigkeit: 0 (bis auf 50 m genau lokalisierbar).

Ansprache: Einzelfund (Kennung 0).

Forschungsgeschichte: Lesefund 1944.

Beschreibung: Bei der Springquelle fanden sich eine Münze des Antoninus Pius (138–161 n. Chr.) und eine unbestimmte Münze des 2. Jahrhunderts n. Chr.

Literatur: FMRD II 4, 95,4144,2.3; Fundber. Schwaben N. F. 12, 1938–1951 (1952), 94,2–3.

177. Geislingen a. d. Steige-Aufhausen (GP)

Asang (?)

x: 35573##, y: 53822##

Lagegenauigkeit: 4 (genauer Fundort nicht bekannt).

Ansprache: Vermutete römerzeitliche Fundstelle (Kennung 999).

Forschungsgeschichte: Landwirtschaftliche Tätigkeit 1896.

Beschreibung: Bei der Abtragung eines Steinriegels wurden im Acker 1896 die Mauerzüge eines Gebäudes mit Seitenlängen von 10 m im Osten und Westen und 18 m im Süden freigelegt. Dabei fanden sich angeblich Terra sigillata-Scherben. Die Fundstelle ist verschollen. Da Begehungen in Aufhausen 1931 keine Anhaltspunkte für eine römerzeitliche Siedlungsstelle erbrachten, werden die Angaben aus dem 19. Jahrhundert angezweifelt.

Literatur: Paret 1932, 277; Schreg 1996, Geislingen 42,69.

178. Geislingen a. d. Steige-Türkheim (GP)

Vor dem Ramsberg (TÜRK007)

x: 35627##, y: 53835##

Lagegenauigkeit: 0 (bis auf 50 m genau lokalisierbar).

Ansprache: Römischer Gutshof (Kennung 111).

Forschungsgeschichte: Lesefund 1932; Luftbild durch O. Braasch 2000.

Beschreibung: Auf Luftbildern von O. Braasch aus dem Jahr 2000 zeichnen sich deutlich die Grundrisse des Hauptgebäudes sowie der Umfassungsmauer eines römischen Gutshofes ab. Weiter hangabwärts fand sich ein As des Marc Aurel (171–172 n. Chr.).

Literatur: FMRD II 4, 331,4546; Fundber. Schwaben N. F. 7, 1930–1932 (1932), 63,589. doi: https://doi.org/10.11588/diglit.57655#0073; Schreg 1996, Geislingen 64,111.

179. Geislingen a. d. Steige-Waldhausen (GP)

Wohlgradweiler (-)

x: 35672##, y: 53877##

Lagegenauigkeit: 1 (bis auf 200 m genau lokalisierbar).

Ansprache: Römischer Gutshof (Kennung 111).

Forschungsgeschichte: Geophysikalische Prospektion durch die Firma LBI ArchPro 2011.

Beschreibung: Bei geophysikalischen Prospektionen im Rahmen eines Forschungsprogrammes zur Erforschung der Stubersheimer Alb wurde 2011 ein Gehöft aus mehreren Holzgebäuden erfasst. Aufgrund römerzeitlicher Lesefunde im Bereich der Fundstelle sowie der Ausrichtung der Hausbefunde auf die Römerstraße Ursping-Heidenheim ist eine römische Zeitstellung wahrscheinlich. In der Nähe fand sich an der Römerstraße zwischen Schalkstetten und Waldhausen ein Aes des Hadrian (117–138 n. Chr.).

Literatur: FMRD II 4, 329,4541,2; Fundber. Schwaben N. F. 8, 1933–1935 (1935), 23; 98 Abb. 37. doi: https://doi.org/10.11588/diglit.57656; Seewald 1972, 70 s. v. Schalkstetten; Arch. Ausgr. Baden-Württemberg 2011, 39–44.

180. Geislingen a. d. Steige-Weiler (GP)

Battenau (-)

x: 35650##, y: 53860##

Lagegenauigkeit: 2 (bis auf 500 m genau lokalisierbar).

Ansprache: Einzelfund (Kennung 0).

Forschungsgeschichte: Lesefunde vor 1913 und 1922.

Beschreibung: Eine Münze des Antoninus Pius (138–169 n. Chr.), des Julian (362 n. Chr.) sowie eine unbestimmte römerzeitliche Münze.

Literatur: FMRD II 4, 100,4161,1.2.3; Fundber. Schwaben 21, 1913, 84,496. doi: https://doi.org/10.11588/diglit.43334#0090; Fundber. Schwaben N. F. 4, 1926–1928 (1928), 103,406. doi: https://doi.org/10.11588/diglit.43775#0113; Schreg 1996, Geislingen 60,104–105.

181. Geislingen a. d. Steige-Weiler (GP)

Hochsträßhaus (WEIL001)

x: 35645##, y: 53849##

Lagegenauigkeit: 0 (bis auf 50 m genau lokalisierbar).

Ansprache: Römischer Gutshof (Kennung 111).

Forschungsgeschichte: Kleinere Ausgrabung 1885; kleinere Ausgrabung durch P. Schultz 1903.

Beschreibung: Nach einer kleineren Grabung an Erdwällen durch Unbekannte, bei denen Mauerreste zum Vorschein kamen, veranlasste G. Sixt 1903 eine archäologische Ausgrabung, die P. Schultz durchführte. Dabei wurden das Hauptgebäude sowie drei Nebengebäude und ein Teil der Umfassungsmauer eines römischen Gutshofes freigelegt. Bei einem der Nebengebäude (Gebäude D) könnte es sich um ein kleines Heiligtum handeln. Unter dem Fundmaterial befindet sich ein Dosenortband.

Literatur: Schreg 1996, Geislingen 61–62,108; Pfahl 1999, 136,26; Filtzinger in Planck 2005, 88–89.

182. Gerstetten-Dettingen a. Albuch (HDH)

Kühtrog, Breite, Rohrwiesen (DETT011)

x: 35824##, y: 53858##

Lagegenauigkeit: 0 (bis auf 50 m genau lokalisierbar).

Ansprache: Ländliche Einzelsiedlung (Kennung 110).

Forschungsgeschichte: Feldbegehung durch K. Hartmann 1977; Luftbild durch O. Braasch 1983.

Beschreibung: Bereits im frühen 20. Jahrhundert war die Fundstelle aufgrund von obertägig sichtbaren Mauerresten bekannt. Feldbegehungen im Bereich von Schutthügeln erbrachten Bruchstücke von Ziegeln, römerzeitliche Keramik, darunter Terra sigillata, sowie ein Dupondius des Domitian. Auf Luftbildern von O. Braasch aus dem Jahr 1983 sind drei Gebäudegrundrisse erkennbar.

Literatur: Paret 1932, 294; Fundber. Baden-Württemberg 8, 1983, 272. doi: https://doi.org/10.11588/fbbw.1983.0.26586; Fundber. Baden-Württemberg 10, 1985, 641. doi: https://doi.org/10.11588/fbbw.1985.0.28161; Pfahl 1999, 139,30.

183. Gerstetten-Gerstetten (HDH)

Schelmenäcker (GERS006)

x: 35741##, y: 53874##

Lagegenauigkeit: 1 (bis auf 200 m genau lokalisierbar).

Ansprache: Vermutete römerzeitliche Fundstelle (Kennung 999).

Forschungsgeschichte: Landwirtschaftliche Tätigkeit; Lesefunde 1960.

Beschreibung: Bei der Bewirtschaftung eines Ackers wurden Mauerreste angeschnitten. Bei späteren Begehungen fand sich hier eine spätantike Einzelmünze. Ob hier auch während der römischen Kaiserzeit eine Siedlung bestand, ist unklar.

Literatur: Fundber. Baden-Württemberg 5, 1980, 296. doi: https://doi.org/10.11588/fbbw.1980.0.26299; Pfahl 1999, 139,28.

184. Gerstetten-Heuchlingen (HDH)

Äußere Wiesen, Vorderes Wiesenfeld (HEUC005)

x: 35804##, y: 53851##

Lagegenauigkeit: 0 (bis auf 50 m genau lokalisierbar).

Ansprache: Römischer Gutshof (Kennung 111).

Forschungsgeschichte: Feldbegehung durch A. Kley in den 1950er Jahren; Luftbild durch R. Schreg 2005.

Beschreibung: Bei Feldbegehungen las A. Kley zahlreiche römerzeitliche Scherben auf, darunter Terra sigillata. Durch gezielte Befliegungen konnten Luftbilder angefertigt werden, auf denen die Grundrisse des Hauptgebäudes, zweier Nebengebäude sowie Teile der Umfassungsmauer als Bewuchsmerkmale zu erkennen sind.

Literatur: Fundber. Schwaben N. F. 12, 1938–1951 (1952), 46; Pfahl 1999, 140,32; Schreg 2007/2008, 110–113 Abb. 5–8.

185. Gerstetten-Heuchlingen (HDH)

Seldenwegle (HEUC005)

x: 35807##, y: 53843##

Lagegenauigkeit: 0 (bis auf 50 m genau lokalisierbar).

Ansprache: Römischer Gutshof (Kennung 111).

Forschungsgeschichte: Luftbild durch D. Schwell 2005; kleinere Ausgrabung des LDA 2011; Luftbild durch O. Braasch 2011.

Beschreibung: Auf Luftbildern sind der Grundriss eines Hauptgebäudes sowie ein Teil der Umfassungsmauer eines römischen Gutshofes zu erkennen. Anlässlich des Baus einer Abwassertrasse wurden Teile der Anlage ausgegraben. Neben dem Hauptgebäude sind zwei Nebengebäude bekannt. Die Umfassungsmauer konnte südlich des Gebäude im Luftbild sowie im Grabungsschnitt festgestellt werden. Im Norden der Anlage befinden sich zwei Strukturen, bei denen es sich um Brunnen oder Zisternen handeln könnte. Zahlreiche Pfostengruben und Gräbchen, die römerzeitliches Fundmaterial enthielten, belegen einen Holzvorgänger, der vermutlich die gleichen Ausmaße des späteren, in Stein ausgebauten Gehöfts besaß. Das geborgene Fundmaterial stammt aus der zweiten Hälfte des 2. Jahrhunderts n. Chr.

Literatur: Schreg 2007/2008, 107–110 Abb. 1–4; Arch. Ausgr. Baden-Württemberg 2011, 164–167.

186. Giengen a. d. Brenz-Giengen (HDH)

Solgen, Hinter dem Rechberg (GIEN005)   AG+

x: 35901##, y: 53897##

Lagegenauigkeit: 0 (bis auf 50 m genau lokalisierbar).

Ansprache: Fundstreuung (Kennung 10).

Forschungsgeschichte: Feldbegehung durch W. Kettner 1972–1973.

Beschreibung: Neben vorgeschichtlichem und mittelalterlichem Fundmaterial fanden sich hier zahlreiche Scherben römerzeitlicher Keramik.

Literatur: Pfahl 1999, 140,34.

187. Giengen a. d. Brenz-Hohenmemmingen (HDH)

Loch (HOHE001)   AG+

x: 35938##, y: 53870##

Lagegenauigkeit: 0 (bis auf 50 m genau lokalisierbar).

Ansprache: Fundstreuung (Kennung 10).

Forschungsgeschichte: Feldbegehung durch W. Kettner 1980.

Beschreibung: Römerzeitliche Scherben im Bereich einer vorgeschichtlichen Fundstelle.

Literatur: Pfahl 1999, 140,38.

188. Gingen a. d. Fils (GP)

Brühl, Unter der Wasserfurt (-)

x: 35566##, y: 53918##

Lagegenauigkeit: 1 (bis auf 200 m genau lokalisierbar).

Ansprache: Einzelfund (Kennung 0).

Forschungsgeschichte: Baubeobachtungen durch R. Schmid und A. Kley 1970.

Beschreibung: Bei Bauarbeiten fand sich innerhalb einer Kulturschicht mit spätlatènezeitlicher Keramik auch ein römerzeitlicher Leistenziegel.

Literatur: Schreg 1996, Gingen 3,4; Fundber. Baden-Württemberg 22,2, 1998, 84. doi: https://doi.org/10.11588/fbbw.1998.2.57177.

189. Gingen a. d. Fils (GP)

Ob der Schmalgasse (-)

x: 35579##, y: 53914##

Lagegenauigkeit: 5 (verlagerte Fundstelle).

Ansprache: Religionszeugnis ohne Befundzusammenhang (Kennung 320).

Forschungsgeschichte: Rohstoffgewinnung 1910 und 1912; Baubeobachtung durch E. Kapff und W. Scheuthle 1927.

Beschreibung: In einer Kiesgrube fand man 1910 ein Relief, das Merkur abbildet. Zwei Jahre später fand man darüber hinaus an zwei unterschiedlichen Stellen innerhalb der Kiesgrube einen Weihestein für Merkur sowie einen weiteren für Mars und Victoria. Beim Aushub einer neuen Kiesgrube wurde schließlich 1927 das Unterteil eines weiteren Reliefsteins entdeckt, der vermutlich Merkur abbildet. Da die Steine aus einer Kiesgrube stammen, sind sie vermutlich sekundär verlagert.

Literatur: Fundber. Schwaben 20, 1912, 37–39. doi: https://doi.org/10.11588/diglit.43336.7; Fundber. Schwaben N. F. 4, 1926–1928 (1928), 99. doi: https://doi.org/10.11588/diglit.43775#0109; Paret 1932, 308; Schreg 1996, Gingen 5,8.

190. Gomadingen (RT)

Hasenberg (GOMA016)

x: 35290##, y: 53630##

Lagegenauigkeit: 0 (bis auf 50 m genau lokalisierbar).

Ansprache: Auxiliarkastell (Kennung 410).

Forschungsgeschichte: Luftbild durch H. und K. Besch 1977; kleinere Ausgrabung des LDA 1977; geophysikalische Prospektion 2008.

Beschreibung: Von dem Kastell auf der Flur Hasenberg in Gomadingen sind lediglich die Südecke sowie ein Teil der daran anschließenden Südwest- und Südostfront bekannt. An einer Stelle, von der schon früher römerzeitliches Material bekannt war, wurde das Lager 1977 durch ein Luftbild entdeckt. Im gleichen Jahr folgten archäologische Untersuchungen, wobei anhand mehrerer Sondagegräben Teile der Umwehrung erfasst wurden. Dabei konnte ein 4–5 m breiter und 1,9–2 m tiefer Spitzgraben festgestellt werden. Die genaue Größe des Kastells ist nicht bekannt, sie war jedoch ausreichend für die Stationierung einer Kohorte oder *ala* von etwa 500 Mann. Eine Speerspitze mit eingeritzter Inschrift legt die Stationierung einer *turma* nahe und damit die Anwesenheit einer *ala* oder einer teilberittenen Kohorte. Das Kastell wurde nach Ausweis der Funde in domitianischer oder frühtraianischer Zeit gegründet. Es war Teil des Alblimes, wurde jedoch im Gegensatz zu den nördlich anschließenden Lagern bereits spätestens in frühhadrianischer Zeit aufgegeben.

Literatur: HEILIGMANN 1990, 71–76; OEFTIGER 1997, 16–17,20; Heiligmann in PLANCK 2005, 91.

191. Gomadingen (RT)

Schwärze / Schwärzach, Kalkofen, Sinnwag (GOMA015)

x: 35290##, y: 53632##

Lagegenauigkeit: 0 (bis auf 50 m genau lokalisierbar).

Ansprache: *Vicus* aus Kastellvicus (Kennung 121).

Forschungsgeschichte: Kleinere Ausgrabung durch E. Nägele und F. Hertlein 1913; kleinere Ausgrabung durch H. Sibert 1913 und 1924; kleinere Ausgrabung des LDA 1975, 2016.

Beschreibung: *Vicus* des Kastells Gomadingen. Zur Beschreibung siehe *Kap. 3.2.2.6.*

Literatur: HEILIGMANN 1990, 76–79; OEFTIGER 1997, 16–17,19–21; Heiligmann in PLANCK 2005, 91; Arch. Ausgr. Baden-Württemberg 2016, 193–195.

192. Gomadingen (RT)

Sinnwag, Kenzloch (GOMA024)

x: 35295##, y: 53631##

Lagegenauigkeit: 0 (bis auf 50 m genau lokalisierbar).

Ansprache: Grabbefunde im Siedlungskontext (Kennung 210).

Forschungsgeschichte: Baubeobachtung 1966; Luftbilder durch K. Besch 1998; Feldbegehung durch K. Besch 1999.

Beschreibung: Mehrere tellergroße Mulden, die wenige Zentimeter in den anstehenden Felsen eingetieft waren. Eine der Mulden enthielt römerzeitliches Fundmaterial und Tierknochen. Weiter östlich auf der Flur Kenzloch kamen kalzinierte Knochen zutage und es sind zwei kleine quadratische Grundrisse aus dem Luftbild bekannt, bei denen es sich um Grabdenkmäler handeln könnte. Möglicherweise ist hier das zum *vicus* gehörige Gräberfeld zu lokalisieren.

Literatur: Fundber. Baden-Württemberg 2, 1975, 157–158,2. doi: https://doi.org/10.11588/fbbw.1975.0.24589; HEILIGMANN 1990, 78; OEFTIGER 1997, 17,22.

193. Gomadingen-Steingebronn (RT)

Banholz (-)

x: 35311##, y: 53630##

Lagegenauigkeit: 1 (bis auf 200 m genau lokalisierbar).

Ansprache: Vermutete römerzeitliche Fundstelle (Kennung 999).

Forschungsgeschichte: Feldbegehung durch K. Miller in den 1860er Jahren.

Beschreibung: Laut K. Miller soll sich hier eine römerzeitliche Niederlassung befunden haben. Kein weiterer Nachweis.

Literatur: PARET 1932, 378; OEFTIGER 1997, 19,2.

194. Göppingen (GP)

Fabrikstraße 34 (-)

x: 35496##, y: 53961##

Lagegenauigkeit: 0 (bis auf 50 m genau lokalisierbar).

Ansprache: Einzelfund (Kennung 0).

Forschungsgeschichte: Baubeobachtung 1916.

Beschreibung: Denar des Pupienus (238 n. Chr.), Denar des Philippus Arabs (244/247 n. Chr.), Denar des Traianus Decius (250/251 n. Chr.) und acht weitere Münzen in der Nähe.

Literatur: FMRD II 4, 96–97,4148,1.3.4.6–13; Fundber. Schwaben N. F. 3, 1924–1926 (1926), 121; 136. doi: https://doi.org/10.11588/diglit.43774; SCHREG 1996, Göppingen 5,8.

195. Göppingen (GP)

Fehlhalde (-)

x: 35479##, y: 53988##

Lagegenauigkeit: 0 (bis auf 50 m genau lokalisierbar).

Ansprache: Einzelfund (Kennung 0).

Forschungsgeschichte: Lesefunde durch Scheer 1932.

Beschreibung: Unbestimmte römerzeitliche Einzelmünze.

Literatur: SCHREG 1996, Göppingen 19,41.

196. Göppingen (GP)

Mörikegymnasium (-)

x: 35486##, y: 53967##

Lagegenauigkeit: 0 (bis auf 50 m genau lokalisierbar).

Ansprache: Einzelfund (Kennung 0).

Forschungsgeschichte: Baubeobachtung 1912/1913.

Beschreibung: Fund eines Antoninian des Philippus Arabs (244/247 n. Chr.).

Literatur: FMRD II 4, 96,4147,2; Fundber. Schwaben 22–24, 1914–1916 (1917), 33. doi: https://doi.org/10.11588/diglit.43769#0043; SCHREG 1996, Göppingen 11,23.

197. Göppingen (GP)

Ob der Fischhalde (GÖPP005)

x: 35507##, y: 53964##

Lagegenauigkeit: 0 (bis auf 50 m genau lokalisierbar).

Ansprache: Isolierter Grabfund (Kennung 200).

Forschungsgeschichte: Baubeobachtung durch W. Scheuthle 1935.

Beschreibung: Bei der Anlage eines Flughafens wurde ein römerzeitliches Brandgrab mit wenigen Beigaben freigelegt.

Literatur: RIEDL 1987, 575–577; Fundber. Schwaben N. F. 8, 1933–1935 (1935), 103. doi: https://doi.org/10.11588/diglit.57656#0111; SCHREG 1996, Göppingen 11.

198. Göppingen (GP)

Oberhofenkirche

x: 35485##, y: 53966##

Lagegenauigkeit: 0 (bis auf 50 m genau lokalisierbar).

Ansprache: Ländliche Einzelsiedlung (Kennung 110).

Forschungsgeschichte: Kleinere Ausgrabung des LDA 1981.

Beschreibung: Im Vorfeld von Renovierungs- und Restaurationsarbeiten in der Kirche führte das LDA eine archäologische Untersuchung durch, bei der u. a. römerzeitliche Mauerreste zutage kamen, vermutlich die Reste eines römischen Gutshofes.

Literatur: SCHÄFER 1983, 31–43; SCHREG 1996, Göppingen 11,25.

199. Göppingen (GP)

Poststraße 2 (-)

x: 35487##, y: 53962##

Lagegenauigkeit: 1 (bis auf 200 m genau lokalisierbar).

Ansprache: Einzelfund (Kennung 0).

Forschungsgeschichte: Baubeobachtung 1929.

Beschreibung: Mittelerz des Antoninus Pius oder des Marc Aurels (138–180 n. Chr.).

Literatur: Fundber. Schwaben N. F. 5, 1928–1930 (1930), 92. doi: https://doi.org/10.11588/diglit.57653#0104; SCHREG 1996, Göppingen 12–13,27.

200. Göppingen (GP)

Reusch (GÖPP042)

x: 35471##, y: 53972##

Lagegenauigkeit: 0 (bis auf 50 m genau lokalisierbar).

Ansprache: Einzelfund (Kennung 0).

Forschungsgeschichte: Grabarbeiten 1926.

Beschreibung: Fund eines As des Tiberius (22–23).

Literatur: FMRD II 4, 97,4149; Fundber. Baden-Württemberg 22,2, 1998, 109. doi: https://doi.org/10.11588/fbbw.1998.2.57178.

201. Göppingen-Faurndau (GP)

Geigenwiesen (FAUR005)

x: 35455##, y: 53956##

Lagegenauigkeit: 5 (verlagerte Fundstelle).

Ansprache: Einzelfund (Kennung 0).

Forschungsgeschichte: Lesefund durch E. Mayer; Baubeobachtung durch E. Nägele und R. Schindler 1955.

Beschreibung: 1957 stießen J. Nägele und R. Schindler beim Ausheben eines Grabens für eine Kläranlage in 2,50 m Tiefe auf einen bronzenen Prunkhelm. Vermutlich stammt auch das Mündungsstück eines Einhenkelkruges, das E. Mayer zu einem unbekannten Zeitpunkt im Brunnenbachtal auflas, aus der Nähe dieser Fundstelle. Die genaue Lokalisierung des Mündungsstückes ist allerdings nicht mehr möglich. Auffällig ist, dass die Fundstelle bereits vor dem Fund des Helmes Römerbad genannt wurde, was auf eine römerzeitliche Siedlung in der Nähe hinweisen könnte.

Literatur: Fundber. Schwaben N. F. 14, 1957, 107–112. doi: https://doi.org/10.11588/diglit.66264.10; SCHREG 1996, Göppingen 23,48; Fundber. Baden-Württemberg 22,2, 1998, 110. doi: https://doi.org/10.11588/fbbw.1998.2.57178.

202. Göppingen-Faurndau (GP)

Lehlestraße 10 (-)

x: 35461##, y: 53974##

Lagegenauigkeit: 5 (verlagerte Fundstelle).

Ansprache: Einzelfund (Kennung 0).

Forschungsgeschichte: Baubeobachtung durch E. Mayer 1990.

Beschreibung: Im Bauaushub eines Leitungsgrabens fand sich eine Terra sigillata-Scherbe. Der Fundort liegt an der vermuteten Abzweigung der römischen Straße nach Lorch.

Literatur: SCHREG 1996, Göppingen 24,52; Fundber. Baden-Württemberg 22,2, 1998, 110,1. doi: https://doi.org/10.11588/fbbw.1998.2.57178.

203. Göppingen-Hohenstaufen (GP)

Galgenäcker (-)

x: 35532##, y: 54016##

Lagegenauigkeit: 1 (bis auf 200 m genau lokalisierbar).

Ansprache: Fundstreuung (Kennung 10).

Forschungsgeschichte: Feldbegehung durch G. Zorn 1986.

Beschreibung: Bei Feldbegehungen las G. Zorn auf den Äckern der Flur Galgenäcker römerzeitliche Keramikscherben auf, darunter Terra sigillata und Reibschalenfragmente.

Literatur: Fundber. Baden-Württemberg 12, 1987, 564,1. doi: https://doi.org/10.11588/fbbw.1987.0.39544; SCHREG 1996, Göppingen 28,57.

204. Göppingen-Hohenstaufen (GP)

Goldbühl (-)

x: 35543##, y: 54017##

Lagegenauigkeit: 1 (bis auf 200 m genau lokalisierbar).

Ansprache: Fundstreuung (Kennung 10).

Forschungsgeschichte: Feldbegehung durch G. Zorn 1986.

Beschreibung: Bei Feldbegehungen auf den Äckern der Flur Goldbühl, las G. Zorn römerzeitliche und mittelalterliche Keramik auf.

Literatur: Fundber. Baden-Württemberg 12, 1987, 564. doi: https://doi.org/10.11588/fbbw.1987.0.39544; SCHREG 1996, Göppingen 28–29,58.

205. Göppingen-Hohenstaufen (GP)

Hohenstaufen (HOHE003)

x: 35527##, y: 54008##

Lagegenauigkeit: 0 (bis auf 50 m genau lokalisierbar).

Ansprache: Fundstreuung (Kennung 10).

Forschungsgeschichte: Kleinere Ausgrabung durch E. Nägele 1935; kleinere Ausgrabung durch W. Veek 1936; kleinere Ausgrabung durch W. Härdtle 1938.

Beschreibung: Ausgrabungen auf dem Hohenstaufen, der in vorgeschichtlicher Zeit als Höhensiedlung und im Mittelalter als Feste der Staufer Kaiser diente, erbrachten u. a. römerzeitliche Keramik, darunter Terra sigillata-Scherben. Sämtliche römerzeitlichen Zeugnisse sind allerdings während der Kriegsjahre verschollen, was eine nachträgliche Interpretation unmöglich macht.

Literatur: VON PAULUS 1877, 115; Fundber. Schwaben N. F. 11, 1938–1950 (1951), 56, BACHTELER / RADEMACHER 1996, 42; SCHREG 1996, Göppingen 29–30,60.

206. Göppingen-Hohenstaufen (GP)

Pfarrgasse 17 (-)

x: 35529##, y: 54007##

Lagegenauigkeit: 0 (bis auf 50 m genau lokalisierbar).

Ansprache: Einzelfund (Kennung 0).

Forschungsgeschichte: Baubeobachtung durch L. Dannemann im ersten Viertel des 19. Jahrhunderts.

Beschreibung: In einer Kellergrube fand sich ein Denar des Vespasian (70–72 n. Chr.).

Literatur: FMRD II 4, 97,4150,1; Fundber. Schwaben N. F. 3, 1924–1926 (1926), 136,214. doi: https://doi.org/10.11588/diglit.43774#0148; SCHREG 1996, Göppingen 32,67.

207. Göppingen-Hohenstaufen (GP)

Spielburg (-)

x: 35523##, y: 54006##

Lagegenauigkeit: 1 (bis auf 200 m genau lokalisierbar).

Ansprache: Fundstreuung (Kennung 10).

Forschungsgeschichte: Feldbegehung durch G. Zorn 1986.

Beschreibung: Bei Feldbegehungen auf den Äckern der Flur Spielburg las G. Zorn zahlreiche Scherben römerzeitlicher Keramik auf, darunter Terra sigillata.

Literatur: Fundber. Baden-Württemberg 12, 1987, 564. doi: https://doi.org/10.11588/fbbw.1987.0.39544; SCHREG 1996, Göppingen 32–33,68.

208. Göppingen-Hohenstaufen (GP)

Steinwiesen (-)

x: 35529##, y: 54004##

Lagegenauigkeit: 0 (bis auf 50 m genau lokalisierbar).

Ansprache: Ländliche Einzelsiedlung (Kennung 110).

Forschungsgeschichte: Baubeobachtung durch G. Zorn 1986.

Beschreibung: Bei Neubauten im Gewann Steinwiesen konnten an verschiedenen Stellen römerzeitliche Funde aufgelesen werden, darunter Terra sigillata und Glanztonware. Darüber hinaus wurden Mauerzüge aufgedeckt, die eine Ansiedlung belegen. Das bisher bekannte Fundmaterial weist ins letzte Viertel des 2. und das erste Viertel des 3. Jahrhunderts n. Chr.

Literatur: Fundber. Baden-Württemberg 12, 1987, 565. doi: https://doi.org/10.11588/fbbw.1987.0.39544; SCHREG 1996, Göppingen 33,69.

209. Grabenstetten (RT)

Böhringer Straße (Grab 023)

x: 35341##, y: 53762##

Lagegenauigkeit: 0 (bis auf 50 m genau lokalisierbar).

Ansprache: Fundstreuung (Kennung 10).

Forschungsgeschichte: Baubeobachtung 1923.

Beschreibung: Innerhalb einer Baugrube fanden sich römerzeitliche Scherben und eine Fibel.

Literatur: Fundber. Schwaben 21, 1913, 56. doi: https://doi.org/10.11588/diglit.43334#0062; PARET 1932, 309,1; OEFTIGER 1997, 20,13.

210. Grabenstetten (RT)

Burrenhof (-)

x: 35311##, y: 53779##

Lagegenauigkeit: 0 (bis auf 50 m genau lokalisierbar).

Ansprache: Erdbefund mit vermutlich sakraler Funktion (Kennung 319).

Forschungsgeschichte: Größere Ausgrabung der Universität Tübingen und des LDA 2015.

Beschreibung: Im Bereich des vorgeschichtlichen Grabhügelfeldes kamen römerzeitliche Scherben zutage. Darüber hinaus wurden drei Aschengruben aufgedeckt, von denen zwei durch ¹⁴C-Daten in das 2. und das 3. Jahrhundert n. Chr. datiert werden können. Möglicherweise handelt es sich um die Überreste eines römerzeitlichen Kultplatzes. Vermutlich besteht eine Zusammenhang mit der Fundstreuung auf der Flur Roter Stein (*Kat. Nr. 212*).

Literatur: ADE et al. 2012, 111; Arch. Ausgr. Baden-Württemberg 2015, 145–146.

211. Grabenstetten (RT)

In der Strangenhecke (GRAB010)

x: 35317##,#, y: 53766##,#

Lagegenauigkeit: 5 (verlagerte Fundstelle).

Ansprache: Fundstreuung (Kennung 10).

Forschungsgeschichte: Größere Ausgrabung 1923.

Beschreibung: Im Oppidum Heidengraben im Bereich der „Elsachstadt" kamen bei Ausgrabungen römerzeitliche und spätlatènezeitliche Scherben aus einer vermutlich verlagerten Schicht zutage.

Literatur: PARET 1932, 309,2; OEFTIGER 1997, 20,12.

212. Grabenstetten (RT)

Roter Stein, Burrenhof (Grab001)

x: 35311##, y: 53777##

Lagegenauigkeit: 0 (bis auf 50 m genau lokalisierbar).

Ansprache: Religionszeugnis ohne Befundzusammenhang (Kennung 320).

Forschungsgeschichte: Feldbegehung durch A. Lehmkuhl 2008.

Beschreibung: Etwa 200 m südlich der römerzeitlichen Aschengruben (*Kat. Nr. 210*) fanden sich bei Feldbegehungen zahlreiche Scherben römerzeitlicher Keramik, darunter auch ein wenig Terra sigillata sowie der Kopf einer bronzenen Marsstatuette.

Literatur: –

213. Grabenstetten (RT)

Seelenau (GRAB011)

x: 35324##, y: 53773##

Lagegenauigkeit: 0 (bis auf 50 m genau lokalisierbar).

Ansprache: Einzelfund (Kennung 0).

Forschungsgeschichte: Lesefund durch H. Burkert 1973.

Beschreibung: Im Oppidum Heidengraben im Bereich der „Elsachstadt" fand sich westlich von Tor B ein Sesterz des Traian (104–117 n. Chr.).

Literatur: Fundber. Baden-Württemberg 5, 1980, 296,140. doi: https://doi.org/10.11588/fbbw.1980.0.26299.

214. Grafenberg (RT)

Unter dem Hof, Heuweg, Steigäcker, Steinzenhecke (GRAF02)

x: 35229##, y: 53820##

Lagegenauigkeit: 0 (bis auf 50 m genau lokalisierbar).

Ansprache: Vermutete römerzeitliche Fundstelle (Kennung 999).

Forschungsgeschichte: Feldbegehung durch E. von Paulus im Zuge der Landesaufnahme bis 1877.

Beschreibung: E. von Paulus erwähnt „Spuren römischer Gebäude", die heute nicht mehr auffindbar sind.

Literatur: VON PAULUS 1877, 67; PARET 1932, 309, OEFTIGER 1997, 22,2.

215. Großbettlingen (ES)

Hartwiesen (GROS001)

x: 35226##, y: 53828##

Lagegenauigkeit: 5 (verlagerte Fundstelle).

Ansprache: Fundstreuung (Kennung 10).

Forschungsgeschichte: Baubeobachtung durch G. Seifert 1968.

Beschreibung: Bei der Anlage eines Kanalisationsgrabens kam eine Kulturschicht mit vermutlich frühmittelalterlichen und latènezeitlichen Funden zutage. Aus einer eingeschwemmten Schicht über der *in situ* befindlichen Kulturschicht stammen neolithische Hornsteinabschläge sowie mittelalterliche und römerzeitliche Scherben, darunter die Fragmente einer Reibschale und eines Terra sigillata-Gefäßes.

Literatur: Fundber. Baden-Württemberg 2, 1975, 241. doi: https://doi.org/10.11588/fbbw.1975.0.24590.

216. Gruibingen (GP)

Pfarranger (-)

x: 35477##, y: 53842##

Lagegenauigkeit: 0 (bis auf 50 m genau lokalisierbar).

Ansprache: Einzelfund (Kennung 0).

Forschungsgeschichte: Feldbegehung durch H. Conz 1980.

Beschreibung: Bei einer nachträglichen Begehung von Sondierungsgräben fand sich das Wandstück einer römerzeitlichen Keramikscherbe.

Literatur: Fundber. Baden-Württemberg 9, 1984, 677. doi: https://doi.org/10.11588/fbbw.1984.0.30850; Schreg 1996, Gruibingen 1,1.

217. Hattenhofen (GP)

Maurachäcker (-)

Lagegenauigkeit: 4 (genauer Fundort nicht bekannt).

Ansprache: Vermutete römerzeitliche Fundstelle (Kennung 999).

Forschungsgeschichte: Feldbegehung durch E. von Paulus im Zuge der Landesaufnahme bis 1877.

Beschreibung: E. von Paulus nennt einen römischen Gutshof. Näheres ist nicht bekannt. Ein Zusammenhang mit der Fundstreuung auf der Flur Schäferesch (*Kat. 218*) ist möglich.

Literatur: von Paulus 1877, 114; Paret 1932, 314; Schreg 1996, Hattenhofen 1,1.

218. Hattenhofen (GP)

Schäferesch (HATT003)

x: 35411##, y: 53914##

Lagegenauigkeit: 0 (bis auf 50 m genau lokalisierbar).

Ansprache: Fundstreuung (Kennung 10).

Forschungsgeschichte: Feldbegehungen durch F. Glöckner 1990.

Beschreibung: Bei Feldbegehungen im Gewann Schäferesch wurden zahlreiche Keramikscherben des 2. Jahrhunderts n. Chr. aufgelesen. Es handelt sich um Reste von Gebrauchskeramik, einen Faltenbecher und wenig Terra sigillata, darunter ein ge-

stempelter Teller des „SATVRNIVS". Ein Zusammenhang mit der bei von Paulus genannten *villa rustica* in der Flur „Maurachäckern" (*Kat. Nr. 217*) ist möglich.

Literatur: Schreg 1996, Hattenhofen 4,5; Fundber. Baden-Württemberg 22,2, 1998, 110. doi: https://doi.org/10.11588/fbbw.1998.2.57178; Fundber. Baden-Württemberg 28,2, 2005, 216. doi: https://doi.org/10.11588/fbbw.2005.2.73063.

219. Heidenheim a. d. Brenz (HDH)

Alexanderstraße, Voith'sche Fabrik (HEID020)

x: 35848##, y: 53930##

Lagegenauigkeit: 5 (verlagerte Fundstelle).

Ansprache: Einzelfund (Kennung 0).

Forschungsgeschichte: Baubeobachtung durch W. Schreiber 1951.

Beschreibung: In einem Kanalisationsgraben fand sich neben Scherben der Urnenfelder- und Hallstattzeit eine verrundete Terra sigillata-Scherbe.

Literatur: Fundber. Schwaben N. F. 12, 1938–1951 (1952), 36,2.

220. Heidenheim a. d. Brenz (HDH)

Bärenstraße (HEID083)   AG+

x: 35853##, y: 53935##

Lagegenauigkeit: 0 (bis auf 50 m genau lokalisierbar).

Ansprache: Grabbefunde im Siedlungskontext (Kennung 210).

Forschungsgeschichte: Kleinere Ausgrabung durch B. Rabold 1990.

Beschreibung: Bei einer Notbergung wurde eine Grabgruppe mit sechs römerzeitlichen Brandgräbern freigelegt.

Literatur: Sölch 2001, 112–113; Fundber. Baden-Württemberg 32,2, 2012, 598.

221. Heidenheim a. d. Brenz (HDH)

Eugen-Jaekle-Platz (HEID110)

x: 35849##, y: 53940##

Lagegenauigkeit: 0 (bis auf 50 m genau lokalisierbar).

Ansprache: Grabbefunde im Siedlungskontext (Kennung 210).

Forschungsgeschichte: Baubeobachtung 1924 und 1977.

Beschreibung: Im Zuge von Bauarbeiten wurde eine römerzeitliche Grabgruppe mit drei Brandbestattungen entdeckt.

Literatur: Sölch 2001, 113; Sölch in Planck 2005, 116–120.

222. Heidenheim a. d. Brenz (HDH)

Georges-Levillain-Anlage (HEID027)

x: 35850##, y: 53941##

Lagegenauigkeit: 0 (bis auf 50 m genau lokalisierbar).

Ansprache: Auxiliarkastell (Kennung 410).

Forschungsgeschichte: Altfund (Zusammenstellung der Quellen zum römerzeitlichen Heidenheim) durch Magister Lindenmaier 1649–1656/1657; Baubeobachtung 1881; kleinere Ausgrabung der RLK 1896/1897; Baubeobachtungen und kleinere Ausgrabungen durch E. Gaus 1897–1929; kleinere Ausgrabungen des LDA 1961–1962 und 2004; größere Ausgrabungen des LDA 1965–1966 und 2000–2003.

Beschreibung: Reiterkastell einer *ala milliaria* mit einer Innenfläche von 6 ha. Vermutlich handelt es sich um das in der *tabula Peutingeriana* genannte *Aquileia*. Von der Umwehrung sind die Mauer und ein vorgelagerter Graben bekannt. Im Inneren sind Teile der Mannschaftsbaracken im nordwestlichen Teil des Kastells sowie die *principia* bekannt. Bei der hier stationierten Einheit handelt es sich um die *ala II flavia pia fidelis*. Das Kastell wurde zwischen 105 und 115 n. Chr. gegründet und um 160 n. Chr. im Zuge der Vorverlegung des Limes auf die Linie Miltenberg-Lorch aufgegeben.

Literatur: ORL B 66b Heidenheim; HEILIGMANN 1999, 102–116; SÖLCH 2001; Sölch in PLANCK 2005, 116–120; SCHOLZ 2009.

223. Heidenheim a. d. Brenz (HDH)

Stadtgebiet (HEID015, HEID028, HEID048, HEID054, HEID076, HEID084, HEID088)

x: 35852##, y: 53940##

Lagegenauigkeit: 0 (bis auf 50 m genau lokalisierbar).

Ansprache: *Vicus* aus Kastellvicus (Kennung 121).

Forschungsgeschichte: Baubeobachtung 1880; größere Ausgrabung des LDA 1966 und 1980; kleinere Ausgrabungen des LDA 2009–2011, 2014, 2016.

Beschreibung: *Vicus* des Auxiliarkastells Heidenheim. Zur Beschreibung siehe *Kap. 3.2.2.6*.

Literatur: SÖLCH 2001; Sölch in PLANCK 2005, 116–120; Arch. Ausgr. Baden-Württemberg 2009, 154–159; SCHOLZ 2009; Arch. Ausgr. Baden-Württemberg 2010, 157–161; Arch. Ausgr. Baden-Württemberg 2011, 143–147; 147–150; Fundber. Baden-Württemberg 32,2, 2012, 598; Arch. Ausgr. Baden-Württemberg 2014, 212–216; Arch. Ausgr. Baden-Württemberg 2016, 183–187.

224. Heidenheim a. d. Brenz (HDH)

Nordhang Totenberg (-)   AG+

x: 35855##, y: 53941##

Lagegenauigkeit: 0 (bis auf 50 m genau lokalisierbar).

Ansprache: Grabbefunde im Siedlungskontext (Kennung 210).

Forschungsgeschichte: Baubeobachtungen im frühen 20. Jahrhundert.

Beschreibung: Grabgruppe mit drei Bestattungen.

Literatur: RIEDL 1987, 664–665; SÖLCH 2001, 111–112.

225. Heidenheim a. d. Brenz (HDH)

Seestraße (HEID070)   AG+

x: 35854##, y: 53941##

Lagegenauigkeit: 0 (bis auf 50 m genau lokalisierbar).

Ansprache: Ländliche Einzelsiedlung (Kennung 110).

Forschungsgeschichte: Baubeobachtung durch E. Gaus 1901–1903.

Beschreibung: Beim Neubau von Häusern in der Seestraße wurden ein Mauerstück mit einer Länge von 60 m und ein daran angebauter Turm entdeckt. Etwa 8 m nördlich der Mauer legte man darüber hinaus ein Gebäude mit den Maßen 8 × 2,5 m frei. Vermutlich handelt es sich um ein Nebengebäude und die Umfassungsmauer eines römerzeitlichen Gehöfts.

Literatur: SÖLCH 2001, 71,108.

226. Heidenheim a. d. Brenz (HDH)

Südhang Totenberg (HEID052)   AG+

x: 35855##, y: 53939##

Lagegenauigkeit: 1 (bis auf 200 m genau lokalisierbar).

Ansprache: Grabbefunde im Siedlungskontext (Kennung 210).

Forschungsgeschichte: Baubeobachtung 1873–1874; größere Ausgrabung durch E. Gaus 1901.

Beschreibung: Römerzeitliches Gräberfeld mit 87 Bestattungen.

Literatur: RIEDL 1987, 658–659; SÖLCH 2001, 95–111; Sölch in PLANCK 2005, 116–120.

227. Heidenheim a. d. Brenz-Mergelstetten (HDH)

Scheiterhau (HEID141)

x: 35835##, y: 53913##

Lagegenauigkeit: 0 (bis auf 50 m genau lokalisierbar).

Ansprache: Isolierter Grabfund (Kennung 200).

Forschungsgeschichte: Kleinere Ausgrabung (Raubgrabung) 1895.

Beschreibung: Bei einer Raubgrabung an einem vorgeschichtlichen Grabhügel kam eine römerzeitliche Urne zum Vorschein. Vermutlich handelt es sich um eine Nachbestattung.

Literatur: RIEDL 1987, 669–670; PFAHL 1999, 145,65.

228. Herbrechtingen (HDH)

Hinteres Feld (HERB009)   *AG+*

x: 35872##, y: 53883##

Lagegenauigkeit: 0 (bis auf 50 m genau lokalisierbar).

Ansprache: Ländliche Einzelsiedlung (Kennung 110).

Forschungsgeschichte: Kleinere Ausgrabung 1890; kleinere Ausgrabung durch O. Kälberer 1934; kleinere Ausgrabung 1947.

Beschreibung: Bei Privatgrabungen wurde 1890 ein Gebäude mit Hypocaustanlage entdeckt, das heute nicht mehr lokalisiert werden kann. An anderer Stelle konnte 1934 ein Badegebäude freigelegt werden, das vermutlich zu einem römischen Gutshof gehörte. Das geborgene Fundmaterial stammt aus der zweiten Hälfte des 2. und der ersten Hälfte des 3. Jahrhunderts n. Chr. Bei einer etwa 20 m langen Mauer, die sich als Bewuchsmerkmal abzeichnete und die durch Probegrabungen bestätigt werden konnte, handelt es sich vermutlich um die Umfassungsmauer des Gehöfts.

Literatur: Pfahl 1999, 145–147,70.

229. Herbrechtingen (HDH)

Hinteres Feld, Bernauer Straße 49 (HERB023)   *AG+*

x: 35876##, y: 53891##

Lagegenauigkeit: 0 (bis auf 50 m genau lokalisierbar).

Ansprache: Römischer Gutshof (Kennung 111).

Forschungsgeschichte: Baubeobachtung 1960; kleinere Ausgrabung des LDA 1960.

Beschreibung: Bei der Anlage eines Aussiedlerhofes wurden die Reste des Hauptgebäudes eines römischen Gutshofes freigelegt, die in der Folge durch das Staatliche Amt für Denkmalpflege archäologisch untersucht wurden. Das geborgene Fundmaterial stammt aus der zweiten Hälfte des 2. Jahrhunderts und dem 3. Jahrhundert n. Chr.

Literatur: Pfahl 1999, 147–150,71.

230. Herbrechtingen (HDH)

Radberg (HERB017)   *AG+*

x: 35870##, y: 53866##

Lagegenauigkeit: 1 (bis auf 200 m genau lokalisierbar).

Ansprache: Einzelfund (Kennung 0).

Forschungsgeschichte: Größere Ausgrabung durch das Institut für Vor- und Frühgeschichte Tübingen 1982.

Beschreibung: Bei der Ausgrabung einer vorgeschichtlichen Siedlungsstelle fand sich als Einzelfund ein As des Nerva (97 n. Chr.).

Literatur: Arch. Ausgr. Baden-Württemberg 1982, 79 Abb. 55.

231. Herbrechtingen (HDH)

Stockbrunnen (HERB040)   *AG+*

x: 35863##, y: 53874##

Lagegenauigkeit: 0 (bis auf 50 m genau lokalisierbar).

Ansprache: Römischer Gutshof (Kennung 111).

Forschungsgeschichte: Größere Ausgrabung des LDA 2006.

Beschreibung: Im Zuge einer Notgrabung in einem Wohngebiet kamen neben vorgeschichtlichen Siedlungsresten Teile eines römischen Gutshofes zutage. So konnten Reste des Hauptgebäudes, zweier Nebengebäude, eines mutmaßlichen Badegebäudes und der Umfassungsmauer freigelegt werden. Letztere Umschloss wohl ein Areal von 2,5 bis 3 ha.

Literatur: Arch. Ausgr. Baden-Württemberg 2006, 139–140; Arch. Ausgr. Baden-Württemberg 2007, 133–136.

232. Herbrechtingen-Bissingen (HDH)

Heckensloch (BISS006)

x: 35861##, y: 53809##

Lagegenauigkeit: 0 (bis auf 50 m genau lokalisierbar).

Ansprache: Einzelfund (Kennung 0).

Forschungsgeschichte: Lesefunde 1929.

Beschreibung: Fund eines As des Hadrian (118 n. Chr.).

Literatur: –

233. Herbrechtingen-Hausen ob Lontal (HDH)

Hinter der Kirche (HAUS001–002)

x: 35833##, y: 53810##

Lagegenauigkeit: 0 (bis auf 50 m genau lokalisierbar).

Ansprache: Römischer Gutshof (Kennung 111).

Forschungsgeschichte: Kleinere Ausgrabung durch Pfarrer Speidel 1901–1902; Baubeobachtung durch G. Weber 1979.

Beschreibung: Nachdem er Bewuchsmerkmale auf einem Feld hinter der Kirche feststellte, legte der Pfarrer Speidel Reste des Hauptgebäudes, dreier Nebengebäude und der Umfassungsmauer eines römischen Gutshofes frei. Letztere umschloss ein Areal von 0,71 ha. Das geborgene Fundmaterial stammt aus dem 2. und dem 3. Jahrhundert n. Chr. Bei Renovierungsrabeiten der nahe gelegenen Kirche fanden sich darüber hinaus Spolien, die vermutlich aus dieser Anlage stammten, darunter ein Grabstein und eine Kaiserinschrift des Gallienus.

Literatur: Pfahl 1999, 151–152,77–78; Filtzinger in Planck 2005, 125–126.

234. Hermaringen (HDH)

Güssenburg (HERM009)

x: 35920##, y: 53855##

Lagegenauigkeit: 0 (bis auf 50 m genau lokalisierbar).

Ansprache: Fundstreuung (Kennung 10).

Forschungsgeschichte: Baubeobachtung 1912.

Beschreibung: Bei „größeren Grabarbeiten auf der Güßenburg" fanden sich einige römerzeitliche Keramikscherben, darunter Terra sigillata sowie ein bronzener Steck- oder Schiebeschlüssel.

Literatur: Pfahl 199, 152,80.

235. Hermaringen (HDH)

Steiglen (ADAB-Nr. 96959036)   AG+

x: 35937##, y: 53856##

Lagegenauigkeit: 0 (bis auf 50 m genau lokalisierbar).

Ansprache: Römischer Gutshof (Kennung 111).

Forschungsgeschichte: Luftbild durch O. Braasch 1991; Feldbegehung durch W. Kettner 1991.

Beschreibung: Im Luftbild ist der Grundriss des Hauptgebäudes und vermutlich zweier Nebengebäude eines römischen Gutshofes erkennbar.

Literatur: Pfahl 1999, 153,83.

236. Hochdorf (ES)

Neuffenweg 8 (HOCH004)

x: 35345##,#, y: 53958##,#

Lagegenauigkeit: 0 (bis auf 50 m genau lokalisierbar).

Ansprache: Isolierter Grabfund (Kennung 200).

Forschungsgeschichte: Baubeobachtung durch H. Brunter 1983.

Beschreibung: In der Baugrube des Hauses Neuffenweg 8 konnten mehrere Brandgräber und Überreste von solchen geborgen werden. In zwei Fällen wurden jeweils eine Urne oder deren Abdruck samt Inhalt aufgefunden. Ein vermutlich ebenfalls als Urnengrab anzusprechender Befund ist lediglich als Gefäßabdruck im Boden erhalten. Südlich der Urnengräber fand sich im Hausentwässerungsgraben eine Aschenkonzentration, in der Reste von Nägeln, Glasbeigaben, Keramik, Metall sowie kalzinierte Knochen und eine Münze eingelagert waren. Sie ist vermutlich als Brandgrubengrab anzusprechen. Östlich dieses Befundes konnten ebenfalls im Entwässerungsgraben zahlreiche Scherben eines größeren Gefäßes geborgen werden, bei dem es sich ebenfalls um ein Urnengrab handeln könnte.

Literatur: –

237. Hohenstadt (GP)

Heidental (-)

x: 35479##, y: 53788##

Lagegenauigkeit: 4 (genauer Fundort nicht bekannt).

Ansprache: Vermutetes Religionszeugnis (Kennung 399).

Forschungsgeschichte: Altfund, Auffindungszeitpunkt und -umstände nicht bekannt.

Beschreibung: Laut der Oberamtsbeschreibung Geislingen „[...] soll ein römischer Altar im Heidenthal, bei Hohenstadt, dem Fundorte mancher Römermünzen [...] entdeckt worden [...]" sein. Die Fundstelle ist verschollen und nicht mehr genau lokalisierbar.

Literatur: von Stälin 1842, 100; Schreg 1996, Hohenstadt 2–3.

238. Hülben (RT)

Schulstraße (HÜLB008)

x: 35301##, y: 53757##

Lagegenauigkeit: 0 (bis auf 50 m genau lokalisierbar).

Ansprache: Fundstreuung (Kennung 10).

Forschungsgeschichte: Baubeobachtung durch G. Schwenkel und die archäologische Gruppe um F. Weiss 2008.

Beschreibung: Auf dem Baugelände für das Altenpflegeheim in Hülben lasen G. Schwenkel und die archäologische Gruppe um F. Weiss einige römerzeitliche, vorgeschichtliche und mittelalterliche Keramikscherben auf. Die Fundstelle befindet sich im Bereich einer ehemaligen Wasserstelle.

Literatur: –

239. Kirchheim u. Teck (ES)

Stadtgebiet (KIRC019, KIRC020, KIRC041–043, KIRC063, KIRC065, KIRC069, KIRC145–146)

x: 35330##, y: 53900##

Lagegenauigkeit: 0 (bis auf 50 m genau lokalisierbar).

Ansprache: Vermuteter *vicus* (Kennung 129).

Forschungsgeschichte: Altfund im ersten Viertel des 20. Jahrhunderts; Lesefund 1910; kleinere Ausgrabungen des LDA 1964, 1986–1988, 1991–1992, 1994–1996; kleinere Ausgrabung durch die Kreisarchäologie Göppingen 1999.

Beschreibung: Bei Bauarbeiten im Stadtgebiet kamen immer wieder mittelalterliche Siedlungsreste zum Vorschein, unter denen sich auch wenig römerzeitliches Fundmaterial befand. Daneben wurden Befunde aufgedeckt, die möglicherweise römischer Zeitstellung sind. Die Objekte könnten zum Teil verlagert sein. Zur Beschreibung siehe *Kap. 3.2.2.6.*

Literatur: Mayer 1913, 226; Hertlein 1928, 261; Paret 1932, 327; Fiedler 1962; Fundber. Schwaben N. F. 18,2, 1967, 94; Arch. Ausgr. Baden-Württemberg 1991, 288–290; Arch. Ausgr. Baden-Württemberg 1996, 240–245; Arch. Ausgr. Baden-Württemberg 1999, 194–198; Baur 2000.

240. Kirchheim u. Teck-Ötlingen / Wendlingen a. Neckar (ES)

Klingelwiesen, Rotwiesen (ÖTLI012; WEND017)

x: 35310##, y: 53921##

Lagegenauigkeit: 0 (bis auf 50 m genau lokalisierbar).

Ansprache: Vermutlich ländliche Einzelsiedlung (Kennung 119).

Forschungsgeschichte: Feldbegehung durch R. Hartmayer 1986.

Beschreibung: Bei Feldbegehungen auf den Äckern der Flur „Klingelwiesen" (Gemarkung Ötlingen) und „Rotwiesen" (Gemarkung Wendlingen a. Neckar), las R. Hartmayer zahlreiche römerzeitliche Keramikscherben auf, darunter Terra sigillata. R. Hartmayer war bereits vor der Feldbegehung durch Steinkonzentrationen auf die Äcker aufmerksam geworden. Zonen hellerer Verfärbung im Getreide geben einen weiteren Hinweis auf Mauerzüge im Bereich der Fundstelle.

Literatur: Fundber. Baden-Württemberg 28,2, 2005, 224; 279. doi: https://doi.org/10.11588/fbbw.2005.2.73063.

241. Kirchheim u. Teck-Ötlingen (ES)

Ortskern (ÖTLI008)

x: 35312##, y: 53910##

Lagegenauigkeit: 0 (bis auf 50 m genau lokalisierbar).

Ansprache: Ländliche Einzelsiedlung (Kennung 110).

Forschungsgeschichte: Baubeobachtungen im ersten Viertel des 20. Jahrhunderts; Baubeobachtung 1929.

Beschreibung: O. Paret erwähnt, dass bei Kellergrabungen im Bereich der Hauptstraße regelmäßig Mauerreste und Ziegel freigelegt wurden. Bei Mauerresten, die 1929 nördlich des Rathauses beim Bau der Wasserleitungen aufgefunden wurden, ist die römische Zeitstellung nicht belegt.

Literatur: Paret 1932, 359.

242. Kirchtellinsfurt (TÜ)

Echazbett (KIRC010)

x: 35103##, y: 53771##

Lagegenauigkeit: 5 (verlagerte Fundstelle).

Ansprache: Religionszeugnis ohne Befundzusammenhang (Kennung 320).

Forschungsgeschichte: Lesefund 1866.

Beschreibung: Im Echazbett fand sich ein Relief der Göttin Victoria (?). Vermutlich besteht ein Zusammenhang mit einer nahe der Fundstelle gefundenen Steinstatuette der Diana (*Kat. Nr. 244*).

Literatur: Kgl. statist.-topogr. Bureau Tübingen 1867, 193,9; von Paulus 1877, 82; Paret 1932, 326,2.

243. Kirchtellinsfurt (TÜ)

Riedhalden (-) AG+

x: 35109##, y: 53776##

Lagegenauigkeit: 1 (bis auf 200 m genau lokalisierbar).

Ansprache: Vermuteter isolierter Grabfund (Kennung 209).

Forschungsgeschichte: Landwirtschaftliche Tätigkeit 1932.

Beschreibung: Bei Entwässerungsarbeiten fanden Arbeiter an einem steil zum Neckar hin abfallenden Nordhang ca. 30 cm unter der Oberfläche ein bronzenes Besteck aus Kelle und Sieb. Möglicherweise sind die Funde verlagert und stammten ursprünglich aus einem Grab.

Literatur: Fundber. Schwaben N. F. 7, 1930–1932 (1932), 52. doi: https://doi.org/10.11588/diglit.57655#0062.

244. Kirchtellinsfurt (TÜ)

Untere Rait (KIRC010)

x: 35106##, y: 53768##

Lagegenauigkeit: 5 (verlagerte Fundstelle).

Ansprache: Religionszeugnis ohne Befundzusammenhang (Kennung 320).

Forschungsgeschichte: Lesefund durch G. Luz 1931.

Beschreibung: Bei der Apfelernte fand G. Luz eine 75 cm hohe steinerne Statuette der Diana in der linken Uferböschung der Echaz. Die Fundstelle ist etwa 100 m von dem bereits früher aufgefunden Relief der Victoria im Echazbett entfernt.

Literatur: Fundber. Schwaben N. F. 7, 1930–1932 (1932), 58 s. v. Wannweil. doi: https://doi.org/10.11588/diglit.57655#0068; Oeftiger 1997, 78,3 s. v. Wannweil.

245. Köngen (ES)

Adolf-Ehmann-Straße Ecke Birkenweg (KÖNG006)

x: 35264##, y: 53939##

Lagegenauigkeit: 0 (bis auf 50 m genau lokalisierbar).

Ansprache: Grabbefunde im Siedlungskontext (Kennung 210).

Forschungsgeschichte: Baubeobachtungen 1955 und 1958.

Beschreibung: Bei Bauarbeiten fanden sich die Reste eines Grabdenkmals sowie ein römerzeitliches Brandgrab.

Literatur: Riedl 1987, 458–459; Fundber. Schwaben N. F. 14, 1957, 198,3. doi: https://doi.org/10.11588/diglit.66264#0210; Fundber. Schwaben N. F. 16, 1962, 255,3.

246. Köngen (ES)

Am Kehlweg, Isolde-Kurz-Weg (-)

x: 35264##, y: 53938##

Lagegenauigkeit: 1 (bis auf 200 m genau lokalisierbar).

Ansprache: Grabbefunde im Siedlungskontext (Kennung 210).

Forschungsgeschichte: Baubeobachtung der Gutsverwaltung Weishaar 1839; größere Ausgrabung durch K. Miller 1882; größere Ausgrabung des LDA 1979.

Beschreibung: Zum *vicus* von Köngen gehöriges Gräberfeld. Bevor erste archäologische Untersuchungen durch K. Miller stattfanden, wurde 1839 ein Teil des römerzeitlichen Gräberfeldes bei Planierungsarbeiten der Domänenverwaltung der Familie Weishaar undokumentiert zerstört. Die 1979 durchgeführten Ausgrabungen ergänzen die Beobachtungen K. Millers aus dem Jahr 1882. Der Bestattungsplatz war von einer Umfassungsmauer mit Seitenlängen von ca. 51 × 72 × 58 × 90 m umgeben. Zur Anzahl der ausgegrabenen Bestattungen finden sich in der Literatur widersprüchliche Angaben. Laut Miller konnten er und seine Schüler 1882 „54 gut nachweisbare Grabstätten" (MILLER 1884, 17) aufdecken. In den publizierten Plan der Ausgrabung sind allerdings nur 50 Befunde eingezeichnet. D. Planck schreibt dagegen in einem Aufsatz zu den Ausgrabungen 1979, bei denen insgesamt 197 Bestattungen geborgen wurden, dass Miller 51 Gräber freigelegt habe. Die Belegungszahl des erforschten Teils des Gräberfeldes von Köngen beträgt daher zwischen 247 und 251 Bestattungen. Das Gräberfeld war vom Ende des 1. Jahrhunderts bis in die Mitte des 3. Jahrhunderts in Benutzung.

Literatur: MILLER 1884, 11–17; RIEDL 1987, 462–469; Fundber. Schwaben N. F. 14, 1957, 197. doi: https://doi.org/10.11588/diglit.66264#0209; Fundber. Schwaben N. F. 15, 1959, 168. doi: https://doi.org/10.11588/diglit.66263#0196; Arch. Ausgr. Baden-Württemberg 1979, 64–69; Luik in PLANCK 2005, 149–151.

247. Köngen (ES)

Austraße (KÖNG007)

x: 35269##, y: 53935##

Lagegenauigkeit: 0 (bis auf 50 m genau lokalisierbar).

Ansprache: Grabbefund im Siedlungskontext (Kennung 210).

Forschungsgeschichte: Baubeobachtung 1952.

Beschreibung: Östlich des Kastells wurde ein einzelnes römerzeitliches Brandgrab freigelegt.

Literatur: RIEDL 1987, 469; Fundber. Schwaben N. F. 14, 1957, 198. doi: https://doi.org/10.11588/diglit.66264#0210; LUIK 1996, 106,301.

248. Köngen (ES)

Bilderhäuslenstraße 4 (KÖNG008)

x: 35271##, y: 53946##

Lagegenauigkeit: 0 (bis auf 50 m genau lokalisierbar).

Ansprache: Ländliche Einzelsiedlung (Kennung 110).

Forschungsgeschichte: Kleinere Ausgrabung 1878.

Beschreibung: Fundamentreste eines römerzeitlichen Gebäudes.

Literatur: PARET 1932, 329,3.

249. Köngen (ES)

Burg (KÖNG010, KÖNG011, KÖNG016, KÖNG018)

x: 35264##, y: 53934##

Lagegenauigkeit: 2 (bis auf 500 m genau lokalisierbar).

Ansprache: *Vicus* aus Kastellvicus (Kennung 121).

Forschungsgeschichte: Größere Ausgrabung durch J. E. Roser 1783–84; größere Ausgrabung der RLK 1896; Feldbegehung im Auftrag des königlichen Landeskonservatoriums durch A. Mettler 1900; Feldbegehung durch O. Paret 1939; Baubeobachtungen durch H. Mehlo 1955–1979; größere Ausgrabungen des LDA 1972, 1979, 1993 und 2010; kleinere Ausgrabungen des LDA 1969, 1977 und 2006; Feldbegehungen und Baubeobachtungen durch Th. Prinzing 1990–2011; Baubeobachtung durch S. Papadopoulos vor 2012.

Beschreibung: *Vicus* des Auxiliarkastells. Zur Beschreibung siehe *Kap. 3.2.2.6.*

Literatur: MILLER 1884, 9; Arch. Ausgr. Baden-Württemberg 1979, 70–77; Arch. Ausgr. Baden-Württemberg 1993, 158–162; LUIK 1996; Fundber. Baden-Württemberg 22,2, 1998, 113. doi: https://doi.org/10.11588/fbbw.1998.2.57178; LUIK 2004; Fundber. Baden-Württemberg 28,2, 2005, 227. doi: https://doi.org/10.11588/fbbw.2005.2.73063; Luik in PLANCK 2005, 149–151; Arch. Ausgr. Baden-Württemberg 2006, 143–147; Arch. Ausgr. Baden-Württemberg 2010, 164–168; Fundber. Baden-Württemberg 32,2, 2012, 600; ENGELS / THIEL 2016; Fundber. Baden-Württemberg 37, 2017, 458–459. doi: https://doi.org/10.11588/fbbw.2017.0.70431.

250. Köngen (ES)

Denkendorfer Straße (KÖNG002, KÖNG005)

x: 35264##, y: 53940##

Lagegenauigkeit: 0 (bis auf 50 m genau lokalisierbar).

Ansprache: Grabbefund im Siedlungskontext (Kennung 210).

Forschungsgeschichte: Landwirtschaftliche Tätigkeit 1954.

Beschreibung: Beim Setzen von Pfählen wurde ein römerzeitliches Brandgrab entdeckt. Möglicherweise handelt es sich um den Überrest eines kleineren Bestattungsplatzes.

Literatur: RIEDL 1987, 455–456; Fundber. Schwaben N. F. 14, 1957, 197,1. doi: https://doi.org/10.11588/diglit.66264#0209.

251. Köngen (ES)

Flaigengasse 7 (KÖNG025)

x: 35268##, y: 53940##

Lagegenauigkeit: 0 (bis auf 50 m genau lokalisierbar).

Ansprache: Vermutlich römerzeitliche Siedlungsreste (Kennung 199).

Forschungsgeschichte: Baubeobachtung durch G. Blessing 1985.

Beschreibung: In einer Baugrube kam eine kreisrunde mit Brandschutt gefüllte Grube mit einem Durchmesser von 60 cm zum Vorschein, aus der ein Rand- und Bodenstück eines Topfes mit nach außen gelegtem Rand geborgen wurde.

Literatur: Fundber. Baden-Württemberg 15, 1990, 643–644,3. doi: https://doi.org/10.11588/fbbw.1990.0.40673.

252. Köngen (ES)

Fuchsgrube (-)

x: 35262##, y: 53935##

Lagegenauigkeit: 1 (bis auf 200 m genau lokalisierbar).

Ansprache: Römischer Gutshof (Kennung 111).

Forschungsgeschichte: Größere Ausgrabung des LDA 1969.

Beschreibung: Beim Bau der Haupt- und Realschule „Burgschule" wurden römerzeitliche Mauerreste angeschnitten und zum Teil undokumentiert zerstört. Eine zweitägige Notuntersuchung des Staatlichen Amtes für Denkmalpflege vom 14. bis zum 16. April 1969 beschränkte sich auf die Vermessung der angeschnittenen Gebäudereste und eine grobe Befundaufnahme. Weitere Befunde, die beim Fortgang der Bauarbeiten zutage kamen, wurden notdürftig dokumentiert. Insgesamt konnten ein Hauptgebäude, zwei Nebengebäude, Reste der Umfassungsmauer, eine Wasserleitung, zwei Brunnen und eine Zisterne dokumentiert werden.

Literatur: Neuffer 1971, 245–253; Luik 1996, 98–102.

253. Köngen (ES)

Hagenloch, Denkendorfer Straße 80 (KÖNG009)

x: 35257##, y: 53942##

Lagegenauigkeit: 0 (bis auf 50 m genau lokalisierbar).

Ansprache: Ländliche Einzelsiedlung (Kennung 110).

Forschungsgeschichte: Altfund 1874.

Beschreibung: 1874 fanden sich Mauerreste eines römerzeitlichen Gebäudes sowie ein Ziehbrunnen mit einem bronzenen Eimer.

Literatur: von Paulus 1877, 38; Paret 1932, 329,6.

254. Köngen (ES)

Hattenmauer (KÖNG014)

x: 35266##, y: 53960##

Lagegenauigkeit: 2 (bis auf 500 m genau lokalisierbar).

Ansprache: Vermutete römerzeitliche Fundstelle (Kennung 999).

Forschungsgeschichte: Feldbegehung durch E. von Paulus 1844.

Beschreibung: Im Zuge von Untersuchungen im Umfeld von Köngen nennt E. von Paulus eine römerzeitliche Siedlung. Die Fundstelle ist nicht mehr genau lokalisierbar und ein weiterer Nachweis fehlt bislang.

Literatur: Kgl. statist.-topogr. Bureau 1845, 89; von Paulus 1877, 38; Paret 1932, 329,5.

255. Köngen (ES)

Ob dem Altenberg (KÖNG012, KÖNG015, KÖNG017)

x: 35266##, y: 53933##

Lagegenauigkeit: 0 (bis auf 50 m genau lokalisierbar).

Ansprache: Auxiliarkastell (Kennung 410).

Forschungsgeschichte: Altfund durch J. E. Roser 1782; größere Ausgrabung durch J. E. Roser 1783–1784; kleinere Ausgrabung durch E. von Paulus 1843–1844; größere Ausgrabung durch E. von Kallee 1885–1886; größere Ausgrabung der RLK 1896; kleinere Ausgrabungen der RLK 1900; kleinere Ausgrabung durch H. Jacobi 1902; kleinere Ausgrabung durch P. Goessler und G. Bersu 1911; Baubeobachtungen 1955–1979, 1990, 1992, 1997, 2003; größere Ausgrabung des LDA 1966 und 1986; kleinere Ausgrabungen des LDA 1996, 1972, 1977, 1979 und 1993; Baubeobachtungen durch Th. Prinzing 1995, 2000 und 2001.

Beschreibung: Das durch E. von Kallee entdeckte Auxiliarkastell ist Teil des Neckar-Lautertal-Alblimes und wurde vermutlich in frühtraianischer Zeit gegründet. Es war von mindestens einem Spitzgraben umgeben. Die Umwehrung des nach Südosten ausgerichteten Kastells bestand in der ersten Bauphase aus einer Holz-Erde-Konstruktion, die in der zweiten Bauphase nach 120 n. Chr. in Stein ausgebaut wurde. Insgesamt ergibt sich für das Kastell eine Größe von 2,4 ha. Von der Innenbebauung sind die *principia* zum Teil ergraben. Weitere Befunde wie ein Bad und ein unbestimmtes Gebäude sind nachkastellzeitlich und belegen die Nutzung des Platzes auch nach Abzug der Truppe. Die hier stationierte Einheit ist bisher nicht bekannt, es wird jedoch vermutet, dass es sich um eine *cohors quingenaria equitata* handelte. Das Kastell wurde zwischen 150 und 160 im Zuge der Vorverlegung des Limes auf die vorderste Linie verlassen. Bei dem Ort handelt es sich um das aus der *tabula peutingeriana* bekannte *Grinario*, was durch inschriftliche Zeugnisse belegt ist.

Literatur: Miller 1884, 9; ORL B 60 Köngen; Paret 1939; Unz 1982; Fundber. Baden-Württemberg 10, 1985, 96–97. doi: https://doi.org/10.11588/fbbw.1985.0.28127; Arch. Ausgr. Baden-Württemberg 1986, 101–105; Luik 1996; Luik 2004; Luik in Planck 2005, 149–151; Luik/ Planck 2012.

256. Königsbronn (HDH)

Seewiesen, Hohe Warte (KÖNI005, KÖNG010)

x: 35811##, y: 54023##

Lagegenauigkeit: 0 (bis auf 50 m genau lokalisierbar).

Ansprache: Römischer Gutshof (Kennung 111).

Forschungsgeschichte: Feldbegehung durch F. Hertlein, frühes 20. Jahrhundert; Luftbild durch O. Braasch 2005.

Beschreibung: Auf einem Luftbild von 2005 ist der Grundriss des Hauptgebäudes einer *villa rustica* zu erkennen. Bereits im frühen 20. Jahrhundert war die Fundstelle durch Bewuchsmerkmale bekannt. Ein von F. Hertlein entdecktes Mauergeviert südlich der Ziegelhütte gehört vermutlich ebenfalls zu der aus dem Luftbild bekannten Anlage.

Literatur: Paret 1932, 330.

257. Korb-Kleinheppach (WN)

Belzberg (KLEI001 s. v. Kleinheppach)

x: 35287##, y: 54104##

Lagegenauigkeit: 2 (bis auf 500 m genau lokalisierbar).

Ansprache: Fundstreuung (Kennung 10).

Forschungsgeschichte: Feldbegehung durch E. Reinhard 1931 und 1945.

Beschreibung: E. Reinhard nennt „römische Reste", darunter Keramikscherben und einen Denar des Septimius Severus.

Literatur: Paret 1932, 328; Fundber. Schwaben N. F. 12, 1938–1951 (1952), 64; 95,628.

258. Laichingen (UL)

Marktplatz (LAIC003)

x: 35507##, y: 53726##

Lagegenauigkeit: 0 (bis auf 50 m genau lokalisierbar).

Ansprache: Einzelfund (Kennung 0).

Forschungsgeschichte: Baubeobachtung durch A. Kley.

Beschreibung: Im Zuge von Kanalisationsarbeiten kam die Randscherbe eines Terra sigillata-Gefäßes zum Vorschein. Die Baustelle liegt am Rand der ehemaligen Kuhhühle. Das Gebiet ist seit den 1950er Jahren überbaut.

Literatur: Fundber. Schwaben N. F. 15, 1959, 168. doi: https://doi.org/10.11588/diglit.66263#0196; Wehrberger 1992, 54,5.

259. Langenau (UL)

Am Öchslesmühlbach (LANG012)   AG+

x: 35821##, y: 53739##

Lagegenauigkeit: 0 (bis auf 50 m genau lokalisierbar).

Ansprache: Fundstreuung (Kennung 10).

Forschungsgeschichte: Größere Ausgrabungen des LDA 1986 und 1987.

Beschreibung: Innerhalb eines vorgeschichtlichen Siedlungsareals fand sich ein Graben mit römerzeitlichen Fundstücken des 2. Jahrhunderts n. Chr.

Literatur: Pfahl 1999, 154,86.

260. Langenau (UL)

Fohlenhaus (LANG001)

x: 35777##, y: 53761##

Lagegenauigkeit: 0 (bis auf 50 m genau lokalisierbar).

Ansprache: Fundmaterial in Höhle (Kennung 910).

Forschungsgeschichte: Kleinere Ausgrabungen durch L. Bürger 1883–1884 und W. Taute 1962–1963.

Beschreibung: Doppelhöhle mit zahlreicher römerzeitlicher Keramik, darunter Reibschalen und Feinkeramik.

Literatur: Pfahl 1999, 154,87.

261. Langenau (UL)

Grabenäcker (LANG010)   AG+

x: 35848##, y: 53734##

Lagegenauigkeit: 1 (bis auf 200 m genau lokalisierbar).

Ansprache: Ländliche Einzelsiedlung (Kennung 110).

Forschungsgeschichte: Feldbegehung durch E. Junginger; Luftbilder durch O. Braasch seit 1996.

Beschreibung: Im Luftbild sind mehrere Gebäudestrukturen erkennbar. Begehungen der Fundstelle durch E. Junginger erbrachten Fundmaterial aus dem 2. und dem 3. Jahrhundert n. Chr.

Literatur: Pfahl 1999, 154,88.

262. Langenau (UL)

Heiligenäcker (LANG022)

x: 35795##, y: 53730##

Lagegenauigkeit: 0 (bis auf 50 m genau lokalisierbar).

Ansprache: Römischer Gutshof (Kennung 111).

Forschungsgeschichte: Feldbegehung durch E. Junginger 1980/1982; Luftbilder durch O. Braasch 1980/1982.

Beschreibung: Im Luftbild ist ein umfriedeter römischer Gutshof mit Hauptgebäude, Bad und drei bis vier Nebengebäuden zu erkennen. Die Hofmauer schließt ein Areal von 1,66 ha ein. Das bei Feldbegehungen geborgene Fundmaterial stammt aus dem späten 2. und dem 3. Jahrhundert n. Chr.

Literatur: Pfahl 1999, 155,89.

263. Langenau (UL)

Heiligenäcker (ALBE005)

x: 35796##, y: 53732##

Lagegenauigkeit: 0 (bis auf 50 m genau lokalisierbar).

Ansprache: Grabbefunde im Siedlungskontext (Kennung 210).

Forschungsgeschichte: Feldbegehung durch E. Junginger 1980/1982; Luftbilder durch O. Braasch 1980/1982.

Beschreibung: Zwei Grabbauten ca. 120 m nördlich des Gutshofes *Kat. Nr. 262*.

Literatur: Pfahl 1999, 155,89.

264. Langenau (UL)

Höllsteig (LANG008)

x: 35809##, y: 53742##

Lagegenauigkeit: 0 (bis auf 50 m genau lokalisierbar).

Ansprache: Ländliche Einzelsiedlung (Kennung 110).

Forschungsgeschichte: Feldbegehung durch E. Junginger.

Beschreibung: Mauerreste und römerzeitliches Fundmaterial, die sich bei einer Begehung der Fundstelle fanden, weisen auf eine ländliche Einzelsiedlung hin.

Literatur: Pfahl 1999, 155,90.

265. Langenau (UL)

Im hailen Winkel, Lützelösch (LANG021, LANG025, LANG063)   AG+

x: 35854##, y: 53741##

Lagegenauigkeit: 0 (bis auf 50 m genau lokalisierbar).

Ansprache: Römischer Gutshof (Kennung 111).

Forschungsgeschichte: Baubeobachtung 1885; kleinere Ausgrabung durch L. Bürger 1893; Luftbild durch O. Braasch 1979.

Beschreibung: Bereits 1885 wurden beim Eisenbahnbau Mauerreste im Bereich der Fundstelle angeschnitten. L. Bürger führte daraufhin 1893 eine Ausgrabung durch, wobei er Teile der Umfassungsmauer eines römischen Gutshofes sowie das Hauptgebäude und drei Nebengebäude erfasste. Durch Luftbilder von O. Braasch sind sechs weitere Gebäude und der östliche Teil der Hofmauer bekannt. Letztere umschließt etwa ein Areal von 3,27 ha. Das geborgene Fundmaterial reicht von der zweiten Hälfte des 2. Jahrhunderts bis in das 3. Jahrhundert n. Chr.

Literatur: Pfahl 1999, 155–158,91.

266. Langenau (UL)

Kirche St. Peter (-)   AG+

x: 35832##, y: 53744##

Lagegenauigkeit: 0 (bis auf 50 m genau lokalisierbar).

Ansprache: Vermutete römerzeitliche Fundstelle (Kennung 999).

Forschungsgeschichte: Baubeobachtung durch L. Bürger 1888; Feldbegehung durch E. Junginger und F. S. Pfahl 1996.

Beschreibung: Bei der Einebnung des Kirchhofs kamen angeblich römerzeitliches Mauerwerk sowie wenige römerzeitliche Funde unterhalb der Kirche St. Peter zum Vorschein. Nach einer

Begehung der Fundstelle äußerte F. S. Pfahl Zweifel an der römischen Zeitstellung.

Literatur: Wehrberger 1992, 59–60,28; Pfahl 1999, 169–170,97.

267. Langenau (UL)

Mittlerer Albecker Weg (LANG023)

x: 35810##, y: 53730##

Lagegenauigkeit: 0 (bis auf 50 m genau lokalisierbar).

Ansprache: Römischer Gutshof (Kennung 111).

Forschungsgeschichte: Feldbegehung durch E. Junginger vor 1975; Baubeobachtung durch A. Heckel vor 1975; Luftbild O. Braasch 1979;.

Beschreibung: Bei Ausschachtungsarbeiten für eine Gasleitung wurden neben vorgeschichtlichem Fundmaterial auch Funde aus dem 2. und dem 3. Jahrhundert n. Chr. geborgen, darunter Reliefsigillata, Gebrauchskeramik, Ziegel, Bronzereste und Eisennägel. In späteren Luftbildaufnahmen von O. Braasch zeichnet sich ein römerzeitliches Gehöft mit Hauptgebäude und mindestens zwei Nebengebäuden ab.

Literatur: Pfahl 1999, 168–169,95.

268. Langenau (UL)

Naturfreundehaus (-)

x: 35817##, y: 53741##

Lagegenauigkeit: 0 (bis auf 50 m genau lokalisierbar).

Ansprache: Einzelfund (Kennung 0).

Forschungsgeschichte: Auffindungsumstände und -zeitpunkt unbekannt.

Beschreibung: Fund einer römerzeitlichen Fibel. Die Fundstelle liegt unmittelbar oberhalb des Nauursprungs.

Literatur: Pfahl 1999, 169,96.

269. Langenau (UL)

Steinhäuser (LANG021)   AG+

x: 35822##, y: 53723##

Lagegenauigkeit: 0 (bis auf 50 m genau lokalisierbar).

Ansprache: Römischer Gutshof (Kennung 111).

Forschungsgeschichte: Größere Ausgrabung durch L. Bürger 1893; Luftbild durch O. Braasch 1979; größere Ausgrabung des LDA 1979.

Beschreibung: Aus dem Luftbild und archäologischen Ausgrabungen bekannter römischer Gutshof, von dem das Hauptgebäude, sieben Nebengebäuden und Reste der Umfassungsmauer bekannt sind. Das geborgene Fundmaterial datiert die Anlage vom 2. Jahrhundert bis zur Mitte des 3. Jahrhunderts n. Chr.

Literatur: Pfahl 1999, 25–36; 170–176,98.

270. Langenau-Albeck (UL)

Hinter den gärten, Am Hof, Hagäcker (ALBE006)

x: 35781##, y: 53737##

Lagegenauigkeit: 0 (bis auf 50 m genau lokalisierbar).

Ansprache: Fundstreuung (Kennung 10).

Forschungsgeschichte: Baubeobachtung durch L. Schäfle vor 1975.

Beschreibung: Bei Straßenverbreiterungsarbeiten wurden einige römerzeitliche Scherben entdeckt. Aufgrund der geringen Entfernung von ca. 400 m zu dem römischen Gutshof auf der Flur „Löhle" (*Kat. Nr. 271*) ist ein Zusammenhang zwischen den beiden Fundstellen möglich.

Literatur: PFAHL 1999, 177,104.

271. Langenau-Albeck (UL)

Löhle, Gegen die Lichse (ALBE007)

x: 35780##, y: 53741##

Lagegenauigkeit: 0 (bis auf 50 m genau lokalisierbar).

Ansprache: Römischer Gutshof (Kennung 111).

Forschungsgeschichte: Kleinere Ausgrabung des Vereins für Kunst und Altertum in Ulm und Oberschwaben 1886–1887.

Beschreibung: Im Auftrag des Vereins für Kunst und Altertum in Ulm und Oberschwaben fanden 1886 und 1887 unter der Leitung von L. Bürger Ausgrabungen statt, durch die ein römischer Gutshof mit Hauptgebäude, Bad und zwei Nebengebäuden freigelegt wurde. Das geborgene Fundmaterial stammt aus dem 2. und dem 3. Jahrhundert n. Chr.

Literatur: PFAHL 1999, 177–183,105.

Langenau-Albeck / Langenau-Hörvelsingen (UL)

Häler Steig, Hülen (HÖRV013; ALBE019, ALBE021)

Siehe *Kat. Nr. 273.*

272. Langenau-Göttingen (UL)

Wiesental, Adelesbäumle, Käppelesweg (GÖTT002)

x: 35798##, y: 53713##

Lagegenauigkeit: 0 (bis auf 50 m genau lokalisierbar).

Ansprache: Römischer Gutshof (Kennung 111).

Forschungsgeschichte: Baubeobachtung 1973; größere Ausgrabungen des LDA 1973 und 1978–1979.

Beschreibung: Im Zuge von Bauarbeiten in einem Neubaugebiet wurde ein römischer Gutshof entdeckt und durch das LDA ausgegraben. Von dem Gehöft sind das Hauptgebäude, ein Badegebäude und drei Nebengebäude bekannt. Da ein Bach quer durch das Areal des Gutshofes verläuft, könnte es sich um die Reste von zwei Höfen handeln. Das geborgene Fundmaterial stammt aus dem 2. Jahrhundert und der ersten Hälfte des 3. Jahrhunderts n. Chr.

Literatur: PFAHL 1999, 37–50; 183–195,106.

273. Langenau-Hörvelsingen / Langenau-Albeck (UL)

Häler Steig, Hülen (HÖRV013; ALBE019, ALBE021)

x: 35775##, y: 53723##

Lagegenauigkeit: 0 (bis auf 50 m genau lokalisierbar).

Ansprache: Römischer Gutshof (Kennung 111).

Forschungsgeschichte: Luftbild durch O. Braasch.

Beschreibung: Aus dem Luftbild sind das Hauptgebäude und ein Nebengebäude eines römerzeitlichen Gehöfts bekannt. Drei Einzelfundmünzen, die 1804 und 1850 „zwischen Alpeck (sic!) und St. Nikolaus" gefunden wurden, könnten ebenfalls aus dem Bereich der Fundstelle stammen.

Literatur: PFAHL 1999, 177,102.

274. Langenau-Hörvelsingen (UL)

Herwigstraße, Postgasse (HÖRV002, HÖRV003)

x: 35761##, y: 53724##

Lagegenauigkeit: 0 (bis auf 50 m genau lokalisierbar).

Ansprache: Fundstreuung (Kennung 10).

Forschungsgeschichte: Baubeobachtung durch A. Heckel 1958 und M. Reistle 1984.

Beschreibung: Beim Ausbau eines Stallgebäudes kamen römerzeitliche Keramikscherben zutage. Weitere römerzeitliche Scherben fanden sich einige Jahre später im Bauaushub einer Baugrube.

Literatur: SEEWALD 1972, 47,1; PFAHL 1999, 195,109.110.

275. Langenau-Hörvelsingen (UL)

Im Ort (HÖRV005)

x: 35760##, y: 53725##

Lagegenauigkeit: 0 (bis auf 50 m genau lokalisierbar).

Ansprache: Vermutlich ländliche Einzelsiedlung (Kennung 119).

Forschungsgeschichte: Feldbegehung durch M. Reistle 1989.

Beschreibung: Überrest einer gemörtelten Mauer, in deren Umfeld sich römerzeitliche Scherben fanden.

Literatur: PFAHL 1999, 195,111.

276. Langenau-Hörvelsingen (UL)

Kirchentäle (HÖRV012)

x: 35768##, y: 53725##

Lagegenauigkeit: 0 (bis auf 50 m genau lokalisierbar).

Ansprache: Römischer Gutshof (Kennung 111).

Forschungsgeschichte: Luftbild durch O. Braasch 1997.

Beschreibung: Im Luftbild zeichnet sich das Hauptgebäude eines römischen Gutshofes ab.

Literatur: –

277. Langenau-Hörvelsingen (UL)

Lailesberg, Laushalde (-)

x: 35759##, y: 53707##

Lagegenauigkeit: 3 (Lokalisierung innerhalb der Flur nicht gesichert).

Ansprache: Einzelfund (Kennung 0).

Forschungsgeschichte: Lesefund 1846.

Beschreibung: Fund eines Denars des Traian (98–117 n. Chr.).

Literatur: PFAHL 1999, 195,107.

278. Langenau-Hörvelsingen (UL)

Laushalde (HÖRV004)

x: 35761##, y: 53709##

Lagegenauigkeit: 0 (bis auf 50 m genau lokalisierbar).

Ansprache: Hinweis auf Siedlungsreste (Kennung 100).

Forschungsgeschichte: Feldbegehung durch E. Junginger und M. Reistle 1984.

Beschreibung: Teilstück eines Abwasserkanals aus Kalksteinplatten. Der Kanal gehört vermutlich zu einer bisher nicht bekannten römerzeitlichen Ansiedlung.

Literatur: PFAHL 1999, 195,112.

279. Langenau-Hörvelsingen (UL)

St. Nikolaus (HÖRV010)

x: 35772##, y: 53720##

Lagegenauigkeit: 5 (verlagerte Fundstelle).

Ansprache: Fundstreuung (Kennung 10).

Forschungsgeschichte: Auffindungszeitpunkt und -umstände unbekannt.

Beschreibung: In der Kirche St. Nikolaus fanden sich mehrere kaiserzeitliche Münzen. Es liegen keine näheren Angaben vor.

Vermutlich besteht ein Zusammenhang mit einem der Gutshöfe in der Umgebung.

Literatur: SEEWALD 1972, 48.

280. Lauterach (UL)

Ehinger Steig (LAUT005)

x: 35434##, y: 53466##

Lagegenauigkeit: 0 (bis auf 50 m genau lokalisierbar).

Ansprache: Ländliche Einzelsiedlung (Kennung 110).

Forschungsgeschichte: Landwirtschaftliche Tätigkeit 1859; Feldbegehung durch R. Kreutle 1988 und W. Rieger 1989.

Beschreibung: An einem nach Westen zur Großen Lauter geneigten Hang wurde 1859 ein Gebäudegrundriss mit Apsis und Hypocaustanlage freigelegt. Möglicherweise handelt es sich um das Badegebäude eines römerzeitlichen Gehöfts. In der Umgebung fanden sich weitere Mauerreste. Bei späteren Begehungen des Geländes fanden sich Scherben römerzeitlicher Keramik.

Literatur: KGL. STATIST. LANDESAMT 1893, 301; 319; PARET 1932, 334; WEHRBERGER 1992, 64.

281. Lauterach (UL)

Letten, Hahnenbühl (ADAB-Nr. 99469492)

x: 35443##, y: 53454##

Lagegenauigkeit: 0 (bis auf 50 m genau lokalisierbar).

Ansprache: Vermutete römerzeitliche Fundstelle (Kennung 999).

Forschungsgeschichte: Luftbild durch O. Braasch 2007.

Beschreibung: Im Luftbild ist ein rechteckiger Gebäudegrundriss erkennbar. Möglicherweise gehört das Gebäude zu einer römerzeitlichen Einzelsiedlung. Die Zeitstellung ist jedoch bislang nicht gesichert.

Literatur: –

282. Leinfelden-Echterdingen-Echterdingen (ES)

Lochwald, Greut (ECHT006)

x: 35111##, y: 53940##

Lagegenauigkeit: 0 (bis auf 50 m genau lokalisierbar).

Ansprache: Fundstreuung (Kennung 10).

Forschungsgeschichte: Baubeobachtung durch B. Cichy 1967.

Beschreibung: Beim Ausheben einer Baugrube fanden sich zahlreiche Scherben römerzeitlicher Keramik, darunter zwei Terra sigillata-Scherben.

Literatur: Fundber. Baden-Württemberg 2, 1975, 152. doi: https://doi.org/10.11588/fbbw.1975.0.24589.

283. Leinfelden-Echterdingen-Leinfelden (ES)

Bergäcker, Steigäcker (LEIN008)

x: 35103##, y: 53946##

Lagegenauigkeit: 0 (bis auf 50 m genau lokalisierbar).

Ansprache: Vermutete römerzeitliche Fundstelle (Kennung 999).

Forschungsgeschichte: Feldbegehung im Zuge der Landesaufnahme durch E. von Paulus bis 1877.

Beschreibung: E. von Paulus erwähnt eine römerzeitliche Siedlung. Ein späterer Nachweis fehlt.

Literatur: VON PAULUS 1877, 49; PARET 1932, 335.

284. Leinfelden-Echterdingen-Leinfelden (ES)

Brühl, Rosenbrunnenstraße (LEIN002)

x: 35103##, y: 53965##

Lagegenauigkeit: 1 (bis auf 200 m genau lokalisierbar).

Ansprache: Einzelfund (Kennung 0).

Forschungsgeschichte: Baubeobachtung durch den Lehrer Kies 1950.

Beschreibung: In einem Wasserleitungsgraben fand der Lehrer Kies eine römerzeitliche Keramikschüssel.

Literatur: Fundber. Schwaben N. F. 12, 1938–1951 (1952), 87 s. v. Unteraichen.

285. Leinfelden-Echterdingen-Leinfelden (ES)

Hintere Reute (LEIN003)

x: 35102##, y: 53957##

Lagegenauigkeit: 1 (bis auf 200 m genau lokalisierbar).

Ansprache: Vermutlich ländliche Einzelsiedlung (Kennung 119).

Forschungsgeschichte: Baubeobachtung 1975.

Beschreibung: Beim Bau einer Werkstatthalle stieß man auf einen Brunnen mit zahlreicher römerzeitlicher Keramik der zweiten Hälfte des 2. Jahrhunderts. Unter dem Fundmaterial fanden sich auch zwei Scherben von Terra sigillata-Gefäßen und der Henkel sowie die eiserne Attasche eines Eimers. Aus dem Umfeld der Fundstelle sind behauene Steinquader bekannt.

Literatur: Fundber. Baden-Württemberg 8, 1983, 299. doi: https://doi.org/10.11588/fbbw.1983.0.26586.

286. Leinfelden-Echterdingen-Stetten a. d. Fildern (ES)

Zeiläcker (STET003)

x: 35125##, y: 53929##

Lagegenauigkeit: 0 (bis auf 50 m genau lokalisierbar).

Ansprache: Ländliche Einzelsiedlung (Kennung 111).

Forschungsgeschichte: Altfund des 19. Jahrhunderts; kleinere Ausgrabung 1880; Baubeobachtung 1958 und 1960; landwirtschaftliche Tätigkeit 1968; kleinere Ausgrabungen des LDA 1995 und 1999.

Beschreibung: Bereits in der Oberamtsbeschreibung von 1851 ist eine römerzeitliche Niederlassung in Stetten a. d. Fildern erwähnt. Im späten 19. Jahrhundert sowie bei Bauarbeiten 1958 wurden Reste eines römerzeitlichen Gebäudes angeschnitten. Dabei fanden sich Estrichböden eine Hypocaustanlage, bemalter Wandverputz und Ziegel. Bei Ausgrabungen des Landesdenkmalamtes konnte darüber hinaus ein Eckresalit des Gebäudes freigelegt werden. Es handelt sich somit um das Hauptgebäude eines römerzeitlichen Gehöfts. Auf den Feldern im Bereich der Fundstelle fand sich ein As des Hadrian (134–138 n. Chr.).

Literatur: SIXT 1914, 341,230; VON PAULUS 1877, 49; PARET 1932, 379; Fundber. Schwaben N. F. 16, 1962, 265; Fundber. Baden-Württemberg 2, 1975, 347. doi: https://doi.org/10.11588/ fbbw.1975.0.24593; Arch. Ausgr. Baden-Württemberg 1995, 147–149; Arch. Ausgr. Baden-Württemberg 1999, 144–147.

287. Lenningen-Gutenberg (ES)

Sandgrube, Mieshalden, Hoyerwiesen (GUTE003)

x: 35384##, y: 53774##

Lagegenauigkeit: 0 (bis auf 50 m genau lokalisierbar).

Ansprache: Vermutlich ländliche Einzelsiedlung (Kennung 119).

Forschungsgeschichte: Feldbegehung durch K. Gußmann 1916; kleinere Ausgrabung durch P. Goessler 1917.

Beschreibung: Innerhalb eines Tuffsandsteinbruchs südlich von Lenningen-Gutenberg barg der Pfarrer K. Gußmann 1916 römerzeitliche Keramik, Eisengegenstände und einen Mühlstein aus dem Abraum. Im Jahr darauf erfolgte eine archäologische Untersuchung durch P. Goeßler, der südlich und östlich des Steinbruches Suchschnitte anlegte. Dabei schnitt er zwei Befunde an, die er aufgrund von Kohleschichten und den zahlreichen Resten von Koch- und Vorratsgefäßen als Kochstelle deutete. Eine Scherbenkonzentration in der südwestlichen Ecke des Steinbruches enthielt daneben Scherben von Terra sigillata-Gefäßen des 2. Jahrhunderts n. Chr. Reste von Holz- oder Steingebäuden konnten nicht festgestellt werden. Laut P. Goeßler berichteten jedoch die Ortsbewohner, dass im Bereich der angeschnittenen Fundstelle Steinquader für den Bau der Häuser geborgen wurden.

Literatur: Fundber. Schwaben 22–24, 1914–1916 (1927), 19. doi: https://doi.org/10.11588/diglit.43769#0029; Bl. Schwäb. Albver. 30, 1918, 5–12. https://www.schwaben-kultur.de/cgi-bin/getpix. pl?obj=00000082/00012636&typ=image (letzter Zugriff: 22.1.2024); Fundber. Schwaben N. F. 1, 1917–1922 (1922), 92. doi: https://doi.org/10.11588/diglit.43772#0098; PARET 1932, 313; Fundber. Schwaben N. F. 7, 1930–1932 (1932), 61,583,1. doi: https://doi.org/10.11588/diglit.57655#0071.

288. Lenningen-Oberlenningen (ES)

Beim Brunnen (OBER003)

x: 35360##, y: 53783##,#

Lagegenauigkeit: 5 (verlagerte Fundstelle).

Ansprache: Einzelfund (Kennung 0).

Forschungsgeschichte: Rohstoffgewinnung (unbekannter Zeitpunkt).

Beschreibung: In einer Kiesgrube fand sich das Bruchstück eines römerzeitlichen Kruges.

Literatur: Paret 1932, 354.

289. Lenningen-Oberlenningen (ES)

Braike, Mergelen (OBER005)

x: 35348##, y: 53799##

Lagegenauigkeit: 0 (bis auf 50 m genau lokalisierbar).

Ansprache: Ländliche Einzelsiedlung (Kennung 110).

Forschungsgeschichte: Anderes (zufällig entdeckte Landschaftsaufnahme) 1983.

Beschreibung: Auf Luftbildern in der Broschüre „So machen wir Papier" der Papierfabrik Scheuffelen sind Grundrisse von drei Gebäuden sowie vermutlich einem Straßenteilstück zu erkennen, die 1983 von W. Lämmle umgezeichnet wurden.

Literatur: Fundber. Baden-Württemberg 28,2, 2005, 231. doi: https://doi.org/10.11588/fbbw.2005.2.73063.

290. Lenningen-Unterlenningen (ES)

Vorderer Sand (-)

x: 35344##, y: 53803##

Lagegenauigkeit: 0 (bis auf 50 m genau lokalisierbar).

Ansprache: Fundstreuung (Kennung 10).

Forschungsgeschichte: Feldbegehung durch F. Sautter (unbekannter Auffindungszeitpunkt).

Beschreibung: Innerhalb einer aufgegebenen Tuffgrube fand F. Sautter römerzeitliche Scherben, darunter auch Terra sigillata.

Literatur: Fundber. Schwaben N. F. 15, 1959, 175. doi: https://doi.org/10.11588/diglit.66263#0203.

291. Lichtenstein-Holzelfingen (RT)

80 m nördlich Greifenstein (HOLZ007)

x: 35207##, y: 53668##

Lagegenauigkeit: 0 (bis auf 50 m genau lokalisierbar).

Ansprache: Einzelfund (Kennung 0).

Forschungsgeschichte: Feldbegehung 1933.

Beschreibung: Ein Metallsondengänger fand 1993 eine Münze des Commodus (180–192 n. Chr.).

Literatur: Oeftiger 1997, 28,9.

292. Lichtenstein-Honau (RT)

Auf der Schanz (HONA005)

x: 35201##, y: 53629##

Lagegenauigkeit: 0 (bis auf 50 m genau lokalisierbar).

Ansprache: Fundstreuung (Kennung 10).

Forschungsgeschichte: Baubeobachtung 1881/1882.

Beschreibung: Beim Bau der Echaztalbahn kamen eine Münze des Antoninus Pius (138–161 n. Chr.), ein Sesterz für Faustina I (141–161 n. Chr.), eine weitere Münze für Faustina I oder II (138/180 n. Chr.) und eine Lanzenspitze zutage.

Literatur: FMRD II 3, 113,3169; Oeftiger 1997, 28,5.

293. Lichtenstein-Honau (RT)

Olgahöhle (HONA008)

x: 35193##, y: 53640##

Lagegenauigkeit: 0 (bis auf 50 m genau lokalisierbar).

Ansprache: Fundmaterial in Höhle (Kennung 910).

Forschungsgeschichte: Entdeckung der Höhle durch J. Ziegler 1874; kleinere Ausgrabung durch J. Ziegler 1891.

Beschreibung: Bei einer Ausgrabung im Zuge der Anlage eines zweiten Ausgangs aus der Höhle fand J. Ziegler nach eigenen Angaben Scherben von Terra sigillata und eine römische Münze. Die genaue Zeitstellung ist unklar.

Literatur: Bl. Schwäb. Albver. 3, 1891, 39. http://www.schwaben-kultur.de/cgi-bin/getpix.pl?obj=00000006/00000889&typ=-image (letzter Zugriff: 22.1.2024); Scheff 2008, 20.

294. Lonsee (UL)

Schreiberwiesen, Haldenäcker, Pfarrhölzle, Hinter der Mühle, Ob der Pfarrwiese (LONS003)

x: 35678##, y: 53785##

Lagegenauigkeit: 0 (bis auf 50 m genau lokalisierbar).

Ansprache: Fundstreuung (Kennung 10).

Forschungsgeschichte: Baubeobachtung durch A. Kley 1969.

Beschreibung: In den Wandprofilen eines Leitungsgrabens fanden sich mehrere Scherben römerzeitliche Keramik. Darüber hinaus wurde römerzeitliche Keramik auch aus Grabfüllungen des merowingischen Gräberfeldes im Bereich der Fundstelle geborgen.

Literatur: Seewald 1972, 57–58; Fundber. Baden-Württemberg 2, 1975, 254. doi: https://doi.org/10.11588/fbbw.1975.0.24590; Wehrberger 1992, 64.

295. Lonsee-Luizhausen (UL)

Grubenäcker (LUIZ001)

x: 35668##, y: 53758##

Lagegenauigkeit: 0 (bis auf 50 m genau lokalisierbar).

Ansprache: Ländliche Einzelsiedlung (Kennung 110).

Forschungsgeschichte: Baubeobachtung durch G. Wieland 1990.

Beschreibung: In der Trasse einer Gasleitung zeichneten sich im anstehenden Boden dunkle Verfärbungen ab, die zu einem Holzgebäude gehören. Aus den Befunden wurden Holzkohle, z. T. verbrannte Kalksteine sowie römerzeitliche Keramik geborgen.

Literatur: Wehrberger 1992, 64.

296. Lonsee-Ursprung (UL)

Auf der Halde, Ringäcker (URSP005, URSP015)

x: 35665##, y: 53795##

Lagegenauigkeit: 0 (bis auf 50 m genau lokalisierbar).

Ansprache: Auxiliarkastell (Kennung 410).

Forschungsgeschichte: Altfund 1821; größere Ausgrabung des Altertumsvereins Ulm 1886/1887; größere Ausgrabung der RLK 1904.

Beschreibung: Das Kastell gehört zu den Anlagen des Alb-Limes und wurde vermutlich in frühtraianischer Zeit zunächst in Holz-Erde-Bauweise errichtet, bevor zu einem unbestimmten Zeitpunkt der Ausbau in Stein erfolgte. Von der Umwehrung ist ein umlaufender Graben bekannt. Das Kastell hat eine Innenfläche von 1,79 ha und ist nach Süden zum Lonetal ausgerichtet. Die stationierte Einheit ist nicht bekannt. Vermutlich handelte es sich um eine *cohors quingenaria peditata*; es existieren jedoch auch Hinweise auf eine teilberittene Kohorte. Das Kastell wird mit dem auf der *tabula peutingeriana* genannten *Ad Lunam* identifiziert. Eindeutige Belege für diese Zuweisung stehen allerdings noch aus. Die Anlage wurde im Zuge der Vorverlegung des Limes auf die Linie Miltenberg-Lorch um die Mitte des 2. Jahrhunderts verlassen.

Literatur: ORL B 66a Ursprung; Heiligmann 1990, 88–101; Wehrberger 1992, 66–67,12; Filtzinger in Planck 2005, 179–181.

297. Lonsee-Ursprung (UL)

Lontalwiesen (URSP002)

x: 35661##, y: 53793##

Lagegenauigkeit: 0 (bis auf 50 m genau lokalisierbar).

Ansprache: *Vicus* aus Kastellvicus (Kennung 121).

Forschungsgeschichte: Kleinere Ausgrabung der RLK 1904 und 1906; Baubeobachtungen durch L. Hommel 1906, 1961, 1962, 1964, 1965, 1967, 1968, 1970, 1971–1975, 1978, 1982, 1983, 1987 und 1988; Baubeobachtungen durch H. Mollenkopf und G. Häfele 1980; Baubeobachtung durch Ch. Seewald und H. Mollenkopf 1982; Baubeobachtungen durch H. Mollenkopf 1983 und 1991; kleinere Ausgrabungen des LDA 1973, 1974, 1987, 1991, 1992 und 1994.

Beschreibung: *Vicus* des Kastells Ursprung. Zur Beschreibung siehe *Kap. 3.2.2.6*.

Literatur: Heiligmann 1990, 99–101; Wehrberger 1992, 67,13; 65,2; Schmid 1996; Filtzinger in Planck 2005, 179–181.

298. Lonsee-Ursprung (UL)

Taläcker (URSP006)

x: 35659##, y: 53789##

Lagegenauigkeit: 0 (bis auf 50 m genau lokalisierbar).

Ansprache: Grabbefunde im Siedlungskontext (Kennung 210).

Forschungsgeschichte: Kleinere Ausgrabung des LDA 1965; Baubeobachtung durch L. Hommel.

Beschreibung: Beim Ausbau Landesstraße 7318 zwischen Lonsee-Ursprung und Lonsee-Radelstetten wurde ein römerzeitliches Gräberfeld angeschnitten. Die archäologische Untersuchung beschränkte sich auf die von den Bauarbeiten gefährdeten Gebiete, weshalb lediglich zwei Ausschnitte des Bestattungsplatzes bekannt sind. Innerhalb der Grabungsfläche konnten insgesamt 82 Gräber dokumentiert werden. Der Bestattungsplatz war vom späten 1. Jahrhundert bis zur Mitte des 3. Jahrhunderts n. Chr. in Benutzung.

Literatur: Seewald 1966; Heiligmann 1990, 99–101; Wehrberger 1992, 67–68; Schmid 1996, 78–85; Filtzinger in Planck 2005, 179–181.

299. Lorch (AA)

Aimersbacher Straße (LORC020)

x: 35501##, y: 54070##

Lagegenauigkeit: 0 (bis auf 50 m genau lokalisierbar).

Ansprache: Grabbefunde im Siedlungskontext (Kennung 210).

Forschungsgeschichte: Baubeobachtung durch G. Bayh 1968.

Beschreibung: Bei der Anlage eines Kanalgrabens wurde eine Grabgruppe von 14 Brandbestattungen angeschnitten, die vermutlich zu einem größeren Gräberfeld gehörten. Aus der Fundbeschreibung geht hervor, dass sich die Leichenbrände jeweils innerhalb von Gefäßen oder von Gefäßen abgedeckt im Grab befanden. Nähere Untersuchungen waren nicht möglich.

Literatur: Riedl 1987, 584–585; Fundber. Baden-Württemberg 2, 1975, 176. doi: https://doi.org/10.11588/fbbw.1975.0.24589; Stork in Planck 2005, 181–182.

300. Lorch (AA)

Badwiesen (LORC033)

x: 35502##, y: 54066##

Lagegenauigkeit: 0 (bis auf 50 m genau lokalisierbar).

Ansprache: Grabbefunde im Siedlungskontext (Kennung 210).

Forschungsgeschichte: Baubeobachtung durch G. Bayh 1954.

Beschreibung: In den Baugruben zweier geplanter Einfamilienhäuser entdeckte G. Bayh eine Ascheschicht mit reichlich Knochenresten und Scherben sowie mehrere Urnengräber. Aus den Baugruben sowie aus eigens angelegten Sondageschnitten weiter östlich barg G. Bayh insgesamt 25 Gräber. Beim Bau eines Leitungsgrabens östlich der Fundstelle fanden sich zwei weitere Gräber. Vermutlich gehören die Bestattungen zu einem größeren Gräberfeld.

Literatur: Riedl 1987, 582–583; Fundber. Schwaben N. F. 13, 1952–1954 (1955), 62–63. doi: https://doi.org/10.11588/diglit.60965.11; Stork in Planck 2005, 181–182.

301. Lorch (AA)

Kirchhof, Ortskern (LORC037)

x: 35506##, y: 54069##

Lagegenauigkeit: 0 (bis auf 50 m genau lokalisierbar).

Ansprache: Auxiliarkastell (Kennung 410).

Forschungsgeschichte: Baubeobachtung 1837/1838; kleinere Ausgrabung der RLK 1893 und 1896; Baubeobachtungen 1895 und 1923; Baubeobachtung durch G. Bayh 1968; größere Ausgrabung des LDA 1986; Baubeobachtung 1988; kleinere Ausgrabung des LDA 1992.

Beschreibung: Das Auxiliarkastell lag im Remstal an der Kreuzung der Remstalstraße und der Südverbindung über Faurndau nach Köngen und Ursprung. Das ehemalige Kastellareal befindet sich inmitten des Ortskernes und war zu Beginn der archäologischen Untersuchungen im späten 19. Jahrhundert bereits vollständig überbaut. Die Anlage ist daher nur durch wenige Aufschlüsse untersucht. Das Kastell hat eine Innenfläche von 2,4 ha und war von einem Spitzgraben umgeben. Die hier stationierte Einheit ist bislang nicht bekannt. Das Kastell wurde im Zuge der Vorverlegung des Limes um 160 n. Chr. gegründet und war bis zur Aufgabe des Vorderen Limes belegt.

Literatur: ORL B 63 Lorch; Fundber. Schwaben 6, 1898, 48. doi: https://doi.org/10.11588/diglit.27824#0057; Fundber. Schwaben 14, 1906, 11. doi: https://doi.org/10.11588/diglit.42297#0017; Fundber. Schwaben 20, 1912, 42–43. doi: https://doi.org/10.11588/diglit.43336.7; Fundber. Schwaben 21, 1913, 60–61,1–2. doi: https://doi.org/10.11588/diglit.43334.16; Hertlein 1928, 130 Abb. 19; Paret 1932, 336,1; Fundber. Baden-Württemberg 2, 1975, 176,1.2.4. doi: https://doi.org/10.11588/fbbw.1975.0.24589; Arch. Ausgr. Baden-Württemberg 1986, 92–95; Fundber. Baden-Württemberg 12, 1987, 584–585. doi: https://doi.org/10.11588/fbbw.1987.0.39544; Arch. Ausgr. Baden-Württemberg 1987, 92–95; Nuber 1990; Stork in Planck 2005, 181–182; Fundber. Baden-Württemberg 28,2, 2005, 231. doi: https://doi.org/10.11588/fbbw.2005.2.73063.

302. Lorch (AA)

Vicus (LORC037, LORC056)

x: 35505##, y: 54069##

Lagegenauigkeit: 0 (bis auf 50 m genau lokalisierbar).

Ansprache: Kastellvicus (Kennung 122).

Forschungsgeschichte: Altfund 1840; Baubeobachtungen 1910 und 1918; Lesefund 1931; Baubeobachtungen 1953, 1955, 1956 1957, 1959, 1962, 1968, 1978 und 1993.

Beschreibung: *Vicus* des Kastells Lorch. Zur Beschreibung siehe *Kap. 3.2.2.6*.

Literatur: Fundber. Schwaben 21, 1913, 61,3–4. doi: https://doi.org/10.11588/diglit.43334#0067; Fundber. Schwaben 22–24, 1914–1916 (1917), 23. doi: https://doi.org/10.11588/diglit.43769#0033; Paret 1932, 336,2–3; Fundber. Baden-Württemberg 2, 1975, 176,2–3. doi: https://doi.org/10.11588/fbbw.1975.0.24589; Fundber. Baden-Württemberg 10, 1985, 100–101. doi: https://doi.org/10.11588/fbbw.1985.0.28127; Nuber 1990; Stork in Planck 2005, 181–182; Fundber. Baden-Württemberg 28,2, 2005, 231. doi: https://doi.org/10.11588/fbbw.2005.2.73063.

303. Lorch-Kloster Lorch (AA)

Ilgenfeld (LORC006)　　　　　　　　　　　　*AG+*

x: 35518##, y: 54073##

Lagegenauigkeit: 0 (bis auf 50 m genau lokalisierbar).

Ansprache: Fundstreuung (Kennung 10).

Forschungsgeschichte: Lesefunde 1957.

Beschreibung: Nordöstlich des Klosters sammelten Schüler 1957 einige Terra sigillata-Scherben auf. Möglicherweise zu *Kat. Nr. 304* gehörig.

Literatur: Fundber. Schwaben N. F. 18,2, 1967, 28,1.

304. Lorch-Kloster Lorch (AA)

Kloster Lorch, Pförchfeld, Beim Haspelturm (LORC004, 017, 051)

x: 35516##, y: 54070##

Lagegenauigkeit: 5 (verlagerte Fundstelle).

Ansprache: Fundstreuung (Kennung 10).

Forschungsgeschichte: Lesefund (beim Haspelturm); Lesefunde (am Südhang des Klosters) 1955; Feldbegehung durch P. Käser und A. Kley (im Kloster) 1955; Feldbegehung (im Pförchfeld) 1957; Feldbegehung (am Südhang des Klosters) 1957; Lesefunde (westlich des Kriegerdenkmals) 1957.

Beschreibung: Im Klosterbereich und aus der Umgebung wurde immer wieder römerzeitliches Fundmaterial geborgen, das auf eine Besiedlung des Klosterberges in römischer Zeit schließen lässt. Im Einzelnen handelt es sich um die Fragmente eines Leistenziegels und vermutlich einer Amphore aus dem Klosterbereich, fünf römerzeitliche Scherben, darunter Terra sigillata, aus der Flur „Pförchfeld" nordöstlich des Klosters, vier kleine Terra sigillata-Fragmente und die Scherbe eines grauen Bechers beim Haspelturm, mehrere Terra sigillata-Scherben, die 50 m westlich des Kriegerdenkmals südlich des Klosters aufgelesen wurden und mehrere Scherben, darunter Terra sigillata, die nach einem Erdrutsch am Südhang des Klosters gefunden wurden.

Literatur: BECKER 2001, 36; DUMITRACHE / HAAG 2002, 50–52,12.16.18.20; Stork in PLANCK 2005, 181–182.

305. Merklingen (UL)

Banholz (MERK001)

x: 35541##, y: 53760##

Lagegenauigkeit: 0 (bis auf 50 m genau lokalisierbar).

Ansprache: Römischer Gutshof (Kennung 111).

Forschungsgeschichte: Kleinere Ausgrabung durch L. Rippmann 1910.

Beschreibung: Römisches Gehöft mit Hauptgebäude, fünf Nebengebäuden und Resten einer trapezförmigen Umfassungsmauer. Die Gebäude sowie die Umfassungsmauer sind als große Schutthügel von bis zu einem Meter Höhe erhalten. Die einzige Ausgrabung fand 1910 durch den Pfarrer L. Rippmann statt, dessen Untersuchung sich auf ein nicht näher definiertes Gebäude begrenzte. Außerhalb der Anlage befand sich ein Brunnen.

Literatur: Fundber. Schwaben 18, 1910, 48. doi: https://doi.org/10.11588/diglit.43785#0058; GOESSLER 1911, 42; PARET 1932, 339; SEEWALD 1972, 61,1; WEHRBERGER 1992, 68,3; CLARKE / HAAS-CAMPEN 1997, 163–164.

306. Merklingen (UL)

Wiesenflecken (MERK006)

x: 35531##, y: 53784##

Lagegenauigkeit: 0 (bis auf 50 m genau lokalisierbar).

Ansprache: Vermutete römerzeitliche Fundstelle (Kennung 999).

Forschungsgeschichte: Feldbegehung durch L. Rippmann 1911.

Beschreibung: Ein Schutthügel in der Flur Wiesenflecken könnte von einem ehemaligen Gebäude stammen. Die römische Zeitstellung ist nicht belegt.

Literatur: Fundber. Schwaben 19, 1911, 48. doi: https://doi.org/10.11588/diglit.43335#0054; PARET 1932, 339; WEHRBERGER 1992, 68,4.

307. Merklingen-Widderstall (UL)

Am unteren Widderstall (MERK010)

x: 35526##, y: 53772##

Lagegenauigkeit: 2 (bis auf 500 m genau lokalisierbar).

Ansprache: Einzelfund (Kennung 0).

Forschungsgeschichte: Lesefunde durch L. Rippmann 1910.

Beschreibung: Im Acker fand der Pfarrer L. Rippmann einen Denar des Traian (112–114 n. Chr.).

Literatur: Fundber. Schwaben 18, 1910, 78. doi: https://doi.org/10.11588/diglit.43785#0087; SEEWALD 1972, 61,2,2.

308. Merklingen-Widderstall (UL)

Mittelbuchen (-)

x: 35542##, y: 53764##

Lagegenauigkeit: 0 (bis auf 50 m genau lokalisierbar).

Ansprache: Baubefund mit sakraler Funktion (Kennung 310).

Forschungsgeschichte: Größere Ausgrabung des LDA 2010.

Beschreibung: Südlich der A8 kamen bei Ausgrabungen im Vorfeld der geplanten ICE-Strecke Wendlingen-Ulm die Fundamente eines kleinen Gebäudes zum Vorschein. Es misst 3,3 × 2,2 m und besitzt an der nordwestlichen Schmalseite einen Fundamentfortsatz, der möglicherweise als Postament zu deuten ist. Das geborgene Fundmaterial stammt aus dem 2. und dem 3. Jahrhundert n. Chr. Der Grundriss sowie Bruchstücke eines Fortunareliefs, das nahe dem Gebäude gefunden wurde, sprechen für eine Deutung als kleiner Antentempel. Vermutlich gehörte der Tempel zu dem römischen Gutshof in der Flur Banholz (*Kat. Nr. 305*), der sich 300 m südöstlich der Fundstelle befand.

Literatur: Arch. Ausgr. Baden-Württemberg 2010, 135–141; Arch. Ausgr. Baden-Württemberg 2011, 174–177.

309. Merklingen-Widderstall (UL)

Mittelbuchen (-)

x: 35541##, y: 53764##

Lagegenauigkeit: 1 (bis auf 200 m genau lokalisierbar).

Ansprache: Grabbefunde im Siedlungskontext (Kennung 210).

Forschungsgeschichte: Größere Ausgrabung des LDA 2010.

Beschreibung: Etwa 100 m südwestlich des Tempels in der Flur Mittelbuchen (*Kat. Nr. 308*) wurde bei Ausgrabungen im Zuge der geplanten ICE-Strecke Wendlingen-Ulm ein kleines römerzeitliches Gräberfeld aufgedeckt. Insgesamt konnten zehn bis zwölf Bestattungen des 2. Jahrhunderts n. Chr. geborgen werden. Vermutlich handelte es sich um das Gräberfeld des ca. 400 m südwestlich gelegenen römischen Gutshofes in der Flur Banholz (*Kat. Nr. 305*).

Literatur: Arch. Ausgr. Baden-Württemberg 2010, 135–141; Arch. Ausgr. Baden-Württemberg 2011, 174–177.

310. Metzingen (RT)

Bongertwasen, Baumgartwasen (METZ012)

x: 35203##, y: 53767##

Lagegenauigkeit: 0 (bis auf 50 m genau lokalisierbar).

Ansprache: Vermutlich römerzeitliche Siedlungsreste (Kennung 199).

Forschungsgeschichte: Altfund 1896.

Beschreibung: In der Literatur des 19. Jahrhunderts werden Mauerreste auf den Bongertwasen sowie ein Denar des Hadrian erwähnt.

Literatur: Fundber. Schwaben 4, 1896, 57. doi: https://doi.org/10.11588/diglit.27822#0063; Kgl. Statist. Landesamt 1909, 163; Paret 1932, 340,7; Oeftiger 1997, 31,6.

311. Metzingen (RT)

Mauren, Roih, Oesch (METZ001, METZ002, METZ005, METZ007, METZ013, METZ014)

x: 35215##, y: 53778##

Lagegenauigkeit: 0 (bis auf 50 m genau lokalisierbar).

Ansprache: *Vicus* (Kennung 120).

Forschungsgeschichte: Hochwasser 1789; Rohstoffgewinnung 1905–1908; Baubeobachtung 1932; Rohstoffgewinnung 1925–1926.

Beschreibung: An mehreren Stellen im Stadtgebiet kamen römerzeitliche Funde und Baubefunde zutage, die für einen *vicus* an diesem Ort sprechen könnten. Mehrere Altarsteine und Reste einer Jupiter-Giganten-Säule fanden sich unweit der Fundstelle im Wehr der Erms sekundär verbaut. Aus den Inschriften geht hervor, dass sie von den *confanesses armisses* geweiht wurden. Für eine ausführliche Beschreibung siehe *Kap. 3.2.2.6*.

Literatur: von Paulus 1877, 87; Fundber. Schwaben 16, 1908, 70. doi: https://doi.org/10.11588/diglit.43786#0076; Kgl. Statist. Landesamt 1909, 162–163; Nägele 1909; Haug 1914, 289–293; Fundber. Schwaben N. F. 3, 1924–1926 (1926), 111. doi: https://doi.org/10.11588/diglit.43774#0123; Paret 1932, 180; 339–340,1–6; Fundber. Schwaben N. F. 8, 1933–1935 (1935), 121,141. doi: https://doi.org/10.11588/diglit.57656#0129; Oeftiger 1997, 30–31,1.3.4.7.

312. Metzingen (RT)

Säuställ, Mark (METZ008)

x: 35193##, y: 53773##

Lagegenauigkeit: 0 (bis auf 50 m genau lokalisierbar).

Ansprache: Ländliche Einzelsiedlung (Kennung 110).

Forschungsgeschichte: Kleinere Ausgrabung 1856.

Beschreibung: Bei einer Privatgrabung wurde 1856 ein Keller mit den Maßen 5×6 m freigelegt. Darüber hinaus sind von der Fundstelle römerzeitliche Scherben und Ziegel bekannt.

Literatur: Kgl. Statist. Landesamt 1909, 163; Paret 1932, 340,8; Oeftiger 1997, 31,5.

313. Metzingen-Glems (RT)

Oberer Brühl (GLEM002)

x: 35211##, y: 53737##

Lagegenauigkeit: 0 (bis auf 50 m genau lokalisierbar).

Ansprache: Vermutlich ländliche Einzelsiedlung (Kennung 119).

Forschungsgeschichte: Kleinere Ausgrabung durch S. Schiek 1953; Feldbegehung durch H. Schlichtenmaier 1964.

Beschreibung: Nach dem Fund eines bronzezeitlichen Vollgriffschwertes im Acker kamen bei einer Nachuntersuchung römerzeitliche Scherben des 2.–3. Jahrhunderts n. Chr. zutage, darunter Terra sigillata. Weiterhin fanden sich handgeschmiedete Eisennägel sowie ortsfremde Stubensandsteinbrocken, die für eine römerzeitliche Ansiedlung in der Umgebung der Fundstelle sprechen könnten.

Literatur: Fundber. Schwaben N. F. 13, 1952–1954 (1955), 30–31. doi: https://doi.org/10.11588/diglit.60965.8; Oeftiger 1997, 32,2.

314. Metzingen-Neuhausen a. d. Erms (RT)

Untere Auchtert (METZ003)

x: 35221##, y: 53772##

Lagegenauigkeit: 0 (bis auf 50 m genau lokalisierbar).

Ansprache: Fundstreuung (Kennung 10).

Forschungsgeschichte: Baubeobachtung durch A. Nawroth 1984.

Beschreibung: Aus einem Leitungsgraben barg A. Nawroth römerzeitliche Scherben des 2.–3. Jahrhunderts n. Chr., darunter Terra sigillata sowie einen Eisennagel und ein weiteres Eisenfragment.

Literatur: Oeftiger 1997, 32,1.

315. Mögglingen (AA)

Heuholz (MÖGG004)

x: 35696##, y: 54115##

Lagegenauigkeit: 0 (bis auf 50 m genau lokalisierbar).

Ansprache: Produktionsstätte ohne Siedlungszusammenhang (Kennung 101).

Forschungsgeschichte: Kleinere Ausgrabung 1833.

Beschreibung: O. Paret nennt einen „vermutlich römischen Kalkofen", der in einem vorgeschichtlichen Grabhügel eingebaut war.

Literatur: Paret 1932, 399; Bender 2015, 75.

316. Munderkingen (UL)

Alter Brunnenberg, Wetterkreuz (MUND004)

x: 35475##, y: 53449##

Lagegenauigkeit: 0 (bis auf 50 m genau lokalisierbar).

Ansprache: Ländliche Einzelsiedlung (Kennung 110).

Forschungsgeschichte: Landwirtschaftliche Tätigkeit 1895; kleinere Ausgrabung durch E. Gaus 1895 und durch M. Johner 1901.

Beschreibung: Im Winter 1895 stieß der Rosenwirt Braun beim Umgraben eines Ackers auf Mauern. E. Gaus stellte daraufhin Nachgrabungen an, durch die ein Raum mit Hypocaustanlage freigelegt wurde. Bei einer späteren Ausgrabung unter der Leitung von M. Johner wurden weitere Teile des Gebäudes aufgedeckt, das in der Folge als Badegebäude angesprochen werden konnte. Das geborgene Fundmaterial stammt aus der ersten Hälfte des 2. Jahrhunderts.

Literatur: Bl. Schwäb. Albver. 9, 1897, 83–85. https://www.schwaben-kultur.de/cgi-bin/getpix.pl?obj=00000024/00003949&typ=-image (letzter Zugriff: 22.1.2024); Fundber. Schwaben 4, 1896, 6. doi: https://doi.org/10.11588/diglit.27822#0012; Fundber. Schwaben N. F. 1, 1917–1922 (1922), 92–93. doi: https://doi.org/10.11588/diglit.43772.18; PARET 1932, 344,1; WEHRBERGER 1992, 69,5.

317. Münsingen (RT)

Berufsschule (-)

x: 35367##, y: 53637##

Lagegenauigkeit: 0 (bis auf 50 m genau lokalisierbar).

Ansprache: Einzelfund (Kennung 0).

Forschungsgeschichte: Baubeobachtung durch E. Volz 1959.

Beschreibung: Bei Grabarbeiten im Schulhof fand sich ein Sesterz des Severus Alexander (231–235 n. Chr.).

Literatur: Fundber. Schwaben N. F. 15, 1959, 208,226,8. doi: https://doi.org/10.11588/diglit.66263#0238; OEFTIGER 1997, 33,11.

318. Münsingen (RT)

Katharinenfeld, Fauserhöhe, Zwischen den Hägen (MÜNS008)

x: 35347##, y: 53630##

Lagegenauigkeit: 0 (bis auf 50 m genau lokalisierbar).

Ansprache: Ländliche Einzelsiedlung (Kennung 111).

Forschungsgeschichte: Kleinere Ausgrabung durch F. Sautter 1904 und P. Goessler 1910.

Beschreibung: Durch Ausgrabungen mehrerer obertägig sichtbarer Schutthügel wurden Mauerzüge eines römischen Gutshofes aufgedeckt. Neben den Bauresten und zahlreichen Scherben römerzeitlicher Keramik fanden sich u. a. ein Denar der Julia Domna (196–211 n. Chr.), eiserne Nägel, Fibeln und ein Stilus.

Literatur: Fundber. Schwaben 12, 1904, 123. doi: https://doi.org/10.11588/diglit.42298#0137; Fundber. Schwaben 18, 1910, 48. doi: https://doi.org/10.11588/diglit.43785#0058; KGL. STATIST. LANDESAMT 1912, 230–231; PARET 1932, 345,1; OEFTIGER 1997, 33,10.

319. Münsingen (RT)

Unter Stockach, Alenbrunnen (MÜNS007)

x: 35355##, y: 53633##

Lagegenauigkeit: 0 (bis auf 50 m genau lokalisierbar).

Ansprache: Ländliche Einzelsiedlung (Kennung 110).

Forschungsgeschichte: Kleinere Ausgrabung durch E. Nägele 1896 und P. Goessler 1910.

Beschreibung: Archäologische Untersuchungen der Fundstelle erbrachten die Überreste einer Trockenmauer, Mörtel und römerzeitliches Fundmaterial. Die Erde im Bereich der Baureste und Funde weist bis in 80 cm Tiefe eine dunkle Färbung auf, was auf eine Brandschicht hindeuten könnte. An der Ostseite der Fundstelle befanden sich Reste von Grabenbefunden.

Literatur: Fundber. Schwaben 4, 1896, 52,8. doi: https://doi.org/10.11588/diglit.27822#0058; Fundber. Schwaben 18, 1910, 48. doi: https://doi.org/10.11588/diglit.43785#0058; KGL. STATIST. LANDESAMT 1912, 231; PARET 1932, 345,2; OEFTIGER 1997, 33,9.

320. Münsingen-Böttingen (RT)

An der Steig (-)

x: 35409##, y: 53640##

Lagegenauigkeit: 5 (verlagerte Fundstelle).

Ansprache: Fundstreuung (Kennung 10).

Forschungsgeschichte: Feldbegehung durch F. Sautter zu Beginn des 19. Jahrhunderts.

Beschreibung: F. Sautter fand mehrere römerzeitliche Scherben „im Schutt hinter dem ‚Adler'" (Fundber. Schwaben 1907, 30). Früher befand sich an der Stelle ein Steinbruch. Die Information, dass die Funde aus dem „Schutt" stammen, weisen darauf hin, dass sie verlagert sind.

Literatur: Fundber. Schwaben 15, 1907, 30. doi: https://doi.org/10.11588/diglit.43783#0036; PARET 1932, 189; OEFTIGER 1997, 37,13.

321. Münsingen-Buttenhausen (RT)

Schmiedeösch, Lüssenäcker (-)

x: 35354##, y: 53608##

Lagegenauigkeit: 1 (bis auf 200 m genau lokalisierbar).

Ansprache: Vermutete römerzeitliche Fundstreuung (Kennung 999).

Forschungsgeschichte: Feldbegehung durch F. Sautter zu Beginn des 19. Jahrhunderts.

Beschreibung: F. Sautter erwähnt „römische Spuren". Weitere Hinweise fehlen.

Literatur: Fundber. Schwaben 15, 1907, 30. doi: https://doi.org/10.11588/diglit.43783#0036; OEFTIGER 1997, 39,9.

322. Münsingen-Dottingen (RT)

Glindwald, Boppenthal (-)

x: 35320##, y: 53640##

Lagegenauigkeit: 1 (bis auf 200 m genau lokalisierbar).

Ansprache: Fundstreuung in vorgeschichtlichen Grabhügeln auf der Münsiger Alb (Kennung 11).

Forschungsgeschichte: Rohstoffgewinnung 1901.

Beschreibung: Beim Graben nach Steinen wurden laut F. Sautter römerzeitliche Scherben in einem bronzezeitlichen Grabhügel gefunden. Die Scherben wurden anschließend an F. Sautter übergeben. Möglicherweise handelt es sich um eine römerzeitliche Nachbestattung. Siehe auch *Kap. 3.2.1.3.*

Literatur: Bl. Schwäb. Albver. 14, 1902, 395. https://www.schwaben-kultur.de/cgi-bin/getpix.pl?obj=00000039/00006786&typ=image (letzter Zugriff: 22.1.2024); Fundber. Schwaben 10, 1902, 1. doi: https://doi.org/10.11588/diglit.42294#0007.

323. Münsingen-Dottingen (RT)

Haus Georg Ostertag (-)

x: 35322##, y: 53652##

Lagegenauigkeit: 4 (genauer Fundort nicht bekannt).

Ansprache: Vermutlich römerzeitliche Siedlungsreste (Kennung 199).

Forschungsgeschichte: Altfund 1861.

Beschreibung: In der Literatur wird ein als römisch angesprochenes Mauerwerk mit Wandputz erwähnt. Die Fundstelle ist nicht mehr genau lokalisierbar

Literatur: PARET 1932, 296; OEFTIGER 1997, 40,4.

324. Münsingen-Hundersingen (RT)

Geltelfingen, Göltelfingen (-)   *AG+*

x: 35332##, y: 53579##

Lagegenauigkeit: 1 (bis auf 200 m genau lokalisierbar).

Ansprache: Fundstreuung in vorgeschichtlichen Grabhügeln auf der Münsiger Alb (Kennung 11).

Forschungsgeschichte: Kleinere Ausgrabung durch F. Sautter zu Beginn des 19. Jahrhunderts.

Beschreibung: Im Randbereich eines vorgeschichtlichen Grabhügels fand sich römerzeitliches Fundmaterial. Siehe auch *Kap. 3.2.1.3.*

Literatur: Fundber. Schwaben 15, 1907, 30–31. doi: https://doi.org/10.11588/diglit.43783.9; KGL. STATIST. LANDESAMT 1912, 227; PARET 1932, 323,3.

325. Münsingen-Hundersingen (RT)

Haus Rinderknecht (-)

x: 35369##, y: 53561##

Lagegenauigkeit: 3 (Lokalisierung innerhalb der Flur nicht gesichert).

Ansprache: Vermutlich ländliche Einzelsiedlung (Kennung 119).

Forschungsgeschichte: Baubeobachtung durch F. Sautter.

Beschreibung: Beim Neubau des Hauses Rinderknecht fanden sich Mörtelreste, *tubuli* und eine Münze des Domitian (81–96 n. Chr.). Hinter dem Haus führt eine Steige auf die Alb (Bremelauer Steige), unter der ebenfalls im Zuge des Neubaus ein in den Fels gehauener Pfad zum Vorschein kam. In kleineren Felsspalten dieses Pfades fand F. Sautter römerzeitliche Keramik.

Literatur: Fundber. Schwaben 14, 1906, 11. doi: https://doi.org/10.11588/diglit.42297#0017; Fundber. Schwaben 15, 1907, 30–31. doi: https://doi.org/10.11588/diglit.43783.9; PARET 1932, 323,1; OEFTIGER 1997, 43,30.

326. Münsingen-Hundersingen (RT)

Sandgruben, Reichhardtsberg (-)

x: 35377##, y: 53563##

Lagegenauigkeit: 1 (bis auf 200 m genau lokalisierbar).

Ansprache: Fundstreuung in vorgeschichtlichen Grabhügeln auf der Münsiger Alb (Kennung 11).

Forschungsgeschichte: Kleinere Ausgrabung durch F. Sautter zu Beginn des 19. Jahrhunderts.

Beschreibung: In einem Steinriegel in den „Sandgruben" fanden sich neben vorgeschichtlichen Funden auch solche der Römerzeit. Unweit des Fußweges von Bichishausen nach Bremelau wurden darüber hinaus zu einem früheren Zeitpunkt zwei viereckige Fundamente entdeckt. An Fundmaterial werden dort „Scherben von der Bronzezeit an bis zur terra sigillata herab" (Fundber. Schwaben 14, 1906, 4) genannt. Siehe auch *Kap. 3.2.1.3.*

Literatur: Fundber. Schwaben 14, 1906, 4. doi: https://doi.org/10.11588/diglit.42297#0010; Fundber. Schwaben 15, 1907, 16; 31. doi: https://doi.org/10.11588/diglit.43783; KGL. STATIST. LANDESAMT 1912, 205; 226–227; PARET 1932, 323,2; OEFTIGER 1997, 42,26.

327. Münsingen-Hundersingen (RT)

Steinriegel (-)

x: 35374##, y: 53559##

Lagegenauigkeit: 1 (bis auf 200 m genau lokalisierbar).

Ansprache: Fundstreuung in vorgeschichtlichen Grabhügeln auf der Münsiger Alb (Kennung 11).

Forschungsgeschichte: Kleinere Ausgrabung 1900; Feldbegehung durch F. Sautter zu Beginn des 19. Jahrhunderts.

Beschreibung: Im Bereich einer bronzezeitlichen Grabhügelgruppe kamen in einer lehmigen Schicht latènezeitliche Scherben und Terra sigillata zutage. Siehe auch *Kap. 3.2.1.3*.

Literatur: Fundber. Schwaben 16, 1908, 17–18. doi: https://doi.org/10.11588/diglit.43786.9.

328. Münsingen-Hundersingen (RT)

Winkel, Strangen, Maad (-)

x: 35377##, y: 53572##

Lagegenauigkeit: 2 (bis auf 500 m genau lokalisierbar).

Ansprache: Fundstreuung in vorgeschichtlichen Grabhügeln auf der Münsiger Alb (Kennung 11).

Forschungsgeschichte: Kleinere Ausgrabung durch F. Sautter zu Beginn des 19. Jahrhunderts.

Beschreibung: In einigen Hügeln einer Gruppe von 20 bronzezeitlichen Grabhügeln fanden sich römerzeitliche Scherben und Nägel. Siehe auch *Kap. 3.2.1.3*.

Literatur: Fundber. Schwaben 14, 1906, 4. doi: https://doi.org/10.11588/diglit.42297#0010; Fundber. Schwaben 15, 1907, 30–31. doi: https://doi.org/10.11588/diglit.43783.9; Paret 1932, 323,2.

329. Neckartailfingen (ES)

„Westlich vom Ort"

x: 35190##, y: 53861##

Lagegenauigkeit: 4 (genauer Fundort nicht bekannt).

Ansprache: Vermutete römerzeitliche Fundstelle (Kennung 999).

Forschungsgeschichte: Feldbegehung im Zuge der Landesaufnahme durch E. von Paulus bis 1877.

Beschreibung: E. von Paulus erwähnt eine römerzeitliche Niederlassung auf der Höhe westlich vom Ort. Ein weiterer Nachweis fehlt.

Literatur: von Paulus 1877, 67; Paret 1932, 348,1.

330. Neckartailfingen (ES)

Hinter den Krautgärten, Neckarbett (NECK003)

x: 35200##, y: 53862##

Lagegenauigkeit: 5 (verlagerte Fundstelle).

Ansprache: Religionszeugnis ohne Befundzusammenhang (Kennung 320).

Forschungsgeschichte: Lesefund 1915.

Beschreibung: 1915 wurden Reste einer Jupiter-Giganten-Säule aus dem Neckar geborgen.

Literatur: Fundber. Schwaben 22–24, 1914–1916 (1917), 23–26. doi: https://doi.org/10.11588/diglit.43769.5; Paret 1932, 348–349,2.

331. Neidlingen (ES)

Friedhof (NEID009)

x: 35417##, y: 53820##

Lagegenauigkeit: 0 (bis auf 50 m genau lokalisierbar).

Ansprache: Fundstreuung (Kennung 10).

Forschungsgeschichte: Ausheben eines Grabes durch W. Pflüger vor 1975.

Beschreibung: Beim Ausheben eines Grabes fanden sich wenige, vermutlich römerzeitliche Keramikscherben.

Literatur: Fundber. Baden-Württemberg 2, 1975, 188. doi: https://doi.org/10.11588/fbbw.1975.0.24589.

332. Neidlingen (ES)

Maurach (NEID015)

x: 35430##, y: 53824##

Lagegenauigkeit: 0 (bis auf 50 m genau lokalisierbar).

Ansprache: Vermutlich römerzeitliche Siedlungsreste (Kennung 199).

Forschungsgeschichte: Landwirtschaftliche Tätigkeit (unbekannter Zeitpunkt).

Beschreibung: Laut G. Lachenmaier wurden beim Pflügen römerzeitliche Mauerreste freigelegt.

Literatur: Paret 1932, 349,1.

333. Nellingen (UL)

Dornhau (-)

x: 35601##, y: 53760##

Lagegenauigkeit: 0 (bis auf 50 m genau lokalisierbar).

Ansprache: Vermutlich römerzeitliche Siedlungsreste (Kennung 199).

Forschungsgeschichte: Größere Ausgrabung des LDA 2011.

Beschreibung: Im Zuge der Ausgrabungsarbeiten entlang der geplanten ICE-Trasse Wendlingen–Ulm wurde ein Gräbchen mit römerzeitlichem Fundmaterial aufgedeckt. In unmittelbarer Nähe befand sich eine völkerwanderungszeitliche Siedlung.

Literatur: Arch. Ausgr. Baden-Württemberg 2011, 174–177.

334. Nellingen (UL)

Langhecker Steig, Am Wiesensteiger Steig (NELL011)

x: 35572##, y: 53786##

Lagegenauigkeit: 0 (bis auf 50 m genau lokalisierbar).

Ansprache: Einzelfund (Kennung 0).

Forschungsgeschichte: Feldbegehung durch Schwager 1997.

Beschreibung: Im Bereich einer mittelalterlichen Fundstreuung aus Keramikscherben und Schlacke fand sich eine römerzeitliche Einzelscherbe.

Literatur: –

335. Nellingen (UL)

Lixhau (-)

x: 35602##, y: 53758##

Lagegenauigkeit: 1 (bis auf 200 m genau lokalisierbar).

Ansprache: Hinweis auf Siedlungsreste (Kennung 100).

Forschungsgeschichte: Größere Ausgrabung des LDA 2012.

Beschreibung: In der Flur „Lixhau" fanden sich unweit eisenzeitlicher Gräber die Reste eines Pfostenbaus aus römischer Zeit.

Literatur: Arch. Ausgr. Baden-Württemberg 2013, 30–31.

336. Nellingen (UL)

Zwischenöde (NELL005)

x: 35555##, y: 53784##

Lagegenauigkeit: 0 (bis auf 50 m genau lokalisierbar).

Ansprache: Vermutete römerzeitliche Fundstelle (Kennung 999).

Forschungsgeschichte: Luftbild 2014.

Beschreibung: Im Luftbild ist ein rechteckiger Gebäudegrundriss erkennbar. Die Zeitstellung ist bislang unklar.

Literatur: –

337. Nerenstetten (UL)

Frohnholz (NERE004)

x: 35809##, y: 53783##

Lagegenauigkeit: 0 (bis auf 50 m genau lokalisierbar).

Ansprache: Ländliche Einzelsiedlung (Kennung 110).

Forschungsgeschichte: Kleinere Ausgrabung durch L. Bürger 1894/1895.

Beschreibung: In der Flur Märklingen sind seit dem 19. Jahrhundert zwei Schutthügel bekannt, die von römerzeitlichen Gebäuden stammen könnten. Bei einer Ausgrabung durch L. Bürger

1895 kamen unter einem Hügel gemörtelte Mauern und Fundamente in *opus spicatum* zutage, jedoch kein Fundmaterial.

Literatur: PFAHL 1999, 196–197,120.

338. Nerenstetten / Setzingen (UL)

Vier Jauchert, Nerenstetter Feldle, Großer Baum (NERE002; SETZ001)

x: 35819##, y: 53779##

Lagegenauigkeit: 0 (bis auf 50 m genau lokalisierbar).

Ansprache: Ländliche Einzelsiedlung (Kennung 110).

Forschungsgeschichte: Feldbegehung durch A. Kley; Lesefunde 1950er Jahre; Luftbild durch R. Gensheimer 1983; Feldbegehungen durch E. Junginger 1990 und 1992; Luftbild durch O. Braasch 2003.

Beschreibung: Aus Luftbildern sind zwei Gebäudegrundrisse vermutlich eines römischen Gutshofes bekannt. Im Bereich der Fundstelle fanden sich darüber hinaus römerzeitliche und vorgeschichtliche Keramikscherben.

Literatur: PFAHL 1999, 197,121.

339. Neuhausen a.d. Fildern (ES)

Berg bei der Linde (NEUH005)

x: 35207##, y: 53953##

Lagegenauigkeit: 0 (bis auf 50 m genau lokalisierbar).

Ansprache: Fundstreuung (Kennung 10).

Forschungsgeschichte: Feldbegehung durch M. Hoch 1998.

Beschreibung: Nördlich der Autobahn A8 fand M. Hoch wenige Wandscherben von römerzeitlicher Gebrauchskeramik sowie mittelalterliche Keramikscherben.

Literatur: Fundber. Baden-Württemberg 28,2, 2005, 244 s.v. Ostfildern-Nellingen. doi: https://doi.org/10.11588/fbbw.2005.2.73063.

340. Neuhausen a.d. Fildern (ES)

Egelsee (NEUH002)

x: 35211##, y: 53927##

Lagegenauigkeit: 1 (bis auf 200 m genau lokalisierbar).

Ansprache: Vermutlich ländliche Einzelsiedlung (Kennung 119).

Forschungsgeschichte: Rohstoffgewinnung 1955; Beobachtung im Zuge von Rohstoffgewinnung durch H. Mehlo 1959; Beobachtung im Zuge von Rohstoffgewinnung durch N. Goldner 1967.

Beschreibung: Innerhalb einer Lehmgrube wurden ein Brunnen, eine mit Sandsteinbrocken und römerzeitlichem Fundmaterial verfüllte Grube sowie römerzeitliche Keramikscherben entdeckt, darunter ein gestempelter Amphorenhenkel. Im Bereich der

Funde und Befunde ist auch eine neolithische Fundstelle bekannt.

Literatur: Fundber. Schwaben N.F. 16, 1962, 259; Fundber. Schwaben N.F. 18,2, 1967, 32; 105,1.

341. Neuhausen a. d. Fildern (ES)

Horb (NEUH012)

x: 35205##, y: 53926##

Lagegenauigkeit: 0 (bis auf 50 m genau lokalisierbar).

Ansprache: Römischer Gutshof (Kennung 111).

Forschungsgeschichte: Forstwirtschaft 1914; Beobachtung nach Unwetter durch N. Goldner 1965; kleinere Ausgrabung des LDA 1966; Feldbegehung durch M. Fuchs 1978; Baubeobachtung durch M. Hoch 2009.

Beschreibung: Nach einem Unwetter im Sommer 1965 entdeckte N. Goldner unter dem Wurzelballen eines Baumes Mauerreste. Bereits 1914 kamen beim Setzen von Fichten Mauerreste an dieser Fundstelle zutage. Nach der Meldung des Befundes durch N. Goldner führte das Staatliche Amt für Denkmalpflege eine archäologische Untersuchung durch, wobei ein unterkellertes Gebäude mit den Maßen 13,65 × 11,50 m freigelegt wurde, in dem sich Reste von Estrich und Wandmalerei fanden. Das Gebäude gehörte vermutlich zu einem römerzeitlichen Gehöft. Hinter dem Gebäude fanden sich die Steinverkeilungen einer Pfostenreihe, die auf 80 m Länge freigelegt wurde. Es handelt sich möglicherweise um die Umfriedung des Gehöfts. Ein zweites Gebäude, das ebenfalls zu dem Gutshof gehörte, lag außerhalb der Ausgrabungsfläche. Bei späteren Feldbegehungen fand sich römerzeitliches Fundmaterial im Bereich der Fundstelle.

Literatur: Paret 1932, 350,4; Fundber. Schwaben N.F. 18,2, 1967, 105,2; Simon 1977; Neuffer 1977; Fundber. Baden-Württemberg 8, 1983, 320. doi: https://doi.org/10.11588/fbbw.1983.0.26586; Fundber. Baden-Württemberg 9, 1984, 688. doi: https://doi.org/10.11588/fbbw.1984.0.30850.

342. Neuhausen a. d. Fildern (ES)

Horb, Am Hasenwald (-)

x: 35202##, y: 53928##

Lagegenauigkeit: 0 (bis auf 50 m genau lokalisierbar).

Ansprache: Grabbefunde im Siedlungskontext (Kennung 210).

Forschungsgeschichte: Lesefund vor 2005.

Beschreibung: Beim Spielen fanden Kinder Scherben eines Doppelhenkelkruges, einen Eisennagel und kalzinierte Knochen im Bereich eines hallstattzeitlichen Grabhügelfeldes. Vermutlich handelt es sich um eine römerzeitliche Nachbestattung, die in Hügel V eingebracht war.

Literatur: Fundber. Baden-Württemberg 28,2, 2005, 236,4. doi: https://doi.org/10.11588/fbbw.2005.2.73063.

343. Neuhausen a. d. Fildern (ES)

Marktstraße 9 (NEUH018)

x: 35206##, y: 53941##

Lagegenauigkeit: 5 (verlagerte Fundstelle).

Ansprache: Fundstreuung (Kennung 10).

Forschungsgeschichte: Baubeobachtung durch M. Hoch 1990.

Beschreibung: Auf dem Boden einer Baugrube fand M. Hoch im Februar 1990 römerzeitliche Scherben, Steine und Holzkohle. Die Funde sind vermutlich durch einen Bachlauf verlagert.

Literatur: Fundber. Baden-Württemberg 28,2, 2005, 234,1. doi: https://doi.org/10.11588/fbbw.2005.2.73063.

344. Neuhausen a. d. Fildern (ES)

Oberes Tal, Rotbachtal, Rietbrunnen (NEUH001)

x: 35217##, y: 53922##

Lagegenauigkeit: 2 (bis auf 500 m genau lokalisierbar).

Ansprache: Ländliche Einzelsiedlung (Kennung 110).

Forschungsgeschichte: Altfund 1893; kleinere Ausgrabung der RLK 1895; Feldbegehung durch N. Goldner vor 1975; Feldbegehung des LDA 2009.

Beschreibung: In der Nähe des Waldes „Riedbrunnen" fand man 1894 den Torso einer Reiterstatue, die vermutlich zu einer Jupiter-Giganten-Säule gehörte. Nahe der Fundstelle sind darüber hinaus Mauerreste von vermutlich zwei Gebäuden bekannt. Bei vorläufigen Ausgrabungen kamen Ziegelbruchstücke und ein kegelförmiger Stein zum Vorschein. Bei „Schürfungen" an der Brunnenstube im Oberen Tal fanden sich zudem zahlreiche vorgeschichtliche und wenige römerzeitliche Scherben. Feldbegehungen des Landesdenkmalamtes im Jahr 2009 ergaben keine weiteren Hinweise auf römerzeitliche Reste am Riedbrunnen.

Literatur: Fundber. Schwaben 2, 1894, 6. doi: https://doi.org/10.11588/diglit.27198#0012; Paret 1932, 350,2; Fundber. Baden-Württemberg 2, 1975, 323–324,1. doi: https://doi.org/10.11588/fbbw.1975.0.24592.

345. Neuhausen a. d. Fildern (ES)

Rothau, Sauhag (NEUH015, NEUH016)

x: 35215##, y: 53929##

Lagegenauigkeit: 1 (bis auf 200 m genau lokalisierbar).

Ansprache: Baubefund mit sakraler Funktion (Kennung 310).

Forschungsgeschichte: Rohstoffgewinnung 1901; Rohstoffgewinnung 1908; kleinere Ausgrabung durch N. Goldner 1966.

Beschreibung: Beim Graben nach Straßensteinen stieß man 1901 auf Mauerreste von mehreren Gebäuden sowie vier Merkurreliefs. Schutthügel im Bereich der Fundstelle ließen auf weitere Gebäude schließen. Durch nachträgliche Schürfungen konnten die Reste von mindestens drei Gebäuden angeschnitten werden. Vermutlich handelt es sich bei der Fundstelle um ein Merkurheiligtum. Der Kopf einer Merkurstatuette aus Stubensandstein, der 1908 im Wald ca. 300 m nordöstlich der Gebäude-reste gefunden wurde, stammte ursprünglich vermutlich eben-falls von dieser Fundstelle.

Literatur: Fundber. Schwaben 9, 1901, 7–8. doi: https://doi.org/10.11588/diglit.42293.3; Fundber. Schwaben 14, 1906, 34. doi: https://doi.org/10.11588/diglit.42297#0040; Fundber. Schwaben 16, 1908, 71. doi: https://doi.org/10.11588/dig-lit.43786#0077; Paret 1932, 350,1.3; Neuffer 1977; Ronke in Planck 2005, 223–224.

346. Neuhausen a. d. Fildern (ES)

Untere Häusle, Mittlere Häusle, Obere Häusle (NEUH020)

x: 35205##, y: 53949##

Lagegenauigkeit: 1 (bis auf 200 m genau lokalisierbar).

Ansprache: Vermutlich ländliche Einzelsiedlung (Kennung 119).

Forschungsgeschichte: Kleinere Ausgrabung durch M. Hoch 1991; Feldbegehungen durch M. Hoch 1991, 1997, 1998, 1999, 2001, 2004, 2005, 2007 und 2009; geophysikalische Prospektion des LDA 2005.

Beschreibung: Im Zuge zahlreicher Feldbegehungen und ar-chäologischer Untersuchungen stellte M. Hoch an der Fundstelle ausgepflügte Mauersteine, Ziegelbruchstücke und zahlreiches römerzeitliches Fundmaterial fest, darunter eine gestempelte Terra sigillata-Scherbe (FIRMUSFE). Eine geophysikalische Unter-suchung des Gebietes im Jahr 2005 blieb ohne Ergebnis.

Literatur: Fundber. Baden-Württemberg 28,2, 2005, 234–236,2. doi: https://doi.org/10.11588/fbbw.2005.2.73063; Fundber. Ba-den-Württemberg 32,2, 2012, 606–604.

347. Neuhausen a. d. Fildern (ES)

Weiherwiesen (NEUH013)

x: 35199##, y: 53939##

Lagegenauigkeit: 1 (bis auf 200 m genau lokalisierbar).

Ansprache: Fundstreuung (Kennung 10).

Forschungsgeschichte: Baubeobachtung durch N. Goldner 1968.

Beschreibung: Nach einer Straßenbegradigung fand N. Goldner im Abraum der Baustelle neben wenigen vorgeschichtlichen auch römerzeitliche Keramikscherben, darunter ein Terra sigilla-ta-Fragment.

Literatur: Fundber. Baden-Württemberg 2, 1975, 188. doi: https://doi.org/10.11588/fbbw.1975.0.24589.

348. Niederstotzingen (HDH)

Beim Galgen (NIED017)

x: 35920##, y: 53792##

Lagegenauigkeit: 0 (bis auf 50 m genau lokalisierbar).

Ansprache: Ländliche Einzelsiedlung (Kennung 110).

Forschungsgeschichte: Luftbild durch O. Braasch 1983.

Beschreibung: Aus einem Luftbild sind zwei rechteckige Steinge-bäude vermutlich eines römischen Gutshofes bekannt.

Literatur: Pfahl 1999, 197,122.

349. Niederstotzingen (HDH)

Kleinfeld (NIED009)

x: 35905##, y: 53798##

Lagegenauigkeit: 0 (bis auf 50 m genau lokalisierbar).

Ansprache: Römischer Gutshof (Kennung 111).

Forschungsgeschichte: Landwirtschaftliche Tätigkeit und kleine-re Ausgrabung 1855; Luftbild durch O. Braasch 1983; kleinere Ausgrabung durch K. Kortüm 1988.

Beschreibung: Bei Feldarbeiten 1855 und einer anschließenden Privatgrabung wurde der Keller eines römerzeitlichen Gebäudes freigelegt. Durch ein Luftbild und spätere Ausgrabungen sind das Hauptgebäude, drei Nebengebäude und die Umfassungs-mauer eines römerzeitlichen Gehöfts bekannt. Das geborgene Fundmaterial reicht vom späten 1. bis ins 3. Jahrhundert n. Chr. St. F. Pfahl spricht die Anlage als Straßenstation an.

Literatur: Pfahl 1999, 198,124.

350. Niederstotzingen-Oberstotzingen (HDH)

Kirche St. Martin, Schulhausgarten (-)

x: 35903##, y: 53785##

Lagegenauigkeit: 4 (genauer Fundort nicht bekannt).

Ansprache: Vermutete römerzeitliche Fundstelle (Kennung 999).

Forschungsgeschichte: Feldbegehung durch L. Bürger 1894.

Beschreibung: L. Bürger beobachtete 1894 Mauerreste in einem frisch ausgehobenen Kindergrab auf dem Friedhof und im be-nachbarten Schulhausgarten. Die Zeitstellung ist nicht gesi-chert.

Literatur: Pfahl 1999, 200,127.

351. Niederstotzingen-Oberstotzingen (HDH)

Steig (OBER005)

x: 35898##, y: 53789##

Lagegenauigkeit: 0 (bis auf 50 m genau lokalisierbar).

Ansprache: Römischer Gutshof (Kennung 111).

Forschungsgeschichte: Luftbild durch O. Braasch 1992; Feldbe-gehung durch E. Junginger 1993.

Beschreibung: Aus einem Luftbild sind drei Gebäude und Reste der Umfassungsmauer eines römerzeitlichen Gehöfts bekannt. Bei nachträglichen Begehungen des Geländes las E. Junginger römerzeitliches Fundmaterial auf.

Literatur: PFAHL 1999, 200,128; Fundber. Baden-Württemberg 28,2, 2005, 237. doi: https://doi.org/10.11588/fbbw.2005.2.73063.

352. Niederstotzingen-Stetten ob Lontal (HDH)

Kaltenburg (STET007)

x: 35894##, y: 53834##

Lagegenauigkeit: 0 (bis auf 50 m genau lokalisierbar).

Ansprache: Fundstreuung (Kennung 10).

Forschungsgeschichte: Baubeobachtung durch A. Groll 1985.

Beschreibung: Beim Straßenbau wurden wenige römerzeitliche Scherben und ein Spielstein gefunden.

Literatur: –

353. Niederstotzingen-Stetten ob Lontal (HDH)

Niederfeld (STET005)

x: 35889##, y: 53809##

Lagegenauigkeit: 0 (bis auf 50 m genau lokalisierbar).

Ansprache: Produktionsstätte ohne Siedlungszusammenhang (Kennung 101).

Forschungsgeschichte: Kleinere Ausgrabung des Vereins für Kunst und Altertum in Ulm und Oberschwaben 1895.

Beschreibung: Im Auftrag des Vereins für Kunst und Altertum in Ulm und Oberschwaben legte L. Bürger 1895 eine Befeuerungsanlage frei. Schon zuvor vermutete man eine römerzeitliche Ansiedlung an der Fundstelle, da von dort römerzeitliche Funde und Ziegel bekannt waren. L. Bürger interpretierte den Befund als Kalk- oder Ziegelbrennofen.

Literatur: PFAHL 1999, 201,130.

354. Notzingen-Wellingen (ES)

Steinäcker, Bei den vier Linden, Himmelreich, Weidenäcker, Tiefer Brunnen (NOTZ002)

x: 35351##, y: 53934##

Lagegenauigkeit: 0 (bis auf 50 m genau lokalisierbar).

Ansprache: Vermutlich ländliche Einzelsiedlung (Kennung 119).

Forschungsgeschichte: Baubeobachtung 1979.

Beschreibung: Beim Bau einer Wasserleitung wurden im Leitungsgraben geschichtete Angulatensandsteine und Aschereste angeschnitten. An Fundmaterial konte die Randscherbe eines Terra sigillata-Gefäßes sowie ein Henkelbruchstück geborgen werden. Der Flurname könnte auf römerzeitliche Mauerreste hinweisen.

Literatur: Fundber. Baden-Württemberg 8, 1983, 320–321. doi: https://doi.org/10.11588/fbbw.1983.0.26586.

355. Nürtingen (ES)

Im Tiefenbachtal (NÜRT011)

x: 35283##, y: 53854##

Lagegenauigkeit: 0 (bis auf 50 m genau lokalisierbar).

Ansprache: Fundstreuung (Kennung 10).

Forschungsgeschichte: Baubeobachtung durch F. Keuerleber 1959.

Beschreibung: Beim Aushub eines Grabens fanden sich zahlreiche Schlackereste und eine römerzeitliche Einzelscherbe. Möglicherweise besteht ein Zusammenhang mit dem nahe gelegenen *vicus (Kat. Nr. 359).*

Literatur: Fundber. Schwaben N. F. 16, 1962, 259,1.

356. Nürtingen (ES)

Johannes Wagner Schule (NÜRT010)

x: 35259##, y: 53856##

Lagegenauigkeit: 0 (bis auf 50 m genau lokalisierbar).

Ansprache: Fundstreuung (Kennung 10).

Forschungsgeschichte: Baubeobachtung durch A. Gutekunst vor 1990.

Beschreibung: Bei der Gehörlosenschule wurden Bruchstücke römerzeitlicher Ziegel aufgelesen.

Literatur: Fundber. Baden-Württemberg 15, 1990, 675,1. doi: https://doi.org/10.11588/fbbw.1990.0.40673.

357. Nürtingen (ES)

Kirchert (-)

x: 35252##, y: 53847##

Lagegenauigkeit: 0 (bis auf 50 m genau lokalisierbar).

Ansprache: Vermuteter isolierter Grabfund (Kennung 209).

Forschungsgeschichte: Kleinere Ausgrabungen des LDA 1971 und 1974.

Beschreibung: In einem vorgeschichtlichen Grabhügel fand sich römerzeitliche Keramik. Möglicherweise handelt es sich um eine Nachbestattung.

Literatur: RIEDL 1987, 444–447; Fundber. Baden-Württemberg 2, 1975, 99. doi: https://doi.org/10.11588/fbbw.1975.0.24587; Fundber. Baden-Württemberg 8, 1983, 205–206,3. doi: https://doi.org/10.11588/fbbw.1983.0.26584.

358. Nürtingen (ES)

Osthang Steinenberg (ADAB-Nr. 96959260)

x: 35253##, y: 53881##

Lagegenauigkeit: 0 (bis auf 50 m genau lokalisierbar).

Ansprache: Vermutetes Religionszeugnis ohne Befundzusammenhang (Kennung 329).

Forschungsgeschichte: Baubeobachtung 1899.

Beschreibung: Bei der Anlage des zweiten Bahngleises am Fuße des Steinenbergs wurden zwei Stierstatuetten gefunden.

Literatur: Fundber. Schwaben 7, 1899, 5; 37–40. doi: https://doi.org/10.11588/diglit.27821; PARET 1932, 352,2; SCHNEIDER 2001, 83,55.

359. Nürtingen (ES)

Ruthmänninstraße, Plochinger Straße (NÜRT029, NÜRT061)

x: 35257##, y: 53875##

Lagegenauigkeit: 0 (bis auf 50 m genau lokalisierbar).

Ansprache: *Vicus* (Kennung 120).

Forschungsgeschichte: Baubeobachtung durch E. Beck 1988; kleinere Ausgrabung des LDA 1988; Baubeobachtung durch E. Beck 2003; kleinere Ausgrabungen des LDA 2003 und 2005.

Beschreibung: Der Fund von zahlreichen Schlacken in Vergesellschaftung mit römerzeitlicher Keramik 1988 sowie der Befund eines Töpferofens zur Herstellung von Terra sigillata, der 2003 bei Baubeobachtungen entdeckt und anschließend ausgegraben wurde, legen nahe, dass sich in römischer Zeit ein *vicus* in Nürtingen befand. Zur Beschreibung siehe *Kap. 3.2.2.6*.

Literatur: Fundber. Schwaben 16, 1908, 71–72. doi: https://doi.org/10.11588/diglit.43786.16; PARET 1932, 352,3; Fundber. Baden-Württemberg 15, 1990, 675–676,2 Abb. 110. doi: https://doi.org/10.11588/fbbw.1990.0.40673; SCHNEIDER 2001, 83,54; Arch. Ausgr. Baden-Württemberg 2003, 126–128; LUIK 2005; Luik in PLANCK 2005, 227–228; LUIK 2012.

360. Nürtingen (ES)

Seebach (NÜRT031)

x: 35245##, y: 53864##

Lagegenauigkeit: 5 (verlagerte Fundstelle).

Ansprache: Hinweis auf Siedlungsreste (Kennung 100).

Forschungsgeschichte: Größere Ausgrabung durch E. Beck 1999.

Beschreibung: Im Zuge von Erschließungsmaßnahmen im Gewerbegebiet wurden archäologische Grabungen durchgeführt. Dabei wurde eine Schwemmschicht freigelegt, die neben vorgeschichtlichen Funden Leistenziegel und zahlreiche Scherben römerzeitlicher Keramik enthielt, darunter auch Terra sigillata.

Literatur: SCHNEIDER 2001, 83–84,56.

361. Nürtingen (ES)

Vor Alten (ADAB-Nr. 96959258)

x: 35261##, y: 53861##

Lagegenauigkeit: 0 (bis auf 50 m genau lokalisierbar).

Ansprache: Ländliche Einzelsiedlung (Kennung 110).

Forschungsgeschichte: Forstwirtschaft 1925; Baubeobachtung 1956; Feldbegehung durch F. Keuerleber 1975; Feldbegehung durch W. Gutekunst 1988.

Beschreibung: Der Lehrer J. Kocher war bereits im Zusammenhang der von ihm betriebenen Flurnamenforschung auf die Flur „Vor Alten" aufmerksam geworden, als dort 1925 bei Baumpflanzarbeiten Mauerreste und Ziegelbruchstücke zutage kamen. Die Fundstelle muss durch einen bewachsenen Steinriegel auch oberirdisch sichtbar gewesen sein. So wird in der Fundschau des Jahres 1975 berichtet, dass F. Keuerleber auf einem solchen Steinriegel Bruchstücke von Leistenziegeln, Heizkacheln und einen behauenen Stein fand, bei dem es sich vermutlich um den Rest einer Fensterumrahmung handelte. Ziegelbruchstücke, die 1988 mehrere hundert Meter südwestlich beim Bau der Gehörlosenschule geborgen wurden, könnten ebenfalls von dieser Fundstelle stammen.

Literatur: Fundber. Schwaben N. F. 3, 1924–1926 (1926), 111. doi: https://doi.org/10.11588/diglit.43774#0123; PARET 1932, 352,1; Fundber. Baden-Württemberg 2, 1975, 188. doi: https://doi.org/10.11588/fbbw.1975.0.24589; Fundber. Baden-Württemberg 15, 1990, 675. doi: https://doi.org/10.11588/fbbw.1990.0.40673; SCHNEIDER 2001, 82–83,53.

362. Nürtingen-Neckarhausen (ES)

Furtäcker (NECK007)

x: 35227##, y: 53860##

Lagegenauigkeit: 3 (Lokalisierung innerhalb der Flur nicht gesichert).

Ansprache: Vermutlich römerzeitliche Siedlungsreste (Kennung 199).

Forschungsgeschichte: Landwirtschaftliche Tätigkeit 1844.

Beschreibung: Laut der Oberamtsbeschreibung von Nürtingen stieß der Adlerwirth Federschmidt 1844 auf seinem Acker in der Flur „Schloßgarten" (heute „Furtäcker") auf Mauerreste mit Putzanhaftungen und Wandbemalung. Weitere Belege fehlen.

Literatur: KGL. STATIST.-TOPOGR. BUREAU 1848, 179; VON PAULUS 1877, 67; PARET 1932, 348.

363. Nürtingen-Neckarhausen (ES)

Im Käppele (NECK009)

x: 35228##, y: 53868##

Lagegenauigkeit: 0 (bis auf 50 m genau lokalisierbar).

Ansprache: Vermutlich römerzeitliche Siedlungsreste (Kennung 119).

Forschungsgeschichte: Baubeobachtung durch G. Nagel 1991; Feldbegehung durch E. Beck und M. Luik.

Beschreibung: Beim Aushub der Baugrube für den Neubau eines Hauses stieß der Baggerführer G. Nagel auf einen Mauerzug. Nachträgliche Besichtigungen durch E. Beck und M. Luik ergaben ein mehrlagiges, bis zu 90 cm hoch erhaltenes, gemörteltes Mauerstück mit erkennbarem Fugenstrich. Der Mauerzug erstreckt sich von NO nach SW über eine Länge von ca. 1,70 m. Ca. 4 m westlich der Mauer konnte zudem ein Steinplattenkanal festgestellt werden. Bis auf ein Terra sigillata-Bruchstück fand sich kein datierendes Fundmaterial, weshalb die römerzeitliche Datierung zwar wahrscheinlich, jedoch nicht gesichert ist.

Literatur: Fundber. Baden-Württemberg 19,2, 1994, 211–212. doi: https://doi.org/10.11588/fbbw.1994.2.44827; Fundber. Baden-Württemberg 28,2, 2005, 237–238,1. doi: https://doi.org/10.11588/fbbw.2005.2.73063.

364. Nürtingen-Neckarhausen (ES)

Röte, Steingemäuer, Steinmauer (NECK010)

x: 35234##, y: 53875##

Lagegenauigkeit: 0 (bis auf 50 m genau lokalisierbar).

Ansprache: Vermutlich ländliche Einzelsiedlung (Kennung 119).

Forschungsgeschichte: Feldbegehung durch E. Beck 1988; Feldbegehung durch das LDA 1989.

Beschreibung: Bei Feldbegehungen in den Fluren „Röte", „Steingemäuer" und „Steinmauern" las E. Beck 1988 wenige Terra sigillata-Scherben, Leistenziegelbruchstücke sowie eine bronzene Henkelattasche mit Merkurdarstellung auf. Eine gemeinsame Feldbegehung der Äcker mit dem Landesamt für Denkmalpflege ergab mehrere ausgepflügte Steine, die auf Steinbauten hinweisen könnten.

Literatur: Fundber. Baden-Württemberg 28,2, 2005, 238,2. doi: https://doi.org/10.11588/fbbw.2005.2.73063.

365. Nürtingen-Oberensingen (ES)

Bachhalde (-)

x: 35244##, y: 53897##

Lagegenauigkeit: 1 (bis auf 200 m genau lokalisierbar).

Ansprache: Einzelfund (Kennung 0).

Forschungsgeschichte: Baubeobachtung durch E. Beck 2001.

Beschreibung: Bei der Besichtigung von Erschließungsarbeiten in einem Gewerbegebiet fand E. Beck eine Bronzefibel der ersten Hälfte des 2. Jahrhunderts.

Literatur: Fundber. Baden-Württemberg 28,2, 2005, 238. doi: https://doi.org/10.11588/fbbw.2005.2.73063.

366. Nürtingen-Oberensingen (ES)

Bauerwald (-)

x: 35228##, y: 53889##

Lagegenauigkeit: 4 (genauer Fundort nicht bekannt).

Ansprache: Vermutetes Religionszeugnis ohne Befundzusammenhang (Kennung 329).

Forschungsgeschichte: Lesefund 1854.

Beschreibung: Fund einer Stierstatuette aus Stubensandstein.

Literatur: Fundber. Schwaben 7, 1899, 37–40 Abb. 1. doi: https://doi.org/10.11588/diglit.27821; PARET 1932, 353,2.

367. Nürtingen-Oberensingen (ES)

Burggärten (NÜRT017)

x: 35240##, y: 53893##

Lagegenauigkeit: 1 (bis auf 200 m genau lokalisierbar).

Ansprache: Vermutlich römerzeitliche Siedlungsreste (Kennung 199).

Forschungsgeschichte: Feldbegehung im Zuge der Landesaufnahme durch E. von Paulus 1877.

Beschreibung: E. von Paulus erwähnt Reste von römerzeitlichen Gebäuden. Weitere Belege fehlen.

Literatur: VON PAULUS 1877, 67; PARET 1932, 353,1.

368. Nürtingen-Oberensingen (ES)

Seelen (NÜRT060)

x: 35239##, y: 53884##

Lagegenauigkeit: 0 (bis auf 50 m genau lokalisierbar).

Ansprache: Römischer Gutshof (Kennung 111).

Forschungsgeschichte: Baubeobachtung durch G. Nagel 1988; größere Ausgrabungen des LDA 1988–1991.

Beschreibung: Der Baggerführer G. Nagel stieß 1988 bei Bauarbeiten für ein Neubaugebiet auf römerzeitliche Ziegel und Sandsteine innerhalb eines neu angelegten Bewässerungskanals. Eine anschließende archäologische Untersuchung ergab, dass es sich bei den Bauresten um Teile eines römischen Gutshofes handelte. Während der anschließenden Bauarbeiten, die archäologisch begleitet wurden, führte das LDA drei Ausgrabungskampagnen zwischen 1988 und 1990 durch. Dabei wurden das Hauptgebäude, zwei zum Teil darin integrierte Bäder und drei weitere direkt anschließende Gebäude nahezu vollständig freigelegt. Weitere Mauerzüge und Versturzschichten sowie vermutete Reste der Umfassungsmauer wurden im übrigen Baugebiet dokumentiert. Gebäudegrundrisse lassen sich daraus jedoch nicht rekonstruieren. Die römerzeitlichen Befunde erstrecken sich ca. 200 m in N-S-Richtung und 100 bis 200 m in O-W-Richtung. Das geborgene Fundmaterial reicht vom späten 1. Jahrhundert bis zur Mitte des 3. Jahrhunderts.

Literatur: Arch. Ausgr. Baden-Württemberg 1988, 187–191; Arch. Ausgr. Baden-Württemberg 1989, 192–194; Arch. Ausgr. Baden-Württemberg 1990, 104–106; KOLBUS 2001; Luik in PLANCK 2005, 228.

369. Nürtingen-Raidwangen (ES)

Dobeläcker; Lange Bettäcker (RAID002)

x: 35215##, y: 53846##

Lagegenauigkeit: 1 (bis auf 200 m genau lokalisierbar).

Ansprache: Vermutete römerzeitliche Fundstelle (Kennung 999).

Forschungsgeschichte: Altfund 19. Jahrhundert; Feldbegehung durch E. Beck 2014.

Beschreibung: E. von Paulus erwähnt einen römerzeitlichen Keller. Bei einer Begehung des Geländes 2014 konnten keine römerzeitlichen Funde oder Befunde festgestellt werden.

Literatur: VON PAULUS 1877, 67; PARET 1932, 362.

370. Nürtingen-Raidwangen (ES)

Hinteres Tal (RAID003)

x: 35220##, y: 53845##

Lagegenauigkeit: 0 (bis auf 50 m genau lokalisierbar).

Ansprache: Fundstreuung (Kennung 10).

Forschungsgeschichte: Feldbegehung durch E. Beck 2014.

Beschreibung: Bei einer Feldbegehung fand E. Beck zahlreiche Scherben römerzeitlicher Keramik.

Literatur: –

371. Oberboihingen (ES)

Hartwasen (OBER001)

x: 35271##, y: 53890##

Lagegenauigkeit: 2 (bis auf 500 m genau lokalisierbar).

Ansprache: Einzelfund (Kennung 0).

Forschungsgeschichte: Feldbegehungen durch E. Koch 1965–1975.

Beschreibung: Im Bereich einer über mehrere Jahre von E. Koch begangenen neolithischen Fundstelle fanden sich drei Gefäßscherben römerzeitlicher Keramik, darunter eine Terra sigillata-Scherbe.

Literatur: Fundber. Baden-Württemberg 2, 1975, 39,4. doi: https://doi.org/10.11588/fbbw.1975.0.24584.

372. Oberboihingen (ES)

Im Tal (OBER017)

x: 35288##, y: 53893##

Lagegenauigkeit: 0 (bis auf 50 m genau lokalisierbar).

Ansprache: Einzelfund (Kennung 0).

Forschungsgeschichte: Feldbegehung durch E. Koch 1984.

Beschreibung: Schlüsselgriff aus Bronze mit löwengestaltigem Tierkopf.

Literatur: Fundber. Baden-Württemberg 15, 1990, 677 Abb. 111. doi: https://doi.org/10.11588/fbbw.1990.0.40673; Fundber. Baden-Württemberg 28,2, 2005, 239. doi: https://doi.org/10.11588/fbbw.2005.2.73063.

373. Oberdischingen (UL)

Vorderes Ried (OBER002)   AG+

x: 35620##, y: 53516##

Lagegenauigkeit: 0 (bis auf 50 m genau lokalisierbar).

Ansprache: Fundstreuung (Kennung 10).

Forschungsgeschichte: Baubeobachtung 1935.

Beschreibung: Beim Bau einer Umgehungsstraße fand man neben vorgeschichtlichen und frühalamannischen auch wenige römerzeitliche Scherben.

Literatur: Fundber. Schwaben N. F. 8, 1933–1935 (1935), 134. doi: https://doi.org/10.11588/diglit.57656#0142; WEHRBERGER 1992, 71,2.

374. Oberkochen (AA)

Schmidtehalde (OBER004)

x: 35803##, y: 54044##

Lagegenauigkeit: 0 (bis auf 50 m genau lokalisierbar).

Ansprache: Fundmaterial in Höhle (Kennung 910).

Forschungsgeschichte: Feldbegehung durch D. Bantel 1971.

Beschreibung: Neben vorgeschichtlichen und mittelalterlichen Funden wurden mehrere Scherben römerzeitlicher Gefäßkeramik gefunden, darunter Terra sigillata.

Literatur: Fundber. Baden-Württemberg 5, 1980, 199,1. doi: https://doi.org/10.11588/fbbw.1980.0.26295.

375. Oberkochen (AA)

Weilfeld (OBER005)   AG+

x: 35828##, y: 54060##

Lagegenauigkeit: 0 (bis auf 50 m genau lokalisierbar).

Ansprache: Ländliche Einzelsiedlung (Kennung 110).

Forschungsgeschichte: Landwirtschaftliche Tätigkeit; kleinere Ausgrabung durch D. Bantel 1971; kleinere Ausgrabung des LDA 1972.

Beschreibung: Beim Pflügen kamen immer wieder römerzeitliche Baureste zum Vorschein, sodass D. Bantel im September 1971 zusammen mit Schülern des Gymnasiums Oberkochen ohne Kenntnis des Landesdenkmalamtes Ausgrabungen vornahm. Nachdem die Ausgrabung im Oktober 1971 beendet wurde, führte das Landesdenkmalamt archäologische Untersuchungen durch, um die Anlage zu dokumentieren. Da das Fundmaterial, das in das 2. und 3. Jahrhundert datiert, bei der vorhergehenden Grabung ohne Rücksicht auf die Stratigrafie geborgen und Befunde ohne fachmännische Dokumentation abgegraben wurden, konnten nur noch die Mauerzüge eines Gebäudes dokumentiert werden. Im Keller des Gebäudes fand sich ein vergangenes Holzgefäß (Fass?), das botanische Reste enthielt. Mehrere Hypocaustziegel aus dem Bereich der Fundstelle weisen auf einen beheizten Raum oder ein Bad hin.

Literatur: Fundber. Baden-Württemberg 5, 1980, 199–206,2 Abb. 146–153. doi: https://doi.org/10.11588/fbbw.1980.0.26295; Planck in PLANCK 2005, 231.

376. Ohmden (ES)

Hauptstraße, Boller Badstraße (OHMD001)

x: 35382##, y: 53898##

Lagegenauigkeit: 0 (bis auf 50 m genau lokalisierbar).

Ansprache: Vermutete römerzeitliche Fundstelle (Kennung 999).

Forschungsgeschichte: Baubeobachtung 1893.

Beschreibung: Beim Bau eines Hauses wurden 1893 Reste eines Steingebäudes entdeckt, in dem vier Skelette, ein Glasgefäß und eine Goldmünze des Antoninus Pius lagen. Möglicherweise handelt es sich um ein kaiserzeitliches Gebäude, das später als Grablege umfunktioniert wurde.

Literatur: MAYER 1913, 227; PARET 1932, 357.

377. Ohmden (ES)

Pippendorf (-)

x: 35399##, y: 53911##

Lagegenauigkeit: 1 (bis auf 200 m genau lokalisierbar).

Ansprache: Fundstreuung (Kennung 10).

Forschungsgeschichte: Feldbegehung durch F. Glöckner 1989/1990.

Beschreibung: Im Bereich einer mittelalterlichen Wüstung fand F. Glöckner wenige römerzeitliche Keramikscherben.

Literatur: SCHREG 1996, Hattenhofen 1.

378. Öllingen (UL)

Hohler Berg (ÖLLI020)

x: 35841##, y: 53770##

Lagegenauigkeit: 0 (bis auf 50 m genau lokalisierbar).

Ansprache: Römischer Gutshof (Kennung 111).

Forschungsgeschichte: Luftbild durch O. Braasch 1996; Feldbegehung durch E. Junginger 2002.

Beschreibung: Aus einem Luftbild sind das Hauptgebäude und zwei Nebengebäude eines römerzeitlichen Gehöfts bekannt. E. Junginger las darüber hinaus wenig römerzeitliche Keramik und Ziegel im Bereich der Fundstelle auf.

Literatur: –

379. Öllingen (UL)

Tadelfinger Äcker (-)

x: 35846##, y: 53793##

Lagegenauigkeit: 1 (bis auf 200 m genau lokalisierbar).

Ansprache: Einzelfund (Kennung 0).

Forschungsgeschichte: Feldbegehung durch J. Flad vor 1983.

Beschreibung: Bei einer Geländebegehung las J. Flad das Randstück eines Terra sigillata-Gefäßes vom Typ Dragendorff 37 auf.

Literatur: Fundber. Baden-Württemberg 8, 1983, 322. doi: https://doi.org/10.11588/fbbw.1983.0.26586.

380. Öpfingen (UL)

Häuflet (-)

x: 35605##, y: 53508##

Lagegenauigkeit: 0 (bis auf 50 m genau lokalisierbar).

Ansprache: Vermutlich ländliche Einzelsiedlung (Kennung 119).

Forschungsgeschichte: Zufallsfund eines Luftbildes durch W. Hanold 1996.

Beschreibung: Auf einer Luftaufnahme, die in dem Band „Zur Vogelwelt des Donautales zwischen Öpfingen und Ulm" der Ornithologischen Arbeitsgemeinschaft Ulm abgedruckt ist, entdeckte W. Hanold Gebäudegrundrisse, die zu einem römischen Gutshof gehören könnten.

Literatur: –

381. Öpfingen / Allmendingen-Niederhofen (UL)

Trinkholz (ÖPFI001; NIED007)

x: 35585##, y: 53516##

Lagegenauigkeit: 0 (bis auf 50 m genau lokalisierbar).

Ansprache: Grabbefunde im Siedlungskontext (Kennung 210).

Forschungsgeschichte: Kleinere Ausgrabung durch Wetzel 1904.

Beschreibung: In einem hallstattzeitlichen Grabhügel fand sich eine römerzeitliche Nachbestattung.

Literatur: Fundber. Schwaben 12, 1904, 120. doi: https://doi.org/10.11588/diglit.42298#0134; Fundber. Schwaben 18, 1910, 63. doi: https://doi.org/10.11588/diglit.43785#0073; Paret 1932, 351 s. v. Niederhof; Wehrberger 1992, 74,2.

382. Öpfingen (UL)

Trinkholz (ÖPFI013)

x: 35587##, y: 53517##

Lagegenauigkeit: 0 (bis auf 50 m genau lokalisierbar).

Ansprache: Vermutete römerzeitliche Fundstelle (Kennung 999).

Forschungsgeschichte: Eintrag in der Flurkarte im 19. Jahrhundert.

Beschreibung: In der historischen Flurkarte ist eine römerzeitliche Niederlassung eingetragen. Weitere Belege fehlen.

Literatur: –

383. Ostfildern-Kemnat (ES)

Ortsgebiet (KEMN001)

x: 35172##, y: 53978##

Lagegenauigkeit: 3 (Lokalisierung innerhalb der Flur nicht gesichert).

Ansprache: Vermutlich ländliche Einzelsiedlung (Kennung 119).

Forschungsgeschichte: Altfund 19. Jahrhundert.

Beschreibung: Laut der Oberamtsbeschreibung von Stuttgart stieß man im Ort immer wieder auf Mauerreste und römerzeitliches Fundmaterial, darunter einen Denar des Antoninus Pius für Marc Aurel (140 n. Chr.).

Literatur: FMRD II 4, 78,4132; Kgl. topogr. Bureau 1851, 107; von Paulus 1877, 49; Paret 1932, 325.

384. Ostfildern-Nellingen (ES)

Pfaffenwiesen, Weilwiesen (NELL010)

x: 35211##, y: 53980##

Lagegenauigkeit: 1 (bis auf 200 m genau lokalisierbar).

Ansprache: Vermutete römerzeitliche Fundstelle (Kennung 999).

Forschungsgeschichte: Forstwirtschaftliche Tätigkeit durch M. Manz 1909.

Beschreibung: Bei Baumpflanzarbeiten stieß M. Manz angeblich auf römerzeitliche Mauerreste. Die Zeitstellung ist nicht gesichert.

Literatur: Fundber. Schwaben N. F. 4, 1926–1928 (1928), 74. doi: https://doi.org/10.11588/diglit.43775#0084; Paret 1932, 349,2.

385. Ostfildern-Ruit / Ostfildern-Scharnhausen (ES)

Am Gässle, Krebsholzäcker (RUIT005; SCHA005)

x: 35189##, y: 53980##

Lagegenauigkeit: 1 (bis auf 200 m genau lokalisierbar).

Ansprache: Römischer Gutshof (Kennung 111).

Forschungsgeschichte: Kleinere Ausgrabung durch J. von Föhr 1880/1881; Baubeobachtung durch R. Büchele 1967; Feldbegehung durch H. Ch. Strien 1983 und durch R. Krause 2000.

Beschreibung: Hauptgebäude, Nebengebäude und Wasserleitung eines römischen Gehöfts. Die Grundmauern wurden bereits im späten 19. Jahrhundert durch J. von Föhr ausgegraben. Bei Bauarbeiten wurde 1967 eine in Stein gefasste Wasserleitung angeschnitten. Unter dem Fundmaterial der Anlage befindet sich ein eiserner Gesichtshelm.

Literatur: Paret 1932, 371; Fundber. Baden-Württemberg 2, 1975, 206. doi: https://doi.org/10.11588/fbbw.1975.0.24589; Fundber. Baden-Württemberg 8, 1983, 325,2. doi: https://doi.org/10.11588/fbbw.1983.0.26586.

386. Ostfildern-Scharnhausen (ES)

Maieräcker, Maurenäcker (SCHA006)

x: 35194##, y: 53963##

Lagegenauigkeit: 1 (bis auf 200 m genau lokalisierbar).

Ansprache: Vermutlich römerzeitliche Siedlungsreste (Kennung 199).

Forschungsgeschichte: Altfund des 19. Jahrhunderts.

Beschreibung: In der Oberamtsbeschreibung wird erwähnt, dass zu einem früheren Zeitpunkt Mauern aufgegraben wurden. Laut E. von Paulus handelt es sich um eine römerzeitliche Fundstelle. Weitere Belege fehlen.

Literatur: Kgl. topogr. Bureau 1851, 248; von Paulus 1877, 49; Paret 1932, 372,2.

387. Ostfildern-Scharnhausen (ES)

Riedäcker, Quelle des Rohrbachs (SCHA004)

x: 35180##, y: 53960##

Lagegenauigkeit: 0 (bis auf 50 m genau lokalisierbar).

Ansprache: Fundstreuung (Kennung 10).

Forschungsgeschichte: Landwirtschaftliche Tätigkeit, beobachtet durch W. Veek 1928 und durch H. Ch. Strien 1977.

Beschreibung: Im Bereich der Rohrbachquelle fand W. Veek 1928 beim Abgehen von Entwässerungsgräben römerzeitliche Keramikscherben. Weitere römerzeitliche Keramikscherben fanden sich 1977. In unmittelbarer Nähe kam darüber hinaus eine Kulturschicht mit zahlreichen latènezeitlichen Funden zutage.

Literatur: Fundber. Schwaben N. F. 4, 1926–1928 (1928), 75. doi: https://doi.org/10.11588/diglit.43775#0085; Paret 1932, 372,3;

Fundber. Baden-Württemberg 8, 1983, 325,1. doi: https://doi.org/10.11588/fbbw.1983.0.26586.

388. Ostfildern-Scharnhausen (ES)

Untere Brunnenäcker (SCHA001)

x: 35187##, y: 53961##

Lagegenauigkeit: 0 (bis auf 50 m genau lokalisierbar).

Ansprache: Einzelfund (Kennung 0).

Forschungsgeschichte: Feldbegehung durch H. Ch. Strien 1977.

Beschreibung: Einzelfund zweier wohl römerzeitlicher Keramikscherben.

Literatur: Fundber. Baden-Württemberg 8, 1983, 325,1. doi: https://doi.org/10.11588/fbbw.1983.0.26586.

Ostfildern-Scharnhausen / Ostfildern-Ruit (ES)

Am Gässle, Krebsholzäcker (RUIT005; SCHA005)

Siehe *Kat. Nr. 385.*

389. Owen (ES)

Ameisenwinkel, Bergwiesen (OWE004)

x: 35323##, y: 53820##

Lagegenauigkeit: 1 (bis auf 200 m genau lokalisierbar).

Ansprache: Römischer Gutshof (Kennung 111).

Forschungsgeschichte: Landwirtschaftliche Tätigkeit 1931; kleinere Ausgrabung durch O. Lau 1956; Feldbegehung durch W. Gutekunst 1974, 1976, 1977 und 1978; Feldbegehung und kleinere Ausgrabung durch A. Lehmkuhl und F. Weiss vor 2010.

Beschreibung: Bei Bauarbeiten und begleitenden Ausgrabungen konnten Reste eines Raumes mit Hypocaustanlage sowie ein Keller dokumentiert werden. Vermutlich handelt es sich um das Hauptgebäude eines römischen Gutshofes. Im Umfeld der Fundstellen erbrachten darüber hinaus Feldbegehungen zahlreiches römerzeitliches Fundmaterial des späten 2. und des 3. Jahrhunderts n. Chr. Aus der Fundstelle ist ein Militärdiplom bekannt.

Literatur: Fundber. Schwaben N. F. 7, 1930–1932 (1932), 54. doi: https://doi.org/10.11588/diglit.57655#0064; PARET 1932, 359–360,1; Fundber. Schwaben N. F. 15, 1959, 73–77; 170–172. doi: https://doi.org/10.11588/diglit.66263; FIEDLER 1962, 21–22; Fundber. Baden-Württemberg 8, 1983, 326. doi: https://doi.org/10.11588/fbbw.1983.0.26586; Fundber. Baden-Württemberg 9, 1984, 691. doi: https://doi.org/10.11588/fbbw.1984.0.30850; Fundber. Baden-Württemberg 10, 1985, 659. doi: https://doi.org/10.11588/fbbw.1985.0.28161; Fundber. Baden-Württemberg 32,2, 2012, 604.

390. Owen (ES)

Bergäcker (-)

x: 35322##, y: 53822##

Lagegenauigkeit: 1 (bis auf 200 m genau lokalisierbar).

Ansprache: Grabbefunde im Siedlungskontext (Kennung 210).

Forschungsgeschichte: Feldbegehung durch A. Lehmkuhl und F. Weiss vor 2010.

Beschreibung: Zu beiden Seiten einer als Schotterbank im Acker erkennbaren römischen Straße las die Gruppe um A. Lehmkuhl und F. Weiss Leichenbrand sowie die Reste eines Kettenhemdes auf. Vermutlich befindet sich im Bereich der Fundstelle das zu dem benachbarten Gutshof (*Kat. Nr. 389*) gehörige Gräberfeld.

Literatur: Fundber. Baden-Württemberg 32,2, 2012, 604.

391. Owen (ES)

Bettenmorgen (OWEN005)

x: 35316##, y: 53828##

Lagegenauigkeit: 0 (bis auf 50 m genau lokalisierbar).

Ansprache: Fundstreuung (Kennung 10).

Forschungsgeschichte: Feldbegehung durch G. Romberg 1982.

Beschreibung: 1982 kamen bei der Begehung von Äckern in der Flur „Bettenmorgen" zahlreiche Scherben römerzeitlicher Gebrauchskeramik zutage, daneben auch eine Terra sigillata-Scherbe. Weiterhin fand sich Schlacke unbekannter Zeitstellung.

Literatur: Fundber. Baden-Württemberg 28,2, 2005, 244–245. doi: https://doi.org/10.11588/fbbw.2005.2.73063.

392. Owen (ES)

Bohl (-)

x: 35341##, y: 53836##

Lagegenauigkeit: 1 (bis auf 200 m genau lokalisierbar).

Ansprache: Einzelfund (Kennung 0).

Forschungsgeschichte: Baubeobachtung durch J. Kerner 1905.

Beschreibung: Beim Bau einer Wasserleitung fand sich eine Münze der Faustina I.

Literatur: Fundber. Schwaben 21, 1913, 84,500. doi: https://doi.org/10.11588/diglit.43334#0090.

393. Owen (ES)

Veronika-Loch (-)

x: 35348##, y: 53828##

Lagegenauigkeit: 0 (bis auf 50 m genau lokalisierbar).

Ansprache: Fundmaterial in Höhle (Kennung 910).

Forschungsgeschichte: Auffindungsumstände 1866 unbekannt.

Beschreibung: Im Veronika-Loch, einer kleinen Höhle, fand sich ein Denar der Julia Mammaea.

Literatur: Fundber. Schwaben 22–24, 1914–1916 (1917), 33,344. doi: https://doi.org/10.11588/diglit.43769#0043; Paret 1932, 360,5)

394. Pfullingen (RT)

Auf Weil, Kraußstraße (PFUL005)

x: 35170##, y: 53694##

Lagegenauigkeit: 0 (bis auf 50 m genau lokalisierbar).

Ansprache: Vermutlich ländliche Einzelsiedlung (Kennung 119).

Forschungsgeschichte: Altfund des 19. Jahrhunderts; Baubeobachtung durch Stadtpfarrer Maier 1906/1907.

Beschreibung: Beim Bau der Hochdruck-Wasserleitung wurden im Winter 1906/1907 von Pfarrer Maier behauene Steinquader, römerzeitliches Fundmaterial und Ziegel entdeckt.

Literatur: von Paulus 1877, 70; Fundber. Schwaben 15, 1907, 64,5. doi: https://doi.org/10.11588/diglit.43783#0070; Paret 1932, 361,1; Oeftiger 1997, 51,13.

395. Pfullingen (RT)

Katzenbohl (PFUL091)

x: 35172##, y: 53692##

Lagegenauigkeit: 0 (bis auf 50 m genau lokalisierbar).

Ansprache: Religionszeugnis ohne Befundzusammenhang (Kennung 320).

Forschungsgeschichte: Baubeobachtung 1893.

Beschreibung: Beim Bau einer Papierfabrik wurde ein Vulkanrelief gefunden. Das Relief ist heute verschollen.

Literatur: Haug 1914, 287,170; von Paulus 1877, 70; Paret 1932, 361; Oeftiger 1997, 51,14.

396. Pfullingen (RT)

Klosterstraße, Kraußstraße (PFUL007)

x: 35169##, y: 53692##

Lagegenauigkeit: 0 (bis auf 50 m genau lokalisierbar).

Ansprache: Vermutete Grabbefunde im Siedlungskontext (Kennung 219).

Forschungsgeschichte: Altfund 1891.

Beschreibung: 1891 wurde hinter der ehemaligen Brauerei Adler ein römerzeitlicher Topf gefunden. Möglicherweise stammt er aus einem bisher nicht bekannten Grabbefund.

Literatur: –

397. Plochingen (ES)

Ecke Esslinger Straße / Karlstraße (-)

x: 35305##, y: 53976##

Lagegenauigkeit: 0 (bis auf 50 m genau lokalisierbar).

Ansprache: Einzelfund (Kennung 0).

Forschungsgeschichte: Baubeobachtung 1931.

Beschreibung: Beim Bau eines Hauses fand sich ein As des Severus Alexander (231–235 n. Chr.).

Literatur: FMRD II 4, 92,4136,3; Fundber. Schwaben N. F. 8, 1933–1935 (1935), 122,585. doi: https://doi.org/10.11588/diglit.57656#0130.

398. Plochingen (ES)

Esslinger Straße 108 (-)

x: 35304##, y: 53978##

Lagegenauigkeit: 0 (bis auf 50 m genau lokalisierbar).

Ansprache: Einzelfund (Kennung 0).

Forschungsgeschichte: Baubeobachtung 1930.

Beschreibung: Beim Bau eines Hauses wurde ein Sesterz des Severus Alexander (224 n. Chr.) gefunden.

Literatur: FMRD II 4, 92,4136,2; Fundber. Schwaben N. F. 7, 1930–1932 (1932), 62,585,1. doi: https://doi.org/10.11588/diglit.57655#0072.

Plochingen-Stumpenhof / Reichenbach a. d. Fils (ES)

Steinshart (REIC003; PLOC004)

Siehe *Kat. Nr. 401.*

399. Rammingen (UL)

Bockstein (RAMM001)

x: 35853##, y: 53802##

Lagegenauigkeit: 0 (bis auf 50 m genau lokalisierbar).

Ansprache: Fundmaterial in Höhle (Kennung 910).

Forschungsgeschichte: Kleinere Ausgrabung des Vereins für Kunst und Altertum in Ulm und Oberschwaben 1883–1884.

Beschreibung: Im Auftrag des Vereins für Kunst und Altertum in Ulm und Oberschwaben führten L. Bürger und F. Losch Ausgrabungen in der Höhle „Bockstein" durch, bei der neben vorgeschichtlichen auch römerzeitliche Funde der zweiten Hälfte des 2. und des 3. Jahrhunderts n. Chr. gemacht wurden.

Literatur: Pfahl 1999, 201,134.

400. Rammingen (UL)

Brühl (RAMM009)

x: 35868##, y: 53761##

Lagegenauigkeit: 0 (bis auf 50 m genau lokalisierbar).

Ansprache: Fundstreuung (Kennung 10).

Forschungsgeschichte: Baubeobachtung durch E. Junginger 1988.

Beschreibung: Bei Grabarbeiten zur Errichtung einer Güllegrube kamen Scherben des späten 1. und des 2. Jahrhunderts zum Vorschein.

Literatur: PFAHL 1999, 201,135.

401. Reichenbach a. d. Fils / Plochingen-Stumpenhof (ES)

Steinshart, Heiligenwald (REIC003; PLOC004)

x: 35326##, y: 53976##

Lagegenauigkeit: 1 (bis auf 200 m genau lokalisierbar).

Ansprache: Vermutlich ländliche Einzelsiedlung (Kennung 119).

Forschungsgeschichte: Feldbegehung durch G. Beck 1972; Feldbegehung durch W. Erz 1991.

Beschreibung: 1972 stellte G. Beck am Rande einer Klinge eine Kulturschicht fest, welche Scherben von mindestens fünf römerzeitlichen Gefäßen enthielt, darunter Feinkeramik. Nahe bei dieser Fundstelle, jedoch schon auf Markung Plochingen gelegen, entdeckte W. Erz 1991 im Wurzelteller einer durch ein Unwetter umgestürzten Buche mehrere Hundert Keramikscherben. Darunter befanden sich Gebrauchskeramik, Feinkeramik, Terra sigillata, Ziegel und Schlacke.

Literatur: Fundber. Baden-Württemberg 5, 1980, 229. doi: https://doi.org/10.11588/fbbw.1980.0.26295; Fundber. Baden-Württemberg 28,2, 2005, 245–246. doi: https://doi.org/10.11588/fbbw.2005.2.73063; Fundber. Baden-Württemberg 29, 2007, 860. doi: https://doi.org/10.11588/fbbw.2007.1.85409.

402. Remshalden-Geradstetten (WN)

Föhrenbachäcker (-)

x: 35313##, y: 54080##

Lagegenauigkeit: 1 (bis auf 200 m genau lokalisierbar).

Ansprache: Vermutlich ländliche Einzelsiedlung (Kennung 119).

Forschungsgeschichte: Baubeobachtung durch W. Merz 1979.

Beschreibung: Beim Bau einer Leitung der Bodenseewasserversorgung wurden Siedlungsgruben mit römerzeitlicher Keramik und Eisengegenständen angeschnitten. An verschiedenen Stellen wurde darüber hinaus estrichartiger Boden festgestellt.

Literatur: Fundber. Baden-Württemberg 8, 1983, 344. doi: https://doi.org/10.11588/fbbw.1983.0.26586.

403. Remshalden-Grunbach (WN)

Östlich vom Ort an der Remstalstraße (-)

x: 35310##, y: 54088##

Lagegenauigkeit: 3 (Lokalisierung innerhalb der Flur nicht gesichert).

Ansprache: Religionszeugnis ohne Befundzusammenhang (Kennung 320).

Forschungsgeschichte: Kleinere Ausgrabung 1881.

Beschreibung: An der Remstalstraße wurde 1881 ein Hochrelief des Merkur ausgegraben.

Literatur: PARET 1932, 312,2.

404. Reutlingen (RT)

Achalm (REUT002)

x: 35181##, y: 53729##

Lagegenauigkeit: 1 (bis auf 200 m genau lokalisierbar).

Ansprache: Fundstreuung (Kennung 10).

Forschungsgeschichte: Lesefunde 1886 und 1926; Feldbegehungen durch Canz 1962–1969; kleinere Ausgrabung durch A. Rieth 1970/1971, 1973/1974 und 1978; Feldbegehung u. a. durch Ch. Bock und A. Lehmkuhl 2009.

Beschreibung: Im Bereich der mittelalterlichen Befestigung auf der Achalm kamen immer wieder auch wenige römerzeitliche Funde zutage. Im Umfeld der Anlage fanden sich mehrere römische Münzen, darunter ein As des Traian (98–99 n. Chr.), eine Münze des Hadrian (117–138 n. Chr.) und eine Münze des Antoninus Pius (138–161 n. Chr.).

Literatur: FMRD II 3, 118–119,3179; BIEL 1987, 151 Taf. 132,16.20; Fundber. Schwaben 17, 1909, 60,101,67. doi: https://doi.org/10.11588/diglit.43784#0065; KLEIN 1992, 27; OEFTIGER 1997, 54–55,1–2; Reutl. Geschbl. N. F. 37, 1998, 9–136; Reutl. Geschbl. N. F. 45, 2006, 9–54.

405. Reutlingen (RT)

Benzstraße, Kiesgrube bei Hermann Kurz Schule (REUT007)   AG+

x: 35148##, y: 53731##

Lagegenauigkeit: 0 (bis auf 50 m genau lokalisierbar).

Ansprache: Ländliche Einzelsiedlung (Kennung 110).

Forschungsgeschichte: Rohstoffgewinnung 1926.

Beschreibung: Beim Abgraben einer Kiesgrube wurden die Grundmauern eines Kellers sowie römerzeitliches Fundmaterial freigelegt. Vermutlich handelt es sich um die Überreste eines römischen Gutshofes. Es ist jedoch nicht auszuschließen, dass die Baubefunde in Zusammenhang mit dem nahe gelegenen *vicus* (*Kat. Nr. 406*) standen.

Literatur: Fundber. Schwaben N. F. 4, 1926–1928 (1928), 80–81,1–2. doi: https://doi.org/10.11588/diglit.43775.14; PARET 1932, 363–

364,1–2; Fundber. Schwaben N. F. 9, 1935–1938 (1938), 94–95,1; KLEIN 1992, 28–29.

406. Reutlingen (RT)

Heppstraße, Gmindersdorf (REUT008)

x: 35144##, y: 53734##

Lagegenauigkeit: 0 (bis auf 50 m genau lokalisierbar).

Ansprache: *Vicus* (Kennung 120).

Forschungsgeschichte: Baubeobachtungen 1903, 1904, 1909, 1911, 1937, 1959.

Beschreibung: Bei Bauarbeiten im Bereich der ehemaligen Arbeitersiedlung „Gmindersdorf" stieß man immer wieder auf römerzeitliches Fundmaterial, Gruben und Mauerwerk. Darüber hinaus wurden ein Brunnen und die Reste eines Töpferofens angeschnitten. Zur Beschreibung siehe *Kap. 3.2.2.6.*

Literatur: Fundber. Schwaben 11, 1903, 6,4. doi: https://doi.org/10.11588/diglit.42295#0012; Fundber. Schwaben 12, 1904, 123; 129,101,51. doi: https://doi.org/10.11588/diglit.42298; Fundber. Schwaben 14, 1906, 72; 93,101,52–64. doi: https://doi.org/10.11588/diglit.42297; Fundber. Schwaben 17, 1909, 37; 60,101,65–66. doi: https://doi.org/10.11588/diglit.43784; Fundber. Schwaben 19, 1911, 69–72. doi: https://doi.org/10.11588/diglit.43335.11; PARET 1932, 364,3–4; Fundber. Schwaben N. F. 9, 1935–1938 (1938), 95,2; KLEIN 1992, 28–29; OEFTIGER 1997, 56.

407. Reutlingen (RT)

Lederstraße, Lindachtraße (ADAB-Nr. 98306860)

x: 35159##, y: 53723##

Lagegenauigkeit: 0 (bis auf 50 m genau lokalisierbar).

Ansprache: Einzelfund (Kennung 0).

Forschungsgeschichte: Baubeobachtung 1899.

Beschreibung: Beim Bau einer Brücke fand sich eine Bronzemünze der Faustina I (132–161 n. Chr.).

Literatur: Reutl. Geschbl. 11, 1900, 64.

408. Reutlingen-Altenburg (RT)

Burg, Mahdenäcker (ALTE002)   AG+

x: 35129##, y: 53785##

Lagegenauigkeit: 0 (bis auf 50 m genau lokalisierbar).

Ansprache: Römischer Gutshof (Kennung 111).

Forschungsgeschichte: Altfund 1850/1860; kleinere Ausgrabung der RLK 1896; größere Ausgrabung des LDA 1988/1989; geomagnetische Untersuchung durch H. Faßbinder 1990; geoelektrische Untersuchung 1994.

Beschreibung: Bereits 1850/1860 wurden an dieser Stelle die Überreste eines römischen Gutshofes festgestellt. Bei einer Sondage im Auftrag der RLK deckte E. Nägele Teile der Umfassungsmauer sowie Reste des Haupt- und Badegebäudes eines römischen Gutshofes auf. Weitere Ausgrabungen erfolgten erst 1988/1989 durch das Landesdenkmalamt im Vorfeld der Bauarbeiten zur Errichtung der Bundesstraße 313. Die Untersuchung beschränkte sich auf den Ostteil der Anlage, wobei weitere Gebäudereste, ein Abwasserkanal, Teile der Hofmauer, ein Torbau und eine Zufahrtsstraße dokumentiert wurden. Geomagnetische und geoelektrische Messungen vervollständigen den Kenntnisstand. Demnach handelt es sich um ein ummauertes Gehöft mit einem Hauptgebäude, mindestens drei Nebengebäuden und einem Badegebäude. Die Hofmauer umfasst ein Areal von 1,41 ha. Dem Fundmaterial nach zu schließen, bestand das Gehöft etwa von der Wende vom 1. zum 2. Jahrhundert bis in die erste Hälfte des 3. Jahrhunderts hinein.

Literatur: KGL. STATIST.-TOPOGR. BUREAU 1867, 193,2; VON PAULUS 1877, 81; Fundber. Schwaben 4, 1896, 52,9. doi: https://doi.org/10.11588/diglit.27822#0058; PARET 1932, 274–275; Arch. Ausgr. Baden-Württemberg 1988, 158–160; Arch. Ausgr. Baden-Württemberg 1990, 150–153; KLEIN 1992, 30–31; Arch. Ausgr. Baden-Württemberg 1994, 192–196; OEFTIGER 1997, 57,4.

409. Reutlingen-Altenburg (RT)

Mahden (-)   AG+

x: 35129##, y: 53784##

Lagegenauigkeit: 0 (bis auf 50 m genau lokalisierbar).

Ansprache: Vermutete Grabbefunde im Siedlungskontext (Kennung 219).

Forschungsgeschichte: Landwirtschaftliche Tätigkeit 1993.

Beschreibung: Im gepflügten Acker fanden sich auf engstem Raum Mauersteine, Keramik und Glasreste. Die Fundstelle liegt nur 100 m südwestlich des nachgewiesenen Gutshofes (*Kat. Nr. 408*) außerhalb der Umfassungsmauer. Sofern hier nicht die Überreste eines Nebengebäudes außerhalb der Umfassungsmauer angeschnitten wurden, könnte es sich um die Reste eines Grabbaus handeln.

Literatur: Arch. Ausgr. Baden-Württemberg 1994, 196.

410. Reutlingen-Betzingen (RT)

Äußere Mühläcker, Villastraße (REUT012)

x: 35135##, y: 53738##

Lagegenauigkeit: 0 (bis auf 50 m genau lokalisierbar).

Ansprache: Römischer Gutshof (Kennung 111).

Forschungsgeschichte: Landwirtschaftliche Tätigkeit 1905; kleinere Ausgrabung des Reutlinger Altertumsvereins 1905; Baubeobachtung 1934.

Beschreibung: Beim Beseitigen von Hindernissen für den Pflug stieß ein Landwirt 1905 auf seinem Acker auf die Reste eines römerzeitlichen Gebäudes. Ausgrabungen durch den Reutlinger Altertumsverein unter der Leitung von L. Sontheimer ergaben das Hauptgebäude eines römischen Gutshofes aus dem 2. Jahrhundert sowie Reste der Umfassungsmauer. Weitere Mauerreste wurden 1934 im Zuge von Bauarbeiten angeschnitten.

Literatur: Fundber. Schwaben 13, 1905, 63–70. doi: https://doi.org/10.11588/diglit.42296.7; Fundber. Schwaben 14, 1906, 32. doi: https://doi.org/10.11588/diglit.42297#0038; Paret 1932, 282; Fundber. Schwaben N. F. 8, 1933–1935 (1935), 97. doi: https://doi.org/10.11588/diglit.57656#0105; Klein 1992, 31–32; Oeftiger 1997, 58,5.

411. Reutlingen-Betzingen (RT)

Bahngelände / Gaswerk (REUT020)　　　　AG+

x: 35134##, y: 53729##

Lagegenauigkeit: 0 (bis auf 50 m genau lokalisierbar).

Ansprache: Fundstreuung (Kennung 10).

Forschungsgeschichte: Baubeobachtung 1908.

Beschreibung: Beim Bau einer Gleisanlage für das Gaswerk fand man verbrannte Knochen, Scherben einer römerzeitlichen Reibschale sowie vorgeschichtliche Funde.

Literatur: Fundber. Schwaben 16, 1908, 72. doi: https://doi.org/10.11588/diglit.43786#0078.

412. Reutlingen-Betzingen (RT)

In der Au, Julianenweg (REUT011)　　　　AG+

x: 35128##, y: 53734##

Lagegenauigkeit: 0 (bis auf 50 m genau lokalisierbar).

Ansprache: Isolierter Grabfund (Kennung 200).

Forschungsgeschichte: Baubeobachtung 1955.

Beschreibung: Bei Ausschachtungsarbeiten für einen Neubau wurden mehrere mit Steinplatten abgedeckte römerzeitliche Brandgräber undokumentiert zerstört.

Literatur: Fundber. Schwaben N. F. 18,2, 1967, 108; Klein 1992, 32; Oeftiger 1997, 58,6.

413. Reutlingen-Mittelstadt (RT)

Im Klosterhof, Hinter der „Krone" (MITT004)　　AG+

x: 35168##, y: 53808##

Lagegenauigkeit: 1 (bis auf 200 m genau lokalisierbar).

Ansprache: Hinweis auf Siedlungsreste (Kennung 100).

Forschungsgeschichte: Altfunde des 18. und 19. Jahrhunderts; kleinere Ausgrabung durch P. Goessler 1908.

Beschreibung: Hinter dem Haus des Bauern Knecht soll im späten 18. Jahrhundert ein römerzeitliches Gebäude mit Apsis gestanden haben, aus dem eine Statue mit Inschrift geborgen wurde. Da die Bewohner die Statue „Genloc" nannten, handelte es sich vermutlich um den *genio loci*. E. von Paulus vermutete daher, dass hier ein Heiligtum gestanden haben könnte. Im Haus des Bauern waren 1843 noch Spolien eines Statuenkopfes und eines Reliefs verbaut. Bei einer Ausgrabung durch P. Goessler hinter dem Haus fand dieser mehrere rund und kantig profilier-

te Steine, die zu einem römerzeitlichen Gebäude gehört haben könnten.

Literatur: von Paulus 1877, 87; Fundber. Schwaben 14, 1906, 33,182. doi: https://doi.org/10.11588/diglit.42297#0039; Fundber. Schwaben 16, 1908, 70–71. doi: https://doi.org/10.11588/diglit.43786.16; Kgl. Statist. Landesamt 1909, 163–164; Haug 1914, 295–296,182; Paret 1932, 340,1; Klein 1992, 34; Oeftiger 1997, 59,4.

414. Reutlingen-Mittelstadt (RT)

Lachenhau (MITT003)

x: 35181##, y: 53802##

Lagegenauigkeit: 0 (bis auf 50 m genau lokalisierbar).

Ansprache: Römischer Gutshof (Kennung 111).

Forschungsgeschichte: Landwirtschaftliche Tätigkeit 1901; kleinere Ausgrabung durch W. Brants 1962; größere Ausgrabung des LDA 1962.

Beschreibung: Bereits im 19. Jahrhundert vermutete Forstrat Speidel an dieser Stelle einen römischen Gutshof. Bei Pflugarbeiten kamen 1901 drei Säulen sowie Eisenfunde zum Vorschein. Als das Gelände 1962 überbaut werden sollte, legte W. Brants mehrere Suchgräben an, wobei er auf Grundmauern stieß. Bei einer anschließenden Ausgrabung des Staatlichen Amtes für Denkmalpflege Baden-Württemberg wurden das Haupt- und ein Nebengebäude eines römischen Gutshofes freigelegt.

Literatur: Fundber. Schwaben 16, 1908, 70. doi: https://doi.org/10.11588/diglit.43786#0076; Paret 1932, 340,2; Fundber. Schwaben N. F. 18,1, 1967, 21; Fundber. Schwaben N. F. 18,2, 1967, 11; Reutl. Geschbl. 1992, 34,35; Klein 1992, 34; Oeftiger 1997, 59–60,5.

415. Reutlingen-Sickenhausen (RT)

Dürrenberg (SICK001)　　　　AG+

x: 35116##, y: 53786##

Lagegenauigkeit: 0 (bis auf 50 m genau lokalisierbar).

Ansprache: Isolierter Grabfund (Kennung 200).

Forschungsgeschichte: Baubeobachtung 1859 und 1935; kleinere Ausgrabung durch O. Paret 1936/1937; Feldbegehung des LDA 1969.

Beschreibung: Bei Bauarbeiten zur Neckartalstraße stießen Arbeiter 1859 und erneut beim Umbau dieser Straße 1935 auf Reliefsteine und das Fundament eines Grabpfeilers vom Typ Igel. Weitere Reste des Grabbaus wurden 1936/1937 durch O. Paret geborgen. Es besteht eine Sichtbeziehung zum römischen Gutshof in der Flur „Burg" bzw. „Mahdenäcker" in Reutlingen-Altenburg (*Kat. Nr. 408*), der etwa 1 km weiter östlich lag. Ein Zusammenhang zwischen diesen beiden Fundstellen ist daher denkbar.

Literatur: Fundber. Schwaben N. F. 8, 1933–1935 (1935), 107–108. doi: https://doi.org/10.11588/diglit.57656.36; Fundber. Schwaben N. F. 9, 1935–1938 (1938), 87–91; Arch. Ausgr. Baden-Württemberg 1988, 160; Klein 1992, 36; Klein in Planck 2005, 267–268.

416. Reutlingen-Sondelfingen (RT)

Erdschliff (REUT018)

x: 35184##, y: 53744##

Lagegenauigkeit: 0 (bis auf 50 m genau lokalisierbar).

Ansprache: Einzelfund (Kennung 0).

Forschungsgeschichte: Lesefund 1839.

Beschreibung: Unter einer Buche fand sich 1839 das Gewicht einer römerzeitlichen Schnellwaage. Der Fundort liegt nahe einer mittelalterlichen Fundstelle.

Literatur: KGL. STATIST. LANDESAMT 1909, 163; KLEIN 1992, 37,49; OEFTIGER 1997, 61,1.

417. Römerstein-Böhringen (RT)

Rappenfelshöhle (-)

x: 35367##, y: 53707##

Lagegenauigkeit: 0 (bis auf 50 m genau lokalisierbar).

Ansprache: Fundmaterial in Höhle (Kennung 910).

Forschungsgeschichte: Kleinere Ausgrabungen durch R. Kapff 1933; kleinere Ausgrabung durch R. Kapff und E. F. A. Peters 1935.

Beschreibung: Bei archäologischen Grabungen in der Höhle kam neben vorgeschichtlichen Funden eine einzelne kräftig profilierte Fibel aus der zweiten Hälfte des 1. Jahrhunderts zutage.

Literatur: –

418. Römerstein-Donnstetten (RT)

Hasenhäuslesberg (DONN003)

x: 35421##, y: 53748##

Lagegenauigkeit: 0 (bis auf 50 m genau lokalisierbar).

Ansprache: Kleinkastell (Kennung 420).

Forschungsgeschichte: Luftbild durch Ph. Filtzinger und W. Sölter 1975; Feldbegehungen durch G. Romberg 1974–2014.

Beschreibung: Durch ein Luftbild entdecktes Auxiliarkastell mit einer Innenfläche von 0,3 ha. Von der Umwehrung sind aus dem Luftbild an drei Seiten jeweils zwei Gräben bekannt. Das Kastell wird mit dem aus der *tabula peutingeriana* bekannten *Clarenna* identifiziert. Es wurde vermutlich in traianischer Zeit gegründet und bestand bis zur Vorverlegung des Limes auf die Linie Miltenberg-Lorch um die Mitte des 2. Jahrhunderts n. Chr.

Literatur: HEILIGMANN 1990, 80–82; OEFTIGER 1997, 62–63; Heiligmann in PLANCK 2005, 278–279.

419. Römerstein-Donnstetten (RT)

Hohbuch (DONN009)

x: 35421##, y: 53776##

Lagegenauigkeit: 0 (bis auf 50 m genau lokalisierbar).

Ansprache: Einzelfund (Kennung 0).

Forschungsgeschichte: Feldbegehungen durch G. Romberg 1994 und 2014.

Beschreibung: Bei Begehungen der Umgebung von Römerstein-Donnstetten fand G. Romberg in der Flur „Hohbuch" die Bronzeattasche eines Bronzegefäßes sowie den Henkel einer Bronzekanne mit Silen-Darstellung.

Literatur: –

420. Römerstein-Donnstetten (RT)

Nasse (DONN000)

x: 35412##, y: 53759##

Lagegenauigkeit: 0 (bis auf 50 m genau lokalisierbar).

Ansprache: Einzelfund (Kennung 0).

Forschungsgeschichte: Flurbereinigung 1989.

Beschreibung: Bei der Flurbereinigung 1989 fand sich ein römerzeitliches Ziegelfragment. Die Fundstelle liegt unmittelbar an der Römerstraße zwischen Römerstein-Donnstetten und Köngen.

Literatur: –

421. Römerstein-Donnstetten (RT)

Stadtgebiet (DONN004, DONN013–017)

x: 35420##, y: 53754##

Lagegenauigkeit: 0 (bis auf 50 m genau lokalisierbar).

Ansprache: Vermuteter *vicus* (Kennung 129)

Forschungsgeschichte: Baubeobachtungen Ende des 19. Jahrhunderts; landwirtschaftliche Tätigkeit 1901; kleinere Ausgrabung durch Pfarrer Dreher und O. Fraß 1902 und 1904; Baubeobachtung 1919/1920; Feldbegehungen durch G. Romberg 1974–2014.

Beschreibung: Wenige Funde aus dem Ortsgebiet, ein Brunnen und ein Badegebäude etwa 500 m nördlich des Kastells (*Kat. Nr. 418*) lassen auf eine Zivilsiedlung schließen. Möglicherweise handelt es sich um den *vicus* des Kastells. Zur Beschreibung siehe *Kap. 3.2.2.6*.

Literatur: HEILIGMANN 1990, 82–87; OEFTIGER 1997, 63,7; Heiligmann in PLANCK 2005, 278–279.

422. Römerstein-Zainingen (RT)

Mäuerle (ZAIN005)

x: 35398##, y: 53723##

Lagegenauigkeit: 0 (bis auf 50 m genau lokalisierbar).

Ansprache: Vermutete römerzeitliche Fundstelle (Kennung 999).

Forschungsgeschichte: Feldbegehung im Zuge der Landesaufnahme durch E. von Paulus bis 1877.

Beschreibung: E. von Paulus erwähnt Spuren römischer Gebäude. Weitere Hinweise fehlen.

Literatur: VON PAULUS 1877, 87; PARET 1932, 396.

423. Römerstein-Zainingen (RT)

Ob dem Berg (ZAIN009)

x: 35398##, y: 53713##

Lagegenauigkeit: 0 (bis auf 50 m genau lokalisierbar).

Ansprache: Vermutete römerzeitliche Fundstelle (Kennung 999).

Forschungsgeschichte: Feldbegehung durch G. Romberg (unbekannter Zeitpunkt).

Beschreibung: Aus der Sammlung Romberg stammt laut ADAB-Eintrag (ein) römerzeitliche(r) Lesefund(e). Weitere Informationen fehlen.

Literatur: –

424. Rommelsbach (RT)

Bühlen (ROMM001)

x: 35149##, y: 53762##

Lagegenauigkeit: 0 (bis auf 50 m genau lokalisierbar).

Ansprache: Einzelfund (Kennung 0).

Forschungsgeschichte: Größere Ausgrabung durch J. M. Schäfer vor 1844.

Beschreibung: Aus der „Halde der Rommelsbacher Hügelgräber" wurde vor 1844 eine römerzeitliche Gemme als Streufund geborgen. Laut Fundbeschreibung handelte es sich um einen figürlich geschnitzten Karneol in einer rhombischen Goldfassung, die an die Fibelplatte von mittelkaiserzeitlichen Scheibenfibeln erinnert.

Literatur: Fundber. Baden-Württemberg 22,1, 1998, 226–227. doi: https://doi.org/10.11588/fbbw.1998.1.65532; ZÜRN 1987, 160.

425. Rottenacker (UL)

Alte Schlehe, Am Weihergraben (ROTT001)   AG+

x: 35498##, y: 53435##

Lagegenauigkeit: 0 (bis auf 50 m genau lokalisierbar).

Ansprache: Ländliche Einzelsiedlung (Kennung 110).

Forschungsgeschichte: Rohstoffgewinnung 1890 und 1893; Lesefunde durch Ch. Feihle 1910.

Beschreibung: In einem Steinbruch wurden immer wieder Mauerreste eines römerzeitlichen Gebäudes angeschnitten. Darüber hinaus fanden sich Ziegel, römerzeitliche Keramik, darunter gestempelte Terra sigillata (JVSTVSF), Münzen des Vespasian (69–79 n. Chr.) und des Traian (98–117 n. Chr., 103–111 n. Chr.).

Literatur: KGL. STATIST. LANDESAMT 1893, 301; Fundber. Schwaben 18, 1910, 63; 78. doi: https://doi.org/10.11588/diglit.43785; PARET 1932, 366; WEHRBERGER 1992, 76,1.

426. Salach (GP)

Fils (-)

x: 35542##, y: 53947##

Lagegenauigkeit: 5 (verlagerte Fundstelle).

Ansprache: Einzelfund (Kennung 0).

Forschungsgeschichte: Feldbegehung durch E. Nägele 1900.

Beschreibung: E. Nägele fand ein Kleinerz des Antoninus Pius (138–161 n. Chr.) in der Fils.

Literatur: FMRD II 4, 98,4154; SCHREG 1996, Salach 2,2.

427. Schorndorf (WN)

Grafenberg, Grafenhalde, im vorderen Ramsbach (-)

x: 35373##, y: 54083##

Lagegenauigkeit: 0 (bis auf 50 m genau lokalisierbar).

Ansprache: Baubefund mit sakraler Funktion (Kennung 310).

Forschungsgeschichte: Landwirtschaftliche Tätigkeit 1770.

Beschreibung: Beim Ausreuten eines Weinberges fand der Grundstücksbesitzer zwei Reliefsteine, von denen einer Merkur und Rosmerta und einer Merkur, Rosmerta und Neptun zeigt. Letzterer ist verschollen. Im Umfeld eines der Reliefs befanden sich weitere Steine, was für ein kleines Kultgebäude sprechen könnte, in dem die Bildnisse untergebracht waren.

Literatur: VON PAULUS 1877, 106; Arch. Ausgr. Baden-Württemberg 1995, 231–234; Thiel in PLANCK 2005, 311.

428. Schorndorf (WN)

Nord – Christallerweg, Holzbergweg, Baldungweg, Stöhrerweg, Sünchen, Moldauweg, Winnendenstraße (SCHO005; SCHO003)

x: 35387##, y: 54091##

Lagegenauigkeit: 0 (bis auf 50 m genau lokalisierbar).

Ansprache: Vicus (Kennung 120).

Forschungsgeschichte: Feldbegehung durch W. Knauß 1950; Baubeobachtungen durch C. Rösler 1955 sowie durch R. Zeyher 1970, 1971, 1975 und 1976; Baubeobachtungen 1979 und 1995; kleinere Ausgrabung des LDA 2003; Feldbegehung durch R. Buggle 2011; Baubeobachtungen 2014.

Beschreibung: Zahlreiches Fundmaterial und Befunde, die immer wieder bei Bauarbeiten zutage kamen, darunter Kellerbefunde und der Rest einer Jupiter-Giganten-Säule, weisen auf einen *vicus* hin. Zur Beschreibung siehe *Kap. 3.2.2.6.*

Literatur: von Paulus 1877, 106; Fundber. Schwaben N. F. 14, 1957, 203–204; 230,184,4–5. doi: https://doi.org/10.11588/diglit.66264; Fundber. Schwaben N. F. 15, 1959, 210,180,6. doi: https://doi.org/10.11588/diglit.66263#0240; Fundber. Baden-Württemberg 2, 1975, 207. doi: https://doi.org/10.11588/fbbw.1975.0.24589; Fundber. Baden-Württemberg 8, 1983, 346; 415. doi: https://doi.org/10.11588/fbbw.1983.0.26586; https://doi.org/10.11588/fbbw.1983.0.26587; Fundber. Baden-Württemberg 9, 1984, 695–696. doi: https://doi.org/10.11588/fbbw.1984.0.30850; Fundber. Baden-Württemberg 10, 1985, 664. doi: https://doi.org/10.11588/fbbw.1985.0.28134; Thiel in Planck 2005, 311; Fundber. Baden-Württemberg 29, 2007, 862. doi: https://doi.org/10.11588/fbbw.2007.1.85409; Arch. Ausgr. Baden-Württemberg 2014, 188–189; Fundber. Baden-Württemberg 37, 2017, 461. doi: https://doi.org/10.11588/fbbw.2017.0.70431.

429. Schorndorf (WN)

Sünchen (SCHO009)

x: 35390##, y: 54096##

Lagegenauigkeit: 0 (bis auf 50 m genau lokalisierbar).

Ansprache: Hinweis auf Siedlungsreste (Kennung 100).

Forschungsgeschichte: Baubeobachtung 1995; kleinere Ausgrabung des LDA 1995.

Beschreibung: Beim Bau eines Tunnels wurde ein römerzeitlicher Brunnen angeschnitten, den das Landesdenkmalamt Baden-Württemberg in der Folge archäologisch untersuchte. Dendrochronologische Untersuchungen ergaben für das verwendete Holz ein Fälldatum von 172/173 n. Chr.

Literatur: Arch. Ausgr. Baden-Württemberg 1995, 231–234; Thiel in Planck 2005, 311.

430. Schorndorf-Schornbach (WN)

Schornbacher Straße (SCHO010)

x: 35383##, y: 54097##

Lagegenauigkeit: 0 (bis auf 50 m genau lokalisierbar).

Ansprache: Römischer Gutshof (Kennung 111).

Forschungsgeschichte: Feldbegehung durch R. Zeyher 1985; kleinere Ausgrabung durch R. Zeyher 1985; geophysikalische Untersuchung durch H. G. Jansen 1988 und 1991; kleinere Ausgrabung des LDA 1988.

Beschreibung: 1985 stellte R. Zeyher im Gewann „Schornbacher Straße" der Gemeinde Schornbach Bauschuttschichten fest, die er nach einer Sondage einem römerzeitlichen Gebäude zuweisen konnte. Das Landesamt für Denkmalpflege Baden-Württem-

berg führte daraufhin im Jahr 1988 eine Ausgrabung durch, bei der das Hauptgebäude eines römischen Gutshofes sowie die Reste eines Nebengebäudes und der Umfassungsmauer dokumentiert wurden. Das geborgene Fundmaterial datiert die Anlage in den Zeitraum von der zweiten Hälfte des 2. bis zum ersten Viertel des 3. Jahrhunderts n. Chr.

Literatur: Fundber. Baden-Württemberg 12, 1987, 602. doi: https://doi.org/10.11588/fbbw.1987.0.39544; Arch. Ausgr. Baden-Württemberg 1988, 171–174; Arch. Ausgr. Baden-Württemberg 1989, 188–191.

431. Schwäbisch Gmünd (AA)

Buchhölzle (SCHW018)

x: 35546##, y: 54053##

Lagegenauigkeit: 0 (bis auf 50 m genau lokalisierbar).

Ansprache: Einzelfund (Kennung 0).

Forschungsgeschichte: Lesefund durch H. U. Nuber 1954.

Beschreibung: Fund eines Sesterz des Hadrian (117–138 n. Chr.).

Literatur: Fundber. Schwaben N. F. 16, 1962, 314,157.

432. Schwäbisch Gmünd (AA)

Eutighofer Straße 59 (SCHW028)

x: 35569##, y: 54057##

Lagegenauigkeit: 0 (bis auf 50 m genau lokalisierbar).

Ansprache: Grabbefunde im Siedlungskontext (Kennung 210).

Forschungsgeschichte: Baubeobachtung durch H. U. Nuber vor 1964.

Beschreibung: Beim Planieren eines Gebäudes wurde ein römerzeitliches Brandgrab zerstört. Es konnten noch eine Tonlampe, ein Räucherkelch und ein gestempelter Ziegel dokumentiert werden. Möglicherweise besteht ein Zusammenhang mit einer holzkohlehaltigen Schicht mit Steinpackungen wenige Meter südlich des zerstörten Grabes.

Literatur: Riedl 1987, 593–594; Fundber. Schwaben N. F. 18,2, 1967, 116.

433. Schwäbisch Gmünd (AA)

Hintere Orthalde (SCHW014)

x: 35610##, y: 54090##

Lagegenauigkeit: 0 (bis auf 50 m genau lokalisierbar).

Ansprache: Kleinkastell (Kennung 420).

Forschungsgeschichte: Feldbegehung durch Oberinspektor a. D. Schmid 1929; kleinere Ausgrabung durch O. Paret 1931.

Beschreibung: 1931 zum Teil ausgegrabenes Auxiliarkastell mit einer Innenfläche von 0,022 ha. Von der Anlage ist bisher nur die steinerne Wehrmauer bekannt.

Literatur: ORL A Strecke 12, 52; Fundber. Schwaben N. F. 5, 1928–1930 (1930), 67. doi: https://doi.org/10.11588/diglit.57653#0079; Fundber. Schwaben N. F. 7, 1930–1932 (1932), 49. doi: https://doi.org/10.11588/diglit.57655#0059.

434. Schwäbisch Gmünd (AA)

Judenäcker (SCHW013)

x: 35574##, y: 54066##

Lagegenauigkeit: 5 (verlagerte Fundstelle).

Ansprache: Religionszeugnis ohne Befundzusammenhang (Kennung 320).

Forschungsgeschichte: Baubeobachtungen 1926.

Beschreibung: Bei Bauarbeiten fand sich im Remsschotter eine Bronzestatuette des Jupiter. Möglicherweise stammt die Statuette ursprünglich aus dem *vicus* (*Kat. Nr. 439*) des Kastells auf dem Schirenhof.

Literatur: Fundber. Schwaben N. F. 3, 1924–1926 (1926), 116–117. doi: https://doi.org/10.11588/diglit.43774.23.

435. Schwäbisch Gmünd (AA)

Krähe, Marie-Curie-Straße (SCHW017, SCHW121)

x: 35558##, y: 54060##

Lagegenauigkeit: 0 (bis auf 50 m genau lokalisierbar).

Ansprache: Grabbefunde im Siedlungskontext (Kennung 210).

Forschungsgeschichte: Baubeobachtung 1939; kleinere Ausgrabung 1939.

Beschreibung: Bei Bauarbeiten wurde 1939 ein vollständiges Gefäß mit enthaltenem Leichenbrand geborgen. Anschließende Suchgräben ergaben sieben weitere „Brandstellen" mit zerscherbten Gefäßen, Leichenbrand und Holzkohle. Eine der „Brandstellen" wird als Ustrina angesprochen. Ob es sich bei diesen Befunden um Brandgrubengräber oder Brandschüttungsgräber handelte, bei denen die Leichenbrandbehälter zerdrückt waren, lässt sich nicht mehr feststellen. Die Gräber stehen vermutlich mit dem nahe gelegenen Kastell „Freimühle" (*Kat. Nr. 440*) in Zusammenhang.

Literatur: Riedl 1987, 585–589; Fundber. Schwaben N. F. 12, 1938–1951 (1952), 85.

436. Schwäbisch Gmünd (AA)

Marktplatz 7, Grät; Münsterplatz (SCH012, ADAB-Nr. 96953464)

x: 35586##, y: 54071##

Lagegenauigkeit: 5 (verlagerte Fundstelle).

Ansprache: Fundstreuung (Kennung 10).

Forschungsgeschichte: Kleinere Ausgrabung durch G. Schumacher 1919; kleinere Ausgrabung des LDA 1993.

Beschreibung: Wenig römerzeitliche Keramik aus einer vermutlich sekundär verlagerten Schuttschicht und ein Terra sigillata-Fragment im Bereich der Michaelskapelle am Münsterplatz könnten auf eine römerzeitliche Ansiedlung in diesem Bereich hinweisen.

Literatur: Arch. Ausgr. Baden-Württemberg 1993, 305–308; Haag 2002, 36–37,10; 41–42,21.

437. Schwäbisch Gmünd (AA)

Ramsnest, Rothhalde (SCH029)

x: 35575##, y: 54055##

Lagegenauigkeit: 0 (bis auf 50 m genau lokalisierbar).

Ansprache: Grabbefunde im Siedlungskontext (Kennung 210).

Forschungsgeschichte: Baubeobachtung 1976; größere Ausgrabung des LDA 1977.

Beschreibung: 1976 wurden etwa 500 m südöstlich des Kastells auf dem Schirenhof Gräber aufgedeckt. Die anschließende Untersuchung durch das Landesdenkmalamt Baden-Württemberg 1977 ergab insgesamt 310 Gräber. Die Ausdehnung des untersuchten Gräberfeldareals beträgt 100 × 35 m. Neben einfachen, in die Erde eingetieften Brandbestattungen fanden sich mehrere Grabdenkmäler. Es handelt sich um den Bestattungsplatz des Auxiliarkastells auf dem Schirenhof (*Kat. Nr. 438*).

Literatur: Riedl 1987, 594–598; Arch. Ausgr. Baden-Württemberg 1977, 67–74; Fundber. Baden-Württemberg 8, 1983, 348,8. doi: https://doi.org/10.11588/fbbw.1983.0.26586; Nuber in Planck 2005, 317.

438. Schwäbisch Gmünd (AA)

Ramsnest, Schirenhof (SCHW025)

x: 35572##, y: 54057##

Lagegenauigkeit: 0 (bis auf 50 m genau lokalisierbar).

Ansprache: Auxiliarkastell (Kennung 410).

Forschungsgeschichte: Altfund des 18. Jahrhunderts; kleinere Ausgrabung durch H. Steimle und E. von Kallee 1886–1888; kleinere Ausgrabung der RLK 1893; Kriegsaktivitäten 1917; kleinere Ausgrabungen durch die Universität Frankfurt 1972–1973; kleinere Ausgrabung durch C. J. Raub 1974; geophysikalische Untersuchung durch von der Osten-Woldenburg 2005.

Beschreibung: Das Kastell wurde 1886 von E. von Kallée entdeckt und in den folgenden Jahren durch die RLK ausgegraben. Weitere Erkenntnisse zur Struktur des Kastells wurden in den 1950er Jahren gewonnen, als Teile der Anlage überbaut wurden. Durch geomagnetische Prospektionen konnten 2005 darüber hinaus weitere Aussagen zur Innenbebauung getroffen werden. Das Kastell hat eine Größe von 2,04 ha und bot Platz für eine 500 Mann starke Kohorte. Ziegelfunde belegen die *cohors I Raetorum* als Besatzung. Das Kastell war von einer Steinmauer und drei Wehrgräben umgeben. Von der Innenbebauung ist der rückwärtige Teil der *principia* bekannt. Es bestand eine Sichtverbindung zu den Kastellen „Freimühle" (*Kat. Nr. 440*) und Kleindeinbach (*Kat. Nr. 441*). Das Kastell wurde um die Mitte des 2.

Jahrhunderts im Zuge der Vorvelegung des Limes gegründet und nach 248 n.Chr. verlassen.

Literatur: ORL B 64 Schierenhof; Fundber. Schwaben 14, 1906, 25. doi: https://doi.org/10.11588/diglit.42297#0031; Fundber. Schwaben N.F. 1, 1917–1922 (1922), 90. doi: https://doi.org/10.11588/diglit.43772#0096; Fundber. Schwaben N.F. 15, 1959, 210–211,157.159. doi: https://doi.org/10.11588/diglit.66263; Fundber. Schwaben N.F. 16, 1962, 265; Fundber. Schwaben N.F. 18,2, 1967, 117–119; Fundber. Baden-Württemberg 2, 1975, 216 s.v. Straßdorf. doi: https://doi.org/10.11588/fbbw.1975.0.24589; Nuber 1977; Fundber. Baden-Württemberg 5, 1980, 248,1–2. doi: https://doi.org/10.11588/fbbw.1980.0.26295; Fundber. Baden-Württemberg 8, 1983, 346–347,1. doi: https://doi.org/10.11588/fbbw.1983.0.26586; Fundber. Baden-Württemberg 9, 1984, 696–698,1.4.5. doi: https://doi.org/10.11588/fbbw.1984.0.30850; Arch. Ausgr. Baden-Württemberg 2005, 117–120; Nuber in Planck 2005, 314–317.

439. Schwäbisch Gmünd (AA)

Ramsnest, Schirenhof (SCHW025–027)

x: 35570##, y: 54059##

Lagegenauigkeit: 0 (bis auf 50m genau lokalisierbar).

Ansprache: Kastellvicus (Kennung 122).

Forschungsgeschichte: Kleinere Ausgrabung der RLK 1893; Baubeobachtungen in den 1960er Jahren; Baubeobachtung durch G. Stiegele 1977; Baubeobachtung durch H.U. Nuber 1977; Baubeobachtung 1977/1978; kleinere Ausgrabung des LDA 1980; Baubeobachtung 1997.

Beschreibung: Zivilsiedlung zum Auxiliarkastell auf dem Schirenhof. Zur Beschreibung siehe *Kap. 3.2.2.6*.

Literatur: Fundber. Schwaben 1, 1893, 42. doi: https://doi.org/10.11588/diglit.27197#0050; Fundber. Schwaben 2, 1894, 35; 38–39. doi: https://doi.org/10.11588/diglit.27198; Fundber. Schwaben 3, 1895, 57. doi: https://doi.org/10.11588/diglit.27199#0063; Fundber. Schwaben N.F. 1, 1917–1922 (1922), 103. doi: https://doi.org/10.11588/diglit.43772#0109; Fundber. Schwaben N.F. 13, 1952–1954 (1955), 84. doi: https://doi.org/10.11588/diglit.60965#0090; Fundber. Schwaben N.F. 16, 1962, 314–315; Fundber. Schwaben N.F. 18,2, 1967, 115–116; Arch. Ausgr. Baden-Württemberg 1980, 95–97; Fundber. Baden-Württemberg 8, 1983, 347,1–6. doi: https://doi.org/10.11588/fbbw.1983.0.26586; Fundber. Baden-Württemberg 9, 1984, 696–698,1.3–5 Abb.91. doi: https://doi.org/10.11588/fbbw.1984.0.30850; Nuber in Planck 2005, 315–316; Fundber. Baden-Württemberg 28,2, 2005, 248. doi: https://doi.org/10.11588/fbbw.2005.2.73063.

440. Schwäbisch Gmünd (AA)

Vogelhau, Freimühle (SCHW016, SCHW121)

x: 35561##, y: 54062##

Lagegenauigkeit: 0 (bis auf 50m genau lokalisierbar).

Ansprache: Kleinkastell (Kennung 420).

Forschungsgeschichte: Kleinere Ausgrabung der RLK 1902; geohphysikalische Untersuchung durch H. von der Osten-Woldenburg 2005.

Beschreibung: Das Kastell mit einer Fläche von 0,29ha befand sich etwa 800m südlich der rätischen Limesmauer auf der östlichen Seite des Rotenbachs. Von der Umwehrung sind eine Steinmauer und ein umlaufender Graben bekannt. Etwa 50m südöstlich der militärischen Anlage wurden ein Badegebäude sowie Reste eines weiteren Gebäudes freigelegt, die möglicherweise zu einer kleinen Zivilsiedlung gehören könnten. Geophysikalische Prospektionen ergaben 2005 keine neuen Informationen, da die Fundstelle durch die ehemalige Grabung sowie jüngere Störungen durchwühlt ist. Ein vermutlich zugehöriges Gräberfeld befand sich ca. 380m südwestlich der Anlage (*Kat. Nr. 435*).

Literatur: ORL A Strecke 12, 44–45; Fundber. Schwaben 10, 1902, 6–7. doi: https://doi.org/10.11588/diglit.42294.2; Fundber. Schwaben N.F. 2, 1922–1924 (1924), 32. doi: https://doi.org/10.11588/diglit.43773#0040; Hertlein/ Goessler 1930, 286 Abb.40; Paret 1932, 309; Fundber. Baden-Württemberg 9, 1984, 696,2. doi: https://doi.org/10.11588/fbbw.1984.0.30850; Nuber in Planck 2005, 314; Arch. Ausgr. Baden-Württemberg 2005, 117–120.

441. Schwäbisch Gmünd-Großdeinbach (AA)

Burstel, Schorrenwald, Kleindeinbach (GROS001)

x: 35555##, y: 54069##

Lagegenauigkeit: 0 (bis auf 50m genau lokalisierbar).

Ansprache: Kleinkastell (Kennung 420).

Forschungsgeschichte: Kleinere Ausgrabung der RLK 1888 und 1892; Feldbegehung durch H. Kaiser 1960 und 1961.

Beschreibung: Auxiliarkastell mit einer Größe von 0,06ha. Die Anlage befindet sich westlich des Rotenbachs und ist nur 50m von der Limeslinie entfernt. Die steinerne Umwehrung ist durch Ausgrabungen nachgewiesen. Ein Graben oder Innenbauten sind bislang nicht bekannt.

Literatur: ORL A Strecke 12, 41–42; Paret 1932, 328; Beck/ Planck 1980, 102–103; Fundber. Baden-Württemberg 9, 1984, 698 Abb.92. doi: https://doi.org/10.11588/fbbw.1984.0.30850; Nuber in Planck 2005, 314.

442. Schwäbisch Gmünd-Großdeinbach (AA)

Vogelhau (GROß005)   AG+

x: 35557##, y: 54070##

Lagegenauigkeit: 0 (bis auf 50m genau lokalisierbar).

Ansprache: Religionszeugnis ohne Befundzusammenhang (Kennung 320).

Forschungsgeschichte: Altfund 1895.

Beschreibung: Altarfragment etwa 9m nördlich des Beginns der rätischen Mauer. Es wird vermutet, dass der Altar den Fines – Grenzgottheiten – geweiht war. Eine Inschrift, welche die Vermutung klären könnte, ist nicht erhalten.

Literatur: ORL A Strecke 12, 42–43; Haug 1914, 134 Nr.74; Nuber in Planck 2005, 314; Sulk 2015.

443. Schwäbisch Gmünd-Herlikhofen-Zimmern (AA)

Beiswangerstraße 7 (HERL002)

x: 35644##, y: 54088##

Lagegenauigkeit: 0 (bis auf 50 m genau lokalisierbar).

Ansprache: Fundstreuung (Kennung 10).

Forschungsgeschichte: Baubeobachtung 1969.

Beschreibung: Beim Bau eines Hauses wurde in 1,30 m Tiefe eine Kulturschicht angeschnitten, die Eisenschlacke, römerzeitliche Keramikscherben sowie einen bronzenen Fingerring enthielt.

Literatur: Fundber. Baden-Württemberg 2, 1975, 162. doi: https://doi.org/10.11588/fbbw.1975.0.24589; BECK / PLANCK 1980, 110.

444. Setzingen (UL)

Kugelberg, Gehren (SETZ011)

x: 35822##, y: 53794##

Lagegenauigkeit: 0 (bis auf 50 m genau lokalisierbar).

Ansprache: Einzelfund (Kennung 0).

Forschungsgeschichte: Lesefund durch L. Bürger 1888.

Beschreibung: Fund eines Sesterz des Traian (98–117 n. Chr.).

Literatur: SEEWALD 1972, 70; PFAHL 1999, 202,137.

445. Setzingen (UL)

Lonebrücke (SETZ008)

x: 35829##, y: 53793##

Lagegenauigkeit: 5 (verlagerte Fundstelle).

Ansprache: Hinweis auf Siedlungsreste (Kennung 100).

Forschungsgeschichte: Baubeobachtung durch E. Junginger 2004.

Beschreibung: Behauene Tuffsteine, die sekundär zum Bau der Lonebrücke verwendet wurden. Laut E. Junginger stammten sie vermutlich aus dem Bereich eines römischen Gehöfts in Herbrechtingen-Hausen (*Kat. Nr. 233*). Es ist jedoch auch möglich, dass sie aus einer bisher nur vermuteten römerzeitlichen Fundstelle (*Kat. Nr. 446*) auf der Hochfläche stammten.

Literatur: –

446. Setzingen (UL)

Röte, Äußere Krautgärten (ADAB-Nr. 96597858; L7526/128B-03)

x: 35829##, y: 53791##

Lagegenauigkeit: 1 (bis auf 200 m genau lokalisierbar).

Ansprache: Vermutete römerzeitliche Fundstelle (Kennung 999).

Forschungsgeschichte: Luftbild durch O. Braasch 1998.

Beschreibung: Im Luftbild sind viereckige und lineare, zueinander eingewinkelte Strukturen erkennbar. Die Zeitstellung ist bislang unklar. Möglicherweise besteht ein Zusammenhang mit den behauenen Tuffquadern *Kat. Nr. 445*.

Literatur: –

Setzingen / Nerenstetten (UL)

Vier Jauchert, Nerenstetter Feldle, Großer Baum (NERE002; SETZ001)

Siehe *Kat. Nr. 338*.

447. Sontheim a. d. Brenz (HDH)

Beim kleinen See (SONT010)   AG+

x: 35935##, y: 53788##

Lagegenauigkeit: 0 (bis auf 50 m genau lokalisierbar).

Ansprache: Römischer Gutshof (Kennung 111).

Forschungsgeschichte: Kleinere Ausgrabung durch K. Hartmann 1969; größere Ausgrabung des LDA 1970; Luftbild durch O. Braasch 1978.

Beschreibung: Der Lehrer K. Hartmann entdeckte zusammen mit zwei Schülern bei einer Grabung an schon zuvor bekannten Schutthügeln 1969 die Reste eines römischen Gutshofes. Im Zuge der darauf folgenden archäologischen Untersuchung der Fundstelle durch das Landesdenkmalamt 1970 wurden das Hauptgebäude, ein Badegebäude und ein weiteres Nebengebäude freigelegt. Luftbilder zeigen zudem sieben weitere Gebäudegrundrisse sowie die Umfassungsmauer der Anlage. Das bei der Ausgrabung geborgene Fundmaterial belegt eine Besiedlung vom letzten Drittel des 1. Jahrhunderts bis in die erste Hälfte des 3. Jahrhunderts.

Literatur: PFAHL 1999, 202–204,138.

448. Sontheim a. d. Brenz (HDH)

Braike (SONT007)   AG+

x: 35952##, y: 53796##

Lagegenauigkeit: 0 (bis auf 50 m genau lokalisierbar).

Ansprache: Römische Straßenstation (Kennung 111).

Forschungsgeschichte: Feldbegehung durch O. Ferner 1932; Luftbild durch O. Braasch 1978; kleinere Ausgrabung des LDA 1982/1983; größere Ausgrabungen durch die Universität Freiburg 1985–1994.

Beschreibung: Durch langjährige Ausgrabungen ist hier eine römerzeitliche Straßenstation bekannt. Die Anlage wurde um 100 n. Chr. errichtet und hatte in der Zeit ihrer größten Ausdehnung eine Größe von 3,5 ha. Insgesamt sind acht Holzbauten, acht Fachwerkbauten auf Steinsockeln und 26 Steingebäude bekannt, die verschiedenen Bauphasen zuzuordnen sind. Dabei ließen sich Wohnbauten, ein Bad, Vorratsgebäude, Wirtschaftsbauten, Stallungen und Kultbauten feststellen. Die Anlage bestand mindestens bis zur Mitte des 3. Jahrhunderts n. Chr., wobei im zweiten Drittel des 3. Jahrhunderts eine Reduktion festzustellen ist.

Literatur: Seitz 1995/1996; Pfahl 1999, 204,139; Nuber/ Seitz in Planck 2005, 321–324; RGA² 26 (2005) 247–249 s. v. Sontheim a. d. Brenz (G. Seitz).

449. Sontheim a. d. Brenz (HDH)

Kreuzstraße (SONT008)   *AG+*

x: 35947##, y: 53794##

Lagegenauigkeit: 0 (bis auf 50 m genau lokalisierbar).

Ansprache: Römischer Gutshof (Kennung 111).

Forschungsgeschichte: Landwirtschaftliche Tätigkeit 1934; Feldbegehung durch O. Ferner 1934; Feldbegehung durch H. U. Nuber und G. Seitz 1984; Luftbild durch O. Braasch 1996.

Beschreibung: Beim Pflügen wurden 1934 Mauerreste und römerzeitliches Fundmaterial angeschnitten. In einem späteren Luftbild zeichnete sich das Hauptgebäude eines römischen Gutshofes ab. Das bei Feldbegehungen geborgene Fundmaterial stammt aus dem 2. Jahrhundert n. Chr.

Literatur: Pfahl 1999, 204,141.

450. Sontheim a. d. Brenz (HDH)

Steinige Quell, Stangenäcker (SONT009)   *AG+*

x: 35941##, y: 53790##

Lagegenauigkeit: 0 (bis auf 50 m genau lokalisierbar).

Ansprache: Römischer Gutshof (Kennung 111).

Forschungsgeschichte: Altfund 19. Jahrhundert; Luftbild durch O. Braasch 1978.

Beschreibung: Bereits seit Mitte des 19. Jahrhunderts sind römerzeitliche Funde von der Flur bekannt. Schuttreste ließen bereits damals auf Gebäudereste schließen. Der Nachweis eines römischen Gutshofes gelang jedoch erst durch Luftbilder 1978. So zeichnen sich das Hauptgebäude, ein Badegebäude, sechs Nebengebäude und die Umfassungsmauer deutlich als Bewuchsmerkmale ab.

Literatur: Pfahl 1999, 204–205,142.

451. Sontheim a. d. Brenz-Brenz (HDH)

Bergäcker, Schmales Wegle (-)   *AG+*

x: 35956##, y: 53819##

Lagegenauigkeit: 0 (bis auf 50 m genau lokalisierbar).

Ansprache: Römischer Gutshof (Kennung 111).

Forschungsgeschichte: Luftbild durch O. Braasch 1978.

Beschreibung: Aus einem Luftbild sind ein Gebäudegrundriss und Teile der Umfassungsmauer eines römischen Gutshofes bekannt.

Literatur: Pfahl 1999, 207,145.

452. Sontheim a. d. Brenz-Brenz (HDH)

Kirche St. Gallus (SONT027)   *AG+*

x: 35956##, y: 53812##

Lagegenauigkeit: 0 (bis auf 50 m genau lokalisierbar).

Ansprache: Ländliche Einzelsiedlung (Kennung 110).

Forschungsgeschichte: Altfund des 16. Jahrhunderts; kleinere Ausgrabung 1868; größere Ausgrabung des LDA 1964.

Beschreibung: Unter der Kirche kamen bei Ausgrabungen des Staatlichen Amtes für Denkmalpflege vier Kellerbefunde zutage, von denen mindestestens einer in römische Zeit datiert werden konnte. Bereits vorher waren Reste einer Jupter-Giganten-Säule und eine Weihinschrift für Apollo Grannus bekannt, die in der Kirche als Spolien verbaut waren. Die Weihinschrift für Apollo Grannus könnte ursprünglich in Faimingen aufgestellt gewesen sein, wo ein entsprechendes Heiligtum belegt ist. Das geborgene römerzeitliche Fundmaterial stammt aus dem 2. und dem 3. Jahrhundert n. Chr.

Literatur: Pfahl 1999, 206,144; Planck in Planck 2005, 324–325.

453. St. Johann-Bleichstetten (RT)

Brunnenwiesen (BLEI006)

x: 35264##, y: 53717##

Lagegenauigkeit: 1 (bis auf 200 m genau lokalisierbar).

Ansprache: Fundstreuung (Kennung 10).

Forschungsgeschichte: Feldbegehung durch A. Werz.

Beschreibung: Bei Begehungen fanden sich römerzeitliche Scherben im Bereich vorgeschichtlicher und mittelalterlicher Fundstellen.

Literatur: Oeftiger 1997, 64,5.

454. St. Johann-Gächingen (RT)

Alte Steige? (GÄCH007)

x: 35283##, y: 53659##

Lagegenauigkeit: 1 (bis auf 200 m genau lokalisierbar).

Ansprache: Vermutlich ländliche Einzelsiedlung (Kennung 119).

Forschungsgeschichte: Baubeobachtung 1938.

Beschreibung: Beim Bau eines Hauses wurde eine Kulturschicht mit überwiegend römerzeitlichen Keramikscherben sowie Ziegelbruchstücken angeschnitten. Die Kulturschicht ist durch eine jüngere Körperbestattung gestört.

Literatur: Fundber. Schwaben N. F. 12, 1938–1951 (1952), 61.

455. St. Johann-Gächingen (RT)

In der Dicke (-)

x: 35281##, y: 536481##

Lagegenauigkeit: 1 (bis auf 200 m genau lokalisierbar).

Ansprache: Einzelfund (Kennung 0).

Forschungsgeschichte: Fundumstände unbekannt 1938.

Beschreibung: Fund einer Münze des Vespasian (77/78 n. Chr.).

Literatur: Fundber. Schwaben N. F. 12, 1938–1951 (1952), 94,617,1; OEFTIGER 1997, 66,13.

456. St. Johann-Gächingen (RT)

Schulgarten, Hauptstraße 10 (GÄCH006)

x: 35280##, y: 53661##

Lagegenauigkeit: 0 (bis auf 50 m genau lokalisierbar).

Ansprache: Ländliche Einzelsiedlung (Kennung 110).

Forschungsgeschichte: Altfund 1899 und 1927; kleinere Ausgrabung durch R. Kapff 1935.

Beschreibung: Im Garten des Schulhauses fanden sich zu verschiedenen Zeiten Mauerreste, römerzeitliches Fundmaterial und Ziegel.

Literatur: Fundber. Schwaben 7, 1899, 5. doi: https://doi.org/10.11588/diglit.27821#0011; PARET 1932, 307; Fundber. Schwaben N. F. 9, 1935–1938 (1938), 50; OEFTIGER 1997, 65.

457. St. Johann-Upfingen (RT)

Beiwald (UPFI003)

x: 35299##, y: 53677##

Lagegenauigkeit: 0 (bis auf 50 m genau lokalisierbar).

Ansprache: Einzelfund (Kennung 0).

Forschungsgeschichte: Kleinere Ausgrabung durch R. Kapff 1935.

Beschreibung: Bei einer „Probegrabung" fand R. Kapff zwei römerzeitliche Scherben.

Literatur: Fundber. Schwaben N. F. 9, 1935–1938 (1938), 41; OEFTIGER 1997, 67,4.

458. St. Johann-Würtingen (RT)

Eulenbrunnen, Fohlenhofer Feld (WÜRT012, WÜRT014)

x: 35252##, y: 53719##

Lagegenauigkeit: 1 (bis auf 200 m genau lokalisierbar).

Ansprache: Fundstreuung (Kennung 10).

Forschungsgeschichte: Feldbegehungen durch G. Gassmann von 1994 bis in die 2000er Jahre.

Beschreibung: Bei Feldbegehungen fand G. Gassmann Scherben römerzeitlicher Keramik im Bereich einer vorgeschichtlichen Fundstelle.

Literatur: –

459. St. Johann-Würtingen (RT)

In der Lammgasse (WÜRT019)

x: 35254##, y: 53684##

Lagegenauigkeit: 0 (bis auf 50 m genau lokalisierbar).

Ansprache: Fundstreuung (Kennung 10).

Forschungsgeschichte: Altfund 1866.

Beschreibung: Aus der Literatur sind römerzeitliche Falzziegel, eine Münze des Marc Aurel (140/161/180 n. Chr.) und zwei weitere unbestimmte Münzen bekannt.

Literatur: FMRD II 3, 125,3189; PARET 1932, 369,1; OEFTIGER 1997, 69,26.

460. St. Johann-Würtingen (RT)

Kreuzbühl, Ried (WÜRT016)

x: 35249##, y: 53695##

Lagegenauigkeit: 0 (bis auf 50 m genau lokalisierbar).

Ansprache: Einzelfund (Kennung 0).

Forschungsgeschichte: Landwirtschaftliche Tätigkeit 1932.

Beschreibung: Bei Entwässerungsarbeiten fand sich neben vorgeschichtlicher Keramik eine römerzeitliche Scherbe.

Literatur: Fundber. Schwaben N. F. 7, 1930–1932 (1932), 38. doi: https://doi.org/10.11588/diglit.57655#0048; PARET 1932, 369,2; OEFTIGER 1997, 68,21.

461. Steinheim a. Albuch (HDH)

Brünnelsäcker (STEI018)

x: 35799##, y: 53914##

Lagegenauigkeit: 0 (bis auf 50 m genau lokalisierbar).

Ansprache: Einzelfund (Kennung 0).

Forschungsgeschichte: Lesefund 1964.

Beschreibung: Fund eines Sesterz des Traian (103–111 n. Chr.).

Literatur: Fundber. Schwaben N. F. 18,2, 1967, 190.

462. Steinheim a. Albuch (HDH)

Garten Revierförster Frey (STEI019)

x: 35785##, y: 53954##

Lagegenauigkeit: 2 (bis auf 500 m genau lokalisierbar).

Ansprache: Einzelfund (Kennung 0).

Forschungsgeschichte: Lesefund 1938.

Beschreibung: Im Garten des Revierförsters Frey fand sich ein Dupondius des Traian (115–116 n. Chr.).

Literatur: –

463. Steinheim a. Albuch (HDH)

Königsbronner Straße (STEI017)

x: 35786##, y: 53955##

Lagegenauigkeit: 2 (bis auf 500 m genau lokalisierbar).

Ansprache: Einzelfund (Kennung 0).

Forschungsgeschichte: Zufallsfund vor 1957.

Beschreibung: Bei Gartenarbeiten wurde ein As des Traian (101–102 n. Chr.) gefunden.

Literatur: Fundber. Schwaben N. F. 14, 1957, 231,377,11. doi: https://doi.org/10.11588/diglit.66264#0243.

464. Steinheim a. Albuch (HDH)

Öschental (STEI020)

x: 35809##, y: 53934##

Lagegenauigkeit: 2 (bis auf 500 m genau lokalisierbar).

Ansprache: Einzelfund (Kennung 0).

Forschungsgeschichte: Lesefund 1954.

Beschreibung: Im Wald fand man eine römerzeitliche Bronzemünze.

Literatur: Fundber. Schwaben N. F. 13, 1952–1954 (1955), 84. doi: https://doi.org/10.11588/diglit.60965#0090.

465. Steinheim a. Albuch (HDH)

Riedgasse; Neubaugebiet Iltisweg-Hochfeld (STEI023)

x: 35789##, y: 53939##

Lagegenauigkeit: 0 (bis auf 50 m genau lokalisierbar).

Ansprache: Vermutlich ländliche Einzelsiedlung (Kennung 119).

Forschungsgeschichte: Baubeobachtung 1981.

Beschreibung: Im Zuge von Bauarbeiten wurden römerzeitliche Keramikscherben, Ziegelbruchstücke und Glasfragmente gefunden.

Literatur: Fundber. Baden-Württemberg 9, 1984, 701. doi: https://doi.org/10.11588/fbbw.1984.0.30850.

466. Stuttgart-Birkach-Kleinlohenheim, herzogliche Domäne / Stuttgart-Degerloch

Bebenhäuser, Tannenwäldle (BIRK002; STUT047)

x: 35147##, y: 54003##

Lagegenauigkeit: 1 (bis auf 200 m genau lokalisierbar).

Ansprache: Fundstreuung (Kennung 10).

Forschungsgeschichte: Feldbegehung durch R. Weißer 1933; Feldbegehung durch G. Rühle 2006–2011.

Beschreibung: Bei Begehungen der Felder zwischen Stuttgart-Degerloch und Stuttgart-Birkach, die G. Rühle seit 2006 durchführte, fand er Scherben römerzeitlicher Keramik. Bereits 1935 entdeckte R. Weißer unweit nördlich dieser Begehungsfläche mehrere dunkle Bodenverfärbungen im Acker auf der Markung Degerloch nahe einer Quelle. An Fundmaterial las er hier einen Rinderzahn, Hüttenlehm und wenig römerzeitliche Keramik auf.

Literatur: Fundber. Schwaben N. F. 8, 1933–1935 (1935), 99. doi: https://doi.org/10.11588/diglit.57656#0107.

467. Stuttgart-Degerloch

Ahornstraße 15 (STUT053)   *AG+*

x: 35133##, y: 54016##

Lagegenauigkeit: 0 (bis auf 50 m genau lokalisierbar).

Ansprache: Einzelfund (Kennung 0).

Forschungsgeschichte: Lesefund 1928.

Beschreibung: Fund eines Sesterz des Hadrian (?).

Literatur: –

468. Stuttgart-Degerloch

Hofgärten (STUT051)

x: 35133##, y: 53998##

Lagegenauigkeit: 1 (bis auf 200 m genau lokalisierbar).

Ansprache: Ländliche Einzelsiedlung (Kennung 110).

Forschungsgeschichte: Baubeobachtung vor 1957.

Beschreibung: Beim Bau eines Wohnhauses wurden Mauersteine angeschnitten. In der Baugrube fand sich darüber hinaus römerzeitliche Keramik. Das Grundstück, auf dem sich die Fundstelle befand, wurde 2013/2014 ohne archäologische Untersuchung überbaut.

Literatur: Fundber. Schwaben N. F. 14, 1957, 204. doi: https://doi.org/10.11588/diglit.66264#0216.

469. Stuttgart-Degerloch

Schlößlesäcker, Neue Wiesen, Lerchenäcker (STUT046, STUT050)

x: 35138##, y: 53994##

Lagegenauigkeit: 0 (bis auf 50 m genau lokalisierbar).

Ansprache: Ländliche Einzelsiedlung (Kennung 110).

Forschungsgeschichte: Kleinere Ausgrabung vor 1851; Feldbegehung durch R. Weißer 1930; landwirtschaftliche Aktivität 1930 und 2002; Feldbegehung durch G. Rühle 2006–2001.

Beschreibung: Laut der Oberamtsbeschreibung Stuttgart stieß man im 19. Jahrhundert auf Mauerreste, bemalten Wandputz sowie römerzeitliches Fundmaterial und Ziegel. 1930 und 2002 wurden darüber hinaus beim Pflügen weitere Mauerreste angeschnitten und Begehungen der Felder im weiteren Umfeld der Fundstelle erbrachten römerzeitliches Fundmaterial. Der Fundstellenpunkt wurde zwischen den in der Oberamtsbeschreibung erwähnten Mauerresten und den bei Feldbegehungen entdeckten Fundstreuungen gesetzt.

Literatur: KGL. TOPOGR. BUREAU 1851, 141; VON PAULUS 1877, 49; PARET 1932, 293.

Stuttgart-Degerloch / Stuttgart-Birkach-Kleinlohenheim, herzogliche Domäne

Bebenhäuser, Tannenwäldle (BIRK002; STUT047)

Siehe *Kat. Nr. 466.*

470. Stuttgart-Möhringen

Bahnhofstraße (-)

x: 35107##, y: 53991##

Lagegenauigkeit: 3 (Lokalisierung innerhalb der Flur nicht gesichert).

Ansprache: Einzelfund (Kennung 0).

Forschungsgeschichte: Zufallsfund 1932.

Beschreibung: Bei Gartenarbeiten fand sich ein Mittelerz der Lucilla.

Literatur: Fundber. Schwaben N. F. 4, 1926–1928 (1928), 62,304,4. doi: https://doi.org/10.11588/diglit.43775#0072.

471. Stuttgart-Möhringen

Schockenried (MÖHR011)

x: 35089##, y: 53981##

Lagegenauigkeit: 0 (bis auf 50 m genau lokalisierbar).

Ansprache: Fundstreuung (Kennung 10).

Forschungsgeschichte: Baubeobachtung 1956; Feldbegehung des LDA 1956.

Beschreibung: Bei der Anlage eines Wasserleitungsgrabens fand man römerzeitliche Keramik, darunter Terra sigillata, einen Spielstein sowie eine Bronzefibel.

Literatur: Fundber. Schwaben N. F. 15, 1959, 174. doi: https://doi.org/10.11588/diglit.66263#0202.

472. Stuttgart-Möhringen

Sindelbach (MÖHR010)

x: 35097##, y: 53987##

Lagegenauigkeit: 0 (bis auf 50 m genau lokalisierbar).

Ansprache: Ländliche Einzelsiedlung (Kennung 110).

Forschungsgeschichte: Landwirtschaftliche Tätigkeit 1928; Fundumstände unbekannt (Meldung R. Weißer) 1936.

Beschreibung: Bei Entwässerungsarbeiten wurden Mauerreste, römerzeitliches Fundmaterial und Ziegel freigelegt. 1936 fanden sich darüber hinaus Bruchstücke von Hohlziegeln.

Literatur: PARET 1932, 341; Fundber. Schwaben N. F. 14, 1957, 65; 73. doi: https://doi.org/10.11588/diglit.66264.

473. Stuttgart-Plieningen

„Oberhalb vom Frauenbrunnen" (PLIE020)

x: 35135##, y: 53960##

Lagegenauigkeit: 2 (bis auf 500 m genau lokalisierbar).

Ansprache: Vermutete römerzeitliche Fundstelle (Kennung 999).

Forschungsgeschichte: Feldbegehung im Zuge der Landesaufnahme durch E. von Paulus bis 1877.

Beschreibung: Laut E. von Paulus befanden sich „oberhalb vom Frauenbrunnen" Spuren einer römerzeitlichen Siedlung. Weitere Hinweise fehlen.

Literatur: VON PAULUS 1877, 130 s. v. Echterdingen; PARET 1932, 298 s. v. Echterdingen; Fundber. Schwaben N. F. 9, 1935–1938 (1938), 84 s. v. Echterdingen.

474. Stuttgart-Plieningen

Am Hattenbach (ECHT015)

x: 35127##, y: 53963##

Lagegenauigkeit: 2 (bis auf 500 m genau lokalisierbar).

Ansprache: Vermuteter isolierter Grabfund (Kennung 209).

Forschungsgeschichte: Baubeobachtung 1934.

Beschreibung: Beim Bau der Unterführung für die Reichsautobahn wurden ein verbrannter Sandsteinbrocken freigelegt sowie Asche- und Tierknochenreste und ein römerzeitliches Gefäß. Vermutlich handelt es sich um einen Grabfund. Möglicherweise besteht ein Zusammenhang mit der vermuteten Fundstelle *Kat. Nr. 473.*

Literatur: Fundber. Schwaben N. F. 9, 1935–1938 (1938), 84 s.v. Echterdingen.

475. Stuttgart-Plieningen

Binsenwiesle, Brühl (PLIE002)

x: 35164##, y: 53959##

Lagegenauigkeit: 1 (1 (bis auf 200 m genau lokalisierbar)).

Ansprache: Einzelfund (Kennung 0).

Forschungsgeschichte: Baubeobachtung durch H. Widmann 2003.

Beschreibung: Bei Begehungen im Bereich einer Baustelle fand H. Widmann ein Fragment eines römerzeitlichen Rundziegels und das Bruchstück einer Terra sigillata-Schüssel mit Reliefdekor. Bei letzterem handelt es sich um Ware des Satto-Saturnius.

Literatur: Fundber. Baden-Württemberg 28,2, 2005, 257,1. doi: https://doi.org/10.11588/fbbw.2005.2.73063.

476. Stuttgart-Plieningen

Brühl (-)

x: 35161##, y: 53961##

Lagegenauigkeit: 1 (1 (bis auf 200 m genau lokalisierbar)).

Ansprache: Vermutlich ländliche Einzelsiedlung (Kennung 119).

Forschungsgeschichte: Baubeobachtung durch H. Zürn und Lehrer Fingerle 1953.

Beschreibung: Begehungen der Baustelle für die Mittlere Filderlinienstraße erbrachten Bruchstücke mehrerer Leistenziegel und Tubuli sowie Scherben von römerzeitlicher Gefäßkeramik, darunter auch Terra sigillata-Scherben. Die Kulturschicht, aus der die Scherben geborgen wurden, erstreckt sich etwa 100 m entlang des Straßeneinschnitts.

Literatur: Fundber. Schwaben N. F. 13, 1952–1954 (1955), 67. doi: https://doi.org/10.11588/diglit.60965#0073.

477. Stuttgart-Plieningen

Maurenstraße (PLIE005)

x: 35158##, y: 53962##

Lagegenauigkeit: 1 (bis auf 200 m genau lokalisierbar).

Ansprache: Fundstreuung (Kennung 10).

Forschungsgeschichte: Feldbegehung durch M. Hoch 1999.

Beschreibung: Im Bereich der Maurenstraße fanden sich wiederholt Scherben römerzeitlicher Gefäßkeramik. Möglicherweise besteht ein Zusammenhang zur nahe gelegenen Fundstelle *Kat. Nr. 479*.

Literatur: Fundber. Baden-Württemberg 28,2, 2005, 257–258,2. doi: https://doi.org/10.11588/fbbw.2005.2.73063.

478. Stuttgart-Plieningen

Sieglenstäle (PLIE011)

x: 35166##, y: 53970##

Lagegenauigkeit: 0 (bis auf 50 m genau lokalisierbar).

Ansprache: Einzelfund (Kennung 0).

Forschungsgeschichte: Baubeobachtung durch R. Weißer 1952.

Beschreibung: Bei Begehungen der Baustelle für die Mittlere Filderlinienstraße fand R. Weißer das Bruchstück eines römerzeitlichen Topfes.

Literatur: Fundber. Schwaben N. F. 13, 1952–1954 (1955), 61 s.v. Hohenheim. doi: https://doi.org/10.11588/diglit.60965#0067.

479. Stuttgart-Plieningen

Trogwiesen, Paracelsusstraße

x: 35155##, y: 53963##

Lagegenauigkeit: 5 (verlagerte Fundstelle).

Ansprache: Vermutlich ländliche Einzelsiedlung (Kennung 119).

Forschungsgeschichte: Baubeobachtung 1956.

Beschreibung: Beim Bau der Körschbrücke fanden sich ein Reliefstein einer Jupiter-Giganten-Säule, vom Hang eingerutschte Scherben römerzeitlicher Gefäßkeramik, darunter auch Terra sigillata, sowie Ziegelbruchstücke. Das Fundmaterial stammt möglicherweise aus einer ehemaligen Siedlung am Nordhang des Körschbachs und ist durch Erosion abgerutscht. In diesem Fall könnte ein Zusammenhang mit der Fundstelle in der Maurenstraße (*Kat. Nr. 477*) bestehen.

Literatur: Fundber. Schwaben N. F. 15, 1959, 175. doi: https://doi.org/10.11588/diglit.66263#0203; Fundber. Baden-Württemberg 28,2, 2005, 257–258,2. doi: https://doi.org/10.11588/fbbw.2005.2.73063.

480. Stuttgart-Rohr

Steinbach (ROHR001)

x: 35088##, y: 53974##

Lagegenauigkeit: 0 (0 (bis auf 50 m genau lokalisierbar)).

Ansprache: Fundstreuung (Kennung 10).

Forschungsgeschichte: Baubeobachtung 1938.

Beschreibung: Bei der Korrektur des Steinbachs stieß man auf Scherben römerzeitlicher Krüge und Schüsseln.

Literatur: Fundber. Schwaben N. F. 12, 1938–1951 (1952), 75,1.

481. Stuttgart-Vaihingen

Büsnauer Rain (VAIH005)   AG+

x: 35057##, y: 54004##

Lagegenauigkeit: 2 (bis auf 500 m genau lokalisierbar).

Ansprache: Produktionsstätte ohne Siedlungszusammenhang (Kennung 101).

Forschungsgeschichte: Baubeobachtung durch H. Allmendinger 1910.

Beschreibung: Beim Aushub von Steinen für eine Straßenschotterung stieß Ortsbaumeister Allmendinger auf eine Grube mit den Maßen 4×1 m. Die Einfüllung bestand aus Scherben römerzeitlicher Keramik, darunter auch einige Fehlbrände sowie Eisenschlacke. Vermutlich handelt es sich um die Abfallgrube einer nahe gelegenen Töpferei.

Literatur: Fundber. Schwaben 18, 1910, 74–75. doi: https://doi.org/10.11588/diglit.43785; PARET 1932, 389,2.

482. Stuttgart-Vaihingen

Endelbang (VAIH007)

x: 35079##, y: 54006##

Lagegenauigkeit: 2 (bis auf 500 m genau lokalisierbar).

Ansprache: Vermutlich ländliche Einzelsiedlung (Kennung 119).

Forschungsgeschichte: Feldbegehung durch E. von Paulus 1833.

Beschreibung: E. von Paulus entdeckte in einer Mergelgrube und deren Umfeld zahlreiche Scherben römerzeitlicher Gefäßkeramik des 2. und des 3. Jahrhunderts n. Chr. sowie Ziegel, an denen zum Teil noch Mörtel anhaftete, und nach eigenen Angaben zum Teil ungebrannte Halbfabrikate von Tongefäßen. Er vermutete, dass es sich um die Überreste einer Töpferei handelt.

Literatur: Bl. Schwäb. Albver. 22, 1910, 85–86. https://www.schwaben-kultur.de/cgi-bin/getpix.pl?obj=00000056/00009863&typ=image (letzter Zugriff: 22.1.2024); PARET 1932, 388–389,1.

483. Uhingen (GP)

Schmiedefeld (-)

x: 35428##, y: 53968##

Lagegenauigkeit: 0 (bis auf 50 m genau lokalisierbar).

Ansprache: Einzelfund (Kennung 0).

Forschungsgeschichte: Lesefund durch K.-G. Jahn 1948.

Beschreibung: Sesterz (?) des Antoninus Pius (138–161 n. Chr.).

Literatur: Fundber. Baden-Württemberg 2, 1975, 348,682,1. doi: https://doi.org/10.11588/fbbw.1975.0.24593; SCHREG 1996, Uhingen 5–6,10.

484. Uhingen-Holzhausen (GP)

Schlankwasen, Lange Äcker (HOLZ012)

x: 35432##,#, y: 53991##,#

Lagegenauigkeit: 0 (bis auf 50 m genau lokalisierbar).

Ansprache: Einzelfund (Kennung 0).

Forschungsgeschichte: Feldbegehung durch G. Esenwein 1975.

Beschreibung: 1975 las G. Esenwein in den Fluren „Schlankwasen" und „Lange Äcker" die Randscherbe einer römerzeitlichen Reibschale auf.

Literatur: Fundber. Baden-Württemberg 8, 1983, 363. doi: https://doi.org/10.11588/fbbw.1983.0.26586.

485. Uhingen-Nassachmühle (GP)

Brunnenwiesen (UHIN008)

x: 35410##, y: 53990##

Lagegenauigkeit: 5 (verlagerte Fundstelle).

Ansprache: Fundstreuung (Kennung 10).

Forschungsgeschichte: Baubeobachtung 1953.

Beschreibung: In einem Kanalisationsgraben beim Weiler Nassachmühle wurden zahlreiche römerzeitliche Keramikscherben in einer Schwemmschicht aufgefunden.

Literatur: Fundber. Schwaben N. F. 14, 1957, 206. doi: https://doi.org/10.11588/diglit.66264#0218; SCHREG 1996, Uhingen 13.

486. Ulm

Am Mähringer Weg (-)

x: 35716##, y: 53634##

Lagegenauigkeit: 1 (bis auf 200 m genau lokalisierbar).

Ansprache: Einzelfund (Kennung 0).

Forschungsgeschichte: Fundumstände unbekannt, vor 1922.

Beschreibung: In den Schrebergärten hinter der Wirtschaft zum Hetzenbäumle fand sich ein Mittelerz des Hadrian.

Literatur: Fundber. Schwaben N. F. 2, 1922–1924 (1924), 40. doi: https://doi.org/10.11588/diglit.43773#0048.

487. Ulm

Friedrich-Ebert-Straße / Bahnhofstraße (ULM017)

x: 35730##, y: 53627##

Lagegenauigkeit: 0 (bis auf 50 m genau lokalisierbar).

Ansprache: Fundstreuung (Kennung 10).

Forschungsgeschichte: Baubeobachtungen 1922, 1952, 1953 und 1968.

Beschreibung: Beim Anlegen von Fernheizungsgräben im Bereich der Friedrich-Ebert-Straße und der Bahnhofstraße fanden sich wenige Scherben römerzeitlicher Keramik. Eine römerzeitliche Einzelscherbe stammt dabei aus dem Bereich einer mittelalterlichen Fundstelle.

Literatur: Seewald 1972, 80,4; Bräuning et al. 2009, 115,8; 117,10.

488. Ulm

Kelterweg / Traminerweg (-)

x: 35705##, y: 53644##

Lagegenauigkeit: 1 (bis auf 200 m genau lokalisierbar).

Ansprache: Fundstreuung (Kennung 10).

Forschungsgeschichte: Lesefund 1935; Lesefund durch A. Rieber 1956.

Beschreibung: Am Kelterweg wurde 1935 eine römerzeitliche Scharnierflügelfibel gefunden. Etwa 100 m nördlich der Fundstelle fand A. Rieber Ziegelbruchstücke und mehrere Scherben, darunter wohl auch römerzeitliche.

Literatur: Fundber. Schwaben N. F. 8, 1933–1935 (1935), 115. doi: https://doi.org/10.11588/diglit.57656#0123; Seewald 1972, 80,6; 87.

489. Ulm

Michelsberg (-)

x: 35727##, y: 53642##

Lagegenauigkeit: 2 (bis auf 500 m genau lokalisierbar).

Ansprache: Einzelfund (Kennung 0).

Forschungsgeschichte: Baubeobachtung 1845.

Beschreibung: Beim Bau der Festung auf dem Michelsberg fand man einen Sesterz des Claudius (41–52 n. Chr.) und ein As für Lucius Verus (168–169 n. Chr.)

Literatur: Fundber. Schwaben 1, 1893, 44. doi: https://doi.org/10.11588/diglit.27197#0052; Seewald 1972, 80,13.

490. Ulm

Mittlerer Kuhberg, am Egginger Weg (ULM016)

x: 35712##, y: 53613##

Lagegenauigkeit: 0 (bis auf 50 m genau lokalisierbar).

Ansprache: Römischer Gutshof (Kennung 111).

Forschungsgeschichte: Baubeobachtung 1895; kleinere Ausgrabung durch Th. Drück 1896; Baubeobachtungen 1951 und 1953.

Beschreibung: Bei der Anlage einer Baumschule wurden römerzeitliche Gebäudereste angeschnitten und in der Folge ausgegraben. Dabei legte Th. Drück das Hauptgebäude eines römischen Gutshofes frei. Das geborgene Fundmaterial datiert von der Mitte des 2. Jahrhunderts bis ins 3. Jahrhundert. Weiteres rö-

merzeitliches Fundmaterial, das vom Hang nach Süden abgerutscht ist, wurde 1951 bei der Ausschachtung eines Wassergrabens in einer Schwemmschicht gefunden.

Literatur: Fundber. Schwaben 3, 1895, 10–11. doi: https://doi.org/10.11588/diglit.27199.2; Fundber. Schwaben 5, 1897, 45. doi: https://doi.org/10.11588/diglit.27823#0053; Fundber. Schwaben 8, 1900, 78. doi: https://doi.org/10.11588/diglit.32238#0084; Paret 1932, 384; Fundber. Schwaben N. F. 12, 1938–1951 (1952), 86; Fundber. Schwaben N. F. 13, 1952–1954 (1955), 72–73. doi: https://doi.org/10.11588/diglit.60965.11; Seewald 1972, 79,1; Reinhardt / Wehrberger 1996, 157,1; Bräuning et al. 2009, 112,5.

491. Ulm

Neue Straße, Nikolaiskapelle (-)　　　　　　　　AG+

x: 35739##, y: 53626##

Lagegenauigkeit: 0 (bis auf 50 m genau lokalisierbar).

Ansprache: Fundstreuung (Kennung 10).

Forschungsgeschichte: Kleinere Ausgrabung des LDA 1978.

Beschreibung: Bei einer Ausgrabung im Zuge der Sanierung des Steinhauses und der Kirche fanden sich wenige römerzeitliche Funde ohne Befundzusammenhang im Bereich einer mittelalterlichen Fundstelle.

Literatur: Bräuning et al. 2009, 116–117,9.

492. Ulm

Weinhof (ULM018)

x: 35734##, y: 53625##

Lagegenauigkeit: 2 (bis auf 500 m genau lokalisierbar).

Ansprache: Vermutlich römerzeitliche Siedlungsreste (Kennung 199).

Forschungsgeschichte: Baubeobachtung 1535; größere Ausgrabung des LDA 1961 und 1963.

Beschreibung: Beim Abbruch der St. Josenkapelle auf dem Weinhof im Jahr 1535 fanden sich angeblich zahlreiche römische Münzen, die jedoch verschollen sind. Im Zuge der Erweiterung des Archivs und der Stadtbibliothek wurde eine frühmittelalterliche Siedlungsfundstelle ausgegraben, in deren Bereich auch römerzeitliche Streufunde zutage kamen.

Literatur: Fundber. Schwaben 4, 1896, 63. doi: https://doi.org/10.11588/diglit.27822#0069; Seewald 1972, 80,12; Bräuning et al. 2009, 112–113,6; 114,7.

493. Ulm-Eggingen

Haldenweg (EGGI006)

x: 35649##, y: 53596##

Lagegenauigkeit: 0 (bis auf 50 m genau lokalisierbar).

Ansprache: Vermutlich römerzeitliche Siedlungsreste (Kennung 199).

Forschungsgeschichte: Luftbild durch O. Braasch 2013.

Beschreibung: Aus einem Luftbild ist der Grundriss eines möglicherweise römerzeitlichen Gebäudes bekannt.

Literatur: –

494. Ulm-Einsingen

Bürgele (EINS002)

x: 35667##, y: 53578##

Lagegenauigkeit: 0 (bis auf 50 m genau lokalisierbar).

Ansprache: Vermutlich römerzeitliche Siedlungsreste (Kennung 119).

Forschungsgeschichte: Baubeobachtung 1977; Feldbegehung durch Ortsvorsteher Späth 1977; Lesefunde 1977.

Beschreibung: Bei der Anlage von Telefonkabelgräben wurden Trockenmauerreste eines oder zweier Gebäude angeschnitten. Feldbegehungen des Ackers, unter dem sich die Mauerreste befanden und in dem immer wieder Bruchstücke von Kalksteinen ausgepflügt wurden, erbrachten wenige Scherben römerzeitlicher und mittelalterlicher Keramik, Ziegelbruchstücke und Wandlehmreste. Darüber hinaus fanden spielende Kinder mehrere Eisennägel im Bereich der Fundstelle. Möglicherweise handelt es sich um eine römerzeitliche Einzelsiedlung, die Datierung der Mauerreste ist durch das wenige Fundmaterial jedoch nicht gesichert.

Literatur: –

495. Ulm-Einsingen

Im Ort (-)

x: 35668##, y: 53576##

Lagegenauigkeit: 3 (Lokalisierung innerhalb der Flur nicht gesichert).

Ansprache: Einzelfund (Kennung 0).

Forschungsgeschichte: Baubeobachtung 1922.

Beschreibung: Beim Bau einer Scheune im Hof des Hauses Eberle fand sich ein Mittelerz des Claudius (41 n. Chr.).

Literatur: Fundber. Schwaben N. F. 2, 1922–1924 (1924), 40. doi: https://doi.org/10.11588/diglit.43773#0048.

Ulm-Ermingen / Ulm-Grimmelfingen

Bohntal, Hagbrinnen, Lange Wiese (ERMI007; ULM037)

Siehe *Kat. Nr. 496*.

496. Ulm-Grimmelfingen / Ulm-Ermingen

Bohntal, Hagbrinnen, Lange Wiese (ULM037; ERMI007)

x: 35685##, y: 53595##

Lagegenauigkeit: 0 (bis auf 50 m genau lokalisierbar).

Ansprache: Ländliche Einzelsiedlung (Kennung 110).

Forschungsgeschichte: Luftbild durch O. Braasch 1997.

Beschreibung: An der Gemarkungsgrenze zwischen Ulm-Ermingen und Ulm-Grimmelfingen sind zwei Gebäudegrundrisse aus einem Luftbild bekannt, die mit einiger Wahrscheinlichkeit zu einer römerzeitlichen ländlichen Einzelsiedlung gehören. Eine Scherbe eines Terra sigillata-Gefäßes (*Kat. Nr. 497*) könnte mit der Fundstelle in Zusammenhang stehen.

Literatur: –

497. Ulm-Grimmelfingen

Südwestlich Grimmelfingen (ULM037)

x: 35692##, y: 53595##

Lagegenauigkeit: 2 (bis auf 500 m genau lokalisierbar).

Ansprache: Einzelfund (Kennung 0).

Forschungsgeschichte: Lesefund durch K. Bentele 1943.

Beschreibung: Bodenscherbe eines Terra sigillata-Gefäßes. Der Fund könnte mit den Gebäuderesten etwa 700 m weiter westlich in Zusammenhang stehen (*Kat. Nr. 496*).

Literatur: Seewald 1972, 85.

498. Ulm-Jungingen

Außerhalb des Ortes (-)

x: 35730##, y: 53656##

Lagegenauigkeit: 3 (Lokalisierung innerhalb der Flur nicht gesichert).

Ansprache: Einzelfund (Kennung 0).

Forschungsgeschichte: Lesefund 1957.

Beschreibung: Am Weg zwischen Jungingen und Ulm, 1,5–2 km südlich von Jungingen und kurz vor dem Waldrand wurde 1957 ein Denar der Crispina (180–183 n. Chr.) gefunden.

Literatur: Fundber. Schwaben N. F. 14, 1957, 227,647. doi: https://doi.org/10.11588/diglit.66264#0239; Seewald 1972, 49.

499. Ulm-Lehr

„Lehrer Tal", Flur Brühl, Höllhaf; erstreckt sich auch auf Flur Brunnensteige (LEHR001, LEHR005–006)

x: 35719##, y: 53657##

Lagegenauigkeit: 1 (bis auf 200 m genau lokalisierbar).

Ansprache: Römischer Gutshof (Kennung 111).

Forschungsgeschichte: Größere Ausgrabung des LDA 2009.

Beschreibung: Im Zuge der Ausgrabungsarbeiten entlang der geplanten ICE-Trasse Wendlingen-Ulm wurden die Reste mehrerer römerzeitlicher Pfostenbauten freigelegt. Es handelt sich vermutlich um das Hauptgebäude, ein Nebengebäude, ein Eingangsgebäude und den Rest einer Umfriedung eines römischen Gehöfts. Aufgrund des geborgenen Fundmaterials zeichnet sich eine Datierung der Siedlung ins 2. Jahrhundert n. Chr. ab. Wenig nördlich der Fundstelle kamen Leistenziegel und römerzeitliche Keramik zum Vorschein. 700 m west-nordwestlich fand sich eine verlagerte Einzelscherbe.

Literatur: Fundber. Schwaben N. F. 14, 1957, 171. doi: https://doi.org/10.11588/diglit.66264#0183; SEEWALD 1972, 57,1; Arch. Ausgr. Baden-Württemberg 2010, 194–199; THOMA 2017, 52–53 Abb. 6.

500. Ulm-Lehr

Südlich vom Ort (LEHR008)

x: 35717##, y: 53660##

Lagegenauigkeit: 2 (bis auf 500 m genau lokalisierbar).

Ansprache: Einzelfund (Kennung 0).

Forschungsgeschichte: Lesefund 1953/1954.

Beschreibung: 500 m südlich von Ulm-Lehr fand sich ein Denar des Hadrian (117–138 n. Chr.).

Literatur: Fundber. Schwaben N. F. 13, 1952–1954 (1955), 83. doi: https://doi.org/10.11588/diglit.60965#0089; SEEWALD 1972, 57,2.

501. Ulm-Mähringen

Nördlich der Kirche (MÄHR004)
x: 35695##, y: 53671##

Lagegenauigkeit: 0 (bis auf 50 m genau lokalisierbar).

Ansprache: Einzelfund (Kennung 0).

Forschungsgeschichte: Lesefund 1921.

Beschreibung: 1921 wurde in einem Baumloch nördlich der Kirche ein Dupondius des Marc Aurel (162–163 n. Chr.) gefunden.

Literatur: Fundber. Schwaben N. F. 1, 1917–1922 (1922), 106,524. doi: https://doi.org/10.11588/diglit.43772#0112; SEEWALD 1972, 59,2

502. Unterensingen (ES)

Blätscher (UNTE001)

x: 35262##, y: 53915##

Lagegenauigkeit: 0 (bis auf 50 m genau lokalisierbar).

Ansprache: Fundstreuung (Kennung 10).

Forschungsgeschichte: Baubeobachtung durch G. Seifert.

Beschreibung: Beim Bau der katholischen Kirche wurde eine bandkeramische Siedlung angeschnitten. Innerhalb der Baugrube fanden sich auch einige Scherben römerzeitlicher Gebrauchskeramik und ein kleines Stück einer Terra sigillata-Schüssel mit Reliefdekor. J. Roser erwähnt darüber hinaus in seinem Bericht über die Ausgrabungen in Köngen 1783/1784, dass sich nach Auskunft der Bauern auf der Markung Unterensingen südlich vom Bach (nicht mehr lokalisierbar) Grundmauern befänden. Möglicherweise besteht ein Zusammenhang mit dieser Fundstelle.

Literatur: Fundber. Schwaben N. F. 12, 1938–1951 (1952), 89; Fundber. Baden-Württemberg 2, 1975, 55. doi: https://doi.org/10.11588/fbbw.1975.0.24584.

503. Unterensingen (ES)

Hinterhalde (UNTE006)

x: 35253##, y: 53911##

Lagegenauigkeit: 0 (bis auf 50 m genau lokalisierbar).

Ansprache: Fundstreuung (Kennung 10).

Forschungsgeschichte: Baubeobachtung durch E. Koch 1967.

Beschreibung: Bei der Planierung eines Feldweges wurden mehrere Scherben von Gebrauchskeramik und Wandscherben glatter Terra sigillata gefunden. Die Fundstelle befindet sich im Bereich eines alamannischen Reihengräberfeldes.

Literatur: Fundber. Baden-Württemberg 2, 1975, 219. doi: https://doi.org/10.11588/fbbw.1975.0.24589.

504. Unterlenningen (ES)

Diepoldsburg Rauberberg (UNTE013)

x: 35363##, y: 53814##

Lagegenauigkeit: 2 (bis auf 500 m genau lokalisierbar).

Ansprache: Fundstreuung (Kennung 10).

Forschungsgeschichte: Baubeobachtung 1869.

Beschreibung: Beim Bau eines Pumpwerkes fanden sich mehrere Scherben römerzeitlicher Keramik. Die exakte Lokalisierung ist nicht gesichert. In der Literatur wird die Fundstelle an einem Südhang lokalisiert. Das Pumpwerk befindet sich jedoch am Nordhang.

Literatur: Fundber. Schwaben 3, 1895, 6 s. v. Kirchheim. doi: https://doi.org/10.11588/diglit.27199#0012; PARET 1932, 386.

505. Untermarchtal (UL)

Österfeld (UNTE006)

x: 35447##, y: 53454##

Lagegenauigkeit: 0 (bis auf 50 m genau lokalisierbar).

Ansprache: Ländliche Einzelsiedlung (Kennung 110).

Forschungsgeschichte: Kleinere Ausgrabung durch W. Hanold und R. Blumentritt 2004; kleinere Ausgrabung des LDA 2005.

Beschreibung: Bei einer Sondage im Zuge der Flurbereinigung fanden W. Hanold und R. Blumentritt eine Kulturschicht mit römerzeitlichem Fundmaterial. Eine daraufhin veranlasste Sondagegrabung des Landesdenkmalamtes ergab weiteres römerzeitliches Fundmaterial und Fundamentreste eines Gebäudes.

Literatur: –

506. Waldstetten-Weilerstoffel (AA)

Schwarzhorn (WALD006)

x: 35615##, y: 53995##

Lagegenauigkeit: 0 (bis auf 50 m genau lokalisierbar).

Ansprache: Einzelfund (Kennung 0).

Forschungsgeschichte: Baubeobachtung durch A. Deibele 1960.

Beschreibung: Im Zuge von Grabarbeiten bei der Reiterleskapelle fand sich ein Denar für Faustina I (nach 141 n. Chr.).

Literatur: Fundber. Schwaben N. F. 18,2, 1967, 192,619.

507. Wannweil (RT)

Kirche, Marienstraße (WANN001)   AG+

x: 35112##, y: 53753##

Lagegenauigkeit: 0 (bis auf 50 m genau lokalisierbar).

Ansprache: Ländliche Einzelsiedlung (Kennung 110).

Forschungsgeschichte: Baubeobachtungen 1883, 1890/1891 und 1936.

Beschreibung: Bei Bauarbeiten an der Kirche und am Gemeindehaus wurden zu verschiedenen Zeiten Mauerreste eines Gebäudes sowie vermutlich Teile der Umfassungsmauer eines römischen Gutshofes ausgegraben. Darüber hinaus fanden sich größere Mengen römerzeitlicher Keramik und Ziegelbruchstücke.

Literatur: Fundber. Schwaben 1, 1893, 1. doi: https://doi.org/10.11588/diglit.27197#0008; Paret 1932, 391,1; Fundber. Schwaben N. F. 9, 1935–1938 (1938), 103; Oeftiger 1997, 78,2.

508. Wäschenbeuren (GP)

Breiter Weg, Am Schießhaus (WÄSC004)

x: 35507##,#, y: 54030##

Lagegenauigkeit: 0 (bis auf 50 m genau lokalisierbar).

Ansprache: Fundstreuung (Kennung 10).

Forschungsgeschichte: Baubeobachtung durch A. H. Nuber und P. Käßer 1950.

Beschreibung: Im Zuge von Baumaßnahmen wurde eine spätlatènezeitliche Kulturschicht angeschnitten. Neben den vorgeschichtlichen Funden konnten laut Ausgräbern auch römerzeitliche Scherben aus der Baugrube geborgen werden, darunter ein Krug.

Literatur: Fundber. Schwaben N. F. 11, 1938–1950 (1951), 98; Schreg 1996, Wäschenbäuren 4,7.

509. Wäschenbeuren-Wäschenbeuren (GP)

Wäscherschloss (-)

x: 35519##, y: 54035##

Lagegenauigkeit: 0 (bis auf 50 m genau lokalisierbar).

Ansprache: Fundstreuung (Kennung 10).

Forschungsgeschichte: Feldbegehung durch G. Zorn 1985/1986.

Beschreibung: Unmittelbar westlich des Wäscherschlosses fand G. Zorn Scherben römerzeitlicher Keramik der zweiten Hälfte des 2. Jahrhunderts n. Chr., darunter das Fragment eines Terra sigillata-Gefäßes.

Literatur: Fundber. Baden-Württemberg 12, 1987, 606. doi: https://doi.org/10.11588/fbbw.1987.0.39544; Schreg 1996, Wäschenbeuren 6.

510. Weilheim a. d. Teck (ES)

Egelsberg (WEIL004)

x: 35377##, y: 53867##

Lagegenauigkeit: 0 (bis auf 50 m genau lokalisierbar).

Ansprache: Isolierter Grabfund (Kennung 200).

Forschungsgeschichte: Landwirtschaftliche Tätigkeit 1927.

Beschreibung: Bei landwirtschaftlichen Arbeiten kamen 1927 am Fuß des Egelberges zwei Brandstellen zutage, in deren Bereich zahlreiche Nägel und römerzeitliche Keramikscherben lagen, darunter Terra sigillata. Weiterhin fand sich in der Nähe der Brandstellen eine mit Asche gefüllte Schüssel. Mauern oder Ziegeln wurden nicht angetroffen. Vermutlich handelt es sich um die Reste eines Bestattungsplatzes.

Literatur: Riedl 1987, 470–471; Fundber. Schwaben N. F. 4, 1926–1928 (1928), 102. doi: https://doi.org/10.11588/diglit.43775#0112; Paret 1932, 392,2; Bizer 2007.

511. Weilheim a. d. Teck (ES)

Meierhöfe (-)

x: 35387##, y: 53876##

Lagegenauigkeit: 1 (bis auf 200 m genau lokalisierbar).

Ansprache: Vermutlich ländliche Einzelsiedlung (Kennung 119).

Forschungsgeschichte: Baubeobachtung 1908; Feldbegehung durch Ch. Bizer 1988.

Beschreibung: Da nach Ausweis der historischen Quellen an dieser Stelle nie ein Hof gestanden hat, wird der Flurname Mayerhöfe als möglicher Hinweis auf eine ältere Siedlungsstelle gedeutet. Bei Bauarbeiten im frühen 20. Jahrhundert wurden Mauerreste festgestellt, jedoch ohne vergesellschaftetes Fundmaterial. Bei Feldbegehungen 1988 stellte Ch. Bizer wenige römerzeitliche Scherben im Bereich der Fundstelle fest. Wenige weitere römerzeitliche Scherben in der Kalixtenbergstraße und eine römische Münze in der Kirchheimer Straße wurden aufgrund der Nähe zu der vorliegenden Fundstelle nicht separat aufgenommen.

Literatur: Bizer 2007.

Weilheim a. d. Teck (ES) / Aichtal (GP)

Vor dem See, Untere Herrenwiesen (AICH006; WEIL011)

Siehe *Kat. Nr. 11.*

512. Weilheim a. d. Teck-Hepsisau (ES)

Weilerbach, Reilen (HEPS003)

x: 35405##, y: 53834##

Lagegenauigkeit: 0 (bis auf 50 m genau lokalisierbar).

Ansprache: Römischer Gutshof (Kennung 111).

Forschungsgeschichte: Landwirtschaftliche Tätigkeit 1930; kleinere Ausgrabung durch P. Stierle 1952; kleinere Ausgrabung durch O. Lau und P. Stierle 1952.

Beschreibung: Nachdem in den 30er Jahren des 20. Jahrhunderts beim Pflügen in der Flur Weiler / Reilen immer wieder Steinquader zutage gefördert wurden, führte Lehrer P. Stierle eine Sondagegrabung im Bereich der vermuteten Fundstelle durch, bei der er einen Säulenfuß sowie Teile eines Kellertisches barg. Daraufhin führten O. Lau, P. Stierle und der Besitzer des Ackers wenige Monate später eine kleinere Ausgrabung durch, bei der der Keller des Hauptgebäudes eines römischen Gutshofes freigelegt wurde. Der Keller befand sich unter dem östlichen Eckrisalit des Gebäudes.

Literatur: Paret 1932, 317; Fundber. Schwaben N. F. 13, 1952–1954 (1955), 58–60. doi: https://doi.org/10.11588/diglit.60965.11; Bizer 2007.

513. Welzheim (WN)

Beunde (WELZ025, WELZ026, WELZ034)

x: 35464##, y: 54151##

Lagegenauigkeit: 0 (bis auf 50 m genau lokalisierbar).

Ansprache: Auxiliarkastell (Kennung 410).

Forschungsgeschichte: Altfund des 18. Jahrhunderts; größere Ausgrabung der RLK 1895 und 1896; Baubeobachtung 1927; Le-

sefund 1937; Baubeobachtung 1957; kleinere Ausgrabungen des LDA 1980, 1983, 1984, 1989, 1997, 1999, 2000, 2005 und 2006.

Beschreibung: Das sogenannte Westkastell von Welzheim befindet sich auf einer Hochfläche über der Lein und ist durch eine Straße mit dem Ostkastell (*Kat. Nr. 514*) verbunden. Das Reiterkastell hatte eine Fläche von 4,3 ha. Von der Umwehrung sind drei Spitzgräben und die steinerne Wehrmauer mit vier Toren und mehreren Zwischentürmen bekannt. Im Inneren sind das zentrale Stabsgebäude aus Stein, ein Magazinbau sowie Baracken in Holz-Fachwerk-Bauweise ausgegraben. Heute ist das Kastellareal nahezu vollständig überbaut. Bei der hier stationierten Truppe handelte es sich vermutlich um die vorher in Bad-Cannstatt belegte *ala I Scubulorum*. Das Kastell wurde im Zuge der Vorverlegung des Limes auf die Linie Miltenberg-Lorch um 160 n. Chr. errichtet und war vermutlich bis ca. 260 n. Chr. belegt.

Literatur: ORL B 45 Welzheim; Fundber. Schwaben N. F. 4, 1926–1928 (1928), 97–98. doi: https://doi.org/10.11588/diglit.43775.14; Paret 1932, 393,1; Fundber. Schwaben N. F. 9, 1935–1938 (1938), 103–104,2; Fundber. Schwaben N. F. 13, 1952–1954 (1955), 74,2. doi: https://doi.org/10.11588/diglit.60965#0080; Fundber. Schwaben N. F. 14, 1957, 206,2. doi: https://doi.org/10.11588/diglit.66264#0218; Arch. Ausgr. Baden-Württemberg 1983, 178–181; Fundber. Baden-Württemberg 9, 1984, 713–715,2. doi: https://doi.org/10.11588/fbbw.1984.0.30850; Arch. Ausgr. Baden-Württemberg 1989, 126–127; Arch. Ausgr. Baden-Württemberg 1999, 94–96; Arch. Ausgr. Baden-Württemberg 2005, 129–134; Planck in Planck 2005, 364–369; Arch. Ausgr. Baden-Württemberg 2006, 101–106; Kortüm 2008; Meyer 2015; Fundber. Baden-Württemberg 36, 2016, 327–339. doi: https://doi.org/10.11588/fbbw.2016.0.57647; Fundber. Baden-Württemberg 37, 2017, 465. doi: https://doi.org/10.11588/fbbw.2017.0.70431.

514. Welzheim (WN)

Bürgfeld (WELZ027)   *AG+*

x: 35471##, y: 54150##

Lagegenauigkeit: 0 (bis auf 50 m genau lokalisierbar).

Ansprache: Kleinkastell (Kennung 420).

Forschungsgeschichte: Kleinere Ausgrabung durch K. Miller 1886; größere Ausgrabung der RLK 1894; Baubeobachtung des LDA 1958; größere Ausgrabung des LDA 1976/1977 und 1981; geophysikalische Untersuchung durch H. Osten von der Woldenburg.

Beschreibung: Das Ostkastell von Welzheim liegt auf einer Hochfläche über der Lein, ca. 700 m östlich des Westkastells (*Kat. Nr. 513*) und ist mit diesem durch eine Straße verbunden. Die Anlage misst ca. 1,64 ha und bot damit Platz für eine gemischte Besatzung aus einem *numerus*, der durch Ziegelstempel mit dem *numerus Brittonum L(inensium?)* identifiziert werden kann, sowie *exploratores*. Von der Umwehrung sind zwei Spitzgräben und eine steinerne Wehrmauer mit vier Toren und wenigen Zwischentürmen bekannt. Im Inneren der Anlage sind die *principia* und das Wohnhaus eines Kommandeurs, ein Bade- und ein Speichergebäude aus Stein bekannt. Darüber hinaus sind Holz-Fachwerkbauten nachgewiesen, bei denen es sich um Mannschaftsbaracken handelte. Das Kastell wurde im Zuge der Vorverlegung des Limes auf die Linie Miltenberg-Lorch um 160 n. Chr. errichtet und um 220 oder wenig später verlassen.

Literatur: ORL B 45a Welzheim; PARET 1932, 393–394,3; Fundber. Schwaben N. F. 14, 1957, 233–234,190,15–19. doi: https://doi.org/10.11588/diglit.66264.34; Fundber. Schwaben N. F. 15, 1959, 121–122,190,20–25; 177–178,2. doi: https://doi.org/10.11588/diglit.66263; Fundber. Schwaben N. F. 16, 1962, 273,3; 317–318,190,28; Fundber. Schwaben N. F. 18,2, 1967, 127,5; 193–194,190,42; Arch. Ausgr. Baden-Württemberg 1976, 50–55; Arch. Ausgr. Baden-Württemberg 1977, 61–67; PLANCK 1979; Arch. Ausgr. Baden-Württemberg 1981, 169–171; Fundber. Baden-Württemberg 8, 1983, 368–371,2 Abb. 160–164. doi: https://doi.org/10.11588/fbbw.1983.0.26586; Fundber. Baden-Württemberg 9, 1984, 713,1. doi: https://doi.org/10.11588/fbbw.1984.0.30850; Arch. Ausgr. Baden-Württemberg 1993, 135–140; Arch. Ausgr. Baden-Württemberg 1999, 94–96; VAN DRIEL-MURRAY / HARTMANN 1999; Planck in PLANCK 2005, 364–369; Arch. Ausgr. Baden-Württemberg 2012, 170–173.

515. Welzheim (WN)

Bürgfeld (-)   AG+

x: 35469##, y: 54154##

Lagegenauigkeit: 0 (bis auf 50 m genau lokalisierbar).

Ansprache: Grabbefunde im Siedlungskontext (Kennung 210).

Forschungsgeschichte: Forstwirtschaft 1927; Baubeobachtung 1957; größere Ausgrabung des LDA 1979.

Beschreibung: Der Bestattungsplatz auf der Flur „Bürgfeld" befindet sich nordwestlich des Ostkastells. Erstmals stieß man 1927 beim Baumsetzen auf römerzeitliche Befunde. Ein Teil des Gräberfeldes wurde beim Bau eines Sportplatzes 1957 undokumentiert zerstört. 1979 konnte der Bau einer Turnhalle im Bereich der Fundstelle dagegen durch das LDA archäologisch begleitet werden. Dabei wurden der westliche und südliche Rand des Gräberfeldes erfasst, während der östliche Bereich von der Störung 1957 betroffen war und der nördliche Bereich bis unter den Hof der benachbarten Schule führte. Insgesamt konnten 161 Brandbestattungen geborgen werden.

Literatur: RIEDL 1987, 570–573; Fundber. Schwaben N. F. 4, 1926–1928 (1928), 97–98,3. doi: https://doi.org/10.11588/diglit.43775.14; Fundber. Schwaben N. F. 15, 1959, 177,1. doi: https://doi.org/10.11588/diglit.66263#0205; Arch. Ausgr. Baden-Württemberg 1979, 88–90; Planck in PLANCK 2005, 368.

516. Welzheim (WN)

Kistenfabrik Elßer und Habisreitinger (-)

x: 35463##, y: 54146##

Lagegenauigkeit: 0 (bis auf 50 m genau lokalisierbar).

Ansprache: Vermuteter Grabbefund im Siedlungskontext (Kennung 219).

Forschungsgeschichte: Baubeobachtung 1955.

Beschreibung: Im Zuge von Bauarbeiten entdeckte man eine Ascheschicht, die zwei Krüge enthielt. Möglicherweise handelt es sich um die Reste eines Bestattungsplatzes. Ein Zusammenhang mit dem Bestattungsplatz *Kat. Nr. 518* ist möglich.

Literatur: RIEDL 1987, 566–567; Fundber. Schwaben N. F. 14, 1957, 206. doi: https://doi.org/10.11588/diglit.66264#0218.

517. Welzheim (WN)

Leinwiesen (WELZ028)   AG+

x: 35472##, y: 54152##

Lagegenauigkeit: 5 (verlagerte Fundstelle).

Ansprache: Religionszeugnis ohne Befundzusammenhang (Kennung 320).

Forschungsgeschichte: Lesefund 1985.

Beschreibung: 1985 fanden Schüler die Reste eines zum Mitraskult gehörenden Reliefs mit der Darstellung des *cautes*. Es handelt sich um eine sekundäre Fundstelle im Bachbett der Lein. Das Relief wird als Beleg für ein Mithräum gedeutet, das sich im Hang unterhalb des Ostkastells befunden haben könnte.

Literatur: Fundber. Baden-Württemberg 8, 1983, 347–348,5. doi: https://doi.org/10.11588/fbbw.1983.0.26586; Arch. Ausgr. Baden-Württemberg 1985, 153–154; Fundber. Baden-Württemberg 12, 1987, 608,1 Abb. 93. doi: https://doi.org/10.11588/fbbw.1987.0.39544.

518. Welzheim (WN)

Lisztstraße, Schorndorfer Straße (-)

x: 35463##, y: 54145##

Lagegenauigkeit: 0 (bis auf 50 m genau lokalisierbar).

Ansprache: Grabbefunde im Siedlungskontext (Kennung 210).

Forschungsgeschichte: Baubeobachtung in den 1950er Jahren; Baubeobachtung 1977.

Beschreibung: Etwa 700 m südlich des Westkastells wurden 1977 bei Bauarbeiten zwei Brandgräber aufgedeckt. Nach Aussage der Finder sollen sich nördlich und südlich der Fundstelle je parallel zueinander verlaufende Mauern befunden haben. Vermutlich handelt es sich um ein umfriedetes Brandgräberfeld. Eine Ascheschicht mit zwei Tonkrügen, die in den 1950er Jahren bei Bauarbeiten ca. 80 m nördlich der Fundstelle freigelegt wurde, steht wahrscheinlich mit dem Gräberfeld im Zusammenhang (*Kat. 516*).

Literatur: RIEDL 1987, 567–568; Fundber. Schwaben N. F. 14, 1957, 206,1. doi: https://doi.org/10.11588/diglit.66264#0218; Fundber. Baden-Württemberg 8, 1983, 371–373,3. doi: https://doi.org/10.11588/fbbw.1983.0.26586.

519. Welzheim (WN)

Rienharzer Straße 32 (-)

x: 35468##, y: 54152##

Lagegenauigkeit: 0 (bis auf 50 m genau lokalisierbar).

Ansprache: Grabbefunde im Siedlungskontext (Kennung 210).

Forschungsgeschichte: Baubeobachtung durch Heinz 1961.

Beschreibung: Etwa 100 m südwestlich des Gräberfeldes auf dem Bürgfeld wurde beim Bau eines Hauses ein einzelnes Brandgrab angeschnitten. Darin fand man die Reste eines kleinen Henkelkruges „mit Leichenbrandresten dabei". Während der

Bauarbeiten wurde weiterhin ein 53×55×35 cm messender Stubensandsteinblock freigelegt, der auf einer Seite leicht ausgehöhlt war. Möglicherweise handelt es sich um die Reste einer Aschenkiste.

Literatur: Riedl 1987, 574; Fundber. Schwaben N. F. 16, 1962, 273,5; Fundber. Schwaben N. F. 18,2, 1967, 127,1.

520. Welzheim (WN)

Rötelsee (WELZ031)

x: 35465##, y: 54167##

Lagegenauigkeit: 0 (bis auf 50 m genau lokalisierbar).

Ansprache: Kleinkastell (Kennung 420).

Forschungsgeschichte: Kleinere Ausgrabung der RLK 1895; größere Ausgrabung des LDA 1974.

Beschreibung: Kleinkastell Rötelsee etwa 1,5 km nördlich des Westkastells von Welzheim und 40 m westlich der Limeslinie. Der Grundriss samt Innenbebauung konnte vollständig archäologisch erfasst werden. Das 0,034 ha messende Kastell hatte einen annähernd quadratischen Grundriss und war von einer steinernen Wehrmauer und einem Spitzgraben umgeben. Im Inneren sind eine U-förmige Baracke und ein gepflasterter Innenhof nachgewiesen. Das Kastell wurde im Zuge der Vorverlegung des Limes auf die Linie Miltenberg-Lorch um 160 n. Chr. gegründet und war vermutlich mindestens bis ins erste Drittel des 3. Jahrhunderts n. Chr. belegt.

Literatur: ORL A Strecke 9, 188; Paret 1932, 393–394,7; Arch. Ausgr. Baden-Württemberg 1974, 40–43; Fundber. Baden-Württemberg 8, 1983, 367–368,1 Abb. 158–159. doi: https://doi.org/10.11588/fbbw.1983.0.26586; Planck in Planck 2005, 369–370.

521. Welzheim (WN)

Stadtgebiet (WELZ029, WELZ033)

x: 35466##, y: 54150##

Lagegenauigkeit: 0 (bis auf 50 m genau lokalisierbar).

Ansprache: Kastellvicus (Kennung 122).

Forschungsgeschichte: Baubeobachtungen 1911, 1914, 1927, 1928, 1932, 1937, 1947, 1952, 1957, 1958, 1960; kleinere Ausgrabung des LDA 1988; Baubeobachtungen 1996 und 2000; kleinere Ausgrabungen des LDA 2005, 2006, 2014.

Beschreibung: *Vicus* des Ost- und Westkastells. Zur Beschreibung siehe *Kap. 3.2.2.6.*

Literatur: Fundber. Schwaben 17, 1909, 58. doi: https://doi.org/10.11588/diglit.43784#0063; Fundber. Schwaben 19, 1911, 128–135. doi: https://doi.org/10.11588/diglit.43335.15; Fundber. Schwaben 21, 1913, 81; 85–105. doi: https://doi.org/10.11588/diglit.43334; Fundber. Schwaben 22–24, 1914–1916 (1917), 30. doi: https://doi.org/10.11588/diglit.43769#0040; Fundber. Schwaben N. F. 1, 1917–1922 (1922), 90,3; 104,190. doi: https://doi.org/10.11588/diglit.43772.15; Fundber. Schwaben N. F. 2, 1922–1924 (1924), 39,190. doi: https://doi.org/10.11588/diglit.43773#0047; Fundber. Schwaben N. F. 4, 1926–1928 (1928), 97–98,1.5.6. doi: https://doi.org/10.11588/diglit.43775.14; Fundber. Schwaben N. F. 7, 1930–1932 (1932), 59. doi: https://doi.org/10.11588/diglit.57655#0069; Paret 1932, 393–394,2.5–6;

Fundber. Schwaben N. F. 9, 1935–1938 (1938), 103–104,3; Fundber. Schwaben N. F. 12, 1938–1951 (1952), 91; Fundber. Schwaben N. F. 13, 1952–1954 (1955), 74–75,1.3. doi: https://doi.org/10.11588/diglit.60965.11; Fundber. Schwaben N. F. 14, 1957, 206,4.5. doi: https://doi.org/10.11588/diglit.66264#0218; Fundber. Schwaben N. F. 15, 1959, 177–178,2.doi: https://doi.org/10.11588/diglit.66263.36; Fundber. Schwaben N. F. 16, 1962, 273,1–2.4.6–8; 317–318,190,26–27.29–33; Fundber. Schwaben N. F. 18,2, 1967, 127,2–4; 193,190,34–41; Fundber. Baden-Württemberg 2, 1975, 231,1–2. doi: https://doi.org/10.11588/fbbw.1975.0.24589; Fundber. Baden-Württemberg 5, 1980, 260–261,2 Abb. 190. doi: https://doi.org/10.11588/fbbw.1980.0.26295; Fundber. Baden-Württemberg 10, 1985, 127. doi: https://doi.org/10.11588/fbbw.1985.0.28127; Fundber. Baden-Württemberg 12, 1987, 608,2. doi: https://doi.org/10.11588/fbbw.1987.0.39544; Arch. Ausgr. Baden-Württemberg 1988, 118–119; Fundber. Baden-Württemberg 17,2, 1992, 157,1–3. doi: https://doi.org/10.11588/fbbw.1992.2.42864; Planck in Planck 2005, 368; Fundber. Baden-Württemberg 28,2, 2005, 279,1–2. doi: https://doi.org/10.11588/fbbw.2005.2.73063; Arch. Ausgr. Baden-Württemberg 2011, 140–143; Fundber. Baden-Württemberg 32,2, 2012, 608; Arch. Ausgr. Baden-Württemberg 2014, 186–187.

522. Welzheim (WN)

Tannwald (-)

x: 35472##, y: 54141##

Lagegenauigkeit: 0 (bis auf 50 m genau lokalisierbar).

Ansprache: Produktionsstätte ohne Siedlungszusammenhang (Kennung 101).

Forschungsgeschichte: Feldbegehung der RLK 1898; kleinere Ausgrabung der RLK 1898.

Beschreibung: Bei Nachforschungen zum Verlauf der Limeslinie bei Welzheim stieß G. Sixt 1898 auf einen Schutthügel, der sich als römerzeitlicher Töpferofen herausstellte. 20 m nördlich der Fundstelle fanden sich daneben Reste eines Ziegelofens. Die aus dem Töpferofen geborgenen Ziegel mit dem Stempel NBL wurden laut einer Einschätzung des Vetters G. Sixts, einem Ziegeleibesitzer, aus Welzheimer Lehm gefertigt, während für die übrigen Ziegel ortsfremder Ton Verwendung fand. Die Öfen waren durch eine gepflasterte Straße mit dem Osttor des etwa 1 km entfernten Ostkastells verbunden.

Literatur: Limesbl. 30, 1898, 823–824. doi: https://doi.org/10.11588/diglit.8938#0008; Paret 1932, 143; 393–394,4.

523. Wendlingen a. Neckar (ES)

Hausener Berg (WEND012)

x: 35298##, y: 53939##

Lagegenauigkeit: 0 (bis auf 50 m genau lokalisierbar).

Ansprache: Ländliche Einzelsiedlung (Kennung 110).

Forschungsgeschichte: Fundumstände unbekannt 1930/1931.

Beschreibung: 1930/1931 wurden Mauerbefunde, Ziegel und Scherben römerzeitlicher Keramik gefunden. Näheres ist nicht bekannt.

Literatur: Paret 1932, 394.

524. Wendlingen a. Neckar (ES)

Weinhalde, Burgäcker (WEND005)

x: 35280##, y: 53937##

Lagegenauigkeit: 4 (genauer Fundort nicht bekannt).

Ansprache: Vermutlich römerzeitliche Siedlungsreste (Kennung 199).

Forschungsgeschichte: Feldbegehung im Zuge der Landesaufnahme durch E. von Paulus bis 1877.

Beschreibung: E. von Paulus erwähnt römerzeitliche Grundmauern sowie Reste von Ziegeln, Amphoren und Terra sigillata auf der Landzunge östlich der Lautereinmündung in den Neckar. Nach Aussagen der Bewohner soll an dieser Stelle ein Schloss gestanden haben. Daneben sind Berichte über Münzfunde vorhanden. Der Fundort war bereits um die Wende vom 19. zum 20. Jahrhundert nicht mehr lokalisierbar.

Literatur: von Paulus 1877, 38; Paret 1932, 394,1.

525. Wendlingen a. Neckar (ES)

Winkel, Maueräcker (WEND011)

x: 35289##, y: 53933##

Lagegenauigkeit: 0 (bis auf 50 m genau lokalisierbar).

Ansprache: Vermutlich römerzeitliche Siedlungsreste (Kennung 199).

Forschungsgeschichte: Altfund 19. Jahrhundert.

Beschreibung: In der Oberamtsbeschreibung werden römerzeitliche Ziegel erwähnt. Ein weiterer Nachweis fehlt.

Literatur: Paret 1932, 394,2.

Wendlingen a. Neckar / Kirchheim u. Teck-Ötlingen (ES)

Klingelwiesen, Rotwiesen (ÖTLI012; WEND017)

Siehe *Kat. Nr. 240.*

526. Wendlingen a. Neckar-Unterboihingen (ES)

Hinter den Gärten, Innere Tal, Steigäcker (WEND014)

x: 35274##, y: 53920##

Lagegenauigkeit: 0 (bis auf 50 m genau lokalisierbar).

Ansprache: Römischer Gutshof (Kennung 111).

Forschungsgeschichte: Feldbegehung durch E. von Paulus 1835; kleinere Ausgrabung 1835; Feldbegehung durch O. Lau 1936; größere Ausgrabung des LDA 1961; kleinere Ausgrabung durch O. Lau 1961; Baubeobachtung durch R. Durst 2004/2005.

Beschreibung: 1835 wurden auf der Flur „Im Steig" Gebäudereste ausgegraben, die zunächst für die Grundmauern eines ehemaligen Klosters gehalten wurden. Eine Nachuntersuchung

durch E. von Paulus ergab römerzeitliche Ziegel, Heizröhrenbruchstücke, Estrichreste sowie zahlreiche römerzeitliche Keramik, wodurch eine römerzeitliche Datierung der Mauerreste angenommen werden konnte. In der Folgezeit wurden immer wieder Bauschutt und römerzeitliche Keramik im Bereich der Fundstelle beobachtet. Nachdem O. Lau bei einer Sondagegrabung 1961 im Bereich der bereits bekannten Fundstelle eine Hypocaustanlage antraf, meldete er die Situation an das Staatliche Amt für Denkmalpflege in Stuttgart, das daraufhin eine archäologische Ausgrabung durchführte. Neben einem Badegebäude wurde dabei an unterschiedlichen Stellen auf einer Länge von 110 m ein Mauerzug freigelegt, bei dem es sich vermutlich um die Hofumfassung handelt. 2004/2005 stellte R. Durst bei der Erschließung des Baugebietes „Steigäcker" römerzeitliche Baubefunde und Fundmaterial fest.

Literatur: Fundber. Schwaben N. F. 4, 1926–1928 (1928), 90. doi: https://doi.org/10.11588/diglit.43775#0100; Paret 1932, 385; Fundber. Schwaben N. F. 9, 1935–1938 (1938), 54; 146; Fundber. Schwaben N. F. 14, 1957, 206. doi: https://doi.org/10.11588/diglit.66264#0218; Fundber. Schwaben 18,2, 1967, 290–296.

527. Wendlingen a. Neckar-Unterboihingen (ES)

Pfarrgarten (-)

x: 35282##, y: 53923##

Lagegenauigkeit: 1 (bis auf 200 m genau lokalisierbar).

Ansprache: Einzelfund (Kennung 0).

Forschungsgeschichte: Lesefund vor 1905.

Beschreibung: Im Pfarrgarten fand sich ein Denar des Septimius Severus.

Literatur: Fundber. Schwaben 13, 1905, 27,289,2. doi: https://doi.org/10.11588/diglit.42296#0033.

528. Wernau (ES)

Maurenacker? (WERN011)

x: 35305##, y: 53949##

Lagegenauigkeit: 0 (bis auf 50 m genau lokalisierbar).

Ansprache: Ländliche Einzelsiedlung (Kennung 110).

Forschungsgeschichte: Altfund 1811.

Beschreibung: 1811 wurden die Reste eines römerzeitlichen Gebäudes freigelegt.

Literatur: von Paulus 1877, 129 s. v. Pfauhausen; Paret 1932, 360 s. v. Pfauhausen.

529. Wernau (ES)

Neckartalsohle (WERN008)

x: 35304##, y: 53952##

Lagegenauigkeit: 5 (verlagerte Fundstelle).

Ansprache: Einzelfund (Kennung 0).

Forschungsgeschichte: Rohstoffgewinnung 1953.

Beschreibung: Beim Kiesgraben fand sich auf der Neckarsohle ein goldener Fingerring.

Literatur: Fundber. Schwaben N. F. 15, 1959, 179. doi: https://doi.org/10.11588/diglit.66263#0207.

530. Westerstetten-Hinterdenkental (UL)

Weilertal (WEST004)

x: 35686##, y: 53746##

Lagegenauigkeit: 0 (bis auf 50 m genau lokalisierbar).

Ansprache: Römischer Gutshof (Kennung 111).

Forschungsgeschichte: Luftbild durch R. Gensheimer 1989; Feldbegehung 1991.

Beschreibung: Auf Luftbildern sind vier helle Verfärbungen erkennbar, die möglicherweise von Gebäuden stammen. Zwei Gebäude sind sicher erkennbar. Bei dem größeren könnte es sich um das Hauptgebäude eines römischen Gutshofes handeln, während der kleinere Grundriss vermutlich als Nebengebäude angesprochen werden kann. Wenige Meter südlich der Fundstelle fand der Ackerbesitzer eine Münze des Vespasian. Eine Feldbegehung erbrachte lediglich Schlacke sowie wenig zeitlich nicht näher bestimmbare Keramik.

Literatur: PFAHL 1999, 211–212,151.

531. Winterbach (WN)

Bachstraße (WINT006)

x: 35352##, y: 54071##

Lagegenauigkeit: 0 (bis auf 50 m genau lokalisierbar).

Ansprache: Vermutlich ländliche Einzelsiedlung (Kennung 119).

Forschungsgeschichte: Baubeobachtung 1970.

Beschreibung: Beim Bau des Hauses Bachstraße 21 wurden 1970 Reste eines Henkelkruges gefunden. Nach Aussage der Ortsbewohner sollen im Bereich des Hauses Bachstraße 11 früher Säulen angetroffen worden sein.

Literatur: Fundber. Baden-Württemberg 5, 1980, 216–217. doi: https://doi.org/10.11588/fbbw.1980.0.26295.

532. Wolfschlugen (ES)

Storrenwiesen (WOLF004)

x: 35207##, y: 53915##

Lagegenauigkeit: 0 (bis auf 50 m genau lokalisierbar).

Ansprache: Ländliche Einzelsiedlung (Kennung 110).

Forschungsgeschichte: Feldbegehungen durch M. Hoch 1989 und 2001.

Beschreibung: Bei Feldbegehungen entdeckte M. Hoch 1989 dunkle Bodenverfärbungen, ausgepflügte Steine, Ziegel und Reste römerzeitlicher Gefäßkeramik. Weitere ausgepflügte Steine, Ziegelfragmente, Scherben römerzeitlicher Gebrauchskeramik und Terra sigillata fand M. Hoch 2001. Die Lagebeschreibung stimmt etwa mit der Fundstelle von 1989 überein, weshalb die Funde vermutlich vom selben Fundplatz stammen.

Literatur: Fundber. Baden-Württemberg 19,2, 1994, 129. doi: https://doi.org/10.11588/fbbw.1994.2.44824; Fundber. Baden-Württemberg 28,2, 2005, 280. doi: https://doi.org/10.11588/fbbw.2005.2.73063.

533. Wolfschlugen (ES)

Waldhäuser Holz, „Waldhauser Schloß" (WOLF007)

x: 35234##, y: 53910##

Lagegenauigkeit: 0 (bis auf 50 m genau lokalisierbar).

Ansprache: Römischer Gutshof (Kennung 111).

Forschungsgeschichte: Altfund 19. Jahrhundert; kleinere Ausgrabung der RLK 1895; kleinere Ausgrabung der RLK und des Schwäbischen Albvereins 1899; Baubeobachtung 1919; Lesefunde durch E. Beck 2001.

Beschreibung: Bereits im 19. Jahrhundert waren an der Fundstelle römerzeitliches Fundmaterial und Schutthügel bekannt, die auf Mauerreste hinwiesen. Bei einer 1895 von der Reichs-Limes-Kommission veranlassten Ausgrabung kamen das Hauptgebäude, ein Nebengebäude, der Rest eines weiteren Gebäudes und die Umfassungsmauer eines römischen Gutshofes zutage. Letztere umfasst eine Fläche von 3,3 ha. Mit weiteren Bauten aus Holz ist innerhalb dieser großen Fläche zu rechnen. Erneute archäologische Untersuchungen folgten 1899, unterstützt durch den Schwäbischen Albverein. 1919 kam bei Wegebauarbeiten eine Säule aus dem Bereich der Fundstelle zutage. Durch eine Begehung der Anlage in den 1990er Jahren und eine Revision der Ausgrabungsergebnisse konnten M. Luik und D. Müller einige der früheren Aussagen bezüglich der Maße der Gebäude und der Anlage korrigieren. Das im Zuge der Grabungen geborgene Fundmaterial ist größtenteils verschollen. Publiziert sind lediglich zwei Scherben Reliefsigillata, welche auf eine Datierung in die zweite Hälfte des 2. Jahrhunderts bis weit in das 3. Jahrhundert n. Chr. hinein hinweisen. Lesefunde aus dem Wurzelteller eines 2001 entwurzelten Baumes erbrachten darüber hinaus Fragmente von Wandinnenputz mit Bemalung.

Literatur: VON PAULUS 1877, 67; Fundber. Schwaben 7, 1899, 6. doi: https://doi.org/10.11588/diglit.27821#0012; Bl. Schwäb. Albver. 12, 1900, 220–223. https://www.schwaben-kultur.de/cgi-bin/getpix.pl?obj=00000034/00005764&typ=image (letzter Zugriff: 22.1.2024); Fundber. Schwaben 8, 1900, 11. doi: https://doi.org/10.11588/diglit.32238#0017; Fundber. Schwaben N. F. 1, 1917–1922 (1922), 89. doi: https://doi.org/10.11588/diglit.43772#0095; PARET 1932, 395; KOCH 1969, 27; LUIK/ MÜLLER 1999, 26–42; Luik in PLANCK 2005, 374–375; Fundber. Baden-Württemberg 37, 2017, 465. doi: https://doi.org/10.11588/fbbw.2017.0.70431.

Anhang und Beilage

Beilage:
Kaiserzeitliche Fundstellen im Untersuchungsgebiet

Die Beilage umfasst die Kartierung der aufgenommenen kaiserzeitlichen Fundstellen innerhalb des Untersuchungsgebietes mit Angabe der Katalognummer. Sie findet sich als Digitalsupplement online unter iDAI.repo, dem iDAI Open Data Service (https://repo.dainst.org/): https://doi.org/10.34780/loi1ndrm

Anhang 1:
Liste ehrenamtlicher Mitarbeiter:innen des Landesamts für Denkmalpflege Baden-Württemberg, Dienstsitze Tübingen und Esslingen / Stuttgart

Name	Zuständiges Gebiet	Erstauffindungen	Mittlere Entfernung zu Erstauffindungen	Aktiv 2014
Kettner	unteres Brenztal	2	2,9 km	Nein
Lehmkuhl	Kreis Esslingen, Bad Urach, Dettingen a. d. Erms, Grabenstetten, Grafenberg, Hülben, Metzingen	2	12,4 km	Ja
Romberg	Weinstadt, Regierungsbezirk Tübingen (Römerstein)	3	32,8 km	Ja
Weiss	Lenningen	3	4,3 km	Ja
Wieland	Dornstadt, Merklingen	3	3 km	Ja
Hanold	Allmendingen, Altheim, Ehingen, Erbach, Lauterach, Munderkingen, Oberdischingen, Öpfingen, Rottenacker, Untermarchtal	4	7,5 km	Ja
Beck	Nürtingen/Filder	5	2,8 km	Ja
Hoch	Neuhausen, südliche Filder	5	2,3 km	Ja
Junginger/ Reistle	Langenau, Nerenstetten, Neenstetten, Öllingen, Rammingen, Setzingen	7	5 km	Ja
Mollenkopf	Berghülen, Blaubeuren	7	3,7 km	Nein
Kley	Altheim (Alb), Asselfingen, Ballendorf, Beimerstetten, Börslingen, Breitingen, Dornstadt, Holzkirch, Nellingen, Weidenstetten, Westerheim	12	6,7 km	Nein

Anhang 2:
Liste übriger Begeher:innen

Name	Erstauffindungen	Mittlere Entfernung zum Wohnort
Glöckner	2	9,3 km
Bayh	2	0,6 km
Keuerleber	2	4,5 km
Krieg	2	5,6 km
Scheuthle	2	14,9 km
Gutekunst	2	5,9 km
Weißer	2	6,8 km
Nuber	2	2,8 km
Kapff	3	3,3 km
Hartmayer	3	2,4 km
Heckel	3	13,4 km
Koch	3	1,8 km
Rippmann	3	4,7 km
Zorn	5	8 km
Sautter	8	12,8 km
Bürger	10	5,3 km

Anhang 3:
Auszug der Kartiereinheiten (KE) im Untersuchungsgebiet aus der Bodenübersichtskarte 200 mit Auflösung der neu definierten Kategorien

KE	Vorherrschende Böden (> 50 % Flächenanteil)	Kurzlegende	Grobbodenanteil und Gründigkeit	Feinbodenart	Nutzbare Feldkapazität	Kationenaustauschkapazität	Neue Bodenkategorie
170	Humose Braunerde aus Hochflutlehm	Braunerden und Parabraunerden aus Hochflutlehm	skelettfreie bis -arme, meist tiefgründige Böden	Lehm	mittel bis hoch	mittel bis hoch	Auenböden
179	Kalkhaltiger Brauner Auenboden aus Auenlehm ueber Kies	Auenpararendzinen und Braune Auenböden	skeletthaltige, meist mittel- bis tiefgründige Böd	Lehm	mittel bis hoch	mittel bis hoch	Auenböden
180	Kalkhaltiger Brauner Auenboden aus Auenlehm	Auenpararendzinen und Braune Auenböden	skelettfreie bis -arme, meist tiefgründige Böden	Lehm	mittel bis hoch	mittel bis hoch	Auenböden
181	Brauner Auenboden und Auengley-Brauner Auenboden aus Auenlehm	Auenpararendzinen und Braune Auenböden	skeletthaltige, meist mittel- bis tiefgründige Böd	Lehm im Wechsel mit Lehm über Ton	hoch	hoch	Auenböden
226	Kalkhaltiger Brauner Auenboden aus Auenlehm ueber lockerem, sandigem Sinterkalk, lokal ueber Kalksteinkies	Auenpararendzinen und Braune Auenböden	skeletthaltige, meist mittel- bis tiefgründige Böd	Schluff im Wechsel mit Lehm	stark wechselnd	sehr gering bis mittel	Auenböden
228	Kalkhaltiger Brauner Auenboden und kalkhaltiger Brauner Auenboden-Auengley aus Auenlehm	Braune Auenböden bis Auengleye	skelettfreie bis -arme, meist tiefgründige Böden	Lehm im Wechsel mit Lehm über Ton	stark wechselnd	mittel bis hoch	Auenböden
305	Kalkhaltiger Brauner Auenboden aus Auenlehm und -sand ueber Kies	Auenpararendzinen und Braune Auenböden	skeletthaltige, meist mittel- bis tiefgründige Böd	Lehm	mittel	gering bis mittel	Auenböden
113	Pelosol und Braunerde-Pelosol aus grusigen, lehmig-tonigen Fließerden ueber Mergelstein- und Tonsteinzersatz	Pelosole aus Fließerden	skeletthaltige, meist mittel- bis tiefgründige Böd	Ton im Wechsel mit Lehm über Ton	gering bis mittel	mittel bis sehr hoch	Pelosole und pelosoliga Braunerden

KE	Vorherrschende Böden (> 50 % Flächen-anteil)	Kurzlegende	Grobbodenanteil und Gründigkeit	Feinbodenart	Nutzbare Feldkapazität	Kationenaus-tauschkapazität	Neue Boden kategorie
140	Pelosol-Rigosol und Pararendzina-Rigosol aus grusigen, lehmig-tonigen Fließerden Mergelstein-zersatz sowie Braunerde-Rigosol und Ranker-Rigosol aus meist tongründigen, steinigen, sandig-lehmigen Fließerden	Pararendzinen und Pelosole aus Fließerden	skeletthaltige, meist mittel- bis tiefgründige Böd	Ton im Wechsel mit Lehm über Ton	gering bis mittel	mittel bis sehr hoch	Pelosole und pelosoliga Braunerden
141	Braunerde-Pelosol aus lehmig-tonigen Fließerden und Rendzina aus Kalksteinzersatz	Pelosole und Rendzinen aus Fließerden, Kalksteinschutt und -zersatz	skeletthaltige, meist mittel- bis tiefgründige Böd	Lehm im Wechsel mit Lehm über Ton	sehr gering bis mittel	stark wechselnd	Pelosole und pelosoliga Braunerden
142	Pelosol aus tonigen Fließerden ueber bituminösem Tonmergelstein	Pelosole aus Fließerden	skeletthaltige, meist mittel- bis tiefgründige Böd	Ton im Wechsel mit Lehm über Ton	mittel	mittel bis sehr hoch	Pelosole und pelosoliga Braunerden
143	Pseudovergleyte Pelosol-Braunerde aus lehmigen ueber tonigen Fließerden	Pelosole und Braunerden aus Fließerden	skeletthaltige, meist mittel- bis tiefgründige Böd	Lehm über Ton	stark wechselnd	stark wechselnd	Pelosole und pelosoliga Braunerden
151	Pelosol-Pseudogley aus tonigen Fließerden	Pseudogleye aus Fließerden	skeletthaltige, meist mittel- bis tiefgründige Böd	Ton im Wechsel mit Lehm über Ton	mittel	mittel bis sehr hoch	Pelosole und pelosoliga Braunerden
153	Pelosol und Braunerde-Pelosol aus tonigen Fließerden	Pelosole aus Fließerden	skeletthaltige, meist mittel- bis tiefgründige Böd	Ton im Wechsel mit Lehm über Ton	mittel	mittel bis sehr hoch	Pelosole und pelosoliga Braunerden
154	Braunerde-Pelosol, Pseudogley-Pelosol und Pelosol aus tonigen Fließerden	Pelosole und Pseudogleye aus Fließerden	skeletthaltige, meist mittel- bis tiefgründige Böd	Ton im Wechsel mit Lehm über Ton	mittel	hoch bis sehr hoch	Pelosole und pelosoliga Braunerden
156	Pelosol-Pseudogley und Pseudogley-Pelosol aus tonigen Fließerden sowie Kolluvium- Pseudogley	Pelosole und Pseudogleye aus Fließerden	skeletthaltige, meist mittel- bis tiefgründige Böd	Ton	mittel	hoch bis sehr hoch	Pelosole und pelosoliga Braunerden
196	Braunerde-Pelosol, Pararendzina und Pseudogley-Pelosol aus tonig-mergeligen Molassesedimenten	Pararendzinen und Pelosole aus Molassesedimenten	skeletthaltige, meist mittel- bis tiefgründige Böd	Lehm im Wechsel mit Lehm über Ton	gering bis mittel	mittel bis sehr hoch	Pelosole und pelosoliga Braunerden

Anhang 4:
Römerzeitliche Siedlungsfundstellen innerhalb des Untersuchungsgebietes mit Kennwerten zu den untersuchten naturräumlichen Faktoren sowie der Distanz zu den vici

Kat. Nr.	Kennung	Lagegenauigkeit	Bodenkategorie	Höhenstufe	Abstand Gewässer	Abstand Vicus
9	101	0	Pseudogley-Parabraunerden aus Löss/Molasse	350–400 m	100–500 m	6–8 km
11	101	0	Pseudogley-Parabraunerden aus Löss/Molasse	350–400 m	0–100 m	6–8 km
12	10	1	Pseudogley-Parabraunerden aus Löss/Molasse	350–400 m	100–500 m	6–8 km
16	119	1	Braunerden und Parabraunerden aus Löss/Molasse	500–550 m	0–100 m	4–6 km
17	10	1	Braunerden und Parabraunerden aus Löss/Molasse	550–600 m	100–500 m	6–8 km
19	100	0	Ortslage	200–250 m	100–500 m	4–6 km
24	110	0	Braunerden und Parabraunerden aus Löss/Molasse	550–600 m	500–1000 m	10–12 km
27	111	0	Rendzina/Terr-fusca aus Kalksteinverwitterungslehm	650–700 m	100–500 m	6–8 km
28	111	0	Rendzina/Terr-fusca aus lehmbedecktem Kalksteinverwitterungslehm	650–700 m	500–1000 m	6–8 km
29	100	0	Pararendzina	650–700 m	100–500 m	6–8 km
31	110	0	Rendzina/Terr-fusca aus lehmbedecktem Kalksteinverwitterungslehm	600–650 m	500–1000 m	4–6 km
33	110	0	Braunerden und Parabraunerden aus Löss/Molasse	500–550 m	100–500 m	6–8 km
35	10	0	Pelosole und pelosoliga Braunerden	400–450 m	100–500 m	10–12 km
38	110	0	Pelosole und pelosoliga Braunerden	500–550 m	100–500 m	12–14 km
40	111	0	Rendzina/Terr-fusca aus Kalksteinverwitterungslehm	700–750 m	100–500 m	8–10 km
41	10	0	Rendzina/Terr-fusca aus Kalksteinverwitterungslehm	650–700 m	0–100 m	6–8 km
45	110	0	Rendzina/Terr-fusca aus lehmbedecktem Kalksteinverwitterungslehm	550–600 m	100–500 m	8–10 km
49	110	0	Rendzina/Terr-fusca aus lehmbedecktem Kalksteinverwitterungslehm	600–650 m	> 1000 m	10–12 km
50	10	0	Rendzina/Terr-fusca aus Kalksteinverwitterungslehm	650–700 m	0–100 m	12–14 km
51	10	0	Rendzina/Terr-fusca aus lehmbedecktem Kalksteinverwitterungslehm	600–650 m	> 1000 m	10–12 km
55	10	0	Rendzina/Terr-fusca aus lehmbedecktem Kalksteinverwitterungslehm	650–700 m	500–1000 m	12–14 km
62	111	0	Rendzina/Terr-fusca aus Kalksteinverwitterungslehm	500–550 m	500–1000 m	6–8 km

Kat. Nr.	Kennung	Lagegenauigkeit	Bodenkategorie	Höhenstufe	Abstand Gewässer	Abstand Vicus
66	10	0	Auenböden	350–400 m	100–500 m	6–8 km
67	10	0	Pararendzina	500–550 m	0–100 m	8–10 km
68	110	0	Pelosole und pelosoliga Braunerden	400–450 m	100–500 m	6–8 km
69	10	1	Rendzina/Terr-fusca aus Kalksteinverwitterungslehm	700–750 m	0–100 m	6–8 km
77	119	0	Braunerden und Parabraunerden aus Löss/Molasse	600–650 m	> 1000 m	8–10 km
83	10	0	Rendzina/Terr-fusca aus lehmbedecktem Kalksteinverwitterungslehm	600–650 m	100–500 m	14–16 km
85	10	1	Rendzina/Terr-fusca aus Kalksteinverwitterungslehm	700–750 m	100–500 m	12–14 km
87	110	0	Podsole und podsolige Braunerden	300–350 m	0–100 m	2–4 km
89	10	0	Ortslage	300–350 m	0–100 m	0–2 km
91	10	0	Rendzina/Terr-fusca aus Kalksteinverwitterungslehm	300–350 m	0–100 m	2–4 km
93	10	0	Rendzina/Terr-fusca aus lehmbedecktem Kalksteinverwitterungslehm	600–650 m	500–1000 m	12–14 km
96	100	1	Braunerden und Parabraunerden aus Löss/Molasse	550–600 m	> 1000 m	10–12 km
97	111	1	Braunerden und Parabraunerden aus Löss/Molasse	550–600 m	500–1000 m	10–12 km
98	111	1	Pararendzina	550–600 m	500–1000 m	10–12 km
99	111	0	Braunerden und Parabraunerden aus Löss/Molasse	600–650 m	> 1000 m	8–10 km
101	111	0	Braunerden und Parabraunerden aus Löss/Molasse	600–650 m	> 1000 m	8–10 km
102	10	0	Braunerden und Parabraunerden aus Löss/Molasse	600–650 m	> 1000 m	4–6 km
103	111	0	Braunerden und Parabraunerden aus Löss/Molasse	600–650 m	> 1000 m	6–8 km
104	10	0	Braunerden und Parabraunerden aus Löss/Molasse	600–650 m	> 1000 m	4–6 km
105	110	1	Braunerden und Parabraunerden aus Löss/Molasse	600–650 m	> 1000 m	6–8 km
106	111	0	Braunerden und Parabraunerden aus Löss/Molasse	600–650 m	> 1000 m	8–10 km
107	10	0	Braunerden und Parabraunerden aus Löss/Molasse	600–650 m	> 1000 m	8–10 km
108	111	0	Braunerden und Parabraunerden aus Löss/Molasse	600–650 m	> 1000 m	8–10 km
110	10	0	Podsole und podsolige Braunerden	250–300 m	100–500 m	8–10 km
114	10	0	Pelosole und pelosoliga Braunerden	300–350 m	0–100m	8–10 km
116	110	0	Ortslage	500–550 m	0–100 m	6–8 km
117	110	0	Ortslage	500–550 m	0–100 m	8–10 km
119	119	0	Pararendzina	650–700 m	500–1000 m	10–12 km
122	110	0	Braunerden und Parabraunerden aus Löss/Molasse	550–600 m	100–500 m	6–8 km
128	110	0	Pseudogley-Parabraunerden aus Löss/Molasse	500–550 m	100–500 m	4–6 km
132	119	0	Rendzina/Terr-fusca aus Kalksteinverwitterungslehm	700–750 m	500–1000 m	6–8 km
137	110	0	Pseudogley-Parabraunerden aus Löss/Molasse	550–600 m	100–500 m	6–8 km
139	100	0	Rendzina/Terr-fusca aus Kalksteinverwitterungslehm	700–750 m	100–500 m	8–10 km
143	10	0	Rendzina/Terr-fusca aus Kalksteinverwitterungslehm	700–750 m	500–1000 m	8–10 km

Kat. Nr.	Kennung	Lagegenauigkeit	Bodenkategorie	Höhenstufe	Abstand Gewässer	Abstand Vicus
149	111	0	Podsole und podsolige Braunerden	450–500 m	100–500 m	2–4 km
151	10	0	Ortslage	200–250 m	100–500 m	6–8 km
152	10	0	Ortslage	200–250 m	0–100 m	8–10 km
154	110	0	Pseudogley-Parabraunerden aus Löss/Molasse	300–350 m	500–1000 m	2–4 km
155	110	1	Podsole und podsolige Braunerden	350–400 m	0–100 m	8–10 km
156	111	0	Ortslage	250–300 m	100–500 m	6–8 km
157	10	0	Ortslage	200–250 m	100–500 m	4–6 km
159	10	0	Podsole und podsolige Braunerden	400–450 m	100–500 m	6–8 km
161	10	0	Braunerden und Parabraunerden aus Löss/Molasse	350–400 m	500–1000 m	8–10 km
162	110	1	Pseudogley-Parabraunerden aus Löss/Molasse	400–450 m	500–1000 m	8–10 km
164	119	0	Pseudogley-Parabraunerden aus Löss/Molasse	350–400 m	500–1000 m	10–12 km
165	110	0	Pseudogley-Parabraunerden aus Löss/Molasse	350–400 m	100–500 m	10–12 km
167	110	0	Pseudogley-Parabraunerden aus Löss/Molasse	400–450 m	100–500 m	12–14 km
173	10	0	Ortslage	400–450 m	0–100 m	8–10 km
174	110	0	Ortslage	400–450 m	100–500 m	8–10 km
175	110	0	Ortslage	400–450 m	100–500 m	10–12 km
178	111	0	Rendzina/Terr-fusca aus lehmbedecktem Kalksteinverwitterungslehm	600–650 m	500–1000 m	4–6 km
179	111	1	Rendzina/Terr-fusca aus lehmbedecktem Kalksteinverwitterungslehm	650–700 m	0–100 m	8–10 km
181	111	0	Rendzina/Terr-fusca aus lehmbedecktem Kalksteinverwitterungslehm	650–700 m	> 1000 m	4–6 km
182	110	0	Pelosole und pelosoliga Braunerden	550–600 m	100–500 m	8–10km
184	111	0	Pelosole und pelosoliga Braunerden	550–600 m	500–1000 m	10–12 km
185	111	0	Braunerden und Parabraunerden aus Löss/Molasse	550–600 m	100–500 m	10–12 km
198	110	0	Ortslage	300–350 m	0–100 m	10–12 km
203	10	1	Braunerden aus Fließerden	500–550 m	100–500 m	4–6 km
204	10	1	Braunerden aus Fließerden	500–550 m	100–500 m	4–6 km
205	10	0	Pararendzina	650–700 m	100–500 m	6–8 km
207	10	1	Pararendzina	550–600 m	100–500 m	6–8 km
208	110	0	Pararendzina	550–600 m	500–1000 m	6–8 km
209	10	0	Rendzina/Terr-fusca aus Kalksteinverwitterungslehm	700–750 m	0–100 m	6–8 km
218	10	0	Pelosole und pelosoliga Braunerden	350–400 m	100–500 m	8–10 km
233	111	0	Rendzina/Terr-fusca aus lehmbedecktem Kalksteinverwitterungslehm	500–550 m	100–500 m	6–8 km
234	10	0	Rendzina/Terr-fusca aus Kalksteinverwitterungslehm	450–500 m	100–500 m	10–12 km
238	10	0	Rendzina/Terr-fusca aus Kalksteinverwitterungslehm	700–750 m	0–100 m	8–10 km

Kat. Nr.	Kennung	Lagegenauigkeit	Bodenkategorie	Höhenstufe	Abstand Gewässer	Abstand Vicus
240	119	0	Pseudogley-Parabraunerden aus Löss/Molasse	300–350 m	100–500 m	2–4 km
241	110	0	Ortslage	250–300 m	100–500 m	2–4 km
248	110	0	Ortslage	300–350 m	500–1000 m	0–2 km
252	111	1	Ortslage	250–300 m	100–500 m	0–2 km
253	110	0	Braunerden und Parabraunerden aus Löss/Molasse	300–350 m	500–1000 m	0–2 km
256	111	0	Braunerden und Parabraunerden aus Löss/Molasse	500–550 m	100–500 m	8–10 km
262	111	0	Braunerden und Parabraunerden aus Löss/Molasse	450–500 m	100–500 m	2–4 km
264	110	0	Rendzina/Terr-fusca aus Kalksteinverwitterungslehm	450–500 m	100–500 m	0–2 km
267	111	0	Braunerden und Parabraunerden aus Löss/Molasse	450–500 m	100–500 m	0–2 km
270	10	0	Rendzina/Terr-fusca aus lehmbedecktem Kalksteinverwitterungslehm	500–550 m	0–100 m	4–6 km
271	111	0	Rendzina/Terr-fusca aus lehmbedecktem Kalksteinverwitterungslehm	550–600 m	100–500 m	4–6 km
272	111	0	Braunerden und Parabraunerden aus Löss/Molasse	450–500 m	0–100 m	2–4 km
273	111	0	Rendzina/Terr-fusca aus lehmbedecktem Kalksteinverwitterungslehm	500–550 m	0–100 m	4–6 km
274	10	0	Pararendzina	500–550 m	0–100 m	6–8 km
275	119	0	Rendzina/Terr-fusca aus lehmbedecktem Kalksteinverwitterungslehm	500–550 m	100–500 m	6–8 km
276	111	0	Rendzina/Terr-fusca aus lehmbedecktem Kalksteinverwitterungslehm	500–550 m	100–500 m	6–8 km
278	100	0	Rendzina/Terr-fusca aus lehmbedecktem Kalksteinverwitterungslehm	500–550 m	100–500 m	6–8 km
280	110	0	Rendzina/Terr-fusca aus Kalksteinverwitterungslehm	500–550 m	100–500 m	6–8 km
282	10	0	Pelosole und pelosoliga Braunerden	400–450 m	0–100 m	10–12 km
285	119	1	Ortslage	400–450 m	500–1000 m	8–10 km
286	111	0	Pelosole und pelosoliga Braunerden	400–450 m	100–500 m	12–14 km
287	119	0	Auenböden	500–550 m	0–100 m	4–6 km
289	110	0	Pararendzina	400–450 m	100–500 m	8–10 km
290	10	0	Auenböden	400–450 m	100–500 m	8–10 km
292	10	0	Rendzina/Terr-fusca aus Kalksteinverwitterungslehm	700–750 m	100–500 m	8–10 km
294	10	0	Rendzina/Terr-fusca aus Kalksteinverwitterungslehm	550–600 m	0–100 m	0–2 km
295	110	0	Braunerden und Parabraunerden aus Löss/Molasse	600–650 m	> 1000 m	2–4 km
305	111	0	Rendzina/Terr-fusca aus lehmbedecktem Kalksteinverwitterungslehm	700–750 m	> 1000 m	12–14 km
312	110	0	Pseudogley-Parabraunerden aus Löss/Molasse	350–400 m	100–500 m	2–4 km
313	119	0	Rendzina/Terr-fusca aus Kalksteinverwitterungslehm	500–550 m	100–500 m	4–6 km
314	10	0	Auenböden	350–400 m	100–500 m	0–2 km

Kat. Nr.	Kennung	Lagegenauigkeit	Bodenkategorie	Höhenstufe	Abstand Gewässer	Abstand Vicus
315	101	0	Pelosole und pelosoliga Braunerden	450–500 m	100–500 m	2–4 km
316	110	0	Pseudogley-Parabraunerden aus Löss/Molasse	500–550 m	100–500 m	2–4 km
318	111	0	Pararendzina	700–750 m	100–500 m	4–6 km
319	110	0	Rendzina/Terr-fusca aus Kalksteinverwitterungslehm	700–750 m	100–500 m	6–8 km
331	10	0	Pararendzina	450–500 m	0–100 m	6–8 km
335	100	1	Rendzina/Terr-fusca aus Kalksteinverwitterungslehm	700–750 m	> 1000 m	6–8 km
337	110	0	Braunerden und Parabraunerden aus Löss/Molasse	500–550 m	100–500 m	4–6 km
338	110	0	Braunerden und Parabraunerden aus Löss/Molasse	500–550 m	500–1000 m	4–6 km
339	10	0	Braunerden und Parabraunerden aus Löss/Molasse	350–400 m	500–1000 m	6–8 km
340	119	1	Pseudogley-Parabraunerden aus Löss/Molasse	350–400 m	100–500 m	4–6 km
341	111	0	Pseudogley-Parabraunerden aus Löss/Molasse	350–400 m	500–1000 m	6–8 km
346	119	1	Braunerden und Parabraunerden aus Löss/Molasse	300–350 m	500–1000 m	6–8 km
347	10	1	Auenböden	300–350 m	0–100 m	6–8 km
348	110	0	Braunerden und Parabraunerden aus Löss/Molasse	450–500 m	100–500 m	10–12 km
349	111	0	Braunerden und Parabraunerden aus Löss/Molasse	450–500 m	100–500 m	8–10 km
351	111	0	Braunerden und Parabraunerden aus Löss/Molasse	500–550 m	100–500 m	8–10 km
352	10	0	Rendzina/Terr-fusca aus Kalksteinverwitterungslehm	450–500 m	0–100 m	10–12 km
353	101	0	Braunerden und Parabraunerden aus Löss/Molasse	450–500 m	500–1000 m	8–10 km
354	119	0	Pelosole und pelosoliga Braunerden	300–350 m	100–500 m	4–6 km
355	10	0	Auenböden	300–350 m	0–100 m	2–4 km
356	10	0	Ortslage	250–300 m	0–100 m	0–2 km
361	110	0	Ortslage	300–350 m	100–500 m	0–2 km
363	119	0	Podsole und podsolige Braunerden	300–350 m	100–500 m	2–4 km
364	119	0	Braunerden und Parabraunerden aus Löss/Molasse	300–350 m	100–500 m	2–4 km
368	111	0	Podsole und podsolige Braunerden	300–350 m	100–500 m	2–4 km
370	10	0	Pelosole und pelosoliga Braunerden	300–350 m	0–100 m	4–6 km
377	10	1	Pseudogley-Parabraunerden aus Löss/Molasse	350–400 m	100–500 m	6–8 km
378	111	0	Braunerden und Parabraunerden aus Löss/Molasse	450–500 m	100–500 m	2–4 km
380	119	0	Braunerden und Parabraunerden aus Löss/Molasse	500–550 m	100–500 m	2–4 km
385	111	1	Pseudogley-Parabraunerden aus Löss/Molasse	350–400 m	100–500 m	8–10 km
387	10	0	Braunerden und Parabraunerden aus Löss/Molasse	350–400 m	0–100 m	8–10 km
389	111	1	Braunerden aus Fließerden	450–500 m	0–100 m	8–10 km
391	10	0	Braunerden aus Fließerden	400–450 m	100–500 m	6–8 km
394	119	0	Ortslage	400–450 m	0–100 m	4–6 km
400	10	0	Braunerden und Parabraunerden aus Löss/Molasse	500–550 m	100–500 m	4–6 km

Kat. Nr.	Kennung	Lagegenauigkeit	Bodenkategorie	Höhenstufe	Abstand Gewässer	Abstand Vicus
401	119	1	Podsole und podsolige Braunerden	350–400 m	100–500 m	6–8 km
402	119	1	Grundwasserbeeinflusste Böden	200–250 m	0–100 m	6–8 km
404	10	1	Pararendzina	700–750 m	100–500 m	2–4 km
410	111	0	Ortslage	350–400 m	100–500 m	0–2 km
414	111	0	Pseudogley-Parabraunerden aus Löss/Molasse	350–400 m	100–500 m	4–6 km
429	100	0	Pelosole und pelosoliga Braunerden	250–300 m	500–1000 m	0–2 km
430	111	0	Pelosole und pelosoliga Braunerden	250–300 m	100–500 m	0–2 km
443	10	0	Auenböden	350–400 m	0–100 m	2–4 km
453	10	1	Rendzina/Terr-fusca aus Kalksteinverwitterungslehm	700–750 m	0–100 m	6–8 km
454	119	1	Pararendzina	650–700 m	100–500 m	2–4 km
456	110	0	Pararendzina	650–700 m	100–500 m	2–4 km
458	10	1	Kolluvium	700–750 m	0–100 m	6–8 km
459	10	0	Rendzina/Terr-fusca aus Kalksteinverwitterungslehm	700–750 m	0–100 m	6–8 km
465	119	0	Pararendzina	500–550 m	100–500 m	6–8 km
466	10	1	Pseudogley-Parabraunerden aus Löss/Molasse	400–450 m	100–500 m	8–10 km
468	110	1	Pelosole und pelosoliga Braunerden	400–450 m	100–500 m	8–10 km
469	110	0	Podsole und podsolige Braunerden	350–400 m	100–500 m	8–10 km
471	10	0	Ortslage	400–450 m	0–100 m	8–10 km
472	110	0	Braunerden und Parabraunerden aus Löss/Molasse	400–450 m	0–100 m	8–10 km
476	119	1	Braunerden und Parabraunerden aus Löss/Molasse	350–400 m	100–500 m	10–12 km
477	10	1	Ortslage	300–350 m	0–100 m	10–12 km
480	10	0	Pseudogley-Parabraunerden aus Löss/Molasse	400–450 m	0–100 m	8–10 km
487	10	0	Ortslage	450–500 m	0–100 m	4–6 km
488	10	1	Ortslage	550–600 m	500–1000 m	6–8 km
490	111	0	Ortslage	500–550 m	500–1000 m	4–6 km
494	119	0	Braunerden und Parabraunerden aus Löss/Molasse	450–500 m	100–500 m	6–8 km
496	110	0	Braunerden und Parabraunerden aus Löss/Molasse	500–550 m	100–500 m	4–6 km
499	111	1	Pararendzina	550–600 m	100–500 m	8–10 km
502	10	0	Ortslage	250–300 m	0–100 m	0–2 km
503	10	0	Braunerden und Parabraunerden aus Löss/Molasse	300–350 m	0–100 m	2–4 km
505	110	0	Braunerden und Parabraunerden aus Löss/Molasse	500–550 m	100–500 m	4–6 km
508	10	0	Podsole und podsolige Braunerden	400–450 m	500–1000 m	2–4 km
509	10	0	Podsole und podsolige Braunerden	400–450 m	100–500 m	2–4 km
511	119	1	Pelosole und pelosoliga Braunerden	350–400 m	100–500 m	6–8 km
512	111	0	Rendzina/Terr-fusca aus Kalksteinverwitterungslehm	400–450 m	0–100 m	8–10 km

Kat. Nr.	Kennung	Lagegenauigkeit	Bodenkategorie	Höhenstufe	Abstand Gewässer	Abstand Vicus
522	101	0	Grundwasserbeeinflusste Böden	450–500 m	0–100 m	0–2 km
523	110	0	Braunerden und Parabraunerden aus Löss/Molasse	300–350 m	100–500 m	2–4 km
526	111	0	Ortslage	250–300 m	100–500 m	0–2 km
528	110	0	Ortslage	250–300 m	100–500 m	4–6 km
530	111	0	Pararendzina	550–600 m	> 1000 m	4–6 km
531	119	0	Grundwasserbeeinflusste Böden	200–250 m	0–100 m	4–6 km
532	110	0	Pseudogley-Parabraunerden aus Löss/Molasse	350–400 m	500–1000 m	6–8 km
533	111	0	Pseudogley-Parabraunerden aus Löss/Molasse	350–400 m	100–500 m	2–4 km

Literaturverzeichnis

Kleinere Artikel in den Zeitschriften „Fundberichte aus Schwaben", „Blätter des Schwäbischen Albvereins", „Archäologische Ausgrabungen in Baden-Württemberg", „Fundberichte aus Baden-Württemberg", „Reutlinger Geschichtsblätter" und den Bänden „Obergermanisch-Raetischer Limes des Römerreiches" sind ohne Nennung des Autors abgekürzt.

Zitierwerke und Sigel

AE L'Année Épigraphique. Revue des publications épigraphiques relatives à l'antiquité romaine. CIL Corpus Inscriptionum Latinarum (Berlin 1962 ff.). https://cil.bbaw.de/ (letzter Zugriff: 9.11.2023).

EDCS M. Clauss / A. Kolb / W. A. Slaby / B. Woitas, Epigraphik-Datenbank Clauss / Slaby. http://www.manfredclauss.de/ (letzter Zugriff: 5.10.2023).

FMRD Die Fundmünzen der römischen Zeit in Deutschland (Mainz 1960 ff.).

IBR F. Vollmer, Inscriptiones Baivariae Romanae. Sive inscriptiones prov. Raetiae (München 1915). doi: https://doi.org/10.11588/diglit.52994.

ORL E. Fabricius / F. Hettner / O. von Sarwey (Hrsg.), Der obergermanisch-rätische Limes des Römerreiches.

RMDI M. M. Roxan (Hrsg.), Roman Military Diplomas I, 1954–1977. Occasional Publ. 2 (London 1978).

Literatur

Ade et al. 2012 D. Ade / M. A. Fernándes-Götz / L. Rademacher / G. Stegmaier / A. Willmy (Hrsg.), Der Heidengraben. Ein keltisches Oppidum auf der Schwäbischen Alb. Führer Arch. Denkmäler Baden-Württemberg 27 (Stuttgart 2012).

Aitken 1977 R. Aitken, Wilderness Areas in Scotland [Diss. Univ. Aberdeen] (Aberdeen 1977). https://abdn.alma.exlibrisgroup.com/discovery/delivery/44ABE_INST:44ABE_VU1/12153456870005941 (letzter Zugriff: 28.9.2023).

Alföldy 1963 G. Alföldy, Einheimische Stämme und civitates in Dalmatien unter Augustus. Klio 41, 1963, 187–195. doi: https://doi.org/10.1524/klio.1963.41.jg.187.

Alföldy 1970 G. Alföldy, Patrimonium Regni Norici. Ein Beitrag zur Territorialgeschichte der römischen Provinz Noricum. Bonner Jahrb. 170, 1970, 163–177. https://journals.ub.uni-heidelberg.de/index.php/bjb/article/view/80492 (letzter Zugriff: 28.9.2023).

Alföldy 1989 G. Alföldy, Die regionale Gliederung in der römischen Provinz Noricum. In: Gottlieb 1989b, 37–55.

Alföldy / Rádnoti 1940 A. Alföldy / A. Rádnoti, Zügelringe und Zierbeschläge von römischen Jochen und Kummeten aus Pannonien. Serta Hoffilleriana. Vjestnik Hrvatskoga Arh. Društva N. S. 18–21, 1937–1940 (1940), 309–319.

Alföldy-Thomas 2008 S. Alföldy-Thomas, Anschirrungszubehör und Hufbeschläge von Zugtieren. In: E. Künzl (Hrsg.), Die Alamannenbeute aus dem Rhein bei Neupotz. Plünderungsgut aus dem römischen Gallien. Teil 1. Untersuchungen². Monogr. RGZM 34,1 (Mainz 2008).

Ante 1981 U. Ante, Politische Geographie (Braunschweig 1981).

Attwell / Fletcher 1987 M. R. Attwell / M. Fletcher, An analytical technique for investigating spatial relationships. Journal Arch. Scien. 14, 1987, 1–11. doi: https://doi.org/10.1016/S0305-4403(87)80002-X.

Ausbüttel 1998: F. M. Ausbüttel, Die Verwaltung des Römischen Kaiserreiches. Von der Herrschaft des Augustus bis zum Niedergang des Weströmischen Reiches (Darmstadt 1998).

Ausbüttel 2011 F. M. Ausbüttel, Die Gründung und Teilung der Provinz Germania. Klio 93, 2011, 392–410. doi: https://doi.org/10.1524/klio.2011.0022.

Baatz 2000 D. Baatz, Der römische Limes. Archäologische Ausflüge zwischen Rhein und Donau⁴ (Berlin 2000).

Bachteler / Rademacher 1996 M. Bachteler / R. Rademacher, Die vorgeschichtlichen Funde. In: K.-H. Rueß (Hrsg.), Archäologische Zeugnisse vom Hohenstaufen. Die Grabungen von 1935 bis 1938. Veröff. Stadtarchiv Göppingen 34 (Göppingen 1996) 38–61.

Balle / Scholz 2018 G. Balle / M. Scholz, Der sog. Monumentalbau neben dem Reiterlager von *Aquileia* / Heidenheim: Bad oder Palast? In: Sommer / Matešić 2018, 115–122.

Bantel et al. 2008 E. Bantel / R. Lächele / B. Hildebrand / R. Schurig / H. Bohn / R. M. Gräter / W. Hofer / Ch. von Woellwarth / H. Wormser, Essingen. Geschichte einer Gemeinde zwischen Albuch, Rems und Welland (Essingen 2008).

Barnes 1982 T. D. Barnes, The New Empire of Diocletian and Constantine (Cambridge [Massachusetts], London 1982). doi: https://doi.org/10.4159/harvard.9780674280670.

Bastos et al. 2014 A. D. Bastos / D. J. Martín-Arroyo / M. del Mar Castro / L. G. Lagóstena, Rethinking the boundaries of *Baetica*: a histographical criticism from spatial display. In: A. García / J. García / A. Maximiano / J. Rios-Garaizar (Hrsg.), Debating Spatial Archaeology. Proceedings of the International Workshop on Landscape and Spatial Analysis in Archaeology. Santander, June 8th–9th, 2012 (Santander 2014) 81–94. http://hdl.handle.net/10902/19428.

Baur 2000 M. Baur, Geschichte und Stand der archäologischen Forschung in Kirchheim unter Teck. In: Stadtarchiv Kirchheim unter Teck (Hrsg.), Stadt Kirchheim unter Teck. Archäologisches Stadtkataster. Schriftenr.

Stadtarchiv Kirchheim unter Teck 26 (Kirchheim unter Teck 2000) 7–88.

Bayer 1967 H. Bayer, Die ländliche Besiedlung Rheinhessens und seiner Randgebiete in römischer Zeit. Mainzer Zeitschr. 62, 1967, 125–175. https://nbn-resolving.org/urn:nbn:de:hebis:30-1153237.

Bayer 1992 H.-J. Bayer, Geologie, Landschaftsgeschichte und Rohstoff-Nutzung. In: D. Winter (Hrsg.), Der Ostalbkreis. Heimat u. Arbeit² (Stuttgart 1992) 21–52.

Beardah / Baxter 1996 Ch. C. Beardah / M. J. Baxter, MATLAB routines for kernel density estimation and the graphical representation of archaeological data. In: H. Kamermans / K. Fennema (Hrsg.), Interfacing the Past. Computer Applications and Quantitative Methods in Archaeology CAA 95 Vol. 1. Analecta Praehist. Leidensia 28 (Leiden 1996) 179–184. https://www.sidestone.com/downloads/9789073368101.pdf (letzter Zugriff: 2.10.2023).

Bechert 1982 T. Bechert, Römisches Germanien zwischen Rhein und Maas. Die Provinz *Germania Inferior*. Edition Ant. Welt (München 1982).

Beck / Planck 1980 W. Beck / D. Planck, Der Limes in Südwestdeutschland. Limeswanderweg Main-Rems-Wörnitz (Stuttgart 1980).

Becker 2001 Th. Becker, Neues zum römischen Lorch. Arch. Deutschland 4, 2001, 36–37.

Bender 1975 H. Bender, Römische Straßen und Straßenstationen. Kl. Schr. Kenntnis Röm. Besetzungsgesch. Südwestdeutschland 13 (Stuttgart 1975).

Bender 1991 H. Bender, Bemerkungen zu Grenzen in den nordwestlichen Provinzen des Römischen Reiches. Siedlungsforschung 9, 1991, 55–68.

Bender 2000 H. Bender, Römischer Straßen- und Reiseverkehr. In: Wamser 2000, 254–263.

Bender 2001 H. Bender, Bauliche Gestalt und Struktur römischer Landgüter in den nordwestlichen Provinzen des Imperium Romanum. In: P. Herz / G. Waldherr (Hrsg.), Landwirtschaft im Imperium Romanum. Pharos. Stud. Griech.-Röm. Ant. 14 (St. Katharinen 2001) 1–40.

Bender 2015 St. Bender, Limes bei Mögglingen / Heuchlingen. In: Matešić / Sommer 2015, 74–75.

Bender / Thiel 2010 St. Bender / A. Thiel, Der Götzenbach als Ende des Pfahlgrabens? Das südliche Ende des Obergermanischen Limes im Licht des Airborne Laserscanning. In: P. Henrich (Hrsg.), Perspektiven der Limesforschung. 5. Kolloquium der Deutschen Limeskommission. Beitr. Welterbe Limes 5 (Stuttgart 2010) 122–130.

BENDER / WOLFF 1994 H. BENDER / H. WOLFF (Hrsg.), Ländliche Besiedlung und Landwirtschaft in den Rhein-Donau-Provinzen des Römischen Reiches. Passauer Universitätsschr. Arch. 2 (Espelkamp 1994).

BENGUEREL et al. 2014 S. BENGUEREL / H. BREM / M. GIGER / U. LEUZINGER / B. POLLMANN / M. SCHNYDER / R. SCHWEICHEL / F. STEINER / S. STREIT, Tasgetium III. Römische Baubefunde. Arch. Thurgau 19 (Frauenfeld 2014).

BERNHARD 1976 H. BERNHARD, Beiträge zur römischen Besiedlung im Hinterland von Speyer. Mitt. Hist. Ver. Pfalz 73, 1976, 37–165.

BIEL 1987 J. BIEL, Vorgeschichtliche Höhensiedlungen in Südwürttemberg-Hohenzollern. Forsch. u. Ber. Vor- u. Frühgesch. Baden-Württemberg 24 (Stuttgart 1987).

BIEL et al. 2009 J. BIEL / J. HEILIGMANN / D. KRAUSSE (Hrsg.), Landesarchäologie. Festschrift für Dieter Planck zum 65. Geburtstag. Forsch. u. Ber. Vor- u. Frühgesch. Baden-Württemberg 100 (Stuttgart 2009).

BIZER 2007 CH. BIZER, Römische Gutshöfe um Weilheim. In: M. Waßner (Hrsg.), Weilheim. Die Geschichte der Stadt an der Limburg (Weilheim 2007) 25–27.

BLASINGER / GRABHERR 2016 K. BLASINGER / G. GRABHERR, Brooches as indicators for boundaries of regional identity in western Raetia. In: DELLA CASA / DESCHLER-ERB 2016, 47–60.

BLÖCK 2016 L. BLÖCK, Die römerzeitliche Besiedlung im rechten südlichen Oberrheingebiet. Forsch. u. Ber. Arch. Baden-Württemberg 1 (Wiesbaden 2016). doi: https://doi.org/10.11588/propylaeum.503.

BLÖCK et al. 2016 L. BLÖCK / J. LAUBER / F. TRÄNKLE, Princeps Sveborvm – Der »Neufund« einer römischen Grabinschrift aus Offenburg-Bühl (Ortenaukreis). Arch. Korrbl. 46, 2016, 497–516. doi: https://doi.org/10.11588/ak.2016.4.87576.

BRANDL / FEDERHOFER 1994 U. BRANDL / E. FEDERHOFER, Ton + Technik. Römische Ziegel. Schr. Limesmus. Aalen 61 (Stuttgart 2010).

BRANIGAN 1988 K. BRANIGAN, Specialisation in villa economies. In: BRANIGAN / MILES 1988, 42–50.

BRANIGAN / MILES 1988 K. BRANIGAN / D. MILES (Hrsg.), Villas Economies. Economic Aspects of Romano-British Villas (Sheffield 1988).

BRATHER 2011 S. BRATHER, Siedlungs-, Umwelt- und Landschaftsarchäologie. Entdeckung und Analyse des Raumes. Freiburger Universitätsbl. 192, 2011, 123–136.

BRATHER / DENDORFER 2017 S. BRATHER / J. DENDORFER (Hrsg.), Grenzen, Räume, Identitäten. Der Oberrhein und seine Nachbarregionen von der Antike bis zum Hochmittelalter. Arch. u. Gesch. 22 (Ostfildern 2017). doi: https://doi.org/10.11588/propylaeum.679.

BRAUN 1992 H.-P. BRAUN (Hrsg.), Der Kreis Esslingen. Heimat u. Arbeit² (Stuttgart 1992).

BRÄUNING et al. 2009 A. BRÄUNING / U. SCHMIDT / R. SCHREG, Ulm. Arch. Stadtkataster Baden-Württemberg 35 (Esslingen 2009).

BREEZE 2018 D. J. BREEZE, The role of Zeitgeist in understanding roman frontiers. In: SOMMER / MATEŠIĆ 2018, 164–167.

BREM et al. 2008 H. BREM / J. BÜRGI / B. HEDINGER / S. FÜNFSCHILLING / ST. JACOMET / B. JANIETZ / U. LEUZINGER / J. RIEDERER / O. STEFANI et al., AD FINES. Das spätrömische Kastell Pfyn. Befunde und Funde. Arch. Thurgau 8,1 (Frauenfeld 2008).

BREM et al. 2011 H. BREM / B. FATZER / U. LEUZINGER, Forschungsgeschichte und Rezeption. In: S. Benguerel / H. Brem / B. Fatzer / M. Giger / B. Hartmann / U. Leuzinger / S. Meyer / E. Müller / F. Steiner et al., Tasgetium I. Das römische Eschenz. Arch. Thurgau 17 (Frauenfeld 2011) 31–47.

BRODERSEN 1995 K. BRODERSEN, Terra Cognita. Studien zur römischen Raumerfassung. Spudasmata 59 (Hildesheim, Zürich, New York 1995).

BRUNNACKER 1994 K. BRUNNACKER, Bodenkunde und Siedlungswesen nördlich der Alpen (in den römischen Rhein-Donauprovinzen vom 1. bis 5. Jh. n. Chr.). In: BENDER / WOLFF 1994, 1–5.

VON BÜLOW 1993 G. VON BÜLOW, Die archäologischen Quellen zur Entwicklung der Villenwirtschaft. In: K.-P. Johne (Hrsg.), Gesellschaft und Wirtschaft des Römischen Reiches im 3. Jahrhundert. Studien zu ausgewählten Problemen (Berlin 1993) 17–63. doi: https://doi.org/10.1515/9783050068138-002.

BÜRGI / HOPPE 1985 J. BÜRGI / R. HOPPE, Schleitheim–*Iuliomagus*: Die römischen Thermen. Antiqua 13 (Basel 1985).

BURTON 2000 G. P. BURTON, The resolution of territorial disputes in the provinces of the Roman Empire. Chiron 30, 2000, 195–215. doi: https://doi.org/10.34780/8c42-2mov.

VON CARNAP-BORNHEIM / FRIESINGER 2005 C. VON CARNAP-BORNHEIM / H. FRIESINGER (Hrsg.), Wasserwege. Lebensadern – Trennungslinien. 15. Internationales Symposium. Grundprobleme der frühgeschichtlichen Entwicklung im mittleren Donauraum. Schr. Arch. Landesmus., Ergänzungsr. 3 (Neumünster 2005).

CHRISTOL / DREW-BEAR 1987 M. CHRISTOL / TH. DREW-BEAR, Un castellum romain près d'Apamée de Phrygie. Denkschr. Phil.-Hist. Kl. 189 = Tituli Asiae Minoris, Ergbd. 12 (Wien 1987).

CLARK / EVANS 1954 PH. J. CLARK / F. C. EVANS, Distance to nearest neighbour as a measure of spatial relationships in populations. Ecology 35, 1954, 445–453. doi: https://doi.org/10.2307/1931034.

CLARKE / HAAS-CAMPEN 1997 S. CLARKE / S. HAAS-CAMPEN, Ulm und der Alb-Donau-Kreis. Führer Arch. Denkmäler Deutschland 33 = Alb u. Donau, Kunst u. Kultur 13 (Stuttgart 1997).

CONOLLY / LAKE 2006 J. CONOLLY / M. LAKE, Geographical Information Systems in Archaeology. Cambridge Manuals Arch. (Cambridge 2006). doi: https://doi.org/10.1017/CBO9780511807459.

CSAPLÁROS / NEUHAUSER 2012 A. CSAPLÁROS / T. NEUHAUSER, Kulturtransfer zwischen den römischen Provinzen anhand von ausgewählten Beispielen. Stud. Univ. Babeş-Bolyai Hist. 57,1, 2012, 13–24. http://www.studia.ubbcluj.ro/download/pdf/728.pdf (letzter Zugriff: 16.10.2023).

CZYSZ 1974 W. CZYSZ, Der römische Gutshof in München-Denning und die römerzeitliche Besiedlung der Münchner Schotterebene. Kat. Prähist. Staatsslg. München 16 (Kallmünz / Opf. 1974).

CZYSZ 1978 W. CZYSZ, Situationstypen römischer Gutshöfe im Nördlinger Ries. Zeitschr. Hist. Ver. Schwaben 72, 1978, 70–94.

CZYSZ 1994 W. CZYSZ, Wiesbaden in der Römerzeit (Stuttgart 1994).

CZYSZ 2002 W. CZYSZ, Der römische Gutshof. Landwirtschaft im großen Stil. In: W. Menghin / D. Planck (Hrsg.), Menschen, Zeiten, Räume. Archäologie in Deutschland [Ausstellungskat.] (Stuttgart 2002) 274–280.

CZYSZ 2013 W. CZYSZ, Zwischen Stadt und Land – Gestalt und Wesen römischer *vici* in der Provinz Raetien. In: HEISING 2013b, 261–377.

CZYSZ / HERZIG 2008 W. CZYSZ / F. HERZIG, Neue Dendrodaten von der Limespalisade in Raetien. In: A. Thiel (Hrsg.), Neue Forschungen am Limes. 4. Fachkolloquium der Deutschen Limeskommission 27./28. Februar 2007 in Osterburken. Beitr. Welterbe Limes 3 (Stuttgart 2008) 182–195. https://www.deutsche-limeskommission.de/fileadmin/user_upload/Publikationen_der_Deutschen_Limeskommission/BzWL_Band3_Web_niedrig.pdf (letzter Zugriff: 4.10.2023).

CZYSZ et al. 1995a W. CZYSZ / K. DIETZ / TH. FISCHER / H.-J. KELLNER, Die Römer in Bayern (Stuttgart 1995).

CZYSZ et al. 1995b W. CZYSZ / H. DIETRICH / G. WEBER, Kempten und das Allgäu. Führer Arch. Denkmäler Deutschland 30 (Stuttgart 1995).

DA COSTA 2011 K. DA COSTA, Drawing the line. An archaeological methodology for detecting roman provincial borders. In: HEKSTER / KAIZER 2011, 49–60. doi: https://doi.org/10.1163/ej.9789004201194.i-378.17.

DALLY et al. 2012 O. DALLY / F. FLESS / R. HAENSCH / F. PIRSON / S. SIEVERS (Hrsg.), Politische Räume in vormodernen Gesellschaften. Gestaltung – Wahrnehmung – Funktion. Internationale Tagung des DAI und des DFG-Exzellenzclusters TOPOI vom 18.–22. November 2009 in Berlin. Menschen – Kulturen – Traditionen 6 (Rahden / Westf. 2012).

DELLA CASA / DESCHLER-ERB 2016 PH. DELLA CASA / E. DESCHLER-ERB (Hrsg.), Rome's Internal Frontiers. Proceedings of the 2016 RAC Session in Rome. Zurich Stud. Arch. 11 (Zürich 2016).

DIETZ 1985 K. DIETZ, Zwei neue Meilensteine Caracallas aus Gundelfingen, Ldkr. Dillingen a. d. Donau, Reg.-Bez. Bayerisch-Schwaben. Germania 63, 1985, 75–86. doi: https://doi.org/10.11588/ger.1985.57995.

DIETZ 1999 K. DIETZ, Ein neues Militärdiplom aus Alteglofsheim, Lkr. Regensburg. Urkunden aus der Frühzeit des Kaisers Antoninus Pius. Beitr. Arch. Oberpfalz 3, 1999, 225–256.

DOBESCH 2005 G. DOBESCH, Wassergrenzen und Wasserwege aus urgeschichtlicher und römischer Sicht. In: VON CARNAP-BORNHEIM / FRIESINGER 2005, 11–70.

DONEUS 2013 M. DONEUS, Die hinterlassene Landschaft. Prospektion und Interpretation in der Landschaftsarchäologie. Mitt. Prähist. Komm. Österreich. Akad. Wiss. 78 (Wien 2013).

DONGUS 1961 H. DONGUS, Die naturräumlichen Einheiten und ihre Umgrenzung. Blatt 171: Göppingen. In: Institut für Landeskunde (Hrsg.), Geographische Landesaufnahme 1 : 200.000. Die naturräumlichen Einheiten (Bad Godesberg 1961). http://geographie.giersbeck.de/karten/171.pdf (letzter Zugriff: 5.10.2023).

DONGUS 1999 H. DONGUS, Naturräumliche Einheiten. In: Der Landkreis Heidenheim. Band I (Stuttgart 1999) 116–123.

DONGUS 2000 H. DONGUS, Die Oberflächenformen Südwestdeutschlands. Geomorphologische Erläuterungen zu topographischen und geologischen Übersichtskarten (Berlin, Stuttgart 2000).

DRACK 1990 W. DRACK, Der römische Gutshof bei Seeb, Gem. Winkel. Ausgrabungen 1958–1969. Ber. Zürcher Denkmalpfl. Arch. Monogr. 8 (Zürich 1990).

DRACK/FELLMANN 1988 W. DRACK/R. FELLMANN, Die Römer in der Schweiz (Stuttgart 1988).

DREIER 2010 CH. DREIER, Forumsbasilika und Topographie der römischen Siedlung von Riegel am Kaiserstuhl. Materialh. Arch. Baden-Württemberg 91 (Stuttgart 2010).

DRENNAN 2009 R. D. DRENNAN, Statistics for Archaeologists. A Common Sense Approach. Interdisciplinary Contributions Arch. (New York 2009). doi: https://doi.org/10.1007/978-1-4419-0413-3.

VAN DRIEL-MURRAY/HARTMANN 1999 C. VAN DRIEL-MURRAY/H. H. HARTMANN, Das Ostkastell von Welzheim, Rems-Murr-Kreis. Die römischen Lederfunde. Die Terra Sigillata. Forsch. u. Ber. Vor- u. Frühgesch. Baden-Württemberg 42 (Stuttgart 1999).

DRINKWATER 1983 J. F. DRINKWATER, Roman Gaul. The Three Provinces, 58 BC–AD 260 (London, Canberra 1983).

DUCKE/KROEFGES 2008 B. DUCKE/P. C. KROEFGES, From points to areas. Constructing territories from archaeological site patterns using enhanced Xtent model. In: A. Posluschny/K. Lambers/I. Herzog (Hrsg.), Layers of Perception. Proceedings of the 35th International Conference on Computer Applications and Quantitative Methods in Archaeology (CAA). Berlin, Germany, April 2–6, 2007. Koll. Vor- u. Frühgesch. 10 (Berlin 2008) 245–251. doi: https://www.doi.org/10.11588/propylaeumdok.00000550.

DUMITRACHE/HAAG 2002 M. DUMITRACHE/S. M. HAAG, Lorch. Arch. Stadtkataster Baden-Württemberg 20 (Stuttgart 2002).

DUMITRACHE/SCHURIG 2000 M. DUMITRACHE/R. SCHURIG, Aalen. Arch. Stadtkataster Baden-Württemberg 4 (Stuttgart 2000).

EBERHARDT 1975 C. EBERHARDT, Die Landwirtschaft. In: MÜLLER 1975, 329–342.

ECK 1995 W. ECK, Die Verwaltung des Römischen Reiches in der Hohen Kaiserzeit: Ausgewählte und erweiterte Beiträge. 1. Band. Arbeiten Röm. Epigr. u. Altkde. 1 (Basel 1995).

ECK 1997 W. ECK, Die Verwaltung des Römischen Reiches in der Hohen Kaiserzeit: Ausgewählte und erweiterte Beiträge. 2. Band. Arbeiten Röm. Epigr. u. Altkde. 3 (Basel 1997).

ECKARDT 2016 H. ECKARDT [Rez. zu]: I. Kappesser, Römische Flussfunde aus dem Rhein zwischen Mannheim und Bingen. Fundumstände,

Flusslaufrekonstruktion und Interpretation. Universitätsforsch. Prähist. Arch. 209 (Bonn 2012). Britannia 47, 2016, 426–427. doi: https://doi.org/10.1017/S0068113X16000209.

ECKOLDT 1983 M. ECKOLDT, Schiffahrt auf kleinen Flüssen. 1. Der Neckar und seine Nebenflüsse zur Römerzeit. Dt. Schiffahrtsarchiv 6, 1983, 11–24. https://nbn-resolving.org/urn:nbn:de:0168-ssoar-52428-9.

EGGERS 2006 H. J. EGGERS, Einführung in die Vorgeschichte[5] (Berlin 2006).

EGGERT/VEIT 2013 M. K. H. EGGERT/U. VEIT (Hrsg.), Theorie in der Archäologie. Zur jüngeren Diskussion in Deutschland. Tübinger Arch. Taschenbücher 10 (Münster 2013). https://nbn-resolving.org/urn:nbn:de:101:1-20220626054845530422778.

EINGARTNER 2011 J. EINGARTNER, *Lopodunum* V. Die Basilika und das Forum des römischen Ladenburg. Forsch. u. Ber. Vor- u. Frühgesch. Baden-Württemberg 124 (Stuttgart 2011).

EINGARTNER et al. 1993 J. EINGARTNER/P. ESCHBAUMER/G. WEBER, Faimingen-Phoebiana I. Der römische Tempelbezirk in Faimingen-Phoebiana. Limesforschungen 24 (Mainz 1993).

ENGEL 1930 C. ENGEL, Bilder aus der Vorzeit an der mittleren Elbe. Ein Heimat- und Volksbuch für den Regierungsbezirk Magdeburg und seine Grenzlandschaften. 1: Steinzeit und Bronzezeit (Burg bei Magdeburg 1930).

ENGELS/THIEL 2016 CH. ENGELS/A. THIEL, Taberna oder Basilica? Ein Steinbau im Zentrum des *vicus* von *Grinario*/Köngen. Fundber. Baden-Württemberg 36, 2016, 259–304. doi: https://doi.org/10.11588/fbbw.2016.0.57646.

FARKAS 2015 I. G. FARKAS, The Dislocation of the Roman Army in Raetia. BAR Internat. Ser. 2723 (Oxford 2015).

FASOLD 1999 P. FASOLD, Zur Gründung des Civitas-Hauptortes Nida. In: E. Schallmayer (Hrsg.), Traian in Germanien. Traian im Reich. Bericht des Dritten Saalburgkolloquiums. Saalburg-Schr. 5 (Bad Homburg v. d. Höhe 1999) 235–239.

FASOLD 2017 P. FASOLD, Die Römer in Frankfurt. Frankfurt Arch. (Regensburg 2017).

FAUSTMANN 2007 A. C. FAUSTMANN, Besiedlungswandel im südlichen Oberrheingebiet von der Römerzeit bis zum Mittelalter. Freiburger Beitr. Arch. u. Gesch. erstes Jahrtausend 10 (Rahden/Westf. 2007).

FAVORY 2005 F. FAVORY, Limites et territoires d'après le corpus gromatique. In: HERMON/BEDON 2005, 153–195.

Fecher 2010 R. Fecher, Die römischen Gräberfelder von Rottweil – *Arae flaviae* (Text). In: R. Fecher / E. Burger-Heinrich, Arae Flaviae VII. Die römischen Gräberfelder. Bd. 1. Forsch. u. Ber. Vor- u. Frühgesch. Baden-Württemberg 115,1 (Stuttgart 2010) 9–288.

Fellmeth 2002 U. Fellmeth, „Eine wohlhabende Stadt sei nahe...". Die Standortfaktoren in der römischen Agrarökonomie im Zusammenhang mit den Verkehrs- und Raumordnungsstrukturen im römischen Italien (St. Katharinen 2002).

Fiedler 1962 R. Fiedler, Katalog Kirchheim unter Teck. Die vor- und frühgeschichtlichen Funde im Heimatmuseum. Veröff. Staatl. Amt Denkmalpfl. Stuttgart A 7 (Stuttgart 1962).

Fiedler 1979 O. Fiedler, Die Landwirtschaft. In: Würz 1979, 317–327.

Filgis 1999 M. N. Filgis, Stadt oder Dorf? Zwei römische Siedlungen im Neckarraum. In: E.-L. Schwandner / K. Rheidt (Hrsg.), Stadt und Umland. Neue Ergebnisse der archäologischen Bau- und Siedlungsforschung. Bauforschungskolloquium in Berlin vom 7. bis 10. Mai 1997 veranstaltet vom Architektur-Referat des DAI. Diskussionen Arch. Bauforsch. 7 (Mainz 1999) 50–62.

Filtzinger 1974 Ph. Filtzinger, Kastell Tuttlingen. Fundber. Baden-Württemberg 1, 1974, 417–436.

Filtzinger 1980 Ph. Filtzinger, *Hic saxa loquuntur*: Hier sprechen die Steine. Kl. Schr. Kenntnis Röm. Besetzungsgesch. Südwestdeutschland 25 (Stuttgart 1980).

Filtzinger 1986 Ph. Filtzinger, Römische Archäologie in Südwestdeutschland gestern und heute. In: Ph. Filtzinger / D. Planck / B. Cämmerer (Hrsg.), Die Römer in Baden-Württemberg[3] (Stuttgart, Aalen 1986) 13–22.

Filtzinger 1995 Ph. Filtzinger, Arae Flaviae. Das römische Rottweil. Schr. Limesmus. Aalen 49 (Stuttgart 1995).

Filtzinger 1996 Ph. Filtzinger, Zur Forschungsgeschichte der Luftbildarchäologie in Baden-Württemberg. In: Reinhardt / Wehrberger 1996, 53–61.

Fischer 1990 Th. Fischer, Das Umland des römischen Regensburg. Münchner Beitr. Vor- u. Frühgesch. 42 (München 1990).

Fischer 2005 Th. Fischer, Handelswege vom Rhein zur Donau in römischer Zeit. In: von Carnap-Bornheim / Friesinger 2005, 71–79.

Fischer 2010 Th. Fischer, Provinzialrömische Archäologie. In: J. M. Beyer (Hrsg.), Archäologie. Von der Schatzsuche zur Wissenschaft (Mainz 2010) 163–173.

Flügel 1996 Ch. Flügel, Handgemachte Grobkeramik aus *Arae Flaviae* – Rottweil. Fundber. Baden-Württemberg 21, 1996, 315–400. doi: https://doi.org/10.11588/fbbw.1996.0.56812.

Flügel / Valenta 2016 Ch. Flügel / J. Valenta, Militärstandorte und *Villae rusticae*. Getreide für Roms Soldaten. Limes. Nachrbl. Dt. Limeskomm. 10,2, 2016, 20–24.

Flügel / Valenta 2017 Ch. Flügel / J. Valenta, Bodengüte als Standortkriterium für *villae rusticae* im Hinterland des Obergermanisch-Raetischen Limes und des Raetisch-Westnorischen Donaulimes? In: F. Lang / St. Traxler / R. Kastler (Hrsg.), Neue Forschungen zur ländlichen Besiedlung in Nordwest-Noricum. Archaeo plus 8 (Salzburg 2017) 51–58.

Franke 2003 R. Franke, *Arae Flaviae* V. Die Kastelle I und II von *Arae Flaviae* / Rottweil und die römische Okkupation des oberen Neckargebietes. Forsch. u. Ber. Vor- u. Frühgesch. Baden-Württemberg 93 (Stuttgart 2003).

Frei-Stolba 1987 R. Frei-Stolba, Erwägungen zum Ortsnamen *Iuliomagus* – Schleitheim, Kanton Schaffhausen (Schweiz). Fundber. Baden-Württemberg 12, 1987, 371–387. doi: https://doi.org/10.11588/fbbw.1987.0.39513.

Fries 2005 J. E. Fries, Methodische Überlegungen zur Ressource Boden. Arch. Inf. 28, 2005, 139–147. doi: https://doi.org/10.11588/ai.2005.1&2.12573.

Fromm-Kaupp 2008 I. Fromm-Kaupp, Der Truppenübungsplatz Münsingen. 110 Jahre Militärgeschichte in Württemberg. Denkmalpfl. Baden-Württemberg 37, 2008, 159–164. doi: https://doi.org/10.11588/nbdpfbw.2008.3.11886.

Fündling 2013 J. Fündling, Grenzland – aber welches? Rechtsstatus und Provinzzugehörigkeit des römischen Aachen. In: R. von Haehling / A. Schaub (Hrsg.), Römisches Aachen. Archäologisch-historische Aspekte zu Aachen und der Euregio (Regensburg 2013) 297–342.

Gairhos 2008 S. Gairhos, Stadtmauer und Tempelbezirk von *Sumelocenna*. Die Ausgrabungen 1995–1999 in Rottenburg am Neckar, Flur „Am Burggraben". Forsch. u. Ber. Vor- u. Frühgesch. Baden-Württemberg 104 (Stuttgart 2008).

Garbsch 1988 J. Garbsch, Ein Militärdiplomfragment von Eining. Bayer. Vorgeschbl. 53, 1988, 157–166.

Gaubatz-Sattler 1999 A. Gaubatz-Sattler, Sumelocenna. Geschichte und Topographie des römischen Rottenburg am Neckar nach den Befunden und Funden bis 1985. Forsch. u. Ber.

Vor- u. Frühgesch. Baden-Württemberg 71 (Stuttgart 1999).

GAUBATZ-SATTLER 2010 A. GAUBATZ-SATTLER, Intra Limites – Zur zivilen Besiedlung zwischen den Limites im Neckar-Odenwald-Kreis. Fundber. Baden-Württemberg 31, 2010, 561–606. doi: https://doi.org/10.11588/fbbw.2010.0.33900.

GERHARD 2006 S. GERHARD, Beiträge zur archäologischen Quellenkritik an Beispielen aus dem Neolithikum und der Frühbronzezeit Südbayerns. Arbeiten Arch. Süddeutschland 18 (Büchenbach 2006).

GERLACH 1995 R. GERLACH, Die hydrologischen und klimatischen Bedingungen des Wassernetzes im römischen Germanien. Arch. Korrbl. 25, 1995, 97–106.

GERLACH 2003 R. GERLACH, Wie dynamisch sind die geogenen Grundlagen einer archäologischen Prognose? Die Veränderungen von Relief, Boden und Wasser seit dem Neolithikum. In: KUNOW / MÜLLER 2003, 89–96.

GEROV 1979 B. GEROV, Die Grenzen der römischen Provinz *Thracia* bis zur Gründung des Aurelianischen Dakien. In: H. Temporini (Hrsg.), Principat. Siebenter Band (1. Halbband): Politische Geschichte (Provinzen und Randvölker: Griechischer Balkanraum; Kleinasien). ANRW 2,7,1 (Berlin, New York 1979) 212–240. doi: https://doi.org/10.1515/9783110837612-005.

GEYER / GWINNER 1962 O. F. GEYER / M. P. GWINNER, Der Schwäbische Jura. Slg. Geol. Führer 40 (Berlin 1962).

GEYER / GWINNER 1979 O. F. GEYER / M. P. GWINNER, Die Schwäbische Alb und ihr Vorland². Slg. Geol. Führer 67 (Berlin, Stuttgart 1979).

GILLINGS et al. 2020 M. GILLINGS / P. HACIGÜZELLER / G. LOCK (Hrsg.), Archaeological Spatial Analysis. A Methodological Guide (London, New York 2020). doi: https://doi.org/10.4324/9781351243858.

GLEIRSCHER 2010 P. GLEIRSCHER, Hochweidenutzung oder Almwirtschaft? Alte und neue Überlegungen zur Interpretation urgeschichtlicher und römischer Fundstellen in den Ostalpen. In: F. Mandl / H. Stadler (Hrsg.), Archäologie in den Alpen. Alltag und Kult. Forschungsber. ANISA 3 = Nearchos 19 (Haus i. E. 2010) 43–62.

GOESSLER 1911 P. GOESSLER, Die Altertümer im Königreich Württemberg 1. Donaukreis, Oberamt Blaubeuren. Altertümer Oberamt Blaubeuren (Esslingen 1911).

GOESSLER 1912 P. GOESSLER, Alterthümer. In: KGL. STATIST. LANDESAMT 1912, 181–244. https://

digibus.ub.uni-stuttgart.de/viewer/image/1589266706646_2/197/ (letzter Zugriff: 10.10.2023).

GOESSLER 1922 P. GOESSLER, Zum 50jährigen Bestehen des Württembergischen Anthropologischen Vereins. Fundber. Schwaben N. F. 1, 1917–1922 (1922), 5–8. doi: https://doi.org/10.11588/diglit.43772.5.

GOTTLIEB 1989a G. GOTTLIEB, Die regionale Gliederung der Provinz Rätien. In: GOTTLIEB 1989b, 75–87.

GOTTLIEB 1989b G. GOTTLIEB (Hrsg.), Raumordnung im Römischen Reich. Zur regionalen Gliederung in den gallischen Provinzen, in Rätien, Noricum und Pannonien. Schr. Phil. Fak. Univ. Augsburg 38 (München 1989).

GRABHER 1994 G. GRABHER, Bregenz / Brigantium. Arch. Österreich 5,1, 1994, 59–66.

GRABHERR / KAINRATH 2010 G. GRABHERR / B. KAINRATH (Hrsg.), *Conquiescamus! Longum iter fecimus.* Römische Raststationen und Straßeninfrastruktur im Ostalpenraum. Akten des Kolloquiums zur Forschungslage zu römischen Straßenstationen. Innsbruck 4. und 5. Juni 2009. Innsbrucker Klass. Arch. Universitätsschr. 6 (Innsbruck 2010).

GRAMSCH 2003 A. GRAMSCH, Landschaftsarchäologie – ein fachgeschichtlicher Überblick und ein theoretisches Konzept. In: KUNOW / MÜLLER 2003, 35–54.

GRASSL 1994 H. GRASSL, Die Grenzen der Provinz Noricum: Probleme der Quellenkunde in der antiken Raumordnung. In: OLSHAUSEN / SONNABEND 1994, 517–524.

GRINGMUTH-DALLMER 1996 E. GRINGMUTH-DALLMER, Kulturlandschaftsmuster und Siedlungssysteme. Siedlungsforschung 14, 1996, 7–31. https://www.uni-bamberg.de/fileadmin/histgeo/Arkum_Zeitschrift_Siedlungsforschung/sf14-1996.pdf (letzter Zugriff: 10.10.2023).

GRINGMUTH-DALLMER / ALTERMANN 1985 E. GRINGMUTH-DALLMER / M. ALTERMANN, Zum Boden als Standortfaktor ur- und frühgeschichtlicher Siedlungen. Jahresschr. Mitteldt. Vorgesch. 68, 1985, 339–355. doi: https://doi.org/10.11588/jsmv.1985.0.52509.

GROSCHOPF / REIFF 1985 P. GROSCHOPF / W. REIFF, Landschaft und Geologie. In: ZIEGLER 1985, 17–47.

GSCHWIND / ORTISI 2001 M. GSCHWIND / S. ORTISI, Zur kulturellen Eigenständigkeit der Provinz Raetien – Almgren 86, die raetische Form der sog. pannonischen Trompetenfibeln. Germania 79, 2001, 401–416.

HAAG 2002 S. M. HAAG, Schwäbisch Gmünd. Arch. Stadtkataster Baden-Württemberg 21 (Stuttgart 2002).

HAGEL 1994 J. HAGEL, Grenze und Grenzland aus geographischer Sicht. In: OLSHAUSEN / SONNABEND 1994, 487–496.

HAGGETT 1973 P. HAGGETT, Einführung in die kultur- und sozialgeographische Regionalanalyse (Berlin, New York 1973). doi: https://doi.org/10.1515/9783110834604.

HÄNGER 2001 CH. HÄNGER, Die Welt im Kopf. Raumbilder und Strategie im römischen Kaiserreich. Hypomnemata 136 (Göttingen 2001). doi: https://doi.org/10.13109/9783666252341.

HANSEN / MEYER 2013 S. HANSEN / M. MEYER, „Parallele Raumkonzepte" – Einführung in das Thema der Tagung. In: S. Hansen / M. Meyer (Hrsg.), Parallele Raumkonzepte. Topoi. Berlin Stud. Ancient World 16 (Berlin, Boston 2013) 1–7. doi: https://doi.org/10.1515/9783110291216.1.

HAUG 1914 F. HAUG (Hrsg.), Die römischen Inschriften und Bildwerke Württembergs von Haug und Sixt² (Stuttgart 1914). https://nbn-resolving.org/urn:nbn:de:bsz:24-digibib-kxp16860662014.

HAVERSATH 1984 J.-B. HAVERSATH, Die Agrarlandschaft im römischen Deutschland der Kaiserzeit (1.–4. Jh. n. Chr.). Passauer Schr. Geogr. 2 (Passau 1984).

HEILIGMANN 1990 J. HEILIGMANN, Der „Alb-Limes". Ein Beitrag zur römischen Besetzungsgeschichte Südwestdeutschlands. Forsch. u. Ber. Vor- u. Frühgesch. Baden-Württemberg 35 (Stuttgart 1990).

HEILIGMANN-BATSCH 1997 K. HEILIGMANN-BATSCH, Der römische Gutshof bei Büsslingen, Kr. Konstanz: Ein Beitrag zur Siedlungsgeschichte des Hegaus. Forsch. u. Ber. Vor- u. Frühgesch. Baden-Württemberg 65 (Stuttgart 1997).

HEIMBERG 2005 U. HEIMBERG, Römische Villen an Rhein und Maas. Bonner Jahrb. 202/203, 2002/2003 (2005), 57–146. doi: https://doi.org/10.11588/bjb.2002.0.42250.

HEISING 2011 A. HEISING, Römerforschung in Deutschland. Eine kurze Geschichte der Provinzialrömischen Archäologie. Freiburger Universitätsbl. 192, 2011, 61–76.

HEISING 2013a A. HEISING, Die Zeit der Severer in Obergermanien und Raetien. In: Archäologisches Landesmuseum Baden-Württemberg (Hrsg.), Caracalla. Kaiser, Tyrann, Feldherr. Ant. Welt, Sondbd. = Zabern Bildbd. Arch. (Darmstadt, Mainz 2013) 53–70.

HEISING 2013b A. HEISING (Hrsg.), Neue Forschungen zu zivilen Kleinsiedlungen *(vici)* in den römischen Nordwest-Provinzen. Akten der Tagung Lahr 21.–23.10.2010 (Bonn 2013).

HEISING 2016 A. HEISING, Römische Provinzgrenzen = Kulturgrenzen? Das Beispiel der *finis provincae* zwischen den Provinzen *Germania Superior* und Raetia. In: DELLA CASA / DESCHLER-ERB 2016, 25–36.

HEISING 2017 A. HEISING, Kommunikationsräume innerhalb der römischen Provinzen. Das Beispiel *Germania Superior* – eine Provinz mit zwei Gesichtern? In: BRATHER / DENDORFER 2017, 199–237. https://books.ub.uni-heidelberg.de/propylaeum/catalog/view/679/1114/88983 (letzter Zugriff: 10.10.2023).

HEISING et al. 2014 A. HEISING / D. PENZ / S. SCHRÖER, Limites inter Provincias. Ein internationales Forschungsprojekt zum Grenzverlauf zwischen den römischen Provinzen *Germania superior* und *Raetia*. Arch. Ausgr. Baden Württemberg 2014, 37–40.

HEKSTER / KAIZER 2011 O. HEKSTER / T. KAIZER (Hrsg.), Frontiers in the Roman World. Proceedings of the Ninth Workshop of the International Network Impact of Empire (Durham, 16–19 April 2009). Impact Empire 13 (Leiden, Boston 2011). doi: https://doi.org/10.1163/ej.9789004201194.i-378.

HENRICH 2006 P. HENRICH, Die römische Besiedlung in der westlichen Vulkaneifel. Trierer Zeitschr., Beih. 30 (Trier 2006). doi: https://doi.org/10.29091/9783954907809.

HERMON / BEDON 2005 E. HERMON / R. BEDON (Hrsg.), Concepts, pratiques et enjeux environnementaux dans l'Empire romain. Caesarodunum 39 (Limoges 2005).

HERTLEIN 1928 F. HERTLEIN, Die Geschichte der Besetzung des römischen Württemberg. Die Römer in Württemberg 1 (Stuttgart 1928).

HERTLEIN / GOESSLER 1930 F. HERTLEIN / P. GOESSLER, Die Straßen und Wehranlagen des römischen Württemberg. Die Römer in Württemberg 2 (Stuttgart 1930).

HERZOG 2006 I. HERZOG, Testing GIS methods by means of simulation. Detecting and describing find spot densities. In: Archäologie und Computer. Workshop 11. Kulturelles Erbe und neue Technologien, 18.–20. Oktober 2006 (Wien 2007).

HERZOG 2007 I. HERZOG, Simulationsexperimente zur Analyse von Siedlungsdichten. In: St. Burmeister / H. Derks / J. von Richthofen (Hrsg.), Zweiundvierzig. Festschrift für Michael

Gebühr zum 65. Geburtstag. Internat. Arch. Stud. Honoraria 28 (Rahden / Westf. 2007) 3–14.

HERZOG 2009 I. HERZOG, Berechnung von optimalen Wegen. Arch. Inf. 31, 2008, 87–96. doi: https://doi.org/10.11588/ai.2008.1&2.11119.

HERZOG 2013a I. HERZOG, Theory and practice of cost functions. In: F. Contreras / M. Farjas / F. J. Melero (Hrsg.), CAA 2010. Fusion of Cultures. Proceedings of the 38th Annual Conference on Computer Applications and Quantitative Methods in Archaeology, Granada, Spain, April 2010. BAR Internat. Ser. 2494 (Oxford 2013) 375–382. doi: https://doi.org/10.30861/9781407311081.

HERZOG 2013b I. HERZOG, The potential and limits of optimal path analysis. In: A. Bevan / M. Lake (Hrsg.), Computational Approaches to Archaeological Spaces. Publ. Inst. Arch. Univ. College London 60 (Walnut Creek 2013) 179–211. doi: https://doi.org/10.4324/9781315431932.

HERZOG 2014a I. HERZOG, A review of case studies in archaeological least cost analysis. Arch. e Calcolatori 25, 2014, 223–239. https://api.core.ac.uk/oai/oai:eprints.bice.rm.cnr.it:10546 (letzter Zugriff: 11.10.2023).

HERZOG 2014b I. HERZOG, Least-cost paths – some methodological issues. Internet Arch. 36, 2014. doi: https://doi.org/10.11141/ia.36.5.

HERZOG 2020 I. HERZOG, Spatial analysis based on cost functions. In: GILLINGS et al. 2020, 333–358.

HERZOG / MISCHKA 2010 I. HERZOG / D. MISCHKA, Methodische Aspekte im Dialog. Prähist. Zeitschr. 85, 2014, 258–272. doi: https://doi.org/10.1515/pz.2010.014.

HERZOG / POSLUSCHNY 2011 I. HERZOG / A. POSLUSCHNY, Tilt – slope-dependent least cost path calculations revisited. In: E. Jerem / F. Redő / V. Szeverényi (Hrsg.), On the Road to Reconstructing the Past. Computer Applications and Quantitative Methods in Archaeology (CAA). Proceedings of the 36th International Conference. Budapest, April 2–6, 2008 (Budapest 2011) 212–218 (CD-ROM 236–242).

HERZOG / SCHRÖER 2019 I. HERZOG / S. SCHRÖER, Reconstruction of Roman roads and boundaries in southern Germany. In: Proceedings of the 22th International Conference on Cultural Heritage and New Technologies held in Vienna, Austria November 2017 (Wien 2019). http://archiv.chnt.at/wp-content/uploads/eBook_CHNT22_Herzog-Schroeer.pdf (letzter Zugriff: 11.10.2023).

HERZOG / YÉPEZ 2015 I. HERZOG / A. YÉPEZ, The impact of the DEM on archaeological GIS studies. A case study in Ecuador. In: Proceedings of the 20th International Conference on Cultural Heritage and New Technologies held in Vienna, Austria November 2015 (Wien 2015). https://www.chnt.at/wp-content/uploads/eBook_CHNT20_Herzog_Yepez_2015.pdf (letzter Zugriff f: 11.10.2023).

HEUBERGER 1932 R. HEUBERGER, Rätien im Altertum und Frühmittelalter. Forschungen und Darstellungen. Schlern-Schr. 20,1 (Innsbruck 1932, Nachdruck Aalen 1971). https://digital.tessmann.it/tessmannDigital/Buch/13162/ (letzter Zugriff: 11.10.2023).

HEUBERGER 1953 R. HEUBERGER, Die Westgrenze Rätiens. Prähist. Zeitschr. 34/35,2, 1949/1950 (1953), 47–57. doi: https://doi.org/10.1515/prhz.1950.34-35.2.47.

HÖCKMANN 2003 O. HÖCKMANN, Zur Schiffbarkeit der oberen Donau in römischer Zeit. Dt. Schiffahrtsarchiv 26, 2003, 23–40. https://nbn-resolving.org/urn:nbn:de:0168-ssoar-52550-8.

HODDER / HASSEL 1971 I. HODDER / M. HASSEL, The non-random spacing of romano-british walled towns. Man N. S. 6, 1971, 391–407. doi: https://doi.org/10.2307/2799028.

HODDER / ORTON 1976 I. HODDER / C. ORTON, Spatial Analysis in Archaeology. New Stud. Arch. 1 (London, New York, Melbourne 1976).

HOMBERGER 2013 V. HOMBERGER, Römische Kleinstadt Schleitheim-*Iuliomagus*. Streifenhäuser im Quartier Z'underst Wyler. Schaffhauser Arch. 6 (Schaffhausen 2013).

HOSS 2016 ST. HOSS, Each an „entity unto itself"? Defining roman provincial identities on the basis of material culture. In: DELLA CASA / DESCHLER-ERB 2016, 17–24.

HULD-ZETSCHE1994 I. HULD-ZETSCHE, Nida. Eine römische Stadt in Frankfurt am Main. Schr. Limesmus. Aalen 48 (Stuttgart 1994).

HÜSSEN 1994 C.-M. HÜSSEN, Die ländliche Besiedlung und Landwirtschaft Obergermaniens zwischen Limes, unterem Neckar, Rhein und Donau während der Kaiserzeit. In: BENDER / WOLFF 1994, 255–265.

HÜSSEN 2000 C.-M. HÜSSEN, Die römische Besiedlung im Umland von Heilbronn. Forsch. u. Ber. Vor- u. Frühgesch. Baden-Württemberg 78 (Stuttgart 2000).

HÜSSEN 2004 C.-M. HÜSSEN, Besiedlungswandel und Kontinuität im oberbayerischen Donauraum und in der Münchner Schotterebene von der Okkupation unter Augustus bis in tiberisch-claudische Zeit. In: HÜSSEN et al. 2004, 73–91.

HÜSSEN / GSCHWIND 2012 C.-M. HÜSSEN / M. GSCHWIND, Entwicklung und Gestaltung von Grenzen des römischen Reiches: Forschungen im

Vorderen Orient und in den Nordwestprovinzen. In: DALLY et al. 2012, 161–178.

HÜSSEN et al. 2004 C.-M. HÜSSEN / W. IRLINGER / W. ZANIER (Hrsg.), Spätlatènezeit und frühe römische Kaiserzeit zwischen Alpenrand und Donau. Akten des Kolloquiums in Ingolstadt 11.–12. Oktober 2001. Koll. Vor- u. Frühgesch. 8 (Bonn 2004).

HYE et al. 2017 S. HYE / J. SCHESCHKEWITZ / K. WEHRBERGER (Hrsg.), 41 Minuten. Auf archäologischem Gleis über die Schwäbische Alb (Ostfildern 2017).

IMPERIUM ROMANUM 2005 Archäologisches Landesmuseum Baden-Württemberg (Hrsg.), Imperium Romanum. Roms Provinzen an Neckar, Rhein und Donau. Begleitband zur Ausstellung des Landes Baden-Württemberg im Kunstgebäude Stuttgart, 1. Oktober 2005 bis 8. Januar 2006 (Stuttgart 2005).

IRMISCHER / CLARKE 2017 I. J. IRMISCHER / K. CH. CLARKE, Measuring and modeling the speed of human navigation. Cartogr. and Geogr. Inf. Scien. 45, 2017, 177–186. doi: https://doi.org/10.1080/15230406.2017.1292150.

IRSIGLER 1991 F. IRSIGLER, Der Einfluß politischer Grenzen auf die Siedlungs- und Kulturlandschaftsentwicklung. Eine Einführung in die Tagungsthematik. Siedlungsforschung 9, 1991, 9–23.

JÄGER 1989 RGA² 7 (1989) 47–48 s. v. Einzelhof § 1: Wort und Begriff (H. JÄGER). doi: https://doi.org/10.1515/gao.

JANKUHN 1977 H. JANKUHN, Einführung in die Siedlungsarchäologie. De-Gruyter-Studienbuch (Berlin, New York 1977).

JAUCH 2014 V. JAUCH, Vicustöpfer. Keramikproduktion im römischen Oberwinterthur. Beitr. Röm. Oberwinterthur – Vitudurum 10 = Monogr. Kantonsarch. Zürich 45 (Zürich, Egg 2014).

JAUCH 2016 V. JAUCH, Mortaria and cooking pots – explaining boundaries: An approach. In: DELLA CASA / DESCHLER-ERB 2016, 91–97.

JAUCH 2017 V. JAUCH, Die ‚Rätische Reibschüssel‘ – Eine Erfindung aus Rätien? Rätische Elemente im obergermanischen Gutshof von Seeb-Winkel (Kt. Zürich, CH) und anderen Teilen der Nordprovinzen. Fundber. Baden-Württemberg 37, 2017, 89–179. doi: https://doi.org/10.11588/fbbw.2017.0.68440.

JENESON 2013 C. F. JENESON, Exploring the Roman Villa World between Tongres and Cologne. A Landscape Archaeological Approach (Amsterdam 2013). https://hdl.handle.net/1871/39636.

KAPPESSER 2012 I. KAPPESSER, Römische Flussfunde aus dem Rhein zwischen Mannheim und Bingen. Fundumstände, Flusslaufrekonstruktion und Interpretation. Universitätsforsch. Prähist. Arch. 209 (Bonn 2012).

KASTLER 2010 R. KASTLER, Die römische Tauernstraße – Der Abschnitt Pass Lueg bis nach Iuvavum. In: GRABHERR / KAINRATH 2010, 9–69.

KEMKES 2005 M. KEMKES, Vom Rhein an den Limes und wieder zurück. Die Besetzungsgeschichte Südwestdeutschlands. In: IMPERIUM ROMANUM 2005, 44–53.

KEMKES 2012 M. KEMKES, Der Kastellvicus von Aalen. In: V. Rupp / H. Birley (Hrsg.), Landleben im römischen Deutschland (Stuttgart 2012) 82–85.

KEMKES 2015 M. KEMKES, Aalen. In: MATEŠIĆ / SOMMER 2015, 76–81.

KEMKES 2016 M. KEMKES, Das römische Donaukastell Rißtissen. Materialh. Arch. Baden-Württemberg 101 (Stuttgart 2016).

KEMKES 2018 M. KEMKES, Das Kaiserdenkmal auf dem Häsenbühl bei Geislingen, Zollernalbkreis. In: M. Kemkes / P. Rau / R. Röber / P. Schlemper / B. Theune-Großkopf (Hrsg.), Ob res prospere gestas. Wegen erfolgreich ausgeführter Taten. Festschrift für Jörg Heiligmann (Friedberg 2018) 122–135.

KEMKES / SCHOLZ 2012 M. KEMKES / M. SCHOLZ, Das Römerkastell Aalen. UNESCO-Welterbe. Schr. Limesmus. Aalen 58 (Stuttgart 2012).

KEMPA 1995 M. KEMPA, Die Ausgrabungen auf den „Weiherwiesen" bei Essingen (Ostalbkreis). In: Landesdenkmalamt Baden-Württemberg (Hrsg.), Beiträge zur Eisenverhüttung auf der Schwäbischen Alb. Forsch. u. Ber. Vor- u. Frühgesch. Baden-Württemberg 55 (Stuttgart 1995).

KGL. STATIST. LANDESAMT 1893 K. STATISTISCHES LANDESAMT (Hrsg.), Beschreibung des Oberamts Ehingen² (Stuttgart 1893). https://ia800302.us.archive.org/13/items/beschreibungdes03land-goog/beschreibungdes03landgoog.pdf (letzter Zugriff: 19.2.2024).

KGL. STATIST. LANDESAMT 1909 K. STATISTISCHES LANDESAMT (Hrsg.), Beschreibung des Oberamts Urach² (Stuttgart 1909). https://digibus.ub.uni-stuttgart.de/viewer/image/1589266706646_66/1/ (letzter Zugriff: 19.2.2024).

KGL. STATIST. LANDESAMT 1912 K. STATISTISCHES LANDESAMT (Hrsg.), Beschreibung des Oberamts Münsingen² (Stuttgart 1912). https://digibus.

ub.uni-stuttgart.de/viewer/image/1589266706646_2 (letzter Zugriff: 19.2.2024).

KGL. STATIST.-TOPOGR. BUREAU 1845 KÖNIGLICHES STATISTISCH-TOPOGRAPHISCHES BUREAU (Hrsg.), Beschreibung des Oberamts Eßlingen (Stuttgart, Tübingen 1845). https://mdz-nbn-resolving.de/urn:nbn:de:bvb:12-bsb10020480-1 (letzter Zugriff: 19.2.2024).

KGL. STATIST.-TOPOGR. BUREAU 1848 KÖNIGLICHES STATISTISCH-TOPOGRAPHISCHES BUREAU (Hrsg.), Beschreibung des Oberamts Nürtingen (Stuttgart, Tübingen 1848). https://mdz-nbn-resolving.de/urn:nbn:de:bvb:12-bsb10020484-3 (letzter Zugriff: 19.2.2024).

KGL. STATIST.-TOPOGR. BUREAU 1867 KÖNIGLICHES STATISTISCH-TOPOGRAPHISCHES BUREAU (Hrsg.), Beschreibung des Oberamts Tübingen (Stuttgart 1867). https://mdz-nbn-resolving.de/urn:nbn:de:bvb:12-bsb10020508-7 (letzter Zugriff: 19.2.2024).

KGL. STATIST.-TOPOGR. BUREAU 1870 KÖNIGLICHES STATISTISCH-TOPOGRAPHISCHES BUREAU (Hrsg.), Beschreibung des Oberamts Gmünd (Stuttgart 1870). https://mdz-nbn-resolving.de/urn:nbn:de:bvb:12-bsb11005650-6 (letzter Zugriff: 19.2.2024).

KGL. TOPOGR. BUREAU 1851 KÖNIGLICHES TOPOGRAPHISCHES BUREAU (Hrsg.), Beschreibung des Oberamts Stuttgart, Amt (Stuttgart 1851). https://mdz-nbn-resolving.de/urn:nbn:de:bvb:12-bsb10020488-4 (letzter Zugriff: 19.2.2024).

KLEE 2006 M. KLEE, Grenzen des Imperiums. Leben am römischen Limes (Stuttgart 2006).

KLEIN 1992 F. KLEIN, Zur vor- und frühgeschichtlichen Besiedlung im Reutlinger Raum. Reutlinger Geschbl. 31, 1992, 9–37.

KLEY / SCHREG 1992 A. KLEY / R. SCHREG, Vor- und Frühgeschichte von Geislingen und Umgebung. Scherben schreiben Geschichte. Veröff. Stadtarchiv 17 (Geislingen a. d. Steige 1992).

KLING 2018 I. KLING (Hrsg.), 200 Jahre Landesvermessung Baden-Württemberg 1818–2018 (Stuttgart 2018).

KNOPF 2006 TH. KNOPF, Der Heidengraben bei Grabenstetten. Archäologische Untersuchungen zur Besiedlungsgeschichte. Universitätsforsch. Prähist. Arch. 141 (Bonn 2006).

KNOPF 2013 TH. KNOPF, „Umwelt" als Forschungsgegenstand: Konzepte und Theorien. In: EGGERT / VEIT 2013, 63–99.

KOCH 1969 R. KOCH, Katalog Esslingen. Die vor- und frühgeschichtlichen Funde im Heimatmuseum 1: Die vorrömischen und römischen Funde. Veröff.

Staatl. Amt Denkmalpfl. Stuttgart A 14,1 (Stuttgart 1969).

KOLB 2003 RGA² 25 (2003) 88–90 s. v. Römische Grenzsteine (A. KOLB). doi: https://doi.org/10.1515/gao.

KOLB 2007 A. KOLB, Raumwahrnehmung und Raumerschließung durch römische Straßen. In: M. Rathmann (Hrsg.), Wahrnehmung und Erfassung geographischer Räume in der Antike (Mainz 2007) 169–180.

KOLB / ZINGG 2016 A. KOLB / L. ZINGG, The importance of internal borders in the Roman Empire: Written sources and model cases. In: DELLA CASA / DESCHLER-ERB 2016, 11–16.

KOLBUS 2001 S. KOLBUS, Die römische *Villa rustica* von Nürtingen-Oberensingen, Kreis Esslingen. Fundber. Baden-Württemberg 25, 2001, 537–715.

KOLENDO 1994 J. KOLENDO, La relation ville / campagne dans les provinces danubiennes. Réalité et son reflet dans la mentalité. In: BENDER / WOLFF 1994, 87–99.

KÖNIG 2014 J. KÖNIG, Zum Abschluss der Ausgrabungen entlang der ICE-Trasse / Ausbaustrecke der A8 auf der Schwäbischen Alb. Arch. Ausgr. Baden-Württemberg 2014, 25–30.

KÖNIG et al. 2013 J. KÖNIG / J. SCHESCHKEWITZ / D. HERRMANN, Zum Fortgang der archäologischen Ausgrabung entlang der ICE-Neubau- und A8-Ausbaustrecke zwischen Hohenstadt und Ulm. Arch. Ausgr. Baden Württemberg 2013, 27–31.

KONRAD 2012 M. KONRAD, Ungleiche Nachbarn. Die Provinzen Raetien und Noricum in der römischen Kaiserzeit. In: H. Fehr / I. Heitmeier (Hrsg.), Die Anfänge Bayerns. Von Raetien und Noricum zur frühmittelalterlichen Baiovaria. Bayer. Landesgesch. u. Europä. Regionalgesch. 1 (St. Ottilien 2012) 21–71.

KÖRBER-GROHNE et al. 1983 U. KÖRBER-GROHNE / U. PIENING / D. PLANCK / M. KOKABI, Flora und Fauna im Ostkastell von Welzheim. Forsch. u. Ber. Vor- u. Frühgesch. Baden-Württemberg 14 (Stuttgart 1983).

KORTÜM 1995 K. KORTÜM, *Portus* – Pforzheim: Untersuchungen zur Archäologie und Geschichte in römischer Zeit. Quellen u. Stud. Gesch. Stadt Pforzheim 3 (Sigmaringen 1995).

KORTÜM 1998 K. KORTÜM, Zur Datierung der römischen Militäranlagen im obergermanisch-rätischen Limesgebiet. Saalburg Jahrb. 49, 1998, 5–65.

KORTÜM 2008 K. KORTÜM, Das Welzheimer Alenlager. Vorbericht zu den Grabungen im Westkastell 2005/2006. In: A. Thiel (Hrsg.), Neue

Forschungen am Limes. 4. Fachkolloquium der Deutschen Limeskommission 27./28. Februar 2007 in Osterburken. Beitr. Welterbe Limes 3 (Stuttgart 2008) 123–139. https://www.deutsche-limeskommission.de/fileadmin/user_upload/Publikationen_der_Deutschen_Limeskommission/BzWL_Band3_Web_niedrig.pdf (letzter Zugriff: 25.10.2023).

Kortüm 2013 K. Kortüm, Neuenstadt am Kocher – Geplante Zentralsiedlung des Neckarvorlandes? In: Heising 2013b, 151–166.

Kortüm 2015 K. Kortüm, Archaeology of *Germania Superior*: Urban settlements. In: S. James / St. Krmnicek (Hrsg.), The Oxford Handbook of the Archaeology of Roman Germany (Oxford 2015) 53–91. doi: https://doi.org/10.1093/oxfordhb/9780199665730.013.4.

Kovács 2008 P. Kovács, Some notes on the division of Illyricum. In: Piso 2008, 237–247.

Kreuz 1994/1995 A. Kreuz, Landwirtschaft und ihre ökologischen Grundlagen in den Jahrhunderten um Christi Geburt. Zum Stand der naturwissenschaftlichen Untersuchungen in Hessen. Ber. Komm. Arch. Landesforsch. Hessen 3, 1994/1995, 59–91.

Krins 1983 H. Krins, Die Gründung der staatlichen Denkmalpflege in Baden und Württemberg. Denkmalpfl. Baden-Württemberg 12, 1983, 34–42. doi: https://doi.org/10.11588/nbdpfbw.1983.2.14164.

Kuhnen 1994 H.-P. Kuhnen, Die Privatziegelei des Gaius Longinius Speratus in Großbottwar, Kreis Ludwigsburg. Handel und Wandel im römischen Südwestdeutschland. Fundber. Baden-Württemberg 19,1, 1994, 255–264. doi: https://doi.org/10.11588/fbbw.1994.1.48276.

Kunow 1988 J. Kunow, Zentrale Orte in der *Germania Inferior*. Arch. Korrbl. 18, 1988, 55–67.

Kunow 1989 J. Kunow, Strukturen im Raum. Geographische Gesetzmässigkeiten und archäologische Befunde aus Niedergermanien. Arch. Korrbl. 19, 1989, 377–390.

Kunow / Müller 2003 J. Kunow / J. Müller (Hrsg.), Landschaftsarchäologie und geographische Informationssysteme. Prognosekarten, Besiedlungsdynamik und prähistorische Raumordnungen. The Archaeology of Landscape and Geographic Information Systems. Predictive Maps, Settlement Dynamics and Space and Territory in Prehistory. Archäoprognose Brandenburg 1 = Forsch. Arch. Land Brandenburg 8 (Wünsdorf 2003).

Künzl 1986 E. Künzl, Zum Verbreitungsgebiet der Okulistenstempel. Zeitschr. Papyr. u. Epigr. 65, 1986, 200–202.

Küster 1991 H. Küster, Ackerbau in Niederbayern von der Jungsteinzeit bis zum Mittelalter. In: K. Schmotz (Hrsg.), Vorträge des 9. Niederbayerischen Archäologentages (Buch am Erlbach 1991) 191–198.

Lamm 2014 S. Lamm, Zwischenland. Zur Grenze zwischen Noricum und Pannonien abseits des Wienerwaldes. In: E. Trinkl (Hrsg.), Akten des 14. Österreichischen Archäologentages am Institut für Archäologie der Universität Graz vom 19. bis 21. April 2012. Veröff. Inst. Klass. Arch. Karl-Franzens-Univ. Graz 11 (Wien 2014) 209–220. https://resolver.obvsg.at/urn:nbn:at:at-ubg:3-1706.

Langmuir 1984 E. Langmuir, Mountaincraft and Leadership. A Handbook for Mountaineers and Hillwalking Leaders in the British Isles (Edinburgh 1984).

Lässing 1980 H. Lässing (Hrsg.), Der Rems-Murr-Kreis. Heimat u. Arbeit (Stuttgart 1980).

Lehner 2012 M. Lehner, Die „Grüne Grenze" zwischen Noricum und Oberpannonien: Alte Meinungen und neue Indizien. Stud. Univ. Babeş-Bolyai, Hist. 57,1, 2012, 38–51. http://studia.ubbcluj.ro/download/pdf/728.pdf (letzter Zugriff: 7.11.2023).

Lenz 1999 K.-H. Lenz, Siedlungen der römischen Kaiserzeit auf der Aldenhovener Platte. Rhein. Ausgr. 45 (Köln 1999).

Lenz-Bernhard 1990 G. Lenz-Bernhard, Frühgermanische Funde an Oberrhein und Neckar. Denkmalpfl. Baden-Württemberg 19, 1990, 170–179. doi: https://doi.org/10.11588/nbdpfbw.1990.4.13634.

Lenz-Bernhard 2002 G. Lenz-Bernhard, *Lopodunum* III. Die neckarswebische Siedlung und *Villa rustica* im Gewann „Ziegelscheuer". Eine Untersuchung zur Besiedlungsgeschichte der Oberrheingermanen. Forsch. u. Ber. Vor- u. Frühgesch. Baden-Württemberg 77 (Stuttgart 2002).

Lenz-Bernhard / Bernhard 1991 G. Lenz-Bernhard / H. Bernhard, Das Oberrheingebiet zwischen Caesars gallischem Krieg und der flavischen Okkupation (58 v. – 73 n. Chr.). Eine siedlungsgeschichtliche Studie. Mitt. Hist. Ver. Pfalz 89, 1991, 3–347.

van Leusen 1999 M. van Leusen, Viewshed and cost surface analysis using GIS (Cartographic modelling in a cell-based GIS 2). In: J. A. Barceló /

I. Briz / A. Vila (Hrsg.), New Techniques for Old Times. CAA 98. Computer Applications and Quantitative Methods in Archaeology. Proceedings of the 26th Conference, Barcelona, March 1998. BAR Internat. Ser. 757 (Oxford 1999) 215–223. doi: http://dx.doi.org/10.15496/publikation-2197.

VAN LEUSEN 2002 M. VAN LEUSEN, Pattern to Process. Methodological Investigations into the Formation and Interpretation of Spatial Patterns in Archaeological Landscapes (Groningen 2002). http://irs.ub.rug.nl/ppn/239009177 (letzter Zugriff: 26.10.2023).

LIEB 1993 H. LIEB, Die römischen Inschriften von Stein am Rhein und Eschenz. In: M. Höneisen (Hrsg.), Frühgeschichte der Region Stein am Rhein. Archäologische Forschungen am Ausfluss des Untersees. Antiqua 26 = Schaffhauser Arch. 1 (Basel 1993) 158–165. https://archaeologie-schweiz.ch/wp-content/uploads/2022/08/Antiqua-26-scan.pdf (letzter Zugriff: 26.10.2023).

LINTOTT 1993 A. LINTOTT, Imperium Romanum: Politics and Administration (London, New York 1993). doi: https://doi.org/10.4324/9780203714003.

LLOBERA 1996 M. LLOBERA, Exploring the topography of mind. GIS, social space and archaeology. Antiquity 70, 1996, 612–622. doi: https://doi.org/10.1017/S0003598X00083745.

LLOBERA 2012 M. LLOBERA, Life on a pixel: Challenges in the development of digital methods within a „interpretive" landscape archaeology framework. Journal Arch. Method and Theory 19, 2012, 495–509. doi: https://doi.org/10.1007/s10816-012-9139-2.

LÖFFLER 1996 G. LÖFFLER, Die Analyse von räumlichen Siedlungssystemen i. w. S. in der genetischen Siedlungsforschung – Begriffssystematik und Forschungsperspektiven. Siedlungsforschung 14, 1996, 33–46. https://www.uni-bamberg.de/fileadmin/histgeo/Arkum_Zeitschrift_Siedlungsforschung/sf14-1996.pdf (letzter Zugriff: 7.11.2023).

LÖHR 1985 H. LÖHR, Sammeln oder Suchen? Anmerkungen zur archäologischen Feldbegehung. Arch. Inf. 8, 1985, 102–110. doi: https://doi.org/10.11588/ai.1985.2.28794.

LORRA et al 1998 S. LORRA / H. STÜMPEL / M. GRÄBER / D. THOMSEN / M. PANITZKI, Kombinierter Einsatz hochauflösender geophysikalischer Verfahren (Georadar, Geoelektrik und Geomagnetik) in der archäologischen Prospektion. In: H. von der Osten-Woldenburg (Hrsg.), Unsichtbares sichtbar machen. Geophysikalische Prospektionsmethoden in der Archäologie.

Kolloquium vom 27. Oktober 1994 in Leipzig. Materialh. Arch. Baden-Württemberg 41 (Stuttgart 1998) 27–42.

LÖWENBORG 2007 D. LÖWENBORG, Watersheds as a method for reconstructing regions and territories in GIS. In: J. T. Clark / E. M. Hagemeister (Hrsg.), Digital Discovery. Exploring New Frontiers in Human Heritage. CAA 2006. Computer Applications and Quantitative Methods in Archaeology. Proceedings of the 34th Conference, Fargo, United States, April 2006 (Budapest 2007) 143–149. https://proceedings.caa-conference.org/files/2006/14_Lowenborg_CAA2006.pdf (letzter Zugriff: 26.10.2023).

LUGINBÜHL 2002 TH. LUGINBÜHL, Handwerk im ländlichen Umfeld. In: L. Flutsch / U. Niffeler / F. Rossi (Hrsg.), Die Schweiz vom Paläolithikum bis zum frühen Mittelalter. Vom Neanderthaler bis zu Karl dem Grossen. 5: Römische Zeit. Schweiz Paläolithikum Frühen Mittelalter 5 (Basel 2002) 172–177. https://archaeologie-schweiz.ch/wp-content/uploads/2021/11/SPM-5-de.pdf (letzter Zugriff: 26.10.2023).

LUIK 1994 M. LUIK, Der Kastellvicus von Aalen. Fundber. Baden-Württemberg 19,1, 1994, 265–355. doi: https://doi.org/10.11588/fbbw.1994.1.48277.

LUIK 1996 M. LUIK, Köngen – *Grinario* I. Topographie, Fundstellenverzeichnis, ausgewählte Fundgruppen. Forsch. u. Ber. Vor- u. Frühgesch. Baden-Württemberg 62 (Stuttgart 1996).

LUIK 2004 M. LUIK, Köngen – *Grinario* II. Grabungen des Landesdenkmalamtes Baden-Württemberg. Historisch-archäologische Auswertung. Forsch. u. Ber. Vor- u. Frühgesch. Baden-Württemberg 82 (Stuttgart 2004).

LUIK 2005 M. LUIK, „Schwäbischer Fleiß" in der Antike. Die neu entdeckte Sigillata-Manufaktur von Nürtingen (Kreis Esslingen). Denkmalpfl. Baden-Württemberg 34,3, 2005, 129–133. doi: https://doi.org/10.11588/nbdpfbw.2005.3.12318.

LUIK 2012 M. LUIK, Die Terra-Sigillata-Töpferei von Nürtingen, Lkr. Esslingen. Fundber. Baden-Württemberg 32,2, 2012, 201–332. doi: https://doi.org/10.11588/fbbw.2012.2.33782.

LUIK / MÜLLER 1999 M. LUIK / D. MÜLLER, Römerzeitliche Geländedenkmäler 2: Die römischen Gutshöfe von Esslingen-Berkheim und Wolfschlugen (Landkreis Esslingen). Atlas Arch. Geländedenkmäler Baden-Württemberg 3,2 (Stuttgart 1999).

LUIK / PLANCK 2012 M. LUIK / D. PLANCK, 100 Jahre Kastellturm Köngen. Eine Rekonstruktion und ihre Geschichte. Arch. Inf. Baden-Württemberg 65 (Stuttgart 2012).

Lüning 1982 J. Lüning, Siedlung und Siedlungslandschaft in bandkeramischer und Rössener Zeit. Offa 39, 1982, 9–33.

Mackensen 1987 M. Mackensen, Frühkaiserzeitliche Kleinkastelle bei Nersingen und Burlafingen an der oberen Donau. Münchner Beitr. Vor- und Frühgesch. 41 (München 1987).

Mangartz 2008 F. Mangartz, Römischer Basaltlava-Abbau zwischen Eifel und Rhein. Monogr. RGZM 75 = Vulkanpark-Forsch. 7 (Mainz 2008).

Manni / Guérard 2004 F. Manni / E. Guérard, Barrier vs. 2.2. Manual of the User. Population Genetics Team, Museum of Mankind (Musée de l'Homme), Paris [Publ. durch Autoren verbreitet] (Paris 2004).

Manni et al. 2004 F. Manni / E. Guérard / E. Heyer, Geographic patterns of (genetic, morphologic, linguistic) variation. How barriers can be detected by „Monmonier's algorithm". Human Biol. 76, 2004, 173–190. doi: https://doi.org/10.1353/hub.2004.0034.

Martin / Eiblmaier 2001 Ch. Martin / M. Eiblmaier (Hrsg.), Lexikon der Geowissenschaften. Bd. 4 (Berlin 2001).

Matešić / Sommer 2015 S. Matešić / C. S. Sommer (Hrsg.), Am Rande des Römischen Reiches. Ausflüge zum Limes in Süddeutschland. Beitr. Welterbe Limes, Sonderbd. 3 (Bad Homburg v. d. H. 2015).

Mattern / Buchmann 1983 H. Mattern / H. Buchmann, Die Hülben der nordöstlichen Schwäbischen Alb. Bestandsaufnahme, Erhaltungsmaßnahmen. I. Albuch und angrenzende Gebiete. Veröff. Naturschutz u. Landschaftspflege Baden-Württemberg 55/56, 1983, 101–166.

Matthes 2007 Ch. Matthes, Standortfaktoren von Luftbild- und Lesefundplätzen am Beispiel des Testgebietes 4 Fläming. In: J. Kunow / J. Müller / F. Schopper (Hrsg.), Archäoprognose II. Forsch. Arch. Land Brandenburg 10 (Wünsdorf 2007) 177–186.

Maull 1925 O. Maull, Politische Geographie (Wien 1925).

Mayer 1913 K. Mayer, Aus Kirchheims Vergangenheit. Auf Grund handschriftlicher und gedruckter Quellen bearbeitet (Kirchheim 1913).

Mayer-Reppert 1995 P. Mayer-Reppert, *Brigobannis*. Das römische Hüfingen. Führer Arch. Denkmäler Baden-Württemberg 19 (Stuttgart 1995).

McGrew et al. 2014 J. Ch. McGrew / A. J. Lembo / Ch. B. Monroe, An Introduction to Statistical Problem Solving in Geography (Long Grove 2014).

Mehl 1990 A. Mehl, Besiedlung und Nutzung des Landes am Limes im heutigen Württemberg. In: H. Vetters / M. Kandler (Hrsg.), Akten des 14. Internationalen Limeskongresses 1986 in Carnuntum. Der Röm. Limes Österreich 36,1 (Wien 1990) 443–453.

Meier 2009 Th. Meier, Umweltarchäologie – Landschaftsarchäologie. In: S. Brather (Hrsg.), Historia archaeologica. Festschrift für Heiko Steuer zum 70. Geburtstag. RGA Ergbd. 70 (Berlin 2009) 697–734. doi: https://doi.org/10.1515/9783110223385.697.

Meier 2017 Th. Meier, Potenziale und Risiken der Umweltarchäologie. In: Brather / Dendorfer 2017, 13–53. https://books.ub.uni-heidelberg.de/propylaeum/catalog/view/679/1114/88975 (letzter Zugriff: 10.10.2023).

von Memminger 1825 J. D. G. von Memminger, Beschreibung des Oberamts Münsingen (Stuttgart, Tübingen 1825). https://nbn-resolving.org/urn:nbn:de:bvb:12-bsb10020461-6 (letzter Zugriff: 19.2.2024).

Meyer 2006 M. G. M. Meyer, Basilika, Forum oder Mehrzweckgebäude? Ein rätselhafter Großbau an der Donausüdstraße. In: Seitz 2006, 331–338.

Meyer 2010a M. G. M. Meyer, Die ländliche Besiedlung von Oberschwaben zur Römerzeit. Band 1. Text. Materialh. Arch. Baden-Württemberg 85,1 (Stuttgart 2010).

Meyer 2010b M. G. M. Meyer, Die ländliche Besiedlung von Oberschwaben zur Römerzeit. Band 2. Katalog, Literaturverzeichnis und Anhänge. Materialh. Arch. Baden-Württemberg 85,2 (Stuttgart 2010).

Meyer 2015 M. G. M. Meyer, Welzheim. In: Matešić / Sommer 2015, 62–67.

Meynen / Schmithüsen 1955 E. Meynen / J. Schmithüsen (Hrsg.), Handbuch der naturräumlichen Gliederung Deutschlands. Zweite Lieferung (Remagen 1955).

Meyr 2014 M. Meyr, *Arae Flaviae* – eine Stadt im römischen Sinn. In: Reuter 2014, 232–241.

Miller 1884 K. Miller, Die römischen Begräbnisstätten in Württemberg. Programm des Königlichen Realgymnasiums in Stuttgart am Schlusse des Schuljahrs 1883/84 (Stuttgart 1884) 1–49. http://nbn-resolving.org/urn:nbn:de:bvb:824-dtl-0000063595.

Mischka 2007 D. Mischka, Methodische Aspekte zur Rekonstruktion prähistorischer

Siedlungsmuster. Landschaftsgenese vom Ende des Neolithikums bis zur Eisenzeit im Gebiet des südlichen Oberrheins. Freiburger Arch. Stud. 5 (Rahden / Westf. 2007).

MOOSBAUER 1997 G. MOOSBAUER, Die ländliche Besiedlung im östlichen Raetien während der römischen Kaiserzeit. Stadt- und Landkreise Deggendorf, Dingolfing-Landau, Passau, Rottal-Inn, Straubing und Straubing-Bogen. Passauer Universitätsschr. Arch. 4,1–2 (Leidorf 1997).

MOOSBAUER 1999 G. MOOSBAUER, Handwerk und Gewerbe in den ländlichen Siedlungen Raetiens vom 1. bis zum 4. Jahrhundert nach Christus. In: M. Polfer (Hrsg.), Artisanat et productions artisanales en milieu rural dans les provinces du nordouest de l'Empire romain. Actes du colloque organisé à Erpeldange (Luxembourg) les 4 et 5 mars 1999 par le Séminaire d'Etudes Anciennes du Centre Universitaire de Luxembourg et Instrumentum. Monogr. Instrumentum 9 (Montagnac 1999) 217–234.

MOOSBAUER 2005 G. MOOSBAUER, Siedlungstyp und Handwerksform in Raetien. In: M. Polfer (Hrsg.), Artisanat et économie romaine. Italie et provinces occidentales de l'Empire. Actes du 3ᵉ Colloque International d'Erpeldange (Luxembourg) sur l'artisanat romain – 14–16 octobre 2004. Monogr. Instrumentum 32 (Montagnac 2005) 75–81.

MORRISSEY / MÜLLER 2017 CH. MORRISSEY / D. MÜLLER, Der Heidengraben auf der Uracher Alb. Atlas Arch. Geländedenkmäler Baden-Württemberg 2,23 = Vor- u. Frühgesch. Befestigungen 23 (Wiesbaden 2017).

MÜLLER 1975 G. MÜLLER (Hrsg.): Der Kreis Reutlingen. Heimat u. Arbeit (Stuttgart 1975).

MÜLLER-SCHEESSEL 2013 N. MÜLLER-SCHEESSEL, Mensch und Raum. Heutige Theorien und ihre Anwendung. In: EGGERT / VEIT 2013, 101–137.

NÄGELE 1909 E. NÄGELE, Ein römisches Heiligtum bei Metzingen. Bl. Schwäb. Albver. 21, 1909, 112–114. https://www.schwaben-kultur.de/cgi-bin/getpix.pl?obj=00000054/00009465&typ=image (letzter Zugriff: 26.10.2023).

NAKOINZ 2009 O. NAKOINZ, Zentralortforschung und zentralörtliche Theorie. Arch. Korrbl. 39, 2009, 361–380.

NAKOINZ 2011 O. NAKOINZ, Territorien und zentrale Orte der älteren Eisenzeit. In: V. I. Molodin / S. Hansen (Hrsg.), Terra Scythica. Materialy meždunarodnogo simpoziuma „Terra Scythica" (Novosibirsk 2011) 185–191.

NAKOINZ 2013a O. NAKOINZ, Archäologische Kulturgeographie der ältereisenzeitlichen Zentralorte Südwestdeutschlands.

Universitätsforsch. Prähist. Arch. 224 (Bonn 2013).

NAKOINZ 2013b O. NAKOINZ, Räumliche Interaktionsmodelle. Prähist. Zeitschr. 88, 2013, 226–257. doi: https://doi.org/10.1515/pz-2013-0008.

NENNINGER 2001 M. NENNINGER, Die Römer und der Wald. Untersuchungen zum Umgang mit einem Naturraum am Beispiel der römischen Nordwestprovinzen. Geogr. Hist. 16 (Stuttgart 2001).

NETH 2012 A. NETH, Abstieg ins Tal. Die ICE-Trasse im Albvorland. Arch. Ausgr. Baden-Württemberg 2012, 48–50.

NEUFFER 1971 E. M. NEUFFER, Zwei neue römische Gutshöfe von Waiblingen, Hochgericht und Köngen (Kreis Esslingen), Fuchsgrube. Fundber. Schwaben N. F. 19, 1971, 230–253.

NEUFFER 1977 E. M. NEUFFER, Römische Siedlungsreste auf der Markung Neuhausen auf den Fildern, Kreis Esslingen. Fundber. Baden-Württemberg 3, 1977, 355–373. doi: https://doi.org/10.11588/fbbw.1977.0.24843.

NEUMAIER 1993 H. NEUMAIER, Christian Ernst Hansselmann. Zu den Anfängen der Limesforschung in Südwestdeutschland. Materialh. Vor- u. Frühgesch. Baden-Württemberg 18 (Stuttgart 1993).

NICK 2004 M. NICK, „Beweiß, wie weit der Römer Macht ...". 500 Jahre Römerforschung in Baden-Württemberg. Arch. Inf. Baden-Württemberg 50 (Stuttgart 2004).

NUBER 1963 H. U. NUBER, Ein Mars von Böbingen an der Rems. Germania 41, 1963, 350–356. doi: https://doi.org/10.11588/ger.1963.100352.

NUBER 1977 H. U. NUBER, Ausgrabungen auf dem Schirenhof (Schwäbisch Gmünd). In: D. Haupt / H. G. Horn (Hrsg.), Studien zu den Militärgrenzen Roms II. Vorträge des 10. Internationalen Limeskongresses in der *Germania Inferior*. Bonner Jahrb., Beih. 38 (Stuttgart 1977) 225–229.

NUBER 1983 H. U. NUBER, Limesforschung in Baden-Württemberg. Denkmalpfl. Baden-Württemberg 12, 1983, 109–118. doi: https://doi.org/10.11588/nbdpfbw.1983.3.14179.

NUBER 1990 H. U. NUBER, Zur Frühgeschichte der Stadt Lorch. In: P. Wanner (Hrsg.), Heimatbuch der Stadt Lorch. Band 1. Lorch. Beiträge zur Geschichte von Stadt und Kloster (Lorch 1990) 9–38. doi: https://doi.org/10.11588/diglit.7424#0011.

NUBER 1993 H. U. NUBER, Der Verlust der obergermanisch-raetischen Limesgebiete und die Grenzsicherung bis zum Ende des

3. Jahrhunderts. In: F. Vallet / M. Kazanski, L'Armée romaine et les barbares du IIIe aux VIIe siècle. Actes du Colloque International organisé par le Musée des Antiquités Nationales et l'URA 880 du CNRS. Saint-Germain-en-Laye, 24–28 février 1990. Mém. Assoc. Française Arch. Mérovingienne 5 (Rouen 1993) 101–108. www.persee.fr/doc/mafam_1152-2518_1993_act_5_1_886 (letzter Zugriff: 26.10.2023).

Nuber / Seitz 2009 H. U. Nuber / G. Seitz, Die Meilensteine des Caracalla aus dem Jahre 212 n. Chr. an der Straße nach *(Aquae) Phoebianae* / Faimingen. In: Biel et al. 2009, 303–326.

Oeftiger 1997 C. Oeftiger, Katalog der vor- und frühgeschichtlichen Fundstellen. Gesamtregister. In: Landesarchivdirektion Baden-Württemberg (Hrsg.), Der Landkreis Reutlingen. Bd. 2D. Kreisbeschreibungen Land Baden-Württemberg (Sigmaringen 1997).

Olshausen / Sonnabend 1994 E. Olshausen / H. Sonnabend (Hrsg.), Stuttgarter Kolloquium zur Historischen Geographie des Altertums 4, 1990. Geogr. Hist. 7 (Amsterdam 1994).

von der Osten-Woldenburg et al. 2013 H. von der Osten-Woldenburg / U. Seidel / D. Tränkle / F. Tränkle, Neues aus „claßischem Boden": Ein römischer Tempelbezirk am „Brandsteig" bei Aichhalden-Rötenberg. Denkmalpfl. Baden-Württemberg 42, 2013, 208–212. doi: https://doi.org/10.11588/nbdpfbw.2013.4.12740.

Ostritz 2003 S. Ostritz, Thematische Oberflächen – ein vielversprechender methodischer Ansatz für die prähistorische Raumanalyse. In: Kunow / Müller 2003, 229–250.

Pankau 2007 C. Pankau, Die Besiedlungsgeschichte des Brenz-Kocher-Tals (östliche Schwäbische Alb) vom Neolithikum bis zur Latènezeit. Teil 1. Universitätsforsch. Prähist. Arch. 142 (Bonn 2007).

Paret 1932 O. Paret, Die Siedlungen des römischen Württemberg. Römer in Württemberg 3 (Stuttgart 1932).

Paret 1939 O. Paret, *Grinario*. Das römische Kastell bei Köngen (Tübingen 1939).

Paret 1950 O. Paret, Württembergisches Landesmuseum Stuttgart. Führer durch die vor- und frühgeschichtliche Abteilung (Stuttgart 1950).

Paret 1955 O. Paret, Ein großes römisches Denkmal auf dem Kleinen Heuberg beim Häsenbühlhof (Kr. Balingen). Fundber. Schwaben N. F. 13, 1952–1954 (1955), 76–81. doi: https://doi.org/10.11588/diglit.60965#0082.

Paret 1961 O. Paret, Württemberg in vor- und frühgeschichtlicher Zeit. Veröff. Komm. Gesch. Landeskde. Baden-Württemberg B 17 (Stuttgart 1961).

von Paulus 1877 E. von Paulus, Die Alterthümer in Württemberg aus der römischen, altgermanischen (keltischen) und alemannischen (fränkischen) Zeit (Stuttgart 1877). https://nbn-resolving.org/urn:nbn:de:bvb:12-bsb11326421-4.

Pekáry 1994 Th. Pekáry, Die römischen Agrarschriftsteller und die nördlichen Provinzen. In: Bender / Wolff 1994, 65–72.

Percival 1988 J. Percival, The villa economy. Problems and perspectives. In: Branigan / Miles 1988, 5–13.

Peters 1998 J. Peters, Römische Tierhaltung und Tierzucht. Eine Synthese aus archäozoologischer Untersuchung und schriftlich-bildlicher Überlieferung. Passauer Universitätsschr. Arch. 5 (Rahden / Westf. 1998).

Peters 2004 M. Peters, Landschaft und Siedlung in Südbayern von der Eisenzeit bis zur Völkerwanderungszeit – Kontinuität oder Diskontinuität? Ergebnisse der Pollenanalytik. In: Hüssen et al. 2004, 31–38.

von Petrikovits 1977 H. von Petrikovits, Kleinstädte und nichtstädtische Siedlungen im Nordwesten des römischen Reiches. In: H. Jankuhn / R. Schützeichel / F. Schwind (Hrsg.), Das Dorf der Eisenzeit und des frühen Mittelalters. Siedlungsform, wirtschaftliche Funktion, soziale Struktur. Bericht über die Kolloquien der Kommission für die Altertumskunde Mittel- und Nordeuropas in den Jahren 1973 und 1974. Abh. Akad. Wiss. Göttingen, Philol.-Hist. Kl. 3. Folge 101 (Göttingen 1977) 86–135.

Petrovszky 2014 R. Petrovszky [Rez. zu]: I. Kappesser, Römische Flussfunde aus dem Rhein zwischen Mannheim und Bingen. Fundumstände, Flusslaufrekonstruktion und Interpretation. Universitätsforsch. Prähist. Arch. 209 (Bonn 2012). Germania 92, 2014, 265–272. doi: https://doi.org/10.11588/ger.2014.67900.

Pfahl 1999 St. F. Pfahl, Die römische und frühalamannische Besiedlung zwischen Donau, Brenz und Nau. Materialh. Arch. Baden-Württemberg 48 (Stuttgart 1999).

Pfahl / Reuter 1996 St. F. Pfahl / M. Reuter, Waffen aus römischen Einzelsiedlungen rechts des Rheins. Ein Beitrag zum Verhältnis von Militär und Zivilbevölkerung im Limeshinterland. Germania 74, 1996, 119–167. doi: https://doi.org/10.11588/ger.1996.57481.

PFERDEHIRT 2014 B. PFERDEHIRT, *Colonia, munici-pium, civitas* – die rechtliche Struktur römischer Städte. In: REUTER 2014, 28–39.

PIENING 1982 U. PIENING, Botanische Untersuchungen an verkohlten Pflanzenresten aus Nordwürttemberg. Neolithikum bis römische Zeit. Fundber. Baden-Württemberg 7, 1982, 239–271. doi: https://doi.org/10.11588/fbbw.1982.0.26767.

PIETSCH 2006 M. PIETSCH, Ganz aus Holz. Römische Gutshöfe in Poing bei München. In: SEITZ 2006, 339–349.

PISO 2008 I. PISO (Hrsg.), Die römischen Provinzen. Begriff und Gründung. Colloquium Cluj-Napoca, 28. September – 1 Oktober 2006 (Cluj-Napoca 2008).

PLANCK 1974a D. PLANCK, Ein neues römisches Lager bei Eislingen, Lkr. Göppingen. Fundber. Baden-Württemberg 1, 1974, 527–532. doi: https://doi.org/10.11588/fbbw.1974.0.22706.

PLANCK 1974b D. PLANCK, Ausgrabungen im römischen Limeskastell Unterböbingen, Ostalbkreis. Denkmalpfl. Baden-Württemberg 3,3, 1974, 32–37. doi: https://doi.org/10.11588/nbdpfbw.1974.3.14718.

PLANCK 1975 D. PLANCK, *Arae Flaviae* I. Neue Untersuchungen zur Geschichte des römischen Rottweil. Forsch. u. Ber. Vor- u. Frühgesch. Baden-Württemberg 6 (Stuttgart 1975).

PLANCK 1979 D. PLANCK, Ausgrabungen im Ostkastell von Welzheim, Rems-Murr-Kreis (Baden-Württemberg). Arch. Korrbl. 9, 1979, 411–417.

PLANCK 1983a D. PLANCK, Der Limesanfang im Rotenbachtal bei Schwäbisch Gmünd. Arch. Ausgr. Baden-Württemberg 1983, 127–129.

PLANCK 1983b D. PLANCK, Luftbildarchäologie in Baden-Württemberg. Denkmalpfl. Baden-Württemberg 12, 1983, 1–7. doi: https://doi.org/10.11588/nbdpfbw.1983.1.14072.

PLANCK 1987 D. PLANCK, Ein bisher unbekannter römischer Limes im Lautertal bei Dettingen unter Teck, Kreis Esslingen. Fundber. Baden-Württemberg 12, 1987, 405–429. doi: https://doi.org/10.11588/fbbw.1987.0.39517.

PLANCK 1988a D. PLANCK (Hrsg.), Archäologie in Württemberg. Ergebnisse und Perspektiven archäologischer Forschung von der Altsteinzeit bis zur Neuzeit (Stuttgart 1988).

PLANCK 1988b D. PLANCK, Der obergermanisch-rätische Limes in Südwestdeutschland und seine Vorläufer. In: PLANCK 1988a, 251–280.

PLANCK 1991 D. PLANCK, Archäologische Denkmalpflege in Baden-Württemberg in den 90er Jahren. Denkmalpfl. Baden-Württemberg 20, 1991, 31–41. doi: https://doi.org/10.11588/nbdpfbw.1991.1.13551.

PLANCK 2005 D. PLANCK (Hrsg.), Die Römer in Baden-Württemberg. Römerstätten und Museen von Aalen bis Zwiefalten (Stuttgart 2005).

PLANCK 2014 D. PLANCK, Das Limestor bei Dalkingen. Gemeinde Rainau, Ostalbkreis. Forsch. u. Ber. Vor- u. Frühgesch. Baden-Württemberg 129 (Stuttgart 2014).

PLANCK / GENSHEIMER 1982 D. PLANCK / R. GENSHEIMER, Luftbildarchäologie in Baden-Württemberg. Arch. Ausgr. Baden-Württemberg 1982, 13–17.

POSLUSCHNY 2002 A. POSLUSCHNY, Die hallstattzeitliche Besiedlung im Maindreieck. GIS-gestützte Fundanalysen. BAR Internat. Ser. 1077 (Oxford 2002).

RABOLD / SOMMER 1998 B. RABOLD / C. S. SOMMER, *Lopodunum* 98. Vom Kastell zur Stadt. Ausstellung des Landesdenkmalamtes Baden-Württemberg vom 11. Juni bis 27. September 1998 in Ladenburg (Ladenburg 1998).

RAEPSAET-CHARLIER 2001 M.-TH. RAEPSAET-CHARLIER, Gallien und Germanien. In: C. Lepelley (Hrsg.), Rom und das Reich in der Hohen Kaiserzeit 44 v. Chr. – 260 n. Chr. Band 2. Die Regionen des Reiches (München, Leipzig 2001) 151–210. doi: https://doi.org/10.1515/9783110955002.151.

RATHMANN 2004 M. RATHMANN, Die Städte und die Verwaltung der Reichsstrassen. In: R. Frei-Stolba (Hrsg.), Siedlung und Verkehr im Römischen Reich. Römerstrassen zwischen Herrschaftssicherung und Landschaftsprägung. Akten des Kolloquiums zu Ehren von Prof. H. E. Herzig vom 28. und 29. Juni 2001 in Bern (Bern 2004) 163–226.

REIFF / BAUER 1992 W. REIFF / E. W. BAUER, Geologie und Landschaftsgeschichte. In: BRAUN 1992, 17–41.

REIFF / GROSCHOPF 1979 W. REIFF / P. GROSCHOPF, Landschaft und Natur. In: WÜRZ 1979, 15–52.

REINHARDT / WEHRBERGER 1996 B. REINHARDT / K. WEHRBERGER (Hrsg.), Römer an Donau und Iller. Neue Forschungen und Funde (Sigmaringen 1996).

REUTER 2002 M. REUTER, Römisches Küchengeschirr im Wandel – Veränderungen im Gebrauchskeramik-Spektrum der römischen Siedlung von Wurmlingen, Kreis Tuttlingen. In: WAMSER / STEIDL 2002, 179–187.

REUTER 2003 M. REUTER, Die römisch-frühvölker-wanderungszeitliche Siedlung von Wurmlingen,

Kreis Tuttlingen. Materialh. Arch. Baden-Württemberg 71 (Stuttgart 2003).

Reuter 2007 M. Reuter, Das Ende des raetischen Limes im Jahr 254 n. Chr. Bayer. Vorgeschbl. 72, 2007, 77–149.

Reuter 2014 M. Reuter (Hrsg.), Ein Traum von Rom. Stadtleben im römischen Deutschland (Darmstadt 2014).

Reutti 2006 RGA² 32 (2006) 375–387 s. v. Villa (F. Reutti). doi: https://doi.org/10.1515/gao.

Richardson 2011 J. Richardson, Fines Provinciae. In: Hekster / Kaizer 2011, 1–11. doi: https://doi.org/10.1163/ej.9789004201194.i-378.5.

Rieckhoff 1995 S. Rieckhoff, Süddeutschland im Spannungsfeld von Kelten, Germanen und Römern. Studien zur Chronologie der Spätlatènezeit im südlichen Mitteleuropa. Trierer Zeitschr., Beih. 19 (Trier 1995).

Riedel 1982 M. Riedel, Das römische Baden-Baden. Untersuchungen zur Siedlungsgeschichte. Fundber. Baden-Württemberg 7, 1982, 273–300. doi: https://doi.org/10.11588/fbbw.1982.0.26768.

Riedl 1987 H. Riedl, Die römischen Bestattungsplätze in Baden-Württemberg. Teil II-2. Katalog [unveröff. Magisterarbeit Univ. München] (München 1987).

Riedl 2011 H. Riedl, Die Schwäbische Reliefsigillata. Untersuchungen zur Bilderschüsselproduktion des 2. und 3. Jahrhunderts im mittleren Neckarraum. Forsch. u. Ber. Vor- u. Frühgesch. Baden-Württemberg 109 (Stuttgart 2011).

Rind 2015 M. Rind, Die römische Villa als Indikator provinzialer Wirtschafts- und Gesellschaftsstrukturen. Archaeopress Roman Arch. 10 (Oxford 2015). doi: https://doi.org/10.2307/j.ctvr43jpd.

Römische Vici 2016 Bayerisches Landesamt für Denkmalpflege (Hrsg.), Römische *Vici* und Verkehrsinfrastruktur in Raetien und Noricum. Colloquium Bedaium Seebruck 26.–28. März 2015. Inhalte – Projekte – Dokumentationen 15 (München 2016).

Ronke 2014 J. Ronke, „Römische Eisensache". Zu einem Holzbearbeitungs-Werkzeug aus Schorndorf-Schornbach, Rems-Murr-Kreis. In: Biel et al. 2009, 443–447.

Ronke 2017 J. Ronke, Eine Zierscheibe mit Komödienmaske. In: Hye et al. 2017, 56–57.

Rösch 1998 M. Rösch, The history of crops and crop weeds in south-western Germany from the Neolithic period to modern times, as shown by archaeobotanical evidence. Veget. Hist.

Archaeobot. 7, 1998, 109–125. doi: https://doi.org/10.1007/BF01373928.

Rösch et al. 1992 M. Rösch / St. Jakomet / S. Karg, The history of cereals in the region of the former Duchy of Swabia (Herzogtum Schwaben) from the Roman to the post-medieval period. Results of archaeobotanical research. Veget. Hist. Archaeobot. 1, 1992, 193–231. doi: https://doi.org/10.1007/BF00189499.

Rothenhöfer 2005 P. Rothenhöfer, Die Wirtschaftsstrukturen im südlichen Niedergermanien. Untersuchungen zur Entwicklung eines Wirtschaftsraumes an der Peripherie des Imperium Romanum. Kölner Stud. Arch. Röm. Prov. 7 (Rahden / Westf. 2005).

Saile 1997 Th. Saile, Landschaftsarchäologie in der nördlichen Wetterau (Hessen). Umfeldanalysen mit einem geographischen Informationssystem (GIS). Arch. Korrbl. 27, 1997, 221–232.

Saile 1998 Th. Saile, Untersuchungen zur ur- und frühgeschichtlichen Besiedlung der nördlichen Wetterau. Mat. Vor- u. Frühgesch. Hessen 21 (Wiesbaden 1998).

Šašel Kos 2010 M. Šašel Kos, Pannonia or Lower Illyricum. Tyche 25, 2010, 123–130. doi: https://doi.org/10.15661/tyche.2010.025.10.

Schädel 1975 K. Schädel, Landschaft und Natur. In: Müller 1975, 31–53.

Schäfer 1983 H. Schäfer, Archäologische Untersuchungen in der Oberhofenkirche Göppingen. In: M. Reyle / Evangelische Oberhofenkirchengemeinde (Hrsg.), Oberhofenkirche Göppingen. Festschrift zur Wiedereinweihung am 11. Dezember 1983 (Göppingen 1983) 31–42.

Schallmayer 2018 E. Schallmayer, Das römische Dieburg und seine Gräberfelder (Dieburg 2018).

Schaub 2001 A. Schaub, Die förmliche Provinzkonstitution Raetiens unter Tiberius nach dem Zeugnis des Velleius Paterculus. Germania 79, 2001, 391–400.

Schaub 2002 A. Schaub, Topographie und Stratigraphie des römischen Augsburg aufgrund neuerer Ausgrabungen. In: Wamser / Steidl 2002, 109–120.

Schaub / Bakker 2001 A. Schaub / L. Bakker, Zur Stadtentwicklung des römischen Augsburg. In: G. Precht / N. Zieling (Hrsg.), Genese, Struktur und Entwicklung römischer Städte im 1. Jahrhundert n. Chr. in Nieder- und Obergermanien. Kolloquium vom 17. bis 19. Februar 1998 im Regionalmuseum Xanten. Veranstaltet mit Unterstützung des Ministeriums für Städtebau und Wohnen, Kultur und Sport des

Landes Nordrhein-Westfalen. Xantener Ber. 9 (Mainz 2001) 177–189. https://apx.lvr.de/media/apx/lvr_archaeologischer_park_/forschung/publikationen/Xantener_Berichte_Band_9.pdf (letzter Zugriff: 30.10.2023).

SCHAUB / DREIER 1989 A. SCHAUB / CH. DREIER, Zum Abschluss der Ausgrabungen in der *villa rustica* von Schornbach, Stadt Schorndorf, Rems-Murr-Kreis. Arch. Ausgr. Baden Württemberg 1989, 188–191.

SCHEFF 2008 J. SCHEFF, Archäologische Forschungen in Höhlen des Kartenblatts 7521 Reutlingen (1 : 25.000). Laichinger Höhlenfreund 43, 2008, 19–26.

SCHEFFER / SCHACHTSCHABEL 2010 F. SCHEFFER / P. SCHACHTSCHABEL, Lehrbuch der Bodenkunde[16]. Spektrum Lehrbuch (Heidelberg 2010). doi: https://doi.org/10.1007/978-3-8274-2251-4.

SCHESCHKEWITZ 2017 J. SCHESCHKEWITZ, Wege verbinden. Römer und Alamannen unterwegs. In: HYE et al. 2017, 78–85.

SCHESCHKEWITZ / THOMA 2010 J. SCHESCHKEWITZ / M. THOMA, Eine Trasse quer über die Schwäbische Alb. Beginn der Grabungen an der ICE-Neubaustrecke Wendlingen-Ulm und der A-8-Ausbaustrecke Hohenstadt-Ulm (West). Arch. Ausgr. Baden-Württemberg 2010, 28–32.

SCHESCHKEWITZ / THOMA 2011 J. SCHESCHKEWITZ / M. THOMA, Archäologie entlang der ICE-Neubau- und A-8-Ausbaustrecke zwischen Wendlingen und Ulm. Arch. Ausgr. Baden-Württemberg 2011, 27–32.

SCHEUERMANN 2013 L. SCHEUERMANN, Religion an der Grenze. Provinzialische Götterverehrung am Neckar- und äußeren obergermanischen Limes. Osnabrücker Forsch. Alt. u. Ant.-Rezeption 17 (Rahden / Westf. 2013).

SCHIEK 1983 S. SCHIEK, Zur Geschichte der archäologischen Denkmalpflege in Württemberg und Hohenzollern. Denkmalpfl. Baden-Württemberg 12, 1983, 52–58. doi: https://doi.org/10.11588/nbdpfbw.1983.2.14167.

SCHIER 1990 W. SCHIER, Die vorgeschichtliche Besiedlung im südlichen Maindreieck. Materialh. Bayer. Vorgesch. A 60 (Kallmünz / Opf. 1990).

SCHLUMBERGER 1992 H. SCHLUMBERGER, Landwirtschaft. In: BRAUN 1992, 415–424.

SCHMID 1996 D. SCHMID, Lagerdorf und Gräberfeld von Urspring. In: REINHARDT / WEHRBERGER 1996, 72–85.

SCHMID 2000 J. SCHMID, Gontia. Studien zum römischen Günzburg (München 2000).

SCHMIDTS 2014 TH. SCHMIDTS, Römische Städte in den germanischen Provinzen. In: REUTER 2014, 42–55.

SCHMIDTS-JÜTTINGS 2002 I. SCHMIDTS-JÜTTINGS, Die gewerblich geprägte *villa rustica* von Regensburg-Neuprüll. In: WAMSER / STEIDL 2002, 91–96.

SCHNEIDER 2001 A. SCHNEIDER, Nürtingen. Arch. Stadtkataster Baden-Württemberg 13 (Stuttgart 2001).

VON SCHNURBEIN 1982 S. VON SCHNURBEIN, Die kulturgeschichtliche Stellung des nördlichen Rätien. Ein Beitrag zur Deutung archäologischer Fundgruppen. Ber. RGK 63, 1982, 5–16.

SCHOLZ 2009 M. SCHOLZ, Das römische Reiterkastell *Aquileia* / Heidenheim. Die Ergebnisse der Ausgrabungen 2000–2004. Forsch. u. Ber. Vor- und Frühgesch. Baden-Württemberg 110 (Stuttgart 2009).

SCHOPPA 1974 H. SCHOPPA, *Aquae Mattiacae.* Wiesbadens römische und alamannisch-merowingische Vergangenheit. Gesch. Stadt Wiesbaden 1 (Wiesbaden 1974).

SCHREG 1996 R. SCHREG, Archäologische Fundstellen im Kreis Göppingen. Archäologischer Katalog des Landkreises Göppingen (Göppingen 1996).

SCHREG 1999 R. SCHREG, Die alamannische Besiedlung des Geislinger Talkessels (Markungen Altenstadt und Geislingen, Stadt Geislingen a. d. Steige, Lkr. Göppingen). Fundber. Baden-Württemberg 23, 1999, 385–617. doi: https://doi.org/10.11588/fbbw.1999.0.64722.

SCHREG 2007/2008 R. SCHREG, Luftbildarchäologie zwischen Heidenheim, Urspring und Langenau. Römische Gutshöfe bei Heuchlingen und Bräunisheim. Jahrb. Heimat- u. Altver. Heidenheim 12, 2007/2008, 106–118.

SCHREG 2009/2010 R. SCHREG, Hülen und Tuff. Der Mensch und das Wasser auf der Schwäbischen Alb. Jahrb. Heimat- u. Altver. Heidenheim 13, 2009/2010, 28–44. doi: http://dx.doi.org/10.15496/publikation-1239.

SCHREG 2017 R. SCHREG, Interaktion und Kommunikation im Raum. Methoden und Modelle der Sozialarchäologie. In: BRATHER / DENDORFER 2017, 455–492. https://books.ub.uni-heidelberg.de/propylaeum/catalog/view/679/1114/88993 (letzter Zugriff: 10.10.2023).

SCHUCANY 2002 C. SCHUCANY, Zur Ostgrenze der *civitas Helvetiorum.* In: WAMSER / STEIDL 2002, 189–199.

SCHWARZ 1989 G. SCHWARZ, Allgemeine Siedlungsgeographie. Teil 1. Die ländlichen Siedlungen. Die zwischen Land und Stadt stehenden Siedlungen. Allgemeine

Siedlungsgeographie⁴. Lehrbuch Allgemeine Geogr. 6 (Berlin, New York 1989). doi: https://doi.org/10.1515/9783110838114.

SEEWALD 1966 CH. SEEWALD, Das römische Brandgräberfeld Urspring (Ulm). Die Römer im Kreis Ulm (Ulm 1966).

SEEWALD 1972 CH. SEEWALD, Der Stadt- und der Landkreis Ulm. Amtliche Kreisbeschreibung. Archäologischer Fundkatalog. Die Stadt- und Landkreise in Baden-Württemberg (Ulm 1972).

SEITZ 1982 G. SEITZ, Militärdiplomfragmente aus Rainau-Buch und Aalen. Fundber. Baden-Württemberg 7, 1982, 317–341. doi: https://doi.org/10.11588/fbbw.1982.0.26770.

SEITZ 1995/1996 G. SEITZ, Abschied von Sontheim. Rückblick auf die archäologischen Untersuchungen in Sontheim / Brenz-„Braike". Jahrb. Heimat- u. Altver. Heidenheim 13, 1995/1996, 58–89.

SEITZ 2005 G. SEITZ, Straßenstationen. Infrastruktur für die Weltherrschaft. In: IMPERIUM ROMANUM 2005, 420–425.

SEITZ 2006 G. SEITZ (Hrsg.), Im Dienste Roms. Festschrift für Hans Ulrich Nuber (Remshalden 2006).

SEITZ 2011 G. SEITZ, Der Weg zum Weltkulturerbe. Limesforschung in Deutschland. Freiburger Universitätsbl. 192, 2011, 77–94.

DE SILVA / PIZZIOLO 2001 M. DE SILVA / G. PIZZIOLO, Setting up a „Human Calibrated" anisotropic cost surface for archaeological landscape investigation. In: Z. Stančič / T. Veljanovski (Hrsg.), Computing Archaeology for Understanding the Past. CAA 2000. Computer Applications and Quantitative Methods in Archaeology. Proceedings of the 28th Conference, Ljubljana, April 2000. BAR Internat. Ser. 931 (Oxford 2001) 279–286. doi: https://doi.org/10.30861/9781841712253. https://bibliographie.uni-tuebingen.de/xmlui/bitstream/handle/10900/61047/39_DeSilva_Pizziolo_CAA_2000.pdf?sequence=2 (letzter Zugriff: 31.10.2023).

SIMON 1977 H. G. SIMON, Neufunde von Sigillata-Formschüsseln im Kreis Esslingen. Fundber. Baden-Württemberg 3, 1977, 463–473. doi: https://doi.org/10.11588/fbbw.1977.0.24848.

SMETTAN 1990 H. W. SMETTAN, Naturwissenschaftliche Untersuchungen in der Neckarschlinge bei Lauffen am Neckar. Ein Beitrag zur Fluß-, Vegetations- und Besiedlungsgeschichte. Fundber. Baden-Württemberg 15, 1990, 437–473. doi: https://doi.org/10.11588/fbbw.1990.0.40656.

SMETTAN 1995 H. W. SMETTAN, Archäoökologische Untersuchungen auf dem Albuch. In: Landesdenkmalamt Baden-Württemberg (Hrsg.), Beiträge zur Eisenverhüttung auf der Schwäbischen Alb. Forsch. u. Ber. Vor- u. Frühgesch. Baden-Württemberg 55 (Stuttgart 1995) 37–146.

SMETTAN 1999 H. W. SMETTAN, Besiedlungsschwankungen von der Latènezeit bis zum frühen Mittelalter im Spiegel südwestdeutscher Pollendiagramme. Fundber. Baden-Württemberg 23, 1999, 779–807. doi: https://doi.org/10.11588/fbbw.1999.0.65256.

SMITH et al. 2016 A. SMITH / M. ALLEN / T. BRINDLE / M. FULFORD, The Rural Settlement of Roman Britain. New Visions Countryside Roman Britain 1 = Britannia Monogr. Ser. 29 (London 2016). https://archaeologydataservice.ac.uk/library/browse/issue.xhtml?recordId=1161495 (letzter Zugriff: 31.10.2023).

SÖLCH 2001 R. SÖLCH, Die Topographie des römischen Heidenheim. Forsch. u. Ber. Vor- u. Frühgesch. Baden-Württemberg 76 (Stuttgart 2001).

SOMMER 1988a C. S. SOMMER, Kastellvicus und Kastell. Untersuchungen zum Zugmantel im Taunus und zu den Kastellvici in Obergermanien und Rätien. Fundber. Baden-Württemberg 13, 1988, 457–707. doi: https://doi.org/10.11588/fbbw.1988.0.38424.

SOMMER 1988b C. S. SOMMER, Die römischen Zivilsiedlungen in Südwestdeutschland. Ergebnisse und Probleme der Forschung. In: PLANCK 1988a, 281–310.

SOMMER 1992a C. S. SOMMER, *Municipium Arae Flaviae*. Militärisches und ziviles Zentrum im rechtsrheinischen Obergermanien. Das römische Rottweil im Licht neuer Ausgrabungen. Ber. RGK 73, 1992, 269–313.

SOMMER 1992b C. S. SOMMER, Die städtischen Siedlungen im rechtsrheinischen Obergermanien. In: H.-J. Schalles / H. von Hesberg / P. Zanker (Hrsg.), Die römische Stadt im 2. Jahrhundert n. Chr. Der Funktionswandel des öffentlichen Raumes. Kolloquium in Xanten vom 2. bis 4. Mai 1990. Xantener Ber. 2 (Köln, Bonn 1992) 119–141. https://apx.lvr.de/media/apx/lvr_archaeologischer_park_/forschung/publikationen/Xantener_Berichte_Band_2.pdf (letzter Zugriff: 31.10.2023).

SOMMER 1993 C. S. SOMMER, 100 Jahre Reichs-Limeskommission. Zur Intensität der archäologischen Untersuchungen an den römischen Grenzen im südlichen Obergermanien. Fundber.

Baden-Württemberg 18, 1993, 235–239. doi: https://doi.org/10.11588/fbbw.1993.0.43403.

Sommer 1994 C. S. Sommer, Les Agglomérations secondaires de la Germanie Transrhénane (Rechtsrheinisches Obergermanien). In: J.-P. Petit / M. Mangin (Hrsg.), Les Agglomérations secondaires. La Gaule Belgique, les Germanies et l'Occident romain. Actes du colloque de Bliesbruck-Reinheim / Bitche (Moselle) 21, 22, 23 et 24 octobre 1992. Arch. Aujourd'hui (Paris 1994) 89–102.

Sommer 1998 C. S. Sommer, Vom Kastell zur Stadt. *Lopodunum* und die *Civitas Ulpia Sueborum Nicrensium*. In: H. Probst (Hrsg.), Ladenburg. Aus 1900 Jahren Stadtgeschichte (Ubstadt-Weiher 1998) 81–201.

Sommer 2002 C. S. Sommer, Recent developments in south-west Germany (eastern *Germania Superior* – western Raetia). In: Ph. Freeman / J. Bennet / Z. T. Fiema / B. Hoffmann (Hrsg.), Limes XVIII. Proceedings of the XVIIIth International Congress of Roman Frontier Studies held in Amman, Jordan (September 2000). Volume 1. BAR Internat. Ser. 1084,1 (Oxford 2002) 441–452.

Sommer 2011 C. S. Sommer, Trajan, Hadrian, Antoninus Pius, Marc Aurel…? Zur Datierung der Anlagen des Raetischen Limes. Ber. Bayer. Bodendenkmalpfl. 52, 2011, 137–180.

Sommer 2013 C. S. Sommer, Futter für das Heer. *Villae rusticae*, ländliche Siedlungsstellen und die Versorgung der römischen Soldaten in Raetien. In: A. Zeeb-Lanz / R. Stupperich (Hrsg.), Palatinatus Illustrandus. Festschrift für Helmut Bernhard zum 65. Geburtstag. Mentor 5 (Mainz, Ruhpolding, Wiesbaden 2013) 134–144.

Sommer 2015a C. S. Sommer, Hat der Auerberg sein Geheimnis gelüftet? Überlegungen zur Funktion des Auerbergs in (der Provinz) Raetien. In: G. Ulbert (Hrsg.), Der Auerberg IV. Die Kleinfunde mit Ausnahme der Gefäßkeramik sowie die Grabungen von 2001 und 2008. Münchner Beitr. Vor- u. Frühgesch. 63 (München 2015) 487–526.

Sommer 2015b C. S. Sommer, Der Limes in Süddeutschland. Geschichte einer römischen Grenze. In: Matešić / Sommer 2015, 14–25.

Sommer / Matešić 2018 C. S. Sommer / S. Matešić (Hrsg.), Limes XXIII. Proceedings of the 23rd International Congress of Roman Frontier Studies Ingolstadt 2015. Akten des 23. Internationalen Limeskongresses in Ingolstadt 2015. Beitr. Welterbe Limes, Sonderbd. 4,1 (Mainz 2018).

Spickermann 2003 W. Spickermann, *Germania Superior*. Religionsgeschichte des römischen Germanien 1. Religion Röm. Prov. 2 (Tübingen 2003).

von Stälin 1842 C. F. von Stälin, Beschreibung des Oberamts Geislingen (Stuttgart, Tübingen 1842). https://mdz-nbn-resolving.de/urn:nbn:de:bvb:12-bsb10020476-8 (letzter Zugriff: 19.2.2024).

Steidl 2000 B. Steidl, Der Verlust der obergermanisch-raetischen Limesgebiete. In: Wamser 2000, 75–79.

Steidl 2008 B. Steidl, Neues zu den Inschriften aus dem Mithraeum von Mühlthal. Bayer. Vorgeschbl. 73, 2008, 53–85.

Steidl 2010 B. Steidl, Stationen an der Brücke – *Pons Aeni* und *Ad Enum* am Inn-Übergang der Staatsstraße *Augusta Vindelicum–Iuvavum*. In: Grabherr / Kainrath 2010, 71–110.

Steidl 2011 B. Steidl, Zum Grenzverlauf zwischen Noricum, Raetien und der Regio X im Eisacktal. Bayer. Vorgeschbl. 76, 2011, 157–176.

Steidl 2014 B. Steidl, …*civitatem dedit et conubium*… Acht neue Militärdiplomfragmente aus Raetien. Bayer. Vorgeschbl. 79, 2014, 67–86.

Steidl 2015 B. Steidl, Veteranen in Raetien. Zur Bevölkerung des Limesgebietes auf Grundlage der Militärdiplome (mit einer Liste der Diplome aus und für Raetien). In: P. Henrich / Ch. Miks / J. Obmann / M. Wieland (Hrsg.), *Non solum… sed etiam*. Festschrift für Thomas Fischer zum 65. Geburtstag (Rahden / Westf. 2015) 415–426.

Steidl 2016 B. Steidl, Einige Aspekte zur Verkehrsinfrastruktur und zu den Vici in Raetien. In: Römische Vici 2016, 68–83.

Steimle 1892 H. Steimle, Der raetische Limes im Roethenbachthale bei Schw. Gmünd und das Ende der Limesmauer. Limesblatt 2, 1892, 43–47. doi: https://doi.org/10.11588/diglit.8929#0026.

Steudle 2009 A. Steudle, Stadt Esslingen am Neckar. Kulturdenkmale Baden-Württemberg 1. Regierungsbezirk Stuttgart 2. Lkr. Esslingen 1. Denkmaltopogr. Bundesrepublik Deutschland (Ostfildern 2009).

Steuer 2001 RGA[2] 17 (2001) 630–634 s. v. Landschaftsarchäologie (H. Steuer). doi: https://doi.org/10.1515/gao.

Steuer 2005 RGA[2] 28 (2005) 319–323 s. v. Siedlungsarchäologie (H. Steuer). doi: https://doi.org/10.1515/gao.

Stika 1996 H.-P. Stika, Römerzeitliche Pflanzenreste aus Baden-Württemberg. Beiträge zu Landwirtschaft, Ernährung und Umwelt in den römischen Provinzen Obergermanien und

Rätien. Materialh. Arch. Baden-Württemberg 36 (Stuttgart 1996).

STREICHER 1985 U. STREICHER, Die Landwirtschaft. In: ZIEGLER 1985, 383–394.

STROBEL 2011 K. STROBEL, Zwischen Italien und den ‚Barbaren': das Werden neuer politischer und administrativer Grenzen in caesarisch-augusteischer Zeit. In: HEKSTER / KAIZER 2011, 199–231. doi: https://doi.org/10.1163/ ej.9789004201194.i-378.53.

STROBEL 2014 K. STROBEL, Fragen der territorialen Entwicklung der Region durch die römische Eroberung. In: F. Lang / R. Kastler / W. K. Kovacsovics / St. Traxler (Hrsg.), Colloquium Iuvavum 2012. Das *municipium Claudium Iuvavum* und sein Umland. Bestandsaufnahme und Forschungsstrategien. Tagung im Salzburg-Museum, 15.–17. März 2012. Arch. Salzburg 8 = Jahresschr. Salzburg Mus. 56 (Salzburg 2014) 295–306.

STROBEL 2016 K. STROBEL, „Römische Vici" – „Militärische Vici" – „Zivile Vici": Kunstbegriffe in der Forschung. In: RÖMISCHE VICI 2016, 31–51.

STRUCK 1996 M. STRUCK, Römische Grabfunde und Siedlungen im Isartal bei Ergolding, Landkreis Landshut. Materialh. Bayer. Vorgesch. A 71 (Kallmünz / Opf. 1996).

STÜCKELBERGER / GRASSHOFF 2006 A. STÜCKELBERGER / G. GRASSHOFF (Hrsg.), Klaudios Ptolemaios, Handbuch der Geographie. 1. Teil: Einleitung und Buch 1–4 (Basel 2006).

SULK 2015 S. SULK, Provinzgrenze bei Schwäbisch Gmünd. In: MATEŠIĆ / SOMMER 2015, 68–73.

TALBERT 2004 R. J. A. TALBERT, Rome's provinces as framework for world-view. In: L. de Ligt / E. A. Hemelrijk / H. W. Singor (Hrsg.), Roman Rule and Civic Life. Local and Regional Perspectives. Proceedings of the Fourth Workshop of the International Network Impact of Empire (Roman Empire, c. 200 B.C.–A.D. 476), Leiden, June 25–28 (Amsterdam 2003) 21–37. doi: https://doi. org/10.1163/9789004401655_003.

TALBERT 2005 R. J. A. TALBERT, „Ubique fines". Boundaries within the Roman Empire. In: HERMON / BEDON 2005, 93–101.

TARPIN 1999 M. TARPIN, *Colonia, Municipium, Vicus.* Institutionen und Stadtformen. In: N. Hanel / C. Schucany (Hrsg.), *Colonia – municipium – vicus.* Struktur und Entwicklung städtischer Siedlungen in Noricum, Rätien und Obergermanien . Beiträge der Arbeitsgemeinschaft 'Römische Archäologie' bei der Tagung des West- und Süddeutschen Verbandes der Altertumsforschung in Wien

21.–23.5.1997. BAR Internat. Ser. 783 (Oxford 1999) 1–10. doi: https://doi. org/10.30861/9781841710037.

TEGEL / YUPANQUI-WERNER 1999 W. TEGEL / M. YUPANQUI-WERNER, Neue römische Bauholzbefunde aus Offenburg. Römische Brücke, Hafen oder Uferverbauung? Nachrbl. Arbeitskreis Unterwasserarch. 5, 1999, 59–61.

THOMA 2010 M. THOMA, Flächengrabungen bringen sie zutage – römische Gutshöfe in Holzbauweise bei Dornstadt und Lehr. Arch. Ausgr. Baden-Württemberg 2010, 194–199.

THOMA 2011 M. THOMA, Römische Fundplätze entlang der geplanten ICE- und A-8-Trasse zwischen Dornstadt und Hohenstadt. Arch. Ausgr. Baden-Württemberg 2011, 174–177.

THOMA 2012 M. THOMA, So weit die Schuhsohlen tragen. Römische Wege an der geplanten ICE- / A-8-Trasse Wendlingen–Ulm. Arch. Ausgr. Baden-Württemberg 2012, 213–217.

THOMA 2017 M. THOMA, Nur aus Holz. Bescheidene Bauernhöfe aus römischer Zeit. In: HYE et al. 2017, 50–55.

THOMA / SCHESCHKEWITZ 2012 M. THOMA / J. SCHESCHKEWITZ, Archäologie entlang der A8 und der ICE-Neubaustrecke Wendlingen–Ulm. Arch. Ausgr. Baden-Württemberg 2012, 44–48.

VON THÜNEN 1826 J. H. VON THÜNEN, Der isolirte Staat in Beziehung auf Landwirthschaft und Nationalökonomie, oder Untersuchungen über den Einfluß, den die Getreidepreise, der Reichtum des Bodens und die Abgaben auf den Ackerbau ausüben (Hamburg 1826). http://www. deutschestextarchiv.de/book/show/thuenen_ staat_1826 (letzter Zugriff: 1.11.2023).

TILLEY 1994 CH. TILLEY, A Phenomenology of Landscape. Places, Paths and Monuments. Explorations Anthr. (Oxford, Providence 1994).

TOBLER 1993 W. TOBLER, Three Presentations on Geographical Analysis and Modeling. Non-Isotropic Geographic Modeling. Speculations on the Geometry of Geography. Global Spatial Analysis. Technical Report 93–1 (Santa Barbara 1993). https://escholarship.org/uc/item/05r820mz (letzter Zugriff: 1.11.2023).

TODD 1988 M. TODD, Villa and fundus. In: BRANIGAN / MILES 1988, 14–20.

TRIPCEVICH 2009 N. TRIPCEVICH, Workshop 2009, No. 1 – Viewshed and cost distance. http://mapa-spects.org/book/export/html/3743 (letzter Zugriff: 1.11.2023).

TRUMM 2002a J. TRUMM, Die römerzeitliche Besiedlung am östlichen Hochrhein. Materialh. Arch. Baden-Württemberg 63 (Stuttgart 2002).

TRUMM 2002b J. TRUMM, Kochtöpfe, Besiedlungsmuster und eine Inschrift. Bemerkungen zur Ostgrenze der *Civitas Rauricorum*. In: Ch. Bücker / M. Hoeper / N. Krohn / J. Trumm (Hrsg.), Regio Archaeologica. Archäologie und Geschichte an Ober- und Hochrhein. Festschrift für Gerhard Fingerlin zum 65. Geburtstag. Internat. Arch. Stud. Honoraria 18 (Rahden / Westf. 2002) 113–123.

ULBERT 2013 C. ULBERT, Zivile Kleinsiedlungen im Rheinland. In: HEISING 2013b, 7–40.

ULBERT 1971 G. ULBERT, Zur Grenze zwischen den römischen Provinzen Raetien und Noricum. Bayer. Vorgeschbl. 36, 1971, 101–123.

ULBERT 1994 G. ULBERT, Der Auerberg I. Topographie, Forschungsgeschichte und Wallgrabungen. Münchner Beitr. Vor- u. Frühgesch. 45 (München 1994).

UNZ 1982 CH. UNZ, *Grinario*. Das römische Kastell und Dorf in Köngen. Führer Arch. Denkmäler Baden-Württemberg 8 (Stuttgart 1982).

WAGNER 2018 H. WAGNER, Abseits der Äcker. Archäologische Surveys in bewaldeten Regionen. In: Ch. Wohlfahrt / Ch. Keller (Hrsg.), Funde in der Landschaft. Neue Perspektiven und Ergebnisse archäologischer Prospektion. Tagung in der Fritz Thyssen Stiftung, Köln, 12.–13. Juni 2017. Mat. Bodendenkmalpfl. Rheinland 26 (Bonn 2018) 257–271.

WAHLE 1920 E. WAHLE, Die Besiedlung Südwestdeutschlands in vorrömischer Zeit nach ihren natürlichen Grundlagen. Ber. RGK 12, 1920, 1–75. doi: https://doi.org/10.11588/ berrgk.1921.0.26374.

WALDHERR / SOMMER 2006 RGA² 32 (2006) 337–344 s. v. Vicus (G. WALDHERR / C. S. SOMMER). doi: https://doi.org/10.1515/gao.

WALSER 2012 A. V. WALSER, Konstitution und Konfirmation von Grenzen in der römischen Religion. In: DALLY et al. 2012, 211–221.

WAMSER 2000 L. WAMSER (Hrsg.), Die Römer zwischen Alpen und Nordmeer. Zivilisatorisches Erbe einer europäischen Militärmacht. Katalog-Handbuch zur Landesausstellung des Freistaates Bayern, Rosenheim 2000. Schriftenr. Arch. Staatsslg. 1 (Mainz 2000).

WAMSER / STEIDL 2002 L. WAMSER / B. STEIDL (Hrsg.), Neue Forschungen zur römischen Besiedlung zwischen Oberrhein und Enns. Schriftenr. Arch. Staatsslg. 3 (Remshalden-Grunbach 2002).

WEBER 2000 G. WEBER (Hrsg.), Cambodunum – Kempten. Erste Hauptstadt der römischen Provinz Raetien? (Mainz 2000).

WEHRBERGER 1992 K. WEHRBERGER, Der Alb-Donau-Kreis 3. Katalog archäologischer Fundstellen. Kreisbeschreibungen des Landes Baden-Württemberg (Sigmaringen 1992).

WEHRBERGER 1996 K. WEHRBERGER, Römische Funde vom Hohlenstein im Lonetal. In: REINHARDT / WEHRBERGER 1996, 100–109.

WEISSMÜLLER 1986 W. WEISSMÜLLER, Postmesolithische Funde aus Höhlen und Abris am Beispiel des südlichen Riesrandgebiets. BAR Internat. Ser. 279 (Oxford 1986). doi: https://doi. org/10.30861/9780860543596.

WENDT / ZIMMERMANN 2008 K. P. WENDT / A. ZIMMERMANN, Bevölkerungsdichte und Landnutzung in den germanischen Provinzen des Römischen Reiches im 2. Jahrhundert n. Chr. Ein Beitrag zur Landschaftsarchäologie. Germania 86, 2008, 191–226.

WENZEL 1980 H. WENZEL, Landwirtschaft im Rems-Murr-Kreis. In: LÄSSING 1980, 364–388.

WERNER 2000 M. Y. WERNER: „ITER DE[RECTUM AB ARGE]NTORATE IN R[AETIAM]". Die flavischen Kastelle Rammersweier und Zunsweier an der römischen Kinzigtalstraße bei Offenburg. Denkmalpfl. Baden-Württemberg 29, 2000, 116–123. doi: https://doi.org/10.11588/ nbdpfbw.2000.2.12833.

WESCH-KLEIN 2008a G. WESCH-KLEIN, Provincia. Okkupation und Verwaltung der Provinzen des Imperium Romanum von der Inbesitznahme Siziliens bis auf Diokletian. Ein Abriß. Ant. Kultur u. Gesch. 10 (Wien, Zürich, Berlin, Münster 2008).

WESCH-KLEIN 2008b G. WESCH-KLEIN, Die Bezeichnungen römischer Provinzen in der Kaiserzeit. In: PISO 2008, 19–24.

WHEATLEY / GILLINGS 2002 D. WHEATLEY / M. GILLINGS, Spatial Technology and Archaeology. The Archaeological Applications of GIS (London, New York 2002). doi: https://doi. org/10.1201/b12806.

WIELAND 1994 G. WIELAND, Augusteisches Militär an der oberen Donau? Germania 72, 1994, 205–216. doi: https://doi.org/10.11588/ger.1994.65611.

WIELAND 1996 G. WIELAND, Die Spätlatènezeit in Württemberg. Forschungen zur jüngeren Latènekultur zwischen Schwarzwald und Nördlinger Ries. Forsch. u. Ber. Vor- u. Frühgesch. Baden-Württemberg 63 (Stuttgart 1996).

WIELAND 2000 G. WIELAND, Späte Kelten in Südwestdeutschland. Forschungen zum Siedelwesen der Spätlatènezeit zwischen Neckar und Oberer Donau. Denkmalpfl.

Baden-Württemberg 29, 2000, 26–31. doi: https://doi.org/10.11588/nbdpfbw.2000.1.12771.

WIELAND 2016 A. WIELAND, Die *Civitas Mattiacorum*. Forschungen zur römerzeitlichen Siedlungsgeschichte [Diss. Univ. Köln] (Köln 2016). http://nbn-resolving.de/urn:nbn:de:hbz:38-68753.

WILD 1980 H. WILD, Erd- und Landschaftsgeschichte des Kreises. In: LÄSSING 1980, 17–51.

WILKES 1974 J. J. WILKES, Boundary stones in Roman Dalmatia. I. The Inscriptions. Arh. Vestnik 25, 1974, 258–274. https://ojs.zrc-sazu.si/av/article/download/9747/8927/ (letzter Zugriff: 6.11.2023).

WILMANNS 1981 J. C. WILMANNS, Die Doppelurkunde von Rottweil und ihr Beitrag zum Städtewesen in Obergermanien. Epigr. Stud. 12, 1981, 1–182.

WITCHER 2012 R. E. WITCHER, „That from a long way off look like farms": the classification of Roman rural sites. In: P. A. J. Attema / G. Schörner (Hrsg.), Comparative Issues in the Archaeology of the Roman Rural Landscape. Site Classification between Survey, Excavation and Historical Categories. Journal Roman Arch., Suppl. Ser. 88 (Portsmouth, Rhode Island 2012) 11–30.

WOLFF 1920 G. WOLFF, Die Bodenformation der Wetterau in ihrer Wirkung auf die Besiedlung in vorgeschichtlicher Zeit. Archiv Hess. Gesch. u. Altkde. N. F. 13, 1920, 1–50.

WOLFF 1986 H. WOLFF, Einige Probleme der Raumordnung im Imperium Romanum, dargestellt an den Provinzen Obergermanien, Raetien und Noricum. Ostbair. Grenzmarken 28, 1986, 152–177.

WOLFF 1989 H. WOLFF, Die regionale Gliederung Galliens im Rahmen der römischen Reichspolitik. In: GOTTLIEB 1989b, 1–35.

WOLFF 1995 H. WOLFF, Die römische Erschließung der Rhein- und Donauprovinzen im Blickwinkel ihrer Zielsetzung. In: R. Frei-Stolba / M. A. Speidel (Hrsg.), Römische Inschriften. Neufunde, Neulesungen und Neuinterpretationen. Festschrift für Hans Lieb. Zum 65. Geburtstag dargebracht von seinen Freunden und Kollegen Arbeiten Röm. Epigr. u. Altkde. 2 (Basel 1995) 309–340.

WOLFF 1999a H. WOLFF, Neue Militärdiplome aus Künzing (Ldkrs. Deggendorf) und der Stadt Straubing, Niederbayern. Ostbair. Grenzmarken 41, 1999, 9–35.

WOLFF 1999b H. WOLFF, ‚Administrative Einheiten' in den Nordwestprovinzen und ihre Beziehungen zu römischen Funktionsträgern. In:

W. Eck (Hrsg.), Lokale Autonomie und römische Ordnungsmacht in den kaiserzeitlichen Provinzen vom 1. bis 3. Jahrhundert. Schr. Hist. Kolleg., Koll. 42 (München 1999) 47–60. doi: https://doi.org/10.1524/9783486596014-005.

WOLFF 2000 H. WOLFF, Das Heer Raetiens und seine ‚Militärdiplome' im 2. Jh. n. Chr. Bayer. Vorgeschbl. 65, 2000, 155–172.

WOLFF 2002 H. WOLFF, *Civitates* ohne städtischen Zentralort. In: F.-R. Erkens / H. Wolff (Hrsg.), Von *Sacerdotium* und *Regnum*. Geistliche und weltliche Gewalt im frühen und hohen Mittelalter. Festschrift für Egon Boshof zum 65. Geburtstag. Passauer Hist. Forsch. 12 (Köln, Weimar, Wien 2002) 3–10.

WOLTERS 2003 RGA² 23 (2003) 509–514 s. v. Provinzen des Römischen Reiches (R. WOLTERS). doi: https://doi.org/10.1515/gao.

WÜRZ 1979 R. WÜRZ (Hrsg.), Der Kreis Heidenheim. Heimat u. Arbeit (Stuttgart 1979).

ZANIER 2004 W. ZANIER, Gedanken zur Besiedelung der Spätlatène- und frühen römischen Kaiserzeit zwischen Alpenrand und Donau. Eine Zusammenfassung mit Ausblick und Fundstellenlisten. In: HÜSSEN et al. 2004, 237–264.

ZANIER 2006 W. ZANIER, Das Alpenrheintal in den Jahrzehnten um Christi Geburt. Forschungsstand zu den historischen und archäologischen Quellen der Spätlatène- und frühen römischen Kaiserzeit zwischen Bodensee und Bündner Pässen (Vorarlberg, Liechtenstein, Sankt Gallen, Graubünden). Münchner Beitr. Vor- u. Frühgesch. 59 (München 2006).

ZIEGLER 1985 W. ZIEGLER (Hrsg.), Der Kreis Göppingen. Heimat u. Arbeit² (Stuttgart 1985).

ZIMMERMANN / WENDT 2003 A. ZIMMERMANN / K. P. WENDT, Wie viele Bandkeramiker lebten 5060 v. Chr.? Techniken Geographischer Informationssysteme zum Schätzen von Bevölkerungsdichten. Arch. Inf. 26, 2003, 491–497. doi: https://doi.org/10.11588/ai.2003.2.12712.

ZIMMERMANN et al. 2004 A. ZIMMERMANN / J. RICHTER / TH. FRANK / K. P. WENDT, Landschaftsarchäologie II – Überlegungen zu Prinzipien einer Landschaftsarchäologie. Ber. RGK 85, 2004, 37–95.

ZÜRN 1987 H. ZÜRN, Hallstattzeitliche Grabfunde in Württemberg und Hohenzollern. Forsch. u. Ber. Vor- u. Frühgesch. Baden-Württemberg 25,1–2 (Stuttgart 1987).

Abbildungsnachweis

Abb. 1 Grafik S. Schröer-Spang; Kartengrundlage: natural earth (Verwaltungseinheiten und Flussläufe); grafische Überarbeitung O. Wagner (RGK).

Abb. 2 Grafik S. Schröer-Spang; Kartengrundlage: Lidar-Daten des Landesdenkmalamtes Baden-Württemberg mit einer Auflösung von 30 m (Höhenmodell) und LUBW (Flussläufe); Grenzverläufe nach Hertlein 1928, Taf. 1 (blau), Heuberger 1932, 76 (grün), H. J. Kellner in Czysz et al. 1995a Abb. 8 (gelb), Filtzinger 1986 (orange), Historischer Atlas von Baden-Württemberg III 4 (rot); grafische Überarbeitung O. Wagner (RGK) und L. Hies (RGK).

Abb. 3 Foto B. Hildebrand. https://www.ostalbkreis.de/sixcms/detail.php?_topnav=38&_sub1=166&_sub2=100841&_sub3=87579&_sub4=-1&id=87581 (letzter Zugriff: 19.2.2024); grafische Überarbeitung O. Wagner (RGK) und L. Hies (RGK).

Abb. 4 Nuber in Planck 2005; grafische Überarbeitung O. Wagner (RGK) und L. Hies (RGK).

Abb. 5 Archäologisches Landesmuseum Baden-Württemberg, Foto: O. Harl 2006; grafische Überarbeitung O. Wagner (RGK) und L. Hies (RGK).

Abb. 6; 19–21; 27–31; 34–35 41; 43; 70; 75; 77; 82; 84–85; 88–97 Grafik S. Schröer-Spang; Kartengrundlage: Lidar-Daten des Landesdenkmalamtes Baden-Württemberg mit einer Auflösung von 30 m (Höhenmodell) und LUBW (Flussläufe); grafische Überarbeitung O. Wagner (RGK) und L. Hies (RGK).

Abb. 7 Grafik S. Schröer-Spang; Kartengrundlage: Lidar-Daten des Landesdenkmalamtes Baden-Württemberg mit einer Auflösung von 30 m (Höhenmodell) und LUBW (Flussläufe, Wasserscheide, Naturräumliche Gliederung); grafische Überarbeitung O. Wagner (RGK) und L. Hies (RGK).

Abb. 8 Grafik S. Schröer-Spang; Kartengrundlage: Lidar-Daten des Landesdenkmalamtes Baden-Württemberg mit einer Auflösung von 30 m (Höhenmodell) und LUBW (Naturräumliche Gliederung); grafische Überarbeitung O. Wagner (RGK) und L. Hies (RGK).

Abb. 9–10 Grafik S. Schröer-Spang; Kartengrundlage: LUBW (Flussläufe, Naturräumliche Gliederung); grafische Überarbeitung O. Wagner (RGK) und L. Hies (RGK).

Abb. 11–18 Grafik S. Schröer-Spang; Kartengrundlage: Lidar-Daten des Landesdenkmalamtes Baden-Württemberg mit einer Auflösung von 30 m (Höhenmodell), LUBW (Flussläufe, naturräumliche Gliederung, Landnutzung), Climate Data Centre des Deutschen Wetterdienstes (Klimadaten), LGRB Regierungspräsidium Freiburg (BÜK 200, GÜK 300); grafische Überarbeitung O. Wagner (RGK) und L. Hies (RGK).

Abb. 22 Grafik S. Schröer-Spang; Kartengrundlage: TK 25, zur Verfügung gestellt vom Landesamt für Denkmalpflege Baden-Württemberg.

Abb. 23; 32–33; 37; 42; 44–59; 61; 63–64; 67–69; 72–74; 76; 79–81; 86–87 Grafik S. Schröer-Spang; grafische Überarbeitung O. Wagner (RGK) und L. Hies (RGK).

Abb. 24 Drennan 2009, Tab. 14,4; grafische Überarbeitung O. Wagner (RGK) und L. Hies (RGK).

Abb. 25 Herzog 2020, Abb. 18,1; grafische Überarbeitung O. Wagner (RGK).

Abb. 26; 66 Grafik S. Schröer-Spang; Kartengrundlage: Lidar-Daten des Landesdenkmalamtes Baden-Württemberg mit einer Auflösung von 30 m (Höhenmodell); grafische Überarbeitung O. Wagner (RGK) und L. Hies (RGK).

Abb. 36 Grafik S. Schröer-Spang; Kartengrundlage: LUBW (Landnutzung); grafische Überarbeitung O. Wagner (RGK) und L. Hies (RGK).

Abb. 38 Grafik S. Schröer-Spang; Kartengrundlage: LGRB Regierungspräsidium Freiburg (BÜK 200 und BÜK 50); grafische Überarbeitung O. Wagner (RGK).

Abb. 39–40 Grafik S. Schröer-Spang; Kartengrundlage: LGL Baden-Württemberg (Verwaltungsgrenzen); grafische Überarbeitung O. Wagner (RGK).

Abb. 60; 62; 83 Grafik S. Schröer-Spang; Kartengrundlage: LGRB Regierungspräsidium Freiburg (BÜK 200); grafische Überarbeitung O. Wagner (RGK) und L. Hies (RGK).

Abb. 65 Grafik S. Schröer-Spang; Kartengrundlage: Lidar-Daten des Landesdenkmalamtes Baden-Württemberg mit einer Auflösung von 30 m (Höhenmodell), Climate Data Centre des Deutschen Wetterdienstes (Klimadaten und Vegetationsbeginn); grafische Überarbeitung O. Wagner (RGK) und L. Hies (RGK).

Abb. 71 LUBW – Gewässerstrukturkarte Baden-Württemberg 2004 (Ergänzte Ausgabe 2005). https://www.lubw.baden-wuerttemberg.de/documents/10184/333590/gewstrukturkarte_2004.pdf/6ee4392b-35d9-4b6a-8296-e42218e81445?download=true (letzter Zugriff: 19.2.2024); grafische Überarbeitung O. Wagner (RGK).

Abb. 78 Grafik S. Schröer-Spang; Hintergrundkarte: Historischer Atlas von Baden-Württemberg III 4; Weitere Kartengrundlage: LUBW (Naturräumliche Einheiten); grafische Überarbeitung O. Wagner (RGK) und L. Hies (RGK).

Tab. 1–39 S. Schröer-Spang; grafische Bearbeitung L. Hies (RGK).